Dieses Buch ist gewidmet:

Dem Heiligen Geist,
den beiden Herzen Jesu und Mariens,
den Kindern von Fatima
Jacinto, Francisco und Lucia

Otto Maier

Pilgerfahrt
nach Fatima – 1967

Reisebericht – Erlebnisse – Gespräche – Überlegungen
Rosenkranz – Die Botschaft von Fatima für unsere Tage

1. Auflage 2007

ISBN 978 - 3 - 932426 - 42 - 1
2007 by SJM-Verlag
Nibelungenring 1
D-86356 Neusäß
Tel. 0821-343225 - 11, Fax - 31
http://sjm-verlag.de

Printed in Germany
Druck: Schroff Augsburg

Inhalt

Zur Einführung

Die Erzählung, die ich in diesem Buch niedergeschrieben habe, sind nicht erfunden, sondern haben sich ereignet. Die Wallfahrt, von der hier berichtet wird, fand im Jahre 1967 zum fünfzigjährigen Jubiläum der Marienerscheinungen von Fatima statt. Sie führte mich von der Provincia de Viscaya in Spanien nach Fatima in Portugal. Die Ereignisse sind schon sehr früh von mir niedergeschrieben worden.

Zu den Orten: – Da die Wallfahrt vor 40 Jahren stattgefunden hat, sind mir leider die Namen der Ortschaften, die ich durchwandert habe, entfallen. Auch auf der Karte kann ich den genauen Weg nicht mehr festlegen. Wenn ich das wollte, müsste ich ihn mit dem Auto abfahren. Vielleicht würde es mir dann gelingen, die Orte mit ihrem Namen zu nennen. Wenn ein Ort im Text genannt wird, ist es bis auf wenige wie zum Beispiel Zamora ein fingierter.

Zu den Personen: Alle Personen, die hier auftauchen sind Personen, die mir auf dieser Reise begegnet sind. Ich habe keine Person erfunden, sondern nur beschrieben, wer mir gegenüberstand. Viele von ihnen werden bereits gestorben sein. Auch die Dialoge mit den entsprechenden Themen sind geführt worden, aber frei wiedergegeben.

Zu den Dialogen: Die Dialoge, die in reicher Fülle niedergeschrieben sind, entsprechen dem, was gegenseitig gesprochen wurde. Wobei man zunächst auch überlegen muss, dass diese Gespräche den Stand vor vierzig Jahren wiedergeben. Sie spiegeln darum ein anderes Zeitbild wider, als wir es heute im Jahr 2007 haben.

Die Dialoge sind überarbeitet und daher entsprechend neu formuliert. Bis auf wenige Sätze, die mir noch im Gedächtnis waren, geben sie zwar den Inhalt wieder, über den wir damals sprachen, aber in freier Darstellung. In diese Dialoge sind da und dort auch bereits heutige Problematik und solche Schwerpunkte miteingeflossen, die in die Gegenwartsstunde hineinreichen.

Zum Begleiter: Die Person des Begleiters oder des Engels, der auf meiner

Wallfahrt an meiner Seite mit mir geht, ist eine literarische Figur. Sie weist auf die tiefere Dimension unseres Glaubens hin, die wir zu betrachten haben, um die Bestimmung unseres Lebensweges im Lichte des Wortes Gottes zu erfassen. Er erinnert uns auch daran, dass in unser Dasein stets die Ewigkeit des Lebendigen Gottes hineinragt, für die wir geschaffen sind. Dies sind die wahre Wirklichkeiten, denen wir nicht entgehen können und dürfen.

Zu den Meditationen: Die Betrachtungen oder Meditationen sind zum Teil neueren Datums und umfassen auch die Problematik unserer Zeit, – einer Zeit, die in einen tiefen Glaubensabfall hineingeschlittert ist und in einer sehr dunklen Inhumanität dahinlebt. Sie werden vor allem gemessen an der Botschaft Jesu Christi und an den zehn Geboten Gottes.

Die Rosenkranzbetrachtungen gehören zur Wallfahrt, weil es das Gebet ist, um das die Gottesmutter in Fatima uns bittet. Sie führen uns hinein in das Leben Jesu, der als unser Herr und Erlöser die Mitte unseres Daseins ausmacht. Nach IHM sind wir geschaffen und er hat uns durch sein kostbares Blut am Kreuz erlöst. Die Rosen kranzbetrachtungen umfassen das Leben Jesu Christi und seine Sendung.

Die Meditationen insgesamt sind geschrieben worden unter dem Gesichtspunkt der Botschaft von Fatima. Sie umfassen daher den ganzen Ernst menschlichen Lebens und seiner Ewigen Bestimmung. Sie versuchen, unseren gegenwärtigen geschichtlichen Ablauf nicht so zu betrachten, als ob alles in bester Ordnung wäre, – sondern als einen geschichtlichen Ablauf, in dem sich ein immer größer werdender moralischer Zusammenbruch offen legt, der von gottfeindlichen Kräften gesteuert wird. – Vorwort und Nachwort sind eigens gestaltet.

Neusäß, den 13. 10. 2007, am 90. Jubiläum der Erscheinung von Fatima.

P. Otto Maier SM

Statt eines Vorwortes

Eines der erregendsten Phänomene, das mich seit meiner Jugend begleitet und mit erschreckender Wucht trifft, ist die Tatsache, dass die Menschen Augen haben und nicht sehen, Ohren haben und nicht hören, ein Herz haben und das Eine-Notwendige nicht hineinlassen.

Der Leser mag sich fragen, ob eine solche Schau nicht eine maßlose Übertreibung sei? Darauf möchte ich antworten: Solange meine Schreibfeder einen solchen Satz auf das Papier niederschreibt, ist der Satz leer und nichtssagend. Wenn aber die reelle Tragödie eines Einzellebens vor mir aufscheint, oder scheint gar die Tragödie ganzer Stämme und Nationen auf, die Warnungen verlachten und dann am Übermut zugrunde gingen, dann wird diese Tatsache wie eine glühende Frage über dem Angesicht des Menschen.

Dies habe ich als Knabe erleben müssen, und heute nach fast sechzig Jahren sind die Erlebnisse, die mich im Alltag treffen, noch immer die gleichen geblieben. Die blinde Tragödie der Menschen endet nicht. Die Torheit des Abfalls ist unbegreiflich. – Darum versuche ich durch das ganze Buch, das ich hier vorlege, diese Tatsache als Anfrage an uns alle wie einen roten Faden hindurch zu ziehen! „Sie haben Augen und sehen nicht, sie haben Ohren und hören nicht, sie haben ein Herz, und es kommt nicht hinein." – Doch, was meine ich damit konkret? Welche Wirklichkeiten spreche ich an? Ich will versuchen, am erlebten Beispiel meiner Jugend dies zu schildern. – So habe ich es erlebt:

Das Jahr 1933

Man schreibt das Jahr 1933. Zu Beginn des Jahres finden wir eine fieberhafte Tätigkeit inmitten des deutschen Volkes. Allenthalben gibt es Diskussionen: bei den großen Parteiversammlungen der verschiedenen Verbände, innerhalb der Betriebe und Arbeitsstätten, in den Wirtshäusern, unter den Familienangehörigen, zwischen den Ehegatten. Es sind erregende Gespräche. Welche Partei wird das Rennen machen? Hat nicht die nationalsozialistische Partei Chancen, den Wahlkampf zu gewinnen? – Zugleich aber Mord und Totschlag auf der Straße.

In diesen Tagen des Kampfes erheben sich Männer und Frauen, die aus den verschiedensten Lagern kommen, und warnen. Sie warnen mit aller Deutlichkeit. Sie warnen mit dem Einsatz ihres Lebens und sagen den

Menschen, dass der Sieg der Nazis Tod und Untergang für das Volk bedeute. Viele aus ihnen eilen von Stadt zu Stadt, von Kanzel zu Kanzel. Sie riskieren Kopf und Kragen. Dennoch versuchen sie es mit dem Einsatz ihrer ganzen Überzeugung und aller ihrer menschlichen Kräfte. Aber ihre Worte werden nicht ernst genommen. Die Notschreie verhallen im Wind.

Man schreibt das Jahr 1933. Um sich vorzustellen, was im Jahre 1934 geschehen wird, dazu braucht es eine ernsthafte meditative Überlegung. Ebenso braucht es eine Schau, welche die Kraft hat, voraus zu zeichnen, was kommen wird. Doch der Mensch des Jahres 1933 schaut nicht auf das Jahr 1934 noch auf 1938 oder noch auf das Jahr 1940 oder 1945. Für ihn gilt: Die Probleme, die heute anstehen, müssen auch heute gelöst werden. Man kann sie doch nicht in die ferne Zukunft vertrösten.

Der Beginn dieses Jahres vollzieht sich in einer turbulenten Hektik, die nach Ordnung und einem starken Mann schreit. Da zählen Versprechungen. Da sind viele schon zufrieden, auch wenn das Versprechen nur ein Flicken ist, der auf ein verschlissenes Kleid aufgenäht wird. Ein Großteil der Bevölkerung sagt: „So schlimm muss es ja nicht werden", oder „die Suppe wird nicht so heiß gegessen, wie sie gekocht wird", „Versuchen wir's doch mal mit den Nazis, denn diese helfen wenigstens durch Taten." Andere sagen: „Schon heute machen die braunen Horten alles nur mit Gewalt. Das kann nicht gut gehen. Daraus muss uns Untergang und Tod werden."

Man schreibt das Jahr 1933. Die Bürger Deutschlands machen sich keine Vorstellung von dem, was kommen wird. Wie Schleier liegt es über den Augen. Doch, ist es überhaupt möglich, eine Zeit vorauszunehmen? – Viele tun das, denn in den Propagandaschriften, die sie verteilen, steht das Wort von einem tausendjährigen Reich, – ein Wort aus der Vorstellungswelt einer knabenhaften Illusion. Zugleich bläst da einer den Menschen Versprechungen ins Ohr. Er sagt; „Gebt mir zehn Jahre Zeit, und ihr werdet euere Städte nicht wiedererkennen!"

Es kommt die Stunde der Entscheidung, die Wahl. Aber sie erkennen es nicht. Die dunklen Visionen, die einige gesehen haben, manche sogar überdeutlich, bleiben den meisten verborgen. Ihr Inneres ist in Finsternis. Ihre Augen sehen nicht, ihre Ohren hören nicht und sie glauben nicht. Darum schreien sie mit vielen anderen zusammen auf der Straße: „Heil Hitler!" – Sie wählen Hitler, der ihnen den Tod bringen wird. – Vielleicht waren sie alle schon längst von Gott abgefallen. Vielleicht erwarten sie das Heil von ihrem eigenen rastlosen Tun, aber nicht von dem, „der Himmel und Erde geschaffen hat!" - Tönt einem da nicht der Klageruf Jesu in den Ohren:

„Jerusalem, Jerusalem, wie oft habe ich deine Kinder sammeln wollen, wie eine Henne ihre Küchlein unter ihren Flügeln sammelt, und ihr habt nicht gewollt. Siehe, euer Haus wird euch verödet überlassen werden."

In den Jahren danach tauchen dann wie Erinnerungsfetzen meine eigenen Kindheitserlebnisse auf:

Das erste Wort, das ich in der Schule lerne, heißt: nationalsozialistische Partei. Dieses Wort ist bedeutsam für uns Kinder, weil national mit 't' und nicht mit 'z' geschrieben wird, wie das kindliche Ohr wohl hört.

Die Partei gibt armen Familien Zucker, Butter, Mehl, Eier und Nudeln. Mit einem großen Korb voll Nahrungsmittel kommen wir nach Hause. Auch sind überall die Plakate vom Winterhilfswerk angeschlagen, dessen Aktion über das Land rollt. Was für eine wahre Volkspartei sind doch die Nazis!

„Vater, warum hat dieses Geschäft einen großen Bretterzaun vor dem Schaufenster?" – „Kind, es hat einen Bretterzaun, weil das Schaufenster mit Steinen eingeworfen worden ist." – „Vater, warum ist das Schaufenster mit Steinen eingeworfen worden?" – „Kind, es ist eingeworfen worden, weil dort Juden wohnen."– "Vater, was sind Juden?" – „Pssssst!"

Der Führer kommt in die Stadt. Der ganze Rathausplatz ist mit Menschen ausgefüllt. Jemand sagt: „He, Bub, willst du auf die Leiter steigen, um den Führer zu sehen? Siehe, da kommt er." Alles schreit. Wie das Rauschen vieler Stimmen erdröhnt der Platz: „Heil! Heil! Heil!" Welch ein Gott muss da kommen! Sie erwarten das Heil von einem Sterblichen. Der Führer grüßt. Er hat den Arm immer gleich ausgestreckt. – Er lacht nicht.

Unsere Familie ist bei einer uns bekannten Familie eingeladen. Die beiden kleinen Mädchen spielen nackt vor dem Haus, wo es ein kleines Schwimmbecken gibt. „Wissen Sie schon", sagt der Hausherr, „dass meine Frau und die beiden kleinen Töchter übernächste Woche nach Amerika abreisen werden?" – „Nein, wir wissen es noch nicht. Warum reisen sie ab? Kommen sie nicht mehr zurück?" „Nein," sagt der Hausherr, „sie kommen nicht mehr zurück. Sie wissen ja, meine Frau ist eine Jüdin." Bei dem Wort Jüdin allenthalben Angst, Schrecken und Verwirrung in den Gesichtern.

Die Jahre 1938 und 1939

Wir dürfen vier Wochen an die Ostsee zur Erholung. Es ist eine sehr weite Reise und ein ganzer "Kinderzug" fährt eigens dorthin. Schule und Partei haben das organisiert. Wie herrlich! Noch heute tönt mir das laute Geschrei in den Ohren, als wir die Stadt Berlin durchfuhren: „Zicke-zacke, Zicke-zacke, Hoi-hoi-hoi! Zicke-zacke, Zicke-zacke, Hoi-hoi-hoi! etc."

Panzer fahren durch die Stadt. Sie sind nagelneu. Was sind Panzer? Als Kind weiß ich das nicht. Dass sie zerstören und schießen können, davon habe ich keine Ahnung. Nur eines weiß ich noch, und das fiel mir als Kind auf: Die Männer auf dem Kommandoturm standen stolz und selbstbewusst da und grüßten die Bevölkerung. Nun waren sie geachtet. - Das tat für sie der Führer.

Führer ist alles: in der Schule, auf der Straße, in den Geschäften. An Führers Geburtstag haben wir schulfrei. Da gibt es ein großes Kinderfest im Schulhof mit Brezeln und Sackhüpfen und vielen anderen lustigen Spielen.

Heute übt die Stadt Fliegeralarm. Eine Probe für den Ernstfall. Als die Sirenen ertönen, schnappt unsere Mutter meine Geschwister und mich und rennt wie verrückt in den Keller. Ich verstehe das aufgeregte Zeug nicht und frage: „Warum rennst du denn so schnell, Mama?" - Dann ist das ganze Haus im Keller versammelt und alle schweigen. Wie komisch!

Es ist in der Frühe um 5.30 Uhr. Ich liege in meinem Bettchen und schlafe. Jemand weckt mich. Ich bin achteinhalb Jahre alt. Mein Vater ist es, der mich weckt. Er fragt mich: „Du Kind, darf ich dein Taschenmesser haben?" Ich antworte noch schlaftrunken: „Bist du es, Papa? Warum brauchst du es?" - Er sagte: „Es ist Krieg. Ich muss als Soldat in den Krieg und habe kein Taschenmesser und kann jetzt auch keines kaufen." Ich sage; „Gut, dann nimm mein Messer", und ich gebe es ihm. Er hebt mich aus dem Bettchen, küsst mich und sagt: „Ich gehe jetzt in den Krieg, aber ich komme bei den Soldaten zur Bäckereinheit, da passiert nichts. Ich komme bald wieder." Ich aber frage: „Warum sollst du nicht bald wiederkommen?" Er legt mich ins Bettchen zurück und befiehlt mir, weiterzuschlafen. – Mittags stehen die Frauen gruppenweise in unserer Straße und diskutieren. „Muss man denn einen Vater von vier Kindern wegholen und in den Krieg schicken? Gibt es keine jüngeren Männer?"

Der erste wahre Fliegeralarm: Die Leute stehen im Keller und schweigen betroffen. Ihr Angesicht ist verstört und bei vielen zittern die Gliedmaßen. – Eine dunkle Ahnung wie ein gezücktes Schwert liegt von diesem Tag an über der Stadt.

Der Krieg hat begonnen. Wenn die Leute zusammenstehen, dann reden sie davon, wer den Krieg gewinnt. Meine Mutter sagt im Kreise von anderen Frauen, es gäbe da einen Mann in einer katholischen Gemeinde, der habe Visionen. Die Frauen fragen: „Was schaut er in seinen Visionen? Gewinnen wir den Krieg oder nicht?" Meine Mutter sagt, er habe davon gesprochen, dass wir den Krieg gewinnen würden, – aber die vielen, vielen Flieger!?

Mein Vater ist mit der Bäckerkompanie in Frankreich. Er kauft dort für uns Kinder mit seinem Sold warme Winterkleider und schickt sie uns.

Das Jahr 1942

Erster wirklicher Fliegerangriff. Ein Haus, das etwa dreihundert Meter von uns entfernt liegt, wird getroffen und brennt ab. Da in unserem Wohnblock noch eine Wohnung frei ist, wird die geschädigte Familie in unserem Block einquartiert. Ich erinnere mich noch gut an die Mutter der betroffenen Familie, – wie diese Frau am anderen Morgen weinend in unserem Innenhof steht und erzählt, wie ihr Haus niederbrannte. Zum Schluss sagt sie laut weinend: „Jetzt haben wir zwanzig Jahre geschuftet und gerackert, um ein schönes Zuhause zu haben. Und nun, über Nacht, – ist alles weg."

Ich darf zum Jungvolk, das ist die NS-Jugendbewegung der zehn bis vierzehn Jährigen. Sie machen dort pfundige Spiele. Aber man muss auch Befehle austragen. Dazu heißt es: „Befehl ist Befehl!" Ich muss meinen Befehl zu einem der Ärmsten unserer Gruppe bringen, der im Elendsviertel wohnt. Als ich den Befehl abliefere, schauen mich alle so abweisend und unangenehm an. Oft frage ich mich, warum starren die mich an? Ich habe doch nichts Böses getan?

Große Sportspiele um die Siegernadel: Sechzigmeterlauf, Weitsprung, Ballwerfen. Die ganze Jugend unseres Stadtteils ist im Stadion. Das ist eine begeisternde Sache. Auch ich bekomme neben anderen Kameraden die Siegernadel, worauf ich mächtig stolz bin. Danach Aufmärsche mit Fanfaren, Trommeln und Uniformen. – Vier Wochen später kommt ein älterer Herr an die Glastüre unserer Privatwohnung und fragt nach mir. Er meint, ich sei doch ein guter Sportler mit guten Resultaten. Er wisse darum. So einen brauchten sie dringend in ihrem Leichtathletikclub. Da bin ich diesem Verein beigetreten.

Eine traurige Nachricht wird in unserem Hause besprochen. Der einzige Sohn der Nachbarin ist gefallen. Er war ein junger Bursche, der eine große Begeisterung für seinen Führer besaß. Neunzehn Jahre zählte er, als er tödlich getroffen fiel. Aus seinen letzten Briefe strahlte ein großer Glauben an Deutschland. Wir gratulieren der Mutter für seine Heldentat. Zugleich aber liegt über der ganzen Hausgemeinschaft eine heimliche, drohende und unbeschreibliche Frage, welche die Menschen quält und verstummen lässt.

Fliegeralarm in der Nacht. Wir haben unsere Kleider noch nicht recht angezogen, da beginnt die Fliegerabwehr schon wie verrückt zu schießen. Wie wir aus dem Haus treten, um den Hof zu überqueren, ist der Himmel taghell erleuchtet. Ich sehe Tausende von Leuchtschirmchen am Himmel aufgesteckt. Die Menschen von damals nannten dies die "Christbäumchen". Die Leute schreien auf. Alles stürzt sich in den Keller. Zwanzig Familien drängen sich unter das kleine Gewölbe. Dann tödliche Stille, während draußen die Geschosse bersten. Die ersten Bomben krachen und der Tanz beginnt, die Kellergewölbe erzittern. Staub löst sich allenthalben und fällt in feinen Fäden auf den Boden hernieder.

Meine kleine Schwester schreit hysterisch. Ich selbst hocke auf einem Fass, habe einen Pickel in der Hand und bete pausenlos Vater-Unser. Plötzlich kommt die Nachricht, die Schule nebenan brenne. Eine Frau verliert den Kopf und rennt in den ersten Stock hinauf. Da detoniert eine Mine. Schreiend kommt sie zurück und wirft sich auf den Boden und weint in Krämpfen.

Doch dann fallen keine Bomben mehr und auch die Flak hört auf zu schießen. Wir gehen nach oben. Der Himmel brennt in rasenden Feuern. Ich habe so etwas noch nie gesehen und konnte es mir auch nicht einbilden. Die Nacht ist taghell geworden. Gleich etwa von unserem Haus weg ist das ganze folgende Quartier ein einziges Flammenmeer. Die feindlichen Flugzeuge suchten die Industrie, die Daimler-Werke in Stuttgart-Untertürkheim, aber sie fanden Wohnquartiere in Bad Cannstatt. Als Knabe helfe ich die ganze Nacht hindurch Häuser löschen. Die Feuerwehren aller umliegenden Städte sind hier eingetroffen. Wir löschen, bis aus den Hydranten kein Wasser mehr kommt.

Erschöpft gehen wir am Morgen nach dem Angriff schlafen. Wir haben die Glasscherben der Fensterscheiben, die durch Detonationen und Luftdruck zerborsten sind, aus den Betten weggeräumt und die ganze Familie hat sich in das Schlafzimmer der Eltern zurückgezogen. Es gelingt nicht, die Augen zuzumachen. Meine Mutter betet ununterbrochen alle Gebete, die sie von ihrer Kindheit her noch kennt. Wir Kinder sollen mit ihr beten. Ich kann mich nicht erinnern, meine Mutter jemals so beten gehört zu haben. Diese betende Mutter habe ich niemals mehr vergessen.

Es ist zehn Uhr anderntags. Neugierig will ich das Ausmaß der Schäden erkunden. Fünf Straßenzüge laufe ich dem Berg entgegen und dann drei Straßenzüge bis zum Fluss Neckar und hernach wieder zurück. Rauchschwaden und widerlicher, fürchterlicher Gestank, geborstenes Gemäuer, zugeschüttete Straßen, – ein toter Fleck, kein Mensch. Das Quartier ist wie eine Stadt über die man den Bann gelegt hat, um sie mit Kind und Kegel auszurotten. Da ich noch ein Knabe bin, realisiere ich die wahre Tragödie nicht. Tote sehe ich keine. Sie seien noch in den Kellern eingeschlossen, sagt man später.

Der Tag der großen Abreise ist gekommen. Meine Schulklasse und viele andere Klassen stehen am Bahnhof mit dem Reiseköfferchen in der Hand und warten auf den Zug. Alle Kinder der Stadt werden evakuiert, das heißt aus der Stadt ausgesiedelt. Die Familien werden auseinander gerissen und jedes Kind kommt zu einer fremden Familie in ein anderes Dorf. Der Lehrer kommt mit. Die Stadt hat diese Maßnahme ergriffen, um die Kinder vor den Bombenangriffen zu schützen. – Meine Mutter geht mit uns Kindern bis zum Bahnhof. Ihr Mann ist im Krieg. Die Kinder ihres Schoßes werden unter andere Familien aufgeteilt. Sie küsst uns und der Zug fährt ab.

Ich komme auf die Schwäbische Alb, in ein Berggebiet und werde bei einer guten Familie in Meßstetten einquartiert. Mein kleiner Bruder, der sieben Jahre alt ist, wird im Nachbardorf, im Tal unten, untergebracht, etwa vier Kilometer entfernt. Ich besuche ihn an Sonntagen. Er freut sich, mich zu sehen und ist doch ständig traurig. Ihm fehlt die Mutter. Auch sagt mir die Familie, die ihn aufgenommen hat, er nässe jede Nacht das Bett.

Großes Lager mit dem Jungvolk. Wir zelten in einem weitangelegten Tal. Wir haben alles, was wir uns wünschen. Das Essen ist ausgezeichnet. Wir spielen alle Tage wunderschöne Spiele. Am Sonntag kommen ein paar junge Offiziere von der SS zu uns. Sie haben Handgranaten mitgebracht. Sie zeigen und erklären sie uns. Wir dürfen sie anfassen. Am Schluss lassen sie einige von diesen Handgranaten bei uns explodieren. Wenn dann der Staub der Detonation aufwirbelt, ist das für uns eine erregende und großartige Sache.

Das dröhnende Geräusch der fliegenden Motoren ertönt oft in den Nächten und auch am Tag. Ein Brummen liegt über uns wie ein pausenloser und fürchterlicher Sturm, der nicht enden will. Das Geräusch dringt in die Nerven ein und bohrt sich ins Herz. Tausende von Flugzeugen in Traubenformation von je dreißig und vierzig Maschinen überdröhnen uns. Jedes von ihnen hat vier Motoren und trägt schwere Bombenlasten. Am Horizont aufbrechende Lichtblitze. Ich erschrecke, ich habe eine fürchterliche Angst und kann oft des Nachts nicht mehr schlafen. – O Gott, behüte doch Du meine gute Mutter! Ich habe so große Angst um sie.

Der Lehrer hat mit einem Kabel im Klassenzimmer einen Lautsprecher angeschlossen. Alle Schüler müssen die Rede eines der ganz Großen der Partei mit anhören. Dann kam es aus dem Lautsprecher, ich erinnere mich noch genau. Da schrie einer die Frage heraus: „Wollt ihr den totalen Krieg?" – Antwortgeschrei: „Wir wollen ihn!" – Es kamen dann noch viele andere Sätze, die ich vergessen habe. Aber immer lautete das Antwortgeschrei einer schreienden Menge: „Wir wollen es! – Wir wollen ihn! – Wir wollen ihn!"

Das Jahr 1944

Meine Mutter hat mich aus dem Bergdorf Meßstetten von meinen Pflegeeltern zurückgeholt. Nun wohnen wir vier Geschwister wieder zusammen im Heimatort meines Vaters "Hüttlingen bei Aalen" in Württemberg. Jedoch ist jedes von uns bei einer anderen Familie untergebracht. – Das Jungvolk, die für alle verpflichtende NAZI-Jugendorganisation der Ortschaft, hat am Sonntagmorgen um 9 Uhr Dienst angesetzt. Das ist gemäß der NAZI-Vorschrift für alle Kinder obligatorisch. Der Bauer, bei dem ich wohne, schickt mich am Sonntagmorgen um 7 Uhr in die Kirche zur Frühmesse. Als ich gegen 9 Uhr in den Dienst gehe, flucht er wie einer, der die Nerven verloren hat. Dann herrscht er mich wutentbrannt an. Er steht vor mir in lebendigem Zorn und schimpft: „Die, – die da, – die machen mit euch am Sonntagmorgen um neun Uhr nur deshalb Dienst, weil..." Plötzlich bricht der Mann mitten im Satz ab. Er starrt mich mit offenen Augen an. Auch ich schaue ihn entsetzt an. Dann schüttelt der alte Mann den Kopf, beißt auf die Zähne und verlässt wortlos das Zimmer. Ich bin erschrocken. Ich weiß nicht, was ich darauf sagen soll? Was hat er wohl gemeint? Warum hat er den Satz nicht ausgesprochen?

Das Radio meldet von einem Attentat auf den Führer. Die Leute stehen zusammen und schauen so sonderbar drein. Alle meine kleinen Freunde sind erschreckt. Wir verstehen nicht, dass es so böse Menschen geben kann, die einen solchen guten Führer umbringen wollen. – Alle Burschen meiner Klasse müssen zu einem Gasthof wandern, der zwei Ortschaften weiter unten liegt. Dort sind drei junge Offizieren der Waffen-SS. Sie erzählen uns von Heldentaten und von der Großartigkeit dieser Truppe. Sie laden alle ein, bei ihnen einzutreten. Dann legen sie uns Papiere zum Unterschreiben vor. Wir unterschreiben alle, doch keiner weiß eigentlich wofür. Wir waren damals zwölf Jahre alt.

Ich habe neue Freunde kennen gelernt, die einer heimlichen katholischen Gruppe angehören. Dass die Gruppe heimlich ist, darüber gebe ich mir keine Rechenschaft. Wir singen religiöse Lieder, die wir auswärts in einer anderen Pfarrei den Gläubigen darbieten wollen. Die Übungsabende machen mir großen Spaß. Eines Sonntags singt die Gruppe auswärts in einer fremden

16

Schule. Plötzlich ruft jemand: „Die Gestapo kommt!" Hals über Kopf rennen wir alle davon. Ich verstehe nicht, was die Gestapo von uns will?

Der Lehrer, teilt uns heute morgen in der Schule überraschend mit, dass das Unterrichtsministerium beschlossen habe, die jetzige achte Klasse werde früher als sonst aus der Schule entlassen. Man brauchte uns dringend in den Betrieben, damit wir arbeiten, um so den Krieg zu gewinnen. Die ganze Klasse ist begeistert, weil wir nun nicht mehr zur Schule müssen. – Als ich nach Hause komme, werfe ich den Schulranzen mit Schwung in die Ecke und rufe jubelnd: „Mutter, ich muss nicht mehr in die Schule! Wir sollen arbeiten gehen!" Da dreht sich meine Mutter um, und schaut mich fast böse an. Verhaltene Wut und Zorn zucken um ihr Antlitz. Doch sie schweigt. Ich stehe ganz betreten da.

Eines Morgens drückt mir mein Bauer, bei dem ich arbeite, einen Brief in die Hand. Darin steht geschrieben, dass ich mich zu Beginn der kommenden Woche zur Waffenausbildung in einem Hitler-Jugend-Zentrum, das auf der Schwäbischen Alb bei Geislingen an der Steige liegt, melden müsse. Bisher habe ich Freude gehabt an diesen Dingen. An diesem Tag aber kommt mir das komisch vor. Ich drücke meine Empfindungen vor dem Bauern aus. Der sagt mir, dass wir mitten in der Ernte stünden. Er habe niemanden zum Arbeiten als mich. Ich könne doch jetzt nicht weggehen. Ich war gerade vierzehn Jahre alt geworden. – Ich fahre in die nächste Stadt, um mich beim Bannführer dispensieren zu lassen. Der aber tut es nicht und gibt mir den Auftrag, ich müsse unbedingt gehen. Befehl sei Befehl. Als ich zurückkehre, stehe ich im Konflikt zwischen dem Ausbildungslager für den Krieg und der bevorstehenden Feldarbeit. Ich weiß nicht warum, aber ich habe mich für die Feldarbeit entschieden. Solches hatte ich noch nie getan. Woher kam mir das innere Wort? Woher kam mir die innere Kraft? Ich war vierzehn Jahre alt, als dies geschah.

Mein Freund, der Nachbarsbub, ist fünfzehn Jahre alt. Er kommt zu mir und zeigt mir seinen Stellungsbefehl. Darin steht geschrieben: „Melden Sie sich am Montag um fünfzehn Uhr in der Kaserne in Schwäbisch Gmünd." Am Montagmorgen fährt mein Freund weg. Seine Mutter begleitet ihn zum Bahnhof. Er wird Soldat. Er ist gerade fünfzehn Jahre alt.

Meine neue Arbeitsstätte finde ich bei der Deutschen-Reichs-Bahn. Die ersten Monate verlaufen recht ruhig. Aber dann haben wir fast täglich Tieffliegerangriffe auf unseren Bahnhof. Eines Tages verbietet mir meine Mutter weiterhin zur Arbeit zu gehen. Es ist ihr zu gefährlich. Wenige Tage später sehen wir, wie zwei Verbände schwerer Bombenflugzeuge einen

Angriff gegen die nahe Stadt fliegen. Leute, die zurückkommen, berichten: Der Bahnhof sei total zerstört. Er ist umgepflügt wie ein Ackerfeld.

Das Jahr 1945

Amerikanische Panzer, rollen ins Dorf. Der Pfarrer läuft ihnen entgegen und bittet die Soldaten, das Dorf zu schonen. Drei Häuser brennen lichterloh. – Und dann, – dann gibt es keinen Führer mehr, kein Volk, kein Vaterland, keinen Sieg und keinen Endsieg. Aber es gibt viele, viele Gefallene, ein zerstörtes Territorium, ragende Ruinen. Der Gestank und die Pest des Todes wesen noch lange im Lande.

Man schreibt das Jahr 1945. Der Krieg ist zu Ende. Von meinem Vater wissen wir nichts. Meine Mutter ist in die Stadt vorausgefahren, um dort wiederum zu wohnen. Ein paar Wochen später fahre auch ich zurück. Ich steige im Hauptbahnhof Stuttgart aus. Der Turm des Bahnhofs steht noch, aber sonst ragen seine geborstenen Mauern kahl zum Himmel empor. Unten hat man ein paar Bretterbuden aufgestellt, um die wichtigsten Formalitäten für Fahrkarten und noch mögliche Reisen mit dem Zug erledigen zu können. Ich trete vor den Bahnhof hinaus und sehe weit über einen Kilometer im Umkreis kein einziges Haus mehr stehen: nichts als zerbröckelnde Mauern, Ruinen, verschüttete Straßen, ein einziges Trümmerfeld. – Das Chaos!

Die Jahre zwischen 1933 und 1945 hatten sich entblättert. Dabei war mit offenbar geworden, wohin eine solche Selbsterlösung durch einen Führer mit einem tausendjährigen Reich geführt hatte. Wie war es nur möglich, dass vernünftige Menschen vor einer sterblichen Person einen so unglaublichen Götzendienst betrieben? Sie haben aus einem Menschen einen Gott gemacht, um ihren Traum von Macht und Paradies auf dieser Erde zu träumen! – Später, sooft ich mich an die Geschehnisse erinnerte, besonders an die letzten Tage, kam mir der Satz jenes Verrückten in den Sinn: „Gebt mir zehn Jahre Zeit und ihr werdet euere Städte nicht wieder erkennen." Trümmerfelder und mahnende Engel in Dom-Ruinen blieben übrig. Dieser Satz tönt wie eine Fanfare! Er ist ein Treppenwitz der Weltgeschichte! Es hat sich da tatsächlich einer wie Gott aufgespielt. Schon das Volk sagt: „Gott lässt seiner nicht spotten."

1933 haben sie diesen "einen" gewählt. Damals war nichts offenbar. Damals wusste keiner, wie der Gang des konkreten Geschichtsablaufes sich vollziehen würde. Denn im Jahre 1933 dachte man nicht das Jahr 1934, geschweige denn an das Jahr 1945. – Doch im Jahre 1933 hallte der Ruf der Propheten über das Land. Sie mahnten zur Besinnung. Sie riefen auf,

Versprechungen an harten Wirklichkeiten zu messen und nicht an Wunschgebilden, Träumen und Optionen. Die Propheten von damals forderten unnachgiebig, Bewegungen und ihre Männer im Angesichte Gottes zu prüfen und sich nicht täuschen zu lassen. Aber die Menschen von damals prüften nicht. Ihre Ohren waren verstopft, ihre Augen blind. Die Leute schienen von diesem Führer wie besessen, der ein Babylon errichten wollte. Sie schrieen damals: „Heil, Heil, Heil!"

1945 der Traum ausgeträumt. Ein System hatte abgerechnet. Ein Götze war von seinem Sockel in den Staub gefallen und dort zerborsten. Einer fatalen Entscheidung zwölf Jahre zuvor wurde der abschließende Kontoauszug, die ganze Abrechnung vorgelegt. Der erwachsene Mann, der in die Zeiten hineinschaut, erschaudert. Seine Augen weiten sich. Er weiß mit Klarheit, dass seinem Tun die harten Konsequenzen folgen. Es steht vor ihm absolut, dass jede Entscheidung, die der Mensch fällt, mit enormer Kraft zurückwirkt.

Verstehen Sie nun, warum das Wort: „Sie haben Augen und sehen nicht, sie haben Ohren und hören nicht, sie haben ein Herz und es kommt das heilende Wort nicht hinein", – verstehen Sie, warum dieses Wort zu den erregendsten Phänomenen gehört, die mich bewegen? Denn wir leben in einer Welt und Zeit wie zu jeder Epoche. Wenn wir uns in der gleichen Blindheit bewegen, von der eine vergangene Geschichtsstunde besessen war, trifft uns auch das gleiche Schicksal: Feuer, Katastrophen, Zerstörung.

Vergessen wir nicht! – Damals war der Götze braun. Heute sind die Götzen, hinter denen wir unsere Scheußlichkeiten verstecken, golden oder rot? – Aber die Uhren ticken, – 'consequentia consequentium', 'consequentia consequentium', 'consequentia consequentium': „Keiner entgeht den Konsequenzen, – keiner entgeht den Konsequenzen, – keiner entgeht den Konsequenzen!"

„Der Anfang der Weisheit ist die Gottesfurcht!"

Das Sonnenwunder von Fatima sahen siebzigtausend Menschen. Es bestätigte, dass die Jungfrau und Mutter Maria den drei kleinen Kindern von Fatima eine Botschaft gegeben hat. Wird wenigstens diese heute gehört ???

Gegrüßet seist Du Maria, voll der Gnade, der Herr ist mit Dir. Du bist gebenedeit unter den Frauen und gebenedeit ist die Frucht Deines Leibes Jesus. – Heilige Maria, Mutter Gottes, bitte für uns Sünder, jetzt und in der Stunde unsres Todes. Amen!

Aufbruch von
Molinar de Carranza

Letzte Vorbereitungen zur Reise

Der Rektor des Hauses

Aufbruch ins weite und unberührte Land

Der immer treue Begleiter – Brombeeren und Disteln

Das verlorene Paradies

Die Mitte des Seins: Gott oder der Mensch?

Der Pass, die Bar und eine Enttäuschung

Die Perlenkette

Landstreicher und wie ein Fremdling

Rosenkranzbetrachtung

„Jesus, den Du, o Jungfrau vom Heiligen Geist empfangen hast"

Letzte Vorbereitungen zur Reise

Wohin mein Weg führen wird, wollte ich verschweigen. Es sollte mein Geheimnis bleiben. Die Scheu, meine Gedanken und mein Wollen anderen anzuvertrauen, ist groß, da ich Gelächter fürchte. Aber der Rektor hat ein Recht zu wissen, wohin ich gehe. Bis zur Stunde habe ich kein Wort verloren. Eine Spannung liegt über uns.

Auch vor der Abreise bin ich mit Beschäftigungen ausgefüllt. Mit dem Lieferwagen fahre ich nach Bilbao, um zu kaufen, was für die bauliche Erneuerung des Hauses notwendig ist. Oft bin ich unterwegs.

Das ist doch so: Wir brausen immer mit unseren schnellen Autos über den Asphalt, und alles, was auf uns zuströmt, liegt schon in der Fluchtlinie wieder hinter uns. Die Menschen, die uns grüßen, verschwimmen, als ob man sie nicht gesehen hätte. Wir haben nicht einmal ihr Antlitz gesehen. Von Warenlager zu Warenlager eile ich. Hier mache ich einen Witz und dort klopfe ich einem Geschäftsmann auf die Schulter. Er ist froh, dass er mir seine Ware verkauft, und ich freue mich, das Zeug billig zu bekommen. Dann fahre ich rasch zurück. Vor der Polizei muss ich warten, fahre wieder an und fahre weiter.

Das alles liegt nun hinter mir, auch die letzten Vorbereitungen für die Wanderung: der Rucksack, Trainingsanzug, ein paar Hemden, Unterwäsche, Gebetbuch und Pässe, Straßenkarten, eine kleine Apotheke, zwei Paar Schuhe, der Photoapparat und Kleinigkeiten.

Der Rektor des Hauses

Es ist Abend. Ich steige zum Zimmer des Rektors empor. Ich klopfe, und er ruft mich. Er sitzt hinter seinem Schreibtisch, ein Mann widersprechender Gefühle: einsam und doch die anderen suchend, ohne sie je ganz zu erreichen. Man sagt: Er habe einmal eine schwere Ungerechtigkeit erlitten. Ist er dadurch so erschreckend kantig geworden? Aber auch ich bin nicht der Typ, der alles widerspruchslos hinnimmt. Dann sage ich geradeheraus, was ich denke, und oft empfinde ich diesen Widerspruch zwiespältig. Wir spielen wie so manches Mal mit vertauschten Rollen Katz und Maus.

Nachdem ich mich auf einen Stuhl gesetzt habe, sage ich ihm:

„Pater Rektor, ich gehe morgen in die Ferien und Sie sollen wissen, wohin mein Weg führt. Ich wandere nach Fatima, das in diesem Jahr das fünfzigjährige Jubiläum feiert."

Er schaut mich einen Augenblick überrascht an. Er meint wohl, dass dies eine gute Sache sei. Dann fragt er: „Du fährst mit der Bahn? Oder per Autostopp? Dann kannst du ja in zwei Tagen unten sein."

Ich widerspreche: „Pater, ich werde nicht in zwei Tagen unten sein. Ich will versuchen, eine große Strecke zu Fuß zu gehen und nur, wenn notwendig, per Autostopp."

Wie ist das? Es ist ihm recht, dass ich nach Fatima gehe, aber es widerspricht ihm, dass ich zu Fuß gehe. Letzteres ist in seinen Augen eine fixe Idee. Wer als Priester solches tut, hat das Maß verloren, meint er. – Ich hingegen ziehe dies in Zweifel, denn wer das Kleine und das Unscheinbare noch auf sich nimmt, warum sollte der sein Maß verloren haben?

Es geht um Buße und Sühne.

Gibt es diese Worte überhaupt noch im Sprachschatz des Modernen? Oder ist eine Fußwanderung auch nur eine Sensation mehr und eine Aufstockung des Selbstwertgefühls, die man am besten abwehrt. Wir bleiben geteilter Meinung.

„Pater Rektor, wären Sie so freundlich und würden mir 3000 Pesetas Feriengeld und noch 4000 Pesetas Reisegeld geben, dazu bitte die Ermäßigungsscheine für die Eisenbahn."

Der Rektor holt seine Kasse und zählt mir das Geld ab. Auch gibt er die Ermäßigungsscheine. „Weißt Du was", sagt er, „am besten ist, du fährst per Autostopp oder mit der Bahn." Ich lächle.

Dann bitte ich ihn um den Reisesegen. „Der Segen des allmächtigen Gottes, des Vaters und des Sohnes und des Heiligen Geistes steige auf dich herab und begleite deine Reise und verbleibe allezeit bei dir."

Ich antworte: „Amen!"

Wir geben uns die Hand, und ich beteuere: „Morgen früh, wenn Sie aufstehen, werde ich aus dem Hause sein."

Aufbruch ins weite und unberührte Land

Man verrechnet sich leicht. Den Gottesdienst habe ich gegen 5.30 Uhr früh gefeiert. Danach gehe ich in das Zimmer zurück, um es sauber zu hinterlassen. In der Küche bereite ich mir den Kaffee. Ein Stück Brot und Wurst nehme ich mit auf den Weg. Als ich endlich das Haus verlasse, sind meine Mitbrüder längst aufgestanden, haben gebetet und sind bei der

Morgenbetrachtung. Mein Weg führt über die kleine Brücke. Dann überquere ich die Eisenbahnlinie und steige in die Berge hinein. Ich benutze wenig betretene Pfade.

Tau liegt auf den Matten. Die Sonne ist aufgegangen und leuchtet scharf in den Morgen. Es läuten die Kuhglocken des weidenden Viehs. Bald habe ich unser Haus aus den Augen verloren und bin allein auf Bergpfaden zwischen Gebüsch und Stein und den so typischen Geräuschen einer ländlichen Gegend. Es ist schön, einmal allein zu sein. Die Augen suchen die Horizonte ab. In der Höhe lebt ein eigener Rhythmus, der sehr beruhigt. Ich beginne den Stress auszuatmen.

Endlich allein! Eine tief erwartete Sehnsucht, nach der ich dürstend verlangte, erfüllt sich. Ohne Verpflichtungen! Ohne jene ununterbrochene Verkettung des Alltags mit tausend Verknüpfungspunkten und Belastungen!

Der Engel – der treue und immerwährende Begleiter

■ Da, plötzlich wandelt sich etwas.

Ich bin gar nicht allein. Da steht einer neben mir, einer wie ein Mensch, groß, stark, mit hoher Festigkeit und Würde. Ich erschrecke, denn er geht neben mir. Er begleitet mich. – Als ich seiner inne werde, erschauere ich. Ich suche seine Augen. Ich durchforsche sein Gesicht.

Ich spreche ihn an: „Wer bist du?"

„Der immer bei dir ist", ist die Antwort. Ein feines, leuchtendes, aufmunterndes Lächeln umrahmt sein durchgeistigtes Gesicht.

Er sagt zu mir: „Du bist ganz allein?"

Ich nicke.

„Du willst also alle Dinge wieder schauen, wie sie sind?"

Wieder nicke ich.

„Darf ich dir dabei helfen?"

Ein Weilchen schließe ich die Augen, dann öffne ich sie langsam und schaue ihn lange an. Sein Gesicht ist immer noch von diesem leuchtenden Schein umrahmt, aus so viel Hoffnung, Vertrauen und Wahrheit strömen. Ich fasse Vertrauen und eine Woge des Glückes erreicht mein Herz, so dass ich stammle: „Gehst du mit mir?"

Er erwidert: „Ja, ich gehe immer mit dir."

„Wie kommt es, dass ich dich sehe?", frage ich.

„Wenn deine Augen nicht bedeckt sind, kannst du mich immer sehen."

„Dann sind ja unsere Augen fast immer bedeckt", stammle ich.

Er antwortet kurz: „So ist es, mein Freund. Das ist der Grund, warum so viele in die Irre gehen."

Hilflos sage ich: „Was mache ich jetzt mit dir?" – Einen Augenblick lang sind seine Augen so ernst, dass ich mich schäme, ein solches Wort ausgesprochen zu haben.

Da wiederhole ich: „Wie darf ich dich verstehen?"

Er antwortet: „Wie ein Freund, der mit dir geht und der die Tiefen wie auch die Höhen kennt."

Ich sehe ihn lange an. Es ist schön, ihn anzuschauen. Dann sage ich: „Ich kenne die Tiefen nicht und die Höhen kenne ich auch nicht, kannst du mir darüber etwas sagen?"

Er schüttelt den Kopf und erwidert: „Wenn die Zeit gekommen ist, werde ich dir ein wenig davon erzählen."

Ich wende den Blick zurück auf das sich vor mir ausbreitende Land und hänge meinen Gedanken nach. Die klare Morgenluft durchflutet die Lungen. Wenn wir allzu sehr von der Tageslast bedrängt sind, wollen wir alle allein sein, denke ich. Doch wir haben Angst vor der Wüste, vor der öden Leere unseres Herzens und unseres Geistes. Doch es lohnt sich, auch die einsamen Straßen unseres Lebens mutig zu gehen. Dort öffnet die Stille unser Ohr. Wir lernen, dem feineren und tieferen Rhythmus des Lebens zu lauschen. Allzu oft entlaufen wir und füttern uns dann täglich mit Lärm und Schall. Aber dann überdröhnen uns wieder die tausend Maschinen, die tausend Apparate, das unzählige Stimmengewirr, das unser Herz einpanzert in hohe Mauern. Was da von außen anstürmt, wird auf den gleichen Ton eingeebnet. Unser Empfinden wird auf den stärksten Laut, der uns trifft, herabgedrückt. Unter diesem Dröhnen klagt das Herz.

Wie liebe ich deshalb die Einsamkeit. Zuerst blendet ihr Licht, erschreckt, und man kommt sich verloren vor, weil mächtige Impulse von außen fehlen. Dann fangen die kleinen Dinge an zu strahlen. Die Steine des Weges haben plötzlich klarere Konturen und Formen, die Blumen am Rande leuchten intensiver, so dass ich stehen bleiben und mich gedankenverloren in sie einsenken muss. Das eigene Herz wird lebendig. Es öffnet sich den Höhen und Tiefen, und in das Schweigen hinein vernimmt mein Herz eine Stimme, die es unentwegt suchte: die Stimme der Herrlichkeit Gottes.

Dann sprudeln plötzlich aus der Tiefe des Brunnenschachtes unserer Seele Wasser auf und beginnen zu quellen. Ein Lied beginnt, ein Gesang, der aus dem Inneren hervorströmt. Zuerst leise und schüchtern, dann stärker werdend, beginne ich IHN zu loben und zu preisen. An diesem Morgen und an diesen Hängen singe ich voll Freude ein Lied des Dankes, dass Seine Treue mich bis zu dieser Stunde geleitete, dass seine Barmherzigkeit meine arme Schwäche überdeckt und dass ER jetzt wieder mir gegenwärtig ist, deutlich, unverkennbar, alles in mir erfüllend.

Das Lied wird zum Echo, strömt zurück und dringt in mein Herz ein. Nun sehen meine Augen die Dinge wieder. Sie sehen sie anders: ungeschminkter, größer, erschreckender, aber wirklicher.

Mein Gott! Wer entreißt mich den täglichen Täuschungen? Der von außen anstürmende Lärm versenkte mich in den narkotischen Langschlaf festgefahrener Meinungen und verhärteter Ansichten, welche sich als Zeitgeist gerieren. Manchmal handelte ich falsch, ja sogar böse. Dann ist es wie im Paradies, da Eva von den lockenden Farben des Apfels getäuscht wurde. Sie griff gierig nach der Frucht. Diese war in ihrem Munde süß. Hernach wurde sie zum schrecklichen Gift. Da werden wir alle bis heute entblößt, beraubt. Darum stehen wir nackt am Pranger, elend vor Gott und vor uns selbst.

Tausend Täuschungen umgeben uns alle Tage. Aber die Stimme des Herzens? Wer von uns Menschen hört sie noch? Ist sie nicht wie der Ruf eines weinenden Kindes in der hinteren Kammer unserer Seele, während in der vorderen Kammer die Trompeten blasen, die Geigen aufjauchzen, die Paare bei Tanz und Spiel sich zujubeln und die Jahrmarktschreier ihre Ware an den Mann zu bringen versuchen? Sie preisen die modernere, ja die modernste Ware an – das bessere, ja das beste Stück – das weißere, ja das weißeste Weiß. Wie sie uns täuschen!

Oh, die Stille! – „Gott, du **LEBENDIGER** hinter allen Dingen, gib mir die Stille, dass ich erwache. Wecke mich vom langen Schlaf, dass ich die Augen ausreibe, den verführerischen Apfel auf die Seite schiebe und der Stimme meines Herzens lausche! Öffne, o **LEBENDIGER**, meinen Mund, dass ich Dein Lob verkünde! Gib mir Stille, damit ich mit schnellen Schritten Dir entgegeneile! Denn Du bist Wahrheit ohne Täuschung."

Die Sonne ist ins Firmament hinaufgestiegen. Schritt um Schritt zwinge ich mich, zur Höhe emporzusteigen. Schon bin ich zwei Stunden unterwegs der Rucksack wird mir schwer. Der Schweiß rinnt über Gesicht und Brust. Die Zunge klebt am Gaumen. Wasser gibt es hier oben keines. Da ich mein Leben zwischen Büchern zubringe, bin ich es nicht gewohnt zu wandern. Ich entdecke einen großen Brombeerbusch mit reifen Beeren. Da werfe ich meinen Rucksack ins Gras, verschnaufe ein wenig und esse die Beeren. Mir ist, als sei ich in meine frühen Tage zurückgegangen, da ich noch mit einfachen Dingen zufrieden war. Zwischen den Blättern leuchtet es schwarz. Ich verschmiere Mund und Hände und schlürfe den süßen Saft der Beeren in mich hinein. Ihre Kerne speie ich aus.

■ Mein Begleiter schaut mich an und sagt: „Wie in den Kindertagen!"

Ich muss lachen und antworte: „Ganz wie damals, als ich es noch nicht wusste. Wie schön!"

Da ich den Berg gut zu kennen glaube, erlaube ich mir, den Pfad zu verlassen. Aber ich verlaufe mich und stehe plötzlich zwischen Heidekraut und scharfen Dornen. Zweihundert Meter weiter oben sehe ich den Weg. Um dorthin zu kommen, muss ich ein scharfes Dornenfeld durchqueren.

Da sehe ich meinen Begleiter an, und er sagt: „Du musst hier durch!"

Ich antworte: „Ich suche mir einen Ausweg. Ich will nicht."

„Du wirst keinen finden", erwidert er.

Mein Versuch, das Gestrüpp zu umgehen, schlägt fehl. Überall stehen die Dornen mannshoch und dicht. Es ist mühsam und schmerzhaft. Meter um Meter kämpfe ich mich voran, die spitzen Nadeln durchdringen den Stoff der Kleidung und reißen mir die Haut auf.

Mein Begleiter, der neben mir schreitet und den die Dornen nicht berühren, sagt: „Wundert es Dich, dass es mühsam ist und schmerzt? Du musst dennoch durch!"

„Es ist sehr anstrengend", sage ich.

Er sagt: „Ja, und das gilt für alle! Das ist seit der Sünde Adams so. Auf den Ackerböden des Feldes liegt ein Fluch des **HERRN**, der zuerst dem Mann gilt. Denn »Dornen und Disteln soll der Ackerboden tragen«." (Gen 3, 18)

Ich kämpfe mich durch, keuche, und der Schweiß rinnt an mir herunter. Es braucht Generationen, bis ein Land urbar gemacht worden ist. Aber es braucht nur wenige Jahre, bis ein blühendes Land, wenn der Mensch es nicht pflegt, wieder unter Dornen und Disteln erstickt. Generation um Generation muss antreten, um sich den Boden fruchtbar zu erhalten. Es liegt viel Schweiß des Menschen auf den Äckern, Feldern und Wiesen.

Als das widerspenstige und unwirtliche Gestrüpp hinter mir liegt, setze ich mich auf einem Stein, um auszuschnaufen. Wo ist mein Begleiter? Er ist hinter mir und schaut ins Land. Auch ich schaue ins Land. Lange Zeit schweigen wir.

Dann schaut er mich an und fragt: „Hast es wenigstens du begriffen?"

„Was?", frage ich.

„Dass du einen Herrn hast", betont er.

Hernach fährt er fort: „Die Männer dieser Erde stöhnen unter dem Fluch des **HERRN**. Sie bauen Systeme von Kommunismen, Sozialismen und Kapitalismen und noch vieles andere auf, um sich selbst an die Stelle Gottes zu setzen. Warum kehren sie nicht zu ihrem Herrn zurück, da sie doch in den Stürmen der Jahrtausende erfahren mussten, dass sein Spruch bis heute gültig bleibt! – Merke! Wenn du dich schon auf den Weg zur Wallfahrt machst, musst du als erstes wissen, dass du einen **HERRN** hast, vor dem die Kreatur sich beugen muss und immer in Gehorsam steht."

Und er fügt hinzu: „Du hast nicht einen Kumpel, mit dem du zusammen berätst und hernach gemeinsam über etwas abstimmst, sondern du hast einen Herrn, der dir sagt, wo es langgeht. Und der sein Wort nicht zurück nimmt."

Eine gute Stunde vor Mittag erreiche ich die Höhe des ersten kleinen Passes. Die Sonne sticht scharf hernieder. Plötzlich durchjagt ein Windstoß die Gegend, so, dass ich prüfend aufschaue. Danach fegt ein kühler Wind über den Pass, der irgendwo Regen mit sich trägt. – Ich grüße das Tal, von dem ich auszog. Meine Augen richten sich zurück, aber mein Herz stürmt dem Ziel entgegen: Fatima in Portugal, wo die Königin des Himmels die Erde besucht hat. Fast habe ich ein wenig Angst. Wie viele Täler werde ich durchschreiten? Wie oft gilt es Abschied zu nehmen? Doch man muss vorwärtsschauen, niemals zurück, immer nur vorwärts.

Als ich zu meinem Begleiter aufblicke, lächelt er und sagt: „Wie oft muss man das Zelt abbrechen und wieder aufschlagen? Das Leben ist nur eine Reise, du wanderst so lange, bis du an jenes *uralte Tor* kommst. – Du weißt schon, was ich meine."

Nun steige ich abwärts ins Tal über Wiesen, überklettere Zäune, werfe den Rucksack voraus und springe bei schwierigen Stellen hinterher. Das erste Dorf umgehe ich, damit man mich dort nicht erkenne. Inzwischen ist überraschend der Wind stärker geworden, der Himmel hat sich dunkel überzogen und es fängt an zu regnen. – Unter einem Baum esse ich mein Brot und die Wurst; ich bin ich hungrig und müde geworden. Das dichte Blätterwerk schützt mich vor dem Regen. Ein Weilchen nicke ich an den Baum gelehnt ein. – Dann gehe ich zur der Hauptstraße, um den zweiten, den größeren Pass emporzusteigen.

Hinter mir liegen erst fünfzehn Kilometer auf der Wallfahrt nach Fatima.

Widerwärtigkeiten – Der ewige Kampf auf dieser Welt

Der Regen wird stärker. Die Wasser fallen in Strömen hernieder. Mein Weg geht über die Passstraße. Personenwagen rasen an mir vorbei. Ich versuche ihnen aus dem Weg zu gehen. Dennoch bespritzen sie mich. Schließlich finde ich unter einem Überhang am Straßenrand einen geschützten Ort, wohin ich mich stelle, ohne nass zu werden. Auf der Straße haben sich Bäche gebildet. Ein Mercedes jagt mit hoher Geschwindigkeit heran und durchnässt mich von oben bis unten.

■ Ich wende mich an meinen Begleiter und sage in meinem Zorn: „Siehst du, so sind die Menschen: rüde und rücksichtslos!"

Er, den die Wasserlachen nicht berührt haben, blickt mich gleichmütig an. „Du schiebst dem Täter eine böse Absicht zu! Bist du dir sicher?"

Einen Augenblick leuchtet ein Licht in seinen Augen. Ich bin erschrocken und stehe im Regen wie ein begossener Pudel. Seine Frage bohrt in mir.

Da höre ich: „Ihr könnt nichts ertragen! Du weißt, seit dem Paradies lebt ihr von Missgeschicken und knurrt, wo es nichts zu knurren gäbe."

An der Straße ist im Felsen eine kleine Einbuchtung, groß genug, um mich vor dem Regen zu schützen. Dort stehe ich, nass vom Regen und beschämt in meinem Gewissen. Ja, so handeln wir meist in unserem Leben. Als Väter und Mütter, Lehrer und Erzieher unterstellen wir nur allzu oft böse Absichten, obwohl nur ein Missgeschick vorhanden ist. Unseren Nachbarn oder Kollegen schieben wir bei einem Versehen unlautere Motive zu. Danach gibt es harte Worte, Streitereien oder Feindschaften, manchmal über Jahre und Jahrzehnte hinweg. Unsere Kinder aber strafen wir mit dem Entzug der Liebe, wo die Geduld notwendig wäre, die standhält und nichts nachträgt.

Geduld ist etwas vom Schwersten und ein Gradmesser der Liebe. Wer Geduld besitzt, ist weise. Er besitzt tiefe Einsichten ins Menschenleben und misst nicht von der Oberfläche her, sondern aus der Tiefe. Geduld heißt: Lange auf den anderen warten können – und zu lieben. Jesus sagt: „In euerer Geduld werdet ihr euer Leben besitzen." (Lk 21,19)

■ „Du", sagt mein Begleiter, indem er mich anredet. Er steht an der Straße denn der Regen kann ihm nichts anhaben. „Weißt du, dass dein **HERR** dich heute in die Grundschule nimmt?"

„Grundschule?"

„Als Du am Morgen das Haus verlassen hattest, da leuchtete heller Sonnenschein. Noch bist Du nicht einen halben Tag unterwegs, da regnet es in Strömen. Hast Du damit gerechnet?"

Ich schüttle den Kopf.

Er fährt fort: „Einige sagen: Es kommt immer anders als man denkt! Zwar stimmt das und auch nicht, aber die Missgeschicke liegen in der Natur der Dinge. Niemand kann ihnen entgehen. Du musst mit ihnen fertig werden."

Ich wende mich ihm zu und sage: „Manche Menschen sind wie Raubtiere, sie überziehen einen von oben bis unten mit einer Wasserlache, und andere morden!"

Ein Blitz seiner Augen lässt mich verstummen: „Auch Raubtiere muss man bändigen!", erwidert er scharf.

„Womit?"

„Womit? Du weißt es doch."

„Woher soll ich es wissen?"

„Gut, ich will es dir sagen: Mit Geduld, Sanftmut und Demut! Das Gegenteil von Geduld ist die Unzufriedenheit. Und je mehr man besitzt, um so unzufriedener wird man. Die Welt von heute ist so unzufrieden, dass sie einen neuen Menschen kreieren will. – Aber die Missgeschicke liegen in der Natur der Dinge. Die Jahrespläne der Kommunisten sind gescheitert und die Kommunisten auch. Die Macher gehen immer an sich selbst zugrunde. Die Geduldigen aber gewinnen ihr Leben. Manches Mal presst man diese Demütigen an den Rand der Gesellschaft, schließt sie aus und macht sie zu Märtyrern. Doch sie sind die Größten. Sie sind die wahrhaft Seligen!"

In immer neuen Schauern stürzen die Wasser aus den Höhen hernieder. Ich presse mich in den kleinen Überhang hinein. Kommen Autos, verlasse ich für einen Augenblick diesen Platz, um nicht noch mehr bespritzt zu werden. Während dieser Zeit versuche ich zu beten: „Heilige Jungfrau Maria, bitte für uns um den Frieden der Herzen und der Seelen! Bitte um den Frieden in den Familien! Bitte um den Frieden in der ganzen Welt! Heilige Jungfrau Maria, schenke uns Geduld!" Das Gebet wiederhole ich, bete es von neuem, bete es viele Male. Bete es mit Geduld und Ausdauer.

Die Mitte des Seins: Gott oder der Mensch?

Obwohl es noch regnet, beschließe ich weiterzuwandern. So trete ich aus der Höhle heraus und mache mich auf den Weg.

■ Mein Begleiter spricht: „Dein Herr ist anders, als du und die Menschen es sich vorstellen. Er sieht, dass es dir schwer fällt, Schritt um Schritt im Regen zum Pass nach oben zu gehen."

Dem Tal war ich längst entkommen, aber bis zum Einschnitt des Passes sind es noch viele Schleifen und Bögen. Als ich auszog, um eine Wallfahrt zu machen, habe ich oft in der Nacht geträumt und mir eine Wallfahrt nach dem Muster von Heiligen ausgedacht. Wie schön! Doch die Straße ist hart und über mir Wolkenfetzen.

Mit köstlichem Lächeln sagt mein Begleiter: „Mein Freund! Kann denn der **LEBENDIGE GOTT** den Himmel und seine Wolken nicht so einrichten, dass er dir wenigstens am ersten Tage hilfreich wären? Warum lässt ER dich am ersten Tag im Regen stehen. Kann man sich auf IHN nicht besser verlassen?"

„Du hast recht, diese Hindernisse habe ich nicht erwartet."

„Ach!", sagt mein Freund, „was für eine Vorstellung wohnt in eurem naiven Kinderglauben über den Herrn? ER ist gütiger als ihr denkt, aber jenseits all eurer Vorstellungen gewaltiger."

Während die Wolken dahinjagen oder Perlenketten feinster Tropfen niederströmen, sind meine Gedanken die Gedanken eines Toren, dem eine erweckende Gnade fehlt und der an der äußersten Kante menschlichen Denkens herumschwimmt.

Ich bin irgendwie einsam auf der Straße. Ich frage, ob mich nun die Welt umkreist oder ob ich in ihrer Mitte stehe? Oder ist für mich selbst die Gestalt des **ALLGEWALTIGEN** nur eine Figur, die in meinen äußersten Sphären um mich zu kreisen hat? In der Mitte stehe noch immer ich, meine eigene Welt, meine eigenen Gedanken.

„Du hast den, der anders ist als du, nie von Angesicht zu Angesicht gesehen", erschreckt mich mein Begleiter.

„Wie soll ich auch?"

„ER hat den Himmel und die Erde gemacht", sagt er. – „Und alle Tiefen und alle Höhen." – Ich nicke.

Er fährt fort: „Seine Macht ist jenseits aller Feuer der Atome! Und seine Größe noch hinter allen Milliarden von Lichtjahren! Seine Kenntnis des Menschenherzens spottet jeder modernen Erkenntnis der Psychologie. ER, unser Gott und Herr, ER weiß es wirklich!"

Wieder nicke ich und betone: „Ich habe IHN nie von Angesicht zu Angesicht gesehen und würde ihn gerne schauen wie Mose IHN schauen wollte. Doch Jahwe hat Mose nur erlaubt, IHM in den Rücken blicken zu dürfen. Als Mose nach dieser Schau ins Lager zurückkehrte, strahlte sein Gesicht so stark, dass die Israeliten Mose nicht mehr anschauen konnten."

„Du würdest sterben."

„Ja", sage ich und wiederhole: „Ja!"

„ER ist der Ewige, und in IHM ruhen die Ewigkeiten!"

„Es ist, wie du es beschreibst. In IHM ruhen die Ewigkeiten. Wenn wir schon nicht in das Licht der Sonne hineinschauen können, wie sollten wir dann in das Antlitz dessen schauen können, der das Licht und die lodernde Glut unzähliger Sonnen geschaffen hat? Nur jene, die ER rein gemacht hat und die ER ruft und befähigt, schauen in das Antlitz unendlicher Liebe."

Ich schaue zu meinem Begleiter auf, weil diese Gedanken noch in meinem Herzen widerhallen. Sein Antlitz ist völlig undurchdringlich, aber leuchtend in seiner Güte. Dann sagt er: „Du und ich, wir sind geschaffen. ER nicht! – Alle kosmischen Feuer sind aus seiner Hand hervorgegangen. ER ist aus niemandes Hand hervorgegangen. **ER IST**. – Alle Geistwesen hat ER angehaucht mit Lebensodem, so dass sie sind. ER aber ist keine Schöpfung. ER ist der Ursprung, **SEIEND**, ist sich selbst. – Was geschaffene ist, ist geschaffene. ER aber ist der **UNERSCHAFFENE** in alle Ewigkeiten: Das SEIN in sich selbst. Begreifst du das?"

Ich schließe die Augen und verneine durch Kopfschütteln. Hierauf sage ich: „Wie soll ich ein solch gewaltiges Geheimnis umfassen und begreifen können, vor dem die größten Engel erschaudern?"

Während ich so spreche, erkenne ich, dass mein Freund mich mit seiner

Frage erschreckt hatte. Was mache ich aus **GOTT**? Eine Karikatur? Einen Verkaufsladen, in dem ich mich bedienen kann?

Denn wenn ich GOTTES bedarf, gerate ich an die Grenze meiner Existenz, so, als ob ER mich zu bedienen habe. Die paar "Vaterunser" oder "Gegrüßt-seist-Du-Maria", die ich für meine Wünsche vor Gott zu bringen habe, versäume ich nicht, Ihm schnellstens zuzuschicken. Doch stelle ich mich so nicht selbst in die Mitte meines Lebens und den **HERRN** an den Rand? Als ob ich nur die beschwörenden Formeln des Gebetes loslassen muss und ich das erbetene Gut wie im Märchen von 'Tausend und einer Nacht' bekomme? – So sind doch die einfältigen Gedanken eines Toren oder eines naiven Kinderglaubens, der oft ungeläutert ins Erwachsenenalter hinübergenommen wird.

Doch wir Menschen stehen nicht in der Mitte. Unser Leben ist wie eine Wolke, die am Horizont aufscheint, schnell vorübersegelt und wieder verschwindet. – Aber in der Tiefe der Tiefen und in der Höhe der Höhen umkreist alles IHN, der alles ins Dasein rief. – „Meine Gedanken sind nicht euere Gedanken und eure Wege sind nicht meine Wege", spricht Jahwe. „Vielmehr, so hoch der Himmel über der Erde ist, so hoch sind meine Wege über eueren Wegen und meine Gedanken über euren." (Jes 55, 8 f)

Was hat schon Sonnenschein und Regen mit Gott mehr zu tun, als dies alle Tage der Fall ist? Muss ich mich nicht in den Plan seiner Vorsehung einfügen? Leichtigkeit des Weges und die Last der Straße, beides braucht es, dass wir in unserem Herzen geläutert werden. Beides ist Gnade.

Der Pass und die Bar und noch eine Enttäuschung

Lange warte ich, dass es aufhöre zu regnen. Schließlich sage ich mir, dass ich ein Auto anhalten müsse, um über den Pass zu kommen. Jenseits des Passes, hoffe ich, hört der Regen auf.

Während ich dastehe und winke, fährt mancher Wagen an mir vorbei. Menschen sind auf rascher Ferienreise. Personenwagen kommen, die mit Reisenden und ihrem Gepäck angefüllt sind. Denn der moderne Bürger braucht viel, braucht sehr viel Gepäck, wenn er eine Reise tut. Schließlich fährt man doch so weg, dass man gegen alles gesichert ist, auch gegen Unglücksfälle – und auch gegen den Tod (wenigstens vor den irdischen Instanzen). Die Räder der heranbrausenden Wagen peitschen in die Kurven. Oft sitzen junge Herren an der Steuerung. Ihre Blicke sind angespannt auf die Straße gerichtet. Wenn man sie anblickt, weiß man, sie haben keine Zeit. Jede Minute ist kostbar. Wofür wohl?

Es dauert Zeit, bis ein Wagen anhält, um mich mitzunehmen. Schließlich stoppt ein alter DKW. Der Fahrer fragt mich, ob ich über den Pass wolle? Ich bejahe es. Da nimmt er mich mit.

„Woher kommen Sie? Wer sind Sie?", so fragt er mich.

„Ah, Sie sind also ein Deutscher. Wohin wollen Sie jetzt gehen? Ist es eine kürzere Reise oder ein längere, die Sie vor sich haben?"

„Ich verstehe, Sie wollen in Richtung Salamanca. Ich kann Ihnen nur anraten, diese alte spanische Stadt kennen zu lernen."

„Sie sprechen gut spanisch. Wo haben Sie das gelernt?"

„Ja, es ist nun sehr schnell zum Regnen gekommen."

„Nach dem Pass?"

„Ich muss wohl annehmen, dass es dort auch regnen wird. Aber ich weiß es nicht."

So verlaufen unsere Gespräche, während der Wagen Kurve um Kurve zieht, um die Höhe zu erreichen. Von der Landschaft ist nichts zu sehen, nur Wolkenfetzen, Nebel und ein paar Meter Straße. Auf der Passhöhe regnet es. Auch auf der anderen Seite regnet es. Als wir uns ungefähr zehn Kilometer nach dem Pass der ersten Ortschaft nähern, stehen noch schwere Wolken am Himmel, aber es tropft nur noch. Mit Dank steige ich aus dem Fahrzeug, um in einer typisch spanischen Bar etwas Warmes zu mir zu nehmen.

Nachdem ich in die Bar eingetreten bin, gehe ich auf den Bartisch zu und frage: „Was haben Sie in ihrer Bar an frischem Obst hier?"

Der Barmann schaut mich an und erwidert: „Bei uns hier gibt es kein Obst, da müssen Sie in den Lebensmittelladen gehen."

„Dann bitte einen Becher Milch."

Der Barmann: „Ich bedaure, dass ich Ihnen keine Milch verkaufen kann. Was wir an Milch hier haben, Señor, brauchen wir als Zusatz für den Ausschank von Kaffee."

„Gut!", sage ich, „dann geben Sie mir bitte ein Stück Brot."

Der Mann lächelt, als er zum dritten Mal eine Absage erteilen muss: „Wir haben zwar Brot da, aber wir geben das Brot nur im Zusammenhang mit einem Bocadillo weg, das heißt als ein mit Paprikawurst belegtes Brot."

Ich habe das Gefühl, eine Niederlage einzustecken. Und das gleich in der ersten Bar, die ich auf meiner Reise betrete. Ich weiß, dass ich in den nächsten Stunden kein Dorf erreichen werde, wo ich etwas kaufen kann. Aber nicht einmal das ist gewiss, weil die Dörfer meist keinen Verkaufsladen besitzen. Wenn ich etwas essen will, muss ich nehmen, was es gibt.

Ich sage: „Bitte ein Glas Milchkaffee und dazu ein Bocadillo."

Als ich die Reise vorbereitete, hatte ich mir vorgenommen, während der Wanderung mit Brot, Milch und Früchten auszukommen. Das sei einfach, so dachte ich mir. Dadurch sei meine Ernährung sichergestellt, und auch als ein Zeichen der Buße. Ich nahm an, dass man Nahrungsmittel in den meisten Städtchen und Dörfern leicht erwerben könne. – Doch ich habe mich getäuscht. Denn schon am ersten Tag muss ich anders denken und handeln und bin gezwungen, das zu essen, was es gibt. Oft auf dem Weg gibt es keine Milch und keine Früchte; denn nicht nur aus Höflichkeit und Dankbarkeit muss ich annehmen, was die Leute vorsetzen oder verkaufen, weil die Gegebenheiten härter als mein Wollen sind. Auch benötige ich nach einem harten Fußmarsch und der Hitze des Tages am Abend notgedrungen ein warmes Essen, wenn ich mich aufrechthalten will.

Der Vorsatz war gemacht, und mit ihm wollte ich die Umwelt bestimmen. Doch die Umwelt ist härter und bestimmt mich. Alles ist schwerer, als ich es mir vorgestellt habe. Denn im Leben zwingt man uns und wir sind machtlos. Wir müssen erkennen, dass nicht wir es sind, die bestimmen, sondern dass wir in die Gegebenheiten hinein geformt werden.

Der Mann ist der Macher. Er gestaltet. Doch Gott hat ihm Grenzen gesetzt. In unseren Tagen ist der Mensch der Macher vieler Dinge, doch seine Macht ist nicht grenzenlos. Der Mann wird zum Planer in dieser Welt, doch den Grundplan für Welt und Mensch, den Gott gemacht hat, findet auch er vor. – Aber, wehe ihm!, wenn er den Grundplan verzeichnet, wie das (leider!) in unserer geschichtlichen Stunde geschieht. Es liegt in der Natur, dass sie uns zwingt, annehmen zu müssen, was **GOTT** uns vorgegeben hat.

Nachdem ich die Bar verlassen habe, liegt das Land vor mir. Der Regen hat aufgehört, aber der Wind pfeift scharf. Er ist kalt und braust dahin. Ich ziehe die Windjacke an, nehme den Rosenkranz und beginne zu beten. Die Straße wird beschwerlich, und der Rucksack drückt wieder. Ich versuche, mich in die Geheimnisse meines **HERRN** hineinzudenken.

■ Da sagt mein Begleiter: „Liebst du die Perlenkette?"

Ich schaue hin und sehe, dass er einen Rosenkranz in der Hand hat. Sein Rosenkranz ist schöner als der meine, mit größeren, edlen Perlen und fein gearbeitetem Kreuz. Er fragt: „Liebst du sie?"

Ich antworte: „Du meinst die Perlenkette? – Ja, ich liebe sie!" Nach kurzem Schweigen füge ich hinzu: „Nachdem ich vor Jahren erkannt habe, was die Gegner des Rosenkranzgebetes gegen sie einwenden und ihre Einwände durchschaut habe, ist mir der Rosenkranz zur Hilfe und Freude geworden."

Er fragt: „Und was sind das für Einwände?"

Ich antworte: „Es sind zwei: Das Plappern oder die Gebetsmühle und die sogenannte Anbetung der Muttergottes."

„Und welches sind die größten Schwierigkeiten beim Beten?"

„Das Einfangen der wegfliegenden und flatternden Vögel."

Er sagt: „Was meinst Du damit?"

„Ich meine", antworte ich, „dass wir bei unseren Gebeten mit unseren Gedanken plötzlich irgendwo ganz anders sind, als was wir beten. Das heißt, der Mund spricht Worte, aber unsere Gedanken beschäftigen sich mit etwas anderem, als was wir beten. Das heißt, die Gedanken sind wie Vögel ausgeflogen und beschäftigen sich mit anderer Materie als es unser Gebet tut: unsere Gedanken sind wie flatternde Vögel."

Er sagt: „So ist es."

„Und wie hilfst du dir?", fragt er mich.

Ich antworte: „Das Gebet ist leicht. Das Gebet ist schwer. Wohl fast alle Menschen der ganzen Welt leiden unter der Abwesenheiten ihrer Gedanken beim Gebet und ärgern sich. Bei größeren Gottesdiensten ist jeder in Gefahr, einmal abwesend zu sein. Wer aber ohne Wollen gelegentlich einmal beim Gebet abwesend ist, so hat das mit Plappern oder mit Gebetsmühle nichts zu tun, wenn er sich ehrlich um Konzentration bemüht. Außerdem ist es seine Absicht, fromm und ehrlich zu beten. Was anderes ist es, wenn man eine Show abzieht."

„Und wie machst Du das?", fragt mich mein Freund.

„Beim Beten sage ich dem Himmel, dass meine Worte vor Gott Gültigkeit haben möchten, selbst wenn ich nicht ganz bei der Sache bin. Ich bezeuge meine Absicht, aufmerksam, zu sein und bitte, das Gebet gelten zu lassen, auch wenn meine Gedanken ohne mein Wollen wie Vögel wegfliegen und ich sie zurückholen muss."

„Also ist das Gebet auch eine schwierige Arbeit?"

„Nein!", antworte ich, „aber manchmal sieht es so aus, als ob es anstrengend wäre."

„Und die Muttergottes?", fragt er.

„Einem wahren Gläubigen kommt es nicht in den Sinn, die Muttergottes anzubeten. Denn sie ist ein Geschöpf, wenn auch von Gott hoch begnadet. Die Anbetung gehört allein Gott, der Himmel und Erde erschaffen hat, und keinem anderen sonst. "

„Und?", wiederholt mein Freund.

Ich schaue zu ihm auf und sehe, dass seine Gestalt Entzücken ausdrückt.

Da antworte ich: „Der Herr, unser Gott, hat Maria schöner gemacht als alle Geschöpfe und sie mit einer Fülle von Gnaden erfüllt, die er sonst keinem gegeben hat. Maria ist voll der Gnaden. Sie darf seine Mutter sein. Die Auszeichnungen Gottes aber sind von so erhabener Schönheit, dass sie für immer bleiben. Darum ist sie unsere Fürsprecherin und unter dem Kreuz sogar unsere Mutter geworden, wie die Theologen durch die zwei Jahrtausende es mit Recht geschrieben haben. Christus liebt seine Mutter, und sie liebt **IHN**. Denn wenn auf dieser Erde die Söhne ihre Mütter lieben und dies ihnen mit Dankbarkeit bezeigen, um wie viel mehr liebt Jesus seine Mutter!

Die Hochzeit von Kana in Galiläa erweist diese Aussage. Denn dort tat Jesus auf die Bitte seiner Mutter sein erstes Wunder und seine Jünger glaubten an ihn. Auch gruppieren sich um die Mutter Jesu die Heilsereignisse Christi: seine Menschwerdung in Bethlehem, sein erlösendes Leiden am Kreuz, seine Auferstehung, Himmelfahrt und die Sendung des Heiligen Geistes im Abendmahlsaal. Darum wird der Rosenkranz auch der Grundkatechismus des christlichen Volkes genannt."

Ich schaue zu meinem Begleiter auf. Doch er gibt mir zu verstehen, dass er mich nicht weiterexaminieren möchte. Es ist Zeit zum Beten und auf Gott zu schauen, um die göttlichen Geheimnisse zu betrachten. So bete ich den freudenreichen Rosenkranz mit seinen Überlegungen. Ich beginne: „Im Namen des Vaters und des Sohnes und des Heiligen Geistes."

Eine unausgesprochene Erwartung lebt in mir. Ich bitte den Herrn, meinen Gott, dass ER uns Ringenden doch Schutz und Hilfe sende, dass ein Mächtiger an meiner Seite schreiten möge, der die Kraft hat, Hindernisse zu nehmen und die Schritte zu beflügeln. Ich erflehe mir einen Schützer, der die Angst zurückdämme und ein Licht in der Dunkelheit meiner Seele aufstrahlen lasse, damit ich lerne, aus Gott zu leben. Meine Worte strömen in eine weite, ebene Landschaft. Zugleich erfahre ich, dass mich von Innen her eine große Ruhe ergreift und stehe offen vor dem **EINEN**, dem ich entgegen gehe und der kommen soll.

Rosenkranzbetrachtung
"Den Du, o Jungfrau, vom Heiligen Geist empfangen hast."

"Den Du, o Jungfrau, vom Heiligen Geist empfangen hast." – In die Kammer der Jungfrau tritt ein Engel. – Erschreckendes Leuchten jenseits unserer Fassungskraft. – Vor dem Mädchen steht ein Bote, der von der Herrlichkeit des ewigen Gottes kommt. Vor dem Boten steht eine junge Frau, die jene allgewaltige Not schon erspürt hat, in der wir uns alle befinden. Sie besitzt ein Herz, das ahnt, dass alle Straßen dieser Welt Sackgassen sind, da die Hilfe zur Rettung nicht von Menschen kommen kann. Die Hilfe muss herniedersteigen aus den Höhen wie der Tau in der Morgenfrühe. Das Angesicht der jungen Frau leuchtet.

Der Engel des Herrn tritt in die Kammer der Jungfrau, grüßt Maria, eine Frau aus unserem Geschlecht. Er tut dies mit einer Ehrfurcht, die unseren oberflächlichen Begegnungen fremd ist. Er spricht ein Grußwort, das in seiner Formulierung erhaben ist, in der Kraft seiner Aussage aber Himmel und Erde vereint. "Freue dich, Du Gnadenvolle. Der HERR ist mit dir. Du bist gesegnet unter den Frauen." (Lk 1, 28) Der Engel des HERRN bringt Maria eine Botschaft, die keine Frau, die diese Erde bewohnt, in ihrem Leben je gehört hat, noch je wieder hören wird.

Ein junges Mädchen, unberührt in seinem Wesen, lauscht dem Wort Gottes. Durch den Mund des Boten steht der Herr der Heerscharen selbst vor der Tür seines Herzens und klopft an. Dieses Herz gehört jener, die ihre ganze Aufmerksamkeit diesem Gotteswort schenkt, so dass das Angebot verstanden wird. Es ist ein Wort der Rettung für uns alle.

"Fürchte dich nicht, Maria, denn Du hast Gnade gefunden bei Gott.

Siehe, Du wirst empfangen und einen Sohn gebären, und Du sollst ihm den Namen Jesus geben. Er wird der Sohn des Allerhöchsten heißen, – Sohn Gottes." (Lk 1, 30-32) In den Augen unserer Welt würde dieses Angebot ein Risiko bedeuten. Es bedeutet die Festlegung ihres kommenden Schicksals mit allen Freuden und Leiden auf dieses Kind. Wer wird ihr glauben? Wird es nicht Schwierigkeiten über Schwierigkeiten geben?

Aber die Jungfrau steht erwartungsvoll Gott gegenüber. Sie spürt seine unendliche Barmherzigkeit, die allen zuteil werden soll. Eine Frage nur findet sich auf ihren Lippen: "Wie wird das geschehen?" Der Bote antwortet ihr: "Der Heilige Geist wird dich überschatten." (Lk 1, 30-32) Da schenkt Maria voll Hingabe Gott ihre Bereitschaft, die kein Zögern kennt. "Siehe da, die Magd des Herrn, mir geschehe nach deinem Wort." (Lk 1, 38)

Maria gibt Gott in dieser Stunde ein ungebrochenes JA als Antwort. In diesem JA liegt ihr ganzes Leben, ohne auch das Geringste zurückzuhalten. Dieses JA ist ihr Wesen. Es offenbart sich die Demut des Geschöpfes gegenüber dem Schöpfer. Sie ist nicht wie Eva, die eine Tat des NEIN setzte, von wo aus das Verderben wie ein dunkler Schatten über all ihre kommenden Kinder geworfen wurde. Aus dem Herzen dieser Jungfrau kommt ein JA, das Himmel und Erde umfasst. Es ist dies ein volles, uneingeschränktes und demütiges JA, welches alles Schicksal umspannt und aus einem liebenden und glaubenden und hoffenden Herzen hervorkommt.

Die Seele und das Herz dieses Mädchens ist schon immer dem Worte Gottes geöffnet. Durch die Kraft des Heiligen Geistes aber wird dieses Wort Fleisch, und Gottes ewiger Sohn nimmt Knechtsgestalt an. Er entäußert sich seines unendlichen Glanzes in den Hallen der Ewigkeiten. Er wird wie wir: Kind im Schosse einer Frau, vom mütterlichen Leib umspannt, von der mütterlichen Wärme in den keimenden Tagen seines Anfangs umgeben. – Wer kann das begreifen? Seit jenen Tagen sind die Liebevollsten unter uns in erschaudernder Demut vor dem Geheimnis der Menschwerdung des EWIGEN im Staube dieser Erde gelegen, um IHN anzubeten.

"Den Du, o Jungfrau vom Heiligen Geiste empfangen hast."

Und wir? Auf der Straße unseres Lebens dahin laufend müssen wir lernen, offen zu sein. Suchen auch wir wie Maria, Gottes Gnade zu empfangen, oder ist Gottes Wirklichkeit in uns längstens erloschen? Wir alle leben in unserem Alltag doch so, als ob es IHN gar nicht gäbe. Das Wort von Gott berührt noch unseren Mund, aber in unseren Gedanken ist er zum Hirngespinst geworden; auf keinen Fall die Kraft, aus der wir leben, – auf keinen Fall der Gott Abrahams, Isaaks und Jakobs. Und darum wird unser

Herz taub, die Ohren verkleben sich, und die Augen erblinden für den Glanz seines göttlichen Lichtes.

Die Besten unter uns exerzieren noch Gottesbeweise durch, und die anderen verlachen sie, weil man Gott ja gar nicht beweisen könne, wie sie sagen. Zugleich aber verschließen wir unsere Herzen. Wir rechtfertigen uns ständig vor uns selbst in eindrucksvollen Reden und scheinwissenschaftlichen Argumenten. Wir halten Vorlesungen und schreiben dicke Bücher, und es wird uns nicht einmal bewusst, wie unsachlich und kindisch wir uns in diesem (ach) so gescheiten Tun benehmen. Wir kommen uns vor wie die Wissenden und sind im Grunde genommen Toren – Gelehrte, deren vermeintliche Weisheit am Ende den Tod ausatmet. Doch die Brillanz unserer Reden, dieses so hochgescheite Argumentieren sollte uns beschämt erröten lassen. Stehen denn zu Beginn der europäischen Geschichte nicht die Sophisten, die danach strebten, durch glänzend und brillante Reden ihren politischen Willen durchzusetzen, auch wenn dieser Wille eine bösartige Manipulation beinhaltete.

Unsere jungen Söhne und Töchter, denen wir in unserem Egoismus eine haltlose und darum miserable Erziehung ohne Gebote und Werte angedeihen lassen, werden einst anders denken als wir. Wenn die goldenen Götzen, vor denen wir auf den Knien liegen, in den Staub gestürzt sind, dann wird es dämmern, dass unser vermeintlich wissenschaftlich so hochgezüchteter Atheismus nichts weiteres ist als ein erbärmlicher Irrweg, der mit einem trotzigen NEIN begonnen hat.

"NON SERVIAM" ("Ich will nicht dienen!") – das ist das gleiche NEIN, das Satan in Vermessenheit seinem Herrn entgegen schleudert. Das Gericht kommt aus dem Inneren. Es ist ein furchtbares Gericht; denn dieses NEIN ist wie das Verschließen aller Tore, die zur Burg der Seele führen, so dass die Wege verstellt und blockiert werden. Dieses NEIN ist eine Barriere der Trennung zwischen ich und du: zwischen dem LEBENDIGEN GOTT und der eigenen Seele – zwischen den Trägern eines jeden Du, das mir entgegenkommen kann, und dem eigenen Bewusstsein mit seinem inneren Leben. Dieses NEIN öffnet im Innern die verschlingenden Tiefen einer entsetzlichen Leere. Denn ohne Gott besitzt der Mensch nichts. In diese Abgründe des Nichts stürzt der NEINSAGER, und er findet nur sich selbst – kein Du – keine Liebe – nur die eisige Nacht einer ewigen Selbstbestätigung. Dieses NEINSAGEN ist Abfall vom Leben und dessen Zerstörung.

Maria aber sagt: "Siehe da die Magd. Mir geschehe nach deinem Wort!" (Lk 1, 38) *Ihr JA ist unbedingt. Es ist ein so hingebungsvolles JA, dass ER, der von sich sagt: "Ich bin das Leben" (Jo 14, 6), Fleisch annimmt im Schosse dieser reinen Jungfrau und ihr Kind wird. Deshalb wollen wir alle einstimmen in den freudigen Ruf jener Frau, die Jesus zurief, als er am Rand der Straße lehrte: „Selig der Leib, der dich getragen, und die Brust, die dich genährt hat!" (Lk 11, 27)*

Landstreicher und wie ein Fremdling

Der Wind pfeift kalt über die Ebene. Ich suche nach einem Rastplatz, einer geschützten Stelle. Ich halte nach einem Busch Ausschau, der mich gegen die heranstürmenden Windböen schützen könnte. Der Regen hat aufgehört. Schließlich finde ich in einer Kurve hinter dichtem Buschwerk einen Platz, werfe den Rucksack ab und lege mich ins Gras. Meine Füße schmerzen und der Rücken tut weh. Ich bin müde und schlafe ein. Der Platz ist günstig gewählt. Er bietet Schutz vor dem Wind, der heult. Auch kann man mich von hier aus nicht sehen, obwohl Wagen an Wagen vorüberbraust.

Dennoch – ich komme mir wie ein Landstreicher vor oder ein Zigeuner, der sich hinter einer Hecke hinhaut, weil er überall und nirgends zu Hause ist. Der schützende Damm des Nestes ist durchbrochen. Brauchen wir nicht eine Heimat, in der wir zu Hause sind? Als ich das letzte Dorf durchschritten habe, hängen alle Blicke wie eine Neugierde an mir, die mit Mitleid gemischt ist. Das berührt mich seltsam. Ich weiß nicht, wie ich das ausdrücken soll. Gehöre ich zu den Einsamen, zu den Verlassenen, zu denen, die ruhelos, ohne Ziel und Bestimmung wandern müssen? – Zu den womöglich im Herzen Einsamen und im Herzen Verlassenen?

Die Menschen schauen fremd auf mich . Ich gehöre nicht zu ihnen. Mir ist kein Anteil an ihrem Dorf oder ihrer Familie gegeben. Ich bin für sie ein Fremder, einer, der nicht zu ihnen gehört. Auf mich wartet keine Stube gegen die Hitze, gegen Regen und Wind. Mir bereitet man keine Mahlzeit. Kein Bett wartet auf mich, in dem ich die müden Glieder ausstrecke, um ruhig schlafen zu können.

Ist nicht das Leben selbst eine rastlose Pilgerfahrt, auf der es kein Verschnaufen gibt? Gilt nicht auf ihr das unbedingte Gesetz des Weiterschreitens? Gesichter tauchen auf und verschwinden, und über viele Straßen der Welt wandern unsere müden Füße. Altergebrachtes zerbröckelt. Es liegen Lieder von närrischer Lustigkeit auf den Plätzen. Eine Weile nur tönen diese Songs, dann verstummen sie wieder. Für mich naht ein anderer Tag.

Wie schnell kann in einer Welt des Widerspruchs und der Ideologien ein anderer Tag kommen? Ein Tag mit Weinen, Wehklagen und verzweifeltem Geschrei. Die Augen derer, die gestern noch grölten, weiten sich jäh am Morgen dieses ganz anderen Tages. Sie möchten dem herankommenden Elend ausweichen. Aber das Gesetz des Weiterschreitens wirft sie am Ende in den Zwang, in das Eisen, in brennenden Schmerz oder den Tod.

Gibt es keinen Halt auf dieser rastlosen Pilgerfahrt? Sind wir alle dort mit hineingerissen?

Doch Herr, es gibt auf dieser endlosen Straße zwischen Finsternissen und Lichtstreifen einen Halt, zwischen dem Tun der Sünder und den Bemühungen der Heiligen. Du selbst, Herr, bist dieser Halt, der Du ohne Anfang und ohne Ende in dir ruhst, Du **DIE EWIGE HEIMAT**! – Aber ich finde dich nicht im Außen, in den mich umstehenden Dingen, die kommen und gehen. – Nein, ich finde dich in Herzen, wo Du zu mir sprichst. Selig der Mensch, der deine Stimme hört! „Wer Ohren hat zu hören, der höre!" (Mk 4, 9)

Ich setze den Weg fort. Kilometer um Kilometer tripple ich dahin. Die Beine schmerzen, und die Fußsohlen brennen. Der Rucksack wird zur Bürde.

Nun bin ich wie einer geworden, der kein Haus mehr hat. Dahin wandernd gehöre ich der Straße an, dem Unsteten, der Haltlosigkeit. Die Sesshaften blicken auf den Nichtsesshaften. – Bauern mit Ochsen und zweirädrigen Karren schieben an mir vorüber. Die Straßenpolizei mit schweren Motorrädern saust heran und rattert vorbei. Man nennt sie die „Pareja", das „Paar", weil es immer zwei sind. Sie passieren meinen Weg. Angetan mit schwerem Sturzhelm, bekleidet mit dicker Lederjacke, zugeknöpft bis oben, so fahren sie dahin. Auf der Uniform leuchtet groß und mächtig das Zeichen ihrer Autorität, die Plakette der Straßenpolizei. Ihr Anblick ist furchterregend. Sie schauen aus wie Menschen, die vom Mars herniedergestiegen sind. Wenn sie einen ansprechen, gehorcht man ihnen willenlos. Aber sie sind nur einige von uns. "Kleider machen Leute". – Noch zweimal mache ich Rast, um mein Stundengebet zu sprechen, wie ich es bei meiner Priesterweihe versprochen habe. Dann strenge ich mich an, an das Tagesziel zu gelangen.

Am Flusslauf des Ebro und
Richtung Burgos

Don José

Das Ewige Lied – Gott schreibt Gedichte

Unerwartete Begegnungen auf der Pilgerstraße

Der harte Aufstieg in den Pass

Manchmal ist es leicht, manchmal sehr schwer

Sonntagsarbeit und vernachlässigter Gottesdienst

Rede Don Manuels an seine Priester

Warten im Strom der Gezeiten

Ein Karren aus Old England und Jagdhunde

Rosenkranzbetrachtung

„Jesus, den Du, o Jungfrau, zu Elisabeth getragen hast"

Abends gegen halb acht Uhr habe ich jenes Städtchen erreicht, wo ich die Nacht zubringen will. Viel Betrieb ist auf der Straße, denn morgen feiert man Kirchweih. Ich rede zwei Frauen an und bitte sie, mir zu sagen, wo der Pfarrer wohne und wie er heiße.

Sie sagen mir: „Sie müssen dort vorne den Platz überschreiten, dann sehen Sie den Rohbau einer Kirche und gleich daneben steht das Pfarrhaus." Ich bedanke mich und steuere auf mein Ziel zu.

Als ich die Kirche sehe, staune ich. Sehe ich doch eine hypermoderne Eisenkonstruktion, angelegt als Rundbau. Dabei bedenke ich, dass dieser Pfarrer mit mir nichts anfangen könne, da er Bausorgen habe. Dann stehe ich klopfenden Herzens vor seiner Tür, aber er ist nicht zu Hause. Ich stapfe die Treppe wieder hinunter und frage, wo der Kaplan wohne. Gleich nebenan, aber er ist ebenfalls nicht daheim. Seine Schwester schickt mich zu einer Kapelle vor der Stadt, wo er den Rosenkranz mit den Leuten betet. Meinen Rucksack kann ich im Pfarrhaus lassen. Dann gehe ich, um ihn zu suchen. Ich wäre froh, nicht mehr laufen zu müssen.

Reges Treiben umschwirrt mich: Buben, die als kleine Gruppen die Straßen durchstreifen, – Kinder, denen man ein Eis gekauft hat – Musik auf den Tribünen und alle Straßen voll Menschen. Autos schieben sich durch die Menge – junge Pärchen vergnügen sich und halten sich an den Händen. Es riecht nach frischem Gebäck. Dennoch bleibe ich nicht stehen, sondern strebe vorwärts. Das ist nicht mehr meine Welt.

Schon die Frauen, denen ich begegnet bin, sagten, dass der Kaplan Don José heiße. Er ist darum verwundert, als ich ihn mit seinem Namen anrede. Er ist ein älterer Herr. Aus seinem Gesicht strahlt Güte. Seine Augen schauen freundschaftlich, aber gleichzeitig blickt er mich forschend an. Als ich in die Kapelle eintrete, spricht er gerade mit einer Dame.

Ich warte einen Augenblick, bis er sich mir zuwendet, und frage: „Don José, kann ich Sie in der Sakristei kurz sprechen?"

„Einen Moment bitte."

Wir gehen durch die Kirche, machen unsere Kniebeuge vor dem Allerheiligsten und stehen dann in der Sakristei.

„Sie wünschen, Señor? Was kann ich für Sie tun?" – Welchen Eindruck ich auf ihn mache, weiß ich nicht. Ich bin bekleidet mit einer schwarzen Hose, habe ein graues Hemd an und eine Windjacke aus dunkelblauem Stoff.

Ich sage ihm: „Don José, ich bin Priester und will Sie fragen, wo ich morgen früh die Heilige Messe feiern kann? Und können Sie einen Rat geben, wo sich eine einfache Unterkunft finden lässt?"

Während ich noch spreche, ruft man ihn an die Sakristeitüre. Aber er kommt sofort wieder zurück. Dann sagt er: „Sie sind also Priester. Zu welcher Sekte oder religiösen Gemeinschaft gehören Sie? Denn Priester gibt es ja überall. Woher kommen Sie?"

Ich lache und lasse mich nicht beirren. „Ich gehöre zu derselben Sekte wie Sie, Don José, unter Leitung unseres Heiligen Vaters Papst Pauls VI. Heute bin ich von zu Hause aufgebrochen, um eine Wallfahrt nach Fatima zu unserer Lieben Frau zu machen."

„Wollen Sie zu Fuß gehen?"

„Ja, soweit ich es vermag. Ein Teil der Reise wird wohl auch per Autostopp vor sich gehen."

Darauf gibt mir Don José Bescheid: „Zelebrieren können Sie überall. Aber nun beten wir zuerst den Rosenkranz. Nachher finden wir etwas für Sie. Wollen Sie in der Kapelle mitbeten?"

Ich ziehe es vor, in der Sakristei zu bleiben. Er geht nach draußen und fängt mit den Leuten an, Rosenkranz zu beten.

Auf einem Stuhl, der an der Wand steht, habe ich mich niedergelassen. Ich versuche mitzubeten, aber bald schlafe ich vor Müdigkeit ein. Nach einer guten halbe Stunde sind sie mit dem Rosenkranz fertig. Und hernach kommen viele Vaterunser, die noch angehängt werden. Für mich ist das zu viel, und ich sage mir, dass man so viele Vaterunser ja gar nicht andächtig beten könne. – Das müsse zur Leier werden! – Doch als mich dann Don José abholt, und wir durch die Kapelle gehen, sagt er zu mir: „Beten wir unseren Herrn an!" Er kniet ohne weitere Umstände vor dem Allerheiligsten nieder und betet mit Inbrunst. Er betet das Vaterunser. Sein Gebet ist echt und ohne Salbung. Mich erstaunt die tiefe Überzeugung, die aus jedem Wort spricht. – Muss ich nicht vorsichtiger sein mit meinem Urteil? Ist es notwendig, die ältere Generation für starr zu halten, wenn sie mehr Vaterunser betet als die jüngere? Jesus gibt uns den Rat: „Den neuen Wein in neue Schläuche zu gießen." Den alten Wein aber lässt man in den alten Schläuchen, beides ist sinnvoll und schützt vor Torheiten. (Vergl. Mt 9, 17 und Mk 2, 22)

Es ist dunkel geworden. Don José sagt mir unterwegs, dass er mich gerne aufgenommen hätte, aber des Festes wegen keinen Platz mehr habe, doch hier am Ort gäbe es französische Schwestern, die gewiss noch ein Gastzimmer frei hätten. Dort wolle er nachfragen.

Die Schwestern nehmen mich herzlich auf, geben mir ein Nachtessen. Sehr schnell ziehe ich mich zurück, um zu schlafen. Das Zimmer ist zu schön für einen, der unbekannt von der Straße kommt.

Wieder auf der Straße. Die französischen Schwestern haben mich mit Brot und Früchten versorgt. – Die Gestalt Don Josés beschäftigt mich. Sie hat auf mich einen tiefen Eindruck gemacht. Er ist Priester, spendet die Sakramente, verkündet das Wort Gottes. Aber aus seinem Angesicht leuchtet Jesus. Seine Gegenwart flößt Mut und Zuversicht ein. Seine Gebete erfüllen mit Ehrfurcht und drängen zur Anbetung. Nicht sein Wort, sondern die Art, wie er lebt, verkündet Gott und legt Zeugnis ab für die Botschaft Jesu.

Er sagte mir: „Lieber Mitbruder, die Straße ist lang, vertraue auf Gott. ER wird dich geleiten. Die liebe Gottesmutter nehme dich bei der Hand!"

Ein wenig gebeugt von der Last der Tage stand dieser Mann vor mir. Silberne Fäden durchziehen sein Haar. Auch ihn hat der Sturm der Prüfungen hart hergenommen. Aber er widerstand. Er durchlitt zusammen mit seinem Meister Jesus die Stunden der Verleugnung und der Missverständnisse. Er fügte sich in den unbegreiflichen Willen des Vaters im Himmel. Nun, da er alt geworden ist und die Hoffnung wie ein unverlierbares Erbe in ihm lebt, ist sein Angesicht lachend wie ein milder Herbstabend. Solche Priester sucht die Welt von heute! Er hat vielleicht keine Kirche gebaut, ist kein großer Organisator und mag auch sonst Mühe gehabt haben bei der täglichen Arbeit. Aber das **EINE NOTWENDIGE** für alle Arbeiter im Weinberg des Herrn, das besitzt der Kaplan Don José. Er ist wie Jesus. Um solche Priester muss das Volk den Vater im Himmel bitten! Auch ich danke Gott, dass ich auf der ersten Station meines Wegs nach Fatima einem Priester wie Don José begegnen durfte.

Das Ewige Lied – Gott schreibt Gedichte

Nachdem ich das sehr breite und weiträumige Flusstal des Ebro durchquert habe, bricht wie ein Naturereignis der Fluss aus steilen Felswänden hervor. Ich begleite seine Ufer schon seit einer Stunde.

Die Wasser strömen in urewigem Lauf dahin. Sie zischen auf vor den Felsen, bilden Kreise, stieben widerwillig zurück, suchen neue Wege, um sich Bahn zu brechen. Tosend stürzen sie nach unten, einander überspringend. In Regenbogenfarben sprühen sie auseinander, um zurückzufallen in ihr wogendes Bett. Silbern schießen sie hervor aus den Bogen der Felsen, und silbern verlieren sie sich in der Ferne. Steil auftürmendes Gestein ist ihr Saum. An ihnen vorbei ziehen die Straßen, über sie hin spannen sich die Brücken der Menschen, oft uralte Bogen aus steinigen Quadern, gefügt von Männern, über deren Leben wir nur noch in vergilbten Bögen aus Ziegenhaut Spärliches lesen. Vergangene Zeiten stehen vor unseren Augen.

Gott schreibt auch Gedichte. Aber seine Gedichte sind Originale, in ihrer wunderbarer Schönheit einmalig. Der göttliche Musikmeister hat die wundervollsten Sinfonien geschrieben. Er schenkt eine Musik von zierlichen Takten, von überschäumenden Melodien, von erschreckender Fülle. – Ein Blitz, der in der Nacht weißglühend den Himmel überzuckt, die Wucht des rollenden Donners; oder die brandenden Wogen vieler Wasser berühren unser Herz und lassen es erklingen; oder uns erfüllen die glutenden Farben eines Morgenhimmels mit Staunen, das Locken der Vögel; oder das ständig wiederholende Zirpen der Grillen, die im aushauchenden Abend ihre Lieder singen, vom Silberschein des Mondes begleitet.

Sehen wir die göttlichen Werke noch? Oder sind seine Wunder für den modernen Menschen nur wie Nebelschatten, wenn er mit seinen schnellen Autos an ihnen vorüberrast? – Haben wir noch Zeit, die Natur zu durchwandern, ihre Schönheiten von Angesicht zu Angesicht zu erleben, obwohl diese Anstrengung die Überwindung der Trägheit fordert? – Vermögen wir es noch, uns auf einen Stein zu setzen und nur zu schauen, zeitlos zu schauen, die Augen in den kreisenden Flug eines Adlers zu versenken und darin zu verweilen, ohne zur Uhr zu schauen? – Hören wir noch die vielfältigen Stimmen der Lebewesen, die uns umgeben? – Und hören wir sie nicht nur, sondern können ihnen auch noch zuhören? Lange, lange Zeit nur „zuhören"?

Der moderne Mensch hat seine Naturerlebnisse vor dem Fernsehen zu absolvieren, und zugleich bekommt er Kommentar und Musik geliefert. Es braucht keine eigene Anstrengung. Vielleicht manchmal interessant. Aber diese Pseudoerlebnisse sind Duplikate und bleiben Duplikate. Solche Naturerlebnisse vor dem TV sind Sensationen und Unterhaltung oder eine Art Wissen. Es regt an und regt auf. Aber die *WAHRE* Berührung mit den Dingen und den Lebewesen der Schöpfung von Haut zu Haut, von Atem zu Atem, von Ohr zu Ohr, von Auge zu Auge – diese wahre Berührung kann der Fernseher nicht vermitteln. *Sein Kasten ist nicht die Wirklichkeit.* Wird dies verwechselt, kommt es leicht zu Täuschungen, und diese setzen den

Ahnungslosen gefährlichsten Manipulationen aus. Wenn aber ein Mensch sich zu Fuß auf den Weg macht und die Schöpfung durchkämmt, vermittelt ihm dies eine echte Erfahrung der Wirklichkeit, die ihm nicht ausgeredet werden kann. Dann werden Manipulationen gegenstandslos.

Daraus erwächst ihm Weisheit, Einsicht und Wahrheit, sofern er sich dafür öffnet. Auf diese Art und Weise könnte der moderne Mensch einer Scheinwelt entgehen, damit er sich dem Ursprünglichen der Schöpfung nahen kann. – Das heißt aber nicht, dass wir die kommunikative Bedeutung des Fernsehens generell schmälern wollen.

Herr, ewiger Gott! Erwecke immer von Neuem mein Herz zu einem frohen Danklied, so wie ich es singe, jetzt, am Ebro entlang.

Ihr rauschenden Wogen, lobet den Herrn!
Du ewiges Spiel der Wasser, lobe den Herrn!
Preiset den Herrn, aufblitzende Wellen!
Du brausendes Tosen, singe dem Herrn!
All ihr dahin stürmenden Wasser, lobsinget ihm!
Gebt *IHM* Lobpreis und Ehre!

Unerwartete Begegnungen auf der Pilgerstraße

Die Welt ist klein! Als ich auf den Quadern einer Brücke sitze, um auszuschnaufen, hält vor mir ein Auto. Ein Kaufmann mit seinem Sohn aus Bilbao, das weit über hundert Kilometer entfernt liegt, steht vor mir.

Er spricht mich an: „Pater, das sind doch Sie, der bei mir die Küchenmaschinen gekauft hat, oder nicht?"

Und er schaut mich von oben bis unten an und mustert mich. Dann lacht er: „Ja, Sie sind es. Wie kommen Sie bloß hierher? Und das in diesem Aufzug? Während wir vorbeifuhren, dachte ich, den kennst du doch. Darf ich Sie herzlich begrüßen?"

Er gibt mir die Hand, und der Knabe tut das Gleiche. Mir ist das peinlich; denn es sollte mein Stolz sein, nicht erkannt zu werden, da ich doch mit dem Himmel eine Abmachung getroffen habe. – Doch seine Stimme holt mich in die Wirklichkeit zurück:

„Wissen Sie, Herr Pater, da heute so schönes Wetter ist, bin ich mit der ganzen Familie hierher gefahren, um dem Rummel der Stadt zu entfliehen. Übrigens, haben Sie die Küchenmaschinen schon erhalten?"

Ich bejahe seine Frage und sage ihm, dass in wenigen Tagen der Rektor bei ihm vorbeikäme, um die Maschinen zu bezahlen. Ich grüße die ganze Familie und verabschiede mich. Kann man der Welt überhaupt entfliehen?

Die Sonne brennt vom Firmament. Zugleich aber streicht der Wind in heftigen Böen kalt über das Land. Beim Durchwandern des ersten Dorfes komme ich an einen Brunnen und trinke frisches Wasser aus seiner Quelle. Danach lasse ich das Tal liegen und beginne erneut eine Passstraße in Angriff zu nehmen. Die Straße zieht bergan. Bäume, die spärlich Schatten spenden, stehen noch an der Seite. Jetzt bin ich fünf Stunden unterwegs und werde müde. Aber ich will erst auf halber Höhe Halt machen. Ich schwitze. Später, als ich einen Rastplatz gefunden habe, bin ich zum Essen zu müde und schlafe ein. Die Witterung ist mir nicht günstig; denn im Schatten der Bäume weht ein rauer Wind und mich friert. Gehe ich dagegen hinaus in die pralle Sonne, so ist es zu heiß. Ich wünsche mir eine geschützte Lagerstätte. Aber es ist keine vorhanden. Mein Herz ist traurig, doch es gilt mit Gottes Hilfe, die betretene Straße weiterzugehen. Nachdem ich geruht habe, esse ich und für den Durst gibt es Früchte.

Der harte Aufstieg in den Pass

Ich habe das Stundengebet verrichtet und mache mich wieder auf den Weg. In großen Bögen schraubt sich die Straße in den Berg hinein. Kleiner und immer ferner grüßen die Häuser des Tales zu mir empor. Da sich an einem meiner Füße Blasen gebildet haben, hinke ich etwas. Der Schweiß rinnt mir von der Stirn.

Genau in diesem Augenblick kommt aus einer Kurve plötzlich ein Wagen hervorgeschossen, bremst scharf und hält vor mir an. Ich stehe mit Staub bedeckt und verschwitzt da und denke, was ist jetzt schon wieder los.

Dann höre ich eine Stimme: „Herr Pater, wie geht es Ihnen? Sie sind ja ganz verschwitzt und mit Ihrer Kraft am Ende, können wir Ihnen helfen?"

Vor mir steht die Oberin der französischen Schwestern, bei denen ich übernachtete. Als sie mich so sieht, steigt ihr Mitleid noch höher empor.

„Wollen Sie nicht mit uns zurückfahren und sich erholen? Wir bringen Sie dann am Abend an Ihr Ziel."

Peinlich! Die Oberin hat ihre französischen Verwandten überredet, die bei ihr auf Besuch weilen, mir nachzufahren. Nun sehen sie, dass der Aufstieg, den ich zu bewältigen habe, mich Mühen kostet, und deshalb will sie mich bewegen, weniger unvernünftig zu sein.

Ich versuche zu lächeln: „Man muss sich treu bleiben. Jetzt, da ich auf der Straße bin, muss ich den Vorsatz halten, auch wenn er Schweiß kostet."

So lehne ich denn das Angebot dankend ab. Der gütigen Frau tut es leid, dass ich nicht auf sie eingehe.

Manchmal ist es leicht, manchmal sehr schwer

Und wirklich – dieser Aufstieg wird schwer, sehr schwer. Um die Windungen der Straße nicht auslaufen zu müssen, steige ich einen steilen Pfad zwischen Felsen empor. Da fängt mein Herz wie wild zu pochen an, und es schmerzt. Eine Art von Schwäche überfällt mich.

Wie oft in den vergangenen Monaten bin ich zu einem Manager geworden, der ruhelos und tagelang zwischen dem Soll der Pflichten hin und her gejagt wird. Oft fand ich nicht einmal mehr zum Ausruhen genügend Zeit. Nicht von außen her ist der Organismus angegriffen, sondern von innen, und das zeigt sich nun im kritischen Moment des Aufstiegs. Der Kreislauf spielt verrückt, der Schweiß rinnt vom Gesicht und der Atem geht hart. Die Dinge verlieren ihre scharfen Konturen. Ich kann nicht mehr, werfe den Rucksack ab und setze mich auf einen Stein. Im Versteck eines Gebüsches ruhe ich aus. Wie lange ich dort gesessen habe und an nichts dachte, weiß ich nicht mehr. Danach nimmt die Landschaft wieder Gestalt und Farbe an.

■ Mein Begleiter reißt mich aus meinen Gedanken. Er fragt: „Fällt es dir schwer, Priester zu sein?"

Was für eine eigentümliche Frage! Und das zu einer Stunde, da mir der Schweiß im Gesicht steht. Ich schaue zu ihm hinüber. Wie immer ist jenes Leuchten auf seinem schönen Angesicht, das mich stottern lässt. Er wiederholt freundlich: „Fällt es dir schwer, Priester zu sein?"

Ich antworte: „Manchmal ist es ganz leicht, manchmal ganz schwer."

Er nickt.

Ich sage: „ Die Stunden der Verlassenheit sind die schwersten."

Er nickt erneut. Dann fragt er: „Fällt es deiner Schwester und deinem Bruder schwer, verheiratet zu sein und Kinder zu haben?"

Ich bin verwirrt, was soll diese Frage? Von Neuem wiederhole ich:

50

„Manchmal fällt es ihnen ganz leicht, manchmal ganz schwer."

Er lächelt. Den Kindern und alten Leuten, fällt es denen auch schwer?"

„Du weißt es", gebe ich zur Antwort.

„Also fällt es allen schwer?"

„Natürlich, welche Frage!"

„Also gehören auch jene Stunden eures Lebens hinzu, in denen eure Kräfte bis an die Grenzen herausgefordert werden, euer Herz bis zum Zerreißen pocht und eure Gedanken wie eine irrsinnige Mühle mahlen. Meinst du nicht auch, dass so ein kleiner, noch relativ harmloser Kreislaufkollaps ebenfalls dazugehört?"

Ich bejahe.

„Dann muss man auch im Priesterstand die Zerreißproben ertragen?"

„Ja."

„Auch wenn das Herz pocht, die Gedanken sich jagen, wenn man einsam ist und sich gefangen fühlt wie im Verlies eines Turmes."

„Ja."

„Und bei deinem Bruder und bei deiner Schwester, den Kindern und den Alten, den Armen und den Reichen ist es auch so?"

„Ja."

Da wiederholt er den Anfang des Gesprächs und fragt erneut: „Also, fällt es dir schwer, Priester zu sein?"

„Ja", sage ich, „so schwer wie dieser Aufstieg." Dann füge ich hinzu: „Aber seit wir das Paradies verloren haben, bleibt diese Erde eine Kampfbahn und ein dunkles Tränenfeld für alle Menschen, die in sie hineingeboren werden, um darin zu leben."

„Wirst du dieses Tränenfeld bejahen?"

„Ich bejahe und erfülle den Willen dessen, der es verfügt hat.", sage ich.

Nach diesem Gespräch verweile ich noch immer in der Verschnaufpause. Mag mancher sagen, es sei eine Verrücktheit, sich solchen Anstrengungen auszusetzen, aber setzen wir uns, wenn es um Gewinn, Geld oder Gut geht, nicht weit größeren Anstrengungen aus? Gehen wir nicht weit größere Risiken ein? Ich kann im kritischen Augenblick wenigstens noch ausruhen, bis sich meine Kräfte wieder gesammelt haben.

Doch bei anderen Gelegenheiten gibt es keine Verschnaufpausen. Denn die Verrücktheiten von Menschen zwingen oft in Sklavereien, in denen uns keine Erholung bleibt, sondern nur ein erbarmungsloses Vorangepeitscht-Werden. Wo die Furien des Krieges losgelassen werden, wo grauenhafte Bedrohungen die Menschen geißeln, wo Geschrei und Tränen, Grausamkeiten und Vergewaltigungen vorherrschen, da gibt es kein Ausruhen, sondern nur bitteren Schmerz, oft bis in den Tod.

Gezeiten kommen. Gezeiten gehen. Gnadenzeiten verstreichen. – Kinder werden getötet, sogar massenweise im Mutterschoß.

Wenn es um Vergnügungen geht, sind wir maßlos und tanzen und schreien auf den Plätzen. Es wird gesoffen und gebuhlt. Nicht wenige erheben dabei ihr Antlitz frech gegen das Heiligtum. Auch sind fast alle am rastlosen Aufbau einer stets zerfallenden Welt tätig.

Wir haben keine Zeit *FÜR IHN* und beteuern: „Herr, entschuldige, ich muss meine Wohnung einrichten."

„Herr, entschuldige, ich muss für Nahrung und Kleidung sorgen."

„Herr, entschuldige, die Politik, die Partei, die Wähler nehmen die ganze Kraft in Anspruch. Ich habe wirklich keine Zeit."

Gnadenzeiten verstreichen. Reicht es eine Dreiviertelstunde am Sonntag den Gottesdienst abzusitzen, damit man wieder eine Woche lang vor dem eigenen lästigen Gewissen und vor Gott Ruhe bekommt?

Gezeiten kommen. Gezeiten gehen. Gnadenzeiten verstreichen. – Müsste ich nicht zuerst lernen, anders zu denken, ganz anders? – Müsste ich nicht lange darüber nachsinnen, woher ich komme, wohin ich gehe, was ich in dieser Welt tue, warum ich lebe? – Aber wann? Wann soll ich darüber nachdenken? Wann? Wer Augen hat zu sehen, der sieht, dass im Zenit unserer Welt ein Engel steht. Sein Antlitz ist flammend. Seine Hände halten ein loderndes Schwert. Seine Stimme ruft uns warnend zu: "Wer ist wie Gott?"

Wir haben die Wege des Heils verlassen und irren dahin. Auch ist der offene Abfall von Gott Wirklichkeit geworden, auch wenn wir es nicht wahrhaben wollen. – Mag es verrückt sein, dass ich eine Pilgerstraße unter Anstrengung und Schweiß betreten habe. Ich bin meinem Herrn dankbar, dass er mir die Gnade und die Kraft gibt, aufzubrechen, um wenigstens einmal im Leben allein bei IHM zu sein.

Es ist ein weiter Weg, bis ich die Höhe erreiche. Ich kann nicht mehr rasch gehen, sondern es strengt mich an. Wieder bete ich: „Herr, schenke uns den

Frieden der Herzen, den Frieden in den Familien, den Frieden der Welt!"

Gegen sieben Uhr abends stehe ich auf dem Pass. Schon weht der milder werdende Wind. Die Erde beginnt auszuatmen. Ich schaue zurück. Der Weg, der mich so hart hergenommen hat, liegt hinter mir. Freude und Friede wohnen in meinem Herzen. Meine Augen streifen über das Land bis zu den fernen Horizonten. Die leuchtende Stille hat alle Unrast abgestreift und ich trage das Bewusstsein, dass ER an meiner Seite mitgeht.

Während ich dahingehe, bete ich. Wie von selbst ergibt sich, dass der Rosenkranz in meiner Hand ist und ich mich in die Geheimnisse der Ewigen Liebe Gottes versenken kann. Jesu Leben ersteht vor meinem Geist und die Mutter Gottes, die Jungfrau Maria, begleitet mich. Heute betrachte ich das Geheimnis: "Den du, o Jungfrau, zu Elisabeth getragen hast."

Sonntagsarbeit und vernachlässigter Gottesdienst

Auf meiner Pilgerfahrt mache ich die Erfahrung, dass mir immer dann geholfen wird, wenn eine echte Notwendigkeit besteht. Bis zum nächsten Dorf sind es noch weit über zehn Kilometer. Von einem strammen Ausschreiten kann keine Rede mehr sein. Ich schleppe mich nun so dahin, weil ich zu müde bin. Daher versuche ich, die wenigen Wagen, die an mir vorüberfahren, anzuhalten. Aber ich habe keinen Erfolg. Wer vertraut schon einem Fremden auf der Höhe eines einsamen Passes? Doch habe ich die innere Sicherheit, dass mich jemand mitnehmen wird.

Wagen kommen und gehen. Zweihundert Meter hinter mir hält ein Seat an. Eine Frau steigt aus, weil der Kleinste der Familie austreten muss. Als sie an mir vorbeifahren wollen, winke ich, und sie nehmen mich mit.

„Sie wollen also in das Dorf von 'Dos Torres'?", fragt mich der Fahrer. „Mein Großvater hat gesagt, dass man aufpassen muss, wenn man nach 'Dos Torres' geht, weil es dort noch Hexen gäbe." Wir lachen, aber es bleibt eine letzte bohrende Frage offen.

Darum sage ich: „Hexenglauben! Aber selbst hochgestellte Personen des öffentlichen Lebens, die sich weder um Gott noch Teufel scheren, bringt der Aberglaube aus der Fassung."

■ Da erblicke ich meinen Begleiter. Er schaut mich an und fragt: „Glaubst du an Hexen?"

Ich blicke einen Augenblick vor mich hin, zögere und nicke leicht mit dem Kopf. Dann sage ich: „Es gibt die alte Schlange, den Teufel, wie die Heilige Schrift sagt, und es gibt die bösen Geister."

„Hat der Teufel Macht über die Menschheit?"

„Er hat Macht über Menschen! – Jesus nennt ihn den "Fürsten dieser Welt", der über ihn keine Macht besitzt", (Vergl. Jo 14 ,30) antworte ich.

„Was tut der Teufel?"

Die Frage brüskiert mich, darum sinne ich einen Moment darüber nach. Vor mir tut sich die jenseitige Welt auf, die ich mit den Augen nicht schauen noch mit meinen Händen betasten kann. Aber ich sehe jene verderbenbringenden Wirkungen, die aus einem bitterbösen Geist hervorgehen – Wirkungen, die nicht allein auf des Menschen Holz gewachsen sein können. Dann antworte ich: „Ich kann den Teufel nicht unmittelbar sehen, deshalb ist es schwer zu antworten."

Mein Begleiter bleibt hartnäckig und fragt weiter: „Gibt es denn nach der Heiligen Schrift, dem Wort Gottes, den Teufel oder die Dämonie?"

„Ja!"

„Gut!", erwidert mein Begleiter. „Doch nun sage mir, was sagt die Heilige Schrift?"

Sofort erwidere ich: „Er ist der Versucher und der Mörder und auch der Lügner." (Vergl. Jo 8, 44 und Mt 4, 3)

„Gut, doch genug für jetzt. – Doch schau einmal dorthin", und er deutet mit der Hand auf die Felder, die reif zur Ernte sind.

Dort wird gearbeitet. Karren mit Getreide fahren die Dorfstraße entlang. Am Dreschplatz dreht der Ochse mit dem Dreschschlitten eintönig seine Kreise. Auf dem Schlitten stehen ein Bauer und eine Bäuerin und treiben das Tier an.

Da fragt mein Begleiter: „Was meinst du? Ist das recht?"

In dem Dorf 'Dos Torres' entdecke ich zwar keine Hexen, aber ich sehe fast alle Bauern arbeiten. Es ist Erntezeit und sie schuften ohne Erbarmen schon den ganzen Sonntag. Nicht nur während der Woche gibt es keine Verschnaufpause, nein, auch sonntags geht es ohne Unterbrechung weiter. Mühsam schleppt sich der Dreschochse im Kreis. Das Land schenkt nur in Mühsal das tägliche Brot. Aber ist das ein ausreichender Grund, um am Sonntag zu arbeiten? Sie vergessen doch das Gebot Gottes »Du sollst den Sabbat heiligen!« (Ex 20, 8) – Indem sie das Sonntagsgebot nicht mehr erfüllen, offenbaren sie nur, dass ihnen in den Herzen der echte Glaube und das wahre Vertrauen an die Macht des *LEBENDIGEN GOTTES* abhanden gekommen ist.

Lässt denn der Mensch das Korn keimen und wachsen? Verleiht denn der Mensch dem Rebstock die Kraft des Sprossens? Wer gibt uns wasserspendende Wolken über dem Land? Aus wessen Hand entströmen die befruchtenden Winde? Wahrhaftig, vor den großen Geheimnissen des jährlichen Reifens und der jährlichen Ernte stehen wir Menschen mit erwartenden Händen. Wir empfangen von dem, der den Tisch uns deckt. – Aber hat nicht der Herr, der dem Korn und dem Regen, den Winden, dem Rebstock und der Erde Gesetze gibt, auch uns eine Ordnung ins Herz gegeben?

„Sechs Tage sollst du arbeiten und alle deine Werke tun. Der siebente Tag aber ist Sabbat für den Herrn, deinen Gott. Da darfst du keinerlei Werk tun, weder du selber noch dein Sohn, noch deine Tochter, noch dein Knecht, noch deine Magd, noch dein Vieh, noch der Fremde, der sich in deinen Toren aufhält." (Ex 20, f)

Wir erwarten von Gottes Gesetzen Segen, um aus der Frucht, die wir einbringen dürfen, wieder ein Jahr leben zu dürfen. Da ER uns bis zur Stunde genug zu essen und zu trinken gegeben hat, wird ER uns nicht besonders dann Brot und Milch, Wein und Kleidung schenken, wenn wir auf sein Gesetz und Wort mehr vertrauen als auf unser rastloses Tun und unsere oberflächlichen Überlegungen?

Hier beginnt die Tragödie; die Blindheit, Vermessenheit und das Leben ohne Gott, obwohl wir noch in die Kirche gehen. Der Mensch, der auf die Kraft seiner Muskeln und auf seinen braun gebrannten Leib vertraut, verliert den Herrn aus seinem Blickfeld. Die Familie, die ihre Ernte sonntags wie werktags heimträgt, vertraut Gott nicht mehr. Sie sieht weder die Güte Gottes noch seine unermessliche Allmacht, die keine Grenzen kennt. Diese Leute wagen es nicht, ihr Leben in Gottes Hand zu legen. Gott als ein Gedanke steht noch blass vor ihnen, Gott aber als die **LEBENDIGE WIRKLICHKEIT,** die unser Leben bis in den innersten Kern trägt, wohnt nicht mehr in ihnen. Wahrhaftig, das ist Sünde!

Am Sonntag das Korn stehen zu lassen, obwohl die Sonne scheint und das Wetter lind ist, obwohl man fürchtet, dass am Montag Regenschauer übers Land stürmen, am Sonntag das Korn stehen zu lassen im Vertrauen, dass der Herr das Notwendige gibt, das ist ein Denken aus dem Glauben, das die blanke Vernunft und ihre Vordergründigkeit überschreitet. Wer so denkt, legt sein Leben in den Schutz des **ALLERHÖCHSTEN**. Dann ist Gott mächtiger als eine nicht rechtzeitig eingebrachte Ernte.

Aus diesem Glauben lebte Abraham. Er wurde deshalb von Gott gerechtfertigt und gesegnet. GOTT fordert heraus: den Bauern, den Ingenieur, den Arbeiter, den Techniker, den Forscher, den Politiker, den Staatsmann, den Priester. Gott muss die letzte und **ABSOLUTE WIRKLICHKEIT** sein. Wer so denkt und handelt, bei dem wandelt sich alles. Unser religiöses Leben ist dann nicht nur Sonntagsgottesdienst in Kathedrale oder Dorfkirche. Religion ist dann nicht ein überflüssiges Lehrfach der Schule, das als edle Blüte unserer Zivilisation oder Humanität noch toleriert wird. Die Anbetung des **LEBENDIGEN GOTTES** und seines Gesetzes ist dann die Mitte unserer Herzen, die Mitte unserer Familien, die Mitte unserer Staaten.

In 'Dos Torres' schaffen die Bauern am Sonntag, stapfen die trägen Ochsen mit Dreschschlitten im Kreis. Der Bauer und sein Weib sitzen auf dem Schlitten. Geschrei von Kindern und Frauen. Ein junger Bursche trinkt aus dem Krug mit vorgestrecktem Kinn. – Haben sie Gott vergessen?

Der Pfarrer der Ortschaft ist ein junger und strammer Herr. Er nimmt mich in sein Haus auf, und nun sitze ich im Empfangszimmer. Dorthin bringt er mir Wasser und Wein, wofür ich dankbar bin, weil ich im Laufe des Tages sehr durstig wurde. Danach aber entschuldigt er sich und lässt mich eine gute Stunde allein. Mein Gesicht fängt merkwürdig an zu glühen. Ich bekomme Angst und überlege, was dies bedeutet. Sollte ich krank werden? Ist eine Grippe im Anzug? Jetzt mitten im Sommer? Doch nach einer Weile des Nachdenkens stelle ich fest, dass ich einen starken Sonnenbrand habe, von dem ich nur deshalb nichts merkte, keine Notiz nahm, weil der Wind während des Tages ziemlich kühl war.

Gegen neun Uhr abends kommt der Pfarrer zurück und fragt mich, ob ich ihn in die Dorfkirche begleiten wolle; er bete dort zusammen mit den Leuten den Rosenkranz. Obwohl ich wegen des anstrengenden Tages Mühe habe, sage ich zu und gehe mit. Ich finde eine einfache Dorfkirche vor. Der Altar stammt aus der Barockzeit und ist reich verschnörkelt, aber auch recht staubig. Überhaupt ist die Kirche staubig, unordentlich und schmutzig. Sie besitzt kleine Fensterchen, damit die Sonne während der Sommermonate nicht zu sehr hereinbrennen kann. Dann stehen da noch wahllos ein paar Gebetsstühle herum und ein paar Bänke. Der Pfarrer nimmt das Seil und bringt die Kirchenglocke zum Schwingen. Alle im Dorf hören den Ton. Aber zunächst kommt niemand. In dieser Zeit bete ich mein Stundengebet. Nach etwa zwanzig Minuten läutet der Pfarrer noch einmal. Danach kommen drei Kinder und zwei sehr alte Frauen. Wir beten miteinander den Rosenkranz. Es kommt mir vor, als ob hier ein uraltes Brauchtum, das nicht mehr verstanden wird, brüchig geworden ist. Bei Don José im vorherigen Dorf lebte dieses Gebet

56

aus seiner inneren Kraft. Hier aber ist es wie das dünne Rinnsal einer versiegenden Quelle.

Rosenkranzbetrachtung
„Den Du, o Jungfrau, zu Elisabeth getragen hast."

Eine Frau geht über die Straßen von Judäa. Sie eilt schnellen Schrittes und frohen Mutes. Ihr Leib hat empfangen. In ihrem mütterlichen Schoss trägt sie ein unfassbares Geheimnis. Noch weiß kein Mensch davon. Gott schenkt ihr ein Kind, das da ist „der strahlende Aufgang aus der Höhe" (Lk 1, 78), einen Sohn, der da ist die Erwartung der Völker und die Offenbarung aller Offenbarungen. Leben wohnt in ihrem Leib, und sie hält diesen Leib voll Innigkeit dem Leben entgegen, damit es werde.

Keiner kennt ihr Geheimnis. Denn, was in ihr wird, empfing sie vom Heiligen Geist ohne Zutun des Mannes. Dennoch bleibt ihr Kind Menschenkind, der Sohn einer Frau, die es gebiert. Doch zugleich ist dies Kind auch der Sohn des Allerhöchsten, der aus ewiger Herrlichkeit niedersteigt und sich entäußert, um Knechtsgestalt unter Menschen anzunehmen. – Eine Frau eilt dahin, um im Gebirge ihre Tante zu besuchen. Jubel erfüllt ihr Herz, weil der Ewige Fleisch angenommen hat, – weil der , der herabsteigt, Mensch wird.

Wie der Engel gesagt hat, hat auch ihre Base Elisabeth empfangen. Sie war ein langes Eheleben lang unfruchtbar. Jetzt wird ihr noch im hohen Alter die Gnade der Mutterschaft zuteil. Sie freut sich. Selbst ihre verwelkende Brust wird einem Kind Nahrung spenden. Maria geht eilenden Schrittes, um ihrer Base zu helfen. Sie will ihr in den Tagen der Niederkunft beistehen und die Nöte der Geburt lindern.

Nun steht Maria an der Pforte des Hauses, in dem Zacharias und Elisabeth wohnen. Sie klopft an und tritt in den Hof ein. Als Elisabeth Maria erkennt, eilt sie ihr entgegen. Große Freude liegt über dem Gesicht der alten Frau. Dann aber in einem erhabenen Erschrecken öffnen sich ihre Augen. Sie berührt ihren Leib, in dem sie das Kind trägt, als wolle sie ein Unbegreifliches bestätigen. Danach eilt sie auf die jugendliche Frau, die fast noch ein Mädchen ist, zu, fasst ihre Hände, umarmt sie und ruft:

„Sei gegrüßt Maria, du erhabene Frau, mit allen Gnaden erfüllt! Der Herr ist mit dir. Du bist unter allen Frauen dieser Erde gepriesen. Gebenedeit ist die Frucht deines Schoßes! – Womit habe ich es verdient, dass die Mutter meines Herrn unser Haus betritt? Siehe, als dein Gruß an mein Ohr drang, da hüpfte das Kind vor Freude in meinem Schoß auf." (Lk 1, 42-44)

Tränen stehen der alten Frau in den Augen. Es sind Tränen, die von sehr weit her aus der Sehnsucht vieler Generationen emporsteigen. Sie werden geweint, als leuchtend die Morgenröte über dem Menschengeschlecht am Himmel aufglüht. Aber auch das jugendliche Antlitz Mariens steht in Tränen, in Tränen einer Barmherzigkeit, die ihr und in ihr uns allen zuteil wird. Jubelrufe der Freude überströmen die beiden Verwandten, denn ein Gewaltiger, der Heilige Geist Gottes, berührt sie in ihrem Innern, so dass Elisabeth ruft:

„Selig bist du, weil du geglaubt hast, dass es in Erfüllung geht, was dir der Herr gesagt hat!" (Lk 1, 45)

Der Hauch des Lebendigen Geistes wogt zwischen den beiden Frauen. Er reißt sie in die Ekstase der göttlichen Geheimnisse hinein. Ein Loblied erschallt, ein Gnadenlied der Erbarmungen, gewaltiger als das Lied des Mose, das er am Tage der Vernichtung ägyptischer Kampfwagen sang, da ihm Rettung von Gott zuteil wurde – wunderbarer als alle Jubelgesänge des alten Israel – erhabener als jedes andere Lied, da es alle Geschlechter umfasst und umfassen wird. Der längst Versprochene hat Fleisch angenommen im mütterlichen Leib einer Jungfrau. Tränen der Freude leuchten in der strahlenden Sonne, als Maria ihre Stimme erhebt. Sie singt die Gnade einer unbegreiflichen Erwählung hinein in das uralte Ohr und das Herz vieler Menschengenerationen, die seit Jahrtausenden warten:

„Meine Seele preist die Größe des Herrn, und mein Geist jubelt über Gott, meinen Retter. Denn auf die Niedrigkeit seiner Magd hat er geschaut. Siehe, von nun an preisen mich selig alle Geschlechter! Denn der Mächtige hat Großes an mir getan, und sein Name ist heilig. Er erbarmt sich von Geschlecht zu Geschlecht über allen, die ihn fürchten.

Er vollbringt mit seinem Arm machtvolle Taten: Er zerstreut, die im Herzen voll Hochmut sind; Er stürzt die Mächtigen vom Thron und erhöht die Niedrigen. Die Hungernden beschenkt er mit seinen Gaben und lässt die Reichen leer ausgehen. Er nimmt sich seines Knechtes Israel an und denkt an sein Erbarmen, das er unseren Vätern verheißen hat, Abraham und seinen Nachkommen auf ewig." (Lk 1, 46-55)

Gottes Geheimnisse sind verborgene Geheimnisse! – Sie öffnen sich nicht von selbst. Sie ruhen auf schweigendem Grund. Oft sind sie schon gegenwärtig, aber noch weiß niemand von ihnen. Die Welt glaubt, Gott sei nicht da und handelt ohne ihn. Aber niemals verliert der Herr, unser Gott, im menschlichen Raum mit seinen personalen Entscheidungsträgern den Überblick, noch lässt er sich im menschlichen Existenzkampf gezielter Interessen an den Rand drängen.

Er ist absolut und immer gegenwärtig. Denn keine einzige Phase menschlicher Geschichte hat ihn je überspielt oder gar überlistet. Wenn die Stunde geschlagen hat, treten die Mächtigen samt ihrer hitzigen Ideologien von der Bühne ab – und die Nachwelt staunt über die maßlose Verblendung, die ganze Generationen über Jahre gefangen halten konnte.

Gott, der Herr, lässt das Heil aus dem Unscheinbaren wachsen! Er beginnt schweigend in den Anfängen, von außen nicht beachtet und wie unbedeutend, da ER den berauschenden Kuss seiner Gnade den Armen und Kleinen schenkt. Doch sein Geist ist Sturm und Feuer. Und wo immer er ein Herz berührt, wird die Erde erneuert wie in den Anfängen des Gartens Eden und blüht auf.

Diesen Demütigen Gottes wird dann nichts widerstehen können. Wo sie auftreten, wird allen Wartenden und Suchenden ein Licht in der Finsternis gegeben. Dort erneuert sich die Welt! Dort wird in der Friedlosigkeit der Friede des Herzens geschenkt, der unzerstörbar ist, weil der Herr ihn gibt. Dort tut der Mensch wahre Gerechtigkeit. Sie fließt aus ihm hervor wie aus der Quelle des Ursprungs.

Wären unsere Augen auf den LEBENDIG-EWIGEN-GOTT gerichtet, wären wir vom Auftrag und der Kraft Gottes durchdrungen und nicht vom unbändigen Stolz einer nur menschlichen Weltverbesserung, da wir gleich Prometheus das Feuer der Sonne vom Himmel herabreißen wollen, würden wir GOTT, DEN HERRN, auch im Allerkleinsten sehen, trügen wir die GEBOTE GOTTES wie ein Siegel seiner Liebe in unseren Herzen und Gliedern – dann fände der Gesang des Magnifikat, der hohe Lobpreis, kein Ende, und unsere Erde als Tal der Tränen würde zurückkehren zum Anfang des Paradieses.

Als jene junge Frau davon singt. dass der MÄCHTIGE Grosses an ihr getan hat, da ist noch wie unter Schleiern ihr Name verhüllt. Nur in den Mauern des Hauses der Elisabeth und des Zacharias werden unerhörte Worte gewechselt, die kühner und erhabener sind als die Worte der größten Liebenden. Gottes Geheimnis liegt über ihnen. Ein Kind ist vor Freude im Mutterschoß aufgesprungen. Der Geist Gottes, der über den Urgründen schwebt, hat seine Flügel über sie gebreitet. – Wohl den Augen, die solches sehen! Jubel den Ohren, die solches hören! Freude den Herzen, die solches wahrnehmen! Dank an den Höchsten für seine Gnade!

Nicht aus Parteiversammlungen, nicht aus mächtigen Interessenverbänden, nicht von den pausenlosen Sitzungen der Parlamente, die Völker regieren, noch aus dem Beschluss eines Revolutionsrates oder einer Kolchosenführung wird dem Menschen für sein irdisches Leben Heil und Sicherheit, Freiheit und Würde, Nahrung und Hausstand gegeben, sondern entscheidender als alle äußeren Aktionen ist die Begegnung des Menschen mit seinem Gott. Diese Begegnung aber ist Gnade. Sie kleidet sich in schlichteste Form, wie wir sie finden im Besuch der Gottesmutter bei ihrer Base Elisabeth. O gesegnete Stunde!

O gesegnete Stunde, da wir ein offenes Herz und eine offene Türe haben für das Mysterium der Menschwerdung Gottes. – O gesegnete Stunde der Begegnung mit unserem Gott! Wenn ER zu uns kommt, erfüllt er uns mit Licht, Freude und unbeschreiblichem Erbarmen. – O gesegnete Stunde der Begegnungen, da wir einen Hungernden speisen, einem Durstigen Wasser reichen, einen Nackten bekleiden – oder, wie Maria es tat, Anteil nehmen an den Ereignissen der Familie und dort helfen, wo es notwendig ist. 'Wo die Liebe und die Güte wohnen, da wohnt der Herr!'

Die Rede Don Manuels an seine Priester

Angesichts der Leute aus "Dos Torres" , die den Sonntag nicht heiligen, der unordentlichen Kirche und der Teilnahmslosigkeit beim Rosenkranzgebet, fallen mir die Worte ein, die der Erzpriester Don Manuel bei einer Priesterkonferenz gesagt hat:

„Liebe Mitbrüder! Wir, die Hirten unserer Gläubigen, schätzen den starken Impuls, den uns das Konzil gegeben hat. Wir halten nun viele Konferenzen ab. Aber noch wichtiger ist, dass ich als Priester vor Ort es verstehe, die Beschlüsse des Konzils unter den Gläubigen lebendig werden zu lassen. Ich könnte zwar recht gescheit auf der Kanzel über die 'Dogmatische Konstitution' reden. Aber viele brauchen einfache Kost. Sie verstehen Hauptsätze, die mit einem Punkt enden. Hat der Satz aber ein Komma und endet als Nebensatz, dann schalten sie ab.

Verehrte Mitbrüder! Alle im Dorf lieben es, wenn die Kirche sauber und geschmückt ist. Schaut der Altar im Schmuck der Blumen her und ist er mit einem reinen und weißen Linnen bekleidet, sind Kelche und Gefäße glänzend, spürt auch der einfachste Bauer, dass euch am Altar und am Opfer

60

etwas liegt. Er erfasst sofort, dass euch noch mehr als die Reinlichkeit eueres Pfarrhauses die des Gotteshauses am Herzen liegt. Es ist tragisch, wenn der Kirchenraum unordentlich ist und vor Schmutz starrt.

Liebe Mitbrüder! Betet mit euren Gläubigen und singt viele Lieder, besonders mit der Jugend. In jeder Religionsstunde solltet ihr ein paar Minuten mit ihnen singen. Das ist eine harte und so schwere Arbeit, dass auch junge Pfarrherren sie fliehen. Aber wenn die Lieder gut einstudiert sind, wird euer Gottesdienst lebendiger und die Leute haben Freude. Ebenso braucht ihr eine Schar guter Ministranten, die wissen, was sie zu tun haben und an Hochfesten müsst ihr das Weihrauchfass schwingen.

Besucht sehr häufig die Familien! Lasst euch aber nicht auf das Tagesgeschwätz ein, sondern vergesst nie, dass ihr sie im Auftrag Jesu besucht. Ihre Not ist die eure. Eure Not ist die ihre. Mehr aber als auf irdische Not solltet ihr auf die Not der Seelen achten. Denn dazu seid ihr gesandt. Zeigt ihnen, dass sie auf ihrem Lebensweg zwischen Geburt und Tod für sich und für ihre Kinder den Segen Gottes brauchen. Ihr seid keine Sozialarbeiter, sondern gehört zu denen, die der Herr sendet, damit sie das Reich Gottes ankünden. Danach mögt ihr euch auch der menschlichen Not mit Liebe erbarmen, wie das die Jünger getan haben.

Bildet Gruppen unter den Erwachsenen und unter den Jugendlichen. Es gibt die verschiedensten Bedürfnisse, wo ihr ansetzen könnt. Aber ihr könnt nicht mehr alles allein tun. Ihr braucht Hände, die euch helfen. Ihr braucht Füße, die für euch Wege laufen und Menschen, die mit euch zusammen planen und denken. Ihr braucht aber vor allem Herzen, die mit euch zusammen die Liebe Jesu Christi in dieser Welt aufleuchten lassen. Das alles kostet Geduld und einen langen Atem. Doch der Heilige Geist wird euch beistehen. Er bewegt, drängt und steuert.

Wenn ihr predigt, seid keine Feiglinge! Horcht auf den Geist Gottes! Habt zwar eine große Langmut, aber weicht in der entscheidenden Stunde nicht aus. Sagt den Leuten ohne Umschweife, wo sie den Weg Gottes verlassen haben, auch wenn sie dies nicht gerne hören und euch vielleicht anfeinden. Doch tröstet auch eure Familien. Und mehr als alles andere: Führt sie zum Herzen Jesu und zum Herzen der lieben Gottesmutter Maria

Liebe Mitbrüder! Die Mitte eures priesterlichen Lebens und Wirkens ist die Feier am Altar. Ihr könnt nie genug Zeit für deren Vorbereitung aufwenden. Euer Herz muss davon durchdrungen sein, dass ihr in Jesus und Jesus in euch vor den Gläubigen steht. Er, der Erlöser, bringt sich zur Sühne für unsere Sünden Gott dar. Er benutzt dazu eure Hände. Er spricht mit euren Worten. Er braucht eure Gesten. Ihr aber sollt auf euren Herrn hin ganz durchsichtig sein. Diese Feier darf keine Unrast kennen und kein Herunterleiern. Denn hier ist der Ort, wo der Mensch seinem Gott begegnet und Gott sich dem Menschen zuneigt. Mit Demut wollen wir vor Gott hintreten.

Ein Letztes: Führt eure Gemeinden zur Gottesmutter Maria, die unter dem Kreuz Jesu auch unsere Mutter wurde. Denn kein Weg ist leichter, keiner menschlicher, als wenn die Mutter uns bei der Hand nimmt und zu Jesus, ihrem Sohn, hinführt. Gott hat ihr große Gnaden geschenkt. Jesus ist ihr Sohn in alle Ewigkeit. Betet mit euren Gemeinden den Rosenkranz!"

Diese Rede Don Manuels kam mir in 'Dos Torres' in den Sinn, als die Leute am Sonntag wie die Verrückten schufteten, der Kirchenraum schmutzig und der Rosenkranz versiegt war.

Sonnenglut und langer Trampelpfad

Die Sonne steht schräg am Himmel und glüht wie Feuer. Es gibt über dem ganzen weiten Firmament keine Insel einer Wolke, die Schatten spendet. Schon bin ich über eine Stunde vom Dorf entfernt. Ich laufe auf einer Nebenstraße in ein endlos großes und leeres Feld hinein. Es ist an beiden Seiten der Straße mit Dornen und Disteln übersät. Dazwischen liegen ausgebrannte Grasplätze. Ab und zu überfliegt ein Schwarm Raben meine Bahn, um dann in einer großen Ebene irgendwo unterzutauchen. Da ich zu stolz war, einen Strohhut zu kaufen, knüpfe ich in mein Taschentuch vier Knoten und lege es auf meinen Kopf, um mich gegen den prallen Strom des brennenden Lichtes zu schützen. Die Straße, die sich in die Ferne dahinzieht, besitzt keinen Teerbelag, sondern nur Schotter und ein paar festgefahrene Steine. Mir schmerzen die Füße von den Strapazen der Vortage, zumal an beiden Sohlen etliche Wasserblasen entstanden sind.

Immer wieder setze ich mich am Rand des Weges nieder, um den Schweiß von der Stirne zu wischen. Dann geht es weiter zwischen den Schottersteinen, die mich ständig zwingen, nach festgefahrenen Stellen Ausschau zu halten. Finde ich einen Streifen davon auf der Straße, so freue ich mich, weil es beim Ausschreiten sofort leichter geht. Doch bleibt die Straße ein Weg der harten Steine und kantigen Brocken, die weh tun, wenn ich aus Versehen darauf trete. Am Rande stehen auch wuchernde Büsche, die von Dornen durchzogen sind. Die Sonne strahlt in pausenloser Fülle ihr Feuer aus und umflutet mich mit ihrer Glut. Gerne hätte ich irgendwo etwas getrunken, aber die wenigen Rinnsale, die in der Regenzeit Wasser führen, liegen längst vertrocknet und verstaubt da.

So finde ich die Straße vor, und unser Lebensweg scheint mir oft ähnlich zu sein. Gott aber befiehlt, dass wir uns nach seinem Willen im Leben trotzdem weiterbemühen, obwohl uns Stress, Missverständnisse und eine feindliche Umwelt umgeben, wohin man auch immer schaut. Ich brauche einen Freund, aber ich finde keinen. Ich suche nach einem, der mich tröstet, doch keiner ist zugegen. Was bleibt anderes übrig, als in der erbarmungslosen Sonne zwischen Steinen und Dornen auszuhalten?

Warten im Strom der Gezeiten

Schon über eine Stunde sitze ich auf einem Stein. Der Tag neigt sich und die abendliche Sonne ist zum Berghang hinabgestiegen. Schatten liegen über dem Tal. Die Leute des Dorfes, das nicht weit entfernt liegt, sagen mir, dass es sehr schwer wäre, in diesem kleinen Dorf Unterkunft zu bekommen. Darum warte ich, ob ein Auto mich in die nächste größere Ortschaft mitnimmt. Die Sonne thront nun über dem Gipfel eines kleinen Berges. Überraschend schnell wird es kühl. Ich fröstle und ziehe meine Jacke an. Ich lausche ich ins Tal hinab. Viele Male höre ich das Tacken eines Motors, das sich nähert, aber wieder entfernt. Gelegentlich kommen auch Fahrräder.

Eine Frau kommt mir auf der Straße entgegen. Sie trägt in ihren Armen einen kleinen Knaben, der schläft. Der Kopf des Kindes, schmutzig und dunkelhäutig, liegt der Frau auf der Schulter. Sie selbst ist hager und dazu noch von der Härte des Tagewerkes markant gezeichnet. Ihr Kleid ist sehr verstaubt, ihre Arme völlig braun gebrannt.

„Mein Herr", sagt sie, „meine Familie und ich, wir dreschen dort vorne an der Hauptstraße. Sie hören uns, wenn wir die Ochsen antreiben. Sollte dort vorne an der Straßenkreuzung ein Auto in Ihrer Richtung fahren, dann werde ich es anhalten, damit man Sie mitnimmt. Sie sind sicher müde."

Ich bedanke mich von Herzen bei dieser guten Frau, die über der eigenen Last des Tages die Last eines Wanderers nicht übersieht. Die Leute verdienen ein hartes Brot. Der Lärm der fleißigen Bevölkerung dringt an mein Ohr: das Schnauben der Ochsen, das Hü und Hott der Treiber.

Wiederum warte ich. Wie lange noch? Kommt jemand, der mir weiterhilft? Und wenn niemand kommt? Ab und zu stehe ich auf, um ein paar Schritte zu tun und dann mit angestrengtem Ohr zu lauschen.

■ „Du wartest", fragt er, wobei er mich mit tiefen Augen anschaut. Ich nicke mit dem Kopf und hoffe, dass er mir noch mehr sage.

Er tut es: „Warten ist euer irdisches Leben, eure irdische Natur."

Ich stöhne und antworte: „Warum nur diese endlosen Geduldsfäden, die sich alle Tage abspulen müssen? – Ich wüsste Besseres."

„Das ist, weil ihr in den Wassern steht."

„In den Wassern?", frage ich erstaunt.

„Ja, *in den Wassern der Gezeiten*, die an euch vorüberströmen."

„Es gibt also kein Halt?", frage ich, wobei ich ihn anblicke.

Er antwortet mit einem Lächeln, das jenseits dessen liegt, was mich umgibt, und spricht: „Von der Stunde deiner Empfängnis an, über deine Geburt hinweg, deine Kindheit, deine Jugendzeit, dein Erwachsenenalter bis zur Stunde deines Todes gibt es kein Halt. Keinen Halt!", und er fährt fort: „Vom Eintritt bis zum Austritt steht ihr immer in den Wassern, die euch im Strom der Gezeiten umfließen. Und ihr wartet."

„Sag mir, mein Begleiter, **WARUM?** Warum dieses Bangen, warum diese Ungewissheiten, warum diese bleierne Leere, die oft enttäuscht wird?"

„Wer wartet, steht in Erwartung", antwortet er.

„Worauf in Erwartung?"

„Worauf?", sagt er und schaut mich fragend an. „Worauf? Dass sich im Strom der Gezeiten entblättere, was in eurer Leiblichkeit enthalten ist. Dass sich entblättere, was in eurem Geist und in eurem Herzen ist. Dass sich entblättere, was eure eigenen Entscheidungen bewirkt haben.

Da schreie ich laut auf: „Das sind Berge, die da in mir tief innen sind."

„Ja, Berge sind es, die in euch drinnen sind, so hat es der Herr bestimmt! Durch sie wird gleichnishaft die wahre Erwartung dargestellt, die hinter allen Erwartungen liegt."

Ich frage ihn: „Welche sind es denn?"

Er gibt zur Antwort: „Das Kind wartet darauf, älter zu werden, die Jungfrau, den richtigen Burschen zu finden – der Mann, eine gute Anstellung zu haben – die Frau, die ein Kind trägt, auf die Geburt – die Eheleute, ein gutes zuhause zu besitzen. – Auch der reif gewordenen Mensch wartet. Er wartet auf die Erfüllung der Ewigen Sehnsucht, *AUF GOTT* wartet er."

„Ist das auch sicher? Kann man das so formulieren?", frage ich. Bei dieser Frage richte ich meinen Blick auf ihn, aber seine Augen bringen eine solche Fülle durchdringenden Lichtes hervor, dass ich gezwungen bin, zur Erde zu schauen. Ich schäme mich.

„Wie konntest du es wagen, mich solches zu fragen?", sagt er.

Ich antworte: „Die Menschen heute leugnen doch durch ihr Leben und ihre Taten Gott in Gestalt eines hasserfüllten und militanten Atheismus."

Er kontert: „Aber sie wissen in ihren Herzen alle, dass *ER* ist."

„Wie viel Blut! Wie viel Blut!", schreie ich und fahre fort: „Ganze Archipel Gulags haben sie aufgebaut, um Gottes Diener zu erdrosseln, totzuschlagen und zu quälen, damit sie ihm nachweisen, dass *ER* nicht ist."

„Wer gegen Gott streitet, fällt in das Schwert des Todes."

Ich seufze. Er schweigt. Dann spricht er leise: „O unfassbare Torheit! Sie kämpfen den gigantischen Kampf gegen den Lebendigen und ertrinken in den Wassern der Gezeiten. Ihre Grabmäler werden vom Wind zermahlen."

„Gott ist furchtbar!" rufe ich.

„Ja! Gott ist furchterregend! Die Wut ihres Kampfes und der Zorn ihres Hasses aber bezeugt nur, dass *ER IST.*"

Mein Begleiter schweigt, und ich stehe an der Straße. Wie viele Male warten wir? Die Stunden der Zweifels zeigen uns, dass wir die Lösungen unserer Probleme nicht erzwingen können. Es ist uns nicht alles in die Hand gegeben, und darum hängt es nicht allein von uns ab, sondern von vielen.

Wir warten oft in der Nacht und schauen in die Finsternis, die blockiert. Aber trotz aller Ungewissheit bleibt doch die Hoffnung. Der geliebte und rettende Mensch kann kommen. Wir lauschen auf seine Schritte. Unser Herz sehnt sich nach Befreiung aus tausend widrigen Umständen. – Oft werden wir nicht erlöst. Wir warten mit klopfendem Herzen und suchenden Augen. Wir hören hinein in Dämmerung und Nächte. Wir suchen, aber wir hören weder Schritte noch Stimmen noch Gefährten. – Wir bleiben allein.

Die *UNGEWISSHEIT* gehört zu unserer Natur. Sie kommt aus unserer Vergänglichkeit und fordert uns heraus. Sie bedeutet, dass wir als denkende Wesen den wechselnden Raum und die vorüberziehende Zeit überschreiten sollen, um den Anker unserer Existenz, Glaube und Hoffnung, *INS ABSOLUTE, INS EWIGE* einzusenken. So tat es Abraham, der Vater der Glaubenden. So fordert es Jesus Christus, der die Botschaft vom Vater im Himmel brachte.

Er lehrte uns für die Stunden der Ungewissheit das Beten. Er sagte: „Bittet und ihr werdet empfangen! Suchet und ihr werdet finden! Klopfet an und man wird euch auftun!" (Mt 7, 7 f) Wer also zum Ewigen betet, der hat eine nur bemessene Zeit schon überschritten.

Vielleicht lässt uns Gott lange warten. Vielleicht bitten wir Jahre hindurch in vielen Gebeten vergeblich, obwohl wir anklopfen und suchen und zum Ewigen emporschreien. Vielleicht wird unsere Geduld auf sehr lange Probe gestellt. **GOTT, DER HERR**, ist ein erschreckender Erzieher! Er kann lange warten lassen. Aber unser Glaube festigt sich. Unsere Hoffnung erstarkt, und es kommt die Stunde, da der Herr uns erhört. Wir werden dann gefunden haben, was wir sehnlichst suchten, werden die Türen aufgetan finden, um ins Haus eintreten zu können. Dort gibt es dann keine Ungewissheit mehr. Dort gibt es keine Schatten und keine Nacht mehr.

Ein Karren aus Old England und Jagdhunde

Die Erlösung für meine Misere kommt. Aus der Kurve humpelt eine uralte Limousine mit kastenförmigem Aufbau und wackeligen Türen. Als ich winke, hält das Gefährt sofort an.

„Sie wollen also mit bis Villacarillo?", so ruft mir der Fahrer lachend zu. „He du, Alter, rück mal zusammen! Kommen Sie rein in die gute alte Kiste! Den Rucksack verstauen Sie auf dem Schoß und passen Sie auf, dass sie unseren Vierbeinern nicht auf den Schwanz treten!"

In der guten alten Kiste finde ich vier Männer zusammen mit drei Hunden vor. Sie fahren zur Jagd. Einer von ihnen sagt: „Wie Sie sehen, mein Herr, fahren wir hier ein gut verstaubtes Meisterstück aus Old England. Das Ding scheppert zwar an allen Ecken und Enden, aber es läuft noch besser als mancher aufgeputzte Straßenkreuzer. Mehr können wir Ihnen leider nicht bieten. Seien Sie herzlich willkommen!"

So sitze ich denn eingepfercht zwischen den Jägern und den Hunden. Dann fahren wir los. Einer der Hunde will sich erheben, wird aber sofort wieder auf den Boden zurück verwiesen. Danach hebt er den Kopf und fängt an, meine Waden abzulecken. Obwohl es ein schönes und rassiges Tier ist, das mir durchaus gefällt, empfinde ich dies als höchst unangenehm. Was soll ich gegen den Hund tun? Es gibt so wenig Platz, dass man ihn nicht auf die Seite schieben kann. Da ich keine Furcht vor ihm habe, halte ich kurz entschlossen seine Schnauze zu, so dass er nicht mehr lecken kann. Das Tier blickt fragend zu mir auf, ist aber brav. Als ich wieder loslasse, legt es sich auf den Boden zurück.

Wir fahren trotz schlechter Straße und dem alten Karren ein recht ordentliches Tempo. Hinter uns eine mächtige Staubwolke, die man im verlöschenden Abend noch sieht. Dann ist es Nacht.

Plötzlich bleibt der Motor stehen. Der Fahrer versucht, den Motor mit einer Kurbel anzuwerfen. Es gelingt nicht. Zwei von den Jägern steigen aus.

„Eine schöne Bescherung!", sagt einer.

„Auf, Gerhard, hallo, wirf doch deine Flinte über die Schultern und jage uns einen Hasen, damit wir in der Einöde nicht verhungern müssen. Lass den Schuss krachen! Zielen brauchst Du nicht, denn es ist stockdunkel. Wenn du das noch nicht weißt, verstehst Du nichts von der Jägerei."

Alle lachen. Der Fahrer, der die Motorhaube aufgemacht hat und am Motor bastelt, tröstet uns, es ginge sofort weiter.

Noch einmal ruft der Witzbold: „Kleiner, mach Feuer! Bring Brot und Wein, auf dass wir vergnüglich die Nacht verbringen!"

Ein Weilchen zweifle auch ich, was wir tun sollen. Ringsum ist dunkle Nacht und die Straße läuft weiter, wer weiß wohin.

Der Motor läuft aber bald wieder an, und die Romantik ist aus. Unter Gelächter zwingen wir uns in den Wagen und fahren weiter. Nach ungefähr einer halben Stunde wird die Straße breiter, und wir nähern uns einem kleinen Städtchen. Wir durchfahren sehr enge Gässchen und halten auf dem großen Stadtplatz an. Hier ist alles in Festtagsstimmung.

„Kommen Sie, wir trinken noch ein Glas Wein miteinander", laden mich meine Gastgeber freundlich ein. Wir gehen in die nächste Bar, und die Gläser klingen. „Que approveche, Señor! – Hasta la vista!" – Danach verabschiede ich mich dankbar von ihnen.

Gegrüßet seist Du Maria, voll der Gnade, der Herr ist mit Dir. Du bist gebenedeit unter den Frauen und gebenedeit ist die Frucht Deines Leibes Jesus. – Heilige Maria, Mutter Gottes, bitte für uns Sünder, jetzt und in der Stunde unsres Todes. Amen!

Eine Wegstrecke auf dem
Camino de Santiago

Pfarrherrlichkeiten

Festtage, Freude oder Absturz

Ein Tag Verschnaufpause für die Füße

Ordensfrauen, denen man keinen Orden verleiht

Weil ihr das Haupt nicht mehr erhebt

Ich bete gerne den Rosenkranz

Abgeschleppt in ein Kloster

Erziehung in veränderten Zeiten

Wenn du bleiben willst, muss du es selbst wollen

Rosenkranzbetrachtung

„Jesus, den Du, o Jungfrau,
in Bethlehem geboren hast"

Der Herr Pfarrer dieses Ortes ist nicht daheim. Seine Schwester, die mich gütig aufnimmt, setzt mich ins Empfangszimmer, wo ich warte. Dieses Zimmer besitzt ein einziges Fenster. Draußen sehe ich im Licht der Straßenlampe Menschen, die vorübergehen. In der Mitte steht der Schreibtisch, ein altes und wuchtiges Möbel, schwarz lackiert. Links an der Wand ein Bücherregal. In ihm sind die bedeutendsten theologischen Werke unseres Jahrhunderts und die Kirchenväter. Sie erfreuen sich ihres ungestörten Schlafs. Im ganzen Raum sind schwarz lackierte Holzstühle mit Lehnen. Sie geben dem Zimmer eine sakrale Weihe. Hinter dem Schreibtisch steht der Sessel des Inhabers, der die anderen überragt und größere Armlehnen aufweist. Er besitzt patriarchalisches Gepräge und wirkt majestätisch. Wer diesen Sessel sein Eigen nennt, regiert, und man gibt ihm den Titel 'Herr'. Hinter dem Schreibtisch ein großes Kruzifix und daneben Heiligenbilder. Diese Stube hat es mir angetan. Ich bin gespannt und warte auf ihren Inhaber.

Es dauert lange Zeit, bis der Pfarrer kommt. Als er eintritt, zeigt sich, dass ich mich nicht getäuscht habe. Er ist ein Herr in den sechziger Jahren und groß von Gestalt, besitzt breite Schultern, ist aber nicht beleibt. Sein Habit zeigt Sauberkeit und Maß. Augen und Stimme besitzen jedoch nicht jene Eindeutigkeit, auf die sein Stuhl verweist. Aber immerhin: sein Sich-Geben verrät, dass er keinen Widerspruch duldet. Im Gegensatz zu seiner Schwester steht er mir nicht ohne Vorbehalt gegenüber und will Woher und Wohin genau wissen. Obwohl ich ihm Achtung abringe, bleibt ein Spott in seiner Stimme. Denn mein Unternehmen scheint ihm eitel und naiv zu sein. Wer wird sich als Erwachsener der schützenden Mauern berauben? Wer wird sich als Priester der Landstraße anvertrauen, dem Staub und der Sonne, um Vagabund zu werden?

„Können Sie nicht mit dem Zug fahren?", fragt er mich. „Haben Sie kein Auto? Oder wie wäre es mit einer Pilgergruppe im Omnibus? Ich hielte das für eine sauberere Lösung."

„Ist eine Pilgerreise zu Fuß keine saubere Lösung?", frage ich zurück.

„Aber Sie sind doch ein Kleriker", sagt er mir.

„Herr Pfarrer, was ich tue, das haben doch die Kleriker zu allen Zeiten getan."

Er sitzt auf seinem Stuhl und befeuert mich mit weiteren Fragen. Zugleich erhalte ich jede Menge Anweisungen, wie ich mich als Kleriker zu benehmen hätte, wenn ich unter seinem unmittelbaren Machtbereich stünde.

Doch dann gibt sich der Pfarrer zufrieden und führt mich in das Haus seiner Kapläne, wo ich schlafe. Die Heilige Messe lese ich bei den Schwestern. Bei ihm ist alles geordnet. Das Leben hat sein Schema. Ausnahmen sind nicht erlaubt. Jeder ist seiner Kaste verpflichtet. Wir Geistlichen haben mit Habit, Tonsur und rundem Hut mit breiter Quaste zu erscheinen.

Dieser Pfarrherr hat nicht begriffen, dass das Herz entscheidet. Festgeordnete Bahnen sind notwendig. Aber der **LEBENDIGE GOTT** fordert diesseits und jenseits von festgefahrenen Bahnen lebendige Entscheidungen. Die Mauern eines Hauses schützen, aber sie schützen nur, wenn im Haus Einheit und Frieden wohnen. Wohnt im Haus aber Hass, Zwietracht, Bosheit und Brutalität, fällt dieses Haus zusammen. Ordnungen für Kleriker in Gesetzen und Kleidung müssen sein. Aber mehr als all das ist die brennende Anbetung Gottes im Geist und in der Wahrheit notwendig.

Nicht Habit und geweihte Hände machen uns selig, sondern die Liebe, mit der wir lieben auch gegen harte Winde und glühende Sonne. Das Kleid ist das Zeichen der Nachfolge Christi. Aber ihr Träger muss sich auch mit dem Herzen für Jesus entschieden haben und in der Läuterung stets neu entscheiden, – sonst ist es eine Attrappe. Gott will, dass wir das Gute auch mit blutenden Händen tun. Er fordert, dass wir wahrhaftig sind, auch wenn man uns schlägt. Er prüft, ob unsere Treue echt ist, selbst wenn man uns an den Rand stellt und als die Unverbesserlichen abschiebt.

GOTT ist nicht der 'liebe Gott'. – **GOTT ist ein GOTT des Feuers. – GOTT ist ein GOTT der Wahrheit.** – Er läutert im Feuer und strahlt seine Güte in die dunkelste Prüfung hinein. Jeder muss sich ihm in seinen Entscheidungen stellen. Die Straße, auf der wir dahinziehen, ist ein Abbild des Lebens, prüft das Innere, rüttelt wach und lässt uns Ausschau halten nach dem ewigen Ziel. Sie fordert heraus.

Eine erfreuliche Szene erlebe ich am anderen Morgen. Wir sitzen am Kaffeetisch, und es gibt Trauben, die uns die Wirtin bringt. Mir gegenüber sitzt ein älterer Pater. Er erzählt, dass er die Festtagspredigt zur Himmelfahrt Unserer Lieben Frau zu halten habe.

Ermunternd meine ich: „Herr Pater, dann werden Sie sicher eine brillante Predigt halten."

Heiter sagt er: „Lieber Mitbruder, so sollte man nicht reden!" Dann schaut er mich an und meint: „Sie predigen bestimmt besser als ich."

Ich erwidere: „Aber Herr Pater, wie soll ich denn besser predigen, da ich nicht einmal das Spanische ganz beherrsche."

Das Antlitz bleibt heiter, seine Augen blitzen schelmisch, als er entgegnet: „Es predigt immer das Herz, die Worte sind Gold oder Spreu, je nachdem. Wo der Geist Gottes wohnt, wird gut gepredigt. Auch wer stümperhaft redet und schlecht gekleidet ist, kann groß sein. Das geben Sie doch zu?"

Ich bestätige seine Worte. Darauf steht er auf, verneigt sich und bittet, ob er gehen dürfe, er wolle sich noch vorbereiten.

Am Fest Mariae Himmelfahrt will ich eine Verschnaufpause einlegen. Die Füße brauchen Ruhe. Aber die Leute im Städtchen brauchen beim großen Fest ihre Schlafstellen für sich. Es bleibt also kein Platz für mich. Viele Bekannte kommen aus der Ferne. Von den Dörfern strömen Scharen junger Leute auf den Hauptplatz. Böller krachen und die Musikkapelle mit grünen Uniformen und dem dicken Basstrompeter marschiert schon in der Frühe los. Dann die schwatzende und wichtigtuende Schar der Kinder. Die Tribüne des Festredners steht festlich geschmückt auf dem Hauptplatz.

Das Bett, in dem ich geschlafen habe, ist schon für einen anderen reserviert. Darum ziehe ich es vor, mich trotz der Müdigkeit wieder der Landstraße anzuvertrauen. Ehe ich weiterziehe, sagt mir beim Abschied der junge Kaplan: „Sie haben recht, in dieser Gegend wird viel gefeiert. Ein Fest jagt das andere. Der Gottesdienst ist dabei ein Programmpunkt, mit Sicherheit aber für die meisten Leute nicht der wichtigste."

Festtage, Freude oder Absturz

Festtage sind gut, aber in unseren Tagen wird zu viel gefeiert. Man muss dem Volk, den Auswärtigen und den Touristen etwas bieten. Das Geld soll in den Schaubuden, Schankstuben, Wirtschaften und den Bars rollen. In tausend Farben leuchtet das Feuerwerk in der Nacht. Die Kleinsten an der Hand ihrer Eltern sind entzückt von so viel Farben und aufblitzendem Licht. Die Musikkapellen spielen stundenlang zum Tanz auf. Es drehen sich die Paare im Kreise. Antlitz steht gegenüber dem Antlitz. Leib sucht den Leib.

Die Lautsprecher singen von Liebe, rührselig oder in heißen Melodien und Rhythmen. Tausendfach klingt das Wort 'Liebe' von den Fassaden der Plätze. Es rauscht der Alkohol. Dann werden die Augen stumpf und das Herz gierig. Viele kennen ihr Maß und ihre Zeit. Wenn sie genug haben, gehen sie nach Hause. – Den anderen scheint keine Stunde zu schlagen, und sie machen maßlos weiter. Endlos singt die Stimme von der Liebe und einer süßen Nacht. Und fragt man einen, der die Nächte durchbringt, was Liebe sei, so schaut er dich stumpf an oder lacht überlegen und zugleich abfällig.

Festtage sind Tage, welche die Kinderherzen beseligen können. In ihnen sucht das Herz der heranwachsenden Jugend erste Kontakte, da es aufblüht in einer noch unbegreiflichen Sehnsucht. Festtage, wenn immer sie in geordnetem Maß durch das Jahr hindurchgehen, drücken den Lebenswillen eines Volkes aus. In ihnen leuchten die Farben heller, die Melodien sind kräftiger, und der stampfende Takt des Tanzes verkettet die Generationen.

Festtage aber sind leider oft auch ein Abgleiten in eine Welt, die Gott und Seele nicht mehr kennt. Sie werden bestimmt von Gewinn und Verdienst, und der Rat der Väter einer Stadt wagt es nicht, Schranken zu setzen und eingrenzende Entscheidungen zu fällen.

Wo der ungezügelte Trieb sich entfesselt, zerbrechen die Schranken. Das Tier der Tiefe erwacht und zertritt die Tafeln der Gebote und verschleiert die Augen. Dröhnende Rhythmen entfesseln. Alkoholrausch enthemmt. Der Mensch greift nach der Frucht des Lebensbaumes; er jagt ihr nach, um sie zu genießen. Dann: Des Willen beraubt, wird er aus der Mitte geschleudert.

Ein solcher starrt stumpf aus den Augen. Er findet die Tränen nicht, die er weinen möchte. Er ist müde und will schlafen. Doch das fliegende Rad des Rausches schäumt, und er hat nicht die Macht, sich der brodelnden Innenwelt zu erwehren. Er möchte aufstehen, doch die Spannkraft hat ihn verlassen. Dann Stunde spürt er, dass er sich auf einem Weg befindet, der in böse Tiefen hinabführt. Er möchte ihnen entgehen, doch er findet sich gefesselt im eigenen Innern. Schon erreicht ihn das Hohngelächter der Dämonen.

O du Tor, du wolltest dich freimachen von Bindungen und bist einem Starken verfallen. O Tölpel, du wolltest los von den Geboten und findest dich versklavt vor – gefesselt an die Gier der Unersättlichkeit! Du sitzest auf dem Thron deiner Gottheit und bist Diener der Unterwelt, wo dich Ohnmacht im Drehen um die eigene Achse umfängt! Alles verlierst du: Gott, die Menschen, die Vielfalt der Geschöpfe: denn Missbrauch vereinsamt.

In dieser Ausweglosigkeit tritt dann der Böseste der Versucher an dich heran. Du sollst endgültig NEIN sagen zu Gott und JA sagen zur Sinnlosigkeit. Du sollst dem **EINZIGEN** abschwören und auch der Fülle der Daseienden und dem Strom des Lebendigen. Du sollst dich hinzugesellen der perversen Lüge, der Zerstörung und dem ewigen Tod.

Teufel durchjagen das große Welttheater. Engel stehen wie leuchtende Sterne am Himmel, um den rufenden Menschen in ihrem sterblichen Leib und ihren armen Seelen Hilfe zu bringen. Denn es gibt ja für keinen von uns, solange er in dieser Welt weilt, einen endgültigen Absturz.

Mag der „Fürst dieser Welt" (Jo 12, 31) uns in tausend Fesseln schlagen, es bleibt eine letzte Hoffnung, nämlich die Augen zu Jesus Christus emporzuheben und Gott anzurufen. Die Augen zum barmherzigen Jesus zu erheben! Auch in der Ohnmacht der Sünde können wir auf Glaube, Hoffnung und Liebe setzen und darin die Barmherzigkeit des Herrn anflehen. Der **_GEWALTIGE GOTT_**, der alle Abgründe überschreitet und vor dem die dunkelste „Nacht leuchtet wie der Tag", (Ps 139, 12) vermag deine Flehrufe zu hören, auch wenn du sie an einem Ort hinausschreist, wo dich alle anderen schon verlassen haben!

O dass wir doch umkehren, um uns der Vergebung und der Barmherzigkeit zu öffnen! Solange der Mensch ein letztes Ja dem Satan, dem Fürsten dieser Welt, verweigert, kann er den Rückweg zu Gott jederzeit antreten. Mag dieser Weg sehr lang sein; – die Engel selbst werden die Seele durch die dunklen Schluchten der Nacht zurückgeleiten. Denn keiner ist verloren, solange er es nicht selbst will. Wer sich umwendet, dem schenkt Gott erneut seine Gnade und seinen Frieden. Jesus ruft allen zu: "Tut Buße, denn das Himmelreich ist nahe!" (Mt 4, 17)

<hr />

Ein Tag Verschnaufpause für die Füße

Wieder auf der Straße. Als die volle Kraft der Sonne zur Mittagszeit niederbrennt, habe ich ein kleines Dorf erreicht. In einer Wirtschaft kann ich mich ausruhen. Gegen den Durst trinke ich Mineralwasser, vermischt mit Wein. Danach bete ich in der kleinen Kirche mein Stundengebet. Im Raum ist es kühl und ruhig, und ich schlafe eine halbe Stunde auf einer Kirchenbank. – Gegen Abend fahren zwar viele Autos, aber keines nimmt mich mit. Die Schmerzen der Füße sind groß. Jeder Kilometer braucht eine Pause.

Die Sonne ist zum Horizont herab geglitten. Dieser Abend besitzt ein Farbenmeer an Pracht. In ihm wölbt sich das Firmament auf wie ein großer blauer Dom. Die Farben der Landschaft ändern sich von Minute zu Minute und das Herz verliert sich in diese Herrlichkeit. Auf der Anhöhe liegt das heutige Ziel, ein kleine Stadt. Die Häuser stehen silhouettenhaft im goldenen Licht. Sie bilden Zacken und Kanten, und wie angeschmiegt an den Berg überragen sie ihn auch. Das Ganze macht den Eindruck wie eine befestigte Burg, die in ihrer Mittelfront von einer hohen Kathedrale beherrscht wird. Ich reibe mir die Augen. Aber so viel ich auch reibe, ich sehe im versinkenden Licht eine mächtige Kuppel und einen hohen Turm, aufstürmend und machtvoll wie ein wohlgerüsteter Wächter. In dem violett-rötlichen Licht des Abends berühren sie ewige Saiten, die in uns gespannt sind: Schön wie die Stadt Gottes! Schön wie das kommende neue Jerusalem!

Der Pfarrer hat mir geöffnet. Er ist ein Herr in den siebziger Jahren, noch aufrecht, aber mit schneeweißen Haaren. Sein Antlitz ist rundlich. Buschige Brauen überdecken die Augen. – Er empfängt mich sehr freundlich.

„Kommen Sie in die Stube. Darf ich Ihnen meine drei Priesterkollegen vorstellen: Der Herr Pfarrer von Bogarra, mein Kaplan, und das ist der Pater aus Iruele. – Und Sie? Woher kommen Sie?"

Ich muss das Woher und Wohin meiner Reise verdeutlichen.

„Haben Sie ein Dokument?" Dann liest er das Dokument in lateinischer Sprache feierlich vor. Betreten stehe ich daneben.

Dann sagt er: „Sie sind bei mir herzlich eingeladen, und ich freue mich, dass Sie da sind." Diese Worte sind so ehrlich gesprochen, dass ein Zweifel gar nicht aufkommen kann.

Auf dem Tisch stehen Wasser, Sprudel und Wein. Ich habe einen brennenden Durst und schiele mit großem Verlangen nach den Flaschen. Auch glüht mein Gesicht von der Hitze der überstandenen Sonne. Aber ins Gespräch vertieft, vergessen meine Gastgeber, mir etwas anzubieten. So sitze ich und warte darauf, etwas zu trinken zu bekommen. Ich bin versucht, zu bitten, doch ich wage es nicht. So viel Verlangen, so viel Entbehrung!

Dieser alte Herr ist in seinem ganzen Gehaben eine patriarchalische Gestalt. Und seine Schwester, die uns das Nachtessen bereitet, scheint aus demselben Holz zu sein, eine ehrwürdige Frau. Mit aller Liebenswürdigkeit serviert sie ein Festtagsessen: Suppe, Fleisch, Fisch und Wurst. Zum Nachtisch gibt es Trauben, Käse und Honig, alles hervorragend zubereitet.

„Sie müssen Honig essen, Pater, Honig essen! Er stammt aus eigener Fabrikation und wird Sie stärken", sagt der alte Mann.

Ich frage: „Wie kommt es nur, Herr Pfarrer, dass Sie in Ihrer kleinen Gemeinde eine so große Kirche haben?"

„Ja", meint er, „wir befinden uns auf dem Pilgerweg nach Santiago de Compostela. In der Zeit vieler Pilger erbaute hier ein Kapitel von Pfarrherren diese Kirche. Es ist die zweitgrößte in der Diözese. Heute pilgert man nicht mehr. Man setzt sich ins Auto oder in den Bus, betet einen Rosenkranz oder zwei, und damit hat sich's. Nur wenige kennen die Einsamkeit der Straße, ihre Schwierigkeiten und ihre Schönheiten. Wir gehen den bequemen Weg, vom steilen wissen wir nichts mehr."

In der Nacht erwache ich ein paar Mal. Ich höre Schritte, und eine Türe fällt ins Schloss. Ich bin zu müde, um davon Notiz zu nehmen. Nach der Heiligen Messe frage ich beim Frühstück die Schwester des Pfarrers: „Aber was ist mit Ihnen passiert, Sie sehen ja ganz bleich aus?"

„Herr Pater, ich musste in der vergangenen Nacht mehrere Male erbrechen, weil mich eine böse Magenkolik plagt.

Um der guten Frau, die unter Schmerzen leidet, nicht zur Last zu fallen, beschließe ich weiterzuziehen. Ursprünglich hatte ich die Absicht, einen Tag hierzubleiben, um mich auszuruhen. Ich packe also meinen Rucksack. So stehe ich im Flur, um mich zu verabschieden. Da sagt der alte Pfarrer:

„Aber Herr Pater, Sie wollten doch ein Bad nehmen und sich bei mir ausruhen, was – zum Kuckuck! – veranlasst sie nun, weiterzuziehen?"

Ich antworte: „Ihre Schwester ist krank, da darf ich nicht zur Last fallen."

Er aber fällt mir ins Wort: „Nichts da, hier wird geblieben. Gell, Elisabeth, das schaffst du schon. Gehen Sie ruhig aufs Zimmer hinauf und nehmen Sie ein Bad. Sie sehen ohnedies aus wie ein staubiger Bruder."

Menschen mit solcher Güte sind wie Sterne am Himmel unserer Erinnerungen. Ihre Gegenwart ist Geborgenheit. Ihr Angesicht, ihre Worte und Taten flößen das erwärmende Feuer der Hoffnung in die Seele ein. Sie leben in der Zeit und doch schon auch weit über sie hinaus. Gottes Wirklichkeit tritt einem in ihnen entgegen und zwingt sanft, auch so zu werden wie sie.

––––––––––––––––

Am Nachmittag zeigt mir der Pfarrer seine Kirche. Von den mächtigen Gewölben habe ich kein Bild mehr. Denn ich entdecke eine uralte Orgel. Nachdem wir mit den Leuten den Rosenkranz gebetet haben, frage ich meinen Gastgeber: „Aus welchem Jahrhundert stammt diese Orgel? Kann man sie noch spielen?"

„Wohl aus dem achtzehnten Jahrhundert. Können Sie spielen?"

Auf meine bejahende Antwort gibt er dem Küster den Befehl: „Auf, mein Lieber, geh mit dem Pater die Treppe hinauf und tritt den Blasbalg! Wir wollen hören, ob er was kann!"

Hinter einem Chorstuhl ist die geheime Tür. Als wir die Treppen hinaufgestiegen sind, finde ich einen kleinen Orgeltisch mit primitiven Pedal. Aber die Orgel tönt.

Irgend eine Melodie aus der Kinderzeit fällt mir ein, und bald schweben die hellen Töne durch den Raum. Ich juble. Denn so alt der Kasten ist, es ist ein ungeschminktes Instrument aus Originalen. Zu der ersten Stimme füge ich eine zweite hinzu, eine dritte findet ihren Einsatz. Dann spiele ich mit den Flöten ein heiteres Konzert. Ich füge die dunklen Klarinetten hinzu und wandle die Harmonie um. Aus dem Jubel wird eine Klage und ein Anruf.

O Frau Musica, Abbild des Lebens, in deinen Takten und Melodien versteckt sich Kinderlachen und Weinen, das Suchen der Jugend, die Festigkeit des Erwachsenen und die Weisheit des Alters! – Ich öffne das Register der spanischen Trompeten. Mit gewaltigen Schritten, wohlabgezirkelt im Takt kommen die Töne daher, Gesetz und Herrschaft verkündend. Das Kirchenschiff braust auf und füllt sich bis in die hintersten Räume. Ich selbst lausche und spiele in Ergriffenheit. Ich kann nicht genug bekommen. Welche Wucht ist doch diesem Trompetenkonzert gegeben, das in Takt und Melodie die Menschen anruft, den Ordnungen zu gehorchen und darin weiterzuschreiten. Schwer und dunkel klingen die Bässe und geben dem Ganzen Halt und Sicherheit. Dann schalte ich alle Stimmen ab und nur eine Rohrflöte mit feinem Klang durcheilt die Räume. In ihr liegt jenes unbestimmte Flehen, das in all unseren Herzen ruht, – eine nicht irdische Sehnsucht, eine Sehnsucht nach dem Himmlischen, eine Sehnsucht, die den Raum und das Ziel dieser Welt durcheilt und durchbricht, um hinzugelangen zum unsichtbaren Thron *GOTTES, DES LEBENDIGEN*. All das, was wir niemandem sagen können und wofür es keine Worte gibt, versuche ich in das Spiel hineinzutragen. Dann ist die Zeit um. Ich öffne alle Register und fülle die Akkorde bis an den Rand, um in einer heranwogenden Flut von geordneten Tönen des Schöpfers hohes Lob zu singen. Lange ruhen die Finger auf dem Schlussakkord, bis ich die Hände abhebe und es stille wird im großen Kirchenschiff und seinen Gewölben.

Neben mir steht der Küster, schnauft und schwitzt, aber er ist mir nicht böse. Er zieht sein Taschentuch, um sich die nasse Stirn zu wischen. Ich danke ihm darum von Herzen. Als ich hernach zum Pfarrer zurückkomme, sagt er mir, er habe an meinem Orgelspiel große Freude gehabt.

Ich antworte ihm: „Herr Pfarrer, wenn ich diese Orgel stehlen könnte, ich glaube, ich würde das Verbrechen begehen."

„Das gibt es nicht, mein Freund", sagt der Alte, „aber, was er sich in die

Hosentasche stecken kann, das nehme er ruhig mit.", und er klopft mir freundschaftlich auf die Schultern.

Nachdem wir die Kirche verlassen haben, machen wir noch einen Rundgang durch das Dorf. Da das Fest drei Tage gefeiert wird, sind noch Jung und Alt auf den Straßen in Bewegung. Es flattern die bunten Fähnchen und die Tanzkapelle spielt.

„Herr Pfarrer, wie lange sind Sie schon hier?" frage ich.

„Lange Zeit, mein Freund: vierzig Jahre. – Ja, ich habe hier gelebt und einige sturmvolle Nächte überstanden. – Sehen sie auf den Hauptplatz, steht die Statue unseres Herrn Jesus Christus mit seinem heiligsten Herzen.

Er deutet auf einen turmmäßigen Aufbau, in den hinein die Statue Jesu Christi gestellt worden ist. Das Ganze überragt die Örtlichkeit. „Diese Statue war eine meiner ersten Taten in dieser Pfarrei. Mitten im Kampf, vor dem Bürgerkrieg noch, hatte die Pfarrei beschlossen, die Statue aufzustellen. Wir haben sie damals sozusagen den Roten vor die Nase gesetzt."

Verschmitzt fügt er hinzu: „Die waren in jener Zeit voll Zorn auf mich und hätten mich gerne erwischt. Aber wie Sie sehen, ich habe mich nicht erwischen lassen und lebe noch immer."

Am andern Tag bin ich wieder auf der Straße und bete, wie ich es mir vorgenommen hatte, den Rosenkranz.

Rosenkranzbetrachtung
"Den Du, o Jungfrau, geboren hast."

Vor meinem inneren Auge ersteht das Geheimnis der Geburt Christi.

Die Nacht hat sich über das Land gesenkt. Früh ist der Winter in diesem Jahr eingebrochen und über das Feld wehen kalte Winde, Josef und Maria streben in der Dunkelheit dem Dorfe zu. Sie sind in ihre warmen Mäntel eingehüllt, um sich gegen den heranstürmenden Wind und die Kälte zu schützen. Über ihren Gesichtern liegt Müdigkeit. Anscheinend ist der Weg, den sie heute durchschritten haben, weit gewesen. Zwischen den beiden steht eine Erwartung. Maria, die in ihrem Schoße ein Kindlein trägt, spürt, dass die Stunde der Geburt drängt.

In Bethlehem, dem Stammsitz der Daviden, ist reges Leben. Viele Leute, zu viele Leute hasten über die Straßen. In den ersten Häusern, in welchen sie um Unterkunft und ein bescheidenes Zimmer gefragt haben, sind sie zwar freundlich angehört worden. Danach aber hat man sie entschieden abgewiesen. Die Hausbesitzer sagen ihnen, dass es einfach nicht möglich sei, in ein überfülltes Haus noch zusätzlich zwei weitere Personen hineinzustopfen. Auch brauche die junge Frau, die gebären solle, ein eigenes Zimmer. Man habe aber beim besten Willen keinen leeren Raum mehr. Doch sei dafür ja die Herberge da. – Einer hat Josef angeboten, er würde eben andere Leute wieder auf die Straße setzen und sie einlassen, sofern er dafür gut bezahle. Doch Josef gibt ihm darauf keine Antwort. Er nimmt Maria, seine Frau, bei der Hand und zieht auf der Straße der bitteren Herbergsuche weiter. – Ein anderer hat offensichtlich die Nerven verloren, weil ihn der Stress des Tages überfordert hat. Er brüllt die beiden an. Sie hätten früher kommen müssen und nicht erst so spät am Abend. Wenn man schon wisse, dass man so dran sei, dann müsse man sich auch entsprechend einrichten. Und außerdem nehme er nicht jeden hergelaufenen Handwerksburschen und dessen Weib auf. – Auch die Herberge ist überfüllt. Die Wirtsleute, an sich gütig und aufnahmebereit, sind sehr, sehr verlegen, als sie die beiden Fremden sehen. Sie haben alles bis auf den letzten Winkel an Auswärtige vermietet. Bei dieser Gelegenheit geschieht es, dass die Wirtin auf eine Höhle verweist, in die man sonst Tiere hineintrieb. Sie könnten ja dorthin gehen, dann seien sie wenigstens vor der Dunkelheit der Nacht behütet. Sie meint, man habe Schutz vor dem Wind und einen abgeschlossenen Raum. Vielleicht sei auch ein wenig Heu oder Stroh zu finden, das für eine Lagerstätte dienen könnte. Sie meint, sie verstünden sehr wohl, dass dies alles peinlich sei, aber es sei doch besser als gar nichts.

Am Übernachtungsort der Tiere, abseits der menschlichen Behausungen, hat eine Mutter ein Kindlein geboren. Tränen der äußersten Armut, Tränen der Liebe, Tränen der Dankbarkeit vermischen sich in die erste gütige Hinneigung dieser Frau zu ihrem Sohn, der wie alle „vom Weibe Geborenen" (Mt 11, 11) in den Armen seiner Mutter ein Menschenbündel ist. Aber als das neugeborene Kindlein versorgt worden ist und sie es in Windeln gewickelt auf Heu und Stroh gelegt hat, da war auch alles vergessen, was sie an Armut bis zur Stunde umgibt.

In dieser armseligen Höhle (nicht zu vergessen, es war ein Stall) kniet eine Mutter in tiefer Anbetung vor dem eigenen Kind, das sie geboren hat, vor dem Sohn ihres Schoßes. Ein seltsamer Anblick, zumal dieser Knabe winzig ist wie jedes Neugeborene. Sie weiß, es ist ihr Sohn. Aber es ist auch der Sohn des Allerhöchsten, den sie durch Überschattung des Heiligen Geistes damals empfangen hat. Sie wird ihm den Namen Jesus geben.

Doch bald geschehen noch andere Dinge. Der schwere Schritt von Männern wird hörbar. Josef, der Mann Mariens, tritt zu ihnen hinaus. Sie stehen verlegen da und sagen, dass sie ein neugeborenes Kindlein suchen. Es sei „in Windeln gewickelt und liege in einer Futterkrippe" (Lk 2, 12) von Tieren. – Die Männer berichten – und noch immer liegt ihnen der Schreck in den Gliedern –, sie berichten, sie hätten in dieser Nacht, da sie Wache gehalten hätten bei ihren Tieren, Wunderbares geschaut. Ein Bote von erhabener Kühnheit habe ihnen mitgeteilt, dass der Messias, der Erlöser der Welt geboren worden sei. Sie erzählen, der Himmel habe gebrannt in strahlenden Feuern, wie sie sie nie gesehen hätten und auch nicht beschreiben könnten. Unzählige seien in diesen Feuern gestanden und hätten Lobeshymnen gesungen. Es sei ein Lied gewesen herrlicher als alle Chöre, die an den höchsten Festtagen im Tempel zu Jerusalem singen, – inniger als Menschen es je zu singen vermögen, erschütternder als das Geschrei am Tage einer Schlacht. Sie hätten gesungen: „Ehre sei Gott in der Höhe und Friede auf Erden den Menschen seines Wohlgefallens!" (Lk 2, 14)

Jetzt aber seien sie gekommen, um das Kind anzubeten. Josef führt die Männer in die Höhle hinein. Sie sind zunächst scheu und umstehen still die Krippe. Doch dann erfahren alle etwas in ihrem Inneren, dem sie schon ein Leben lang nachjagen, es aber nie erreicht haben. Die Verlegenheit weicht und eine unbenennbare Freude durchzieht die Seele und den Leib dieser Leute – eine Freude, die dem Menschen während seines ganzen Lebens nur in den kostbarsten Augenblicken gewährt wird. Das Geheimnis Gottes liegt in diesem armseligen Raum und die Menschen erfahren ein Gefühl des Friedens, in dem kein Hass mehr zugegen sein kann. Inzwischen sind noch andere hinzugetreten, auch Frauen und Kinder. Viele haben kleine Geschenke mitgebracht, mit denen die Armen dieser Welt das kleine Kind grüßen wollen. Alle aber nehmen sie das Geschenk mit, das das neugeborene Kindlein ihnen gibt: Frieden und eine unbeschreibliche Freude.

Wahrhaftig, diese Nacht überragt alle anderen Nächte, die den Lauf der Gezeiten vollenden. Jedermann spürt dies, aber keiner kann es begreifen. Das Herz aller Dinge wird vom Hauch der EWIGEN LIEBE berührt. GOTT selbst ist zugegen als der Allerärmste unter den Armen, damit die Menschen aus dieser übergroßen Liebe Trost empfangen. Das Zeichen aber, an dem sie das erkennen können, ist ein Kind. Es ist arm und hat kein Bett. Die Futterkrippe, in der man den Tieren ihr Fressen vorwirft, wird zu seinem ersten Ruheort. Wahrhaftig, geboren am Rande der Straße! Viele, die gekommen sind, knien nieder, bevor sie wieder zurückgehen, und küssen die Krippe oder das Kleid und die Hand des Neugeborenen. Die Mutter lässt sie gewähren. Ja, sie reicht jedem, der es will, das Kind. Der Messias ist geboren. Das Licht der Hoffnung strahlte in die Dunkelheit der Völker.

Und heute? – Würden du und ich und wir alle anders reagieren als die Bewohner von Bethlehem es taten? Was würden wohl wir tun, wenn wir an einem großen Festtag unser Haus schon bis auf den letzten Platz mit Verwandten und Bekannten belegt hätten, – und dann kämen noch zu all dem hinzu ein Mann und eine Frau? Die Frau selbst wäre hochschwanger und die Wehen hätten schon begonnen? Was würden du und ich und wir alle tun? Der MÄCHTIGE GOTT zeigt sich zunächst in der Gestalt des Menschen, der aus Armut seine Hände zu mir emporhebt, damit ich ihm helfe. – So tat es Maria, die alles erfüllte. "Als die Fülle der Zeit kam, sandte Gott uns seinen Sohn, geboren aus der Frau." (Gal 4, 4)

Als die Weisen aus dem Morgenland nach dem Geburtsort des Messias fragen, da wissen die Schriftgelehrten von Jerusalem den Ort. Es ist aber nicht bekannt, ob nur ein einziger dieser Gottesgelehrten auf die Anfrage der Weisen hin selbst nach Bethlehem kam, um Nachforschungen anzustellen. – Sie suchten nicht. Und sie beteten nicht an.

Herodes hingegen vollbringt eine Tat, die als erschreckender Gräuel durch die Jahrhunderte geht. Um seines Thrones willen verfolgt er den Messias. Er lässt die Knäblein von Bethlehem aus den Armen ihrer Mütter reißen und sie mit dem Schwert töten. Das Schreien der Mütter und ihrer Kinder hallt als unerhörter Frevel durch die Geschichte herauf bis in unsere Tage. Machtpolitisches Denken führte dieses Verbrechen aus.

Ist aber nicht jener Egoismus, der unsere eigenen Kinder im Schoße unserer eigenen Frauen mordet, noch grässlicher als die Gewalttat des Herodes? Sie sind unser eigen Fleisch und Blut. Doch wir töten sie. Wohin sind wir gekommen? Wann endlich werden uns unsere Gräuel voll bewusst?

Unter den aktuellen Theologen gibt es manche, die ihre Theologie überzüchtet haben. Gehen sie noch nach Bethlehem, um das Gotteskind anzubeten? „Was geht mich das Kind an?" – „Mich interessiert der wissenschaftliche Jesus." Dieses Kind kann wissenschaftlich nicht gefasst werden. Eine frühe christliche Gemeinde hat solches geglaubt. Aber was geschehen ist, das weiß niemand mehr. – Zuviel Legende! Zuviel fromme Umschreibung! Ich bin ein nüchterner Mensch. Das Christentum kann nur durch Nüchternheit gerettet werden. Ich gehe nicht, um es anzubeten."

Ein anderer sagt: "Ich gehe nicht. Was ich suche, ist ein engagierter Jesus, nicht ein Säugling, nicht ein Bündel Mensch, nicht eine Handvoll

Fleisch. Mit dem können wir nichts anfangen. Später ja, wenn er heroisch für Gerechtigkeit stirbt und den Mächtigen und Etablierten die Wahrheit ins Gesicht schleudert. Wir brauchen kein Kind. Wir brauchen einen Zielbewussten, der im politischen Saustall endlich Ordnung schafft."

Ein dritter sagt: "Welche Romantik? Wie viel Weihrauchduft und Kerzenschein! Oh, die innigen Lieder und das süße Kripplein! Aber das ohnmächtige Kind schafft auch ohnmächtige Menschen. Heute brauchen wir mehr denn je kraftvolle Menschen, welche die Kirche in ihre Ursprünge zurückholen. Das Christentum hat die Menschen der frühen Jahrhunderte befreit. Auch heute muss es den Menschen aus institutioneller Bevormundung und aus der bösen Verkettung in alte Repressionen befreien. Wir brauchen den frischen Wind der Emanzipation in der Kirche, einen Aufbruch durch neue Formen und Ideen: mehr Demokratie, viel Phantasie und Einzelinitiative, die das festgefahrene Erdreich lockern. Solange ein solches Weihnachtsfest die Christen nur zu tatenloser Romantik verführt, bleibe ich weg."

Damals wie heute geht der **ALLES SCHAUENDE GOTT** in seinem göttlichen Wollen seine eigenen Wege, die niemand durchkreuzen kann. Doch diese sind so anders als die unseren: einfacher, verborgener, demütiger, doch von der Gewalt der Urdynamik durchpulst, die sich aus dem Verborgenen ihren Weg bricht. Das GÖTTLICHE WORT tritt in diese Welt hinein nach Beschluss einer ewigen Bestimmung. Es schreitet aus den göttlichen Tiefen hervor, von niemand beachtet, aber offenkundig vor aller Welt. – Wie unfassbar sind deine Wege, o GOTT! Sie sind erfüllt von göttlicher Barmherzigkeit und Liebe. Aber es ist eine Liebe, die herausfordert, nicht nur eine sanfte Liebe, sondern eine allgewaltige Liebe, die durch Fleisch und Blut zittert und den innersten Nerv unseres Herzens trifft. Vor ihr muss der Mensch sich entscheiden. Sie zwingt zu offenbaren, welche Gedanken man im Herzen sinnt: ob die Gedanken der Bewohner von Bethlehem, der Hirten, des Herodes, der Magier oder der Schriftgelehrten von Jerusalem.

Im Angesicht von Bethlehem bleibt geistige Verstiegenheit verstiegen und überhebliche Argumentation naiv, auch wenn sie sich unter theologischen Sprachformen und Chiffren versteckt. – Am Tage seiner Geburt offenbarte uns Jesus seine Liebe. Sie ist das Leben selbst. Sie zeigt sich auch heute in jedem Lebensvollzug, wie wir es spüren und ahnen, sooft eine Mutter ihr Kind in die Arme wiegt. Welch wunderbares göttliches Zeichen:

„Ein Kind, in Windeln gewickelt, das in einer Krippe liegt." (Lk 2, 12)

Der Tag der Erholung ist schnell vorüber, und mein Weg zwischen ausgedörrter Erde und vollem Sonnenlicht geht weiter. Nachdem ich etwa zwei Stunden gegangen bin, verspüre ich großen Durst. Doch ich sehe nichts als Feld, ein paar Bäume und die sich dahinwindende Straße. Nach einer weiteren Stunde liegen zwei Häuser am Rande des Weges. Davor spielen zwei kleine Mädchen. Eine Frau kämmt dem einen die Haare und richtet die Puppen der Kinder zurecht. Ich trete hinzu und bitte um einen Schluck Wasser. Sie steht sofort auf und sagt, ich müsse eine Weile warten, da sie kein frisches Wasser im Hause habe. Sie ergreift den typischen Tonkrug für Trinkwasser und eilt fort. Nach geraumer Zeit kommt sie zurück und reicht mir den irdenen Krug, damit ich tränke. Da ich aber damit nicht umgehen kann, bringt sie mir ein Glas, und ich trinke, bis mein Durst gestillt ist. Ich bedanke mich bei der Frau und ziehe meine Straße weiter.

Man begreift erst, wenn man solche Straßen wandert, wie wichtig die Gastfreundschaft ist. Diese Tugend haben wir in Mittel- und Nordeuropa fast verloren. Wir nehmen niemanden in unsere Häuser auf. Wenn uns aber jemand belästigt, haben wir meist weder Zeit noch Raum für ihn. – Doch wir alle sind und bleiben Pilger. Und wir alle brauchen dann und wann Asyl bei einem Fremden, ein Stück Brot, ein gutes und aufrichtendes Wort, einen Schluck Wasser oder Wein, ein erquickendes Getränk. Das gilt auch für langweilige Onkel und geschwätzige Tanten. Müssten wir nicht die Not der anderen aus ihren Augen und bekümmerten Gesichtern zu erkennen? Dann werden sie auch zu uns barmherzig sein, wenn das Missgeschick uns schlägt.

Das Schiff unserer europäischen Staaten schaukelt im Wohlstand. Wir leben in den „sieben fetten Jahren". (Gen 41, 29) Wie lange sie noch dauern, weiß niemand. Nur eines wissen wir: Wer Barmherzigkeit sät, wird Barmherzigkeit ernten – auch als Volk. Auch sagt Jesus: „Ich war hungrig, und ihr habt mir zu essen gegeben. Ich war durstig, und ihr habt mir zu trinken gegeben. Ich war fremd, und ihr habt mich beherbergt." (Mt 25, 35) Wer solches tut, den wird der Herr als den Seinen bei seiner Wiederkehr zum Endgericht erkennen und dann belohnen mit der Herrlichkeit des Himmels.

Ordensfrauen, denen man keinen Orden verleiht

„Haben Sie keine Angst, Mutter Oberin, ich komme überall unter. Warum machen Sie sich so viele Sorgen um mich?", sage ich zur Oberin eines Altersheimes, die mir gegenübersteht.

Der Pfarrer des Ortes hat mich geschickt, um eventuell dort übernachten zu können, aber auch im Altersheim sind schon alle Betten belegt. Die gute Frau weiß nicht, wohin sie mich legen soll. Als ich zu ihr aufblicke und ihre Augenschatten sehe, weiß ich, dass sie abgespannter und müder ist als ich selbst, der ich den ganzen Tag auf der Straße verbracht habe.

„Mutter", sage ich, „Sie müssen sehr müde sein. Ihre Augen liegen tief."

„Es ist wahr, Pater", gibt sie mir zur Antwort, „schon zwei Tage wachen wir am Bett eines sterbenden Mannes und tagsüber haben wir viel zu arbeiten. Doch der Herr hilft uns alle Tage."

Sie ist eine stattliche Frau zwischen vierzig und fünfzig Jahren, groß, aufrecht und mild. Was besonders anzieht, ist das stille Feuer einer verströmenden Liebe, die aus ihrem Antlitz entgegenleuchtet.

Mitten unter uns leben Heilige, die wir nicht sehen. Wir leben von ihrer Güte. Wir empfangen von ihnen oft kleine Gaben und spüren erst, wenn sie nicht mehr da sind, welchen Schatz wir besessen haben. Dann werden wir es inne, wie sehr wir sie geliebt haben. An diesem Tage bleibt die Erinnerung als Mahnung, so zu werden, wie sie waren.

Die Oberin sagt: „Pater, ich werde telefonieren, um für Sie in der Ortschaft eine Unterkunft zu bekommen." Aber auch das Telefon bringt keine Lösung. Es ist die Zeit der jährlichen Jagd, und Jäger haben sich im Dorf einquartiert. So ist nirgends ein Platz frei.

Darauf meint die Vorsteherin: „Nun gibt es nur noch eine Lösung, Pater. Wir besitzen unbenutzte Matratzen. Diese legen wir in ein leeres Zimmer. Darauf können Sie schlafen, auch wenn kein Bettgestell dazu bereitsteht.

„Von Herzen gern, Mutter Oberin, ich bin sehr zufrieden damit."

„Aber, Pater," und sie schlägt die Hände zusammen, „wir können Sie doch nicht auf den Boden legen." Dann fügt sie energisch hinzu: „Nein, das tue ich nicht! Ich tue es nicht!"

Ich kann sie fast nicht beruhigen. Schließlich findet sich eine Lösung. Der Kaplan des Hauses weicht meinetwegen zu einer verwandten Familie aus. Er stellt sein Zimmer zur Verfügung.

Als ich später im Empfangszimmer sitze, mein Stundengebet bete und man mir das Essen bringt, da geht überraschend die Tür auf und alle Schwestern des Hauses kommen, um sich mir vorzustellen. Sie sind aus Katalonien und freuen sich, dass ich ihre Heimat schon besucht habe. Ich verspreche, eine schöne Postkarte von Fatima zu senden, wenn ich an meinem Reiseziel angekommen bin.

Nachdem sie sich wieder verabschiedet haben, denke ich über die Schwestern nach. Es kommt mir vor, als ob die modernen Kommunikationsmittel ungerecht seien. Diese greifen jede Sensation auf und verkaufen sie marktschreierisch. Diejenigen aber, die im Verborgenen ein ganzes Leben lang – man bedenke und überlege: ein ganzes Leben lang – für die Kranken und Alten alles geben, werden kaum beachtet, und höchst selten gedenkt man ihres harten Daseins. Sie aber arbeiten hart und sind oft noch schlecht bezahlt. Sie vollbringen unzählig Gutes und empfangen dafür weder Orden noch Ehrenzeichen. Wann kommt einmal ein Staatsminister in prächtiger Limousine, um ihnen einen Strauß von Rosen oder Nelken zu überreichen?

Sie warten auch nicht darauf. Ihre Hoffnungen liegen nicht in dieser Welt des ewig Flüchtigen, sondern bei IHM, dem sie ihr Leben geweiht haben, JESUS CHRISTUS, ihrem Meister. Auch ER hat seinen Jüngern die Füße gewaschen. Diese Schwestern gehören zu den kleinen Lastträgern dieser Welt, ohne welche die Welt gar nicht existieren könnte.

Es spricht der Ochs zum Esel: „Machen wir lautstarke Revolution! Ich habe es satt, immer den blöden Ochsen zu spielen", und er fügt hinzu: „Auf! Zerbrechen wir Halfter und Ketten!"

Der Esel zum Ochs: „Sei vernünftig! Das geht doch nicht!"

Es spricht der Ochs zum Esel: „Warum soll das nicht gehen? Kraft habe ich genug mit meinen Hörnern!"

Es spricht der Esel zum Ochsen: „Sei doch vernünftig! Denn ohne uns gäbe es in der wüsten Welt eine Katastrophe der Unordnung. Denn wer würde dann die Dreckarbeiten erledigen?"

Wie halsstarrig steht der Ochs einen Augenblick da. Dann stöhnt er tief auf und sagt: „Gehen wir also!"

„Wohin?", fragt der Esel.

„An die Dreckarbeiten!", sagt der Ochse.

In der Nacht, da das Heil der Welt, Jesus Christus, in einem Stall geboren wurde, standen dort, so sagt uns die alte christliche Tradition, ein Öchslein und ein Eselein. Viele fromme und liebe Geschichten berichten, dass die beiden braven Tiere das Kindlein mit ihrem warmen Hauch erwärmten. Es sind die Tiere, denen die Menschen am meisten von ihre Lasten aufbürden.

***

Weil ihr das Haupt nicht mehr erhebt

Es ist nun nicht so, dass ich beim Wandern auf der Straße immer nur den Rosenkranz bete, oft bete ich mit dem Wind oder der blühenden Erde, oft auch mit dem dahin strebenden Flug eines Vogels, dem ich minutenlang nachschaue. Das Licht der Sonne, ihre auszehrende, pralle Kraft des Mittags, ihr aufmunterndes Leuchten am abendlichen Firmament, das Verlöschen der Helle in der breiter werdenden Nacht und die aufgehenden Sterne, dies alles weckt mich zur Anbetung. Oft bete ich mit der Wucht der Berge und dem abstürzenden Tosen der Wasser. All diese Dinge sind mir Bild und Gleichnis des *EWIGEN GOTTES* und seiner Herrlichkeit. Sie rufen meine Seele wach. Die Gegebenheiten der Tage, die sich immer neu ereignen, stimmen die Saiten meines Innern, so dass ich IHM mein Lied singe und meine Liebe schenke, IHM, der mich schuf und bei meinem Namen rief.

Oft bete ich im Angesicht der Lebewesen, vor allem aber beim Betrachten des Antlitzes meiner Brüder und Schwestern, der Menschen: o gedankenverlorenes Spiel der Kleinen, welche Kraft der Faszination forderst du in mir heraus! O unbegreifliche Sehnsucht der heranwachsenden Jugend, da sie aufeinander zugehen nach den wogenden inneren Gesetzen, die ihnen zugleich Schutz bedeuten und Entlassung in immer größere Verantwortung! O Fülle der lebenstragenden Männer und Frauen! O Weisheit der Alten, die Ausschau halten nach den „ewigen Hügeln"! (Hab 3, 6) Wo immer ich solches wahrnehme, wird mein Herz berührt, und es jubelt auf in Gesängen, damit ich den preise, der alles in ewiger Liebe schuf.

■ „Also", sagt mein Begleiter zu mir, „sind Himmel und Erde von Seiner Herrlichkeit erfüllt!" (Jes 6, 3)

Ich erwidere: „Das ist so, aber warum sind wir so stumpf?"

„Weil ihr das Haupt nicht erhebt. Ihr steht am Morgen auf mit Sorgen und am Abend legt ihr Euch zu Bett mit Sorgen. Eure Blicke und euer Haupt hängen am Boden. Der Mensch, der so dahinlebt und nichts bedenkt, „gleicht dem Herdenvieh, das verenden muss", (Ps 49, 13) sagt die Schrift."

Ich frage: „Also braucht es doch das endlose Band der Straße in den harten Gluten der Sonne und in den kühlen Nächten der Einsamkeit."

Unbeirrt und hart ist die Antwort: „Oft braucht es mehr! Einen harten Schlag auf den Hinterkopf, dass die Fetzen fliegen. Eine Krise. Ein Leid, manchmal ein schweres. Eine Armut. Für viele ist das Erfahren der Ungnade des Herrn noch immer eine Gnade. Man muss doch einmal erwachen, – also wach werden, um Wahrheit und Wirklichkeit zu sehen und zu erkennen!"

„Erwachen?", frage ich.

Er betont: „So wie »der Mensch nicht vom Brot allein lebt, sondern von jedem Wort, das aus dem Munde Gottes kommt«, (Dt 8, 3) so lebt er auch nicht zuerst für sein Dasein und seine Existenz, sondern zuerst für die Macht, Größe und Schönheit seines Gottes, durch dessen schöpferische Kraft er alles empfängt, Dasein und Existenz."

Mein Freund seufzt und ruft: „Menschenkind! Was seid ihr für Toren und Tölpel! – O, ihr Narren! »Was nützt es dem Menschen, wenn ihr die ganze Welt gewinnt, aber an seiner Seelen aber Schaden leidet?« " (Mt 16, 26) Und es sind viele, die jetzt ihre Seelen verlieren. Von Narreteien genarrt, von Ideologien ideologisiert, lasst ihr euch an der Nase herumführen, bis ihr geistig versandet und in der Seele blind geworden seid."

„Also müssen wir wieder sehen lernen?"

„Ja! Sehen und hören! – Die Schallmauer durchbrechen!"

„Wen sehen und was hören?", frage ich.

Er antwortet: „So hört doch »Jesus Christus ist das *LICHT DER WELT*.« ER sagt: »Wer mir nachfolgt, wandelt nicht in der Finsternis.« (Jo 8, 12) Er ist der einzige Lehrer und Meister, das Wort Gottes, das vom Himmel herabgestiegen ist. »*IHN sollt ihr hören!*« " (Mt 17, 15)

„Herabgestiegen?", frage ich.

„Ja! Herabgestiegen! Er kam in sein Eigentum, aber die Seinen nahmen ihn nicht auf. Das weißt du doch! – »Allen aber, die ihn aufnahmen, gab er Macht, Kinder Gottes zu werden.« " (Jo 1, 11)

Während mein Begleiter die Heilige Schrift zitiert, schaue ich zu ihm auf. Sein Antlitz, scharf geschnitten, hat den Ausdruck eines unbeugsamen Entschlusses, das Antlitz eines Zeugen, der kündet und dessen Augen lodern. Vor solcher Wucht dieses Wesens erzittere ich.

„Es geht also um das Zeugnis?", frage ich.

„Ja! Du sagst es! – Es geht um das Zeugnis für den Sohn Gottes, der von Gott bezeugt worden ist."

„Das war am Jordan?"

Er bestätigt: „Ja! Am Jordan, auf dem Berg und im Tempel."

Er sagt: „Am Jordan, als der Heilige Geist in der Gestalt einer Taube auf ihn niederschwebt, bezeugt ihn der Vater im Himmel: *Dieser ist mein vielgeliebter Sohn, an dem ich Wohlgefallen habe.* (Mt 3,17) – Bei der Verklärung auf dem Berg fügt die Stimme hinzu: *Ihn sollt ihr hören.* (Mt 17, 5)"

„Wir sollen IHN als den einzigen wahren Lehrer der Menschheit hören?"

„Ja! Ihr sollt IHN hören. Denn ER ist das **WORT GOTTES**!"

Wie von selbst drängt das Leben, wie es die Straße bietet, in die Betrachtung hinein, in das schweigende Anschauen aller Wesen durch die Seele, damit sie mit den Wesen lebe, die sie umgeben.

Vom Raum der Betrachtung aber ist es immer nur ein Schritt, um von dort in die Kammer der Anbetung hinüberzugehen. In letzterer aber knien wir nieder und breiten die Hände aus, um unser Angesicht in großer Demut, tiefer Hingabe und ganzer Liebe dem Vater zuzuwenden und dem Sohn und dem Heiligen Geist: dem Heiligen, Einen, Wahren, Ewigen und Lebendigen Gott von Ewigkeit zu Ewigkeit. – Denn eine Betrachtung, die nicht zur Anbetung wird, ist wie ein Vogel, der nur einen Flügel hat und sich darum nicht in die Lüfte schwingen kann.

Ich bete gern den Rosenkranz

Aber ich bete auch gern den Rosenkranz. Als ich noch ein Kind war, da erlebte ich, dass der Rosenkranz fast nur von älteren Frauen und Männern gebetet wurde. Doch dann lernte ich begeisterte Menschen kennen, die ich sehr schätzte. Diese beteten in ihren Familien den Rosenkranz. Jung und alt kniete um das Bild der lieben Gottesmutter. Darüber war ich sehr verwundert und wurde im Herzen bewegt. Daher versuchte ich, mit ihnen den Rosenkranz zu beten. – Als ich zur katholischen Jugendbewegung stieß, schien es, als ob ein gebildeter Christ auch ohne die alten Zöpfe eines Rosenkranzes auskomme. Doch wiederum – ich lernte einige der eifrigsten innerhalb der Bewegung kennen, die verehrten das Rosenkranzgebet sehr und beteten es auch. – Während ich Theologie studierte, wurde mir von manchen Theologen gesagt: „Sei vorsichtig mit der Verehrung Mariens; denn es gibt nur einen Mittler: Jesus Christus. Die übersteigerte Verehrung der Gottesmutter Maria aber beraubt Christus seiner Ehre."

Doch kannte ich eine Reihe von Mitbrüdern und auch von Mitschwestern, welche die Gottesmutter Maria mit einer starken menschlichen Liebe liebten. Zugleich aber glühten sie in einer Hingabe, Ehrfurcht und Liebe zu Jesus, dass ich dies nur bewundern konnte. Bei diesen Menschen gab es in ihrem Innern zwischen Jesus und Maria keinen verderblichen Riss. Sie liebten Maria und sie liebten Jesus. Sie liebten Jesus und sie liebten Maria. Die Liebe zu beiden und gaben darin Gott die Ehre.

Mit der Zeit erkannte ich beim Theologiestudium noch etwas anderes, und zwar sehr Bedeutsames: ich lernte zu unterscheiden. Bei den einen, die uns Vorlesung hielten, erwuchs die Theologie aus der Anbetung, aus der tiefen Schau der göttlichen Geheimnisse in der Betrachtung, aus großer Demut gegenüber Jesus, der Heiligen Schrift und seiner Kirche. – Bei anderen erwuchs die Theologie aus Modeströmungen und aus dem, was die Leute gerne hören wollten. Bei letzteren wurde das Wort Gottes mit Hilfe von Unterscheidungen, Pünktchen, Kommas, Anführungsstrichen und Fragezeichen so lange gedreht und gewendet, bis das Gewollte und modisch Frisierte in fabrikneuen Büchern auf den Markt geworfen wurde und die Welt überschwänglich erstaunte ob so großem Wissen. Doch dahinter waren viele Spitzfindigkeiten versteckt. Wenn man genauer hinschaute, konnte man erkennen, dass dies keine Theologie mehr war, sondern Menschenideologie. Diese Theologie ist stolz, krank und betrügt.

Diese Art von Theologie hat das Bild der Gottesmutter verdunkelt und hat die Liebe zu ihr aus vielen Herzen herausgerissen. Abgesehen von dem Sensationsrummel, den solche Veröffentlichungen verursachten, hat eine solche Theologie Dornen und Disteln in die Menschenherzen gesät, besonders in die Herzen der noch unerfahrenen Jugend.

Rosenkranzgebet ist leicht und schwer zugleich, wie überhaupt alles Beten leicht und schwer zugleich ist. Als ich noch ein Kind war und die Mutter mir die Hände faltete, da hatte ich das innere Gefühl, dass man nur beten müsse, wenn die Mutter komme und man Lust und Freude daran finde. Später hieß es dann: Beten müsse das Herz schwingen lassen. Beten war die Sache eines hochgestimmten Augenblicks oder des aufzuckenden Innewerdens der göttlichen Gnade. Beten war etwas, das aus dem grauen Staub der Erde entriss und in das heitere Reich der Himmel entführte. Doch ich musste eine Erfahrung machen. Nicht als ob es nicht wahr wäre, dass das Gebet oft über diese graue Erde hinaushebt und mit der Liebe Gottes fühlbar und innig erfüllt, aber es ist genau so wahr, dass Gebet eine schwere Anstrengung für den einzelnen bedeuten kann.

Harte, schweißtreibende Arbeit belastet uns. Langwierige und oft bittere Krankheiten fordern das Äußerste vom Menschen. Schwere und schwerste Schicksalsschläge drücken uns tief nieder. Der Tod ist das letzte und härteste

Stück des irdischen Daseins, das wir bewältigen müssen. Beten aber stellt die gleichen harten Forderungen wie Arbeit, Krankheit, Schicksalsschläge und Tod. Der HERR steht uns gegenüber.

Der **RUFENDE EWIGE GOTT** schaut durch unser Gebet hindurch. Wir offenbaren darin die letzte Faser unsres Herzens, die vor IHM offen liegt. Wenn meine Seele öde und leer geworden ist, so dass ich zu nichts Lust habe; wenn alle Dinge mir widerlich erscheinen, dann ruft Gott, dass ich IHN anbete. In diesen Gebeten ist die Freude wie erloschen. Die Nacht wohnt in mir. Dennoch entlässt mich der Herr nicht, sondern fordert, dass ich ihn noch in der Wildnis einer Verlassenheit anbete und mit den Chören der Engel zusammen das "Heilig, Heilig, Heilig" aus dem Tal der Verlassenheit singe wie die Apostel Paulus und Silas im Stadtkerker von Philippi. (Vergl. Apg 16, 25)

Wie war denn das, als ich als junger Mann bei der Staatsbahn zur Arbeit ging? Der Vorarbeiter hatte mich ungerecht geschlagen. In meinem Gesicht brannte die Schande. Ich stand auf und wollte mich rächen. Irgendwie. Ich wollte ihm ein Holz über den Schädel hauen oder sonst etwas Verrücktes tun, das ihn traf. – Aber dann lag eine Stimme über mir, die sagte: „Bete!"

Ich antwortete: „Ich mag nicht!"

Aber die Stimme ließ nicht locker: „Bete!", sagte sie. „Entweder du betest jetzt, oder du stellst dich gegen Gott."

In meinem Innern erhob sich ein Streit für IHN und gegen IHN. Die Verwirrung wuchs. Da fing ich an zu beten. Vielleicht lag noch der Hauch des bösen Trotzes über mir, aber ich fing an, IHN um Hilfe zu bitten. Wie schwer war doch das, wie mühsam, wie lang war der Weg, als ich mich durch das trostlose Feld dieses Gebetes schleppte. Gottes Kraft siegte in mir. Erst so wurde ich fähig, meinem Arbeitskameraden zu verzeihen.

Die Menschen stehen mit tausend Schmerzen harter Schicksalsschläge vor Gott, viele liegen zerschlagen durch Krankheiten und Unglücksfälle in den Betten der Krankenhäuser, andere schleppen sich dahin in großer Einsamkeit und Verlassenheit, da sich niemand um sie kümmert. Dennoch ruft Gott, dass wir ihn auch dann in Demut anbeten. Vielen steht der kalte Schweiß der Todesnot auf der Stirn, aber auch in dieser äußersten menschlichen Situation bleibt die Forderung stehen, dass wir an IHN glauben, auf IHN hoffen und IHN über alles lieben in großer Anbetung. Jesus selbst schreit im Ölberggarten hinaus: „Vater, wenn es möglich ist, lass diesen Kelch an mir vorübergehen! Doch nicht mein Wille, sondern der deine geschehe." (Mt 26, 39) Gott tröstet, aber der Kelch bleibt. Über der Stadt Jerusalem zittert der Schrei des Gekreuzigten: „Mein Gott, mein Gott, warum hast du mich verlassen?" (Mt 27, 46) Die Verlassenheit bleibt, aber es bleibt auch die Anbetung Jesu gegenüber seinem Vater bis zum Augenblick, da er sagt: „Es ist vollbracht. In deine Hände lege ich meinen Geist." (Jo 19, 30)

Abraham, der Vater der Glaubenden, bekommt als letzte Probe den Auftrag: „Nimm deinen einziggeliebten Sohn Isaak und geh auf den Berg, den ich dir zeigen werde, und bring ihn mir zum Opfer dar." (Gen 22, 2) Abraham gehorchte. Er brachte seinen einziggeliebten Sohn Gott in der Anbetung des Opfers dar. Doch als der Herr das Innerste der Herzensgedanken Abrahams geprüft hatte, da gab er ihm seinen Sohn Isaak zurück mit den Worten: „Ich schwöre bei mir selbst – Wort Gottes –, weil du dies getan und deinen einzigen Sohn mir nicht vorenthalten hast, will ich dich reichlich segnen." (Gen 22, 16)

Gott der Herr ist unser Vater. Er ist der Gütigste und liebevollste Vater, den es gibt. Aber als Gott und Herr nimmt er die letzte Entscheidung für sich in Anspruch. Denn ER ist es, der uns schuf und beim Namen nannte. Niemand, also keine menschliche Person aus unserer Familie oder eine Person, der die Liebe unseres Herzens gehört, vermag diese Entscheidung hintanzuhalten. Gott will höher geliebt sein als alle Liebe und aller Hass dieser Erde. Das Letzte und Tiefste gehört ihm allein. Denn er ist die **WAHRHEIT**, der **URGRUND**, den wir ob unserer Blindheit nur noch nicht voll erkennen. Wenn der **LIEBENSWERTESTE UND ABSOLUTE** uns anruft, wird das Liebste, das Freudvollste, das Allerschönste, was uns ein zeitlicher Vorübergang auf dieser Erde bietet, IHM gegenüber gering.

Um Gott ganz mit allen Kräften zu lieben, braucht es den Prozess der Ablösung von Hindernissen. Dieser jedoch bringt Schmerzen der Trennung. Dieser Schmerz ist um so größer, je mehr wir uns unrechtmäßig ins Irdisch-Vorübergehende verliebt haben.

Alles Irdische spiegelt Gottes Angesicht wieder. Wir aber sollen im Abbild das Urbild erkennen, um niederzuknien und anzubeten. Dass dies im Vollzug eines menschlichen Lebens einen Läuterungsprozess einschließt und oft alles von uns fordert, ist jedem klar, wenn er ein menschliches Leben in Nüchternheit betrachtet. Dann ist ihm klar, dass unser Beten nicht nur aus Entzückung bestehen kann, sondern alle menschlichen Situationen umfasst, eben auch die langweilige, die träge, die festgefahrene, die eintönige und die lustlose. Ebenso umfasst es die Situationen der Einsamkeit, der Missverständnisse, der Verfolgungen, der Krankheiten und des Todes. Wer dies erwägt, versteht auch, dass ein Gebet der Trostlosigkeit als Gebet gewaltiger sein kann als jenes, das uns in Verzückung bis in den dritten Himmel entführt.

Ich bete gerne den Rosenkranz. Er bringt mir meist keine Gebetsseligkeit, sondern bedeutet Arbeit; denn Gebet ist nicht eine Frage von Lust und Laune. In ihm betrachte ich die Geheimnisse des Lebens Jesu an der Hand meiner Mutter Maria. Dieses Gebet zeigt mir, dass Jesus geboren wurde, gelitten hat, auferstanden ist. Es ruft mir ins Bewusstsein, dass die Kirche auch heute erneut mit IHM zusammen immer wieder die Stationen seines Lebens geht. Also will ich weder Opfer noch Arbeit scheuen, sondern mein Kreuz tragend mit IHM gehen. Das vollbringe ich an der Hand Mariens; denn sie strebt danach, alle ihre Kinder zu Jesus hinzuführen. Wie könnte es auch anders sein?

Noch dreschen die Ochsen, aber schon rattert auch der Traktor

Es ist am Nachmittag. Ich verlasse das Dorf, in dem ich zu Mittag gegessen habe. Das herabstürzende Licht der Sonne hat sich gemildert. Vor dem Dorf drehen sich die Ochsen mit ihren Dreschschlitten in endlosem Kreis über das aufgelegte Getreide. Auf dem Schlitten sehe ich einen Knaben und eine Frau. Diese trägt ein schwarzes Kleid und einen Strohhut mit einem schwarzen Schleier. Beide beladen den Schlitten und treiben mit dem Stachel das Vieh an. Männer stehen abseits, wo große Haufen von Korn und Spreu liegen, um das ausgedroschene Korn zu worfeln. Mit der Worfelschaufel werfen sie Korn und Spreu zusammen in den leicht wehenden Nachmittagswind. Das schwere Korn fällt auf die Erde zurück. Die leichte Spreu wird vom Wind hinweggenommen. Hier in dieser spanischen Hochebene scheint die Zeit stillzustehen. Uralte Arbeitsweisen, wie sie zur Zeit der Bibel vorhanden waren, leben dort noch weiter.

Aber der Schein trügt; denn schon hört man das Rattern der Motoren, welche die schweren Schlepper samt ihren Wagen über die Straßen ziehen. Der Abschied aus der vergangenen Epoche ist nur eine Frage der Zeit; denn dem schon angebrochenen neuen Abschnitt menschlicher Geschichte kann niemand entgehen, so schmerzvoll das auch ist. Wie schwer fällt es, sich zu lösen! Wie tief hat sich der Rhythmus von langen Generationen in ihr Blut eingeschrieben! Aber die Menschen werden nicht gefragt. Das Alte zerbröckelt, damit Neues werde.

Angesichts einer so tiefgreifenden Wandlung drängt sich die Frage auf, welche Wirklichkeiten unseres Lebens müssen sich verändern, damit sie in einer sich wandelnden Struktur auf eine jetzt notwendige andere Ebene hinübergeführt werden? Und welche Wirklichkeiten unseres Lebens dürfen sich nicht verändern, weil wir sonst die Grundordnungen menschlicher Existenz angreifen? *Denn Grundordnungen sind unveräußerlich, solange der Mensch Mensch bleiben soll.*

Für die Bauern der Hochebene, die im Schweiße ihres Angesichts hartes Brot essen, sind diese Fragen schwer, allzu schwer. Viele von ihnen lassen Heim, Hof und Vieh im Stich, verkaufen alles, um in der neuen Stadt Arbeit und Brot zu bekommen. Sie vertauschen die Weite des Feldes, wo das Wild seine Behausung hat und der Flug der Vögel darüber hinzieht, mit der Enge einer Straße und mit ein paar Quadratmetern Wohnraum. Sie gewinnen, um zu verlieren. Sie verlieren, um zu gewinnen. Für wieder andere beginnt eine neue Epoche der Arbeit auf dem Feld: die Epoche der Maschine. Nicht mehr der Bauer arbeitet, sondern die Maschine arbeitet. Der Bauer aber steuert und dirigiert. Er wird ein anderes Bewusstsein haben. Der schon immer selbstbewusste und unabhängige Bauer wird dann um so mehr selbstbewusst und sich unabhängig fühlen. Er, der mit dem Wind, den Wolken und den Wettern um den Segen des Himmels ringen musste, ist von der Wichtigkeit seines schweißbeladenen Tuns überzeugt, durch welches uns das tägliche Brot wird. Vielleicht bringt ihn jetzt aber die Maschine in Gefahr zu vergessen, dass der eigentliche und letzte Segen von jenseits des menschlichen Tuns uns geschenkt wird: nämlich immer von Gottes Vatersorge.

Ich gehe weiter. Abgeerntete Felder liegen auf beiden Seiten des Weges. Sie warten auf den Regen und auf den Pflug. Menschliche Arbeit bricht die Scholle um und streut den Samen aus; aber das Wachstum ist nicht unser, das gehört einem anderen. – Sooft ich das Vaterunser heute beim Wandern durch das Land bete, denke ich an die vielen Menschen auf den Kontinenten dieser Erde, die hungern, weil ihnen Weizen, Kartoffeln oder Reis fehlen. Wer einen prallen Bauch besitzt, vergisst die anderen allzu leicht – meist vergisst er dazu noch, dass auch er nur als Pilger diese Erde bewohnt, die ihm morgen schon statt gutes Brot den Hunger bescheren könnte. Der wahre Pilger weiß um den Wert von jedem Stücklein Brot und jeder Schüssel Reis. In Demut betet er: "Unser tägliches Brot gib uns heute!"

Abgeschleppt in ein Kloster, und ich wollte unerkannt bleiben

An meiner Seite hält ein Personenwagen an. Er hat auf meine wankenden Schritte hin, denn ich bin schon Stunden unterwegs, seine Fahrt abgestoppt.

Das ist sehr liebenswürdig von ihm. Der Fahrer, ein junger Kaplan, fragt mich, ob ich mitfahren wolle.

Ich gebe ihm zur Antwort: „Für mich fügt sich das sehr gut, dass ich Sie hier treffe. Sicherlich fahren Sie bis zur nächsten Stadt."

Er nickt und ich sage: „Wissen Sie, auch ich bin Geistlicher. Vielleicht können Sie mir in der nächsten Stadt zeigen, wo ich günstig absteigen kann."

„Na, wir werden schon sehen. Kommen Sie herein! Den Rucksack können Sie nach hinten stellen", sagt er.

Der Personenwagen fährt wieder an und bald sind wir in ein Gespräch vertieft. „Hören Sie", sagt mir der Kaplan, „fahren Sie mit mir nach Hause in unser Internat. Ich bin Pater und gehöre zu einem Kloster. Meine Mitbrüder und ich, wir nehmen Sie freudig auf. Auch können Sie den Sonntag über bei uns bleiben."

Das Kloster ist mir bekannt. Denn meine eigenen Mitbrüder halten Beziehungen zu diesen Patres aufrecht. Darum ist es mir nicht ganz recht, dorthin zu gehen; ich wollte unerkannt bleiben. Andererseits kann ich eine so freundliche Einladung nicht ausschlagen. Daher nehme ich an.

„Was haben Sie für eine Aufgabe unter Ihren Mitbrüdern?", frage ich meinen Chauffeur.

Er antwortet mir: „Wahrscheinlich wissen Sie, dass wir eine Schule und ein Internat haben. Ich bin dort Erzieher. Eben habe ich eine Reihe der Eltern unserer Schüler besucht. Jetzt bin ich auf der Rückreise in unser Haus. Meine Mitbrüder und ich sind überzeugt davon, dass es keine tiefgreifende Erziehung gibt, wenn wir nicht ständig mit dem Elternhaus Kontakt halten. Dies gilt besonders heutzutage. Darum interessiert es uns, wie es bei den Einzelnen zu Hause aussieht."

Erziehung in veränderten Zeiten

„Das heißt also," sage ich, „Sie lassen in ihrem Konvikt keinen Schüler zu, der nicht ein einigermaßen ordentliches Elternhaus besitzt?"

„Ja und nein", gibt er mir zur Antwort und fährt dann fort: „Bei den jüngeren Schülern ist dies weitgehend die Regel. Denn ein Kind wird ja durchwegs vom Milieu seines Elternhauses, aus dem es kommt, geprägt. Sie wissen sicherlich selbst, dass wir uns im Seminar oft noch so sehr anstrengen können – und auch der Knabe ist gehorsam und auf den Geist des Hauses und auf seine Studienordnung eingegangen, doch dann kommt er in den Ferien nach Hause und daheim sind die Eheverhältnisse seiner Eltern durcheinander. Dieses Kind hat keinen Halt mehr und verliert in wenigen Tagen, was es bei uns in Monaten harter Arbeit gewonnen hat. – Oder, was wir häufig finden: Die Eltern schieben ihren Buben von zu Hause fort, damit er (so billig wie möglich) etwas lernt, aber zu Hause herrscht eine tiefgehend religiöse Gleichgültigkeit. Normalerweise wird ein solcher Knabe, der innerhalb der Ferien dem Zwang der Haus- und Studienordnung entlassen ist, seine neue vermeintliche Freiheit sofort benutzen, um über alle Stränge zu schlagen. Nach den Ferien aber gilt dann das Wort: »Niemand kann zwei Herren dienen.« (Mt 6, 24)

Doch ich habe bei meinen Besuchen im Elternhaus der Schüler viele ausgezeichnete Väter und Mütter kennen gelernt, die so denken, wie wir denken. Bei deren Kindern ist die Einheit der Erziehung durchaus garantiert. Das heißt nun nicht, dass ein Knabe, wenn er älter wird und in die Jahre der Entscheidung und Reife kommt, sich automatisch für unsere Gemeinschaft entscheidet, aber er besitzt das unvergleichlich innere Gut einer einheitlichen und gesunden Ausrichtung. Er besitzt eine Grundlage, von welcher aus er entscheiden kann und er hat durch Jahre hindurch ein Erlebnisfeld aufgearbeitet, das ihm eine gewisse Erfahrung verleiht. Diese Erfahrung wird in ihm zu einer Basis der Wertorientierung.“

Entscheidungen lassen sich nicht anerziehen

„Ja aber,“ halte ich ihm entgegen, „Entscheidungen lassen sich nicht einfach anerziehen. Wir Menschen sind doch keine Automaten, deren Kontakte und Register ich einzustellen habe, um dann naturnotwendig das Ergebnis zu erhalten. Gerade unser Herr und Meister, Jesus Christus, hat sich nicht in erster Linie an die immer so hochgepriesene Elite gewandt, sondern an die arme, geplagte und von vielen Fiebern geschüttelte Menschheit. Er wandte sich an die Sünder und, verzeihen Sie mir, er wandte sich an jene Sünder und Sünderinnen, mit denen Sie sicherlich weder in Ihrem Haus noch auf der Straße öffentlich gesehen werden wollen.“

„Das ist richtig. Aber wir haben ein Internat und eine Schule und müssen uns dementsprechend verhalten.“

Ich beachte seinen Einwand nicht und fahre fort: „Auch den Aposteln stand bei der Ausbreitung de Evangeliums nicht die geistige Elite der Völker zur Verfügung, jene hauchdünne Schicht, die in den obersten Schulen des Landes hochgezüchtet wurde und mit aller Raffinesse gehärtet ist, sondern ihnen halfen Männer und Frauen, die Gott rief. Diese kamen aus allen Schichten des Volkes, waren meist nicht sehr tugendhaft, bis das Feuer der

Berufung sie erfasste und umformte. Unterliegt darum unser Auswahlprinzip nicht einer Täuschung? Ist das nicht dieselbe Täuschung, die schon Platon dem Sokrates in den Mund legte, als er lehrte, dass Tugend erlernbar sei. Wir suchen doch eine Elite zu schaffen, eine Elite, die wir mindestens siebenmal mit allen Wassern des Studiums und der Wissenschaft gehärtet haben."

„Täuschungen!? Wenn das so ist, was müssen wir dann bedenken?"

„Ein Grundsätzliches! Denn manchmal vergessen wir, dass Christentum nicht in erster Linie WISSEN ist, sondern der Einbruch der Gnade unseres Herrn Jesus Christus, der uns am Kreuz erlöste. Ebenso bleibt bestehen, dass auch nicht höchstes Wissen die Sünde aus uns hinwegnimmt (denn in der Sünde bleibt jeder Mensch wie der Ärmste und Schwächste unter uns) sondern allein das Blut Jesu Christi reinigt von Sünden, das er durch seine Ganzhingabe am Kreuz für uns vergossen hat."

Wir sitzen eine ganze Weile schweigend da, während jeder seinen eigenen Gedanken nachgeht. Das Auto fährt der Stadt entgegen, die weiter vorne auf einem Hügel sich ausbreitet.

Schließlich meint der Pater: „Mein Freund, Sie haben recht und auch nicht. Bei der Ausbreitung des Christentums hatten es die Apostel mit erwachsenen Menschen zu tun, während wir, die wir in der Erziehung stehen, für die heranwachsende Generation da sind. Für die Erziehung aber haben die Regeln der Pädagogik sehr wohl Geltung. Das Kind ist ein Kind, und der Jugendliche ein Jugendlicher. Ihre Freiheit ist auf den Raum begrenzt, den Gott ihnen innerhalb der Stufe ihrer körperlichen oder geistigen Entwicklung zugewiesen hat. Meinen Sie nicht, dass wir dies wohl zu achten haben?"

Ich stimme ihm zu.

Er fährt in seinen Gedanken fort: „Aber ich gebe zu, dass wir manchmal Kindern um ihrer Eltern willen die Aufnahme in unsere Schule verweigern, obwohl das Kind unschuldig ist und beste Anlagen besitzt. Man kann es ihnen ja nicht vom Gesicht ablesen, was in ihnen wohnt. Überall bleibt der Raum der Entscheidung, und diese Entscheidung kann durchaus zum Guten ausfallen, obwohl das Elternhaus miserabel ist. – Aber eine lange Erfahrung, die wir alle gemacht haben, lehrt ebenfalls, dass Kinder aus schlechtem Milieu so viel Kraft und Liebe brauchen, wie wir sie ihnen in der Verantwortung für alle nicht geben können."

„Wenn Sie ältere Schüler aufnehmen, haben Sie für diese die gleichen Prinzipien?", frage ich.

Der Pater gibt mir zur Antwort: „Nein. Bei älteren Buben prüfen wir nicht nur das Elternhaus, sondern auch die Gesinnung des Jungen. Wenn wir nach einer Probezeit feststellen, dass dem Buben eine Berufung allen Ernstes nicht abgesprochen werden kann, so kann er bleiben, auch wenn zu Hause nicht alle Dinge in Ordnung sind. Denn in diesem Alter achten wir mehr auf den Raum der Entscheidung und der freien inneren Zielstrebigkeit. Ein älterer Bub, obwohl er in der Entwicklung steht, weiß schon deutlicher, was er will. Hat er sich einmal ein Ziel gesteckt, dann sind für ihn Hindernisse Prüfungen, die seine innere Kraft stärken und seinen Entschluss festigen. Je mehr er Prüfungen besteht, um so mehr richtet sich in ihm der Blick auf das Ziel. Doch auch hier ist es letztlich der sprudelnde Quell der Gnade, die Christus in seiner Kirche ausgießt, die den Buben stark und treu macht."

Hier endet zunächst das Gespräch, weil wir bereits durch die Straßen der Stadt fahren, wohin wir wollten. Viel Volk ist an jenem Samstag unterwegs und Kleider in allen Farben grüßen zu uns herüber.

Ich frage: „Haben Sie in Ihrem Haus ein Bad? Auch bräuchte ich Waschpulver, um meine Wäsche zu waschen." Er lacht: „Wenn es weiter nichts ist, das beschaffen wir sicherlich schnell."

Nacht und Nächte

In der Nacht höre ich, wie der Wind um das Seminar braust und tobt. Das ist in den Hochebenen dieses Landes nichts Besonderes. Tagsüber erwärmt die Glut der Sonne den Boden und des Nachts kühlt die Landschaft empfindlich ab. Als eine Folge dieser Spannung treten heftige Winde auf.

Als ich den Wind brausen höre, stehe ich auf und gehe nach draußen. Von meinem Zimmer aus kann ich leicht die Terrasse erreichen, die über dem Seitenschiff der Kirche liegt. Der Mond steht am Himmel und beleuchtet mit seinem matten Schein die Erde. Eilends gehe ich zum Geländer der Terrasse und vergewissere mich, ob meine Wäsche, die ich tags zuvor nach dem Waschen dort aufgehängt habe, noch vorhanden ist. Einige Stücke sind zwar heruntergefallen, aber es sind noch alle da. Die Wäsche ist fast ganz trocken und so bringe ich sie in das Zimmer zurück. Danach gehe ich nochmals nach draußen, um den Himmel und die nächtliche Landschaft zu betrachten.

Der Wind ist stärker geworden und verstrubbelt mir die Haare. Wie ein großer dunkler Schatten sehe ich vor mir den Hauptkomplex des Schulgebäudes daliegen. In seinen Glasscheiben spiegelt sich das Licht des

Mondes gespenstisch wieder. Wenn nicht das Laub der Blätter im wehenden Wind vielfach gerauscht hätte, hätte ich glauben müssen, ich wäre in eine Totenlandschaft hinabgestiegen. Irgendwo plätschert Wasser aus einem Rinnsal, oder täuschte ich mich? Der Himmel ist nicht offen, wie in den schönen Nächten, da Tausende von Sternen wie Diamanten glitzernd herab leuchten, sondern er steht leicht im Dunst. Aus dieser milchigen Masse schimmern ein paar Sterne heraus und der Mond leuchtet mich matt inmitten aus Schleiern von feinstem Nebel wie eine dämmrig erlöschende Funzel an.

Das Leben der Menschen kennt die Nacht. Wir schlafen meist, nachdem wir das Licht ausgelöscht haben. Wir vertrauen uns in diesen Stunden wie selbstverständlich dem Schlaf an und glauben fest, dass am anderen Morgen unser Leben dort weitergeht, wo wir es tags zuvor unterbrochen haben. Selten kommt uns der Gedanke, dass unser Glaube gar nicht absolut ist, sondern alles auch ganz anders sein könnte. Es liegt durchaus im Bereich des Möglichen, dass über Nacht der ganze riesige Überbau, der unser Leben trägt – auch der Überbau unserer Technik und Zivilisation –, zusammenbrechen kann. Wir würden dann wieder dem Kampf ums nackte Dasein ausgesetzt. Diejenigen aber, die solches in ihre Überlegungen einbeziehen, spüren, dass die Nacht auch bedrohlich ist. Denn es ist eine Zeit, in welcher der Mensch nicht zu wirken vermag, wo er den Geschicken ausgeliefert ist. Die Nacht offenbart die Ohnmacht des Menschen. Je tiefer sie einhüllt, je schwärzer sie wie ein Mantel umgibt, um so hilfloser wird der Mensch. Wo aber die Hilflosigkeit dem Menschen bewusst wird, da empfindet er eine uralte Bedrohung, die mit tausend dunklen Händen nach ihm greift.

■ Mein Begleiter steht jenseits der Nacht. Sein Gesicht ist hell wie am Tag und sein Ausdruck tiefes Wohlwollen und vollendeter Dienst. Wer es erfasst hat, schaut gerne zu ihm auf. Unvermittelt sagt er zu mir:

„Du kennst den Turmbau von Babylon?"

„Wie sollte ich nicht. Es war der erste Versuch einer törichten Menschheit, dem **HERRN** einen Turm vor die Nase zu setzen, um die Macht des Menschen zu demonstrieren. Da verwirrten sich ihre Sprachen."

„Das war töricht!"

Ich ergänze: „Es war ein Aufstand gegen Gott und Vermessenheit!"

„Wie viel Macht hat der Mensch?", fragt er.

Ich bin betroffen und erschrecke; denn sage ich, der Mensch habe keine Macht, stimmt es nicht. Sage ich, er habe viel Macht, stimmt es wieder nicht.

Also antworte ich: „Er hat so viel Macht, wie Gott ihm zugemessen hat."

„Warum meint ihr dann, dass ihr es selbst machen müsst?"

„Weil wir Gott auf dieser Welt nicht unmittelbar von Angesicht zu Angesicht sehen. Was ich hier auf Erden sehe, sind Menschen und Dinge."

Er lächelt schelmisch und meint: „Also muss man mit den Menschen und den Dingen fertig werden!?!"

Ich nicke.

„Und Gott?"

Ich schaue zu ihm auf, und er schaut erwartungsvoll zu mir hin. Es ist ein solch bejahendes Leuchten auf ihm, dass ich zu ihm sage: „Uns er Herr und Schöpfer schenkt uns Tage und Nächte, und im kreisenden Jahr Frühling, Sommer, Herbst und Winter. Er lässt die Sonne aufgehen und den Wind wehen. Er schenkt Korn und Obst, gibt die Tiere, Fische und Vögel. ER öffnet seine Hand und erfüllt alles, was da lebt, mit seinem Segen." (Vergl. Ps 103, 28)

„Und Gott tut das alles ohne euer Zutun?", erkundigt er sich.

„Nein, wir müssen unseren Anteil leisten. Aber der Kern des Wachstums und Gedeihens liegt nicht in unseren Händen. Wir sind Empfangende."

„Also hat der Mensch so viel Macht, soweit er in der Ordnung Gottes steht und tut, was Gott will?"

„Ja", sage ich. „Der Mann besitzt die Macht des Mannes und die Frau die Macht der Frau. Die Frau besitzt eine Macht über den Mann, und der Mann eine Macht über die Frau. Die Mutter besitzt eine Macht über ihr Kind, und das Kind besitzt eine Macht über seine Mutter. Der Mann besitzt eine Macht über die tausend Dinge, die er gestalten muss. Die Dinge aber fordern die Mächtigkeit des Mannes heraus. Er muss die Herausforderung annehmen und sich ihr stellen, ob er will oder nicht."

„Liegt also darin die Macht und die Mächtigkeit des Menschen?"

„Ja", sage ich. Der Mensch besitzt *Macht und Mächtigkeit*, gemäß dem Maß, das ihm zugeteilt wurde. – *Allmächtig* aber ist der Herr allein."

„Und wenn der Mensch seine Macht und Mächtigkeit recht gebraucht?"

Da rufe ich laut und freudig: „Dann steht er in der Ordnung Gottes! Dann geschieht Gottes Wille wie im Himmel so auf Erden!"

Unsere Zeit ist eine Zeit der hell erleuchteten Nächte, in denen die

Dunkelheit zum Tag geworden zu sein scheint, so wenigstens an den mächtigen Ballungszentren dieser Erde. Wo aber in der Weite der Landschaft, fernab von den Städten das künstliche Licht fehlt, da suchen die Menschen dem Wind, dem Frost und der Nacht zu entkommen. Sie brauchen einen Schlupfwinkel, ein Stück Tuch, einen Mantel, weil es sie friert. Sie suchen ein Büschel Stroh, um weicher zu schlafen. Ein klein wenig kommt wieder die Angst der Kindertage vor dem Dunklen, das zwar einhüllt, das man aber nie genau kennt. Wie unsinnig scheint den Erwachsenen diese Furcht der Kinder – eine Furcht, dass im Dunkel irgend etwas Bedrohendes auf uns lauert und wir nicht wissen, wo es steht, noch woher es kommt. Ist es eine vermeintliche und eingebildete Gefahr? Wir riefen dann nach der Mutter. Erst wenn diese kam und wir am mütterlichen Leib geborgen waren, beruhigten wir uns und schliefen wieder ein.

Auch die kommenden Tage unseres Lebens ruhen immer im Dunkel. Was morgen und übermorgen sein wird, vielleicht können wir es schon leicht abtasten, aber in der Hand haben wir es nicht. Und genau hier ist dieses Dunkel bedrohend, ja sogar oft erschreckend. – Für viele von uns wäre es aber gut, sie erführen wieder einmal eine tiefe Angst und eine nagende Furcht, damit sie aus der oberflächlichen Trägheit und einem grenzenlosen Leichtsinn herauskämen. Denn wir alle beten sehr wenig. Ja, wir beten gar nicht mehr. Gestehen wir das uns ruhig ein. Und viele von uns glauben, es gäbe gar keine Nacht, obwohl sie jeden Abend das Licht ihres Zimmers auslöschen. Warum sind wir so töricht?

Seminarerziehung in neuer Zeit

„Wollen wir das Haus ein wenig betrachten?", fragt mich am Sonntagmorgen nach dem Frühstück der Präfekt, der mich hierher gebracht hat. Da ich sofort zusage, gehen wir zunächst durch das untere Stockwerk.

„Dieses Stockwerk ist für die jüngsten Schüler unserer Schule reserviert", erklärt mir der Pater. – Der Gang, den wir entlanggehen, ist schmucklos. Es gibt kein Bild, keine Blumen, nur leicht getönte Wände. Ich hätte mir hellere Farben gewünscht und an den Wänden Bilder von singenden Vögeln und von der aufgehenden Sonne. Alle Türen der Klassenzimmer, die in den Gang münden, haben kleine Fensterchen. Durch sie kann man mühelos in die Klassen hineinschauen, um sie zu überblicken. Die Pulte sind eintönig und vorne im Raum hängt über die ganze Querwand hinweg die Tafel. Es ist die

Art jener Klassenzimmer, die keinerlei Individualität aufweisen. Offenkundig steht für diese Schüler der Unterricht im Vordergrund und dazu das Erreichen des Lernzieles innerhalb des Schuljahres. Diese Räume haben nicht die leuchtende Wärme der Freude und liegen in spartanischer Einfachheit. Sport und Freizeit werden hoffentlich einen Ausgleich schaffen und genügend Phantasie schenken, um die fehlende Wärme zu ersetzen.

Warum die Klassenzimmer so einfach gehalten sind, liegt wohl daran, dass der Schulleitung sowohl die Zeit als auch das Geld fehlten, um es anders gestalten zu können. Dazu kommt noch, dass die meisten der Jungen ein Elternhaus haben, das die gleichen Bedingungen aufweist, wie sie die Schule besitzt. Aber dennoch, dieses ewige Sparenmüssen macht so viele Häuser zu einem Einerlei, gibt ihnen gesichtslose Säle, dass bei ihrem Anblick ein fader Geschmack im Munde zurückbleibt. – Die andere Seite wäre die: Hätte das Land diese Schulen nicht, so wäre die Jugend um vieles ärmer und ungebildeter. Das Leben ist ein Kampf, und wir müssen uns den gegebenen Möglichkeiten anpassen, um aus dem harten Stein den lebendig sprühenden Funken zu schlagen. Spätere Zeiten werden es dann anders machen.

Der Pater erklärt mir: „Die Erziehung in unserem Haus baut darauf auf, dass jeder Pater seiner Gruppe Freund, Erzieher, Lehrer, Führer und Berater zugleich ist. Auf diese Weise hat jede Gruppe eine einzige verantwortliche Beziehungsperson. Das ist schön, schafft aber andererseits ein weites Feld an Spannungen in den Beziehungen zwischen dem Schüler und seinem Erzieher. Darum wird jeder von uns Erziehern zunächst versuchen, das Vertrauen seiner Gruppe zu gewinnen. Doch hat er in der gleichen Zeit darauf zu achten, dass in Fragen der Disziplin keine Misswirtschaft einreißt. Das ist schwer. Denn es scheint, wenn man Vertrauen besitzt, leidet darunter die Disziplin. Wenn man aber Disziplin besitzt, leidet darunter das Vertrauen.

Dafür ein Beispiel: Ein junger Mitbruder, der letztes Jahr berufen wurde, sagte in der letzten Konferenz, dass es ihm in verhältnismäßig kurzer Zeit gelungen sei, das Vertrauen seiner Gruppe zu erwerben. Ein Erfahrener aus unserem Kreis gibt dem jungen Mitbruder folgende drastische Antwort: 'Hör mal, Jüngling, du hast das Vertrauen eines lärmenden Gänsestalls, wo nicht gearbeitet und auch nicht erzogen wird. Schaffe du zuerst einmal Ordnung und Ruhe! Aber bitte so, dass du noch immer im Vertrauen bleibst und Du wirst sehen, dass dies schwerer ist als mit Trompete zu blasen.'"

Dann fährt der Präfekt fort: „Ich persönlich habe die oberen Kurse zu betreuen. Sie dürfen mir glauben, ich habe das ganze Jahr hindurch keinem meiner Schüler ein böses Wort gegeben. Sie meinen nun sicher, ich hätte dies durch Nachgeben erreicht. Dem aber ist nicht so.

Meine Gruppe ist in einzelne Abteilungen aufgeteilt und jede Abteilung besitzt aus ihren eigenen Reihen einen Leiter. Diesem Leiter habe ich eine gewisse selbständige Verantwortung übertragen. Den Kreis der Leiter rufe ich zu wöchentlichen Konferenzen zusammen. Darin besprechen wir alles, was läuft, und so überzeuge ich mich von meinen Leitern her, dass der Vollzug der Ordnung, der Disziplin und des Studiums im Gleichgewicht bleiben. Die jungen Leute ergreifen diese Leiteraufgabe mit Verantwortung und es besteht daher ein gutes Fluidum zwischen mir und ihnen. So haben die jungen Leute ein Großteil der Erziehung selbst in der Hand, während ich nur in Grenzfällen einzugreifen brauche. Von Zeit zu Zeit spreche ich mit allen Jungen meines Kurses.

Wenn du bei uns bleiben willst, musst du es selbst wollen

Die obersten Kurse unseres Hauses wissen genau, dass wir unser Seminar sehr ernst nehmen und innere Geschlossenheit erwarten. Im vergangenen Jahres haben sich einige von ihnen zügellose Ausgänge verschafft, die gegen die Hausordnung sind. Ich habe sie in aller Geduld ermahnt, sich an unsere Ordnung zu halten. Aber sie nahmen den Verweis nicht sehr ernst.

Als wir dann den Lehrstoff des Schuljahres etwa einen Monat vor Schulschluss zu Ende gebracht haben, ging ich zum Rädelsführer dieses Clans und bedeutete ihm, er möge seinen Koffer packen und heimfahren. Zum Examen, etwa ein Monat später, solle er wieder kommen. 'José', so sagte ich, 'schau dir das Leben an! Überleg es dir gut, was du in diesem Monat zu Hause tust. Studiere, damit du dein Examen schaffst! Wir haben dich noch nicht völlig aus unserem Seminar entlassen. Allerdings, wenn du nächstes Jahr wiederkommen willst, dann musst du alle Zulassungspapiere erneut einreichen.'

Dieser José hat nun einen Monat lang zu Hause Zeit, um sich zu prüfen. Wenn er nach den Prüfungen nicht mehr kommen wird, ist mir das recht. Reicht er aber erneut die Papiere für seine Zulassung ein, so ist das ein Zeichen, dass er sich überprüft hat, was er tun will und wir fordern. – Diese Art des Vorgehens wenden wir natürlich nur in den obersten Kursen an. Aber sie spüren," meinte der Präfekt, „dass wir zwar niemanden schelten noch ausschimpfen, aber Autorität und Zucht haben. Meist werden wir in diesem Vorgehen von den Schülern unterstützt, weil wir unsere Haltung gut motivieren. Denn diese Jugend weiß, dass Zucht notwendig ist, obwohl Härte eine starke Anforderung stellt und sie in diesen Jahren aus einem natürlichen Freiheitsdrang dagegen zu meutern versuchen. Wo Zucht und Güte sich

102

paaren, gibt es keine großen Schwierigkeiten im gegenseitigen Verstehen."

Wir sind zu den Schlafsälen gekommen. In den oberen Kursen hat jeder einzelne der jungen Leute seine Schlafkabine, die er individuell ausgestalten kann. Hier zeigt sich der unbezwingbare Hang zum Schöpferischen in diesen Jahren. Dieses Schöpferische, das Spielfeld der Phantasie, das Drängen zum Tun und Neugestalten, wie sehr ist es doch dem jungen Menschen eigen – und wie wenig kommt es zum Zug. Hier in den Schlafsälen lebt ein wenig von dem, was ich in den unteren Stockwerken vermisst habe.

Mein Begleiter sagt zu mir: „In vielen Schulen wird der Hang zum Schöpferischen dadurch demonstriert, dass die Jungen ihre Wände bekleben mit Plakaten, die andere entworfen haben. Die Werbung der Industrie ist dabei hoch im Kurs, denn bei ihr liegt das Geld. Deshalb hat man dort die besten Leute angestellt, die sowohl tiefenpsychologisch – gemäß den inneren menschlichen Steuerungsbildern – als auch marktwirtschaftlich – gemäß den einzubringenden Bedürfnissen – versuchen, die Menschen zu manipulieren. Von der raffinierten Kunst einer solchen Werbung werden die Jungen fasziniert und eingefangen. Unsere Erziehung hier im Hause kann zwar nicht alles verhindern, aber wir versuchen einen solchen Trend abzufangen."

Ich frage: „Was meinen Sie, wenn Sie sagen, dass Sie abzufangen versuchen? Versuchen Sie etwa, die Jungen von Postern des Marktes und der Freizeitindustrie abzulenken, auch wenn diese kunstreich sind? – Drängen und schieben Sie die jungen Menschen darauf hin, ihre eigenen Phantasiegebilde zu gestalten, zu betrachten und anzunehmen, auch wenn diese recht rudimentär sind? Geht es Ihnen darum, dass das Eigenschöpferische gesucht wird und zur Entfaltung gelangt? Die Jugend soll sich also selbst entdecken, – es lernen, sich anzunehmen und darin weiterzukommen?"

Der Pater, der mich begleitet, nickt. Dann sagt er: „Sehen Sie dort an der Wand jene recht primitive Strichzeichnung einer kastilischen Ebene mit einer aufgehenden Sonne. Es war nicht so leicht, den Jungen davon zu überzeugen, sein Werk aufzuhängen, weil es ihm zu wenig vollkommen war. Auch neckten ihn und ärgerten ihn die anderen. Aber auf mein Zureden hin nahm er es an und hängte es auf.

'Was soll der Quark?', sagen seine Schulkameraden.

'Wenn es Euch nicht behagt, dann macht Besseres und hängt das auf,' gebe ich ihnen zur Antwort. 'Kritisieren ist leicht, aber besser machen ist die Kunst der wahren Kritik.'

Wir berufen dann über dieses Thema eine Runde ein. Die Jungen sagen:

'Wenn wir so gute Poster kaufen können, warum sollen wir nicht mit ihnen unsere Zimmer schmücken?'

Ich antworte ihnen: 'Weil Ihr durch die perfekte Form ans Gängelband der Wirtschaft geratet und so dumm seid, es nicht einmal zu merken. Was tut ihr anderes, als hinterher zu trampeln und zu konsumieren, ohne selbst etwas zu leisten. Da könnt ihr nur verkümmern.

'Na und?', kommt dann meist die Frage zurück.

Ich antworte: „Seltsam! Sonst seid ihr auf eure Eigenständigkeit und Selbstverwirklichung sehr bedacht, aber hier weicht ihr feige aus, da es gilt, euch selbst in die Rennbahn zu werfen. Noch ist kein Meister vom Himmel gefallen. Aber man muss den Mut haben, sich darzustellen und das Seine zu verteidigen, auch wenn es sich am Anfang noch sehr primitiv darstellt. Darum hat Juan recht, wenn er sein Bild aufhängt. Ich weiß schon – nur ruhig, mein Sohn – du sagst, das Bild sei gar nichts Besonderes. Sicherlich! Aber das behauptet nicht einmal Juan. Doch zeichne du etwas Schöneres und hänge es auf. Oder zeichne und male doch wenigstens etwas, egal was. – Was aber Pedro angeht, der erkennt schon längst seine Fehler. Das nächste Bild wird etwas besser sein. So wächst Juan an sich selbst. Nachäffer und Nachschreier haben wir in dieser unserer heutigen Zeit schon genug. Verwirklicht euch doch, bitte, selbst dort, wo das Eigene wachsen muss!'"

Der Pater ist ein wenig ins Feuer geraten. Auch ich nicke zuversichtlich und meinte dann noch zum Abschluss, er solle doch die Gänge und die Klassenzimmer im Parterre nicht vergessen.

Von Zamora in die
Provincia de Salamanca

Weite Wüste: Einsamkeit und Feuer
Passkontrolle und Heiratsantrag
Und wie stehst du zur Frau?

Hilfsbürgermeister und ein Hauch von Archaischem
Herbergsuche und ein Schafstall
Lebt der Mensch vom Tagesgeschwätz?

Ein nie endendes Fluchen
Die Unreinheit liegt im Innern des Menschen
Einordnung der seelischen Grundkräfte

Rosenkranzbetrachtung

„Jesus, den Du, o Jungfrau, im Tempel aufgeopfert hast"

Der Tag der Ruhe bei meinen Gastgebern verläuft nur zu schnell. Am Montagmorgen verabschiede ich mich aufs herzlichste. Sie bringen mich noch nach Roca Blanca und von dort suche ich den Weg ins Land.

Nachdem ich die Hauptstraße verlassen habe, überfällt mich das Alleinsein. Plötzlich ist die ganze Gegend vereinsamt. Meine Augen streifen die weiten Horizonte ab. Nur wenig bebautes Ackerland liegt rechts und links. Es ist eine sehr arme Gegend, in die ich hinein wandere. Kein Mensch, kein Baum, kein Strauch, auch nicht ein sehr dünner silberner Faden eines Baches. Statt dessen klettert die Sonne in den Himmel hinein und bricht mit voller Wucht auf mich nieder. An die Schmerzen meiner Füße gewöhne ich mich rasch und schließlich auch daran, dass die Hitze des Straßenbelags unter meinen Fußsohlen brennt. Wie immer bedecke ich den Kopf mit einem Taschentuch. Unterwegs unter einem Überhang finde ich Schatten und bin froh, mich verkriechen zu können.

So muss die Wüste sein, an deren Tor ich stehe und auf die ich einen Blick werfe. Hämmernde Hitze in monotoner Einsamkeit. Keine Menschenseele, kein Vogel, kein Tier.

Wie sehr sind wir Menschen doch aneinander verkettet! – Deshalb habe ich das Bedürfnis, aus der Herde auszubrechen, um Lasten abzuwerfen und die Augen in die ausgespannte Bläue des Himmels hineinzuheben, in das Glutlicht der Sonne, in die ewig wandernden Wolken. Diese Sehnsucht reißt über die Erde hinaus. Nur die Schwere des Leibes fesselt an sie.

Aber kaum ist man allein, da treiben Leib, Atem und Blut wieder zur Herde zurück, um in der Gemeinsamkeit mit Menschen einen Raum der Sicherheit und Geborgenheit zu erfahren. Der Mensch wird ständig hin- und hergeworfen, zerrissen in der Seele und abhängig vom Schutz der anderen.

Die Wüste, ein Ort grauenvoller Größe! Sie ist ein Ort, wo der Mensch sich ganz allein gegenübersteht, ein Ort, wo ihn die Natur in Glut und Eintönigkeit anspringt und herausruft. Was gilt man noch im Raum einer unendlichen Weite? Welche Titel und Qualitäten zählen da?

Nackt steht der Mensch vor sich selbst und hilflos gegenüber den Böen heißen Windes und der Glut der Sonne. Vielleicht dämmert es im Bewusstsein, dass die Existenz des Daseins Gnade ist, Geschenk eines anderen, Huld und Barmherzigkeit dessen, der sprach: *'ES WERDE!'* (Gen 1, 3)

Mich durchzuckt es. Das ist die Wirklichkeit unseres Lebens. Es gibt die

Wüste, und es gibt sie überall. Sie ist eine Wahrheit, der man nicht entflieht, sondern sich stellt. Aus ihr steigt das **Unbedingte** hervor – der unbedingte Anruf des Ewigen, der unausweichlich fordernd herantritt.

Wenn diese Stunde den Menschen erreicht, kann er nicht mehr ausweichen. Denn wohin er auch ginge, die Einsamkeit geht mit und Feuer begleitet ihn.

Ich atme schwer. – Wer bin ich? Ein Einsamer in seiner Zeit? – Woher komme ich? Wohin gehe ich? Wozu leben ich? – Das sind Fragen, die zwar denkerisch angegangen werden, die aber meiner inneren persönlichen Erfahrung entzogen sind, weil sich die Erinnerungen zum Anfang zum Mutterschoß hin immer mehr verengen und verhüllen, bis sie dann ganz schweigen. Aber auch von denen, welche die Schwelle des Todes endgültig überschritten haben, fehlt uns jede Information.

Wohin gehe ich also in meinen Lebenstagen? – Diese Frage stellt sich im Feuer der Wüste noch drängender. Soll ich der Wüste lieber zu entrinnen suchen und der Frage auch? Soll ich wie ein Wahnsinniger den Ausweg aus den Feuern suchen? – Oder soll ich den Bränden frontal begegnen? Denn wo Feuer brennen, wird die Glut zur Erkenntnis zwingen, dass man eben da ist und dem Feuer gegenübersteht.

Mitten in der Glut kann ich Freude erfahren, weil ich da bin. Ich erfahre mich als einen Leib von Fleisch und Gebein, als einen Menschen, der denkend „ICH" sagt, als ein Geschöpf, das hineingestellt ist in einen Kosmos, der sich um seinen Leib herumstellt, auch wenn es scheint, dass er brennt.

Wir alle erfahren uns als Männer und Frauen im Blutstrom der Generationen, der kreisend in uns pocht. Wir sind Menschen mit einer in die Fernen reichenden Vergangenheit, der guten und der bösen, die uns von den früheren Generationen her vererbt worden ist und die geläutert werden muss. Wir sind Wesen voller Hoffnungen und Wünsche, die sich für kommende Zeiten eine Bahn brechen wollen. Wir sind geistige Wesenheiten, die aus ihrem *ICH* heraus lieben können, sich selbst überschreiten im *DU*.

Die Wüste ist Einsamkeit und Licht. Die Schablonen des Oberflächlichen zerbrechen. Die Wüste ist der Ort des Absoluten. Und da steht der Mensch plötzlich IHM gegenüber und muss IHN aushalten bis hinein in tiefste und letzte Entscheidungen. – Mose führte sein Volk in die Wüste. Da trat mit erschütternder Wucht die Absolutheit des EWIGEN an dieses Volk heran, so dass es meinte, sterben zu müssen. Der LEBENDIGE, der Himmel und Erde schuf, der *EWIG-VERSENGENDE* wurde ihr Anteil.

Schon geht die Zeit über sechzig Jahre dahin, da unsere Brüder im Osten um des Herrn Jesus Christus willen wie das Volk Israel unter Mose durch die Wüste wandern. Die Einsamkeit einer maßlosen Gottesverleugnung dieses Kommunismus umsteht sie. Der Brand der Hasser stürzt auf sie nieder, und unter den Gluten der Bosheit bricht alle Oberfläche zusammen. Deutlich aber tritt DER hervor, den die Hasser totsagen. Denn je lauter sie verneinen, je mächtiger sie gegen ihn schreien, um so gewaltiger bezeugt die Wucht der Verneinung und das Geschrei der Leugner immer nur IHN.

Doch gerade in dieser Unbarmherzigkeit der Leugnung stößt GOTT auf den Menschen zu und keiner kann Ihm entgehen! Dann werfen sich die Suchenden auf die Knie, breiten die Hände aus und rufen laut flehend: „Kyrie eleison! – Herr! Erbarme dich unser!" Der Herr aber steht zwischen den Menschen. Dem einen wird er zum Gericht. Dem andern wird er zu unsagbarem Trost. Wahrhaftig! Aus den Tiefen brechen die Ströme der Gerechtigkeit hervor, und keiner entgeht ihnen. Denn die Tiefen liegen in Gottes Hand.

Es gibt Stunden, da schenkt Er, der LEBENDIGE, die Gnade, zum Menschen hinzuzutreten in seiner unfassbaren Huld. Dann ist es fast, wie wenn ER nicht verborgen wäre. ER redet mit dem Menschen und hört ihm zu. Herz und Ohr aber sind auf IHN hin gespannt. – Die Wüste kann solche Stunden geben. Die Einsamkeit öffnet uns für IHN und die brennenden Gluten sind wie ein Symbol des **_GÖTTLICH-UNAUSWEICHLICHEN_**, das jeden einzelnen Menschen in der ihm gesetzten Stunde mit voller Wucht trifft, – zum seligen Heil oder zum Unheil.

Die Schatten sind kürzer geworden. Der Unterschlupf, in dem ich stehe, schützt nicht mehr. Es gilt aufzubrechen. Der Rosenkranz liegt in meiner Hand. „Heilige Maria, Mutter Gottes, bitte für uns Sünder, jetzt und in der Stunde unseres Todes!"

Passkontrolle vom Bürgermeister und Heiratsantrag

Als ich das Dorf erreicht habe, steht die Sonne im Zenit. Ich suche eine Bar, weil ich eine Unterkunft brauche, um der prallen Mittagssonne zu entfliehen und um etwas zu essen und zu trinken. Doch in diesem Dorf gibt es keine einzige. Dies ist kaum zu glauben, weil diese in Spanien in jedem Dorf überreichlich vorhanden sind. So finde ich keinen geschützten Ort. Auch ist nicht zu erwarten, dass mich, den Ortsfremden, eine Familie aufnimmt. Schließlich sehe ich ein kleines Verkaufsgeschäft. Ich trete ein und frage:

„Haben Sie, bitte, Brot?"

„Leider nein!" Mit dieser Antwort habe ich nicht gerechnet. Denn ich nahm kein Brot mit, weil ich glaubte, es überall unterwegs kaufen zu können.

„Haben Sie etwas zu trinken da?"

„Ja." Ich kaufe mir Zitronenwasser.

„Haben Sie Schokolade und Käse?"

„Ja."

Nachdem ich mir so das Mittagessen erworben habe, bitte ich, ob ich mich in den Schuppen setzen dürfte, um nicht der vollen Sonne ausgesetzt zu sein. Die gute Frau stimmt zu, und ich kann mich im Schatten niederlassen.

Es ist dies ein sehr abseits gelegenes Dorf und mein Kommen bleibt nicht unbemerkt. Der Schuppen, in dem ich sitze, wird nun abwechslungsweise von den verschiedene Dorfbewohnern besucht, die alle ihre Neugierde stillen wollen. Denn irgendwie bin ich für sie eine Sensation. Zuerst kommt der Inhaber des Kaufladens, der mir seine Aufwartung macht.

„Guten Tag."

„Guten Tag."

„Geht es Ihnen gut? Haben Sie eine gute Reise gehabt?"

„Herzlichen Dank! Alles ist ohne Schwierigkeiten verlaufen."

„Lassen Sie sich's, bitte, gut schmecken."

„Danke schön!"

Danach kommt ein anderer, der mich sehr herzlich begrüßt. Er stellt sich mir als Bürgermeister vor, spricht dann über dies und jenes und empfiehlt sich wieder.

Als der Bürgermeister wieder gegangen ist, kommt ein altes und verhutzeltes Weib in die Scheuer. Sie geht gebückt und ist in Schwarz gekleidet, wie es Brauch ist. Ihr Antlitz ist von der Sonne verbrannt und sie ist offensichtlich abgearbeitet. Nach den Einleitungsgesten will sie sehr vieles genau wissen.

„Woher kommen Sie?"

Ich gebe keine präzisen Antworten und sage: „Von Guarena."

„Und wohin gehen Sie?"

Ich nenne das Ziel meiner Reise nicht und sage: „Nach Salvaleón."

„Schön", sagt die Frau und schaut mich an. „Und was tun Sie?"

„Ich?" Ich lächle: „Ich bin auf Reisen. – Der Tag ist heute heiß, nicht wahr?"

„Ja, ja", meint sie, „heute ist es heiß. – Aber, was sind Sie von Beruf?"

Ich bin in Verlegenheit. Denn ich halte es nicht für notwendig, ihr zu sagen, dass ich Geistlicher sei.

Darum frage ich zurück: „Ist das so wichtig, dass Sie es wissen müssen?"

„O nein." Dann fährt sie fort: „Sie sind nicht verheiratet."

„Nein", gebe ich zur Antwort.

„Sie tragen keinen Ring."

„Ja, das ist richtig."

Sie schweigt einen Augenblick, um plötzlich sich aufraffend weiterzufahren: „Wissen Sie, ich habe da eine Tochter, ein gutes und hübsches Kind, die sucht noch einen Mann. Könnten Sie diese nicht heiraten?"

Einige Sekunden lang bin ich verwirrt. So kurz, so unverbunden, so überraschend kommt dieser Heiratsantrag, dass für einen Augenblick der innere Gedankenfluss stockt. Was soll ich sagen? Schließlich kann ich ein Lächeln nicht verbeißen und erkläre der guten Alten, dass ich zwar nicht verheiratet, aber doch so viel wie verheiratet sei.

„Sie sind also nicht verheiratet und doch verheiratet?" fragt sie. Dann fügt sie hinzu: „Aha, jetzt begreife ich; Sie sind verlobt?" Als ich jedoch auch das verneine, finde sich die alte Frau einen Augenblick lang nicht zurecht.

Aber nun geschieht etwas ganz anderes. Es kommen mehrere Männer in den Schuppen, unter denen sich wiederum der Bürgermeister befindet. Die Alte zieht sich zurück. Dann fängt der Bürgermeister an, mir zu erklären, dass er der Bürgermeister dieser Ortschaft sei, in welcher es keine Polizeistation gäbe. Da es aber keine Polizeistation gäbe, habe er Polizeigewalt, und er befehle mir, dass ich ihm meinen Pass vorzeige. Nun ist die Überraschung wieder auf meiner Seite. Denn zuvor ist mir dieser Mann mit ausgesuchter Freundlichkeit gegenübergetreten.

Da ich aber keine Lust habe, ihm meinen Pass zu zeigen, frage ich ihm: „Hören Sie, Herr Bürgermeister, habe ich mich schlecht benommen, als ich in ihr Dorf kam? Habe ich mich unhöflich aufgeführt, habe ich mich verdächtig gemacht, habe ich jemandem Unrecht getan?"

„Nein", erwidert er.

„Aber warum wollen Sie dann meinen Pass sehen?"

„Ich möchte gerne Ihren Pass", erwidert er gereizt und monoton.

„Sie bekommen meinen Pass nicht, wenn Sie mir nicht den Grund angeben, warum Sie den Pass wollen."

Er wird energisch und betont: „Ich bin der Bürgermeister dieser Ortschaft. Als Bürgermeister dieser Ortschaft habe ich ein Recht, Pässe zu verlangen, weil es hier keine Polizeistation gibt. Darum will ich Ihren Pass anschauen." Er ist hartnäckig und besteht auf seiner Forderung.

„Nein, Sie haben kein Recht, einen Pass zu fordern, wenn Sie keinen Grund dafür haben. Darum bekommen Sie meinen Pass nicht zu sehen."

Es kommen immer mehr Leute hinzu, und wir streiten herrlich miteinander. Schließlich siegt in mir die Vernunft, dem Gerangel ein Ende zu machen. Ich habe nichts zu verbergen. Darum ergreife ich meinen Rucksack und hole den Pass und die spanische Aufenthaltsbewilligung hervor und gebe sie ihm. Den Zugehörigkeitsausweis zu einer religiösen Gemeinschaft werfe ich ihm im Bogen dann noch zu. Denn die Szene macht mich wütend.

Er nimmt die Papiere liest einen Augenblick, wird verwirrt und schweigt sehr lange. Betreten gibt er mir die Papiere zurück, murmelt und sagt unsicher: „Verzeihen Sie, ich habe nicht gewusst – ich hätte Sie nicht gebeten, aber man weiß ja nie, bitte, nehmen Sie es uns, bitte, bitte, nicht übel."

Der Mann tut mir leid, aber innerlich muss ich lachen. Ich sage ihm: „Es ist schon recht", und nehme die Ausweise wieder an mich.

In der Zwischenzeit haben sich die Leute gegenseitig verständigt, wer ich sei. Da kommt die alte Frau, ebenso überrascht wie peinlich berührt, hereingestürzt und bittet für ihr dummes Unterfangen, mir ihre Tochter aufzuschwatzen, um Verzeihung.

„Ich bin ein altes Weib. Ich weiß nicht, was ich rede. Verzeihen Sie mir!"

Ich versuche, sie zu trösten, doch sie braucht eine ganze Weile, bis sie wieder ruhig atmen kann. Nach und nach verlaufen sich die Leute. Endlich sitze ich allein im Schuppen und kann in Ruhe meine Schokolade und den Käse essen sowie dazu die Limonade trinken.

Nach einer guten Stunde mache ich mich wieder auf den Weg. Unten beim Ausgang des Dorfes, bevor die Straße zu einer leichten Anhöhe emporsteigt, sind drei Männer und etwa fünfzehn Frauen dabei, die Straße zu teeren. Sie verrichten die Arbeit nach den ältesten Methoden, die ich von früher Kindheit kenne. Als ich auch die Alte erblicke und vermute, dass auch ihre Tochter zugegen ist, berührt es einen Augenblick lang tief mein Herz. Ich bin betroffen; denn es ist das einzige Mal, dass ich in Spanien beim Straßenbau Frauen angetroffen habe. Es ergreift mich Mitleid. Wie groß muss die Sehnsucht sein, aus einem solch schweren Leben auszusteigen und Heil von einem guten Geschick zu erwarten. – Die Wirklichkeit ist härter. Ich kann nicht helfen. Aber ich gebe allen einen freundlichen Gruß, der auch sofort mit winkenden Händen erwidert wird. Dann trennen sich unsere Wege. Was hinter mir liegt, wird vergessen, und vor mir öffnet sich dann ein neuer Gesichtskreis.

Doch der Tag ist noch lang. Ein Stück weit hat mich auf der ungeteerten Straße ein Lastwagen mitgenommen. Aber dann kommt kein Fahrzeug mehr. Die Straße wird kaum befahren. So bleiben der Weg, die Sonne, das Licht und ein paar Häuser am Wegrand meine Gefährten. Als ich die Siedlung erreiche, ist es sechs Uhr abends. Ich hätte dort gerne übernachtet. Doch niemand nimmt mich auf. Daher frage ich, ob das nächste Dorf eine Kirche besitze, weil ich dann beim Pfarrer fragen kann. Man antwortet mir, ja, es gäbe ein Gotteshaus. So bin ich zuversichtlich und mache mich auf den Weg.

Nach weiteren sechs Kilometern erreiche ich diese Ortschaft. Es existiert zwar eine Kirche, aber sie ist verwaist und hat keinen Pfarrer. Darum nimmt mich wieder niemand auf und es bleibt mir nichts anderes übrig, als mich noch einmal sechs Kilometer bis zur nächsten Ortschaft weiterzuschleppen.

Und wie stehst du zur Frau?

■ „Du bist müde.", spricht mich mein Begleiter an. Sein Angesicht strahlt wie immer jene Ermunterung aus, die mich aufrichtet.

„Wie sollte ich nicht? Mir schmerzen die Füße."

Ganz unvermittelt fragt er: „Und wie stehst du zur Frau?"

Ich schaue ihn an, um zu verstehen, was er von mir will. Aber sein Gesicht ist heiter und lässt sich nicht erforschen. Da sage ich:

„Wir sind ein Fleisch und ein Blut."

„Aber du bist nicht verheiratet und hast keine Kinder."

„Ja", sage ich, „aber meine Mutter hat mich empfangen. Sie hat mich neun Monate getragen, mich geboren und mich an ihrer Brust genährt."

„Und warum heiratest du nicht?"

„Um für das Himmelreich Zeugnis zu geben, wie es Jesus sagt. Darum hab ich auf eine Gefährtin verzichtet."

„Entspricht der Verzicht Eurer Natur?" fragt er weiter.

„Nein", antworte ich, „denn folgte ich der Natur, wäre ich verheiratet. Ich füge hinzu: „Wer um des Himmelreiches willen lebt, lebt im Reich Gottes, das nicht nur auf dieser Erde, sondern auch im Himmel Wirklichkeit ist."

Er sagt: „Du verzichtest also um des höheren Gutes willen?"

„Das Reich Gottes ist höher als Fleisch und Blut. – Und weil man das Himmelreich auch verlieren kann, darum will ich Zeugnis geben."

„Warum scheitern so viele im Zölibat?"

„Weil sie sich den Versuchungen aussetzen und untreu werden. Man kann nicht zugleich wie ein Weltmensch leben und auch noch als Anhängsel Zeuge für das Himmelreich sein. Wo der Glaube schmilzt, erlischt im Herzen das Himmelreich. Dann beginnt die Flucht vor Gott und auch die Gottvergessenheit. – Jesus sagt: »Wenn das Salz schal wird, taugt es zu nichts mehr. Man wirft es weg, und es wird von den Menschen zertreten.« " (Mt 5, 13)

„Dann opfern die Priester, die im Zölibat leben, ein Stück ihrer Natur?"

„Ja! Aber du weißt doch, was seit dem dunklen Tag im Garten des Paradieses geschehen ist, als die Stammeltern von der Frucht des verbotenen Baumes aßen und die gesamte Ordnung der Natur auf den Kopf stellten.

„Und? Was will das besagen?"

„Seitdem herrscht die Sünde in Tränen, Blut und Tod – und von allem am schlimmsten ist die *bittere Gottvergessenheit*."

„Treiben sie es so schlimm?"

„Schlimmer treiben sie es, als ich es auszusprechen vermag. Sie missbrauchen nicht nur ihre Natur und schänden sich in ihren Leibern, sondern einige erheben ihre Macht und Intelligenz direkt gegen den Herrn, widersprechen den Geboten und bauen ihre eigenen Reiche auf, weil sie es nicht ertragen können, nicht selbst Gott zu sein. Die größten unter diesen Rebellen wie Voltaire und Nietzsche, Marx und Lenin, Hitler und Stalin (um einige zu nennen) haben im Strom der Gezeiten den gigantischen Kampf gegen Gott, den Höchsten, gekämpft, um in ihrer letzten Stunde wie alle erstarrt und leblos dazuliegen. Ihr Tod war das Ende ihrer Ideen. Ihr Andenken ist besudelt, oder man lacht über sie. Je weiter wir uns von ihrem Sterben entfernen, um so unmenschlicher oder absurder erweisen sich ihre Ideen."

„Ist die Gottvergessenheit das größte Übel?"

„Ja! – Sie verwerfen den Ursprung ihres Daseins und ihrer Existenz!"

„Deine Ehelosigkeit soll Gott wieder zurückrufen in ihr Bewusstsein?"

„Ja! – Jesus Christus sagt: »Was nützt es dem Menschen, wenn er die ganze Welt gewinnt, aber an seiner Seele Schaden leidet«. (Gen 12, 26) – Doch das nimmt keiner ernst. Wer solches auszusprechen wagt, gilt als ein Übergeschnappter. Aber es macht Eindruck, wenn ein Zeugnis mit dem Opfer verbunden ist."

„Ist der Zölibat also ein Opfer?"

„Wie sollte es nicht! – Doch nur so erfahren die Menschen wieder, dass es noch etwas Höheres gibt als Fleisch und Blut, nämlich das Himmelreich."

Ein Hilfsbürgermeister und ein Hauch von Archaischem

Die Sonne geht unter, als ich noch unterwegs bin. Alles in mir brennt wie ein verglühender Stein, der mit wachsender Nacht zu kühlen beginnt.

Endlich erreiche ich die Ortschaft und wanke durch einige Gassen, um das Pfarrhaus zu finden. Die Leute zeigen es, aber der Pfarrer ist abwesend. Was soll ich nun tun? Ich kehre zurück zu einem größeren Platz, wo mehrere Männer versammelt sind und frage, ob ich hier ein Nachtlager finden könne.

Die Leute schweigen. Sie sagen, es gäbe keine Herberge. Man spürt, sie sind misstrauisch, weil ich erst mit einbrechender Dunkelheit angekommen bin. Ich habe mich auf einen Stein gesetzt und überlege, was ich tun solle.

Während ich dort sitze, berührt mich jemand an der Schulter. Mir gegenüber steht ein Mann mit sehr schmutzigem Arbeitsgewand. Er ist, wie es dort bei Männern am Werktag üblich ist, völlig unrasiert. Der Mann sagt:

„Sind Sie schon lange unterwegs?"

„Viel zu lange, nämlich den ganzen Tag. Aber sagen Sie, haben Sie in Ihrem Dorf eine Übernachtungsmöglichkeit?"

„Es muss eine geben; denn ich bin der Hilfsbürgermeister."

„Dann habe ich also noch Hoffnung."

Er spricht: „Der Bürgermeister ist nicht hier und so habe ich als sein Stellvertreter die Pflicht, für Sie ein Nachtlager zu besorgen."

Nach wenigen Worten bekomme ich den Eindruck, dass die Bauern dieses Dorfes sich eine sehr schwache Gestalt als Stellvertreter gewählt haben: einen

114

Dummen, der alles tut, was man ihm aufträgt. Man hat ihm die Pflichten aufgebürdet, will ihm aber weder die Ehre geben noch ihm Gehorsam leisten. Schließlich bittet mich der Mann, zu seinem Elternhaus mitzugehen.

Er lebt mit seinen Eltern in einem alten und verfallenden Haus. Wir treten dort ein, und er bietet mir einen Stuhl an und erklärt mir:

„Setzen Sie sich, meine Mutter bringt Ihnen etwas zum Essen und zum Trinken. In der Zwischenzeit gehe ich noch einmal durchs Dorf, um die Frage des Nachtlagers abzuklären."

Als ich dann auf dem Stuhl sitze und mein Rucksack nebenan auf dem Boden steht, ist es mir, als ob in diesem Haus die Zeit um Jahrhunderte stille steht. Ein Hauch von Archaischem weht dort, etwas vom Uralten, das nur noch in der Tiefe unseres Blutes rauscht und dann und wann in nächtlichen Träumen emporsteigt. Mit steinerner Ruhe sitzen die alten Leute unbeweglich auf einer Bank. Ihre Gesichter stechen in den Raum, wie wenn ein Holzschnitzer sie geschnitzt habe. Möbel sieht man keine. Vorne brennt ein offenes Kaminfeuer. Das Holz knistert, und helle Funken springen aus dem Feuer empor. Sonst aber ist die Küche völlig eingerußt und daher sehr dunkel. Das Gebälk glänzt in fettigem Schwarz. Ich sitze schweigend da und weiß nicht, was ich denken soll.

Auch die beiden Alten bleiben stumm. Wir sitzen zusammen, als ob wir uns aus großen Fernen kommend getroffen hätten. Wer in dieser archaischen Höhle wohnt, der weiß nichts von Raketen, der kennt keine Computer, der hat nie etwas gehört von schnellen Flugzeugen, die Kontinente innerhalb von Stunden miteinander verbinden können. Wenn schon, dann sind das allerhöchstens Ideen einer Zukunftsvision. – Doch dann steht die Uralte auf und bringt mir aus dem Vorrat Milch und Brot. Das ist dann auch alles, was sie mir anbieten kann.

Während ich mir diese Szenerie anschaue, wird es mir völlig klar, dass ich in diesem Hause nicht übernachten kann, weil die Besitzer nicht dafür eingerichtet sind. Inzwischen kommt der Hilfsbürgermeister wieder zurück. Er ist niedergeschlagen und traurig, weil er nichts gefunden hat.

„Machen Sie sich keine Sorgen, ich bin zwar müde, aber ich habe im Rucksack genügend Ausrüstung dabei, um im Freien schlafen zu können."

„Das kommt nicht in Frage", antwortet er.

Und er besteht darauf, ein Nachtlager zu finden. Mir ist es leid, aber um seiner Gastfreundschaft willen muss ich das Spiel mitspielen.

Im Dorf gibt es eine Wirtschaft. Ich frage den Wirt:

„Haben Sie kein Bett für mich frei?"

„Nein!"

Er lügt. Es gibt in diesem Ort einen Verkaufsladen, und die Besitzerin, eine sehr lebendige Frau, kümmert sich um meine Sache. Sie redet mich an:

„Mein Herr, in meinem Haus habe ich leider keinen Raum für Sie, denn alle Räume sind von der Familie belegt. Da Sie aber sonst im Dorf keine Übernachtungsmöglichkeit finden, nehme ich meinem Sohn die Matratze weg. Ein paar Meter nebenan ist der große Schafstall der Gemeinde. Er steht leer, weil im Sommer die Schafe draußen sind. Dort können Sie übernachten."

Sie bringt mir die Matratze und stellt mir eine Decke zur Verfügung: „Mein Sohn kann auch einmal eine Nacht auf Brettern schlafen."

Ich antworte: „Das darf nicht sein. Sie können dem jungen Mann seine Matratze nicht wegnehmen."

Aber es ist nichts zu machen. Der Schlüssel zum Schafstall wird aufgetrieben. Im Raum gibt es eine erhöhte Stelle, die von Brettern überdeckt ist. Darauf legt die Frau die Matratze. Dann erhalte ich die Decke und den Schlüssel, um ihn von innen her abzuschließen. Das alles geht überraschend schnell vor sich. Ich höre noch, wie man mir gute Nacht wünscht und schon befinde ich mich im großen Raum allein. – Es ist alles so seltsam märchenhaft, dass ich nicht weiß, was ich denken sollte. Es ist ein Schafsstall wie an Weihnachten. Aber ich denke nicht mehr daran; denn ich bin müde. Darum scheint alles gut zu sein, auch ein Schafstall. Rasch schlafe ich ein.

Lebt der Mensch vom Tagesgeschwätz?

Irgend etwas berührt meinen Schlaf. Ich höre Stimmen. Dann werde ich hellwach und erinnere mich, dass ich in einem Schafstall liege. Draußen ist die Sonne aufgegangen, und ich vernehme drei Männer, Bauern. Schweren Schrittes kommen sie auf den Stall zu, weil der Weg dort vorüber läuft. Ich lausche. Sie erzählen, was sich gestern ereignet hat, als mir der Bürgermeister den Pass abverlangte. Solche Neuigkeiten gehen wie ein Feuerbrand durch diese einsamen Dörfer. Aber ebenso schnell ist das Ereignis vergessen und es tauchen neue und unerwartete Varianten auf. Dazu derbe Sprüche und urwüchsige Witze. Sie wissen nicht, dass ich zuhöre und reden frei heraus.

Während ich ihren Worten nach lausche und in meinem Innern verklingen lasse, stellt sich mir eine unerwartete Frage:

Wovon leben wir Menschen überhaupt?

Gewiss von Brot und anderer Nahrung. Gewiss von der Liebe der Eltern und der Gatten. – Aber auch vom Tagesgeschwätz. Sind es nicht oft nichtige Tagesereignisse, die ins Uferlose aufgebläht werden, um Gedanken, Herz und Hirn in Beschlag zu nehmen? Sind es nicht jene Sensationsmeldungen, mit denen wir uns an jeder Straßenecke unterhalten?

Und wie schnell ist man zur Sensation geworden wie ich im Schafstall oder beim Heiratsantrag. Und davon scheint der Mensch zu leben wie vom täglichen Brot. – Was haben die Leute davon, wenn sie über mich sprechen? Können sie meine Intelligenz beurteilen oder meine Dummheit? Letztlich bleibt es ein Gerede, was sie sich zuflüstern. Und ich selbst? Kann ich stolz oder muss ich traurig sein? – Stunden später werde ich alles vergessen haben. Was bin ich in diesem Gerede? Zeugnis oder Ärgernis? Oder beides?

Es sind Fragen, die mich in einem Stall am Rande der Welt beschäftigen und in mir ihr Netzwerk weben. Ist denn nicht die große Welt, diese sensible und verwöhnte, einem Strom von Nichtigkeiten unterworfen, und das alle Tage tonnenweise in Zeitungen und Magazinen?

Sehr viele Tagesneuigkeiten sind Torheiten. Der Mensch von heute umgibt sich mit plärrendem Schwall und zerspritzenden Bildern des Fernsehens, die vorüberjagen, um nach und nach auszuhöhlen und zu verrohen.

Wird nicht das Heilige und der Mord zur selben Stunde in unsere Seele eingeschleust? Zeigt nicht der Kriminalfilm, wie unter Grausamkeit Menschen getötet werden, und danach kommt das Wort zum Sonntag? Jagen wir nicht von einer Neuigkeit zur anderen und bekommen nie genug – konsumieren eine Überfülle von Informationen und werden zur Strecke gebracht? Jäger und Gejagte zu gleicher Zeit?

Taub geworden, vermögen wir nicht mehr jene abgrundtiefen Geheimnisse zu erahnen, in die hinein unser Leben verwoben ist. Denn jenes pausenlose und unpersönliche Ansprechen unserer Seele formt diese zu einer eintönigen Landschaft um. Sie kennt keine Höhen und Tiefen mehr, weil das Heilige und die letzte Scheußlichkeit im gleichen Zelt wohnen. Unsere Ohren lauschen vielen Songs. Unser Auge wird von Bildern festgebannt. Mit der Zeit sind wir überfressen und spüren es nicht. Wir krepieren daran langsam aber sicher, wie jener dicke Mann, der schon längst akute Herzverfettung hat, aber noch immer weiter frisst. In jeder Bauernstube, in jedem Pfarrhaus, in jeder Familie, in jeder Gastwirtschaft und in jedem Hotel findet man den Flimmerkasten wieder, das Hausaltärchen, wie fromme Seelen spotten – vor dem alle knien, aber keiner betet.

Die ersten Begegnungen mit dem Fernsehkasten kommen mir in den Sinn. Ein alter Lehrer kauft sich einen Apparat. Dann sitzt der alte Mann Abend für Abend drei bis vier Stunden und mehr vor dem Kasten und schaut und schaut. Meine Mitbrüder und ich sind damals junge Theologen in diesem Haus. Der Obere hat verboten, in diese Familie zu gehen. Doch Abend für Abend verschwindet eine Reihe meiner Mitbrüder und schaut und schaut. Innerhalb unseres Ausbildungsganges sind wir in einem Konvent untergebracht. Das Spiel wiederholt sich. Meine jungen Mitbrüder und die Konventualen sitzen Abend für Abend vor dem Kasten und konsumieren, was immer geboten wird. Sie sagen, man müsse „en jour" sein.

Aber rächt sich das nicht? Was für Fundamente legt eine solche Bilderflut in unsere Herzen hinein? Oft schaue auch ich und hernach bleibt mir ein leeres und ausgebranntes Herz – Nichtigkeiten, die meist nur Phantome sind. Oft bin ich dem Gebet davongelaufen und versuchte meinen Kummer im Rausch der Bilderwand hinwegzuspülen, was mir nie gelang.

Genauso ist es beim Schwiegervater meiner Schwester. Er sitzt jahrelang vor dem Kasten, Abend für Abend, bis ihn auf offener Straße ein Herzschlag zu Boden streckt. Vor zehn Minuten hatte er noch konsumiert, dann riss sein Lebensfaden. Was für ein Erschrecken, wenn diese eingeebnete Leere eines Menschenherzens in den letzten Stunden des Lebens wie ein tausendfältiges wirres Gewürm auf eine Seele zukriecht. Bleibt ihm dann noch ein Spalt für den Durchbruch zum *EWIGEN GOTT*? – Was wird er antworten, wenn er über sein Leben befragt wird?

Die Jungfrau Maria, um deretwillen ich auf diesem Pilgerweg gehe, hat zur Rettung der Welt die Menschen gebeten, Gebete und Opfer vor das Angesicht Gottes zu tragen. Die Rettung der eigenen Seele und die der Brüder und Schwestern muss unser großes Anliegen werden. Doch wir Heutigen fliehen vor Gott in die Banalitäten des Alltags. Wir suchen das süße Gift einer psychischen Betrunkenheit, das die vorübereilenden Bilder in uns auslösen.

Da sind Hass und Tote und Gemordete, der Hunger schaut uns in unverständigen Augen an. Aber wir beten nicht und leisten keine Abbitte. – Als Almosen geben wir meist nur einen kleinen Teil unseres Überflusses.

O oberflächliche Welt! O Tanz auf den äußersten Sphären einer trunkenen Menschheit, die ihr Heil dort sucht, wo es nicht zu finden ist! O Anbetung der *'Nichtse',* (1 Sam 12, 21) wie die Schrift die Götzen bezeichnet, vor denen Menschen Knie und Herz beugen!

Wo soll das enden? Dies ist die besorgteste Frage. – Denn die Jagd nach Neuigkeiten und den Sensationen raubt uns unsere Zeit. Dann überhören wir die Anrufe Gottes. Wir erfüllen Gottes Gebote nicht und bringen keine Frucht auf unserem Weg zur Ewigkeit. Die Gottesmutter bittet, Gottes Willen auszuhalten und durchzustehen. Sie bittet um unser Gebet, um die gefalteten Hände. Sie bittet um Opfer für Brüder und Schwestern. – Und wir? Erfüllen wir diese Bitte, damit nicht so viele in die Hölle kommen? Oder sind wir gefesselt vom Geschrei einer vorübereilenden Zeit?

■ Blitzartig trifft mich ein Wort meines Begleiters: „Bist die dir bewusst, dass das Tagesgeschwätz zur anmaßenden Bestie geworden ist, die mit sieben großen Mäulern und hundert züngelnden Zungen unsere Generationen in die Lüge treibt? Ihr Geschwätz wälzt sich daher wie Jauche und ein schlammiger Morast, in dem Totengebeine mitgerissen werden!"

Ich blicke zu ihm auf und frage erstaunt: „Wen meinst du mit einer solchen grotesken und bildhaften Aussage, die sich wie ein Kahlschlag anhört?– Wer ist betroffen?"

Er wendet sich mir zu und sagt ernst, entschieden und bestimmt: „Ich spreche in den Bildern der Geheimen Offenbarung."

Wieder frage ich: „Was steht dort?"

„Dort wird gesagt, dass der Drache (Vergl. Offb Kapitel 12) das Tier (Vergl. Offb Kapitel 13) ermächtigt, mit seinem Maul anmaßende Worte und Lästerungen auszusprechen, – und dass das Tier sein Maul öffnet, um Gott und seinen Namen zu lästern, seine Wohnung und alle, die im Himmel wohnen." (Vergl. Offb 13, 5-6)

Betroffen frage ich:„Was bedeutet eine solche Wort?"

„Es bedeutet", erwidert er, „dass ihr in eine Zeit kommt, in welcher der Name Gottes und das Heilige ausgegrenzt oder aber gelästert werden. In manchen Parlamenten ist das Aussprechen des Namen Gottes ein übler Mundgeruch."

Als er das gesagt hat, überlege ich, dass in unserer Epoche der Glaubensabfall schon große Lücken geschlagen hat. Ganze Regionen rücken vom Glauben ab. Straßen und Plätze sind übersät mit weltlichen und unsittlichen

Werbungen. Aus der Öffentlichkeit wird Jesus Christus verdrängt. Fernsehen und Radio lästern Gott und die Kirche. Magazine und Tageszeitungen grenzen immer mehr die Botschaft Jesu Christi aus. Sie zerstören sie geradezu. Darum sage ich zu meinem Begleiter: „Du hast recht, aber alles wird so raffiniert und feinmaschig eingefädelt, dass die moderne Gesellschaft es nicht merkt. Man führt sie am Gängelband."

Ungebrochen hart sagt er: „Wenn Gott so gelästert wird, und eine Generation das nicht mehr merkt, ist Herz und Geist dieser Generation schon tief gefallen. Sie beten goldene Kälber an!"

„Ja!", gebe ich zur Antwort, „Viele goldenen Kälber: Spaß und Lust, Erotik, Sex und Verhütung, Abtreibung, Tod und Euthanasie, Atheismus und Esoterik, Ideologien und kirchenfeindliche Bücher, und so weiter."

„Götzendienst ruft den glühenden Zorn Gottes heraus!"

„Darfst Du das so sagen?", frage ich. Dann füge ich hinzu: „Wer kann dann noch gerettet werden? Sind wir eine »verdorbene Generation«, (Apg 2, 40) ein verlorenes Geschlecht?"

Er erwidert: „Du gehst nach Fatima und kennst doch die Botschaft von Fatima, in der es heißt, dass die Menschen doch endlich aufhören sollen, den Herrn zu beleidigen, der schon zu tiefst beleidigt wurde. Sie sollen aufhören zu sündigen! – Schon steht das Gericht vor der Türe."

„Können wir nicht auf die Barmherzigkeit Gottes hoffen?"

„Ja, wenn ihr bereit seid, umzukehren und Buße zu tun. – Aber wenn ihr weiterhin sündigt, galoppieren die apokalyptischen Reiter daher und in ihrem Gefolge der Tod und das Totenreich, dem keiner entgehen kann. (vergl. Offb 6, 1-8) – Die Aussage hat mich tief getroffen.

Rosenkranzbetrachtung
"Den du, o Jungfrau, im Tempel aufgeopfert hast."

Als sie sich Jerusalem nähern, zittert das erwachende Licht der Frühe in den Morgen hinein. Die Stadt liegt auf einer Anhöhe. Mächtige Türme und der Ringwall der Mauern grüßen die Pilger. Das Befestigungswerk beeindruckt. Es ist verteidigungsstark und vermag starken Angreifern zu trotzen. Als die kleine Gruppe das Südtor durchquert hat, eilt sie voll Verlangen zum Heiligtum. Sie gehen durch die Straßen der heiligen Stadt Jerusalem. Diese Stadt besitzt als einzige das Haus Gottes, den Tempel des Allerhöchsten.

Hier hat der Herr sein Zelt unter den Menschen und wohnt zwischen ihnen. Unzählige Lieder besingen diesen Berg Sion und die Stämme Israels ziehen Jahr für Jahr zu ihm an den heiligen Festtagen hinauf: am Versöhnungstag, an Ostern, an Pfingsten, am Laubhüttenfest. Der Berg Sion birgt eine der herrlichsten Tempelanlagen dieser Welt, die Herodes der Große erbaut hat. Das Herz des jüdischen Volkes hat sich dorthin verpfändet. Dort beten sie den einzig wahren Gott an.

Eine junge Mutter trägt ihr Neugeborenes, einen Knaben, die Tempeltreppe empor. Ihr Mann geht ihr zur Seite. Er hat einen kleinen Käfig in Händen mit zwei jungen Tauben für das Opfer. Sie bringen den Knaben, den Erstgeborenen dieser Frau, um ihn im Tempel vor dem Herrn darzustellen. So lautet das Gesetz des Mose: „Jedes Männliche, das den Mutterleib öffnet, soll dem Herrn heilig heißen." (Ex 2,12)

Es ist ein eigenartiger Morgen, ein Morgen voller Jubel mit dem Gesang unbeschreiblicher Lieder, die in den Herzen klingen. Die Frau, das Kind und der Mann durchschreiten die Tempelpforten. Uralte Tore knarren in ihren Angeln und öffnen sich. Der Herr selbst kommt in sein Eigentum. Der Sohn Gottes, der Fleisch angenommen hat, eilt herbei, um seines Vaters Willen zu tun. Das Gesetz des Allerhöchsten ruht wie ein Siegel über seinem Leib. Denn die Erfüllung des Willens seines Vaters, des Urgrunds allen Lebens, bedeutet von Anfang an brennender Strom der Liebe, in wahrer Demut abgrundtiefe Anerkennung, unumschränkte Bejahung, die ohne Bedingung sich vor der Hoheit verneigt.

In Schlacht- und Speiseopfer kann der Mensch betrügen und unter Vorwänden und Täuschungen die Erfüllung verweigern. Wo aber ein völliges Ja die Tiefe des menschlichen Herzens bestimmt, da tritt der Mensch in die Kammer der Erfüllung, da treten alle Wesen und Dinge in ihre Grundordnungen zurück, da liegt Gottes Wohlgefallen als köstlichster Segen über uns. Von diesem Kindlein aber, das die junge Mutter in ihren Armen trägt, sprechen die Propheten und künden die Psalmen: "Schlacht- und Speiseopfer forderst du nicht an. Da sprach ich: 'Siehe Herr, ich komme, wie in der Buchrolle von mir geschrieben steht. Deinen Willen zu tun, o Gott, ist meine Freude! Deine Weisungen trage ich inmitten meines Innern."

Während die Tauben geopfert und das Kindlein dem Herrn dargestellt wird und während die Mutter für ihre Reinigung das Opfer darbringt, da tritt ein alter Mann namens Simeon, den das Volk den Gerechten nannte, an die Gruppe der Opfernden heran. Auch kommt Hanna, die Uralte, die von den Leuten scheu die Prophetin geheißen wird. Niemand hat die beiden gerufen. Aber der Geist Gottes treibt sie in ihrem Herzen an. Hohe Erwartung liegt in ihren Angesichtern geschrieben. – Nun stehen sie da. Sie sehen das Kindlein und seine Mutter. Um sie alle her erhebt sich die mächtige Tempelanlage: die Höfe und ihre Säulenhallen.

Drüben liegt der Hof der Männer mit dem großen Brandopferaltar. Danach der Hof der Priester mit dem Allerheiligsten. In der Frühzeit, als der Tempel des Salomon noch nicht zerstört war, stand in seiner Mitte, im Allerheiligsten, die Bundeslade mit den Kerubim und den Gesetzestafeln, aber diese Symbole waren in Kämpfen und Plünderungen längstens abhanden gekommen. Im Tempel des Herodes war das Allerheiligste leer.

Jesus wird durch die Tore in den Tempel getragen. Da brennen die alten Mauern im Feuer auf wie in den frühen, den ersten Tagen, als Jahwe, der Herr, unter Rauch und Feuer von seinem Heiligtum Besitz ergriffen hat. Dieser Knabe ist der Messias, der Gesandte Gottes, den die Propheten verheißen haben: der Sohn Gottes. Er ist der Herr dieses Gotteshauses, die Mitte, der König von Israel. Simeon und Hanna, die gekommen sind, sprechen öffentlich davon zu den Leuten. Aber Jesus ist im Verborgenen gekommen, er ist in sein Eigentum eingetreten unter dem Zeichen eines hilflosen Kindes. – Mitten in diesen Morgen hinein erglüht eine brennende Frage: werden Jerusalem und das Volk Israel am Tage, da dieser Jesus sich offenbart, ihn als Messias annehmen? Oder werden sie sich verweigern? Wie oft tat Israel im Laufe seiner Geschichte letzteres, da die Propheten es halsstarrig nannten oder ein Volk mit unbeugsamem Nacken, oder mit einem Herzen von Stein oder mit unbeschnittenem Innern!

Der Knabe wird dem Herrn dargestellt: der Sohn dem Vater. Der Vater liebt den Sohn und der Sohn liebt den Vater. Der Sohn wird in der Urgewalt der Liebe alles ergreifen und erfüllen, was der Vater aufträgt. Der Vater wird in göttlichem Wohlgefallen dem Sohn einen Namen schenken, der über allen Namen steht. – Das ist dieselbe Forderung und Verheißung, die an Abraham, Mose, an das ganze Volk Israel ergangen ist. Wird Israel den Willen Gottes in Jesus annehmen? Oder haben die Bewohner von Jerusalem längstens andere Leitbilder, die vor Gott nicht bestehen können?

Da spricht der greise Simeon ein aufblitzendes Wort. Die Mutter hat ihm das Kindlein in die Arme gegeben. Ein übergroßes Glück liegt über dem Gesicht dieses Mannes. Seine Augen schauen, erleuchtet durch die Kraft des Geistes Gottes, hinein in die Zeiten und er spricht:

„Dieser wird zum Heil in Israel, an dem sich viele aufrichten. Andere werden zu Fall kommen und niedergeschleudert. Er wird zu einem Zeichen, das heftigen Widerspruch erfährt." (Lk 2, 34) Dann wendet sich der Greis der Mutter zu und sagt mit zitternder Stimme: „Auch deine Seele wird ein Schwert durchdringen, auf dass die Gedanken von vielen Herzen offenbar werden." (Lk 2, 35)

Von Anfang an ist dieses Kind ein „Zeichen des Widerspruchs"! Es muss darum seine Jünger, die in der Nachfolge Jesu stehen, nicht im Geringsten wundern, dass dieser Widerspruch bis zur Stunde anhält. Ja, in unserer konkreten geschichtlichen Stunde scheint der Widerspruch zwischen dieser Generation und dem Gesalbten Gottes bis zum hellen Wahnsinn emporzulodern. In Europa bereitet sich ein Abfall von Christus vor. Die Türme von Babylon steigen trotzig in den Himmel, um den GEWALTIGEN herauszufordern. Christus aber trägt den Willen seines Vaters wie ein heiliges Siegel in seinem Herzen. Er wird diesen Willen ohne jeden Abstrich den Einzelnen und den Machthabern dieser Welt aufzeigen, auch wenn er alle diejenigen zum Widerstand herausfordert, welche die Gebote Gottes zertreten haben und ihre eigenen Gesetze verkünden.

Wir leben jetzt unter dem Papst Paul VI. und schreiben das Jahr 1968. Unsere atheistischen Staaten im Osten – auch in ihren Parlamenten – haben Gott den Gehorsam aus ihrer Doktrin heraus aufgekündigt. Die westliche Welt und ihre Bewohner tut das nicht, aber sie sind in ihrem Götzendienst von Wohlstand und Genuss so abhängig geworden, dass jedermann hinter der Zeit nachhinkt, der nicht frisst, säuft, buhlt und es sich wohl sein lässt. – Mahner in diesem Chaos, wie Papst Paul VI., der mit flehendem Rufen und unter großer Wachsamkeit die Völker beschwört, doch der Raserei Einhalt zu gebieten, werden überhört oder mit den übelsten Mitteln einer maßlosen Verleumdung an den Pranger gestellt. Unschuldige werden im Namen der Gerechtigkeit und des Gesetzes schuldig gesprochen. Welcher Hohn! Schuldige werden im Namen einer größeren Humanität als Helden verehrt. Welche Ironie!

Der Tempel zu Jerusalem, in dem Jesus dargestellt wird, steht auf einem der Berge der Stadt und ist eine äußere Wirklichkeit. Der wahre Tempel Gottes jedoch ist des Menschen Leib und das Allerheiligste ist sein Herz. (Vergl. 1 Kor 6, 19) Dorthin will Gott kommen. Er tritt ein, wann immer der Mensch die Tore seines Herzens öffnet. (Vergl. Offb 3, 20) – Nun gilt: Solange Gott in unseren Herzen wohnt, haben auch die äußeren Wirklichkeiten unserer Basiliken, Dome, Kathedralen und Gotteshäuser Sinn und Fülle. Hat aber der Mensch den Bund, der ihm von Gott angeboten wurde, gebrochen und ist sein Inneres zu einer Stätte des Chaos und der Gräuel geworden, dann nützen die äußeren Gotteshäuser nichts mehr, mögen sie auch noch so grandios sein. Sie werden zu Museen. Eines Tages wird die der Sturm der Zeit hinwegfegen. Gott fordert jede Generation heraus und sendet seine Heiligen als Zeichen des Widerspruchs, – eines Widerspruchs, den man sich zu Herzen nimmt und sich daran bekehrt, oder eines Widerspruchs, der wütend für den anderen das Kreuz fordert.

Meint man nicht, dass der greise Simeon mit seiner Weissagung damals schon voraussieht, was sich Jahre später auf einem anderen Berg dort in der Stadt zutragen wird? Er schaut wie in einer Vision, dass sich eine Menge von Leuten zum Justizpalast des Pilatus hinaufwälzt. Sie brüllen: „Kreuzige ihn! Kreuzige ihn!" (Lk 23, 21) Der Richter übergibt diesen Gerechten dem Kreuzestod und bekennt zugleich: „Ich finde keine Schuld an ihm." (Lk 23, 4) Der Richter ist voll Widerspruch. Dann wird Jesus sein Kreuz auf einem anderen Berg Jerusalems tragen und dort hingerichtet. Eine Frau, durch deren Seele sich ein Schwert bohrt, steht in der Dunkelheit am Fuße des Kreuzes und vereint sich mit dem Hingerichteten. Er ist ihr Allerliebster. Beide erfüllen sie den Willen des Vaters, der wie ein heiliges Band ihre Herzen umschließt. Die Gedanken der Herzen aber, welche die Bewohner von Jerusalem durch ihre Tat offenkundig machen, werden sichtbar. Und so ist es in den Generationen der Menschen durch die Jahrhunderten geblieben.

Jedoch am jenem Tag, da Jesus im Tempel zu Jerusalem dargestellt wird, singt der greise Simeon das verklingende Abendlied seines Lebens. Wie oft hat er Ausschau gehalten in den je ankommenden Tag, ob nicht heute der Messias käme. Der Herr hat ihm die Erfüllung vorausgesagt und zugleich seine Geduld auf eine lange Probe gestellt. Doch nun, da er das Kindlein in den Armen hält, ist alles vergessen. Der Herr hat ihm die Erfüllung gegeben. „Nun lässt du, Herr, deinen Knecht, wie du gesagt hast, in Frieden scheiden. Denn meine Augen haben das Heil gesehen, das du vor allen Völkern bereitet hast, ein Licht, das die Heiden erleuchtet, und Herrlichkeit für dein Volk Israel." (Lk 2, 29-32)

Ein nie endendes Fluchen

Manchmal erfährt man in einer Art Schock seltsame Geschehnisse an Orten, an denen man es nicht erwartet. Diese erschüttern uns unvermutet, besonders dann, wenn wir in keiner Weise darauf vorbereitet sind.

Nachdem ich mich an diesem Vormittag gewaschen und angezogen habe, trete ich ins Freie. Da begegnete er mir. Er ist ein Mann in zerrissenen Kleidern und verschmutzt. Mir fällt besonders auf, dass er ständig vor sich hinmurmelt. Indem ich seinem ununterbrochenen Wortschwall meine Aufmerksamkeit zuwende, erscheint es, als ob er wiederkäue wie Kühe wiederkäuen. An sein Gesicht erinnere ich mich nicht mehr oder ich müsste es ins Gestaltlose weisen. Es ist nicht festzulegen. Seine Augen sind brennend und zugleich erloschen – wie in sich versunken.

Während ich auf seine Worte lausche, erkenne ich, dass er flucht. Doch er flucht nicht, um dem angestauten Ärger freie Bahn zu verschaffen, sondern er flucht so, als ob sein Fluchen keinen Anfang und kein Ende kenne, – als ob es einen ewigen Fluch und auch eine ewige Verdammnis gäbe. Das berührt mich, und ich stehe diesem Phänomen fassungslos gegenüber. Denn noch nie habe ich so etwas in meinem Leben gehört, ja nicht für möglich gehalten. Erst nach und nach dringt das Ungeheuerliche in mich ein.

„Wer ist der da?", frage ich.

„Er ist einer von den vielen dieses Dorfes."

„Wo übernachtet er?"

„Überall und nirgends, oft draußen unter freiem Himmel."

„Wo gehört er hin?"

„Ich weiß es nicht. Nirgends und überall."

„Was hat er für einen Beruf. Was tut er?"

„Keinen. – Er ist einfach da."

Der Mann kann dreißig oder fünfzig Jahre alt sein. Da erschreckt er mich darüber hinaus, dass seine Worte einem Ungebildeten dieser Gegend nicht bekannt sein können. Er spricht Worte aus den Texten der Heiligen Schrift, besonders aus der Geheimen Offenbarung des Johannes. Er kann diese Worte unmöglich gelernt haben, ich wüsste nicht wie.

Fluchen richtet sich immer gegen einen anderen. Manchmal aber meint man diesen nicht, weil der Fluch auch – wie gesagt – die Entladung einer Wut sein kann. – Nicht so bei diesem da. Bei ihm ist jedes Fluchwort darauf hin gerichtet, Gott zu beleidigen. Er tut das andauernd und in einem fort wie im immerwährenden Dahinplätschern.

„Die große Hure von Babylon" (Offb 17,5) steht neben anderen schmutzigen Unreinheiten, die aus der Tiefe emporgerissen werden. Der Name Jesu, die Sakramente, die Kirche werden gelästert. Ununterbrochen strömt der Wortschwall und richtet sich an den Adressaten. Die Lästerungen kommen wie ein schlammiger Bach aus schmutziger Quelle. Eine nie endende Unreinheit und Bosheit wohnt in diesem Herzen, aus dem solche Gehässigkeit kommt. Der Mann zeigt eine Wirklichkeit im Menschen, die unsere Zeitgenossen nicht wahr haben wollen und daher verleugnend abweisen.

Die Unreinheiten liegen im Innern des Menschen

Die Unreinheiten liegen im Innern des Menschen, wie schon Jesus uns lehrt: „Denn von innen, aus dem Herzen der Menschen, kommen die bösen Gedanken: Unzucht, Diebstahl, Mord, Ehebruch, Habsucht, Bosheit, Arglist, Ausschweifung, Neid, Lästerung, Hochmut, Unvernunft. Alles dieses Böse kommt von innen heraus und macht den Menschen unrein." (Mk 7, 21-23)

Jedoch innerhalb dieses Menschen scheint eine „personifizierte" Unreinheit Gewalt über ihn bekommen zu haben. Denn diese Art des Fluches und der Verfluchung ist teuflisch. Das erinnert an das Tier der Apokalypse, das „ganz mit gotteslästerlichen Namen bedeckt" (Offb 13,1) ist. Dieser Mann spricht solche apokalyptische Namen aus, er kaut sie vor sich hin, er murmelt sie vor sich her. – Wer ist er? Ist das eine der Arten von Besessenheit?

Die Einordnung der seelischen Grundkräfte

An manchen Tagen strömen dem Herzen eines Menschen eine Fülle von Gedanken zu, die aus seinem Inneren kommen. Oft sind es verschiedene Stränge von Gedankenabläufen, die da nebeneinander herlaufen, obwohl sie nichts miteinander zu tun haben. So auch an jenem Morgen. Ich bin noch beschäftigt mit den Gedanken des Vortages, der Straße und der Herbergssuche. Ebenso ziehen die Ereignisse des Morgens ihre Bahn: die Bauern und der fluchende Wilde. Auch beschäftigen mich Gedanken des Weiblichen, die das Herz in Beschlag zu nehmen versuchen.

In jeder menschlichen Seele liegen die Grundbilder des Weiblichen und des Männlichen als urdynamische Kräfte. Gemäß ihrer Rhythmen brechen sie wieder und wieder zur äußeren Schicht unseres Daseins durch, um den Menschen an Bestimmungen zu erinnern, die ihm von Gott auferlegt sind. Solche Bilder beschäftigen mich an jenem Morgen, und sie spiegeln sich wider in allen, die mich umgeben. Unser Menschsein verlangt, dass diese Kräfte einerseits ihre Dynamik entfalten und andererseits zugleich eine Steuerung erfahren, die uns durch die zehn Gebote Gottes auferlegt wird. Allein dieser Steuerungsprozess ermöglicht das Gleichgewicht unseres inneren Lebens und gehört zu jenen gewaltigen Anrufen und Forderungen, die Gott an uns stellt und die Jesus, der Meister, in der Bergpredigt verdeutlicht.

Die psychische Auseinandersetzung aber wird keinem erspart, und wir brauchen sie, um unser Menschsein zu erfahren und es in einem Prozess der Läuterung in die Reife hineinzuführen. Der Herr nimmt von keinem Menschen die Grundkräfte hinweg, die er als Mensch erfahren wird. Aber er verlangt, dass wir auch die Kräfte des Mannes und der Frau, die zeugenden Kräfte unserer Existenz, einordnen in die Ordnung des Ganzen unseres Menschseins. Denn aus der geforderten Ordnung heraus, die lebenstragend und lebenserhaltend in die kommende Generation hinein wirkt, leben wir. Wie ich schon gesagt habe, stehe ich in einer seelischen Auseinandersetzung mit den weiblichen Bildern meiner Seele.

Es ist dies kein Wille, etwas haben zu wollen, was mir nicht gehört. Auch suche ich nicht, mir zu verschaffen, was nicht mein ist. Es ist die Arbeit des Zurückdämmens und der Einordnung des Bildes der Frau innerhalb meiner Seele und meiner Psyche. Es gibt Träume der Nacht, die wie ein Spiel sich vor unseren Augen entrollen und in die wir mit unserem Willen nur wenig hineinsteuern können. Tagträume hingegen sind von anderer Schichtung.

Hier liegt das sich Aufdrängende und Lustsuchende neben dem Zensor, der in der Schau auf das Gesamt unserer Natur das Richtige auszuwählen hat. Er hat gemäß der rechten Ordnung unser Leben zu steuern. Der Stimme unseres Gewissens, das sich an den Geboten Gottes orientiert, müssen wir gehorchen, wenn wir nicht in die todbringende Sünde abgleiten wollen. Der Kampf ist zu kämpfen, die Läuterung durchzuführen.

Aber im Kampf fließen verschiedene Stränge unseres Innern gleichsam wie zu einem einzigen Strom zusammen. Dem immer wachsamen Geist bleibt die Aufgabe, die Strömung auf das Gebot Gottes hin zu kanalisieren und unheilvolle Überflutungen des Inneren zu vermeiden. Das heißt, dass die Fülle menschlicher Geschlechtlichkeit in ihrer dynamischen Kraft innerhalb der Ehe gottgewollt ist. Nicht die Dynamik ist die Sünde, sondern die Umkehr des göttlichen Willens im Sex bei nicht ehelicher Gemeinschaft oder außerhalb der Ehe.

Es ist verwerflich, Gottes Gebot zu brechen. Verwerflich ist darum die Lüsternheit, die in einer ungeordneten Gier an sich reißen will, wozu sie weder Anspruch noch Recht hat. Jesus sagt von dieser Lüsternheit: „Wenn dein Auge dich zum Bösen reizt, so reiß es aus und wirf es weg, denn es ist besser für dich, wenn du mit einem Auge in das Himmelreich eingehst, als wenn du mit zwei Augen in das Feuer der Hölle geworfen wirst." Und er sagt: „Wenn deine Hand dich zum Bösen reizt, so hau sie ab und wirf sie weg, denn es ist besser für dich, wenn du mit einer Hand in das Himmelreich eingehst, als wenn du mit zwei Händen in das Feuer der Hölle geworfen wirst." (Mt 5, 29 und 30) „Und wer eine Frau lüstern anschaut, der hat mit ihr Ehebruch begangen." (Mt 5, 28)

Männlichkeit und Weiblichkeit gehören zu unserem Wesen, ja wir sind sie selbst. Sie sind als Urdynamik durch nichts erklärbar. Im Laufe seines Lebens findet der Mensch diese lebenstragende Grundspannung in immer neuen Stufungen, Schüben, und Entwicklungsphasen vor. Sie müssen durchlaufen werden. Jede einzelne Person erfährt dadurch eine Läuterung, um immer mehr als Mensch zu reifen. Diese Urdynamik erfordert die Ordnung des Geistes und das Ringen um die Harmonie der Seele.

Verweigert sich der Mensch den Geboten seines Schöpfers, dann verwüsten und zerstören diese gewaltigen Kräfte das Innere unserer Seele. Aus der Tiefe kommt dann Selbstverachtung, Beleidigungen des Nebenmenschen, Unzucht und Geilheit. Außerdem drängen sich Lieblosigkeiten und vielfältige Egoismen in das Leben der zwischenmenschlichen Beziehungen hinein, überfluten es und bedecken es mit Schmutz und Gestank.

Eine im Sex vergiftete Öffentlichkeit reißt Jugendliche, oft noch Kinder, in unverstandene Sexualbeziehungen hinein und zerstört deren Entwicklungsprozess. Der Staat verführt sie im Schulsexualunterricht. Der Sex verharmlost den Ehebruch und stürzt ganze Familien in sehr bittere Ungeborgenheit, besonders die Kinder. Der Sex zwingt den Frauen das Gift der Pille auf, die den Organismus auf Dauer auslaugt und zerstört.

Die von den Medien breit angesteuerten sexuellen Manipulationen in Fernsehen, Radio, Tageszeitungen und Magazinen trennen die zeugenden Kräfte des Menschen von ihrer Urbestimmung auf die kommende Generation hin. Angesteuert wird eine geschlechtliche Gemeinschaft, bestimmt für Augenblicke der Lust und Befriedigung. Diese Lust gebiert eine Lust- und Spaßgesellschaft. Diese wiederum lässt die Völker in einer chaotischen Unordnung zugrunde gehen. Wahrhaftig, die Verwüstung der Urbeziehungen zwischen Mann und Frau bringt den Tod von Völkern.

Wenn einmal unser Jahrhundert aus seiner blindwütenden Raserei der Unzucht und Geilheit erwacht, wird es erkennen müssen, dass das Wort Jesu und das Gebot Seines Vaters unverändert die Wahrheit ist. Der Herr gebietet:

„Du sollst nicht ehebrechen!" (Ex 20, 14) Und Jesus verbietet, „eine Frau lüstern anzublicken". (Mt 5, 28).

Wie ich schon sagte, an diesem Morgen bin ich sensibel für innere Bilder und getragen von einer inneren Auseinandersetzung. Da geschieht es, dass jener Mann, der da flucht und verflucht, plötzlich den Raum betritt. Er steht herum, flucht aber nicht, sondern schweigt, dann sagt er plötzlich: „Gefällt es dir?" Es ist ein Wort, das an mich gerichtet ist. War es eine Frage, oder lediglich die Feststellung, dass ich einen inneren Kampf kämpfe?

Die Scharfsichtigkeit dieses Wilden der Wüste ist groß. – So weit ich mich erinnere, gab ich diesem Mann keine Antwort, ja nicht einmal einen Blick erwiderte ich ihm auf seinen Satz.

Im Hintergrund meines Denkens aber steht das Wort: „Zwischen dir und mir, was geht dich mein inneres Ringen an?"

Später habe ich noch oft darüber nachgedacht, wie ich das Phänomen dieses Mannes zu deuten hätte. Auf der einen Seite steht eine Verworfenheit und Bosheit, die bis an die äußerste Grenze geht. Auf der anderen Seite steht ein Wissen und eine Scharfsichtigkeit, die mit einem Analphabeten jener Region nicht in Einklang zu bringen ist.

Gibt es das gezielte Böse, einen Geist, der hellsichtig ist, der flucht, lügt, mordet und sich hinter tausend Masken verbirgt? Nur am Rande des Lebens, gleichsam in der Wüste, wirft da und dort der Dämon seine Maske ab, und es offenbart sich ein abgrundtief verworfenes Wesen. Über dieses Ereignis habe ich lange geschwiegen. Denn ich wollte es selbst nicht wahrhaben, dass es die Dämonie gibt. Heute jedoch zweifle ich nicht mehr daran: Es gibt den Besessenen und die Besessenheit.

Hinter der Besessenheit gibt es auch den Besessenen, einen Menschen, der in seinem Innern vom Dämon völlig beherrscht wird. Es muss unser tiefes Mitleid herausrufen, ihm durch Fasten, Gebete und die Sakramentalien der Kirche zu helfen, wieder aus der Knechtschaft Satans frei zu werden.

Beim Abschied bedanke ich mich bei den Leuten recht herzlich. Dann nimmt mich ein Kleinlastwagen bis zur nächsten größeren Ortschaft mit. Dort will ich die Heilige Messe feiern. Das Fahrzeug, in dem ich fahre, ist eine alte Rumpelkiste und der Fahrer ein Kaufmann, der hier draußen in den Randdörfern seinen Geschäften nachgeht.

Gegrüßet seist Du Maria, voll der Gnade, der Herr ist mit Dir. Du bist gebenedeit unter den Frauen und gebenedeit ist die Frucht Deines Leibes Jesus. – Heilige Maria, Mutter Gottes, bitte für uns Sünder, jetzt und in der Stunde unsres Todes. Amen!

Ein Tag der Erholung
Wasser in der Wüste

Ein Tag, der alle Pläne über den Haufen wirft
Wo ist nur ein Fischteich zu finden?
Geschenkter Nachmittag – geschenktes Leben

Führung und Verführung der heutigen Jugend
Anerkennung und Zucht zugleich
Das Innen ist mächtiger als das Außen

Es gibt kein Zurück, es gibt keinen Halt
„Veränderungen" und „der neue Mensch"
Narreteien und unbeirrbare Gesetze

Rosenkranzbetrachtung
„Jesus, den Du, o Jungfrau,

Es ist so gegen zehn Uhr, als wir im nächsten Dorf ankommen. Zunächst gehe ich ins Pfarrhaus. Dort schlage ich den eisernen Türklopfer an, der anstelle einer Klingel vorhanden ist. Ein jüngerer Herr, etwa in meinem Alter, erscheint. Ich frage: „Sind Sie der Herr Pfarrer in dieser Ortschaft?"

Er antwortet: „Ja, und Sie wünschen?"

„Ich bin Geistlicher und unterwegs. Darum will ich Sie fragen, ob es nicht möglich ist, bei Ihnen die Heilige Messe zu feiern?", antworte ich.

Er sagt: „Kommen Sie bitte ins Haus herein."

Er holt den Schlüssel der Kirche, und wir gehen zum Gotteshaus. Es ist ein einfacher, aber sauberer Raum. Er selbst ministriert mir bei der Heiligen Messe, obwohl ich ihn von seiner Arbeit nicht abhalten will. Nach dem Gottesdienst ist ein gutes Frühstück bereitet, was mich überrascht. Nachdem ich gegessen und wir geplaudert haben, will ich mich verabschieden.

Mein Mitbruder aber sagt: „Das geht nicht."

Ich frage: „Warum geht das nicht?"

„Es geht nicht, weil Sie hier noch zu Mittag essen müssen."

„Aber, lieber Mitbruder, ich muss mich eilends auf die Socken machen, wenn ich mein Tagesziel noch erreichen will", gebe ich zur Antwort.

„Lassen Sie das meine Sorge sein und bleiben Sie zum Mittagessen hier." Auf seine Bitte hin muss ich nachgeben.

Einerseits bin ich über das Angebot froh, andererseits mache ich mir den Vorwurf, den Strapazen wieder schlau entschlüpft zu sein. Doch zunächst kann ich mich waschen und vom vergangenen Tag her noch ausruhen.

Der Mittagstisch ist reichlich gedeckt. Unsere Gespräche gehen über die kirchliche Lage. Nach dem Essen bedanke ich mich von Herzen und will nun weiterziehen. Aber mein Gastgeber sagt erneut:

„Das geht nicht. Bei einer solchen Hitze kann man nicht auf die Straße gehen. Ich mache Ihnen den Vorschlag: Wir gehen heute nachmittag fischen, und am Abend sorge ich dafür, dass Sie an Ihr Ziel kommen."

Was soll ich tun? Ich kann aus diesem Boot schon nicht mehr aussteigen. Denn das Gesetz der Gastfreundschaft ist heilig. So nehme ich gezwungenermaßen den Vorschlag an.

Das Land, in dem ich wandere, besteht aus einer Ebene. Die Augen können bis in die Ferne darüber hinwegschweifen. Dort versinken die Horizonte in Staub und Nebel. Wir befinden uns in der Provinz Salamanca.

Nach dem Mittagessen ruhen wir noch ein wenig, und dann schnüre ich den Rucksack. Danach besteige ich mit Don Tomas die Lambretta und wir fahren ins weite Land. Während wir dahinfahren, überlege ich, wo es in dieser Ebene wohl Wasser gäbe, um fischen zu können. Krampfhaft suche ich in der Ferne nach Bäumen, die einen Wasserlauf hätten anzeigen können. Aber es ist nichts zu finden. So rasen wir über Stock und Stein und hinter uns steigt eine mächtige Staubwolke auf. Mein Fahrer hält an und sagt:

„Würden Sie bitte dort das Tor aufmachen?"

Ich steige ab und öffne das Tor einer Eingrenzung. Danach schließe ich es wieder. Wir fahren Fußwege entlang, die zu einem Privatbesitz gehören. Später muss ich ein weiteres Tor öffnen und schließen. Nach etwa dreißig Minuten Fahrzeit kommen wir zu einem größeren zweistöckigen Herrenhaus, zu dem eine Reihe weiterer Gebäude gehören. Darin ist das Vieh untergebracht. Eine Frau begegnet uns. Der Pfarrer steigt vom Motorrad ab und begrüßt sie. Er stellt sie mir als die Hausherrin vor.

Danach fragt der Pfarrer: „Ist Don Pedro zu Hause?"

Die Frau antwortet: „Ja. Aber bitte kommen Sie zunächst ins Haus herein. Ich will ihn sofort rufen."

Wir betreten eine vornehme und geschmackvolle Wohnung in spanischem Stil. Die Besitzer müssen über größere Herden verfügen.

Die Frau fragt: „Wollen Sie etwas trinken: Coca-Cola, Fanta oder Kaffee?"

Diese Spanierin, die uns so selbstverständlich bedient, ist eine typische Erscheinung jener selbstbewussten Frauen, wie ich sie nur auf der iberischen Halbinsel gefunden habe. Sie besitzt klare und unverkennbare Gesichtszüge. Die Worte, die sie ausspricht, strömen aus einer etwas tieferen Stimmlage und besitzen einen dunklen, melodischen Klang. Zugleich aber ist sie feinfühlig, äußerst vornehm und zurückhaltend. Auch bewahrt diese Frau die Gestalt der Mutter und Gattin in hoher und ausgeprägter Form. Vielleicht ein wenig aristokratisch. Es ist schwer zu sagen, wie sehr der Adel ihre Gestalt verzaubert, weil er unverkennbare Formen besitzt.

Solches geht leider heute in den Menschenballungen der Städte verloren und lässt sich nur finden, wo noch ursprüngliche Rollen gelebt werden.

Noch einmal höre ich Don Tomas fragen: „Ist Ihr Sohn zu Hause?"

„Ja, Don Tomas, ich werde ihn im Haus suchen und sofort holen."

Niemand verwundert es in dieser Gegend, dass ein Pfarrer mit dem Moped übers Land fährt. Ebenso gehört es zur alten Tradition, dass er dies in seiner Soutane tut. Diese wurde beim Motorradfahren mit einer Schicht Staub bedeckt, doch wen kümmert's. Das Leben wird dort so gelebt. Um so mehr bin ich dann überrascht, als Don Pedro, der Sohn dieser Frau, erscheint. Vor einem Jahr ist er zum Priester geweiht worden und studiert in Madrid Theologie. Auch absolviert er ein Zusatzstudium in Psychologie.

Er ist gegen dreißig Jahre alt, forsch im Auftreten, aber sehr höflich. Gekleidet ist er mit einer dunklen Hose und hellem Hemd. Wir stellen uns gegenseitig vor und gehen dann sofort zum Du über. Es berührt mich, wie stark die Differenz in der Kleidung auseinandergeht: Der moderne Student mit schnittiger Kleidung und der noch relativ junge Dorfpfarrer in seiner Soutane. Die Begrüßung ist herzlich; denn sie sind Freunde.

Dann kommt die Señora zurück und fragt, was sie einpacken kann; denn sie habe erfahren, dass wir zum Fischen gehen wollen. Es wird uns vom Guten das Beste eingepackt: Brot, Wurst, Fleisch, Butter und Fisch, dazu die Getränke.

Wieder fahren wir mit den Lambrettas los. Aber wo ist der Fluss? Denn ich erblicke nur ebenes Land. Unsere Motorräder fahren Feldwege entlang und Trampelpfade – und dann die Überraschung!

Wo nur ist ein Fischteich zu finden?

In dieser Ebene sind oft kaum bemerkbare Einschnitte zu finden, durch die das Wasser braust, wenn Regengüsse übers Land fegen. Ein solcher kann in eine Tiefe bis zu zehn Meter hinabfallen. Wir folgen einem solchen Einschnitt, der in die Tiefe hineingeht. Er verengt sich und öffnet eine phantastische kleine Schlucht. Das Gestein besteht aus körnigem Granit, oft aus großen Blöcken, kleineren Quadern, Brocken oder Sand.

Diese Steine sind durch intensive Strahlung und heftige Regengüsse sehr rau, weil jedes Stäubchen aus ihnen herausgeschwemmt wurde. Nachdem wir unsere Motorräder unter einem Baum verstaut haben, laufen wir einen Wasserlauf entlang. Hier unten ist das Gestein noch mehr ausgewaschen. Da liegen Granitquader übereinander, geformt und zugeschnitten, als wären Künstlerhände am Werk gewesen. Die Anordnung der Steine ist von bunter Vielfalt, und es scheint, als ob wir einen Spielplatz von Riesen gefunden hätten, die in ihrem kindlichen Spiel Bauklötzchen aufeinander getürmt haben und dann – des Spielens müde – davonliefen. Ein ideales Paradies für Kinder und Jugendliche.

An einem Abhang setze ich mich nieder und bestaune die Engpässe der Schlucht, die bizarren und runden Formen des Gesteins und die aufeinander getürmten Blöcke. Dort liegen auch stufenweise größere Tümpel mit Wasser.

Pedro ruft mich an: „Hier wollen wir fischen gehen."

„Wo?", frage ich

„Weiter unten."

„Wie? Weiter unten? Gibt es dort wirklich Fische?"

„Komm, und du wirst sehen", gibt mir Don Pedro zur Antwort.

Ich denke, dass hier nur abgestorbene Wasser zu finden seien, die dazu noch von einer überwuchernden Fauna durchwachsen sein müssten. Aber als ich hinabsteige, finde ich wunderbar sauberes Wasser vor, das in keiner Weise verschmutzt ist und in dem nicht allzu viele Pflanzen vorhanden sind.

Zunächst ziehen wir uns aus und werfen uns ins Wasser. Das Baden ist herrlich. Ich bin schon gute neun Tage unterwegs. Meine Füße sind voller Blasen. Die erfrischenden Wasser lassen mich das alles vergessen und nehmen den Schweiß von meinem Leib. Während ich den Teich durchschwimme, erkenne ich, warum die Wasser so sauber sind. Der ganze Grund ist mit feinem, grobkörnigem Granitsand bedeckt, der in jedem Frühjahr, wenn die Wasser mit Urkraft die Schluchten durchbrausen, neu angeschleppt wird.

Für mich ist das ein unbeschreibliches Gefühl. Wasser inmitten eines weiten Landes, auf welches die Sonne niedersticht. Geist und Leib jauchzen auf. Die angenehme Kühle umwogt mich wie ein Geschenk, das mir zugeworfen wird. Oft sind wir Menschen töricht! Wir glauben, die Gaben, die wir täglich empfangen, seien uns geschuldet und wir hätten ein Anrecht, sie zu empfangen, dabei vergessen wir, dass sie uns geschenkt werden.

———————————

Dieser Nachmittag, gegen den ich mich gewehrt habe, wird zu einer Rastpause. Sie ist mir buchstäblich zugeflogen. Ich habe sie weder gesucht noch angefordert, ja nicht einmal gewünscht. Was ich dazu getan habe, ist, dass ich mich habe nötigen lassen. Inmitten einer großartigen Landschaft wird mir ein Tisch gedeckt, von dem ich nichts wusste.

Inzwischen haben Don Pedro und Don Tomas in den Wassern das Netz ausgespannt und versuchen Fische hineinzutreiben.

„Olé!", rufen sie. „Olé!" Dann fuchteln sie mit den Armen und stemmen sich gegen das Wasser, indem sie sich langsam dem Netz nähern. Mir haben sie aufgetragen, Krebse zu fangen. Also suche ich den Boden und das Gestein am Rand des Teiches nach Krebsen ab. Meine Gefährten deuten auf eine Spalte und rufen mir zu:

„Schau den Spalt im Stein, dort könnten sich leicht Krebse finden."

Ich suche die Öffnung des Steines ab, finde sie aber von einem dickeren Stück Holz versperrt, das mich hindert zuzugreifen. Ich versuche es herauszubringen. Aber es setzt Widerstand entgegen und hat sich zwischen den Rändern festgeklemmt. Als ich es endlich herausziehen kann, erschrecke ich; denn ich halte in der Hand die starke Schere eines großen Krebses und den Krebs dazu. Fast wäre er mir vor Schreck aus den Händen gefallen. Doch schon rufen meine zwei Begleiter:

„Halte ihn fest, damit uns dieses Prachtexemplar nicht verlorengeht!"

„Da ist er", sage ich und übergebe einem von beiden den Krebs. Auch eine Reihe Fische sind ins Netz gegangen, zwar nicht viele, doch genug, um auf den Fang stolz zu sein. Hernach schwimmen wir ein wenig, dann steigen wir wieder aus dem Wasser, ruhen aus und essen von den Köstlichkeiten, die wir mitbekommen haben. Da fragt mich Tomas:

„Ist es gut, dass wir fischen gegangen sind?"

„Schöneres konntest du mir heute nicht geben!"

„Du bist schon einige hundert Kilometer unterwegs."

„Etwa acht Tage."

„Wie viele Blasen hast du an deinen Füßen?"

Ich lache und zeige die Füße: „Wenn du willst, kannst du sie ja zählen."

Auch er schmunzelt und meint: „Das gibt einen Orden im Himmel."

Geschenkter Nachmittag – geschenktes Leben

Wer achtet schon darauf? Wem wird noch klar, dass uns unser Leben und unsere Lebenstage umsonst gegeben werden? Sie gehen nicht aus unserer eigenen Leistung hervor!

Wenn von den Horizonten der Himmelsbogen das zitternde Licht am Morgen in das nächtliche Firmament hineinsteigt und wir uns noch schlaftrunken und müde von unseren Lagern erheben, nehmen wir das Geschenk eines neuen Tages wahr. Erfahren wir ihn als Beglückung? Rütteln wir uns so wach, dass die Erkenntnis mit großer Schärfe in Herz und Geist lebendig wird: Auch dieser Tag wird uns unentgeltlich in den Schoß geworfen. Doch wir scheinen blind zu sein. Meist sind wir Trampeltiere, die mit dem Sog der Gewohnheit in die Stunden hineintreten, und nur selten erinnern wir uns, welche Gaben wir täglich bekommen. Oft denken wir nicht weiter als an Essen und Trinken, Wohnen und Schlafen und an die Erfüllung unserer leiblichen Wünsche.

Werden wir noch erfüllt von jenem Jubel und vom Entzücken in jene Einsicht, dass wir „da sind", ja dass wir „jetzt und hier da sind und leben"? Wo dieses Bewusstsein erstirbt, erlischt auch die wahre Freude. Dann strömt kein Dank mehr aus des Menschen Mund, und indem er immer mehr zur Erde starrt, vergisst er seinen Gott und sich selbst. – Gleicht er dann nicht dem Vieh der Weide, das frisst, säuft und am Ende verendet? Es ist etwas Unfassbares, dass Gott uns das Leben schenkt! Denn die eigentliche Wirklichkeit des Menschen erfassen wir erst dann, wenn wir das Leben als eine Gabe erkennen, die uns zugeflogen kommt, so wie dieser Nachmittag mir zugeflogen kam als etwas Unerwartetes, Ungeplantes, mir Zugeworfenes. Ein solches Bewusstsein muss durch unseren Verstand und unser Herz wie ein helles Licht hindurchgehen.

Geschenkter Nachmittag! Geschenktes Leben! – Geschenktes ewiges Leben! Warum nur gehen wir mit unseren Gefühlen und Gedanken in diese allerletzten Wirklichkeiten nur zögernd hinein?

Warum stehen wir als Skeptiker am Bretterzaun des großen Welttheaters, da wir doch wissen, wie rasch sich Auftritt auf Auftritt vollzieht und wie schnell wir ins letzte Szenarium eintreten und dann unser Weggang folgt? – Als ich am Morgen vor dem Pfarrhaus von Don Tomas stand, wusste ich nicht, dass es noch Frühstück und Mittagessen geben würde. Als ich zum Fischen mitgenommen wurde, wusste ich nicht, dass daraus ein wunderbarer Nachmittag würde. So ist das Leben ein wunderbares Geschenk. Mehr noch! Wie schon gesagt, Gott will mir darüber hinaus das „Ewige Leben" schenken.

Wann hörte ich zum ersten Mal Deine Stimme, o Herr? Als ich noch in den Armen meiner Mutter lag? Während ich mit Bruder und Schwester spielte als kleines Kind? – Du, o Gott, hast mich mit Namen gerufen und rufst mich ins Ewige Leben durch Jesus, Deinen Sohn, den Du gesandt hast. Er sagt uns: „Freuet Euch und frohlockt, wenn Eure Namen eingeschrieben sind im Buche des Ewigen Lebens." (Vergl. Mt 5, 12 und Phil 4, 3) Dies sagte er zu seinen Aposteln und dies sagt er zu uns. Oft, wenn ich mein Leben betrachte, bin ich traurig, weil ich den täglichen Wandlungen der Welt nicht entgehen kann. Betrübt sehe ich, dass ich ständig Abschied nehmen muss und meine irdische Zeit bemessen ist. Doch Du willst mir unerwartet und unverhofft das Ewige Leben schenken.

Dann und wann erhebt sich mein Geist über mich hinaus. Er wandelt über den Wassern der Gezeiten, und es wohnt ein Strom innerer Gewissheit in mir, dass Du als Schöpfer gegenwärtig bist – DU, der mir mein Selbst gab, mein ICH. Zwar bin ich wie ein Lernender. Aber inmitten des Wandels der Geschöpflichkeit dieser Welt besitze ich ein unverändertes Bewusstsein, einen ruhenden Pol in meinem ICH; denn bin ich nicht wie ein Betrachter der an mir in der Zeit vorüberwandelnden Dinge und Personen?

Nur wenn der Mensch in diese eigentliche Schauung seines Daseins und seiner Existenz hineingeht, trifft er den Kern seines Wesens. Er weiß, dass ihn die Glut einer ewigen Sehnsucht durchzieht, weil seine Schauung begrenzt ist. In den Durchgangsstadien, die wir durchlaufen, ist das Wesentliche verhüllt und wir schauen in Bilder des Werdens und des Vergehens.

Oft liegt eine ungeheure Schwere auf uns. Die Brunnenstuben unseres Herzens sind zum Teil verschüttet. Oft flehen wir aus unserer Hilflosigkeit in bittenden Gebeten zum Himmel. Die Sünde: meine Sünden, unsere Sünden, unser aller Sünden rauben uns wahrhaft die innere Kraft. Ketten halten uns gefesselt.

Ach, wie viele Wutanfälle, wie viel Verzweiflung, wie viele tapfer angelaufene Erlösungsversuche hat jeder schon unternommen, um dann stets mit dem Resultat zu enden, dass er es allein nicht vermag. Ist denn nicht auch meine jetzige Pilgerfahrt nach Fatima ein solcher Versuch? Wir wollen unsere Sache mit Gewalt vorantreiben, um am Ende zu erkennen, dass wir auf Gott keinen Zwang ausüben können. Keiner vermag es. Keiner kann es. Man kann sein Lebensschicksal weder ertrotzen noch es gewalttätig vom Baume des Lebens herunterreißen. Aber er darf es erbitten, weil Gott für alle ein unendlich feines Gehör hat. Er darf es mit Lärm erbitten! Er darf den Namen Jesu bittend in die Waagschale werfen. Es freut Gott, wenn wir Ihn im Namen Jesu anrufen.

Nur die Liebe vermag es, und die Liebe liegt bei Gott. „Denn Gott ist Liebe!" (1 Jo 4, 8) Diese Liebe hat allen das Leben gegeben, auch das Ewige. – „Da sandte Gott uns Seinen Sohn, geboren aus einer Frau." (Gal 4, 4)

Dieser Sohn aber hat viele errettet, die seit der Sünde Adams sonst verlorengegangen wären. Er ist „das Lamm Gottes", (Jo 1, 37) das hinwegnimmt die Sünde der Welt. Er ist gekommen, nicht zu richten, sondern die Verlorenen heimzuholen.

Mögen unsere kleinen und großen Selbsterlösungsversuche (auch wenn es blutende Hände gibt) ruhig zu nichts werden und zerbröckeln. Dann werden wir zu **IHM** unterwegs sein, der uns am Kreuz sein geöffnetes Herz entgegenbringt, damit wir „das Leben in Fülle haben." (Jo 10, 10)

Gestehen wir uns ein: Wir jagen dem Leben nach, das wir voll einfangen wollen. Wir wollen dort sein, wo Liebe wohnt. Davon können wir nie genug bekommen und noch am letzten Tag sind wir hungrig nach mehr. Wir haben das Leben gesucht in Nüchternheit und Berechnung; wir haben es gesucht in allen Gesichtern und Augen, in Schönheit und Formen, in Rausch und Ekstase, aber wir sind nie satt geworden. Nicht durch Entzückung oder Klugheit können wir das Leben an uns reißen – am ehesten im demütigen Dienst am Allerletzten unserer Brüder oder Schwestern.

Welche Erfahrung! Die Demut ist das Tor zum Allerhöchsten: Die Demut führt uns zu Gott, dem einzig wahrhaft Selig-Machenden. – Jesus ruft: „Ich preise dich, Vater, Herr des Himmels und der Erde, weil du dies den Weisen und Klugen verborgen, den Demütigen aber offenbart hast." (Mt 11, 25)

Jesus Christus ist das Leben. Und wie wir heute die Fische in die Netze von Tomas und Pedro hineingetrieben haben, so sollen wir von seinem göttlichen Netz gefangen werden. – Nicht die menschlichen Schutzversuche, die wir rechtlich und politisch um Personen und Staaten aufbauen, erlösen uns, sondern die Barmherzigkeit und Gnade Gottes.

Was sollen die überzogenen Extravaganzen? In dieser Welt bewachen viele Staaten mit pedantischer Genauigkeit und Scharfsinn, mit überzeugender Berechnung und scharfer Überlegung ihre Städte und Länder vor feindlichen Überfällen. Ihre Gelehrten und Techniker bewachen mit Computern die Grenzen. Ihre Finanziers und Außenminister suchen die ausgeglichene Stabilität in den Weltspannungen zwischen den Völkern, und all das tun sie unter dem pausenlosen Einsatz ihrer geistig-leiblichen Kräfte – aber sie vergessen, dass jede Stadt, die der Herr nicht bewacht, schon verloren ist. (Vergl. Ps 121, 1) Viele stressen sich so, dass ihr Leben zu einer rastlosen Tätigkeit wird, in der Körper und Geist zermahlen werden. Würden sie auf Gott vertrauen, wüssten sie, dass ER den Seinen schon ein volles Maß im Schlaf schenkt. – Es wird sich vor Gott niemand rühmen können. IHM allein ist die Macht und die Herrschaft, die Ehre und die Kraft.

Im Letzten bleiben alle Güter ein Geschenk! Alles geht hervor aus der Hand des Schöpfers. Und die Geschöpfe, die Gottes Willen tun, lassen in Urdynamik alles wieder zurückströmen zu Ihm, dem Urgrund.

Es ist nicht nur dieser Nachmittag, der mir ungeschuldet zugeworfen wird, nein, es ist mein ganzes Dasein, meine Existenz, mein Leben, das ER mir ungeschuldet gibt. Wenn ich darum in der inneren Schauung Ausschau halte nach Dem, Der alles gibt, sinke ich auf meine Knie, verberge mein Angesicht und stammle in unsagbarem Erstaunen:

„Heilig, heilig, heilig, HERR, GOTT aller Mächte und Gewalten! Erfüllt sind Himmel und Erde von Deiner Herrlichkeit! Hosanna in der Höhe!" (Jes 6, 3) Voll Demut füge ich hinzu: „Dank sei Dir, Herr! Amen! Ja, Amen!"

Langsam werden die Schatten der Sonne länger. Ich erinnere mich noch, dass ich ein paar Mal von Stein zu Stein geschwommen bin, unermesslich dankbar dafür, dass ich an diesem Nachmittag ausspannen durfte. Meine Füße haben zu schmerzen aufgehört. Eine der Blasen an den Füßen ist aufgebrochen. Doch reiße ich die Hautfetzen nicht ab, sondern lasse sie an den Füßen, damit es zu keinen unnötigen Entzündungen kommt.

Aber das alles ist so nebensächlich gegenüber jenem Frieden, den ich empfinde und den ich gesucht habe, geborgen in Gottes Hand, ist auch für mich vorgesorgt wie für das Getier des Feldes und die Vögel des Himmels. Langsam gehe ich aus dem Wasser und ziehe mich an. Auch Don Tomas und Don Pedro sind schon angezogen und haben ihre Beute an Krebsen und Fischen verpackt. Wir plaudern und freuen uns. Dann gilt es Abschied zu nehmen. Nach dem kleinen Aufstieg aus der wasserreichen Tiefe befinden wir uns wieder zwischen Staub und ausgedörrtem Land. Die abendliche Sommerhitze umfängt uns und meine Füße fangen wieder an zu brennen. Mein Tagesziel beschäftigt mich, aber ich bin zufrieden.

Wir sitzen auf die Motorräder auf und sausen durch das ebene Land. Keiner würde vermuten, dass in dieser uferlosen Fläche sich das Geheimnis kleiner und wasserreicher Täler versteckt. Als wir hernach zu Pedros Haus zurückkommen, geht eben die Sonne unter.

Pedro sagt zu mir: „Warte, und ich werde dich sofort weiterbringen."

Am liebsten wäre ich dort, bei Pedro, geblieben, im Kreise seiner Familie, bei seinen Eltern und seinen Schwestern. Als wir zur Abreise fertig sind, bedanke ich mich bei allen, die ich ja erst ein paar Stunden kenne. Sie haben mir Gastfreundschaft gewährt und fast habe ich ein wenig Heimweh, von dort aufbrechen zu müssen. Dann aber fahren wir in Richtung Tagesziel ab.

Nach ungefähr einer halben bis dreiviertel Stunde kommen wir dort an. Pedro kennt sich aus und bringt mich in einer einfachen, aber sehr sauberen Herberge unter. Wir regeln beim Pfarrer die Zelebration für den kommenden Tag. Dann bestellt Pedro ein Nachtessen für uns beide und bezahlt trotz meines Protests alles.

Führung und Verführung der heutigen Jugend

Nach dem Abendessen gehen wir hinaus in den Garten des Restaurants. Pedro will heimfahren, aber wir haben eine Diskussion angefangen, die ihn festhält. Wir sitzen noch lange bis in die Nacht.

„Wann bist du geweiht worden, Pedro?"

„Im vergangenen Jahr."

„Und wo studierst du?"

„In Madrid."

„Und wenn du fertig bist, was gedenkst du zu tun?"

„Ich will weiterstudieren und zwar Psychologie. Ich würde gern mit der Jugend in den Seminaren arbeiten. Mein Bischof unterstützt mich."

„Ja, Pedro", sage ich, „wenn ich zurückdenke als Neupriester, war es der Wunsch vieler Kursmitbrüder, Erzieher zu werden. Aber sie wollten zuerst Pädagogik studieren. Auch ich bat meinen Oberen, Pädagogen ausbilden zu lassen und sagte: Lehrer lasst ihr ausbilden, aber in die Erziehung schickt ihr jeden, der glaubt, er habe das Zeug. Mein Oberer hörte nicht auf mich.

Ich denke zum Beispiel an Fritz, meinen Kurskollegen. Als Erzieher wurde er mit den Jungen nicht fertig. Er besaß keine Autorität. Nach vier Jahren war er ausgebrannt und schied aus. – Ich frage Dich: Würdest Du von der modernen Psychologie Besserung der pädagogischen Lage erwarten?"

Pedro antwortet: „Nein – und ja. Doch zuerst die Frage, was macht einen begnadeten Erzieher aus?"

„Du meinst, die Oberen können sich leicht irren?"

Er antwortet: „Ja! Zwischen Wunsch und Praxis besteht ein großer Unterschied. Im Wunsch gelingt es ihm. In der Praxis versagt er. Irgend etwas stimmt nicht. Die Leute sagen: Er kommt bei den Jungen nicht gut an."

Ich füge hinzu: „Du sagst es recht. Doch das ist die halbe Wahrheit. Denn ich kenne Pädagogen, die nicht ankamen, weil die Umgebung sie blockierte."

Pedro fragt: „Wie meinst du das?"

Ich antworte: „Wird ein begabter Erzieher wie Don Bosco immer ankommen oder mag es auch Zeiten geben, in denen er selbst verachtet wird?"

Pedro: „Jesus war der beste Erzieher. Er endete am Kreuz. Leider ist es wahr, dass auch gute Erzieher an den Rand gedrängt werden. Denn es gibt Erzieher, welche die Jugend blenden und damit andere Erzieher zur Spottfigur machen. Sie pervertieren die Pädagogik und führen ins Dämonische. Bitter ist es anzusehen, wie Scharlatane eine Jugend narren, sie vom rechten Pfad weglocken und in Leidenschaften hineindrängen. Darum die Frage: Soll nun ein angehender Pädagoge zuerst studieren oder nicht? Was würdest du mir raten?"

Ich schaue Pedro an. Vor mir sitzt ein junger Mann voller Hoffnungen und auch voller Illusionen. Sein Gesicht ist scharf geschnitten, seine Kleidung modern, wenn auch nicht auffällig. Was soll ich ihm sagen?

Er lächelt und meint: „Wie würdest du dir selbst antworten?"

„Gut! Ich versuche ein Antwort. Pedro, jeder von uns müsste zunächst zwei bis drei Jahre Praxis bei einem erfahrenen Pädagogen machen. Dabei geht es nicht um moderne Kleidung, schnittige Frisur oder Gauklerstücke, um die Jungen zu gewinnen. Jugend zu verführen ist kein Kunststück. – Es geht auch nicht um Schmeicheleien, Zugeständnisse, schlichtes Übersehen von Faulheit. Lasche Ordnung hat leicht das Ohr der Trägen. Dazu kommen neue Ideen, modern anmutendes Zeug, Ideologien, die ein Selbstbewusstsein aufbauen, was Jugendliche suchen."

Pedro fügt hinzu: „Diese Jungen leben ja in der schwierigen Periode zwischen *Niemand-Sein* und doch *Jemand-sein-Wollen*, und in einer Zeit also, da sie ihre Personalität und ihren eigenen Selbststand bilden. In dieser Zeit hängen sie sich jedem an, der Anerkennung verspricht: Hauptsache, es tut einer. Darauf sind sie ganz versessen."

„ Das stimmt", sage ich. „Ich erinnere mich an Lehrer, die uns anerkannt haben. Wir haben aus ihren Händen gefressen. Manch andere Lehrer, die nüchterner waren und Forderungen stellten, lehnten wir ab. Wir versuchten eine Selbstbefreiung von hemmenden Bindungen. Wir sahen nicht ein, dass wir den Bindungen gar nie entrinnen konnten. Denn wer eine Bindung aufgibt, läuft in eine andere. Zwängen kann man nicht ausweichen."

Anerkennung und Zucht zugleich

Dann füge ich noch hinzu: „Das wäre ein gutes Ideal, einen Erzieher zu finden, der Anerkennung verleiht und auch Zucht fordert. Es wäre begeisternd, eine Atmosphäre zu haben, die intakt ist und in der unsere Jugend nicht durch heimliche und unterschwellige Leitbilder ausgenützt würde."

Pedro sagt: „Du gehst darin recht. In Madrid werden von Seiten der Wirtschaft an unsere Jungen Angebote gemacht, die einfach hinreißend sind. Sie treffen das Unterbewusstsein des jungen Menschen. Sie sind ausgeklügelt. Viele fallen darauf herein: auf Lebensstile, die man leben muss, wenn man kein Einzelgänger sein will. Wenn die Maus den Speck riecht, weiß sie um die Falle noch lange nicht. Wenn die Falle aber zuschnappt, ist die Maus tot oder kann aus der Falle nicht mehr heraus. Die Maus hat leider keine Erfahrung, oder wenn sie Erfahrung hätte, ist der Duft des Specks zu stark."

„Sitzt die heutige Jugend in der Falle?", frage ich, „auch die studentische an der Uni? Wo siehst du die Ursachen?"

„Das ist schwer zu sagen. Wahr ist, dass viele Studenten trotz hohem Lebensstandard eine andere, gerechtere Gesellschaftsform wollen. Sie sind unzufrieden mit Ungerechtigkeiten. Aber anstatt den Kern der Unzufriedenheit im eigenen Herzen zu suchen und dort Ordnung zu schaffen, glauben sie, man müsse die Maschinerie der Welt nur recht ölen, dann sei alles wie im Paradies, schön wie am ersten Tag!"

Ich betone: „In gleicher Weise sind jene Lehrerteams oder Manager schuld, welche die Jugend zum besten Verkaufspartner für die Wirtschaft aufbauen. Jugend ist das wichtigste Subjekt bei Kauf und Verkauf."

„Ja", antwortet er. „Die Jungen riechen alle jene modernen Modetrips wie neue Frisuren, neue Kleidung, neue Musik, neue Schallplatten, neue Motorräder, neue Computer und vieles, mit dem man sie anlockt. Im Hintergrund geht es um den Geldbeutel. Die Drahtzieher halten sich geheim, aber gleich Geiern stürzen sie sich auf die Jungen, um sie auszubeuten."

„Das ist die ewige Situation!", erwidere ich, „Die Jugend ist intelligent, arbeitsam und besitzt eine enorme Kraft, konstruktiv aufzubauen. Doch es fehlt die Erfahrung! Man 'weiß' es zwar, aber hat es noch nicht erlebt.

Der Fehler liegt ja nicht zunächst im äußeren Bereich, wie Straßenbau, Häuserbau, Städtebau, wie Gesetzgebungen, Verordnungen und Vorschriften, wie Politik, Staatsverträge und Verteidigung – das alles ließe sich formal erledigen. Aber was sich nicht formal erledigen lässt, das ist das Innen des Menschen, seine Seele, seine Psyche, sein Geist. Ohne eine seelische Struktur und Ordnung geht es nicht! Denn dort treiben den Menschen die Triebkräfte an, die gebündelt und geordnet werden müssen, um dem Aufbau der Welt zur Verfügung zu stehen."

Pedro fügt hinzu: „Dann gibt es ein Außen und ein Innen im Menschen? Ist das Innen mächtiger als das Außen?"

Ich antworte: „Es gibt ein Innen. Das Innen ist mächtiger als das Außen!"

„Vernachlässigen wir dann das Innen des Menschen, seine Seele?"

„Ja!", antworte ich: „An unseren Hochschulen lernt man Motoren bauen, Hebel in Bewegung setzen, Schaltkreise schließen und die Beherrschung der Materialien. Alles mit Scharfsinn. Aber, o große Tragik! Auch Herz und Geist scheinen nur eine Maschine, die man in den Griff bekommt. Mensch gleich Computer, Computer gleich Mensch, beidseitig austauschbar.

Aber inmitten der nüchternen Wirklichkeit ist das menschliche Herz unberechenbar. Keine Macht der Welt kann es fesseln, keine einengen, keine in Ketten legen. Es zerreißt die Fesseln mit dämonischer Wucht, zerbricht die Einengungen, fällt in verzweifelter Wut über den jetzigen Bestand des Gewordenen her und schleudert in die Tiefe hinab. In Kriegen wird vieles unter Blut und Tränen zerschlagen."

„Darf man so sprechen?"

Ich sage: „Das steht in den Zeitungen und ihren Sensationsberichten. Betrachte, was Jugend in der Welt tut und wo sie sich auflehnt. Erkenne die vielen warnenden Stimmen, die in allen Lagern stehen. Schau dir die Versuche an, unser Jahrhundert im Gleichgewicht zu halten – ein Jahrhundert voller Schrecken und Grausamkeiten."

„Und das läge daran, weil man mit einem nur zukunftsorientierten Optimismus eine Welt verändert, ohne die Veränderung des eigenen Herzens vorzunehmen? – Jedoch der Mensch ist frei! Das ist christliches Postulat, man kann ihn nicht wandeln, wenn er nicht will!"

Wieder antworte ich: „Wer auf stur schaltet, den bringt man nicht zur

Einsicht. Aber man kann versuchen, ihm Gottes Herrlichkeiten zu zeigen. Hinterher steht der Mensch, wie Mose sagt, vor der Wahl, das Leben oder den Untergang zu wählen. (Vergl. Dt 30, 15-20) Wenn wir eine sorgenfreie Epoche haben, scheinen alle Erfahrungen der Geschichtsbücher vergeblich zu sein. – Mit unbeschreiblichem Leichtsinn manövrieren wir uns zu solchen Zeiten in die Katastrophen."

„Aber wer glaubt unseren Worten?"

„Pedro, man macht böse Erfahrungen mit dem Rauschgift. Es gibt Menschen, die andere bewusst zugrunde gehen lassen. Die Dealer machen sich aus den leib-seelischen Schäden ihrer Klienten ein komfortables Leben. Wer Eltern kennt, deren Sohn oder Tochter solchen Opiaten verfallen sind, weiß, welch erbarmungsloses Schicksal sie tragen müssen. Die großen Verbrecher dieser Welt aber sind kaum zu fassen.

Die Verderber sitzen überall. Hier gibt es keinen Unterschied zwischen Ost und West, Gelb oder Schwarz. Der Tanz um die goldenen Kälber der Ideologien und des Mammon ist Götzendienst. Götzen aber sind Nichtse, die man beweihräuchert und denen man opfert.

Es ist schaurig anzuschauen, wie mächtig die Bauwerke von Universitäten emporragen, wo ideologische Nichtigkeiten von gebildeten Professoren doziert werden – aber von Gott, der hinter allen Dingen steht, schweigt man.

Man sucht die Fehler überall, nur nicht im eigenen Herzen. Man jagt Erlösungsmodellen nach und weicht aus. Man sucht seine Zuflucht beim Humanen, bei Spitzfindigkeiten, aber Gott stößt man von seinem Thron.

Die Heilige Schrift hat recht! „Nur der Tor spricht in seinem Herzen: Es gibt keinen Gott." (Ps 14, 1) – Und dann kommt die Leere, die Wüste, die Langeweile. Man verschleiert, man beschönigt, man beleuchtet die Nächte, man heizt die Welt mit Sex auf, jagt sie mit gigantischen Spielen von Mode zu Mode und doch bleibt nichts als der taumelnde Tanz im Bannkreis des Abgrunds. Die Übelste von allen Sünden ist Gleichgültigkeit oder Lauheit."

Doch Pedro fragt: „Nehmen wir einmal an, als sei dieses irdische Dasein in eine Verfluchung hineingerissen, aus der es keine Rettung und kein Zurück gibt. Sind wir dann ein verlorenes Geschlecht? Kann uns keiner aus dem endlosen Labyrinth herausführen? – Du wirst mir nun sagen, wir sollen zum Glauben zurückkehren? Die Botschaft Gottes vermöge es?"

„Ja", sage ich, „das ist mein Glaube. Mein Freund! Es gibt dich und mich! Bei uns beginnt der Weg der Rettung: bei mir und bei dir. Denn Jesu Erstlingsruf heißt: »Bekehret euch; denn das Himmelreich ist nahe!« (Mt 4, 17) Jedes andere Angebot stößt daneben. Denn jeder muss mit der Gnade mittun. Darum bin ich zu dieser Pilgerreise aufgebrochen.

Wenn es wieder jene standhaften Männer und Frauen gibt, die sich um Jesus und das Wort Gottes scharen – wenn man an der Treue zum Wort Jesu und seinen Sakramenten festhält, dann ändert sich unsere Zeit.

Es gibt kein Patentrezept. Wir werden die Dunkelheit durchstehen und den Kelch, der vom Zorn Gottes schwer geworden ist, trinken müssen. Aber Gott wird mit uns sein in Jesus, in seiner Kirche, im Heiligen Vater. Die kleine Herde, also alle, die im Glauben gefestigt sind, ist es, bei der die kommenden Zeiten in Christus Jesus liegen."

Es folgt eine lange Stille. Wir schweigen. Draußen auf dem Platz fließen plätschernd die Wasser eines Brunnens dahin. Nach der sommerlichen Hitze strömt die nächtliche Kühle in unser Zimmer. Wir sind beide Gestalten aus den Zentren dieser Welt und haben uns getroffen am Rande einer kleinen Stadt. Dort flutet noch das einfache Leben und das Mondäne ist nicht zu finden. Was sollen wir sagen? Welche Entschlüsse sind zu fassen?

Als wir uns verabschieden, stehen wir noch lange in der Kühle der Nacht. Zu sagen haben wir uns nichts mehr. – Sind es die Sterne, die über uns funkeln wie ein Gleichnis des Ewigen, die nach festen Gesetzen ihre Kreise ziehen? Lange geben wir uns die Hand.

Rosenkranzbetrachtung
"Den du, o Jungfrau, im Tempel wiedergefunden hast."

Einen Tag und eine Nacht schon sind sie unterwegs. Am Ende des ersten Tages stellen sie fest, dass Jesus abhanden gekommen ist. Niemand weiß, wo er ist. Die Galiläer, die von Josef und Maria angesprochen werden, sagen, sie hätten Jesus in Jerusalem gesehen, aber sie wüssten nicht, wo er jetzt sei. Nachdem Maria und Josef alle aus Nazareth gefragt haben, bleibt ihnen wenig Hoffnung, Jesus zu finden. Es ist Abend geworden. Sie übernachten in einer Herberge, um dann nach Jerusalem zurückzukehren.

Ein zweiter Tag ist angebrochen, und sie befinden sich wieder auf der Straße. Die Pilger haben sich verlaufen, und die Straßen sind fast leer. Für Josef und Maria ist alles so öde, und die Angst um das verlorene Kind quält sie als bohrende Ungewissheit. Wieder gehen die Stunden vorüber. Es wird erneut Abend und ein zweiter Tag ohne Jesus neigt sich seinem Ende zu.

Dieser Knabe, der das Lebensschicksal Josefs und Mariens bestimmt, ist nicht mehr da. Sie suchen ihn mit Schmerzen, aber finden ihn nicht. Als sie gestern gegen Abend die Stadt erreichten, sind sie in den Gassen herumgeirrt und haben in den Herbergen nachgefragt, aber niemand gab eine Antwort. Nur Empörung zeigte sich. Es sei ein starkes Stück von diesem Buben, seinen Eltern davonzulaufen. Das half nicht, aber die Unruhe steigerte sich. Auch wird ihnen bewusst, wie lieb dieser Knabe Jesus sonst ist. Er hat das Herz seines Vaters und seiner Mutter in sein eigenes Herz hineingezogen. Sie lieben ihn und er liebt sie. Jetzt sind ihre Augen tränenleer, aber sie brennen in Erwartung. Das Leid der Trennung von dem geliebten Kind drängt mit Gewalt, zu suchen, wo es zu finden sei.

Am Morgen des dritten Tages steigen sie die Tempeltreppe empor, um ihren Glauben und ihr Vertrauen vor Jahwe zu tragen und Ihn um Hilfe anzuflehen. Denn wenn der Mensch seine Ohnmacht erfährt, sieht er jene Grenze, hinter der Gott aufleuchtet, seine Güte, seine Macht und sein Trost. Wenn aber der Mensch seine Ohnmacht in großem Vertrauen und lebendiger Hoffnung vor den wissenden Vater hinträgt, dann neigt sich der Herr in großer Barmherzigkeit hernieder. „Den Demütigen gibt er seine Gnade." (1 Petr 5, 5) Jesus, ihr Kind, hat sie durch seine Abwesenheit herausgefordert, und nun kommen sie zum Tempel des Vaters, um zu bitten.

Als sie den Tempel betreten haben, sehen sie unerwartet Jesus wieder. Er sitzt mitten zwischen den Lehrern und den alten Männern des Volkes und fragt und lässt sie erstaunen. Diese Schriftgelehrten, die das Wort Gottes interpretieren, finden nicht nur Gefallen an dem munteren Knaben und seinem Geist, sondern sind staunend berührt von seinen Fragen – von Fragestellungen, welche gängige Probleme in ein ganz anderes Licht rücken – von anbahnenden Antworten, die nicht einmal sie bis zur Stunde überdacht und in Erwägung gezogen haben. Der Knabe ist ein Phänomen. Sie staunen über den jungen Mann. Niemand bemerkt, dass beim Ringen um die Tiefe des Wortes Gottes Stunden und Tage wie im Flug vorübergehen.

Dort finden die Eltern Jesus wieder. Seine Mutter, völlig übernächtigt, tritt zu Jesus und fragt: „Kind, warum hast du uns das getan? Siehe, dein Vater und ich haben dich mit Schmerzen gesucht." (Lk 2, 48)

Doch der Knabe ist beim Anblick der Eltern weder verwirrt noch erschrocken. Er gibt ihnen eine Antwort, die für ihr Verstehen unbegreiflich ist. Sie scheint jenseits menschlichen Denkens zu liegen. Denn weder seine Eltern noch die Schriftgelehrten, die um Jesus sind, erfassen deren Inhalt.

Jesus sagt, nachdem ihn Maria und Josef drei Tage lang in großen Schmerzen und Aufregungen gesucht haben:

„Warum habt ihr mich gesucht? - Wusstet ihr nicht, dass ich in dem sein muss, was meines Vaters ist?" (Lk 2, 49)

Dieses Wort ist das erste Wort, das aus dem Munde Jesu stammt und in den Evangelien über ihn aufgeschrieben wird. Es zeigt uns wie ein zuckender Blitz die wahre Sendung Jesu:

'SEIN VATER' – 'das, was des Vaters ist' – 'der Wille des Vaters'

Vor dieser Sendung verstummen alle anderen irdischen Wirklichkeiten: seine Mutter, sein Pflegevater, seine Familie, seine Sippe und sein Dorf, aber auch die Gelehrten von Jerusalem, die noch wie unfassbar den Einbruch einer göttlichen Begegnung erleben dürfen. – „Sie staunen!" (Lk 2, 47)

Und genau hier müssten wir Menschen in der Betrachtung vor Gott stille werden und hineinsinken in ein tiefes inneres Schweigen. – Die einzig wahre Haltung, durch die wir Menschen eine Antwort auf solche Ereignisse bekommen können, besitzt die Mutter Jesu. Ein paar Zeilen nach diesen Geschehnissen sagt der Evangelist über sie: „Seine Mutter bewahrte alle diese Worte in ihrem Herzen und erwog sie." (Lk 2, 19 und Lk 2, 51).

Wie die Großen des Alten Bundes gehen auch Maria und Josef glaubend durch das Dunkel ihrer Zeit. Auch ihnen ist Gott ein verborgener Gott und die Wege und die Rätsel unseres Lebens liegen auch ihnen nicht offen vor Augen. Ihnen geschieht, wie es uns allen geschieht, dass in unseren Tagesablauf das Unvorhergesehene und Nicht-Erwartete plötzlich hinein getreten ist. Sie suchen mit Tränen, erleiden Ängste und flehen mit ihren Notschreien zum Vater im Himmel empor.

Gott hat ihnen die „ewige Verheißung", (Tit 1, 2) seinen Sohn, anvertraut. Aber dieser Sohn ist Mensch geworden und alles, was menschlicher Raum und menschliche Zeit und menschliche Geschichte zwischen den Völkern und den einzelnen Familien weben und hervorbringen mit ihren abertausenden Missgeschicken, Überraschungen, Ungereimtheiten, Nöten – ja mit den Folgen der Sünde, dem Leid und dem Tod, wird dieser Sohn Gottes auf sich nehmen. Er geht denselben Weg, nur die Sünde kennt er nicht. Auch sein Weg geht mit uns durch das Dunkel. Nichts wird bei ihm verändert, nichts beschönigt, alles bleibt wie bei allen. Die Schrift sagt: „Er ist in allem uns gleich geworden, außer der Sünde." (Hebr 4, 15)

Josef und Maria, die Jesus sehr nahe stehen, erfahren dies deutlich. Als der Knabe unerwartet in Jerusalem zurückbleibt, muss ihnen Glaube, Hoffnung und Liebe drei Tage lang zum Stab und zum Stecken werden, der sie führt. Auch sie werden aus den schweren Prüfungen nicht entlassen. Aber Jesus selbst strafft dann ihre Liebe auf das einzig wahre Maß, das für alle gilt: Zu erfüllen, was des Vaters ist.

Christliche Denkart hat das Leben der Heiligen Familie immer wieder idealisiert. In den Teppich rauer Geschichte webt die Nachwelt allzu leicht goldene und silberne Fäden hinein als Zeichen der liebenden Hinneigung und großer Dankbarkeit. Aber vergessen wir nicht, dass der ursprüngliche Teppich diese goldenen und silbernen Fäden nicht alle besaß, sondern wie unser eigener Teppich in den Feuern der Prüfungen gewoben wurde. Das Leben der Heiligen Familie war kein anderes Leben als unser Leben. Die göttlichen Tugenden des Glaubens und der Hoffnung von Josef und Maria waren keine anderen als die unseren. Glaube und Hoffnung bedeuteten für Maria und Josef, dass sie alle Tage jenseits des menschlichen Raumes und der menschlichen Geschichte auf Gott vertrauen, auch wenn sie alle Tage nur das erlebten, was das Leben mit sich bringt. – Im Hebräerbrief steht darum das Wort: „Es ist aber der Glaube das feste Vertrauen auf das Erhoffte, ein Überzeugt-Sein von dem, was man nicht sieht." (Hebr 11, 1)

Der Mensch hinkt schon immer auf zwei Seiten hin: Er ist in Gefahr, das Leben Jesu und in der Folge auch das seiner Heiligen zu stilisieren, ja zu 'entmenschlichen', so dass diese Großen des Reiches Gottes wie schwebend über diese arge Erde gegangen sind und ihre Füße diesen schmutzigen Lehm nie berührten. Sie trugen von Anfang an goldene Kronen und waren immer nur fromm, unberührt, rechtschaffen und gleichmütig. Wäre das so, stünden diese Heiligen so sehr auf Seiten Gottes, dass sie nicht mehr zu uns gehörten. Wäre dem so, dann wäre wohl auch Jesus vom Himmel als menschliches Phantom herabgeschwebt und hätte unser Fleisch nicht angenommen, sondern wäre eine menschliche Attrappe gewesen. Er aber nahm im Schoße einer Frau unseren Leib an, und in seinen Adern pochte unser Blut, und er war so wie wir: müde, hungrig, durstig. (Vergl. Jo 4, 6-8) Er wurde sogar versucht wie wir, sündigte aber nicht. (Vergl. Hebr 4, 15) Wenn aber Jesus kein anderes Leben lebte als das unsere, so lebten Maria und Josef auch kein anderes Leben als wir. Bei den Heiligen, die Jesus nachgefolgt sind, war es genauso. Sie sind unsere Brüder und Schwestern wie Abraham, Mose, Johannes der Täufer, die Gottesmutter Maria, der heilige Franziskus, die heilige Hildegard von Bingen und viele andere. Sie haben inmitten der Prüfungen geglaubt, sie haben ausgeharrt und sind zu Zeugen geworden inmitten des Angesichts ihrer Feinde. Sie haben den harten

Kampf wider sich selbst gekämpft und in bangen Nächten in ihren Gebeten zu Gott, dem Vater, gerufen, dass er sich erbarme. Dennoch aber haben sie sich nicht gescheut, um des Himmelreiches willen selbst ihr Blut hinzugeben, um in allem treue Knechte und Mägde Gottes zu sein und ihr Leben zu verströmen im Dienst an Bruder und Schwester.

Die zweite Seite, auf die hin Menschen steuern, offenbart, dass Menschen die göttliche Präsenz aus ihrem Leben ausradieren. Nach ihnen läuft nun das fatale Geschick dieser rollenden Kugel Erde seinem unausweichlichen Fall zu. Der Mensch aber, in dieses Räderwerk wie ein armer Gefangener verflochten, wird von des Schicksals Mächten in die Höhe gehoben oder in die Tiefe geschleudert. Denn es steht ja nicht mehr der Lebendige Gott, der Schöpfer aller Wesen, im Hintergrund seines Lebens, sondern die eisernen Gesetze der Mächte und Gewalten dieses rollenden Gestirns Erde. Dieses wiederum liegt eingebettet in den Feuern des größeren Kosmos.

Gott der Herr aber, der ewig Schaffende, wird von Männern eines liberalen Geistes ausgesperrt vom Kosmos samt seinen Mächten und Energien. Nach ihnen ist Gott in diesem irdischen Sein und Werden abwesend, und der Mensch muss folgerichtig seine Geschicke selbst in die Hand nehmen.

O armer und törichter Mensch! O törichte Parlamente, die durch ihr (um es einmal so negativ wie möglich auszudrücken) "Bla, Bla, Bla" der Welt das Heil bringen wollen! – Jesus aber, der den Willen seines Vaters als die allein gültige Maxime von Anfang an wie ein leuchtendes Banner aufrollt, widerspricht diesem völlig säkularisierten Geist eines absurden Menschen. Er weiß, dass der Vater bis zur Stunde wirkt, ins Verborgene sieht und das Gute vergilt. So ist dieses Wort Jesu in Jerusalem: „Wusstet ihr nicht, dass ich in dem sein muss, was meines Vaters ist?", ein Aufruf an uns alle.

Und wiederum: Es gibt nur eine einzige Haltung, die uns in die göttlich-menschlichen Geheimnisse unserer Existenz eindringen lässt: nämlich die des geduldigen Annehmens der Prüfungen und hernach die der tiefen Erwägung im Herzen. Dies tat die Gottesmutter. Sie erwog die Ereignisse stets von neuem im Herzen. Sie wusste die Antwort auch nicht, aber sie suchte danach. Sie betrachtete, was sie erleben musste, und spürte im Gebet deutlich, wie das Missgeschick erfüllt war von der Weisheit Gottes und wie aus den menschlich tragischen Ereignissen ein göttliches Licht zu leuchten anfing. Wahrhaftig, die Weisheit Gottes öffnet sich nur den Demütigen und den Suchenden. Die anderen gehen mit leeren Händen davon.

Wieder liegt eine Nacht hinter mir und ich bin auf der Straße. Ein Lastwagen kommt auf mich zu, einer, der als Pendler zwischen der Bahnstation und dem neu zu errichtenden Stauwerk eingesetzt ist, um den Zement zu transportieren. Damals waren die schwersten Lastwagen Europas spanische. Ich winke, und zu meinem Erstaunen hält er an.

„Sie wünschen?" fragt mich der Fahrer.

Ich antworte: „Ich habe noch einen sehr weiten Weg vor mir, könnten Sie mich eine Wegstrecke mitnehmen?"

Der stämmige Mann mustert mich, und da ich ihm nicht missfalle, hat er mich, den Wanderer, aufgenommen. Nachdem ich mich neben ihn setze, reden wir über Alltägliches. Ich frage:

„Sie arbeiten an jenem Staudamm, welcher der größte Europas werden soll?" Er nickt.

„Und was bewegt Sie dazu?"

Er antwortet: „Ich bin um diesen Job froh. Denn ich habe eine Familie zu ernähren und kann sie nun gut durchbringen. Dafür bin ich dankbar."

Er gehört zu den Namenlosen, die keine Revolution machen, aber treu sind. Er kritisiert nicht, sondern erwartet, dass die, welche die Pläne machen, exakt genug arbeiten, um ihm und der Familie das Leben zu ermöglichen. Kann er überhaupt Einblick nehmen in die Pläne der Großen? Was weiß er von den Magnaten und ihren Sorgen? Worin kann er ein Wort mitsprechen beim Bau des Stauwerkes? Das alles liegt weit über ihm und so fährt er sein Tagespensum und ist darüber hinaus ein Mensch, der seinen schweren Wagen anhalten kann, um einen Wanderer eine Strecke Wegs mitzunehmen. Er erfüllt sein Talent, das ihm gegeben ist, und er tut es in Liebe zu allen Wesen.

Als sich unsere Wege gabeln und er abbiegen muss, steige ich aus und bedanke mich herzlich. Er fährt weiter und ich nehme mein Tagespensum unter die Füße.

Das Band der Straße, das nicht enden will

Der Tag schreitet seiner Höhe entgegen. Die Sonne rückt mehr und mehr in den Zenit und wirft Feuer hernieder. Die Landschaft ist leicht hügelig und verliert sich nach allen Seiten hin in den flimmernden Dunst der Hitze. Das Band der Straße durchschneidet das Feld und teilt es. Fast geradlinig bohrt sie sich durch das Land bis in die Weite des Horizonts. Ich wandere auf dem

Asphalt, dessen Hitze mir entgegenprallt. Meine Füße schmerzen.

An mir brausen Autos vorüber; doch keines hält, obwohl ich versuche, sie zu stoppen. Aber wer will schon eines Landstreichers wegen seinen Wagen abstoppen, um ihn mitzunehmen. So schreite ich, so weit das Auge reicht, in weite Flächen hinein. Das Ziel liegt in der Ferne.

Erneut winke ich einem herankommenden Wagen. Ich sehe das Gesicht eines älteren Menschen. Es ist teilnahmslos. Er fährt vorbei. Meine Schritte gehen monoton weiter, aber um mich herum verändert sich nichts mehr: Es ist, als würde ich auf der endlosen Straße in einem ausgedehnten Feld still stehen und nicht vom Fleck kommen. Die Sonne brennt und auch ich brenne, und meine Gedanken sind ausgedörrt, und ich bin müde, und ich suche auf einer Straße voranzukommen, die nicht enden will.

Kein Baum und kein Gebüsch findet sich in der Nähe, nur verdorrtes Gras. Doch das gibt keinen Schutz. Neue Autos, die herankommen, verlieren sich im Band der Straße. Ich winke, aber ich kann niemanden überzeugen. So bin ich verdammt, die lange Straße Meter um Meter abzulaufen. Der Durst brennt, der Marsch wird härter und auch der Atem. Aber wenn auch die Landschaft wie stillzustehen scheint, um mich zu narren, ich muss weiter; denn erst die nächste Behausung der Menschen kann mir Schatten und Trank geben und einen Stuhl, auf dem ich ausruhe. Es gibt also keinen Halt.

Ein paar spärliche Bäume stehen am Wegesrand. Dort kann ich ausruhen. Der Schatten ist wohltuend und erquickt. Doch ich sehe weiterhin die dahin-ziehende Straße – und ich sehe mich selbst und betrachte mein Leben.

Es gibt kein Zurück, es gibt keinen Halt

Spiegelt sich so unser Leben wider? Erreichen wir nicht alle den Zenit unserer Lebenstage? Und liegt über unserem Leben, wenn es der Mitte zustrebt, nicht eine Fülle von Feuern, die in den tausend Belastungen von außen und von innen uns treffen? O Gott, Du bist uns oft so fern, und die tägliche Aufgabe zehrt und frisst und verbraucht. Doch, was bleibt anderes, als Tritt vor Tritt zu setzen, mag auch Schweres über uns liegen? Wir müssen und müssen weiter.

Denn nach jedem Schritt, den wir getan haben, versperrt eine unsichtbare Barriere, die in allen Jahrhunderten noch keiner überspringen konnte, das Zurückschreiten. Die Uhren, mit denen wir die Zeit messen, laufen nur nach vorne, keine einzige Uhr läuft zurück.

Es gibt kein Zurück! Es gibt immer nur ein "Nach-Vorn". Tausend

Möglichkeiten stehen uns offen, nach tausend Richtungen können unsere Kräfte ziehen, aber eine schließt sich beim Vorüberschreiten absolut aus und bleibt unantastbar bestehen: das Vorübergegangene, das schon Durchschrittene. Niemand kann die Zeit zurücklaufen in das Gestern, in vergangene Lebensabschnitte. Die Straße öffnet sich nur nach vorne und muss nach vorne durchlaufen werden.

Mag es monoton sein, mag Gluthitze oder Kälte uns einfangen, mögen wir uns nur noch meterweise voranschleppen, wir können nicht entfliehen, wir sind hineingefesselt in die Zeit. Das ist so klar und überdeutlich, dass wir darüber nicht zu diskutieren vermögen. Darin zerbricht jede Menschengewalt und Menschenwahn, weil der Mensch dem Vorübergang unbedingt unterworfen ist.

Unterschwelliges Kennwort der Moderne: "Veränderung"

Die Generation unseres Jahrhunderts hat einen Wahn. Das unterschwellige Ziel, das an Mark und Knochen frisst, heißt *"verändern"*. Hier sind nicht jene Veränderungen gemeint, die wissenschaftliche Errungenschaften mit sich bringen, sondern jene, die Generationen ummodeln möchten, wie das Stalin und Hitler versuchten, – oder wie es die "goldene, so weithin glänzende heutige Gesellschaft" unserer Tage versucht. Sie will nach Aldous Huxleys „Schöne neue Welt" einen neuen Menschen und ein neues Menschenbewusstsein kreieren. Daran arbeitet sie Tag und Nacht pausenlos und zäh im Hintergrund.

Sie will einen total an das Diesseits angepassten Menschen – ohne Gott. Darum: verändern um jeden Preis, verändern jedes und alles. Und wenn einer ein Wort gegen eine so faszinierende Ideen sagt, ist er das Fossil einer längst vergangenen Epoche, das keine Existenzberechtigung mehr hat und verabscheuungswürdig gemacht werden muss.

War das nicht einer der Gründe, dass wir glaubten, Darwin habe nachgewiesen, dass die Arten der lebendigen Wesen sich überlagern und auseinander hervorgehen – dass der Strom alles Lebendigen durch alle Lebewesen hindurchgeht und aus einer einzigen Wurzel aufsteigt? – Pulse nicht das Blut, das unsere Adern durchjagt, auch in den Adern von vielen anderen Arten? Sind nicht die Lebenskeime und Embryos beim Werden des Lebendigen in ihren Anfängen alle gleich? – Wandelt sich nicht das Leben ständig? Gehe nicht die drängende Evolution durch alle Lebensformen mit Kraft hindurch, um auf ihre erhabenen Ziele (leider für uns noch unbekannte) mit aller Wucht unausweichlich zuzustreben?

Wir aber, Baumeister und Planer, die wir nach dem Zweiten Weltkrieg das Auseinanderbersten einer technischen Welt mit staunenden Augen erleben konnten, wollen uns durch Forschung und Laborieren mit dem Prozess des Lebendigen verbrüdern, damit Neues werde. Dann sind wir "die Macher", und das "Gemachte" wird wunderbar und glorios uns gegenüber stehen, geformt "nach dem Bild und Gleichnis des Menschen" und nicht mehr nach dem Bild Gottes. (Vergl. Gen 1, 27)

Darum müssen wir verändern: die Welt, die Gesellschaft, die sozialen Strukturen: Umstürzen, Aufreißen, Neuwerden-Lassen. Der Kostenpunkt wird nicht erfragt. Auch nicht erfragt, was man konkret bei so gewaltigem Plan erreichen wird. Wichtig für diese Macher ist allein, dass eine Veränderung eintritt, und das um jeden Preis.

Planung Nummer "1" – Ah! Ah! Ah!
Der "Homo novus – Der neue Mensch"
Eine unglaubliche Hybris

Soziale Systeme und Ideologien werfen dann ganze Generationen in das gefräßige Maul ihrer Veränderungsmaschinerie. Der einzelne Lebendige, das Individuum also, zählt nicht mehr. Die Plansoll-Ämter und Manipulationsbüros kalkulieren nicht mit Individuen, sondern mit der Masse Mensch. Denn die Kalkulatoren des „Homo novus" werfen ein abstraktes Netz ausgeklügelter Ideen über die unverwischbaren Formen des einzelnen, um auszulöschen, was anders ist, um einzuebnen, was hindert, um nur noch die angesteuerte Gesamtform gelten zu lassen. Einen solchen Wahnwitz machen sie der "Gesellschaft und ihrer Bevölkerung" durch raffinierte Lügen und Täuschungen schmackhaft in den Medien.

Wer sich dagegen sperrt, wird in allen Systemen der Welt gewaltsam behandelt. – Dann tun sich die Tore der Gefängnisse wie in den Archipel Gulags auf – dann werden die Betten der Kliniken samt den Medikamenten missbraucht, um Gewalttaten auszuüben – dann entstehen in den Steppen Gewaltlager, in denen der Mensch den Menschen brutal tyrannisiert und auslaugt, bis er sich dem Tod neigt – dann wird der Mensch "für den Menschen" Planungsobjekt Nr. l, an dessen Leib ganz exakte und unsinnige Forschungsversuche durchgeführt werden, deren Kennwort „Wahnwitz und Größenwahn" heißt.

Das Leid der Tausenden zählt nicht, die Schreie dunkelster Nächte verhallen, der Strom der Tränen und des Blutes, entflossen aus zitternden Wunden und entehrten Herzen, wird missachtet. Der unsägliche Blick des Einzelnen und seine bange Frage: „Warum tust du mir solch Unmenschliches an?", geht ins Leere und trifft nicht. Die Kalkulatoren auf den Plansoll-Ämtern manipulieren und die großen Ideologie-Häuptlinge peitschen mit ihren Ideen die Völker. Sie jagen sie über eine Mediendiktatur bald heimlich, bald offen hierhin und auch dorthin, um das große Werk der Veränderungen mit Bravour zu vollbringen.

Dann marschieren sie uniformiert wie auf dem Roten Platz in Moskau; dann jagen sie Kulturrevolutionen übers Land wie in China, um die Kernsätze alter Philosophen durch moderne Ideologien zu stürzen; dann dröhnen die schwersten Maschinen wie Panzer, Raketen und Flugzeuge, welche Vernichtung bringen; dann wird der Glaube niedergetrampelt; dann werden widernatürliche Praktiken weltweit verherrlicht.

Doch was ist das Leid der Milliarden, wenn aus Morast und Schlamm von Tränen und Bitterkeit die leuchtende wunderbare Blume entsteht, noch nie dagewesen: „Jener veränderte neue Mensch einer neuen Menschheit in einer neuen Welt!"

Vergessen ist das Leid der Namenlosen. Die Erde hat ihren Schlund aufgetan und es begraben. Denn vor uns steht in den glühenden Strahlen der aufgehenden Sonne, herrlich wie am ersten Tag, das Werk des Macher- Menschen: der neue Mensch – der "Homo novus".

Und die Völker erfasst ein maßloses Erstaunen und sie alle stammeln fasziniert: „Ah, Ah, Ah! - Oh, Oh, Oh!" Es bleibt ihnen der Mund offen in der Verzückung, und sie blicken gebannt auf jenes Einzigartige, das in den Kalkulationsbüros der Ideologen und Versuchsanstalten herangewachsen ist und sich nun inkarniert hat. Seht da! Ruft laut! „Oh, welche wahre Erlösung! Oh, die erlösend heraufgeführte Züchtung! Oh, die große Zukunft des uralten Stammes Mensch!"

Darum: Veränderung, – ja, Veränderung um jeden Preis, auch wenn du und ich im Räderwerk eines solchen Tuns zu Brei und Kot zermahlen würden. Aber der Macher-Mensch trotzt Gott! – „Doch der im Himmel droben, der lacht!" (Ps 2, 4)

Und sie errichten das goldene Standbild des neuen Menschen; – und Völker, Sprachen und Nationen samt ihren Regierungen bringen ihm ihre Rauchopfer dar und werfen sich vor dem goldenen Standbild nieder. Sie tun es genau so, wie es einst unter König Nebukadnezar in Babylon geschah, dem Schadrach, Meschach und Abed Nego unter Einsatz ihres Lebens ins Gesicht widerstanden haben. (Vergl. Dan 3, 1-18)

Doch dann kommt die Nacht, in der du schläfst, und der Tag, an dem du dein Werk unternimmst, und du findest dich wieder mitten auf der Straße, auf dem Pilgerweg. Die Sonne brennt: Die Zunge ist ausgedörrt. Deine Beine sind schwer. Und die härteste Realität springt dich an, und du weißt es spiegelklar: Die Träume der Nacht und auch die des Tages sind Träume, welche einer überhitzten Phantasie entspringen, aber die Realität ist eine völlig andere. Die Wahrheit der Realität ist mit einem Gewicht versehen, das von keinem Menschen geleugnet werden kann. Darum ist das Wort Veränderung, so wie es die Völker peitscht, ein Narrenwort und mit einem Narrenkleid versehen. Und alle, die es heimlich forcieren, haben nicht die Wissenschaft geboren und erst zur Wissenschaft gemacht, sondern sie zur Narretei aufgebläht, die die Völker narrt. Denn es gibt absolute Gesetze, denen niemand entfliehen kann und die keinen Schatten der Veränderung kennen, es sei denn in unseren überhitzten Gedanken. Ist es nicht die Ironie von Aufgeblähten, dass sie sich rühmen, nur mit Messbarem und Zählbarem umzugehen, dann aber doch Traumgespinsten nachjagen, obwohl ihre wissenschaftlichen Träume nur dem Schein nach dem Messbaren oder Zählbaren unterliegen. „Tand ist das Gebilde von Menschenhand!"

Ein wahrhaftiger Einbruch in das Festgefügte, in das Mauerwerk des immerwährenden Seins ist keinem gelungen. Vom *Baum der Erkenntnis* (Gen 2, 9) im Paradies haben wir alle gegessen. Die Frucht war süß, aber die Erkenntnis bitter. Es ist uns dieselbe Erkenntnis geblieben wie die vom ersten Tag bei Adam und Eva. Wir erkennen, dass wir nackt sind, entblößt, ohne Schutz, preisgegeben den Begierden unserer unersättlichen Herzen.

Ach! Vom *Baum des Lebens* (Gen 2, 9) haben wir versucht zu essen. Doch dies scheint nicht gelungen zu sein. Immer dann, wenn wir unsere Hände nach dem Lebensbaum ausstrecken, essen wir von der Frucht des Todes, und das, obwohl unser Wissen scheinbar bis weit ins Uferlose gewachsen ist. – [Dreißig Jahre nach dieser Wallfahrt wird Papst Johannes Paul II. das erschreckende Wort von der "Kultur des Todes" aussprechen.]

Laboratoriumsversuche und Bastelstuben der Wissenschaft

Doch genau und schon hier beginnt auch die Ironie: Das Uferlose ist von uns Menschen nicht mehr zu fassen. Es überschwemmt uns und wir kämpfen ums Überleben. Zuchtversuche schlagen fehl. „Science fictions" bauen unsere Welt bis zur Unsterblichkeit der „menschlichen Rasse" aus, bis zur vollen Göttlichkeit der menschlichen Vernunft und ihrer Wissenschaft. Diese

Lügenmärchen züchten intelligente Tiere und beherrschen die Materie bis zu ihren untersten Fundamenten hin, vermeintlich bis in das Vor und das Zurück der Zeit. Und nicht genug damit. Die Versuche, die in unseren Büchern wie Märchen aus „Tausendundeiner Nacht" anmuten, überschwemmen viele Laboratoriumsstuben, wo man menschliches Leben analysiert und seziert hat und man die Bausteine auseinander legte, um sie hernach wieder anders zusammenzusetzen. Menschenmacher im wahrsten Sinne des Wortes, die über die ewige Gesetze verfügen, als ob sie deren Urheber wären.

Das ist der groteske Versuch, den "Baum des Lebens" (Gen 2, 9) in die Hand des Menschen zu bekommen! Und damit nicht genug! Es sind nicht die Dümmsten von uns gewesen, sondern der berühmte Professor von nebenan, der Hochschullehrer, der Leiter einer Akademie, lauter ernste und gesittete Männer mit Titel und Rängen, die sich an das Unglaubliche heranmachen und damit dem Wahn genauso verfallen sind, wie die Kleinen ihren Moden. Wenn es um die Züchtung des Menschen geht, ist plötzlich alles erlaubt, wenn man auch schamvoll verschweigt, dass man sich wie Gott gebärdet. Man gebärdet sich wie Gott, bis man dann vom Bollwerk unbeirrbarer Gesetze, die man leugnet, zerschmettert wird.

Keiner kann den unbeirrbaren Gesetzen entgehen

Denn im Hintergrund des Experimentierens lauert schon der Tod, weil der "Baum des Lebens" seine Geheimnisse nicht preisgibt, und das Wissen und alle Wissenschaften zusammen allein nicht genügen. Statt dessen töten wir brutal, um noch mehr zu erfahren, aber die letzten Geheimnisse der geschaffenen Dinge entziehen sich uns und steigen in Tiefen hinab, wo es uns verwehrt sein wird, ihnen zu folgen. Dort bleibt uns der Zutritt versperrt.

Unbeirrbares Gesetz: Nicht eine einzige Stunde zurücklaufen zu dürfen in das Vergangene, in die hinter uns liegende Zeit.

Unbeirrbares Gesetz: Mit unserer irdischen Lebenszeit gebannt zu sein in Stunden, Tage, Wochen, Monate und Jahre. Leben zu müssen im Fluss der Zeit. Nicht ein einziger von uns Menschen kann dem entweichen. Geburt und Tod sind die Eckpunkte unseres Daseins.

Unbeirrbares Gesetz: Träger eines menschlichen Leibes zu sein und doch nur zu seiner Haut zu kommen; denn die Geheimnisse unseres eigenen warmen Leibes öffnen sich uns nur durch Fremdhilfe. Wer sich operieren lassen muss, braucht den Arzt und meist den Operationssaal.

Unbeirrbares Gesetz: Bei der Zeugung ausgegangen von einem Punkt, der unserem personalen Zugriff entzogen ist. – Unser Gedächtnis (und so geht es jedem Einzelnen) reicht sporadisch zurück in die frühen Kindheitstage und dort verliert es sich. Unser Wissen weiß von unserer Geburt und dem Leben im Schoße unserer Mutter, als unser Herz anfing zu schlagen. – Doch dann rollt sich unser Wissen auf ein Minimum ein. Denn was geschah in jener ersten Sekunde, da die Zeugung mein Wesen hervorrief und ich dann da war? Einer, der nicht war, ist da. Aufgestiegen. Woher? Hier reicht das Wissen biologischer Gesetzmäßigkeit nicht mehr aus, ja schmilzt zu einer unbedeutenden Nebensächlichkeit zusammen gegenüber der Tatsache, dass ein Sein, das nicht gewesen ist, geworden ist, – und dass dort im Schoße der Frau Größeres geschah, als wenn aus kosmischen Stürmen und berstenden Feuern Welten geboren wären, oder als wenn der Himmel am Tage meiner Zeugung in wundersamen Farben von nie gekannten Schönheiten erstrahlt wäre.

Unbeirrbares Gesetz von nie auslotbarer Tiefe, dass Gott die Welt geschaffen hat. Zwar reden wir von Evolution und machen eine Hypothese zu einem strengen wissenschaftlichen Ergebnis. Wir stellen Tafeln auf, wann und woher Arten von Lebewesen kommen und gehen. Aber lügen wir uns nicht an, geblendet von unserem Dünkel, wenn wir Gottes Schöpfermacht einengen? Wer von uns weiß es denn schon, wie eine Tierart durch ihre Entwicklung in eine andere hinübergehen könnte? Wie kann man Prozesse, deren kleinste Einheiten in ihrer Abfolge unzählbare sind, in die kurzen Perioden von Jahrhunderttausenden einklammern? Und das ist nur das, was wir von außen her sehen können. Wer von uns kann denn „von außen her", von den niedergeschriebenen Ergebnissen unserer Elektronenmikroskope, Radioteleskope und Kalkulationen wissen, ob der treibende Motor des Werdens und Gewordenen in der Schöpfung der blinde Zufall ist oder die sinnvolle innere Steuerung, die ein geistiges Wesen, also eine Intelligenz gemacht hat?

Das Wort vom blinden Zufall aber klingt so unglaublich, dass es kein denkender Mensch redlicherweise ernst nehmen kann. Der "Zufall" von Jahrmillionen und in Millionen einzelner "Zufälle" hätte unsere Welt geschaffen, eine Welt, in der eine Mutter ihr glückliches Kind in Armen hält, eine Welt, in der ich staunend von einem strahlenden Sonnenuntergang entzückt bin.

Zufall? Was soll das bedeuten? Zufall? Ganz anders klingt das Wort, wenn auch zunächst dürr und wie eine Hülse, das Wort von der sinnvollen Steuerung. Doch dann gäbe es den Steuerer und dann würde die Dogmatik einer atheistischen Wissenschaft, getroffen an der Wurzel, wie ein Kartenhaus zusammenfallen. Denn alles, was uns umgibt an Licht und Gestalten der Lebensformen, geht hervor aus der Hand des Steuerers, des erschaffenden Gottes, – nach seiner göttlichen Bestimmung und seinen Gesetzen.

Wie schreibt die Genesis? „Im Anfang schuf Gott Himmel und Erde. Die Erde aber war wüst und leer und der Geist Gottes schwebte über den Wassern. Da sprach Gott!" (Gen 1, 1) – Gott sprach ein Wort! Es ist das Wort Gottes! Die Schöpfung geht also aus dem Wort des Schöpfers hervor, der alles, also auch mich und dich in der Stunde unseres Werdens aus Liebe gemacht hat. – Der Christ aber betet: „Ich glaube an Gott, den Vater, den allmächtigen, den Schöpfer des Himmels und der Erde." (Apostolisches Glaubensbekenntnis)

"Eritis sicut Deus – Ihr werdet sein wie Gott"

Wieder und genau an diesem Punkt bäumt sich der menschliche Größenwahn voll auf, weil Wirklichkeiten bei Leugnern nicht wahr sein dürfen. Denn Menschen bestimmen, dass es ihre Sache sei, die Gesetze unseres Lebens, der Länder, der Regierungen und der Staaten nach unserer Intelligenz und durch Abstimmung festzulegen. Der Mensch habe die entsprechende Macht und Befugnis. Darum geben sich die modernen Parlamente Gesetze, die der göttlichen Ordnung und der menschlichen Natur frontal widerstreiten. Sie kämpfen den Kampf gegen Gott! Sie sagen, da habe ein Gott, dazu noch ein außerweltlicher, nichts verloren. Was bei diesen Gesetzgebern nicht sein soll, darf nicht sein. Ihre Ideologien sind Wahnvorstellungen, doch diese beherrschen Jahrhunderte.

Aber dann kommt die Nacht, und du schläfst, und es kommt der Tag, an dem du dein Werk unternimmst, und du findest dich wieder auf einer nicht endenden Straße, auf einem Pilgerweg. Die Sonne brennt, die Zunge ist ausgedörrt, deine Beine sind schwer, und die härteste Realität springt dich an: Du kämpfst dich Meter um Meter müde weiter auf dieser Straße.

Und aller Wahn zerstiebt und enthüllt sich als Wahn, weil wir eingefangen sind in das Gesetz unserer Geschöpflichkeit, dem keiner entweicht. Denn selbst noch der Größenwahnsinnigste ist auf dieser Lebensstraße der Hitze und Kälte ausgeliefert, zuletzt der Krankheit und dem Tod, bis er fällt. Und sein Staub aus der Vermoderung seines Leibes wird von den Winden in die Welt verweht, so dass seine vermeintliche und eingebildete Unsterblichkeit, nicht zuletzt auch die Unsterblichkeit seiner Gedanken und Ideen, sich der Lächerlichkeit preisgibt. – Es ist voll anmaßender Gewalttaten und voll Lüge, wenn wir unsere Häupter dreist erheben, um Gott gleich sein zu wollen.

Die Demut und das ehrfürchtige Sich-Beugen vor IHM aber sind voll rauschender Gesänge des Jubels und der Freude und voll ungeahnter Horizonte, die uns entzückt in Gott entführen. – Wie sagt die Schrift? „Dem Demütigen aber gibt ER seine Gnade."

Gegrüßet seist Du Maria, voll der Gnade, der Herr ist mit Dir. Du bist gebenedeit unter den Frauen und gebenedeit ist die Frucht Deines Leibes Jesus. – Heilige Maria, Mutter Gottes, bitte für uns Sünder, jetzt und in der Stunde unsres Todes. Amen!

Ein Kloster
in der Wildnis der Berge

Schweigende Weggenossen und ein Touristenstädtchen
Ich dresche leeres Stroh — Du Kleingläubiger
Gesichert im Ungesicherten

Der Bus und seine Abenteuer
Das Trappistenkloster in der Wildnis
Gott wohnt auch bei mir und verlässt mich nicht
Ende der Busfahrt

Ausbeutung ist nicht zuerst eine Frage des Systems
Ändert nicht zuerst das System, sondern euere Herzen

Rosenkranzbetrachtung
„Jesus, der für uns Blut geschwitzt hat"

Ein Traktor mit Anhänger kreuzt meine Straße. Ich halte ihn an und er nimmt mich mit. Hinten im Anhänger sitze ich auf irgendeiner Wolldecke und vorne fährt der Fahrer in seinem Führerhaus.

Wir sind nun Weggefährten, wenn auch nicht lange Zeit. Doch wir fahren getrennt. Der Lärm ist zu groß, um einander Worte zurufen zu können. Außerdem ist er auf sein Fahrzeug konzentriert. Seine Aufmerksamkeit gehört der Straße. – Ich sitze dem Fahrer im Rücken und gehe meinen Gedanken nach. Ich würde ihn heute nicht wiedererkennen, aber er hat mir seinen Wagen und eine Wolldecke angeboten, ein Dienst des Entgegen-kommens, ein Mitleid mit dem Wanderer. Warum er es tut, weiß ich nicht. Er gehört zu den unzähligen Namenlosen, die einem Dürstenden einen Becher Wasser reichen. Der Herr sagt, dass dieser Becher Wasser im Him-melreich nicht vergessen wird. (Vergl. Mt 25, 34-35)

Am Mittag finde ich mich in einem reizenden Touristenstädtchen am Fuße eines Passes. Hier übt der staatliche Denkmalschutz sein Patronat aus. Die Leute taten das Übrige, um das Dorf attraktiv zu machen. Ich trete in eine Bar ein, setze mich an einen Tisch und schaue mir die Leute an. Der da ist ein Bauer, dort nach seiner Kleidung ein Handwerker, der dort arbeitet in einer Bürostube. Sie finden sich vor dem Essen zusammen und nehmen wie in Spanien üblich ihren Schluck Wein. Man liest die Tagesnachrichten, breitet die Zeitung vor den Nasen der andern aus und diskutiert. Man lebt und lässt leben. Gestikulierend, sprechend und sich amüsierend stehen sie beieinander, bis die einzelnen zum Mittagessen nach Hause gehen, um hernach wieder zu kommen. Ich sitze auf einem Eckplatz, bestelle mein Mittagessen und esse. Dabei lasse ich mir Zeit.

Mancher öffnet die Tür, fixiert kurz die Leute und verschwindet wieder. Wenn sie mich sehen, bin ich für diese Leute ein Objekt der Neugierde. Wer ist er? Woher kommt und wohin geht er? Ist er nur vorübergehend da oder tritt er ein in unseren Gesichtskreis, so dass wir mit ihm rechnen müssten? Warten wir ab.

■ „Was meinst du", fragt mich mein Begleiter, „kann man aus dem Gesicht eines Menschen ablesen, was er denkt?"

Ich schaue zu ihm hin, um seine Frage besser zu verstehen, aber er hat ein liebes und offenes Gesicht, so dass ich gar nichts daraus lesen kann.

Was soll ich ihm antworten? Seine Frage ist vielfältig und verfänglich.

So antworte ich: „Das kommt darauf an. Bei den einen ist es ganz leicht, zu erkennen, was sie denken. Andere lassen sich nicht durchschauen, so dass man nichts erkennen kann. Wieder andere heucheln. Sie besitzen die Technik, mit ihrem Gesicht Menschen zu täuschen. Zum Beispiel lachen sie dort, wo es für sie nichts zu lachen gibt, und weinen dort, wo es für sie nichts zu weinen gibt und führen dadurch in Irrtum."

„Und wie soll man sich verhalten, wenn es verschiedene Möglichkeiten gibt, Menschen einzuschätzen?" frage ich noch.

Kurz ist die Antwort: „Alle mit den Augen Gottes anschauen."

„Das ist leichter gesagt als getan," erwidere ich. „Wie soll ich denn Gute von Bösen unterscheiden, wenn sie ihr Gesicht verbergen?"

„Lass es Weile haben! Überstürze nichts und warte ab."

„Du meinst, der alte Grundsatz gilt: »Trau, schau, wem!« – Und wenn du einen Menschen kennenlernen willst, musst du viele kleine Details zusammentragen und versuchen, diese auf einen Generalnenner zu bringen. Doch auch dann bist du nicht sicher, ob du dich nicht irrst."

Er sagt: „Wenn schon der einzelne Mensch sein eigenes trügerisches Herz nicht kennt, wie will dann ein Dritter hinter die Masken der menschlichen Armseligkeit schauen können?"

Ich füge hinzu: „Das kann nur Gott! Nur ER weiß alles. ER weiß, was im Menschen ist und kennt die Tiefen der Herzen."

Fest betont nun mein Begleiter: „Also bleibt es dabei: Alle mit den Augen Gottes anschauen."

„Kann man sich da nicht leicht in die Irre führen?", frage ich.

„Natürlich."

„Gibt es keine Möglichkeit, von anderen nicht getäuscht zu werden?"

„Doch!", erwidert er. „Je mehr ein Mensch in der Gegenwart Gottes lebt und die Gebote Gottes hält, um so mehr erfährt er die Gegenwart des Heiligen Geistes, der erleuchtet und belehrt. Dort ist die Kraft der Unterscheidung der Geister, wie die Schrift sagt. (Vergl. 1 Jo 4, 1-6) – Der Glaube ist mehr als nur die äußere Etikette des Menschen. Er ist eine wahre innere Kraft der Seele. Wer immer der göttlichen Vorsehung vertraut, kann in seinem Leben nicht getäuscht werden."

Hinter dem Dorf steigt die Straße zum Pass empor. Es ist nachmittags drei Uhr und bis zum nächsten Dorf sind es viele Kilometer. So stehe ich dort an der Straße und warte, ob mich nicht jemand mitnimmt. Doch die Straße ist nur sehr spärlich befahren. Um die Zeit zu verkürzen und die Pflicht zu erfüllen, nehme ich mein Brevier, um es am Straßenrand zu beten. Die Sonne brennt, zugleich geht ein kalter und scharfer Wind. Er erlaubt nicht, die Jacke auszuziehen.

Ich warte eine ganze Stunde und noch länger. Selten kommen Autos, aber sie fahren vorbei. Langsam werde ich ungeduldig, mein Tagesziel nicht zu erreichen. Das bewirkt Angst und ein seltsames Gemisch von Gefühlen der Unsicherheit und Ratlosigkeit auf der Straße.

Ich ärgere mich, dass ich mich nicht aufs Gebet konzentrieren kann. Ich bin zerstreut. Ich betrachte die Straße mit dem Wunsch, mitgenommen zu werden, doch zugleich will ich auch Gott aus ganzem Herzen lobpreisen. Dazu bläst der Wind scharf übers Land und ich friere. Mein Glaube ist klein und ich bin voller Unruhe. – Wenn ich Motorgeräusch vernehme, warte ich darauf, dass der Wagen meine Straße befahre. Wenn der Wagen meine Straße befährt, warte ich darauf, dass er anhalte und der Fahrer mich einlade, mitzufahren. Auch möchte ich das Gefühl haben, freundlich angeblickt zu werden, um menschliche Nähe zu erfahren.

Sooft daher Motorlärm ertönt und ein Auto in Sichtweite kommt, beginne ich in Erwartung zu fiebern. Doch ich winke zwar, werde aber weder freundlich angeschaut noch mitgenommen, sondern das Auto fährt vorüber. Meine Erwartung wird enttäuscht, der kalte Wind bläst mir ins Gesicht, und mein Gebet bleibt zerstückelt und unkonzentriert.

Oft stellt sich unser Lebensweg so dar. Wir stehen ausgesperrt auf einer Straße, in Erwartung – ohne schützende Wände – in der Hoffnung, dass einer kommt, der einen einladend berührt. Dabei sind unsere Gebete zerstreut, weil wir die Hoffnung nach außen verlegen und nicht nach innen. Denn eine solche Situation aber ist nicht zum Beten geeignet.

Ich bete und dresche nur leeres Stroh: Du Kleingläubiger

Dann gilt das Wort, das uns Jesus zuspricht: „Du Kleingläubiger!" (Mt 14, 31) Die Psalmisten aber formulieren: „Besser ist es, auf den Herrn zu vertrauen als auf Menschen!" (Ps 118, 8)

„Kleingläubiger!" Wir schauen nicht auf Gott, sondern nach außen. Unser Leben hat harte Bedingungen, so dass wir die Verklammerung nicht sehen wollen, die uns in der Tiefe mit Gott verbindet. Außerdem lassen wir uns von den Missgeschicken treiben. Wer glaubt denn schon wirklich, dass alle Haare des Hauptes gezählt sind oder dass kein einziger Vogel herunterfällt ohne den Willen des Vaters, der im Himmel ist? (Vergl. Mt 10, 29)

„Kleingläubiger", der ich, als die Autos vorüberfahren, nicht eine Stunde des Wartens aus der Hand Gottes annehmen kann. Solche Stunden zeigen, wo wir vor dem Herrn, unserm Gott, wirklich stehen. Sie zeigen, wie weit wir noch entfernt sind von IHM, wie weit!!! – Wie sehr sind wir dem Vorübergang der Stunden und Tagen hingegeben, ohne SEINER zu gedenken? – Wie sehr mahnt uns die Schrift: „Werft alle Sorgen auf den Herrn, denn er kümmert sich um euch." (1 Petr 5, 7)

Zwar können wir unsere Lebenszeit nicht einen einzigen Augenblick festhalten. Dennoch richten wir uns ein äußeres Zuhause ein: eine elegante, moderne Wohnanlage, ohne zu wissen, wie lange wir darin hausen. So scheinen wir getröstet für Stunden. – Gesichert im Ungesicherten.

Doch wie oft müssen wir hören, wie innerhalb von Völkerschaften das Äußere in lodernden Bränden, im Ansturm einer Seuche oder Pest, in Hunger oder Kriegen zusammenbricht. – Und während das Äußere zusammenbricht, waren wir nicht im Inneren zu Hause – und „die ewigen Wohnungen" (Lk 16, 9), die uns der Herr bereitet, betreten wir nicht.

Wie wenig Halt hast du doch, wenn dir deine äußere Welt zusammenbricht. Oder wenn der Sturm über dich dahinrast und die tobenden Wasser das Boot quirlend überspülen wie auf dem See Genezareth, bist du deshalb rettungslos verloren, obwohl der HERR im Boot schläft und mitfährt? Warum schreist du so laut: „Herr, wach auf, wir gehen zu Grunde!" (Mk 4, 38)

„Du Kleingläubiger." – „Ach Herr, ich sehe und schaue DICH nicht." Und unser aufgeklärtes Jahrhundert sieht am allerwenigsten, dass Du ja ständig bei uns stehst – ja dass Du in uns wohnst und uns in Deinen barmherzigen Händen hältst, auch wenn wir in Schmerzen aufschreien. Es ist lauterste Wahrheit, dass kein Haar vom Haupt fällt ohne GOTT.

Jesus Christus diskutiert nicht über Fragen der Glaubenshaltungen, sondern er fordert ohne Zugeständnisse den Glauben. Das Wort „Kleingläubiger" spricht ER noch dort aus, wo wir alle Verständnis für die menschliche Schwäche haben, weil sie nur schwer zu überwinden sei.

Jesus aber reagiert anders als wir. Er erwartet von uns, dass wir um seine göttliche Macht gewusst hätten, obwohl wir sie nicht sahen. Er fordert, dass wir ungebeugt geglaubt hätten, obwohl wir nur Bruchstücke eines winzigen Glaubens aufwiesen. Und er schilt die Seinen ob ihrer Schwerfälligkeit. (Vergl. Lk 24, 25 und Mt 17, 17)

Wenn wir demütig wären, würden wir Gott glauben. Denn ER ist die Wahrheit. Der innere Anruf ist schon immer in uns. Das Wort Gottes findet wie von selbst in uns den Widerhall. Getroffen hat es uns auf jeden Fall. Nur wir sind nicht zu Haus, sondern schweifen mit unserem Geist die äußeren Welten ab. Beginnt nicht bereits hier das Gericht, weil das Wort zwar schon gesprochen wurde und uns getroffen hat, wir es aber nicht erkannten und es darum nicht aufnahmen?

Wozu bin ich geschaffen? Darum, dass ich heranwachse, um eine Frau zu nehmen und mit ihr Kinder zu zeugen? Darum, dass ich mit Traktoren mein Gut verwalte und mein Prestige festige? Darum, dass ich als Politiker Macht über andere ausübe und mich selbst verwirkliche? Oder sind jene Güter, die ich nannte: Familie, Besitztum, Macht nur Gaben, die dem Knecht zur Verwaltung übergeben sind?

Schon als mich meine Mutter barg, war ich für eine höhere Liebe bestimmt, für etwas, das den Rahmen meiner irdischen Zeit sprengt. Gottes Lob sollte immer aus meinem Herzen strömen. Denn ich weiß, dass wogendes Leben mich als unverschuldete Gabe durchströmt, die jener *GEWALTIGE* mir in den Schoß wirft. Darum müsste ein nie endender Gesang den Lippen entströmen, weil ich mich freue über das, was ER mir geschenkt hat.

Der Knecht richtet seine Augen auf den Herrn. Die Magd streckt ihre Hände der Herrin entgegen. (Vergl. Ps 123, 2) So und tausendmal mehr müsste unser Inneres dem Lebendigen Gott entgegeneilen. Wäre das Herz rein und nicht gespalten, dann wüssten wir, dass Jesus Glauben fordert. Wir wüssten, dass der Mensch leichtfertig die tiefsten Wurzeln verleugnet, wenn er den Glauben verliert.

Jedoch der Mensch von heute ist ausgezogen aus seinem Herzen und bei sich selbst nicht mehr zu Hause. Wie soll er da öffnen können, wenn der HERR kommt, um Gastmahl mit ihm zu halten? Wenn das innere Auge erblindet und unser inneres Ohr verstopft ist, sind wir blind und taub. Ein er solchen Generation gilt dann das Wort: „Sie haben Augen und sehen nicht. Sie haben Ohren und hören nicht, (Mt 13, 15) und ein Herz, und es tut sich für den göttlichen Gast nicht auf!"

166

An diesem Nachmittag weht der Wind kalt. Zwar scheint die Sonne, aber ich friere. Ich bete – doch das sind wie leere Worte in einer Bewegung meiner Lippen. Mit meinem Herzen bin ich irgendwo anders, bei der konkreten Sorge und Not. Ich vermag mich nicht zu lösen. Sie halten mich gefangen. Und immer halte ich Ausschau nach dem Vehikel, das mich befreien soll.

■ Er steht vor mir und lacht mich schelmisch an. Dann sagt er: „Wo warst du denn in deinem Geist, als du die Worte deines Stundengebetes heruntersagtest? Nennst du das Gebet?"

Einen Augenblick stehe ich beschämt und betroffen vor ihm da, hernach erwidere ich: „Du hast es leicht. Du musst dich nicht mit einer Leiblichkeit herumschlagen wie ich; du musst nicht während des Gebetes mit dem Schlaf kämpfen wie ich, wobei ich noch schläfrig wenigstens versuche, andächtig zu beten."

Er nickt und meint: „Euer Gebet vor dem Lebendigen Gott ist oft mechanisch, hat viele Löcher und verrinnt nur zu oft im Sand eurer Unaufmerksamkeit. – Wenn du es sehen und hören könntest, wie viele Menschen ihre Morgen-, Abend- und Tischgebete wie Katzen herunterschnurren, dann wärest du überrascht und wohl auch traurig. Sie sind mit ihrem persönlichen Bewusstsein kaum noch dabei."

Ich seufze: „Wie viel Geduld muss Gott, der Allerhöchste, mit unserer armseligen menschlichen Schwäche haben! – Wir beten und reden zu Gott, aber unser Herz ist noch immer mit irdischen Ballast angefüllt.", und schreiend rufe ich: „Schenke mir Du, o Gott, mein einzig wahres Ziel, in der Glut des Heiligen Geistes Deine beseligende Gegenwart, damit mein Leib und meine Seele in dir frohlocke!"

Auch er seufzt und spricht: „Ach! Wäre doch Gott wie ein beseligendes Licht ganz in deinen Gebeten gegenwärtig. – Ach! wärest du doch mit deinem Bewusstsein ganz eingetaucht in das Feuer seiner göttlichen Gegenwart! Ach! Wäre doch die lodernde Flamme deiner kleinen Anbetung im ewigen Feuer Gottes zu einer einzigen Flamme geworden, so dass aus zwei eins wurde, dann verstündest du, was es heißt, im Gebet mit Gott eins zu sein! – Wahrhaft, die täglichen Sorgen und vieles andere machen eure Seele taub."

Einen Augenblick lang verschließe ich die Augen und in meiner Ohnmacht klage ich: „Wir beten die Gebete herunter, sind aber oft mit unseren Gedanken nur halb anwesend. Die Inhalte des Gesprochenen ziehen an unserem Geist vorbei, aber wir beseelen sie nicht. Gott, der Herr, steht dabei meist nur halb vor unserer Seele. Es fehlt der Akt der Gegenwärtigsetzung Gottes in uns und das Bewusstsein der Gegenwart Gottes."

„Hör," spricht mein Begleiter zu mir, „ihr seid zu zerstreut und der Alltag fesselt euer Herz, so dass es ermüdet und sich nicht von der Erde erheben kann. Ihr schafft euch keinen Raum der Stille mehr, oft nicht einmal mehr Minuten des Ausgleichs und der Entspannung. Wo bleibt euch noch die innere Ruhe der Anbetung, das Hineingezogenwerden in die beginnende Liebe zu Gott, die Freude am Lobgesang und am Ewigen Leben? – Die Himmel der Himmel hallen wieder von nie endendem Jubel und Freude."

„Kannst du mir sagen, was ich tun soll?", frage ich noch.

„Singe doch im deinem Geist – wenn du im Augenblick nichts Besseres kannst – immer wieder ein Kirchenlied, langsam, ehrfürchtig und andächtig."

Kurze Zeit schweige ich. Dann werfe ich noch ein: „Aber wir haben doch die Sonntagsgottesdienste!"

Er nickt, bemerkt aber: „Einerseits sind sie nur noch spärlich besucht und für so manche eine lästige Pflicht. – Andererseits verehren IHN viele nur mit ihren Lippen, aber ihr Herz ist weit weg von IHM." (Vergl. Mt 15, 8)

„Herr!", rufe ich, „wohin sind wir geraten?"

„ER ist da! – ER ist immer da," ermuntert mich mein Begleiter, „ER geht mit dir, wohin du auch immer gehst." Dann lächelt er mir wieder zu: „Wende dich IHM zu und kehre ein in dein Herz, und du wirst IHN finden! – Für jeden, der sich aufmacht, IHN zu suchen, um zu finden, wird ER zur unaussprechlichen Seligkeit!"

Da frage ich: „Wirst du mich begleiten?" – Er schaut mich liebevoll an, und sein Gesicht erstrahlt wie eine freudige Ermunterung, die voll von lebendiger Hoffnung ist.

„Ja", sagt er, „ich gehe immer mit dir."

Der Bus nimmt mich mit und wird zum Abenteuer

Zurück zur Straße. – Endlich hört das Warten auf, und es kommt anders, als ich es mir vorgestellt habe. Als er an mir ein Kleinbus vorbeifährt, winke ich und er stoppt.

„Nehmen Sie mich mit?", frage ich.

„Unter den normalen Bedingungen", antwortet er.

Ich nicke und kann einsteigen. Der Bus ist voll besetzt und ich muss im Gang stehen. Die Männer und Frauen, die im Bus sitzen, haben Körbe, Taschen und Säcke dabei. Offenbar kommen sie von einem Markt zurück, wo sie ihre Geschäfte abgewickelt haben.

Ich bin in einen außerordentlichen Linienbus geraten, den ein Fuhrunternehmer steuert, um sein Geld zu verdienen. Auch die Atmosphäre ist wie in öffentlichen Linienbussen. Die einen schwätzen und die anderen schweigen, ganz in ihren eigenen Gedanken versunken. Die Fahrt geht zunächst in Schleifen bergauf dem Pass zu. Die Landschaft ist öde und kahl. Auf dem Bergrücken angekommen, geht es in Schleifen wieder hinab in ein Tal auf der anderen Seite des Gebirges.

Das Trappistenkloster, ein Ort der Heimat

Während das Auto dahinfährt, schaue ich zum Fenster hinaus. Da sehe ich einen Wegweiser, der in ein Seitental hineinweist. Auf ihm steht der Hinweis: „Trappistenkloster 8 km." Oft genügt ein einziger Blick, um in einem Menschen ganze Reihen von Gedanken und Bildabläufen zu entfalten. Darum wäre ich am liebsten zum Fahrer des Busses hingeeilt, um den Bus anzuhalten und auszusteigen. Ich wollte die Wallfahrt auf der Straße vergessen, um wenigstens ein paar Tage bei diesen Männern des Gebetes zu verweilen. Doch ich sitze im Bus fest und träume.

Dieser Wegweiser steht in einer Landschaft der Wüstenei und der Einöde und weist in die Berge hinein. Er zeigt auf ein Trappistenkloster, das hinten im Tal liegen muss. Dort hinten, abseits der Welt in der monotonen Einsamkeit einer kargen Landschaft, haben sich Menschen eingefunden, um ihr Leben Gott zu weihen. Sie haben die Ballungszentren verlassen, um in die Stille zu gehen. Auf den ersten Blick scheint dies ein Unsinn zu sein, eine Flucht, eine unfaire Abkapselung von der Schwere des Lebens.

Gehöre auch ich schon zu ihnen? Habe auch ich die Mutter Erde zurückgelassen, um in eine geistige Verstiegenheit einzusteigen? Zähle ich zu wirklichkeitsfremden Fanatikern? Denn was nützt jene hauchdünne Askese dieser Siedler am entlegenen Ort? Wem dient sie? Was vermag sie auszurichten gegenüber dem brausenden Leben unserer Dörfer und Städte? Was soll diese Einsamkeit zwischen dem drängenden Fleisch und Blut?

Ist das eine neue Zivilisation? Was tun jene Mönche? Ist das alles nicht blutleere Selbstzerfleischung? – Karl Marx sagt: „Meine Brüder, vergesst mir die Erde nicht!"

Aber die Mönche, die im Tal abseits wohnen in der Bergschlucht einer Einsamkeit, vergessen zwar die Erde nicht, aber sie leben für den Himmel. – Mich zieht es dorthin, auch wenn es mir verwehrt ist, an diesem Tag aus dem Bus auszusteigen, um zu ihnen einen Abstecher zu machen. So träume ich von ihnen.

Warum zieht es mich dorthin? Hart ausgedrückt, es steht sich die Alternative entgegen: Himmel oder Erde.

Doch ist das überhaupt eine Alternative? Die Frage des Warum hat mich erreicht, und sie pocht im Herzen und sie spitzt sich auf das Wort zu: 'Wem bin ich letztlich zugeordnet?'

Tiefer und tiefer gehe ich in mein Inneres hinein, – in mein Herz, meine Seele, meine Existenz. Und ich frage: 'Wem bin ich zugeordnet?' Und je tiefer ich eintrete in die Kammern meiner Existenz, tritt die Antwort auf mich zu: „Du bist von der Erde, aber zugeordnet bist du dem Himmel."

Der Spott eines ehemaligen Arbeitskollegen, damals eines Altkommunisten, lautete: „Den Himmel überlassen wir den Spatzen!" – Das Wort besteht zu Unrecht. – Sagte nicht die Muttergottes zu den Kindern von Fatima, als sie ihnen erschien: „Ich komme vom Himmel!" – Was hält mich nur zurück, den Bus anzuhalten, um in jenes Trappistenkloster zu gehen?

Was ist das? Vor meine Augen treten Bilder. Zwar fahre ich weiter, aber ich erfahre mich, wie einer, der im Bus träumt und im Traum dahinschreitet.

Da bin ich unterwegs zum Trappistenkloster. Die Sonne brennt und es ist sehr heiß. Der Weg ist lang. Staub sitzt in meinen Kleidern. Endlich, am Ende einer Schlucht, betrete ich einen breiten Talkessel. Ein paar Gebäude finde ich dort und eine Kirche. Ich suche die Pforte und finde sie. Sie ist verschlossen. Ich läute. Ein Mann tut auf. Er trägt seine einfache und längst abgetragene Kutte des Alltags.

Da schrecke ich auf, erfasst wie von einem warmen Glanz. Ich sehe, dass sein Antlitz hell und seine Augen freundlich sind. Er schaut auf mich. Er fragt nach meinen Begehren. Ich sage ihm, dass ich Priester sei und dass ich gerne für zwei Tage bei ihnen in ihrer Gemeinschaft wohnen möchte. Er führt mich in ein Zimmer und sagt mir, dass ich warten soll. Das Zimmer ist fast kahl, aber sauber. Ein sehr einfacher Holztisch und sehr einfache Stühle. Am Fenster ein paar Pflanzen und ein schmuckloses Kreuz. Da bringt der Bruder Milch und Brot und sagt, der Prior käme gleich. Und wieder trifft es mich. Ich spüre das Wohltuende, das ich nicht beschreiben kann und doch aber immer gesucht habe. Ich esse, was mir der Bruder gebracht hat.

Während ich esse, klopft es, und ein älterer Mann steht vor mir. Wieder durchfährt es mich, weil eine Kraft und Hoheit von diesem Mann ausstrahlt. Er blickt zu mir her und ich schaue zu ihm hin und sehe, dass seine Kleidung ärmlich ist und seine Haltung eine große Demut erkennen lässt. – Die Stärke der Demut fängt mich ein. Obwohl er mich prüfend betrachtet, strömt aus seiner Demut ein liebendes, wenngleich wissendes Durchschauen, dem ich mich ausliefern muss. Er setzt sich zu mir, schaut mir beim Essen zu und fragt dies und das. Ich sage ihm, dass ich gerne zwei Tage mit ihnen zusammen leben würde, um mit ihnen zu singen und zu beten.

Der Prior hat mir zugehört. Ich bin fertig mit Essen. Nun steht er auf, betrachtet mich noch einmal und nickt leise. Er ergreift meine Hand, schaut mir offen in die Augen und sagt, dass ich bleiben könne. Und während er mir in die Augen schaut, überkommt mich die Freude: Mir gegenüber steht ein dienender Bruder Mensch, der ja zu mir sagt, der mich aufnimmt. Nicht nur in seine Behausung, sondern in sein Herz und in sein Inneres, um mir Heimstatt zu gewähren. Keine Diskussion. Nicht ein Schwall von abgedroschenen Worten. Keine Beteuerungen oder Beschwörungen. Er nickt und nimmt mich mit dem warmen Blick eines Gegenübers auf, so dass ich Heimstatt habe, nicht nur in einem Gemäuer, sondern bei einem Menschen, der sich um mich kümmert. Ist das nicht jener Schatz, den ich so oft in der Welt bei vielen Menschen suchte und selten fand? Habe ich nicht eine unstillbare Sehnsucht nach dem Frieden dieses Mannes, der mich hier umfängt? Ist nicht für einen Augenblick hinweggenommen, was Hass, Neid und Streit anrichten und was da blutig mordet? So wird jene ursprüngliche Ordnung zwischen Herz und Herz wieder hergestellt.

Der Prior verabschiedet sich. Der Bruder kommt wieder und führt mich in eine Gastzelle. Ein Raum groß genug, um zu leben. Dort sind ein Stuhl, ein Tisch und ein Bett. Das Bett ist sauber überzogen. Dort finde ich auch eine Waschschüssel, Seife und Handtuch. Der Bruder – wie wunderbar klingt doch dieses Wort Bruder – fragt mich dann noch, ob ich noch einen Wunsch hätte und womit er mir dienen dürfe. Da ich verneine, geht er hernach leise aus dem Zimmer.

Nun bin ich allein. Ich darf ausatmen und zu mir selbst kommen. Ich bin glücklich. Von den Dingen, die ich sonst im Alltag benütze, fehlt alles, aber ich habe, was ich sonst vermisse, eine tiefe Freude und ein großes Glück in meinem Innern. Das ist mehr wert als die vielen Gegenstände, mit denen wir unsere Behausungen angefüllt haben.

Eine Glocke wird angeschlagen. Sie hallt in diesem Tal und ruft zum Gebet. Da sieht man die Mönche dieser brüderlichen Gemeinde zum Gebet schreiten. Sie haben ihre Arbeit unterbrochen. Alle kommen sie und setzen sich in ihre Bänke. Da gibt es kein auch noch so wichtiges weltliches Geschäft, das sie hindern könnte. Diese Männer arbeiten und sie arbeiten sogar sehr fleißig. Und doch ist das Wenige, das sie am Aufbau der Welt mitgestalten, von geringerer Bedeutung als die Anbetung Gottes, die sie täglich vollziehen.

Die Anbetung ist das Wichtigere. Deshalb singen sie jenes ursprüngliche Lob zu ihrem Schöpfer empor, das allen Menschenlippen entströmen müsste. Die Lobpreisungen durchpulsen ihr Tageswerk. Dieses Lob singen sie in der Nacht, während die Gestirne ihre Bahn ziehen. Dieses Lob tragen sie dem Ursprung alles Werdenden entgegen, während die Sonne sich am Horizont erhebt. Am vollen Mittag preisen sie Gott, den Vater, Sohn und Heiligen Geist. Und wenn der Tau des Abends sich niedersenkt und Müdigkeit die Glieder befällt, besingen sie jubelnd den Allerhöchsten. Sie singen am Tage der Freude, sie singen am Tage der Prüfung, sie singen am Tag der großen Not, sie singen am Tage des Kreuzes und des Leidens. Sie singen noch in den Stunden, da der Tod, der Bezwinger, unter ihnen weilt, um den heimzuholen, den Gott ruft. Alles Menschliche, das in ihren Herzen wohnt, und auch alle Bitten, die in Not geratene Menschen ihnen zugeflüstert haben, singen sie zu Gott empor. O ihr Menschenbrüder der Einsamkeit, ihr Zungen des lebendigen Gotteslobes!

O ihr Wesentlichen, die ihr unserer geschäftigen Hast und Unrast entflohen seid! O ihr Erfüllten, ihr vollbringt, was uns im Innersten unserer Existenz schon zugeordnet ist und in dem wir allein wahren Bestand haben. – O ihr Liebenden, ihr füllt die Täler aus und tragt die Berge ab, damit Gottes Liebe in seinem Sohne Jesus Christus herabkommen kann! Ihr verachtet nicht die menschliche Familie: Mann, Frau und Kinder, aber ihr gebt Zeugnis. Aus der Reinheit eures Lebens wächst die Schau Gottes. Der Herr steht euch gegenüber in seinem unfassbaren göttlichen DU. – ER, der euch läutert und liebt, lässt euch entzückend und erfüllend ins Ungenannte aufsteigen.

Als ich die Glocke schlagen höre, verlasse ich meine Zelle und gehe in die Kirche. Ich setze mich in die hintere Bank. Der leitende Priester zieht ein. Die Vesper beginnt: Gesang erhebt sich. Bald ist es einer, der singt, bald singen alle. Es ist, als ob jenes karge Tal im Licht einer Gnade erstrahle. Gesänge des Lobes und der Freude von Mund zu Mund, von Herz zu Herz, aufsteigend als Jubel, als Anbetung, als flehende Bitte zum Schöpfer der Wesenheiten, zum Thron des Urgrundes. Nun wird der Widerstreit der täglichen Spannungen gebannt, und der Liebe wird ein Weg bereitet, auf der sie im königlichen Kleid einherschreitet. Selbst die Tränen, die noch in den Wimpern glitzern, werden zum kostbaren Angeld, das nicht verworfen wird.

Die Vesper umhüllt mich wie ein Mantel der Geborgenheit. Hier bin ich mir näher als sonstwo. Der Gesang schwingt um mich wie ein Abendhauch der Ewigkeit, und doch wohne ich bei meinen Brüdern aus Fleisch und Blut, in deren Gastzelle ich mich niedergelassen habe. Dort ist Gott. Er wohnt unter ihnen, und er wohnt auch bei mir. ER wohnt durch sie mitten in der Welt.

Die Reinheit der Herzen dieser Männer lässt seine Gegenwart deutlicher werden. Das aber suche ich. Es ist etwas, nach dem ich in den verborgenen Winkeln dieser Welt Ausschau hielt. Ich suche Gemeinschaften, wo Gott wohnt. Ich suche Scharen von Männern und Frauen, die zur Anbetung berufen sind. Sie haben ihr Leben aus dem klaren und unbeugsamen Wollen ihres Geistes dem Lobe Gottes geweiht, damit das Ursprüngliche wieder aufstrahle und zum Zeichen werde für alle Menschen. Ich suche Gemeinschaften, welche die Forderung nach Buße und Umkehr erfüllen und die inmitten unserer Zeitlichkeit das Reich Gottes errichten; Männer und Frauen, welche die Kraft haben – wie Jesus – alle aufzunehmen, die mühselig und beladen sind, und deren Herz nach Trost sucht.

Christentum ist immer Reich Gottes und nie Weltreich. Das Wort Gottes hat den Menschen immer als Wanderer und Pilger benannt, dessen Straßen zwar auf dieser Welt beginnen, dessen Ziel aber im Jenseits liegt. Wir sind nicht dazu bestimmt, nur irdische Reiche mit Wolkenkratzern, Regierungsgebäuden, Parlamenten und Kasernen zu bauen. Das Hauptgebot der Gottes- und Nächstenliebe darf nicht einseitig auf Humanität reduziert werden, so dass die moderne Ethik nur noch darin besteht: „Du sollt deinen Nächsten lieben wie dich selbst."

173

Wer nur noch so formuliert und darin verkürzt, macht die Humanität zu einem Götzen, der vor Gott ein Gräuel ist. Wer darum aus dem Hauptgebot die Forderung der Gottesliebe streicht, ruft den Nihilismus herbei. Solche Wahnwitztaten haben unbeschreibliches Chaos hervorgebracht.

Dann fletschen die Menschen die blanken Zähne des Hasses und der Bosheit und zerschlagen sich gegenseitig Knochen und Gebein. Dann bricht zwischen den Familien eisige Kälte und Angst aus, die einen unterschwelligen Hass nähren. Wer so lebt, muss in einer Welt seelischer Wüsteneien und Sinnlosigkeiten hausen, die schon auf Erden wie das Tor zur Hölle sind.

Jene Männer aber, die in ihrer Kirche den Jubel des Lobes singen, heben Herz und Geist zu Gott empor: zum Vater, der im Himmel ist; zu Jesus Christus, der auffuhr und sich an die Seite seines Vaters gesetzt hat; zum Heiligen Geist, den uns Vater und Sohn senden.

Bei jenen Männern beginnt das Reich Gottes. Sie sind wahre und demütige Zeichen für unsere (ach) zu weltliche Welt. Darum habe ich Sehnsucht nach ihnen und hätte am liebsten den Bus angehalten, um auszusteigen. Die Schrift sagt: "Aus der Wüste brechen Wasserquellen hervor." (Ps 107, 35)

Rosenkranzbetrachtung
"Der für uns Blut geschwitzt hat."

Nachdem sie das liturgische Pascha-Mahl gefeiert haben und Jesus, ihr Meister, ihnen im Neuen Bund sein Fleisch und sein Blut zum Vermächtnis gegeben hat, „haben sie das Dankgebet gesungen und sind aufgebrochen". (Mk 14, 26) Die Straßen Jerusalems liegen im tiefen Dunkel. Es ist Nacht und sie gehen vor die Stadt, dorthin, wo der Ölgarten sich befindet. Am Rande des Gartens sagt Jesus zu seinen Jüngern: „Setzt euch hier nieder, während ich bete." (Mk 14, 32) Er nimmt nur Petrus, Jakobus und Johannes mit sich. Nachdem sie in den Garten hineingegangen sind, sagt Jesus: „Meine Seele ist betrübt bis in den Tod. Bleibt hier und wacht." (Mk 14, 34) Dann geht er einen Steinwurf von ihnen weg, wirft sich auf die Erde und betet, dass seine Stunde vorübergehe. Er spricht: „Abba, Vater, alles ist möglich. Lass diesen Kelch an mir vorübergehen, doch nicht, was ich will, sondern was du willst, soll geschehen." (Mk 14, 36)

Was geschieht in der Einsamkeit jener Nacht? Was bedeutet jene so lastende Stille, die auf der Kreatur liegt? Jesus sieht den Ablauf der kommenden Geschehnisse vor seinen inneren Augen. Er weiß, dass Judas mit den Hohenpriestern verhandelt und ihn, seinen Meister, um 30 Silberstücke verkauft hat. Er weiß auch, dass sie jetzt unterwegs sind, um ihn in Fesseln zu legen. Er sieht sich in der Amtsstube der Hohenpriester Hannas und Kajaphas stehen, umrahmt von Hassern und Spöttern. Man wird ihn ohrfeigen und anspeien. Er sieht den Gerichtssaal des Hohen Rates, die Anklagen und Quälereien, das Geschrei seiner Gegner und die Verurteilung. Er sieht den Gerichtssaal des Pontius Pilatus, hört den lauten Schrei „Kreuzige ihn!", den das verführte Volk brüllt. Hernach sieht er sich gegeißelt, mit Dornen gekrönt, das Kreuz schleppend und am Kreuz sterbend. – Er, das Lamm Gottes, das die Sünden der Welt hinweg nimmt, wird vor Gott, seinem Vater vollkommen gehorsam. Er weiß, dass die Sonne sich verfinstern, die Erde beben, viele Tote den Bewohnern von Jerusalem erscheinen und der Vorhang des Tempels zerreißen wird. Er sieht auch das Ende des Judas.

Von den Bäumen des Gartens dringt ein angstvoller Ruf in die Nacht: „Abba, Vater, lass den Kelch vorübergehen." (Mk 14, 36) – Zertreten wie ein Wurm liegt er am Boden. Sein Schweiß wird zu Blut, das zur Erde rinnt.

Jesus steht auf und geht zurück zu den drei Jüngern Petrus, Jakobus und Johannes. Der Weg fällt ihm schwer. Auf seinem Antlitz zeichnet sich eine tiefe Betroffenheit ab: Sie schlafen! Er weckt sie und redet sie an: „Simon, Du schläfst? Konntest Du nicht eine Stunde wachen? Wachet und betet, damit ihr nicht in Versuchung fallet. Der Geist ist zwar willig, aber das Fleisch ist schwach." (Mk 14, 38)

Es ist nirgendwo beschrieben, wie die Jünger diese Worte aufnehmen und was in ihnen vorgeht. Sie erkennen die drohende Gefahr der Stunde nicht, die schon an der Tür steht. Weder ahnen sie das Unheil, das von außen her an sie heranrollt; noch sind sie sich der Gefahr ihrer inneren Schwäche bewusst, die sie in der Stunde der Prüfung fliehen lässt. Sie sind schlaftrunken; sie können die seelische Not Jesu nicht erfassen; sie legen sich erneut zu Boden und schlafen weiter.

Jesus ist zurückgegangen an den Ort der Agonie. Sein Schreien zu Gott wird durchdringender und flehender: „Lass diesen Kelch vorübergehen" – und trotz der tödlichen Enge fügt er aus letzter Kraft des Herzens hinzu: „Aber nicht mein, sondern Dein Wille geschehe." (Mk 14, 39)

Eine neue, noch schrecklichere Todesangst rollt heran, um ihn zu fassen. Wieder schaut es Jesus! Doch das Bild ist nicht mehr Jerusalem und sein eigener blutiger Kreuzweg, den er heute und morgen gehen wird, sondern das Bild ist das Panorama der Sünden der Welt und die der gesamten Geschichte der Menschheit.

Es beginnt bei Adam und seiner revolutionären Verwegenheit: „Zu sein wie Gott"; dann der Brudermord Kains an Abel; die Sintflut und Babylon entblättern sich vor seinen Augen; die Geschichte Abrahams und seiner Nachkommenschaft, aus der er selbst stammt, steht vor seinem Geist. Wie viel Gemeinheit, Schmutz, Auflehnung und bittere Schwäche selbst in seinem eigenen Stammbaum. Er aber ist das Lamm Gottes, das hinwegnimmt die Sünden der Welt. Er sieht im brennenden Dornbusch Mose; Israel wie es auszieht aus Ägypten; die Wüstenwanderung, das Gelobte Land, die Propheten, die Zerstörung Samarias, der Fall von Jerusalem und er schaut das Jetzt, das Heute, den Augenblick.

Er schaut das Kommende bis zum Gräuel an heiliger Stätte; die Klagemauer und die Zerrissenheit der Stadt Jerusalem, und darin die Zerrissenheit der Menschheit; er sieht die unzähligen hochaufragenden Götzen, vor denen sie schreien, lärmen, tanzen, opfern; er sieht das Zerbersten der Babylon-Türme von gestern, von heute, von morgen.

Am schmerzlichsten aber berührt ihn seine Kirche und der unerbittliche Kampf, der gegen den Felsen Petri tobt, um ihn zu Fall zu bringen: Die Gräuel, die Verbrechen und die Verleugnung des höchsten Gottes fallen mit ganzer Wucht über ihn – über ihn, das Lamm Gottes.

„Abba, Vater, lass den Kelch vorübergehen." (Mk 14, 36) Auf ihm lastet die Sünde aller. „Sein Schweiß ist zu Blut geworden, das in Tropfen auf die Erde fällt." (Lk 22, 44) Aber sein Wille ist ungebrochen: „Vater, nicht mein, sondern dein Wille geschehe." (Lk 22, 42) – Er kann nicht mehr! Zermalmt liegt er im Staub der Erde, von dem der Mensch genommen ist.

Da steht vor ihm ein gewaltiger Engel. Dieser, von Gott gesandt, bringt ihm die Hilfe seines Vaters. Er stärkt ihn und tröstet ihn. (Vergl. Lk 22, 43)

Nirgendwo wird deutlicher als bei der Agonie im Ölgarten, dass sich in Jesus Christus erfüllt, was die Propheten und dann vor allem Johannes der Täufer vorausgesagt haben: „Sehet da, das Lamm Gottes", das hinwegnimmt die Sünden der Welt! (Jo 1, 29) Der Prophet Jesaja wird sagen, dass an ihm „keine Gestalt und Schönheit" mehr sei. Aber der Prophet fügt hinzu, dass wir „durch seine Striemen geheilt" (Jes 53, 3+5) werden.

Christus gibt sein Fleisch hin für das Leben der Welt; er vergießt sein Blut zur Vergebung der Sünden. Er ist die kupferne Schlange auf dem

Signalmast, den Mose einmal errichtet hat. Bei deren Anblick der Mensch, der vor Gott gesündigt hat, nicht zu sterben braucht, obwohl das tödliche Gift der Schlangen schon in ihm wirkt. (Vergl. Num 21, 5 und Jo 3, 14)

Christus ist der Neue und Ewige Bund, den Gott mit der sündigen Menschheit schließt, um alle, die an Christus glauben, zum Ewigen Leben heimzuführen. Er ist wie einst in Ägypten das Blut an den Türpfosten der Israeliten, das den rächenden Engel abhält zu töten. (Vergl. Ex 12, 7-13) Er ist der Heiland und Erlöser der Welt.

„Wenn ich von der Erde erhöht bin, werde ich alle an mich ziehen" (Jo 12, 32), sagt Christus. An diesem seinem Kreuz zerbricht die Macht Satans, zerbricht der Stolz und die unsinnige Revolution des verblendeten Menschen, zerbricht der Tod – und Gott kehrt zurück zur Erde, die er in der Frühe der Schöpfung als Paradies geschaffen hat.

Noch steht der Blutschweiß in seinem Gesicht, als Jesus zurückkommt zu seinen Jüngern: Und sie schlafen. – Auch sie haben Augen, die nicht sehen, Ohren, die nicht hören, ein Herz, das nicht begreift. Sie erkennen die tödliche Gefahr nicht. Jesus sagt ihnen: „Schlaft nur weiter und ruht! Siehe, die Stunde hat sich genaht, da der Menschensohn in die Hände der Sünder überliefert wird. Steht auf! Wir wollen gehen! Siehe, der mich überliefert, ist nahe." (Mt 26, 45-46)

Und heute? – Während die Kirche ein neues Gethsemane durchleidet, schlafen viele Bischöfe und Priester und merken nicht, was die Stunde geschlagen hat. Sie lassen den Herrn am Kreuz seiner Kirche allein und nicht wenige verraten ihn.

Während Jesus noch zu den Aposteln redet, kommt Judas, einer von den Zwölfen, und mit ihm eine große Schar mit Schwertern und Knütteln bewaffnet, die von den Hohenpriestern und Ältesten des Volkes ausgesandt sind. Der ihn ausliefern wird, hat ihnen ein Zeichen angegeben und gesagt: „Der, den ich küssen werde, der ist's. Den nehmt fest!" Und er geht auf Jesus zu und sagt: „Sei gegrüßt, Rabbi!" und küsst ihn. Jesus spricht zu ihm: „Freund, wozu bist du gekommen!" Da treten sie hinzu, legen Hand an Jesus und nehmen ihn fest. (Vergl. Mt 26, 47-50)

Und siehe, einer von den Begleitern Jesu streckt die Hand aus, zieht sein Schwert, schlägt auf den Knecht des Hohenpriesters ein und schlägt ihm ein Ohr ab. Da spricht Jesus zu ihm: „Stecke dein Schwert in die Scheide. Denn alle, die zum Schwert greifen, werden durch das Schwert umkommen. Oder meinst du, ich könnte nicht meinen Vater bitten und er würde mir nicht sogleich zwölf Legionen Engel zur Seite stellen? Wie aber würde dann die Schrift erfüllt, dass es so geschehen muss?" (Vergl. Mt 26, 51-54)

Das Ende der Busfahrt

An diesem Tag hält der Bus jedoch nicht an, sondern wir fahren weiter. Bald sind wir am Fuß des Berges angekommen und fahren in ein breites Tal hinein. Vor uns liegt eine größere Ortschaft. Wir halten an. Ich frage den Fahrer, was ich zu zahlen habe. Er taxiert mich und verlangt eine Summe, die weit über dem Fahrpreis liegt. Ich spüre, wie die Menschen um mich herum einen Augenblick erstarren und aufhorchen. Sie fühlen das Unrecht. Jedoch schweigen alle. Keiner wagt ein Wort. Betretenheit, Schweigen, Gleichgültigkeit! Nach dem Gesetz: „Heute du, morgen ich!" Ich überlege, ob ich zahlen soll oder nicht. Ich habe ihn angehalten, bin eingestiegen und auf seine Bedingungen eingegangen, darum muss ich auch zahlen.

Nun ist noch ein ganz anderer Fall eingetreten, mit dem ich beim Warten nicht gerechnet habe: „Mitgenommen, ja, aber ausgebeutet." Dem Fahrer gebe ich den Geldschein. Er steckt ihn für sich wohlwollend ein. Er sieht nur mein Geld. Mich sieht er nicht.

Ausbeutung ist nicht eine Frage des Systems, sondern des Menschen

Ausbeutung! Dies ist eine der bittersten Wirklichkeiten für Millionen von Menschen, die von Ausbeutern bis aufs nackte Fleisch ausgenützt wurden. Ausbeutung ist aber auch ein "Manipulationswort" unseres Jahrhunderts, das mit viel Blut beschmiert ist. Die Kommunisten haben gegen Ausbeutung gekämpft und zugleich andere ausgebeutet. Auch ist "Ausbeutung" Grundstein und Schlüsselbegriff einfallsreicher Ideologien, die zu absurdesten Gedankenkomplexen führen.

Und da ist ein Mann, der mich ein wenig nur ausgebeutet hat. Vielleicht stammt er als ein schlauer Bauer oder Handwerker aus einer armen Familie von den Gehöften am Berg. Er hat gewuchert mit Können, aber auch mit unfairer List. Man brauchte ihn und darum bezahlte man. Er brachte es zu einem Kleinbus, aber sein Herz ist unersättlich. Jede Chance benutzend, will er morgen schon einen Wagen der nächsthöheren Ordnung fahren. So beutet er aus. Er beutet aus, weil sein Herz vergiftet ist und nicht, weil er ein Kapitalist ist oder einem System falscher Marktordnung angehört. Ausbeutung ist nie zuerst Sache eines Systems, sondern ist immer zuerst die Sache des konkreten einzelnen Menschen, der in jedem System zu Hause ist.

In jedem System (auch in dem kommunistischen) gibt es darum die Ausbeutung. Sie ist nicht heilbar, auch wenn man das System wie ein Kleid wechselt; denn der konkrete Mensch bleibt der gleiche. Sie ist nur heilbar, wenn der Mensch sich ändert. Systeme und Staaten aber haben selten als Systeme und Staaten Menschen zum sittlich Guten verändert: Sie haben höchstens veränderte und sittlich hochstehende Menschen in ihren Dienst genommen. Denn die wahre Veränderung des menschlichen Herzens kommt allein aus dem religiösen Wurzelboden und nicht aus der Staatsraison. Vom Wurzelboden her spricht Gott zu uns, und so erwächst uns aus der erhabenen Größe der Würde Gottes die Gottesfurcht. Wahre Nächstenliebe schenkt uns die Schau der Gerechtigkeit, die uns zunächst zwingt, jedem zu geben, was ihm gehört. Die Forderung, von der Oberfläche zur Tiefe zu stoßen, ermöglicht uns Menschlichkeit, weil der Mensch nur im Göttlichen ganz Mensch sein kann.

Ändere zuerst dein Herz, dann magst du auch das System ändern

Wahrhaft: In Blut und Feuern löst ein System der Versklavung und Ausbeutung das andere System ab. Die einen der Machthaber und Sklavenhalter wurden gestürzt, andere Machthaber, genau so gierige und ehrgeizige Wölfe wie die Vorgänger, haben sich auf die leeren Throne gesetzt. Die Farbe wurde gewechselt, die innere Gier der Herzen und des Götzendienstes ist die gleiche geblieben.

Die Geschichte unserer Jahrhunderte ist voll von Beispielen: Da waren zwei Bauern, stattliche Männer. Jeder von ihnen hatte einen Hof von 200 Hektar Land. Den beiden Bauern waren zwei hübsche, schöne Frauen gegeben und beide Paare hatten Kinder: je zwei Mädchen und zwei Knaben. Im Stall hatten sie Glück, und ihre Anwesen gediehen. Doch diese beiden Bauern waren sich gegenseitig neidisch und standen einander in böser Feindschaft gegenüber. Streit und Hass wogten zwischen den Höfen und vergifteten die Liebe. Die Ordnung der Güter war gleich, aber in den Herzen wohnten der Wurm und die Finsternis. Solche Fälle gibt es Tausende. Chroniken, Romane und das tägliche Leben erzählen sie.

Die Frage lautet: „Welches System soll sie erlösen?" Es wird sie kein System erlösen können. Denn ihre Erlösung ist nicht eine Frage des Systems. In dieser Beziehung gilt das Wort Jesu und es erweist sich als wahres Wort:

„Tuet Buße, bekehrt euch! Denn das Himmelreich ist nahe." (Mt 4, 17) – Denkt um und ändert eure Gesinnung! – Suchet in eurem Innern, in eurem Herzen den Fehler und merzt ihn aus.

Da ist auf meiner Pilgerfahrt ein kleiner Fuchs mit seinem Bus, einer der unteren Kaste. Seine Ausbeutung schmerzt mich, obwohl sie völlig harmlos ist. Aber ich habe sie nicht vergessen. Zugleich denke ich an jene Millionen, die man um alles geprellt hat: Hab und Gut, Heimat, Frau und Kinder, Freiheit und Selbstständigkeit. Wie entsetzlich ist der Schrei um Gerechtigkeit, der zum Himmel steigt. Diese Sünden sind himmelschreiend.

Daher bleibt die Grundforderung: „Ändert nicht zuerst das System, sondern ändert eure Herzen." Denn ist nicht das "System-Ändern" eine Zauberformel, um aus dem zauberreichen Nichtstun eine heile Welt hervorzuzaubern, die es gar nicht geben kann?

Aber das Wort: „Ändere Dein Herz!" ist ein Gericht und harte Arbeit mit sich selbst vor Gottes Angesicht! Wenn das Wort Gottes in unserer Mitte wieder zählt, beginnt der Weg der Erlösung, wird eine gute Welt! Dann werden sich auch die Ordnungen einstellen, die unseren Staaten Bestand geben. Denn zuerst zählt der Segen Gottes und nicht die Kraft des Menschen.

Nachdem ich den Bus verlassen habe, suche ich noch einmal per Autostopp weiterzukommen. Es gelingt mir relativ rasch.

■ Da spricht mich mein Begleiter an: „Hast du nicht den Eindruck, dass es ein kleine Betrügerei war, was der Fahrer und Besitzer des Busses dir angetan hat, und dass solches nicht der Ordnung Gottes entspricht?"

„Natürlich!"

„Hältst du das, was er dir angetan hat, für schlimm oder böse?"

Ich sehe zu ihm hin, lächle leicht und gebe zur Antwort: „Eine echte kleine Lumperei, als er mich ein wenig ausgenommen hat!"

„Ja! Ja! – Der Sache nach geringfügig, aber der Lumperei nach sehr unangenehm!"

„So ist es!"

„Und was sagt dazu dein Herr und sein Ewiges Gesetz?"

„Gott, der Herr, will, dass alle Gebote, große und kleine, gehalten werden. In den Psalmen steht geschrieben: *„Ich habe dir meine Gebote gegeben, damit du sie getreu beachtest."* (Ps 124, 9) Das gilt im Großen wie im

Kleinen. Auch die kleinen Sünden müssen bereut und sollten – wenn möglich – gebeichtet werden."

„Darf ich dich fragen? Sag mir, ist eine kleine Sünde etwas wie eine nette, geringfügige Schlitzohrigkeit, die vor Gott nicht zählt?"

„Nein!", antworte ich sofort.

„Und was ist sie dann?"

„Auch sie beleidigt Gott! – Wenn auch diese Beleidigung deshalb das Band zwischen Gott und Mensch noch nicht zerreißt, so wird die Beziehung dadurch belastet."

„Wer Gott liebt, meidet die lässliche Sünde?"

Ich antworte: „Gott ist so groß und so über alles erhaben, dass für uns auch eine kleine Sünde eine wahre Schande ist, selbst wenn wir IHN auch nur in geringen Dingen beleidigen."

„Wer sündigt, liebt Gott nicht?"

„Ja! – Und Gott bestätigt dies, indem er sagt: "Wer meine Gebote hat und sie hält, der ist es, der mich liebt." (Jo 14, 21) Die Liebe offenbart sich im Halten der Gebote. – Auch Gott gibt uns seine Gebote, weil ER uns liebt und vor dem Bösen bewahren will."

Da schaut mich mein Begleiter mit Augen an, deren Glut hineinsieht in die Abgründe der Unendlichkeiten, und er ruft mahnend: „Seine göttlichen Gebote mögen uns vor dem Absturz in die Tiefen der Gottvergessenheit bewahren."

Nach diesem Gespräch wende ich mich meinem Fahrer zu. Er fährt nicht nach dem Plan meiner Landkarte; denn er fährt einer Bergkette entlang, um mich am späten Nachmittag in einer größeren Ortschaft abzuladen. Die Berge stehen wie mächtige Rundkegel in der Landschaft. Lange Zeit fahren wir auf halber Höhe an einem Fluss entlang, der steil unten in der Tiefe rauscht. Eine Brücke dort zu bauen, wäre wohl zu teuer. Am Ende einer langen Fahrt kommt dann endlich die ersehnte Brücke und hernach fahren wir auf der anderen Seite des Flusses die Straße wieder zurück. Unten in der Tiefe rauschen die Wasser. Es ist ein seltsam eingeschnittenes Tal, aufstrahlend in der Beleuchtung des späten Nachmittags. Es gibt wenig Bäume. Auch die Hängen der Berge haben weder Sträucher noch sonstige Gewächse. Karg, trostlos und unfruchtbar ist das Land. Ich sehe kaum Häuser und selten

Menschen. Man meint, hier seien die Anfänge einer Wüste, die man lieber flieht, als eine Lebensgemeinschaft mit ihr einzugehen.

Gegen sieben Uhr abends erreichen wir das Dorf. Es liegt in einer Mulde, die mit Kastanienbäumen umsäumt ist. Im Dorf herrscht voller Lärm und volles Leben. Die Frauen tragen ihre Waren weg, ein Markttag geht zu Ende.

Wie üblich suche nach der Kirche, um dort den Pfarrer zu finden. Er gibt mir eine Zelebrationszeit für den anderen Tag an und empfiehlt mir ein Gasthaus. Er scheint ein vielbeschäftigter Mann. Nach kurzem, belanglosem Plaudern trennen wir uns wieder. Ich gehe zum Gasthaus, esse dort etwas zu Nacht. Nach dem Nachtessen ziehe ich mich bald zurück, um zu schlafen.

In der
Provincia de Salamanca

Zum ersten Mal sehe ich einen Olivenbaum
Glutvolle und lebendige Gegenwart
Die Wirklichkeit Gottes kennt Spuren und Abbilder

Die sich öffnenden Straßen haben alle ein Ziel
Die Leugnung Gottes ist eine todbringende Pest
Nur der Tor spricht: Es gibt keinen Gott

Der seltsame Alte mit der goldenen Uhrenkette
Ich kenne Ihre Zeichen
Alles Wirkliche zeigt sich unübersehbar in Zeichen

Rosenkranzbetrachtung
„Jesus, der für uns gegeißelt worden ist"

Ich habe den Weg eingeschlagen, dessen Straße abwärts in eine weite Flusslandschaft hineinzieht. Dort begegne ich zum ersten Mal Olivenhainen. An und für sich eine belanglose Begegnung. Doch ich habe die Augen eines Kindes, dem Neues widerfährt. Denn ich habe noch nie leibhaftige Olivenbäume gesehen, obwohl sich aus der Heiligen Schrift ganze Geschichten angesammelt haben. Olivenbäume haben etwas Heiliges. Ich habe sie mit ehrfürchtiger Scheu angeschaut. Ihr Grün leuchtet im niederfallenden Strom des Sonnenlichtes und entzückt mir Herz und Gemüt.

Die Geschichte von den Olivenzweigen kam mir in den Sinn, welche die Kinder von Jerusalem Christus entgegenbrachten; der Ölzweig des Noach, den eine Taube im Schnabel trug; der Ölgarten, in dem Christus Jesus litt und sein Schweiß wie Blut wurde; das Olivenöl, das der barmherzige Samariter dem von den Räubern zu Boden Geschlagenen in die Wunden goss. Auch bei der Spendung des Sakramentes der Krankensalbung wird Olivenöl zugrunde gelegt. In der Geschichte Gottes mit den Menschen begegnet einem der Olivenbaum, von dem nährende und heilende Kräfte ausgehen. An diesem Tag nun ist mir ein wahrer Ölbaum begegnet. Ich verspüre eine große Freude. Schon unterwegs habe ich nach Ölbäumen Ausschau gehalten, und nun sehe ich ihn vor mir in seiner leuchtenden Pracht.

Warum sind wir Menschen so? Warum verhüllen sich Dinge, die wir "wissen" und gelernt haben, der lebendig lichterfüllten konkreten Schau? Warum müssen wir oft Jahrzehnte warten, bis wir von Angesicht schauen dürfen, ihnen gegenüberstehen, wie ich diesen Olivenbaum sehe, den Wind in seinen Blättern hören, ihn riechen darf und versuchen, mit den Händen zu betasten. Nun hat sich die "zeichenhafte Erkenntnis" in meinem Gedächtnis als Wirklichkeit enthüllt. Unverschleiert steht er in seinem Dasein vor mir, lebendiger, als wir es gelernt oder uns vorgestellt haben.

Es zeigt sich, dass die Wirklichkeit abgründiger ist als die abstrakten Gedanken unseres Gehirns. Wir suchen das *glutvolle Gegenüber* von Menschen und Dingen tausendmal mehr als das akrobatische Spiel von Bildern in den Fernsehkisten, als durch Abstraktionen und Ideen, die wir analysieren und synthetisieren, um Menschenwerke zu bauen.

Glutvolle und lebendige Gegenwart

Glutvolle Gegenwart, Verweilen in der sich öffnenden Stunde lebendiger Begegnung, Abschied von den in uns hausenden Ideen, denen immer noch ein Zeichenhaftes anhaftet, innerste Sehnsucht meines Seins, die Schleier zu durchbrechen und dem unverhüllt Wirklichen gegenüberzustehen.

Aber in unseren irdischen Lebenstagen wird uns dies nicht gegeben. Vieles verhüllt sich, öffnet sich nur schrittweise dem Demütigen oder es verschließt sich ganz. Ich habe Ölbäume sehen wollen und habe sie geschaut und ihre Gestalt hat sich eingeprägt und das Olivgrün ihrer Blätter und ihrer knorzigen Stämme, oft uralt. Wenn ich sie später wiedergefunden habe, habe ich sie wie alte Bekannte begrüßt. Was ist aber, wenn einer von Olivenbäumen weiß, ihnen aber nie begegnet, obwohl er ihnen sogar gegenübersteht? – Dann sieht man einen Gegenstand, aber man sieht ihn eigentlich nicht. Dann schaut man eine andere Person, aber man schaut sie nicht.

Darum, was geschieht, wenn einer von vielen geschaffenen Dingen weiß, ihnen aber nicht begegnet, obwohl die Dinge ihm vor Augen stehen? Sie tauchen rechts und links an der Lebensstraße auf und verschwinden wieder.

Was wird, wenn der Lebensstrom der inneren Bilder in die Dürre eines funktionalen Denkens absinkt? Wenn Menschen andere Menschen, ihren Leib und ihren Geist nur noch schemenhaft sehen, sodass der andere zur Ziffer wird, zur Zahl, zum verschlüsselten Zeichen für das Computergehirn?

Wird ein Mensch, der so agiert, nicht Gefangener seiner inneren Dürre? Er ertrinkt in der seelischen Mechanik von Ideen, weil ihm das Einmalige der lebendigen Begegnung verlorenging. Dann wächst der Schatten der Sinnlosigkeit und sein Leben wird zum Wüstenweg, der sich dahinzieht, und er kennt keinen Baum, keinen Busch noch Gesträuch mehr, sondern nur die Glut der Existenz. – Zieht sich aber die ausdörrende Glut über Jahre dahin, kommt es zum Geschrei des Sinnlos-Chaotischen.

Sind es nicht jene, die Gott gar nicht finden können, weil sie weder den Menschen gefunden haben noch das Lebendige noch das Leblose dieser Schöpfung. Sie haben nicht einmal sich selbst gefunden. Ihre Antriebsfeder ist die "Nur-Vernunft". Darum bleiben sie in der Funktionalität der Zahl stecken, aber vom Schleier, der über allen Dingen und ihren Geheimnissen liegt, wissen sie nichts? Genau diese sind es, die in die Welt hineinschreien, Gott sei tot. Dass aber dieser Schrei das Zeichen ihres blinden Herzens ist und eine letzte Mahnung an ihre Blindheit, scheinen sie nicht zu merken.

Begegnungen mit der Wirklichkeit: dem personalen Du eines liebenden Menschen, mit einer Pflanze, einem Tier, einem Vogel wie beim heiligen Franziskus, mit Gesteinen, Wasser, Feuern, Winden und der steigenden und fallenden Sonne. Begegnungen mit der Wirklichkeit von Mann, Frau und Kind in der Mitte des Lebens – Stunden, in denen das Eigentliche schon deutlicher sichtbar wird – Augenblicke, in denen das Ewige durch das Zeitliche hindurchbricht – Erfüllung, weil die wahre und reine Liebe wie eine göttliche Flamme aufbrennt – weil die zeitlose, ewige Wirklichkeit Gottes in seinen Spuren und in seinen Abbildern durch die Schleier hindurch der Seele freudig entgegenkommt.

O wie töricht sind Menschen, die während ihrer Ferien in vierzehn Tagen fünfzehn Städte besucht haben und gar nicht merken, dass sie um vieles ärmer sind als der, der in derselben Zeit sich mit einem einzigen Kunstwerk beschäftigte, es öfters besuchte und es in sich verinnerlicht hat.

Und unsere Schulen und Universitäten? Sind unsere Lernprozesse nicht vielfach in Funktionalitäten abgerutscht? Herrscht in ihnen nicht die Monotonie, das unausweichliche MUSS und die Überfülle des Stoffes? Bleibt noch Raum für das Kind und den Jugendlichen, damit sie den Dingen und dem Menschlichen liebend begegnen können, oder werden sie überspült von der Mechanik des Wissens einer Lehranstalt, welche Seelen mordet? Liegt nicht hier die bittere Not und die Frage nach dem Sinn offen zu Tage?

Über dreißig Jahre habe ich warten müssen, bis ich einen Olivenbaum unverhüllt und unmittelbar sehen konnte. Und so wie ich warten musste, so müssen wir auf viele Ereignisse warten, so sind wir letztlich die großen Wartenden, die dem Herrn entgegenharren, um Ihn bei seiner glutvollen Offenbarung einstens (wie beim Olivenbaum) von Angesicht zu Angesicht schauen zu dürfen. Wahrhaftig, in allen Dingen ruht ein Gleichnis.

Der magische Kasten und seine Manipulationskraft

Auch dieser Tag schreitet voran. Am späteren Nachmittag befinde ich mich dann in einer Beize, wo ich mich etwas erholen möchte.

Und dann kommt, was jeden Tag in diesen Bars oder Gaststätten mit harter Präzision wiederkehrt. Der Fernsehapparat wird angestellt und die mondäne Welt wandert mit ihren Angeboten und Sorgen in dieses entlegene Dorf und damit in die entlegensten Flecken und Täler, wo menschliches Leben sich regt. Das gefräßige Tier der Information, der Lichterspiele und der Shows schlägt Augen und Ohren der Menschen in Bann. Es fesselt!

Licht leuchtet auf, Stimmen brechen aus der Wand hervor, Anrufe erfolgen. Schon richten die Zuschauer ihre Sitzgelegenheiten neu ein, menschliche Kontakte und Gespräche werden abgebrochen oder reduziert, und ein geheimnisvoller Bannkreis erfasst seine Opfer.

Nun starren sie angepeilt und hypnotisiert auf den Kasten, aus dem der "große Bruder" redet. – Er redet und redet. Er redet von fernen Welten und von nahen, zeigt Bedürfnisse auf und ihre Lösungen, beschwört, überzeugt, gibt religiöse Inbrunst. Daneben gibt er Sachinformationen zu menschlichen Spannungen, zeigt den Brand eines Hauses, – dann Wasserfluten, die Städte überschwemmen, – dann die Pistole eines überspannten Fanatikers. Bilder entfachen den Brand leiblicher Begierde oder zeigen Bettszenen und klagen.

Die Bilderwand leuchtet auf und blendet ab, die Flut der Bilder wogt heran und ebbt wieder ab. Unser Innerstes wird verzaubert von Wirklichkeiten, die für uns gar nicht wirklich sind. Wir schlagen uns plötzlich mit Problemen herum, die gar nicht die unsrigen sind.

Der Mensch wird sensibilisiert von Geschehnissen, die meilenweit von seiner Stube und seiner Arbeit entfernt liegen, Geschehnisse, die aber in seinem Herzen nun auf und ab wogen und ihn durchaus fesseln.

Plötzlich beginne ich zu träumen. Wieder träume ich: Ich sehe mich als eine Gans. Zwei, drei, vier Menschen stehen vor mir. Sie halten mich fest. Ich schreie und will los. Sie halten mir den Mund zu. Dann bringt einer eine starke Schnur. Sie fesseln mir Arme und Beine. Danach lassen sie mich liegen und gehen davon. – Und die Gans wird gefüttert mit Informationen, Vorlesungen, Nachrichten, Spielen, Kontakten, usw. Der Kasten läuft. Ich bin wie gefesselt. Ich komme nicht weg. Ich muss zuschauen. – Die Gans wird gestopft. Man reißt ihr den Schlund auf und stopft einen Brocken hinein und immer noch einen Brocken, und wenn der ganze Magen schon überfüllt ist, noch ein paar Brocken als Zugabe.

Urplötzlich finde ich mich in meinen Gedanken wieder auf der Straße. Zwischen Horizont und Horizont geht mein Weg. Der Staub, der wehende Wind und die Gluten der Sonne sind meine Gefährten. Die Menschen, die mir begegnen, sind alle ganz genau gezeichnet durch die persönlichen Linien ihres Gesichtes, durch das lebendige Leuchten ihrer Augen und durch die tragende Kraft ihrer aufgerichteten Leiblichkeit.

Das ist keine Schablone, sondern jeder hat sein Schicksal. Und wir kommen und gehen, grüßen und schreiten weiter. Aber außer den Worten, die wir unterwegs austauschen, schweigt die Straße. Sie sperrt die Informationen und lässt sie nur spärlich fließen. Hier ist reell das Dahinschreiten und die Mühsal. Hier läuft stets das gewählte Ziel mit, auch wenn es noch uferweite Strecken entfernt ist. Hier gibt es im Schweigen der Nacht unter dem Leuchten der Tausenden Lichter des Himmels die große Stille – oder den schweren Nachmittag im Brand des herabfallenden Sonnenlichtes – oder den Sturm, der peitscht und den endlos strömenden Regen. Hier ist alles in tiefe Freude eingehüllt oder in die zu ertragenden Mühsale. Aber hier ist immer alles wahr, weder verkürzt noch ausgewalzt, alles im Gang eines menschlichen Lebens.

Auf dieser Straße, auf diesem zu wandernden Weg, mag jene Nachricht und Information wichtig sein, die verbindlich ist und zum Weg gehört, alles andere aber ist hinderlich. Es hält auf und blockiert. Es würde festnageln; denn der innere Leerlauf unnötiger Bilder lässt die wahre Welt verblassen, während die konkrete Wirklichkeit jedes Tages uns ständig neu herausfordert. Die Straße, wenn sie begangen wird, blockiert die Bilderflut, sperrt Informationen aus, beraubt künstlicher Faszination, aber hält uns in der Wahrheit, in der Wahrheit zu uns selbst und unserem mühevollen Gang, zu den begegnenden Menschen, zu unserem Ziel.

Und da wird das Spiel verdreht: *»Der Nicht-Informierte ist besser informiert als der Viel-Informierte.«* Der Schweigende schaut die Wahrheit härter als der von allen Bildern Gejagte. Der in der Stille Schreitende hat noch ein Ohr für das Wort, während der von den Furien unzähliger Wörter Gepeitschte im Strudel der auf ihn einstürzenden Wasser von Informationen untergeht. – Ist das nicht das wahre Elend jener Millionen, die an ihre Apparate gefesselt sind, dass sie die Worte nicht mehr wiegen können?

Sie tragen das Wort Gottes nicht mehr liebend in ihren Händen, sie erwägen es nicht mehr sanft in ihren Herzen, es kann nicht mehr wachsen und Frucht bringen in ihnen. Statt dessen stürmen die Worte endlos wie rauschende und heranstürzende Fluten über sie hinweg, – eines verdrängt das andere, – eines ersetzt das andere, – eines spült das andere hinweg, – und das viele Licht macht das innere Auge fast völlig blind.

Nun wissen sie alles und wissen nichts. Nun haben sie alles gehört und doch nicht verstanden. Nun wächst die öde Sinnlosigkeit, weil ja schon längst alles zu einen grauen einfarbigen Brei eingeebnet wurde, in dessen Schlamm der Mensch verkommt. Reiht man es aneinander, so ergibt dies ein wahrhaft "absurdes Theater" von Themen und Bildern, die fesseln sollen:

Nachrichten – Kriminalfilme – Werbungen — Sozialkritiken – Nachrichten – Wort zum Sonntag – Western – Reports – Kurzfilme – Krimis – Werbungen – Kritiken – Gottesdienst – Krieg – Tänze – Western – Krimis – Gewalttätigkeiten – andauernde Bettszenen – liebliche Kinder – süße Wangen, goldener Mund – Werbesprecher – Nachrichten – Hochzeiten – Ängste – Lustspiele – Shows – Werbesendungen – die königliche Prinzessin – trautes liebes Kindlein – knallharter Gangster – Diskussion um Homosexuelle – Rede des Bundeskanzlers – Tänze und Shows – Nachrichten – Werbungen – Erstbesteigung des Klauberberges – Diskussion über Abtreibung, vier dafür, drei dagegen – Werbesendungen – Begründungen über Fluglärm – Eheprobleme – Western – mehrere Reports – Sozialinflation – Werbungen – Betrügereien – Hungersnöte – Nachrichten – Kinder, Buben und Mädchen – die Ansprache eines Präsidenten – Städtebau – Zeremonien eines Afrikastammes – Hindus und ihre religiösen Zeichen – Ansprache des Papstes im Petersdom – Kritik an der reichen Kirche – Krimis – Werbungen über Haarsprays – Echo aus dem vorderen Orient – verkrachte Eheproblematik im Haus – Gewalttätigkeiten – schönes Eheleben – Brutalitäten – Tänze – Western – Nachrichten – Werbungen.

Immer mehr ebnet sich alles ein und das Bild fließt und zerfließt, wechselt, leuchtet auf und ab, flimmert, – da redete einer, schreit einer, flucht einer, überzeugt einer mit Brille und intellektuellem Gesicht, überlistet einer, redet einer und sagt und spricht, einmal unter der frommen Maske, dann unter der Maske der Brutalität, dann unter der Maske des Politikers und des Predigers, Stars, Managers, Biedermanns.

Aus! Ende! Schluss! Ich habe genug! Wenn ich auf der Straße dahinschreite, ist der Kasten ausgeschaltet. Nun leuchtet die wirkliche Sonne. Nun begegnen einem Menschen aus Fleisch und Blut, samt ihren wahren Ängsten und Sorgen inmitten ihrer Arbeit.

Nun versinken die verschwommenen Bilder, die aus den Fernsehträumen noch nachglühen. Die wahre Erde mit ihren Farben nimmt wieder Konturen an: Wasser ist Wasser, Stein bleibt Stein, und Staub ist Staub. Es riecht nach frischem Gras. Die Erde duftet und die Vögel zwitschern und irgendwo singt einer aus der Freude seines Herzens sein Lied. – Ich bin einer abscheulichen Mühle entkommen, den zermalmenden Bildern und erwache aus ihnen noch wie benommen zu einem neuen Morgen. Ein Tag beginnt, ein wirklicher Tag, mein Tag auf meiner Straße, die mich führt und mich reich machen kann.

Ein Tag, der Arbeit fordert, beginnt. Ich werfe den Samen aus, so dass er wachsen und reifen kann. Ein Tag beginnt, an dem ein Wort nicht mehr ein Wort aus tausend Wörtern ist, sondern jedes seinen Duft und seine Farbe hat und seine Gewichtigkeit, die es entweder einordnet ins Unbedeutende oder auch ins Leuchtende emporhebt. Dort wird deutlich, wer hinter dem

Wort steht und was das Wort sagt. Ein solches Wort trägt Gestalt und Form, Sendung und Auftrag und verliert sich nicht in eine auswechselbare Schablone hinein, die von geschickten Manipulatoren überall im Fernsehen eingesetzt wird. – Dann kann des Ewige Wort Gottes wieder Gestalt annehmen.

Der Tanz der Schablonen oder der Klischees

Schablonen und Klischees sind es doch, die vom Fernsehen ständig eingesetzt werden. Schablonen wirken wie Reize und Auslöser, deren Steuerungskraft wir im Tierreich deutlich ablesen können. Auch bei uns wird die große magische Kraft unseres Innern oft durch Klischees angesprochen, durch ihre Mechanismen berührt und in Tätigkeit versetzt. Das aber ist für uns Menschen gefährlich, weil wir nur allzu leicht hinter das Allgemeine einer Schablone flüchten wollen, um dadurch die persönliche Verantwortung abschieben zu können.

Doch dann verstricken wir uns in das Dickicht: In die Schablonen von Mann und Frau, – von Mutterbrust, Mutterschoß und der zeugenden geschlechtlichen Kräfte, – in die Schablonen von Weib und Kind, – in die Schablonen jeglicher Uniform: die des Kriegers, des Professors, des Pfarrers, des Lehrers, des Polizisten, des Gammlers, des Kriminellen und des Detektivs, – dann in die Schablonen des Krieges oder des Friedens, der Freund- oder der Feindbilder, – in die Schablonen der Zärtlichkeit oder die der Brutalität und Grausamkeit – und in die vielen tausend anderen, mit denen wir versuchen, unsere inneren Wunschbilder zu sättigen. Sie sind aber meistens nichts anderes als die Macht geschickter und wissender Manipulatoren, die mit ihren Klischees und Schablonen uns missbrauchen wollen, was auch zu gelingen scheint.

Ja, wir versuchen wahrhaft auszubrechen aus unserer vermaledeiten Erde und ihrer fluchbeladenen Scholle. Darum schweben uns ständig die Sehnsüchte unserer Wunschbilder vor Augen. Wie schwer ist es doch für eine Frau, die in Schmerzen geboren hat, mehr als zwanzig Jahre ihres Lebens sich mit ihren Kindern herumzuschlagen, bis ihr fast der Atem ausgeht. Und ihr Mann? Wie viele Flüche und Schweißtropfen kostet es ihn, die Nahrung und Kleidung für alle zu erarbeiten. – Warum sollte man diese harten, aber so notwendigen Arbeiten des Lebens nicht durch zauberreiche Versprechungen erleichtern? Die tausend Tricks der Schablonen aber verwandeln die bitteren Nöte in ein scheinbar heiteres Spiel. Denn der Kasten zaubert uns in seinen Hunderttausenden von Bildern vor, was wir besitzen könnten und noch nicht besitzen. Das aber geschieht, – was lächerlich und eklig zugleich ist, – immer mit stereotyp lächelnden Frauen und Männern, mit freudig erregten Menschengesichtern, mit Frauenbrüsten, mit netten spielenden Kindern, mit Heiterkeit und Schwerelosigkeit, so, als ob unsere Erde ein Paradies wäre. Unsere inneren Kräfte des Wollens werden dadurch umgesteuert und streben nun mit hoher Kraft auf das Erreichen des unbeschwerten Wünschenswerten, – auf das irdische Paradies.

Unsere Ziele sind dann gar nicht mehr unsere wahre, aber harte Menschlichkeit, die uns zu leben aufgetragen ist, – oder die kommende Generation in unseren Kindern und Kindeskindern, die wir zeugen dürfen, – oder die Liebe und Ehrfurcht vor dem heiligen ewigen Gott, von dessen Hand uns unser Leben geschenkt wird.

Unsere Ziele liegen dann im glühenden Erlangen jenes gleißenden Paradieses, ganz so, wie es uns die tägliche Bilderflut ins Ohr spricht und wir unser Inneres damit belichtet haben. Dann findet eine stille Revolution statt, eine heimliche Perversion, und unser Herz wird durch diese vordergründigen Faszinationen fixiert und gebannt.

Den Höhepunkt solcher unwirklicher Verheißungen bilden dann die Parteien und ihre Wahlkämpfe, in denen sie das Heitere des Himmels versprechen, vor allem den noch größeren Wohlstand, – das noch immer unbeschwertere Leben ohne Kind und Kegel. Hier endlich kann man einhandeln, ohne geben zu müssen. Nach den Wahlen geht es dann im alten Trott weiter. Es wird eine anhaltende Jugendlichkeit, die man sich vorgaukelt, zum ständig wiederkehrenden Fixpunkt, der trösten soll und doch die Wahrheit nicht trägt. Dann leben wir gar nicht mehr unser hartes Leben, sondern wir leben in den zeitlichen Paradiesesbildern, die wir uns vorgaukeln lassen. Sie beherrschen über lange Zeit hinweg unseres Lebensablauf, betrügen uns aber am Schluss. Denn wir sind einer Scheinwelt zum Opfer gefallen.

Jesus Christus lehrt: „Wer sein Leben gewinnen will, verliert es; wer sein Leben verliert, gewinnt es." (Mt 16,25)

Die Schablonen als Maske

Die Scheinwelt stellte zwar den Einzelnen und sein Schicksal in ihren Schablonen dar, aber dieser einzelne ist gar nicht gemeint, sondern im Grunde ins Namenlose verwiesen, weil er nur die Maske abgibt für ein gestaltloses Allgemeines. Auch die politischen und wirtschaftlichen Analysen, die auf Zukunftsperspektiven hin erarbeitet werden, haben das Personale des Einzelnen längst ausgeklammert. Sie stellen sich dar als die schaurige Perspektive der technischen Welt einer gewissen Gattung, die Mensch genannt wird. – Die Schau eines "DU", dessen Einmaligkeit erschauern lässt, aber ist darin verloren gegangen. Darum tanzen wir in Tausenden von Bildern um fixe Schablonen. Sie sind in uns wie blind wirkende mächtige Gewalten. Denn jeder einzelne, der aus der Kraft seines Ichs aufgerufen ist, die Welt zu steuern, und zwar in Verantwortung vor sich, vor den anderen und vor Gott, müsste diese Verantwortung für seinen Lebensweg auch voll übernehmen. Statt dessen haben sehr viele die Steuerung blind den Schablonen und ihren Machern überlassen und werden von diesen Kräften zu Boden geschleudert und zertreten. – »Die Geister, die ich rief, die werd ich nicht mehr los.« – Und um in der Ironie zu bleiben: nur im Gedicht von Goethe gibt es einen Hexenmeister, der rettet.

Tausend solcher Schablonenhaftigkeiten, die wie archetypische Verflechtungen uns besetzt halten, liegen über uns. Darin wird alles gebraucht und missbraucht und verstärkt durch die Programme unserer Apparate. Anziehende Wunschbilder tauchen auf und verschwinden wieder, – Erlösungen wie in Märchen, wo die verzauberte Braut vom heilbringenden Prinzen wachgeküsst wird, – Rettung aus Ängsten, und doch zugleich (welcher Irrsinn!) verworfen in Sinnlosigkeit, so präsentiert sich die gleißende Lichterwand der Apparatur!

Doch die Straße macht uns ein Doppeltes bewusst: Nicht ein ES schreitet dahin, sondern ICH selbst bin es. Ich mit meiner ganzen Fülle und mit dem Schicksal meiner Tage und mit allen meinen Fragen und Nöten. Immer ganz konkret ICH, scharf abgehoben von allen, die mir begegnen. Und jeder, der mir begegnet, ist ganz Er selbst, mit seinem ganzen Schicksal. Keiner passt in eine Schablone und keiner kennt den Kunstgriff einer Selbsterlösung. Das ist nicht möglich und würde so aussehen, wie der deutsche Lügenbaron, Freiherr von Münchhausen, schildert, als ob sich einer mit eigener Hand und am eigenen Schopf aus den tiefen Wassern herauszieht, um sich zu retten.

Der lebendige Mensch aber trägt einen Namen und sein Angesicht ist gezeichnet mit Würde und Größe, die ihm von einem Höheren gegeben sind. Er ist einer wie ich, eingeordnet in Land und Leute, die ihm gegeben wurden in der Stunde seiner Zeugung, da Gott ihn rief. Aber in diesem einen begegnet mir kein "Es", sondern eine geballte Individualität aus der Tiefe lebend, von einem Geist beseelt und wollend. Er ist ein wahrhaftes Du, das mein Begreifen überragt, aber sich dem schauenden Auge der inneren Fülle als eine dichte Letztwirklichkeit enthüllt, die mir gegenübersteht. Kein Abklatsch, nicht verfügbar, ein immer mir letztlich Entzogener, aber wahrhaftig verehrungswürdig, vor dessen Größe man knien sollte. Ein Gerufener, wie ich ein Gerufener bin seit jener brausenden Stunde, da mir die Existenz gegeben wurde. Der andere ist immer ein Mensch, der mir gegenüber steht und zu dem ich "Du" sagen darf. – Unser Antlitz und unsere Augen können sich treffen und einschmelzen in eine liebende Einheit, wobei doch jeder sein Ich bleibt, obwohl wir ein Wir bilden.

Der lebendige Mensch, das wahre Du und seine Würde, darf nicht in eine Schablone hinein umfunktioniert werden, so dass er im großen Welttheater zur Marionette von Puppenspielern wird, die die anderen tanzen lassen. Denn Gott hat ihm Unantastbarkeit und einen unsagbaren Wert verliehen und einen ewigen Namen. Darum steht der Schöpfer wie ein eherner Schild und wie ein unerbittlicher Rächer hinter jedem seiner Gerufenen, weil ein jeder ein lebendiges Abbild seines göttlichen Wesens ist.

Noch immer sitze ich in der Wirtschaft, und im Fernsehkasten redet noch immer der *Große Bruder*. Jedoch ich habe längst abgeschaltet und bin mit anderem beschäftigt. Nachdem ich gegessen habe, stehe ich auf und gehe.

Gegen Abend geht der Weg weiter nach Mortilla de los Lanos del Rio. Die Erinnerung ist spärlich. Eine gackernde Hühnerschar. Ein Pfarrer, der mich empfängt. Schwestern, die mich aufnehmen, mir ein Abendessen schenken und mir eine Schlafstätte geben. Das ist alles, was ich noch weiß, und das beruhigende Abendlicht in einer weithin gewellten Landschaft. Ich sitze lange auf einer Bank und schaue in den vergehenden Tag, schaue in die wandernden Wolken und schaue und schaue in den Himmel, dessen Licht sich verliert. Eine beruhigende Stille, ein tiefes Ausatmen ruht auf mir. Dann sehe ich einen Brunnenschacht und dort meinen Freund.

■ Mein Begleiter hat sich auf den Brunnenrand gesetzt und wartet auf mich. Als ich zu ihm komme, redet er mich an: „Hast du Durst?“

„Ja!“, sage ich.

Er mahnt: „Trinke aus den Wassern der Tiefe, aus der reinen Quelle.“

Ich frage: „Wo ist die Tiefe? Wo sind die Quellen?"

Er deutet auf den Brunnenschacht und sagt: „In diesem Brunnen fließt auf dem Grund eine unterirdische Wasserader, die von weit her kommt und reines Wasser mit sich führt. Aus solchen Quellen musst du trinken."

Ich lächle und bemerke: „Du wolltest mir doch etwas anderes sagen. Dein Wort vom Trinken aus der reinen Quelle ist doch nur ein Vorwand. Was willst du mir sagen?"

„Ich denke an dein Herz, deine Seele und an deinen Geist."

„Du meinst also: Schlimmer als die Vergiftung des Leibes durch unreines Wasser ist Vergiftung des Herzens, des Geistes und der Seele durch unreine und schamlose Worte und Bilder?"

„Ja! – Du sagst es!", erwidert er. „Aus den Abermillionen Blättern eurer Tageszeitungen und Magazine fließt ein schmutziger Strom an Lügen, Zwiespältigkeit, Doppeldeutigkeit und Unsittlichkeit. Dort erhebt sich der widerliche Gestank der Unzucht. Aus euren Bilderwänden an den Straßen strahlt die Hölle, um euch zu verführen wie damals im Paradies."

„Du meinst also, dass alles, was du aufgezählt hast, unreine und schmutzige Wasser seien, welche die Gehirne der Zeitgenossen vergiften!"

Er sagt: „Aus euren Fernsehspielen und auch aus euren Nachrichten fließt ein Strom von Brutalität, Hasstiraden, Zerstörungsmöglichkeiten und Kriegen, und auch ein Strom von Blut und Gewalttätigkeit. Mehr noch! Es fließt ein Strom Unschamhaftigkeit, Unkeuschheit, Unsittlichkeit und Frivolität, mit denen ihr schon die Seelen eurer Kinder und Halbwüchsigen anfüllt. So werden sie zuerst in ihren Seelen sehr schwer geschädigt. und hernach wird auch der Leib durch die Glut der Leidenschaften zugrunde gerichtet."

Ich füge hinzu: „Diese anerzogenen und zutiefst unsittlichen Haltungen schaffen in der Öffentlichkeit eine Fülle von zum Teil schwerster Verbrechen, die dann öffentlich beklagt werden. – Aber obwohl ihre Ursachen bei den Insidern bekannt sind, schweigen diese darüber in der Öffentlichkeit bewusst hinweg, damit die Industrie der unsittlichen Produkte keinen Schaden erleidet." Die offene Verführung wird deshalb nicht eingestellt.

„Jesus Christus, der Meister, hat das Wort von einem bösen und ehebrecherischen Geschlecht geprägt", (Mt, 19,39) sagt er mit barschem Ton, der mich erstarren lässt.

Da frage ich: „Wenn eine Generation sich mit Unzucht so vergiftet, schafft sie dann eine perverse Gesellschaft und einen Zivilisation ohne Gott?

„Was meinst du damit?", fragt mein Begleiter.

„Ich meine damit eine _andere_ Generation, die völlig unter dem Zeichen des Menschen lebt. Sie führt ein Leben ohne Gott, hat andere Grundsätze und Maximen ohne Gott und will die Gebote Gottes gar nicht mehr kennen. Ihre Geschlechterbeziehungen sind ganz und gar andere, und Unzucht ist nicht mehr Unzucht, sondern nur das Zeichen einer neuen Lebensäußerung wie im alten Rom vor dem Zusammenbruch."

„Wie im alten Rom!"

„Ja!", sage ich, „wie im alten Rom!"

„So ist es!", unterstützt mich mein Begleiter. „Ihr habt die Schöpfung Gottes und auch eure Menschlichkeit auf den Kopf gestellt und seid in eurer Gottvergessenheit Narren geworden. – Bei eurem unkeuschen Buhlen verdreht ihr nicht nur alle menschlichen Ordnungen und schafft eine Kultur des Todes, sondern die entfesselten Leidenschaften stürzen viele von euch am Ende in den Schlund der Hölle."

Ich schüttle den Kopf und meine: „Aber die Hölle gibt es doch für diese Generation nicht, auch zum Teil nicht mehr in der katholischen Kirche! Sie haben Abschied vom Teufel genommen. Die Hölle gilt heute nur noch als verbotener Kinderschreck für Kommunionkinder und wird von den Modernisten als angstmachende Keule konservativer und _vorkonziliarer_ Priester gehandelt, denen man Amtsmissbrauch vorwirft."

„Aber die Gottesmutter hat den Kindern von Fatima die Hölle gezeigt. Die Schau war qualvoll, und dieser Ort ist ein Ort der Verworfenheit."

Ich rufe: „Beim modernen Sünder darf es keine Hölle geben. Denn sonst könnte er nicht gewissenlos weiter sündigen. Darum schafft er sie einfach ab. Er macht es wie der Vogel-Strauß bei Gefahr, er streckt den Kopf in den Sand und glaubt, dass die Gefahr beseitigt ist."

Mein Begleiter schaut vor sich hin. Dann blickt er mich qualvoll an und spricht in großem Schmerz: „Schmutzige Wasser, vergiftete Quellen, Fäkalien! – Aus diesen Dreckwassern wird der Wahn einer modernen und rasenden Menschheit geboren, die glaubt, sich selbst retten zu können, und Verbrechen um Verbrechen begeht!"

Ich schweige, bin erschüttert und zerknirscht und sehe keine Auswege. Leise sage ich: „Hier kann niemand mehr helfen. Hier ist das "Finito", das Aus." Anschließend sehe ich zu ihm hin.

Er schüttelt den Kopf und betont dann doch mit Hoffnung: „Trinke aus dem Brunnen der reinen Quelle und du wirst leben, du und auch die vielen anderen, die mit dir trinken! Sagt nicht die Schrift von Gott: »Sie werden beim Reigentanz singen, all meine Quellen entspringen in dir.« (Ps 87,7) Und ein anderes Wort, das sagt: »*Allen aber, die IHN aufnahmen, gab ER Macht, Kinder Gottes zu werden.*« *(Jo 1,12)* – Also, trinke aus den Quellen des Wortes Gottes und den Sakramenten!"

Als ich immer noch ganz erschüttert zu ihm hinschaue, tröstet er mich und sagt: „Der Herr weiß es und hat Erbarmen. Das Wort des Apostels Paulus lautet:»Wo jedoch die Sünde mächtig wurde, da ist auch die Gnade übergroß geworden. Denn wie die Sünde herrscht und zum Tod führt, so soll auch die Gnade herrschen und durch Gerechtigkeit zum ewigen Leben führen durch Jesus Christus, unseren Herrn.« (Röm 5, 20-21) Schon hat sich die die große Schar derer auf den Weg gemacht, die in deiner Zeit zum Herrn, ihrem Gott, zurückkehren wird."

Erneut liegt eine Stadt hinter mir. Ich setze mich aufs Neue der Hitze der Straße aus. Doch am heutigen Tag ist es nicht nur die Sonnenglut des Himmels, die man ertragen muss, sondern ein frostiger und kalter Wind braust über das Land.

Die sich öffnenden Straßen haben alle ein Ziel

Wieder bin ich einen Tag lang auf Reisen. Mein Weg windet sich in eine undurchschaubare Landschaft hinein, und ich habe mein Tagesziel weder gesehen noch erreicht. Wir richten unsere Kraft auf ein Ziel, das am Endpunkt unserer Wanderung liegen wird. Oft haben wir das Ziel noch nicht mit eigenen Augen gesehen. Doch wir wandern dem Endpunkt einer Reise entgegen und hoffen, einmal dort anzukommen. So ist unser Leben.

Wenn wir unterwegs sind, verlassen wir die eine Behausung, um eine andere aufzusuchen. Diese Wirklichkeit gilt für die kleinen und großen Reisen unserer Lebenstage, sie gilt aber auch für die große Pilgerfahrt seit dem Tage unserer Geburt bis zur Stunde unseres Todes.

Es gibt viele, die das Ziel unserer irdischen Pilgerfahrt in Frage stellen. Sie benehmen sich wie Narren und Blindgewordene. Denn dann stünde uns am Tage unseres Todes das blanke Nichts gegenüber, der Sturz in das verlöschende ewige Aus. Wer solchem Sinnlosen eine Realität zuspricht, leugnet die Wahrheit, macht das Leben zur Irrfahrt, lässt jede Straße im unausweichlichen Absturz enden.

Würden sich dann nicht die Geschehnisse der Welt in einem ständigen Fall vollziehen? Kein menschlicher Geist wüsste dann, von welch unberechenbaren Punkten des Beginns er wegspringt, und in welche Tiefen er hineinstürzen würde?! Wie abstrakt und blutleer klingt der Satz: „Die Welt ist der Fall." – Unsere Sprache formuliert dazu noch das Wort vom "Zu-Fall".

Welche Sprachspiele kann man aus solchen Worten bilden, denkerisch, akrobatisch – und doch nichtssagend. Solche spielerischen Gedanken bilden das Sandkasten-Spiel einer freischwebenden Intelligenz, die im eingebildeten "Nur-Vernünftigen" sich selbst gefällt, aber der Härte menschlicher Realitäten sich entzieht. Denn unser Leben vollzieht sich im Alltag des Leben, und jede unserer Handlungen ist dort sinn- und zielgerichtet.

Akrobatische Gedanken morbider Philosophen

Die menschliche Natur zeigt, wie sie in einem gezielten Wachstumsprozess der Fülle entgegenstrebt: Kind, Jugendlicher, Vollalter des Lebens. Der einzelne Mensch formuliert seine Motive und handelt aus innerem Antrieb. Er will jeden Zeitabschnitt seines Lebens stets erneut bewältigen. Alles, was ihm aufgetragen worden ist, erfüllt er mit seinem Leib und Blut, mit seiner Seele und seinem Geist.

Nur in jenem Eigentlichen, an den Eckpunkten des Anfangs und des Endes seines Lebens, hinge er zwischen Fall und Zufall. Er stiege aus dem Chaos empor und versänke im Chaos. Solches wäre grenzenlos widersprüchlich und im Grunde genommen von keinem Menschen ertragbar.

Sinnvoll geordnet und zielgerichtet in seiner Mitte; die Höhe des Lebens getragen von einem bewusst Wollenden; an deren Anfangs- und Endpunkten aber stünde nicht einmal mehr der hauchdünne Begriff irgendeiner Metaphysik. Wie der Phönix aus der Asche stiege das Leben aus dem Nichts empor, um sich im Nichts wieder aufzulösen. Wo ein solches Bewusstsein herrscht, öffnet sich Widerspruch auf Widerspruch. So sind die Gedanken von morbiden Philosophen, deren Denkversagen von liberalen Kreisen zu allgemeingültigen Wahrheiten erhoben wird? Sie messen sich nicht an der Realität des Alltags, den wir durchlaufen, sondern an ihrer *"Ideologie ohne Gott"*.

So kann man bei Karl Marx nachlesen, wie widersprüchlich er zu seinen eigenen Ideen lebte und wie es unmöglich ist, die Ideen des Herrn Marx mit einem Menschen wie Herrn Marx jemals Gestalt werden zu lassen. Ein Mann, der im Alltag mit Familie und anderen Menschen zusammen so erbärmlich versagte, wird zum Lehrmeister der Völker, die ihn zu solchem machen!

Oder das Leben von Nietzsche. War nicht sein ganzer Kampf gegen das Göttliche schlussendlich eine "Wahnvorstellung", die ihn am Ende in die schreckliche Umnachtung eingehüllt hat, weil er krank geworden war? Oder Kant, der die Erkenntnis des Seins ins Schemenhafte entäußert.

Haben nicht alle, die Gott leugneten, an ihrem Unglauben seelisch gelitten? Ist darum die philosophische Untermauerung des Atheismus nicht letztlich eine denkerische Fehlleistung, die aus dem Wahn von Vorentscheidungen und eitlem Stolz gewachsen ist? Doch was haben diese Vorentscheidungen mit Philosophie zu tun? Absolut nichts! Sondern sie sind Leugnungen und Verleugnungen des Lebens. Worin hat uns denn die ganze Epoche der Aufklärung aufgeklärt? Was hat sie gebracht? – Letztlich nichts!

Wo der Mensch sich absolut setzt, verschwindet Gott. Wo aber Gott der zentralen Mitte enthoben wird, geraten die Angelpunkte aus den Fugen. Dann besitzt der Mensch nur sich selbst und weiß in seinem Herzen nicht mehr, woher er kommt, noch wohin er geht. Da aber die Leugnung das Herz zerfressen hat, verleugnet man Anfang und Ende. Was übrig bleibt, ist der Tod, das Nichts, der Nihilismus.

Ach Herr, unser Gott! Diese Leugnung liegt wie eine schreckliche Krankheit, wie ein alles zerfressendes Geschwür über unserem Kontinent Europa. Es zerstört den Einzelnen und die Völker. Es haust wie böse Geister in unseren Schulen, Universitäten und in unseren Parlamenten. Es macht die Menschen krank und rebellisch inmitten eines maßlosen Wohlstandes. – Und schon bereiten sie sich gegenseitig millionenfach den Tod.

Sie machen den lebenstragenden Schoß ihrer Frauen zum Friedhof ihrer noch nicht geborenen Kinder, des eigenen Fleisches und Blutes. Sie töten ihre Zukunft. Sie sind darin schlimmer als Herodes, der aus Angst vor einem Rivalen die Säuglinge anderer tötete, schlimmer als Kain, der seinen Bruder erschlug, nicht aber das eigene Fleisch und Blut. – Sie züchten mit dem alles beherrschenden Geschrei der Medien satanische Bestialität und Brutalität heran, Scheußlichkeiten, deren Namen man nicht nennen sollte. Sie entehren sich gegenseitig in ihren Leibern. Sie lügen mit großem Maul und haben schon die Gifte und das Feuer in ihren Raketen gespeichert, um sie am Tage der Raserei aufeinander mit vernichtenden Schlägen loszujagen und abzuschießen. – Ist nicht dieser Ungeist der Lüge, der Zweideutigkeit, der Heuchelei und der "Political und ecclesiastical Correctness" schon dabei, auch in der Kirche heimisch zu sein? Solche Haltungen zerstören den Glauben und das kirchliche Leben schneller, als man denkt.

Wahrhaftig, man kann das Nichts und den Tod als Lebensziel bejahen und zu gleicher Zeit in Saus und Braus dahinleben. Das ist zunächst möglich. – Jedoch das Nichts und der Tod werden zu einem schaurigen Gericht und offenbaren in einer wütenden Selbstzerstörung die große Verworfenheit ihrer Urheber. Die Sünde trägt ihre Frucht: den Tod. Das Wissen um diese Zusammenhänge ist uralt. Es geht seit Jahrtausenden durch alle Generationen. Man weiß es, aber es soll nicht wahr sein! Darum sagt der Psalmist: „Nur der Tor spricht in seinem Herzen: Es gibt keinen Gott!" (Ps 14,1)

Seitdem Menschen über diese Erde schreiten, haben sie ununterbrochen bezeugt, dass ihr Leben die Enge einer Zeit überschreitet und hineingeht in ein anderes, ewiges Maß. Sie haben Grabdenkmäler geschmückt, Pyramiden gebaut, Speise und Trank mitgegeben für die ewige Reise, aber sie zweifelten nicht daran, dass der Endpunkt einer irdischen Existenz kein Endpunkt des Individuums ist, sondern dass es das geheimnisvolle, uralte Tor gibt, das in ein anderes Leben hinüberführt. Ihre Lebensstraße hatte ein ZIEL, ihr Leben stand in einem hohen SINN, stand in sinnvollen Zusammenhängen, – und jeder neue Tag, der da wechselte und kam, trug sie einer Wirklichkeit entgegen, die sie noch nicht erreicht hatten, – aber auf die sie mit erhobenem Gesicht hoffend und vertrauend zugingen. So vollbrachten sie ihr Leben, so erlebten sie es, und so erfuhren sie immer klarer das ewige göttliche Licht, das in allen Menschen guten Willens deutlich entbrennt.

Der seltsame Alte mit der silbernen Uhrenkette

Mich hat ein Lastwagen mitgenommen! Wir fahren durch eine breit angelegte Flussebene, danach geht es einem Damm entlang und schließlich, bei der Kreuzung mit der Hauptstraße, hält der Fahrer, um mich aussteigen zu lassen. Er fährt eine andere Straße weiter. Ich steige also aus und halte Umschau nach einer Gaststätte. Da an jener Stelle mehrere bedeutende Straßen zusammenlaufen, gibt es dort eine Bar. Das Haus ist von schlichter Konstruktion, in der unten eine geräumige Stube liegt. Ich trete ein und finde einen Bartisch. Dort ist allerdings niemand zu sehen. Jedoch weiter hinten links im Raum sitzen drei Männer beim Mittagessen. Auf mein Rufen hin erhebt sich von ihnen ein Mann im mittleren Alter, um mich zu begrüßen und nach meinem Begehren zu fragen.

„Was wünschen Sie? Was darf ich Ihnen bringen?"

„Ich hätte gern ein belegtes Brot und etwas Limonade. Danach würde ich gerne noch einen Kaffee trinken", sage ich.

„Essen Sie doch mit uns zu Mittag," erwidert der Mann.

Ich war zunächst überrascht. Denn ich habe, wie das so üblich ist bei Kauf und Verkauf, mit der Erfüllung meines zu zahlenden Wunsches gerechnet. Ich schaue ziemlich verdutzt drein.

„Kommen Sie nur, setzen Sie sich an den Tisch und essen Sie mit uns. Ich lade Sie dazu herzlich ein." – Und schon läuft er fort, um das Geschirr zu holen. Ich gehe zunächst auf den Tisch zu, wo die anderen sitzen.

„Ich wünsche den Herren »Guten Tag!«"

„Guten Tag!"

Mir gegenüber sitzt ein älterer Mann. Er ist eigenartig gekleidet. Er trägt ganz im Gegensatz zur Landessitte eine schwarze Krawatte. Auch trägt er eine Jacke und das Hervorstechendste daran ist eine große silberne Uhrenkette. Der Mann redet kaum, wird aber von den andern beiden sehr respektvoll behandelt. Sein Angesicht zu bestimmen, fällt mir schwer. Das einzige, was mir auffällt: Er schielt.

Gegenüber dem Besitzer, der fortgegangen ist, um den Teller zu holen, sitzt ein relativ junger Mann, auch überdurchschnittlich gut gekleidet. Er ist der Begleiter des alten Mannes. Der Junge sagt zu dem Alten immer das Wort "Großvater".

Während die beiden mir gegenübersitzen, kommt der Besitzer mit dem Teller samt Besteck zurück. Er stellt die Gegenstände an meinen Platz und sagt dabei: „Wo kommen Sie her? Wohin gehen Sie?"

Es ist die Standardfrage. Wie gewohnt, gebe ich eine verkürzte Antwort. Ich sage, dass ich Priester sei und unterwegs zu einem Marienwallfahrtsort und dass ich schon an die zehn Tage unterwegs sei.

Plötzlich wendet sich mir der Alte zu und sagt mit vollem und pointiertem Ton: „Was wollen Sie, ich kenne Ihre Zeichen."

„Zeichen?"

Ich stehe noch immer vor meinem Stuhl und bin total überrumpelt. Was soll diese Sprache? Der Satz ist sehr deutlich, und von dem Mann, der mir gegenübersitzt und isst, unüberhörbar gesprochen. Er berührt eigenartig.

Irgendwie spüre ich sofort, dass dies auf mein Priestertum bezogen ist, ja auf meine Sendung in unserer Zeit bezogen sein muss. Und wieder ist es so eigenartig. Warum steht mir gegenüber völlig überraschend und ganz unvorbereitet ein Hellsichtiger?

Ich weiß nicht, was ich ihm geantwortet habe. – Doch dann geschieht etwas, was noch mehr verwirrt. Er sitzt noch am Tisch, und vor ihm steht sein Teller, sind Messer und Gabel da und auch die Speise, von der er isst. Da denke ich, dass auch ich essen könnte.

Bevor ich mich niedersetze, bete ich, der Herr, unser Gott, möge dieses Essen segnen. Hernach mache ich das priesterliche Kreuzzeichen über das Essen und setze mich.

Befremdend stelle ich fest, dass genau in dem Augenblick, da ich mich niedersetze, der alte Mann sich von seinem Stuhl erhebt, nachdem er mitten im Essen seine Gabel und Messer weglegt und aufhört zu essen. Es berührt mich, weil ich ja als Fremder eingeladen worden bin und beileibe niemanden bei seiner Mahlzeit stören möchte. Das ganze Gehabe ist mysteriös und mir sehr peinlich. Der Alte steht bei Tisch und ich beschwöre ihn, doch vollends zu Ende zu essen.

Ich frage: „Wollen Sie nicht weiteressen?"

Er antwortet: „Nein!"

„Bitte", sage ich, „ich bin doch nicht gekommen, Sie beim Essen zu stören oder Sie davon abzuhalten."

„Schon gut, aber nein!"

„Essen wir doch gemeinsam weiter."

Noch einmal sagt er: „Nein."

Er verneint konstant. Mir ist es unerklärlich. Er tut, als ob er gar nicht mehr essen könne, als ob zwischen ihm und seiner Mahlzeit eine Barriere stünde, die er nicht überschreiten kann. Er steht seinem Teller gegenüber, aus dem er zuvor wie jeder andere gegessen hat, als ob das Essen für ihn plötzlich unantastbar ist.

Erst im Nachhinein, als ich später diese Ereignisse meditiere, kommt mir der Gedanke, dass es genau jener Augenblick war, da ich mit priesterlichem Segen segnete, denn genau in jenem Augenblick hörte er urplötzlich und wie auf einen Schlag zu essen auf. Göttlicher Segen, so ist es kirchliche Lehre, steht aber dämonischer Besessenheit gegenüber. Satan ist dort machtlos, wo die Hand des Lebendigen Gottes diese Erde berührt. Ich vergesse diesen

Mann nicht mehr, der da vor dem Tisch stand und durch nichts zu bewegen war, weiter zu essen.

Schließlich kommt der Junge von draußen zurück und sagt (auch er ist in der Zwischenzeit aufgestanden und weggegangen): „Großvater, der Buzo kommt gleich. Wir sollten gehen."

Sie verabschieden sich mit irgendeinem Wort. Ich weiß nicht mehr, welches. Auch der Besitzer ist nach einem Augenblick aufgestanden, um sie an die Türe zu bringen. Und ich sitze allein am Tisch.

Wie seltsam. Ich bin zum Essen eingeladen worden und habe gerade zwei andere Menschen vertrieben, ohne dass ich es wollte. Als die beiden gegangen sind, kommt der Besitzer zurück. Er setzt sich und isst mit gutem Appetit. Es ist ein Mus aus festen Bohnenkernen, vorzüglich gemacht, dazu Fleisch, Brot und Wein.

Ich frage: „Wer ist dieser Alte, wer ist dieser Mann?"

Er gibt mir zur Antwort: „Er ist das Oberhaupt einer Sekte, die hier in der Gegend einige Mitglieder hat."

„Ach so", sage ich, „deshalb die feierliche Kleidung, die silberne Uhrenkette und die ausgesuchte Höflichkeit?"

Er nickt.

„Hat er einen großen Anhang?"

Er weiß es nicht genau.

„Hat er einen großen Einfluss in dieser Gegend?"

Auch das weiß er nicht genau.

Nach dem Essen bringt er mir noch einen Kaffee und einen Cognac. Und danach verabschiede ich mich von ihm dankbar, um meinen Weg auf der Straße weiter fortzusetzen.

Rosenkranzbetrachtung
"Jesus, der für uns gegeißelt worden ist."

Der Tag der Reise ist lang. Die Sonne brennt weiter hernieder und die Füße sind schwer. Auch der Staub der Straße wird lästig.

Meine Gedanken kreisen um das Geheimnis des schmerzhaften Rosenkranzes: "Der für uns ist gegeißelt worden."

Vor dem Auge des Geistes steht dieser Pontius Pilatus, der Statthalter Roms in Jerusalem. Er hat die Großmacht Rom gegenüber dem widerspenstigen Volk der Juden zu vertreten. Er muss einerseits in Judäa die eigene Politik Roms durchsetzen, kommt aber andererseits nicht umhin, auch auf die Einheimischen und ihre Politik Rücksicht zu nehmen, um Dauerkonflikte im Land zu vermeiden.

Als dieser Jesus von Nazareth vor ihm steht, den ihm die Gerichtsbarkeit des Hohen Rates überliefert hat, weiß er, dass die Führer der Juden diesen Mann aus Missgunst, Schurkerei und Rachsucht überliefert haben. ER sei ein Aufwiegler, heißt es. ER behaupte von sich, König der Juden zu sein. ER sei des Todes schuldig.

Pontius Pilatus betrachtet den Mann, der vor ihm steht. Dieser fasziniert ihn: Dieses klare Angesicht, das noch trotz Fesseln und Gefangenschaft Würde, ja Macht ausstrahlt. Spürt er sich in dieser Stunde gar als der Unterlegene? Hat nicht seine Frau ihm vor einer Stunde die Nachricht überlassen, er solle nichts zu tun haben mit diesem Gerechten, denn sie habe seinetwegen in der Nacht einen Traum gehabt und darunter viel gelitten. Pontius Pilatus ist abergläubig. Er fürchtet sich vor einer Macht, die von irgendwo her kommt und die einen drohenden Schatten wirft, und der man nicht beikommt, – nicht einmal mit Soldaten.

Da steht also Jesus von Nazareth, von dem er schon so viel gehört hat. Er hat ihn sich anders vorgestellt, etwa wie ein kleiner Bauernfänger, der sich über die religiöse Schiene Macht und Ansehen ergaunern möchte. Doch das ist dieser Mann nicht. In diesem da gibt es keine solche Zwiespältigkeit. ER scheint sich selbst treu und ehrlich zu sein.

Der Gefangene steht vor ihm und wartet.

Plötzlich hört Pilatus das Geschrei vor seinem Palast. Er kennt die Hohen Priester, die heute sogar die Menge auf der Straße gegen ihn aufwiegeln. Einerseits verachtet er diese Strategie und hat schon mehrmals den Juden brüsk die kalte Schulter gezeigt oder durch eine Militäraktion erkennen lassen, dass er der Chef ist. Dennoch, ganz übergehen konnte er sie nicht. Sie versuchen ihn zu erpressen.

Pilatus geht zu den Juden hinaus und fragt: „Was für eine Anklage habt ihr gegen diesen Menschen vorzubringen?" Sie antworten und sagen ihm:

„Wenn der da kein Verbrecher wäre, hätten wir ihn Dir nicht ausgeliefert." Da sagt Pilatus zu ihnen: „Nehmt Ihr ihn und richtet ihn nach euren

Gesetzen." Da antworten die Juden ihm: „Wir haben nicht das Recht, jemanden hinzurichten." (Jo 18, 29-31)

Pilatus dreht sich um und geht wieder in das Gerichtsgebäude hinein. Die Forderung des Todesurteils hat ihn verärgert, denn es ist der Instinkt des Römers, der spürt, dass hier Rachsucht und Bosheit im Hintergrund stehen. Wenn dieser Jesus aus Nazareth religiöse Botschaften bringt, dann müssen sie halt versuchen, damit fertig zu werden, ihn aber dem Schwert auszuliefern, das scheint ihm zu viel.

Er lässt Jesus rufen. „Bist Du der König der Juden?", fragt er.

Jesus antwortet: „Sagst Du das von dir aus, oder haben es andere Dir von mir gesagt?"

Da sagt Pilatus zu ihm: „Bin ich denn ein Jude? Dein Volk und die Hohenpriester haben Dich mir ausgeliefert. Was hast Du getan?"

Jesus antwortet: „Mein Reich ist nicht von dieser Welt. Wenn mein Reich von dieser Welt wäre, hätten meine Diener gekämpft, dass ich den Juden nicht ausgeliefert worden wäre. Nun aber ist mein Reich nicht von hier." (Jo 18, 33-36)

Pilatus zögert. Wer ist dieser Mann? Wen hat er vor sich? Er erinnert sich an die Mahnung seiner Frau, nichts mit dem Gerechten zu tun zu haben. Ist da der Gerechte? Und was ist das, ein Reich, das nicht von dieser Welt ist? Pilatus als Politiker kommt ins Schleudern. Er muss es genau wissen.

Da sagt Pilatus zu dem Gefangenen: „Also bist du doch ein König?"

Jesus antwortet: „Du sagst es: Ich bin ein König. Ich bin dazu geboren und in die Welt gekommen, um für die Wahrheit Zeugnis abzulegen. Jeder, der aus der Wahrheit ist, hört auf meine Stimme." (Jo 18, 37)

Irgendwie ist dieser Gefangene unheimlich, denn er trifft ihn, den Agnostiker, an seiner schwächsten Stelle. Der Gefangene spricht von "Wahrheit", – und genau diese ist es, der er als Skeptiker abgeschworen hat. Er verleugnet, dass es Wahrheit gibt. Er erdolcht sie. Während er so in seinem Inneren erschreckt wird, schaut ihn der Gefangene geduldig und gütig an. Jesus wartet auf eine Antwort.

Nach diesen Worten schüttelt sich Pilatus und er sagt zu ihm: „Was ist Wahrheit?" (Jo 18, 38)

Nach diesen Worten geht er wieder zu den Juden hinaus und sagt zu ihnen: „Ich finde keine Schuld an ihm. Es besteht aber bei euch der Brauch, dass ich euch am Osterfest einen freigebe. Wollt ihr nun, dass ich euch den

König der Juden freigebe?" (Jo 18, 39)

Da schreien sie wiederum: „Nicht den da, sondern den Barabas." Barabas aber war ein Räuber. (Jo 18, 40)

Pilatus erschrickt. Was ist das doch für ein Volk, diese Juden zu Jerusalem? Wie tief muss der Hass sein? Warum ziehen sie einen Straßenräuber diesem integeren Mann vor? Warum verwickeln ihn diese ärgerlichen Juden in ihre böse und hinterhältige Politik?

Als er zurückkommt, steht er in seinem Gerichtssaal erneut Jesus gegenüber. Wie ein unausgesprochenes Wort steht es zwischen den beiden, dem Recht und der Gerechtigkeit Genüge zu leisten. Doch Skeptiker Pilatus scheint nicht mehr fragen zu können, was Recht ist? Er muss nun handeln. So tut er etwas, wozu ihn die politische Vernunft zwingt. Er tut etwas, was er gar nicht will.

Darauf nimmt Pilatus Jesus und lässt ihn geißeln.

Manche interpretieren, dass Pilatus Jesus unter der Wucht der Geißeln zerschlagen lässt, um IHN aus den Händen der Juden zu befreien. Jedoch die Tortur ist schrecklich, nicht so wie bei der jüdischen Geißelung, die 40 weniger einen Schläge mit Ruten schlagen. Die Römer haben Lederriemen, an deren Ende sie Bleikügelchen oder feine Knochenstücke angebracht haben. Wer einer solchen Geißelung unterzogen wird, ist so zerfetzt, dass er für sein weiteres Leben ein toter Mann ist.

Warum schlägt man IHN? Welches Verbrechen gegen die Menschheit oder gegen den Glauben hat Jesus getan? Warum sind die Männer, die Henkersdienste leisten müssen, so brutal?

Jesus Christus, der Tote auferweckte, unzählige Kranke heilte, das Wort Gottes verkündet hat und Wohltaten spendend durch das Land gegangen ist, unterliegt dieser Strafe. Sie zerfetzen den Leib dessen, der niemandem Böses tat und unschuldig ist. Sie zerfetzen brutal den menschlichen Leib des Sohnes des Lebendigen Gottes.

Schlagen die Henkersknechte deshalb so brutal auf den Leib des Heiligen und Sündenlosen ein, um die Wut über ihre Sünden an IHM auszulassen, anstatt sich zu bekehren? Welche Nuancen von Hass und Zorn offenbaren sich hier? Sie schonen nicht, sie schlagen ihn unerbittlich zusammen, noch einmal und noch einmal, bis er sich wie ein Wurm am Boden krümmt.

Oder wollen sie seine Macht herausfordern? Wollen sie den, der sich freiwillig den Händen der Sünder überliefert hat, prüfen wie Menschen, die selbst Gott auf die Probe stellen?

Es ist ein ungeheueres Schauspiel, das sich im Hof der Kohorte abspielt. Jene, die da zuschlagen, geben dem Unschuldigen all die Geißelhiebe, die sie als Schuldige selbst verdient hätten. Und der Unschuldige lässt sich vernichten für die Sünden derer, die IHN unter ihren Schlägen ausmerzen wollen. Was spielt sich hier ab? – Es offenbart sich das brutale Gesicht der Sünde, in welcher der Mensch sich erkühnt, gegen seinen Gott anzutreten. Es offenbart sich die unendliche Liebe Gottes, der über das Gericht hinaus dem Schuldigen seinen eigenen menschlichen Leib darbietet, um ihn zur Einsicht und Buße zu führen. Er, der Heilige, leistet Sühne für die Verbrechen derer, die schon mit ewiger Strafe behaftet sind.

Der Unschuldige und Sündenlose liefert sich den Schuldigen aus, um offenbar zu machen, was Sünde ist, und wie tief die Macht der Sünde das Menschenherz schon verwüstet hat.

„Ach Herr, was Du erduldet, ist alles meine Last. Ich, ich hab es verschuldet, was Du getragen hat. Ich Jesus bin's ich Armer, der dies verdienet hat. O tilge mein Erbarmer, all meine Missetat."

Ich kenne Ihre Zeichen
Verlust der Erkenntnis der Zeichen ist Verlust der Wahrheit

„Ich kenne Ihre Zeichen!", sagt der Hellsichtige und will damit ausdrücken, dass eine Berufung über mir liegt, die ich mir nicht selbst gegeben habe. – Sie liegt über jedem einzelnen und über uns allen. Er erklärt mir nicht, was er unter "Zeichen" versteht, aber er misst dem Wort "Zeichen" eine große Bedeutung zu. Das gilt allgemein.

Wir Menschen haben es in der Maschinerie der Gleichmacherei, besonders aber durch die Frankfurter Schule verlernt, die Zeichen und darin die Bedeutung des Einzelnen und seiner Bestimmung zu erkennen. In dem Wahn einer überzogenen Gleichmacherei oder Égalité wird alles hinweggefegt, was den einzelnen im Besonderen auszeichnet. Die unterscheidenden Merkmale werden verwischt.

Manchmal scheint es, als ob unsere ganze Gesellschaft wie in einem großen Fußballstadion sei, wo eine vielzehntausendköpfige Menge zugleich losbrüllt, klatscht, pfeift, Buh ruft oder ein dröhnendes Bravo loslässt. Der einzelne ist verschwunden. Man sieht ihn nur noch als Menschenpunkt, als ein Sandkorn im großen Haufen. Jede Aufmerksamkeit oder irgendein Interesse ist von ihm gewichen. Er fällt nicht auf. Seine Bedeutung ist für die Veranstalter (sofern diese Veranstaltung nicht befohlen war) die der Zahl der Menge und dahinter die der Einnahme innerhalb des Geschäftes. Die Vielen sind namenlos, aufgereiht in den Bänken, erloschen in ihren Gesichtern, eingeebnet in der Masse.

Ist das die wahre Égalité, jene Gleichheit, für die so oft revolutionierende Nationen auf die Barrikaden gestiegen sind? Oder ist es Dekadenz? Überbelichtet und von allen Seiten bestrahlt, sind dagegen die Fußballer auf dem Platz. Dagegen ganze Batterien an Emotionen sind für die Lieblingsspieler bereitgestellt. Denn auf dem Platz wird das pseudoreligiöse Fest der Fußballzeremonie zelebriert. Hier kennt man jeden Namen. Keiner ist unbekannt. Im Gegenteil, ihre Bilder hängen oft in den Zimmern und über den Betten von Jungen und Mädchen, von denen sie verehrt werden. Sie sind die neuen Heiligen und Halbgötter, denen man religiöse Inbrunst weiht. Ist nun das wiederum, was wir unter Zeichen verstehen? Der Mensch gezeichnet als der Beherrscher einer Technik? (Einer Fußballtechnik!)

Schalten wir die Vision über das Fußballspiel ab, und wenden wir uns hin zum einzelnen Menschen und seiner Daseinsform.

Die Zeichen tieferer Wirklichkeiten

Ist es richtig, dass alles, was wir sind und tun, aus den Zeichen unseres tieferen Seins und seiner Wirklichkeit entspringt? Denn jeder von uns ist vielfältig gezeichnet und vor allem ist es unser menschlicher Leib, der ein Zeichen ist. Er ist ein sichtbares Zeichen, das bei jeder Begegnung zwischen Mensch und Mensch sich darstellt. Ob bewusst oder unbewusst erkennen wir zunächst unsere Männlichkeit und Weiblichkeit. Ihre Zeichen sprechen wie von selbst zu uns und sie weisen zurück auf die innere Struktur unseres Leibes und unserer Psyche. Sie weisen aber auch zurück auf die Aufgabe, die zur Bewältigung ansteht und die allein jener erfüllen kann, der entsprechend leiblich als Mann oder Frau sich darstellt und darin beauftragt und ausgezeichnet wurde.

Ach, wenn wir doch diese Zeichen wieder lesen könnten, um jedem das zu geben, was ihm zukommt! Dann müsste die öde Gleichmacherei verschwinden. Erneut würde tiefe Ehrfurcht in uns wachsen? Aus der inneren Erfüllung unserer Wesenheit aber schlägt der Funke lebendiger Freude.

Dann lernten wir wieder zu unterscheiden, dass unsere Frauen in Brust und Schoß dem Lebenstragenden zugeordnet sind – und dass die Männer in ihren starken zeugenden Kräften das Leben zu formen, zu nähren und zu verteidigen haben. Eine lebenstragende Spannung waltet zwischen Mann und

Frau. Darin bilden sie die Familie und schenken den Völkern in ihren Kindern die kommende Generation.

Wenn wir aber die Zeichen nicht mehr sehen und eine öde Gleichmacherei betreiben, als ob Mann gleich Frau – und Frau gleich Mann wäre, wie zum Teil die "Frankfurter Schule" dozierte, dann zerfällt die lebendige Spannung im Herzen des Menschen, und wir operieren das Innerste aus uns heraus.

Was bleibt dann von Mann und Frau noch übrig, wenn nicht ein paar genussvolle Körperteile, mit deren Vermarktung in vielen Staaten das größte Geschäft gemacht wird. Die Leidenschaft wird zur Geldquelle und zur Manipulationsware, mit deren Hilfe man Völker verdummt. – Bringt aber dieses Tun nicht am Ende Überdruss hervor? Keine Generation hat je umsonst gegen Gottes Gebote gefrevelt. Sie versinkt im Exzess.

Macht nicht die Brust der Frau deutlich, dass sie in verströmender Hingabe dem Kind zugeordnet ist? Sie wird ihm Nahrung geben, jene Milch, die aus ihr hervorfließt und die sie geben möchte aus der Erfüllung ihres mütterlichen Daseins. Ist es nicht ihr Schoß, der im Zyklus sich öffnen will, um das kommende Leben zu erwarten? Sie will dem kommenden Menschenkind Schutz geben, es einhüllen in die verbergende Hülle ihres eigenen Fleisches, weil sie es der Natur entsprechend als das ihrige liebt.

Steht die Frau, reif geworden, gegenüber dem Manne nicht offen wie eine Schale, die zugleich empfängt und gibt? Ist dies nicht das Wesen der Frau? Diese Wirklichkeit drückt sich aus in allen ihren Zeichen. Ist ihre Brust nicht das Zeichen der Trägerin des Lebens, – ihr Schoß der Ort, aus dem die kommende Generation emporsteigt? Ist sie nicht Hingebende und Fruchtbringende? O dass wir diese Zeichen zu lesen verstünden, damit eine so perfide mechanistische und funktionelle Ausbeutung unserer Geschlechtlichkeit, wie im modernen Sex, aufhört.

Auch der Mann trägt seine Zeichen: Erfüllt von sehr großer Fruchtbarkeit, dem Dynamischen zugeordnet, Gestalter und Ordner, führend und verteidigend, besitzt er eine andere Lebensaufgabe als die Frau. Es ist seine Aufgabe, die ihn erfüllt. – Seine Gestalt und die Zeichen drücken es aus. Doch viele Männer sind in unseren Tagen untreu und verantwortungslos geworden! In ihrem Egoismus missbrauchen sie die Frauen, zerstören die Familie, laufen ihren Kindern davon und sind nicht bereit, die Opfer zu bringen, die ein Volk für seine Nachkommenschaft bringen muss. Manchmal scheint es, als ob das Wort "Nach uns die Sintflut" wahr geworden wäre.

O, dass wir doch die Zeichen wieder zu lesen verstünden: Mann und Frau,

Einheit in ihrem Leib; – Fruchtbarkeit, die aus ihnen hervorquillt; – dem Leben zugeordnet. Denn wenn wir die Zeichen in Ehrfurcht lesen, verfehlen wir unseren ursprünglichen menschlichen Auftrag nicht, den Gott uns gegeben hat, und wissen, dass ihre Grundbezüge unantastbar sind.

Wenn aber der Mensch die Zeichen löscht, wenn er in den Haushalt seines Leibes und seiner Psyche eingreift, vollbringt er zwar die größten Schandtaten, mordet und hurt, hasst und zerschlägt die Liebe, aber er kann die Zeichen nicht löschen, weil sie in sein Fleisch eingeschrieben sind.

Eine Epoche, welche die Zeichen als Marktware verkauft und in allen Straßen der großen Städte durch ihre Werbebilder Unzucht treibt, stürzt in bodenlose Dekadenz ab. Dort liegt der Rauch der Dämonie. – Der Propheten Jesaja sagt: „Das Rind kennt seinen Besitzer und der Esel die Krippe seines Herrn. Israel aber erkennt nichts. Mein Volk hat keine Einsicht." (Jes 1, 3)

Wo eine Generation die Gebote Gottes mit Füßen tritt, begeht sie Verrat an allen: an den Männern, den Frauen, den Kindern, – am Leib, dem Herzen, dem Geist und der Seele. Zurück bleibt eine materialistische Grabkammer, die sich mit toten Gebeinen anfüllt. Sie entwürdigen ihre Frauen, töten ihre ungeborenen Kinder im Mutterschoß und löschen ihre eigene Zukunft aus.

Wo Gottes Gebote gehalten werden, kehrt die Liebe zurück. Denn wir sind eine wunderbare Schöpfung und kein blinder Zufall? Sie strahlt am Leib, Psyche und Geist ganz das wider, was GOTT gegeben hat. Der Geist erkennt diese Ordnung, und wir entscheiden uns für jenes Ziel, das der Schöpfer will. Denn vor Gott sind wir Knechte und Mägde, nicht die Herren.

Sobald wir aber den Schritt in die Sinnhaftigkeit unserer Existenz tun, wird unser Leib, der Leib des Mannes und der Frau, zum großen Zeichen: unser erhobenes Antlitz, der aufrechte Gang, Augen, Ohren, Nase und Mund. Die Schöpfung leuchtet wie in der Frühe ihres Beginns. Und im Gesicht des Menschen spiegelt sich die ewige unfassbare Liebe Gottes wider, nach dessen Bild er geschaffen ist.

In den heiligen Sakramenten, den Quellen des Heils, haben wir drei Zeichen, die ein "unauslöschliches Merkmal" einprägen: nämlich die Taufe, die Firmung und die Priesterweihe. Diese Zeichen werden der Seele ein einziges Mal eingeprägt und bleiben für Zeit und Ewigkeit bestehen. Aus dem Strom ihrer Gnaden leben wir.

Gegrüßet seist Du Maria, voll der Gnade, der Herr ist mit Dir. Du bist gebenedeit unter den Frauen und gebenedeit ist die Frucht Deines Leibes Jesus. – Heilige Maria, Mutter Gottes, bitte für uns Sünder, jetzt und in der Stunde unsres Todes. Amen!

Wir haben
unsere Jugend verraten

Übernachtung in einer klösterlichen Gemeinschaft
Ich höre das unterirdische Grollen eines nahen Bebens
Wir haben unsere Jugend verraten

Abschieben aller, die den Wohlstand bedrohen
Abschieben in Altenheime und Krankenhäuser
Der Wahnsinns des Abschiebens unserer Kinder
Die Sünde des Fleisches löscht die Liebe aus

Verzicht und Opfer: Kennzeichen der Liebe
Die Weggabelung – die Entscheidung
Was wir entschließen, bringt seine Konsequenzen

Rosenkranzbetrachtung
„Jesus, der mit Dornen gekrönt worden ist"

Der Weg am Abend dieses Tages führt einen Flusslauf entlang. Die Gegend hat das Kleid gewechselt. Aus der weiten und rot gebrannten Erde ist eine grüne Landschaft geworden. Rechts und links stehen Bäume und man kann den Lockruf der Vögel hören. Nachdem ich tagelang die ausgebrannte Erde durchschritten habe, ist dies eine Labsal. Ich atme auf. Die Anstrengung weicht der Freude und der Gelassenheit. Da die Straße nur spärlich befahren ist, braucht es längere Zeit, bis mich jemand nach der nächsten größeren Stadt mitnimmt, wo ich übernachten will.

Übernachtung im Kloster und die Anzeichen des Umbruchs

Als sich das Auto der Stadt nähert, finde ich ein altes historisches Städtchen vor. Ich habe das Stadtbild noch im Auge, beleuchtet in der Nachmittagssonne, ansteigend mit Türmchen, Erkern und Kanten zwischen Schatten und Licht. Nachdem ich in einer Bar meinen Durst gestillt habe, frage ich einen Bewohner, ob es in der Stadt ein Priesterwohnheim gibt. Er weiß es nicht. Aber er sagt mir, dass nebenan in dem alten Gebäude eine religiöse Gemeinschaft wohnt, dort könne ich fragen.

Ich trete hin und schaue. Aus einer glatten und lang gezogenen Mauer behauener Steine hebt sich ein sehr schlichter Eingang ab. Die Türe ist uralt, wie von einem verwunschenen Schloss. Ich muss einen Drahtzug ziehen und höre, wie im Haus weit hinten eine Glocke angeschlagen wird. Auch dauert es eine ganze Weile, bis jemand schleppenden Schrittes kommt. Es ist ein älterer Mann, dem ich meine Frage nach dem Priesterwohnheim vorlege. Er sagt mir, er wisse das nicht, aber er wolle den Rektor rufen, vielleicht könne der mir Auskunft geben. Dann geht er fort und ich warte wieder lange Zeit.

Nun kommt ein Herr mittleren Alters, der mich zunächst einmal bittet, einzutreten. Ihm bringe ich mein Anliegen vor: Ich sei Priester und suche ein Priesterwohnheim zum Übernachten. Auch er prüft. Dann sagt er mir, es gibt in der Stadt kein Priesterwohnheim, aber wenn ich will, dann kann ich hier im Hause bleiben, er habe noch ein Zimmer frei. Ich freue mich und sage gerne mein Ja. Dann führt er mich durchs Haus über Gänge und Winkelchen und zeigt mir das Zimmer: ein sehr einfaches Schlaf- und Studierzimmer eines Paters. Er zeigte mir auch die Dusche, damit ich mich frisch machen könne und gibt die Zeit des Nachtessens an. Auch sagt er mir, ich könne ruhig in meinem Touristenkleid kommen. Es würde die Gemeinschaft nicht stören, obwohl Patres und Brüder alle den Habit anhätten.

Als der Pater gegangen war, setze ich mich in den alten Korbsessel und schließe einen Augenblick die Augen. Noch flimmert die Straße in mir, der Vorübergang: der Ansturm heranbrausender Wagen, der verebbende Lärm der sich entfernenden. Die Gespräche und die Wortfetzen der Menschen, die mir wie wegziehende Vögel des Himmels entgegenflogen. Dann das immer liebliche Schreien der spielenden Kinder.

Die Klosterzelle schließt mich nun ab wie eine Höhle, die abschirmt, und das zitternde Innere meines Leibes beruhigt sich. Der Atem wird tiefer und dann schlummere ich einen Augenblick ein. Als ich hernach wieder erwache, beschließe ich, die Gelegenheit einer gründlichen Dusche auszunützen und den Staub abzuwaschen. Die Wohltat des Wassers erneuert meine Kräfte.

Beim Abendessen prallen wieder Welten aufeinander. Die Gemeinschaft, die hier wohnt, besitzt eine Schule und das Noviziat am Ort. So sitzen denn die Patres und die jungen Mitbrüder alle an einem Tisch und alle mit ihrem religiösen Gewand bekleidet. Ich habe eine Windjacke an, darunter das Hemd und die Wanderhose. Ich bin ein Eindringling in eine fremde Behausung. Die Blicke der Jungen hängen an mir. Denn in meinen Kleidern hängt das Licht der anderen Welt, und von dorther kommt der wehende Wind der Freiheit. Ich signalisiere etwas in diese Gemeinschaft hinein. Meine Signale werden aufgenommen. Denn sind nicht auch die Gewänder dem Altern unterworfen? Fühlen sich nicht alle, die da in den mönchischen Habiten einer uralten Tradition sitzen, nicht mehr recht wohl, weil sie dieses Gewand als Trennmauer wahrnehmen, die da besteht zwischen ihnen und ihren Familien, zwischen ihnen und den Brüdern und Schwestern, die jenseits der Klostermauer leben? Zwei Welten in einer Welt und dazu der Auftrag Jesu Christi, der allen gilt. Die Zeit scheint reif geworden zu sein. Das Konzil hat altehrwürdige Mauern aufgesprengt. Und meine Kleidung fordert heraus. Sie soll herausfordern und einen Übergang anbahnen zwischen dem Bestehenden und dem Kommenden, so war es der Wille des Leiters, der mich eingeladen hat. Er sagt mir: „Kommen Sie ruhig in Ihrem Touristenkleid."

Noch ahnt keiner recht, was dieser Umschwung bedeutet. Noch können wir die Masse des Festgefrorenen nicht abschätzen, die sich hier zu lösen beginnt. Schon hört man im elitären Block einer wie versteinerten Tradition das harte Bersten der Risse. Ihr Schlag dröhnt schauerlich. Was aber wird passieren, wenn einmal die ganze Masse in Bewegung geraten wird, um in das Wasser der Gezeiten zu stürzen? Diese jungen Novizen vermögen noch nicht zu entscheiden zwischen dem äußeren Gewand und dem unverrückbaren Kern der Sendung Jesu Christi. In ihrer Psyche lebt die Zeit, die da webt und gestaltet. Und das Gewand, das sie anhaben, ist für sie nicht mehr durchtränkt mit Würde und Adel, sondern eine überkommene Last, die man abzustreifen hat wie der Schmetterling die Larve.

Aber in diesem Gewand leuchtet ihre geistige Präsenz in der Welt vor ihrer Familie, ihren Brüdern und Schwestern. Dieses Gewand stellt ihr Glaubenszeugnis dar, das sie für das Ewige Leben geben wollen. Dieses Gewand zeigt an, dass sie nicht von dieser Welt sind, aber in dieser Welt Zeugnis für das Reich Gottes zu geben haben.

Der Druck von Innen, sich des Gewandes aus sogenannten "vernünftigen Gründen" zu entledigen, ist schon enorm stark. Aber liegt dahinter nicht schon die Gefahr, dass in der Kraft der Entfesselung auch die festen Bastionen, die unaufgebbar sind, zugleich mit niedergerissen werden? Werden die Jungen beim Gewand stehenbleiben? Lauert dahinter nicht schon ein gigantischer Kampf, dem wir nicht entweichen können? Wird es nicht unsere ganze Kraft mit letzten Anstrengungen kosten, den entfesselten Strom von neuem in das vorgezeichnete Flussbett zu bannen, damit nicht die entfesselten Wasser alles Land überfluten und den Glauben erschüttern und bedrohen? Ich spüre nur die Spannung, die uns alle durchzittert. Doch sage ich kein Wort. Niemand sagt ein Wort. Aber vergessen habe ich diese Situation nie mehr, da der Chor der Mönche noch in althergebrachter Tradition um ihren hohen Tisch sitzt, und dazwischen sitze ich mit einem anderen Gewand, wie ein Wanderer aus einer fernen Welt.

Ich höre das unterirdische Grollen eines nahenden Bebens

Das Nachtessen ist vorüber und die Patres haben mich eingeladen, an ihrer Freizeit teilzunehmen. Wir setzen uns hinter das Haus, wo ein paar Bäume stehen. Sie bringen noch einen guten Fruchtsaft und Gebäck. Nachdem wir uns gegenseitig etwas näher kennen gelernt haben, kommt (wie konnte es anders sein) unser Gespräch auf die Erziehung. – Als die meisten Patres schon fortgegangen sind, sitze ich noch mit einem Herrn mittleren Alters zusammen und diskutiere weiter. Er erzählt mir:

„Als Mitglied der Aufsichtsbehörde unserer Gemeinschaft bin ich in den letzten Jahren viel durch Europa gekommen. Ich war in Italien, Deutschland, Frankreich und hier in Spanien. Es hat mich immer ein eigenartiges Gefühl befallen, sooft ich mit den verschiedensten Erziehern der verschiedenen Nationen geredet habe."

„Haben Sie in Europa noch eine große Einheitlichkeit des Denkens und

Fühlens in Ihrer Gemeinschaft?", frage ich mit großem Interesse.

„Nein", sagt er. „Aber ich habe Angst für unsere Gemeinschaften."

„Halten Sie die gegenwärtige Situation der religiösen Gemeinschaften für gefährlich?"

Er greift er an seine Brust und antwortet: „Ich fühle einen Stich im Herzen. Bei meinen Reisen habe ich den Eindruck, als ob ich mich im luftleeren Raum bewege; denn der wenige Sauerstoff, der verbleibt, bringt mich in Atemnot. Oft höre ich im Traum das unterirdisches Grollen eines Erdbebens, von dem all unsere Häuser geschüttelt werden. Oft träume ich am Tag, wie der innere Geist der Ordnung und des Maßes, des Glaubens und der Liebe von Rebellion und Verwirrung zerstampft wird."

Ich frage: „Verlagern sich die Schwerpunkte?"

„Ja! Denn viele sagen, es ist der "aufbrechende Geist" einer neuen Zeit und Epoche. Und diesem Geist opfern sie plötzlich ihr Leben, – aber nicht dem Geist des Evangeliums noch dem Wort Jesu. Denn es scheint, dass nicht mehr das Wort Jesu und seine frohe Botschaft zählt, sondern dieser so genannte aufbrechende Geist."

Ich unterbreche ihn: „Herr Pater, Sie erschrecken mich. Aber welches sind die Zeichen, die aufweisen, dass anderes kommt?"

Einen Augenblick lang schweigen wir beide. Die Nacht ist hereingebrochen. Ein leichter, aber kühler Wind geht durch den Baum hindurch, unter dem wir sitzen. Wir hängen unseren Gedanken nach.

Dann spricht der Pater: „Mein Herr, was mir auffällt, ist der Lärm der Musik, der Schlag der Gitarren, das ewig wiederkehrende dieses 'Beat' (wie sie sagen), das Geschrei der Sänger und eine verzauberte Jugend, die verzückt lauscht, bald zu Tränen gerührt, bald im Takt mitstampfend. Dann ist sie plötzlich entfesselt, um in einem dämonischen Anfall, wie von einem Tobsuchtsgeist besessen, alles kurz und klein zu schlagen. In unseren Häusern habe ich viele junge Leute gesehen, die mit verschlossenen Gesichtern und meist rebellisch sich hinter den Schutzwall einer dröhnenden Schallmauer zurückzogen. Wer hat die Jungen verführt, was ist wohl in sie gefahren?"

„Und was machen Ihre Erzieher?", frage ich.

„Das ist es ja eben", antwortet er. „Sie stehen zunächst diesem Phänomen meist fassungslos gegenüber. Die älteren unter ihnen ziehen sich auf die festen Normen der Kirche zurück, die jüngeren schwenken auf den modernen Lebensstil der Jungen ein und die Führenden werden zu Verführten."

Da kommt mir folgendes in den Sinn: „Herr Pater, das ist doch die Jugend, die wir Erwachsenen verraten haben!"

„Verraten haben? – Verraten? Wie meinen Sie das?"

Ich sage: „Das schönste und höchste Gut, das den Menschen gegeben ist, sind unsere Kinder, unser eigen Fleisch und Blut. Jedes dieser Kleinen hat ein Herz. Es besitzt in den jungen Lebensjahren eine urmächtige Sehnsucht nach menschlicher Nähe und liebender Geborgenheit. Nur der Leib und die Nähe der Mutter, nur die ständige Rückkehr des Vaters zu denen, die er zeugen durfte, schaffen eine innere Ausgewogenheit, Ruhe, Sicherheit und Urgeborgenheit."

Er sagt: „So ist es."

Ich fahre fort: „War das nicht ein Verbrechen der vergangenen Jahre, dass wir unsere Kleinsten der Einsamkeit der Straße und an vielen Nachmittagen der Verlassenheit ausgesetzt haben, nur damit wir uns dafür Wohlstand einhandeln konnten? Unsere Frauen emanzipierten sich in die Verkaufsläden, Bürostuben und Fabrikhallen, und zu Hause riefen Kinderherzen nach der Mutter. Diese mussten der mütterliche Wärme entbehren und trugen einen Schlüssel um den Hals wie in der Nachkriegszeit. Statt ihre Kinder an die Brust zu nehmen und ihre unsicheren und suchenden Hände geborgen zu halten, gingen viele Mütter zur Arbeit. Sie haben ihre Wohnungen verlassen und viele Stunden bei der Arbeit zugebracht, um Geld zu verdienen.

Nun brachten sie Maschinen und Geräte ins Haus, die neue Ausrüstung für eine schönere Wohnung. Dafür sehnten sich ihre Kinder nach einem Zuhause. Hier liegt die Wurzel der Frustration; denn in Kinderherzen schlich sich das Gespenst der Verlassenheit und der Angst ein.

Die Abende aber, an denen die Familie dann wieder beisammen war, verbrachte man oft in gereizter Stimmung. Man war müde und nicht mehr in der Lage zu geben, nachdem man sich anderswo schon ausgegeben hatte.

Leider verbrachten viele Heranwachsende so ihre Kinderzeit. Sie litten, aber wussten nicht an was. Es fehlte etwas, aber sie konnten nicht formulieren, was fehlte. Die Kluft zwischen Vätern und Müttern und ihren Söhnen und Töchtern wurde groß, auf die Dauer erkalteten die Beziehungen, weil die Liebe so klein geworden war.

Umgekehrt starrten die Herzen verzückt auf materielle Güter: Wohnung, Fernseher, Auto, Ferien, – doch das eigene Fleisch und Blut hatten sie vergessen. Letztlich war das Verrat an Vaterschaft und Mutterschaft."

„Und Sie meinen, dass diese Entbehrungen, die man unseren Kindern und Jugendlichen zugemutet hat, sich auch in unseren Internaten auswirkt?"

„Natürlich."

„Dann wäre das größere Problem das der betrogenen Liebe? Anstatt unseren Kindern unsere Herzen zu schenken, haben wir sie mit Gütern gefüttert."

„Natürlich."

Ich fahre fort: „Wir haben unsere Kinder anstatt mit menschlich gütiger Liebe mit den Reichtümern unserer Konsumwelt gefüttert. Was Wunder, wenn sie dort Geborgenheit suchen, wo sie sie halt finden können. Sie verschwinden hinter einer Wand aus Schall. Die vibrierenden Schwingungen von Bässen und Gitarren schlagen sie in Bann. Als aber das nicht mehr ausreichte, da beginnen sie zu zertrümmern, was uns heilig ist: unsere Reichtümer. Sie zerschlagen Konzertsäle und zünden Autos an und rächen sich. Instinktiv wenden sie sich gegen den Götzen Mammon, unser liebstes Kind, um ihn zu zerschlagen, denn letztlich hat er sie um die Liebe und Geborgenheit der Kinderjahre betrogen.

Wir Erwachsenen aber beklagen den unverständlichen Vandalismus dieser Jugend an und sind doch in der Wurzel deren Urheber. Meine Kindheit und Jugend war im Krieg, aber sie war voller Spiele, Jauchzen und Kinderlärm trotz der tragischen Gewalttaten, die wir Kinder gar nicht erkennen konnten."

Mein Gegenüber sagt: „Wer die Liebe verrät, entfernt sich von Gott. Wer sich von Gott entfernt, verwässert den Glauben. Sind dann meine Ahnungen und Träume, dass das Grauen vor der Türe stehe, so falsch?"

„Die Auseinandersetzung beginnt erst, und auch ich spüre, dass uns schwerste Erschütterungen treffen werden. Der Herr wird uns herausfordern. IHM kann keiner ausweichen."

Als wir zu Ende gekommen sind, schweigen wir lange. Die Kühle des Abends ist sehr intensiv geworden. Die anderen Patres und Brüder haben sich längst auf ihre Zimmer zurückgezogen, um zu schlafen. Der Wind, der ewig wehende, bewegt leicht das Laub des Baumes und man hört sein Sausen.

Auch dieses religiöse Haus liegt hinter mir. Wieder stehe ich am anderen Tag am Straßenrand, um weiter zu kommen. Ich friere; denn ein frostiger Wind weht. Da erinnere ich mich erneut an das Wort Jesu. Es dringt in mein Herz ein und heftet sich fest. Es lautet: „Du Kleingläubiger!" (Mt 14, 31)

Es ist, als ob der Herr wieder sagen wollte: „Warum vertraust du nicht auf mich, auch wenn der Wind frostig weht?"

Zugleich lese ich in den Psalmen: „Besser ist es, seine Hoffnung auf Gott zu setzen als auf Menschen zu bauen oder auf Fürsten." (Ps 118, 9) – Diesen Anruf habe ich oft gelesen, aber sofort wieder vergessen. – Jesus diskutiert nicht mit dem Menschen, ob Gott in die Welt hineinwirkt oder nicht. Er diskutiert deshalb darüber nicht, da dies jedermann weiß. Nur jene wollen darüber diskutieren, die vom Glauben abgefallen sind. Jesus verlangt, dass wir in allen Lebenslagen vertrauen. Gott ist Burg, Fels und der Schild des Menschen; er ist der einzige Retter und die Zuflucht. Und was ER sagt, das gilt. Daran kann keiner der Sterblichen rütteln.

Man ist freundlich, aber eine sesshafte Welt wird in Frage gestellt

Dennoch bin ich auf dieser Pilgerreise wie ein Einbruch in diese Welt. Das Pfarrhaus, indem ich nach einem langen und beschwerlichen Tag des Wanderns übernachten kann, ist freundlich, aber karg. An Gespräche erinnere ich mich nicht mehr. Ich kann dort schlafen, darf andern Tages die Heilige Messe lesen und bekomme ein gutes Frühstück.

Doch dann, nach dem Frühstück hat der Pfarrer seinen Motorroller gerüstet und er erklärt mir, er wolle mich an die 20 km weiterbringen. Ich stehe ganz perplex da. Ich beschwöre ihn, das nicht zu tun, und wir stehen beide irgendwie betreten voreinander: Ich, weil ich auf das Motorrad sitzen soll, was ich mir nicht erbeten habe; – er, weil er unter einem psychischen Zwang steht, dessen Wurzeln nicht zu Tage kommen. Ich tue ihm irgendwie leid. Er zählt mich zu den Menschen, denen man helfen muss, und da ich ein Mitbruder bin, muss er mich mit seinem Motorrad weiterbringen.

Stört ihn meine Pilgerschaft? Wird eine gemächliche Welt, in die wir uns mit unseren bequemen Stuben bei guter Einrichtung abgesichert haben, plötzlich durch einen Mann mit Rucksack brüsk in Frage gestellt?

Der Mann ist nun einmal da. Man kann ihn nicht abschütteln. Er kommt hereingeschneit ins Haus und ist im Grunde genommen unerwünscht, meist zumindestens störend. Man nimmt einen Kaffee miteinander, man isst zu Abend, man feiert gemeinsam den Gottesdienst, man frühstückt und doch sind es immer zwei Welten, die sich gegenüberstehen und einander herausfordern: der eine sitzt zu Hause in seinen eigenen abgeschirmten vier Wänden und der andere geht auf der weiten Straße Christus entgegen.

Die offene Straße aber liegt im Ungeschützten, wo die Sonne prall brennt, wo der Wind stürmt, ungeschützt, voller Wagnis, immer auf der Fahrt. Der Herr Jesus hat in den Tagen der Verkündigung des Evangeliums die zweite Art des Lebens gekannt. Er ist der große Pilger, der Wanderprediger inmitten einer sesshaften Welt.

Das große Abschieben aller, die unsern Wohlstand bedrohen

Warum der Pfarrer mich damals auf seinem Motorrad wegfährt, weiß ich nicht. Was soll ich denken? Soll ich aus seinem Gesichtskreis verschwinden und möglichst weit vom Dorf weggebracht werden und damit auch weit weg von seiner Erinnerung? Vielleicht ist es ein hintergründiges Mitleid, ein Mitleid mit sich selbst, weil ich seine Sesshaftigkeit in Frage stelle. Braucht er darum das Opfer einer guten Tat? Oder soll die aus dem Gleichgewicht geratene Welt wieder ausgepegelt werden, um sich zu rechtfertigen?

Während er den Motor anspringen lässt und wir uns beide auf das Fahrzeug setzen, die Straße in weitem Bogen bergan läuft und die Landschaft vorüberzieht, wird das kleine Problem dieses Morgens, nämlich *das Abschieben*, zu einem der größten Probleme unserer Tage.

Denn so wie jener Pfarrer mich auf sein Motorrad nimmt und mich wegfährt, also aus seinem Gesichtskreis ausgrenzt, vielleicht sogar aus seiner Erinnerung, so versuchen wir doch alle, wir hochbegüterten, reich zivilisierten und kultivierten, in Konsum und Genuss eingetauchten Menschen, alles wegzuschaffen, was unsere gesicherte Sesshaftigkeit stört.

Genüsslich und gemütlich zu leben, ohne Hunger, ohne Anstrengung, ohne Leiden und Schmerzen, letztlich ohne das Phantom Tod! Genüsslich zu leben, und soweit wir es können, ohne eine ernsthafte Erinnerung an Hunger, Anstrengung, Schmerz und Tod! Abgesichert nach allen Seiten! Wir haben keine Ahnung mehr von der Pilgerstraße, von dem Unvorhergesehenen; denn wir haben alles Unvorhergesehene einkalkuliert und damit paralysiert.

Viele der Menschen schieben ihre Alten, Kranken und Behinderten in Krankenhäuser und Altenheime ab

Wir schieben das Sterben ab. Das ist das erste, weil es uns am fremdartigsten berührt. – Gemeint ist jenes Sterben mit dem oft verzweifelten Aufbäumen der Kreatur gegen das Unverständliche. Es wird hinter die dicken Mauern der Krankenhäuser verbannt. Dort erwartet den Menschen zwischen vier Wänden ein "schönes" und oft steriles Sterben, nicht wenige Male in absoluter und schmerzhaften Verlassenheit von seiner Familie, die er liebte.

Erst dann, wenn der Mensch erfährt, dass alle Sicherungsmechanismen zerbrochen sind und er ausweglos zum unentrinnbaren Tor des Todes hingeschoben wird, wird er inne, was wirklich geschieht. Doch dann ist es zu spät.

Er findet sich allein gelassen, (so wie er vielleicht andere allein gelassen hat.) Die Monotonie einer weißen Krankenstube oder eines Abstellraumes wird zum Ort der Tragödie, zum Schrei des Herzens: „Mein Gott, mein Gott, warum hast du mich verlassen!" (Ps 22, 2) Seine Angehörigen sitzen daheim und erfahren vom Tod durch Telefonate, aber vom Sterben dessen, der starb, wissen sie nichts. Für nicht wenige wäre es grausam, das ansehen zu sollen.

Darum sichern wir uns ab und errichten Schirmmauern. Der moderne Mensch hat auch sehr viele Alte in die Altersheime verbannt. Dort sind sie gut aufgehoben und mit großer Liebe verpflegt, wie wir meinen. Aber sie sind nicht mehr unter uns.

Nachdem wir sie abgeschoben haben, ist die Welt, in der wir leben, erfüllt von einer gleichbleibenden Jugendlichkeit. Der Zerfall und das Zurücksinken, das Entblättern einer einmal sehr lebendigen Kraft wird nicht mehr erfahren. Man hat es so weit weggeschoben, dass man es nicht mehr ernst nehmen muss. Die Größe und die armselige Schwäche des Alters sind keine Werte mehr, an denen wir uns stoßen. Das Ungleichgewicht ist weggebracht. Selbst wenn wir sonntags auch geschwind einen Besuch machen, so ist das noch ein flüchtiger Blick, aber kein tiefgreifendes Erlebnis mehr.

Wir haben viele der alten Eltern abgeschoben, weil sie unseren Rhythmus störten. Unsere wohlgeordnete Welt wäre zu sehr durcheinandergebracht worden, wenn sie unter uns lebten. Wir bringen sie in die schönere Welt der Altersheime, zu der sie schlussendlich ja sagen, meist im Schmerz einer zerdrückten Träne. Dann haben wir sie los. Vergessen bleibt nur eines, dass die Zeit nicht steht und die Uhren weiterticken. – Morgen schon wird auch uns selbst dieses Schicksal bedrohen.

Aber die Ringmauer der vermeintlichen Sicherheit wird noch höher gezogen: Auch Schmerzen und Leiden sollen verschwinden. Eiter und Blut, der aufgedunsene Leib, zerbrochene Gliedmaßen, das deppische Kind, das beschränkte erwachsene Mädchen, wir entfernen sie aus unseren Blicken. Sie wandern ab in die Heime und Krankenhäuser. Denn nur in den seltensten Fällen liegen sie in den Betten unserer Wohnungen.

Wir haben nur wenig Zeit für sie; denn wir sind zu beschäftigt in einer Zeit, wo selbst die Mütter einen Vollshop haben müssen. So wachsen unsere

Kinder und Jugendlichen in einer Welt auf, die intakt scheint. In dieser Welt ist, wie schon gesagt, junge Dynamik, Kraft, Eleganz und Schönheit gefragt, die ewig schöne Jugend, – und diese zählt. Was nicht zählt, ist das Beschränkte, das Deppische, weil es im Alltag des Lebens einengt und die Bewegungsfreiheit blockiert.

Wir entfernen sie und entziehen sie unseren Blicken, unserem Empfinden und Erleben. Wir lassen sie höchstens noch an uns herankommen, nicht mehr aber in unsere Wohnungen hinein. – Nun zeigen wir menschliche Nöte in Filmen und dozieren unsere Unzulänglichkeiten in gruseligen Bildern, die Mitleid erregen oder irgendwelche Kritik an Anstalten ausüben, in die wir sie abgeschoben haben.

Wir brauchen eine schmerzfreie Welt. Darum haben wir chemische Fabriken gegen Krankheit und Schmerz aufgebaut, – Industriekomplexe, in denen durch Millimeterarbeit die Materie so lange verändert wird, bis endgültig eine Pille gegen Schmerz und Leid gefunden wird, ein erlösendes Mittel oder eine Spritze gegen die fatale leibliche Getroffenheit.

Krankenhauskomplexe und Industriekonzerne sind die Ringmauern gegen das drohende Auseinanderbrechen unseres Leibes. Doch auch der Gegenwert zeigt sich schon, die Perfektionierung fordert ihren Sold; denn die Preise steigen und viele können nicht mehr bezahlen. Auch der Sozialstaat betont, dass er kein Geld mehr habe. Das Krankenhaus selbst aber wird zum Dienstleistungsbetrieb und oft stirbt bei Ärzten und Pflegepersonal die wahre menschliche Liebe und Hinneigung.

Wenn die Liebe erlischt und das Kalkül vorherrscht, stehen die Krankenhäuser in Gefahr, trostlose Heilanstalten zu werden. – Wenn Krankenhäuser aber zum Geschäft des Menschen am Menschen werden, werden die Menschen zu einer "Massa damnata", einer verdammten Schar von Ausgebeuteten, deren Wert mit Geld aufgewogen wird. Man hat sie zur Nummer degradiert und ihnen die Würde des Menschseins genommen, und sie sind nur noch Gegenstände, an denen man sein Geld verdient.

Auch bei den Medikamenten ergibt sich eine Zwiespältigkeit, weil die meisten Arzneimittel nicht nur heilen, sondern zu gleichen Teilen auch verwunden. Ein Riss im Kleid des atmenden Leibes wird vernäht und nebenan ein neuer aufgerissen. Nach dem Zweiten Weltkrieg ist das Wissen und Können der Medizin um ein Vielfaches gewachsen, so dass sich die Lebenstage des Menschen um Jahrzehnte verlängern, aber deshalb sind die Menschen nicht klüger und nicht reicher geworden.

Doch wir schieben nicht nur das Sterben, das Altern und die Deppen weit von uns fort, sondern wahrhaft der Prozess des Wegschiebens und der innerlichen Entfremdung von uns selbst geht noch viel tiefer. Er geht so weit, dass die Wurzeln unserer Existenz angegriffen werden. *Wir entfremden uns von unseren Kindern im Mutterschoß.* Wir schieben sie auf die Seite. Sie sind uns eine Last, weil sie uns ununterbrochen herausfordern. Die Kindlein als Embryos halten uns ihr Menschsein entgegen, so dass wir geben müssen, wo es wie selbstverständlich die Liebe gebietet, wir aber, egoistisch geworden, nicht mehr wollen.

Die Forderungen der Kleinen sind groß, die Anerkennungen, die sie geben, zunächst gering. Sie erwarten einfach, dass wir da sind, aber sie erwarten das so selbstverständlich, und immer ohne Sensation, ohne Ordensauszeichnungen, ohne Gehaltserhöhungen und ohne Pressemeldung. Im Gegenteil, ihr Anspruch verbraucht, zehrt am Fleisch und zerrt an den Nerven. Sie sind schutzlos und doch voll innerer Kraft. Sie stoßen uns in den Leib und ins Herz. Nun wird gewogen, wie viel Liebe wir in uns tragen, und ob wir verschenken wollen nach göttlichem Maß: „Freizügig zu geben, weil dieser andere ein so tiefes Geheimnis ist."

Und wieder schiebt sich über uns der Nebel der Nacht. Wir betrachten uns selbst und betrachten die Güter der Welt, die wir glauben haben zu müssen. Und dann beginnt der hässliche Prozess des Wegschiebens unseres eigenen Fleisches und Blutes. Unmerklich ist unser Kontinent Europa kinderfeindlich geworden; denn er hat die Kleinen verhütet oder abgetrieben.

Nun sind uns die Kleinen zur Last oder sie stehen unserer Karriere im Weg, und wir schieben sie zur Seite bis zu jener letzten Rampe des Absturzes in der Abtreibung: – dann sind die Kleinen weit fort, beseitigt, ganz entfernt, aus dem Leib gerissen, zerstückelt, herausgesogen, ab- und weggetrieben, gemordet, endgültig aus unserem Gesichtskreis verschwunden. Man hat sie weggeworfen wie ein operiertes Krebsgeschwür. Sie sind keine Menschen mehr und haben kein Menschengesicht mehr!

Aber in den Nächten tritt das geschlachtete Gesichtchen vor dich hin und schaut dich an. Mehr! Das da den Mund nie auftun konnte, steht vor der Seele und fragt dich unerbittlich. Es fragt, warum hast du mir das angetan? Warum hast du mich getötet? Warum hast du mich weggeworfen? – Und es ist finster geworden auf unserem Kontinent und in der Welt!

Wer zweifelt daran, dass die inneren Anrufe unbeugsam sind, und dass die Erinnerungen, die kommen und gehen, einem göttlichen Gesetz unterworfen sind, das unserer psychischen Macht entzogen ist. Diese Erinnerungen in den einmal verfestigten Bildern lassen sich nicht aus der Seele entfernen. Sie sind wie Siegel in unsere Herzen eingebrannt, die sich nicht löschen lassen. Das Getötete steht uns vor Augen. Darum wird es ein atemberaubender Kampf sein, unser eigenes Inneres zu verschieben und zu verrücken, damit die lästigen inneren Bilder verschwinden. Doch unser Inneres stemmt sich gegen uns mit absoluter Festigkeit und weist felsenhart ein Unverrückbares auf. Die Bilder bleiben. Die schauenden Augen können nicht gelöscht werden.

Je mehr wir die Bilder des Mordens aus der Seele eliminieren wollen, je mehr wir diese Rachegeister austreiben, ja, je mehr sie abgedeckt und verdunkelt werden sollen, um so mehr wächst jene so erschreckende Angst des Bewusstseins, dass plötzlich die Bilder wieder grell vor uns aufzucken, klar und überdeutlich, erschreckend wie in einem ewigen Jetzt. – Das Blut, der Schrei, die Verworfenheit, sie lassen sich nicht abschütteln und stehen wie unerbittliche Rächer im Jetzt des Seins. Nur Reue und Buße helfen!

Das eigentliche Gericht ist nicht außen, sondern innen

Wahrhaftig! Das eigentliche Gericht ist nicht außen im Gegenüber von Angeklagten, Staatsanwalt, Verteidiger, Richter und Zuschauer. Das Gericht ist zuerst innen und das innere Gericht ist unbestechlicher als das äußere. Es ist der Sache nach unbarmherzig und besitzt eine Urgewalt. Keiner kann es wegwischen!

Hier verzeiht nur einer, und das ist **Gott, der Herr,** vor dem alle Schöpfung bloßliegt. Aber vor der Verzeihung muss jedes Verbrechen ins Licht hineingestellt werden. Es wird nichts mehr beschönigt. Die Nüchternheit holt das Dunkle aus der Finsternis hervor. Man schämt sich zwar, aber man sagt, was man getan hat. Das böse Geschwür der Sünde steht damit schonungslos im Licht. Es wird nicht mehr verheimlicht, sondern offen gezeigt, damit Jesus Christus, der göttliche Arzt, der heilt, es heile.

Wo solches geschieht, ist der Fluchtweg und die Entfremdung vor sich selbst zu Ende gegangen. Ein solcher Mensch hat den Rückweg zu Gott angetreten, identifiziert sich mit seiner Schuld und stößt damit in seine innere seelische Einheit zurück. Vor dem Angesichte Gottes und im Lichte der Wahrheit bleibt Sünde als Sünde bestehen. Der Schuldige bereut sie im Schmerz seines Herzens, beugt sich in Demut nieder vor dem Herrn, und das reuige Herz wird im kostbaren Blute Jesu Christi gereinigt. – Jedoch wer sich durch Stolz, Dünkel und Wahn in seine Wunden einpanzert und die Geschwüre nicht offen legt, den zerfressen sie, bis er sich dem Tode neigt: hier auf Erden dem leiblichen, dort in der Ewigkeit im Feuer der Hölle dem Ewigen Tod.

Die Sünde des Fleisches löscht die Liebe aus

Aber der Prozess der Entfremdung hat noch eine weitere Dimension. Die Auflösung des wahrhaft Menschlichen, die unsere derzeitige Menschheit wie Fieberschauer und Krankheiten durchjagt, läuft noch weiter. Sie durchzittert unseren Leib, durchpulst Fleisch und Blut und legt sich auf alle Spielarten und Registraturen unseres menschlichen Seins. Sie zerschneidet die innere Dynamik der Spannkraft zwischen Mann und Frau. Das ursprüngliche, das wahrhaft Menschliche, nämlich Liebe, Opfer und Hingabe von Zweien zugleich in Eins gegeben, verdunkelt sich und wird blind.

So beginnt das egozentrische Spiel des „Nur-Haben-Wollens" und wird zum *brutalen Kampf der Geschlechter*, die sich gegenseitig entblößen und ausziehen, um sich auszunutzen. Der Leib wird zum Unterhaltungsspiel, sein Angebot ein Sachwert, verkaufbar, genießbar, konsumierbar. Nicht mehr steht vor uns das Unverwischbare eines menschlichen Gesichts mit seinen nicht verwechselbaren Zügen. Ausgelöscht scheint zu sein jenes so liebenswürdige Du, das aus einer unauslotbaren Tiefe heraufströmt und sich einhüllt und birgt ins geheimnisvolle Dunkel aller göttlichen Gaben.

Dieses liebenswürdige Du, nach dem wir alle ewige Sehnsucht tragen, entschwindet in der Entfremdung, verflüchtigt sich ins Namenlose. Dafür tritt in den Vordergrund überbelichtet die Geschlechtlichkeit des Leibes: Organe, deren Betätigung nun nicht mehr in die Sinnhaftigkeit des Lebens, sondern am Ende in die bittere Enttäuschung der Seele führen.

Viele haben ihre liebenden Hände, die sich über das Du und seine ergreifende Urgewalt schützend spannen, zurückgezogen. Viele haben sich der brutalen Härte missbrauchender Entblößung ausgesetzt. Die wahre Liebe erstarb. Die Tiefen der Seele werden eingeebnet. Aber zurück bleibt die Triebhaftigkeit des Leibes und das unkontrollierte Feuer geschlechtlicher Begegnung. Doch die pure Leidenschaft ist heftig genug, um unsere seelische Landschaft nach und nach zu verwüsten. So bleiben jene Akte, die in die Zeugung eingeordnet sind, ohne Frucht und verlieren ihre Sinnhaftigkeit und töten die Seele.

Der Ort, der im menschlichen Werdeprozess in der Verzückung göttlicher Gabe eine leibseelische Begegnung darstellt, wird zum Gräuel der Verwüstung. Dort, wo Liebe sich erfüllen sollte, erwachsen nach und nach die Geister des Hasses, der Zwietracht und der von Mensch zu Mensch immer tiefer werdenden innerlichen Entfremdung.

224

Nun sind sie sich nah und sind doch voneinander entfernt. Nun liegen sie in einem Bett und umarmen sich, aber zwischen ihnen liegt der Betrug, – und das Gift in den Herzen hat sie längst zu zwei Fremden gemacht, die sich nicht mehr in die Augen schauen. Vom wahren menschlichen Gesicht ihres Partners und seiner Existenz haben sie keine Ahnung mehr. Die Überbetonung des Ichs und seiner egozentrischen Forderungen löschen die Person des anderen aus. Zugleich aber stoßen sie sich selbst zurück in die Einsamkeit und Leere des eigenen Herzens. Die Kraft, Leben zu zünden, erlischt. Was bleibt, ist die öde Monotonie einer Selbstverherrlichung und Selbstgenügsamkeit oder – im Wohlstand ausgelassener Feste – Orgien und Hurerei.

Wahrhaft! "Corruptio optimi pessima!" Je höher, erhabener und würdevoller die Gabe ist, die man verrät und missbraucht, um so katastrophaler und entsetzlicher sind die Folgen. – Die Wege der Abschiebung alles Menschlichen sind „die breite Straße, die ins Verderben führt." (Mt 7, 19)

Der Verzicht in Opfer und Gebet

Ach, wie sehr hat die Gottesmutter in Fatima die Gefahr in der Wurzel getroffen, die auf uns alle lauert, als sie flehentlich die Kinder um Gebet und Buße bat. Denn das Abschieben des Menschlichen sind sehr schwere Verbrechen und Sünden, die mit der Hölle bedroht sind. Darum fordert sie den Verzicht auch zugunsten von anderen, damit das Feuer der Liebe wieder auflodere und die wilden Leidenschaften besiegt würden. Wir sollen unsere liebenden und schützenden Hände über das Du legen, das uns Gott an die Seite stellte. Die Muttergottes lehrt die Kinder von Fatima das Gebet: „O mein Jesus, verzeih uns unsere Sünden, bewahre uns vor dem Feuer der Hölle, führe alle Seelen in den Himmel, besonders jene, die Deiner Barmherzigkeit am meisten bedürfen." Maria fordert also den Verzicht, damit andere sich bekehren und die Sünde besiegen. Wir sollen die zehn Gebote Gottes halten, um dem Leben zu dienen und nicht dem Tod. Das ist Gottes Wille.

Die Gottesmutter will das Gebet, weil alles auf dieser Welt letztlich Geschenk und Gnade ist und nicht unser Verdienst. Wir haben es zu erflehen. Im Gebet beginnt die Erfüllung unseres Seins. Es besteht in der aufrichtigen Hinneigung des Geschöpfes zu seinem Schöpfer. ER allein kann unser hungriges menschliches Herz entzücken und erfüllen in seiner liebenden Fülle. ER ist die Quelle, die reinigt, heilt und tränkt. ER sei hochgepriesen in Ewigkeit!

Die Gottesmutter hat uns in den Kindern Lucia, Francisco, Jacinta ein ergreifendes Beispiel und eine aufmunternde Mahnung vor Augen gestellt, so dass wir im Innern erschrecken sollten. Aber wir erschraken nicht. Wir wollten es nicht sehen. Es ging uns nicht unter die Haut. – Erst jetzt langsam, wo die Krankheit der innerlichen Entfremdung immer tödlicher Herz und Seele zerstört, scheint es uns zu dämmern, was hier vor sich geht. Dann erkennen wir noch sehr undeutlich, wie sehr im Grunde genommen die Betrüger die Betrogenen sind, und wie uns unsere maßlose Gier nach Vergnügen ins Vordergründige geschleudert hat.

In eine von Fest zu Fest taumelnde Welt haben wir uns festgebissen. Wir haben uns abgesichert mit logischen Gründen und geistreichen Formeln. Doch dann kam die Leere. Unter einem Berg von angesammeltem Schrott klagt aus der Kammer der Verschüttung das betrogenes Menschenherz. Weit fort ist das Du der Liebe und noch weiter fort ist das liebende Angesicht Gottes. Das ist die wahre Entfremdung, in deren Knechtschaft die Menschen gefesselt liegt, und nicht die Entfremdung von Produktionsmitteln, wie Marx sagt.

Ich erinnere mich an jenen Schwerttanz im Stück von Paul Claudel: „Johanna auf dem Scheiterhaufen". Die Fürsten kreuzen die Schwerter gegenseitig im Tanz. Als der Schwerttanz zu Ende ist, stehen sie sich mit gesenktem Schwert gegenüber. Der eine sagt: „Verloren", der andere: „Gewonnen!" Danach wiederholen sie dieselben Worte in der umgekehrten Reihenfolge. Der andere sagt: „Verloren", und der eine: „Gewonnen!"

Auch wir haben "Verloren und Gewonnen" und "Gewonnen und Verloren". Wie bei der Versuchung Jesu hat Satan unserer Generation die ganze Welt angeboten mit den Worten: „Dies alles will ich dir geben, wenn du niederfällst und mich anbetest." (Mt 4, 9) – Da ist ein Großteil unserer Generation niedergefallen und hat Satan angebetet. Wir haben alles gewonnen, aber wir haben auch zugleich alles verloren: Gott haben wir verloren, – und unsere Familien und Kinder haben wir verloren, – und auch uns selbst und unser eigenes Herz haben wir verloren.

Denn haben wir nicht alle einen fast unermesslichen Gewinn irdischer Güter zu verzeichnen? Aber haben wir nicht zugleich noch mehr verloren? Unsere Seelen? Die Schrift sagt: „Was nützt es dem Menschen, wenn er die ganze Welt gewinnt, an seiner Seele aber Schaden leidet." (Mt 16, 26)

■ „Weißt du es? – Bist du dir dessen bewusst?– ER, GOTT, hat dich gerufen bei deinem Namen!" Während mein begleitender Freund diese Worte mir zuspricht, schaut er zu mir her und seine Gestalt ist hell durchstrahlt von einer tiefen Zuneigung und einem wahrhaft inneren Leuchten.

Lange denke ich darüber nach und versuche, in einem inneren Bild meiner Seele mich selbst zu erfassen: meine Existenz, mein Dasein, meinen Alltag und mein Leben.

Dann blicke ich zu ihm auf und gebe zur Antwort: „Zwar haben meine Eltern mich gezeugt, aber Gott ist mein Vater. Ich bin zu meinen Zeiten heraufgestiegen aus den Tiefen der Ewigkeiten, weil ER mich geliebt, mich mit Lebensodem angehaucht und mich deshalb gerufen hat. Ich war nicht, aber jetzt bin ich."

„Du bist ein ewiges Geheimnis," sagt er, „emporgestiegen aus dem unfassbaren Wollen seiner göttlichen Liebe!"

„Ja!", bekräftige ich. „Ich lebe! Ich bin da! Ich bin fähig zu lieben."

„Und wie stellst du dir Gott, deinen Vater vor?"

Da stottere ich: „Meine menschliche Vorstellungswelt reicht nirgendwo hin! ER ist mir ganz nah und ganz fern. – ER ist kein Imperator, kein Kaiser und kein König, kein Tyrann und kein Demokrat. Er ist auch kein Arbeitgeber, kein Arbeitnehmer, noch Besitzer im irdischen Sinn. – Aber ER ist Ursprung und Vater – wunderbar und weit jenseits jeder irdischen Vaterschaft. Ich danke IHM alles und will IHN lieben mit allen mir zur Verfügung stehenden Kräften."

„Bist du seinen göttlichen Spuren nachgegangen?"

„O ja! Denn Himmel und Erde sind voll von seiner Herrlichkeit."

„Ohne Zahl!"

„Ohne Zahl!", stammle ich. „Unzählbare Blätter an den Bäumen; unzählbare Gräser auf den Wiesen und Prärien; unzählbare Regentropfen und Steine; unbeschreibbare Schönheiten der Sonnenaufgänge und Sonnenuntergänge in tausend leuchtenden und feinsten Farben; undurchdringbare Tiefen des Universums mit seinen unzählbaren glitzernden Sternen, die unser Herz mit der Schau von Ewigkeiten durchtränken; nicht messbare Zeiten in den Tagen und Wochen, den Monaten und Jahren, – oder in den Jahrmilliarden der Lichtjahre und der Unendlichkeiten."

Mein Begleiter verneigt sich tief zur Erde, um IHN anzubeten, und auch ich tue dasselbe! Dann richtet er sich auf und betont: „Doch das alles ist nur der Saum seines Gewandes! ER selbst wohnt in unzugänglichem Licht. »IHM sei alle Ehre und Herrlichkeit!« " (1 Tim 6, 16)

„Amen!", sage ich darauf.

Als er dieses Bekenntnis ausgesprochen hat, blickt er mich wieder an und spricht erneut: „Du weißt, dass Gott euch Menschen ein sehr großes Vorrecht gegeben hat?"

Da denke ich darüber nach, was er mir sagen will, dann spreche ich: „ER schuf uns nach *Seinem Bild und Gleichnis*. Denn also sprach Gott: »Lasset uns den Menschen machen nach unserem Bild und Gleichnis. Und also schuf Gott den Menschen, nach seinem Bild und Gleichnis schuf ER ihn, als Mann und Frau schuf er ihn.« (Gen 1, 27)

Der Engel sagt: „Das Bild und Gleichnis des Ewigen durchstrahlt Dein menschliches Antlitz, und wie dein Angesicht, so das Angesicht aller deiner Brüder und Schwestern, – das Gesicht derer, die heraufsteigen aus dem Schoß ihrer Mütter, – auch das Gesicht der Alten, die mit durchfurchter Stirne das uralte Tor durchschreiten werden. Der Adel eures menschlichen Seins schwingt hinein in alle Ewigkeiten hinein. Er ist von Gott gegeben und niemand kann ihn euch rauben, außer ihr zerstört ihn selbst."

Ich frage: „Was muss ich tun, um IHN nicht zu verlieren?"

Er antwortet: „Lebe so, wie Gott dich geschaffen hat! Lebe nach dem Gesetz in dir, – lebe nach den Geboten Gottes, die ER selbst euch gab, – und lebe nach der wunderbaren Ordnung deiner menschlichen Natur und deines Leibes, und du wirst dein Ziel nicht verfehlen! Dann wirst du Gott lieben aus ganzem Herzen und mit ganzer Seele – und auch alle deine Brüder und Schwestern, die die Erde bevölkern."

Nachdem er das gesagt hat, verneigt er sich leicht vor mir, und ich weiß, dass die Verneigung ein Zeichen ist, das Gespräch zu beenden.

Die Meditation ist zu Ende, und ich finde mich noch immer auf dem Motorrad. Bilder fliegen vorüber, die Landschaft wechselt, die Straße öffnet und schließt sich. Ich sitze hinter dem Fahrer, der seine Bahn dahineilt und suche im schnellen Dahingehen noch einen Eindruck von der Landschaft zu gewinnen. Wir fahren den Berg hinauf und kommen in ein Dorf, wo Straßen sich kreuzen. Dort hält mein Mitbruder an. Wir machen kein großes Federlesen mehr, sondern verabschieden uns kurz. Er fährt zurück, und ich nehme die Straße wieder unter meine Beine. Es ist ein langer Tag, der sich aber in mein Gedächtnis nicht eingegraben hat. Der Pfarrer schickt mich am Abend in einen Gasthof, wo ich übernachten kann.

Rosenkranzbetrachtung
"Der für uns ist mit Dornen gekrönt worden."

Während ich auf der Straße dahinschreite, fällt mir das alte und oft gesungene Passionslied ein: „O Haupt voll Blut und Wunden, voll Schmerz und voller Hohn. O göttlich Haupt umwunden mit einer Dornenkron. O Haupt sonst anderer Ehren und Kronen würdig ist. Sei mir mit frommen Zähren, sei tausendmal gegrüßt." – Ich betrachte:

Nachdem die römischen Soldaten Jesus auf Befehl des Pontius Pilatus gegeißelt haben, führen sie den körperlich Zerschlagenen zu einem Stein. Dort kann er sich setzen. Dann flechten sie eine spitze Krone aus Dornen und setzten sie auf sein Haupt. Sie pressen ihm die Dornen in die Kopfhaut ein, werfen ihm einen alten Purpurmantel um, treten voll Hohn auf ihn zu und spotten unter Gelächter: „Sei gegrüßt, König der Juden" (Jo 19, 3), und sie geben ihm Ohrfeigen.

Der zerschlagene Mann, den sie auf den Steinblock gesetzt und mit einem Purpurmantel bekleidet haben, ist nun ihrer vollen Willkür ganz ausgeliefert. Sie sind römische Soldaten und sie kümmern sich nicht um die Querelen der Juden. Sie haben gehört, dass die erniedrigte Gestalt, die vor ihnen auf dem Stein sitzt, ein König sei. – Wohlan! Er soll König sein! Die Dornenhecke wird gefunden, die Dornenkrone geflochten, sie soll in den Kopfknochen schmerzen. Hernach beginnt das Spottgeschrei der Huldigung: „Heil Dir, König der Juden." (Mk 15, 18)

Jesus aber, der vor Pontius Pilatus offen sein ewiges Königtum bekannt hat, wird nun in die vollkommenste Entwürdigung hineingegeben. Man zertritt seine Ehre, wie man einen Wurm zertritt, gemäß dem Psalmwort: „Ich bin ein Wurm und kein Mensch, des Volkes Spott und der Menschen Verachtung." (Ps 22, 7) Doch in diesem miserablen und zerschlagenen Antlitz Jesu wird sichtbar, wie weit die Verworfenheit der Sünde geht. Es ist der Kopfstand der von Gott so herrlich geschaffenen Kreatur Mensch, die im Nicht-mehr-Anschaubaren beschämt wird. Der Leidensmann auf dem Stein mit dem Purpurmantel und der spitzen Krone zeigt, wie weit der Auswurf menschlicher Bosheit den Menschen aufs Äußerste enthert.

IHM, dem Christus, dem einmal alle Kronen der Macht und der Herrlichkeit gegeben sind, und bei dessen Wiederkunft alle Menschheit erzittert, hat man jede menschliche Würde abgesprochen und IHN der Schande preisgegeben. Wahrhaftig! Das Oberste wurde zuunterst und das Unterste wurde in einer Rebellion sondergleichen zuoberst gekehrt!

Nirgendwo rebelliert die gefallene Kreatur Mensch so sehr, als wo es gilt, Autorität und Macht zu zerschlagen, selbst wenn diese zu Recht besteht. Der Mensch rächt sich, wo es nichts zu rächen gibt. Er offenbart seine innere Verwundung dadurch, dass er jeden, der ihm im Weg zu stehen scheint, erniedrigt, und selbst wenn es sein Gott wäre. Darum ziehen nun die Soldaten dieses entwürdigende Schauspiel ab. Sie spucken IHN an; sie schlagen IHM ins Gesicht; sie beugen höhnend ihre Knie; sie grölen unter Gelächter frenetisch, um allen in ihnen angestauten Zorn gegen das Höhere auszuspucken und dieses Höchste mit Füßen wütend zu zerstampfen, um wenigstens einmal im Leben zu erfahren, was es heißt, Macht zu erniedrigen.

Die Dornenkrönung Jesu ist die sichtbare Darstellung dessen, was Friedrich Wilhelm Nietzsche die "Umkehrung der Werte" nennt. Die Wahrheit wird zur Lüge und die Lüge wird zur Wahrheit. Die lebenstragenden Ordnungen der Natur werden völkisch und staatlich aufgelöst, und die Perversion wird zur lebenstragenden Ordnung der Natur erhoben. Die Liebe wird verlacht und der Egoismus triumphiert. Jene, die unter Opfern und Entbehrungen Kindern das Leben schenkten und damit die kommende Generation heraufführten, werden staatlich benachteiligt und Lust und Sex allein regieren in den Staaten die Öffentlichkeit. Die Unzucht wird gefördert. Ihre frevelhaften und schamlosen Leitbilder sind in jeder Straßenzeile angeklebt und zu sehen. Die Zuchtvollen und Keuschen dem öffentlichen Gelächter ausgeliefert. – Wer noch denken kann und seinen Verstand nicht verloren hat, weiß, dass dies der Anfang vom Untergang sein muss.

Jene Kohorte in der römischen Kaserne von Jerusalem offenbart in ihrem unmenschlichen Verhalten ein Urdrama der von allem Bösen zerfressenen menschlichen Natur. Die mit Dornen gekrönte Natur des Menschen! – Denn als Adam und Eva im Paradiesesgarten gesündigt hatten, indem sie gegen Gott revolutionierten, verloren sie ihre Würde, das Haupt der sichtbaren Schöpfung zu sein. Alle Ordnungen verloren damals ihre innere Kraft. Die Frau wird in Schmerzen gebären und der fruchtbare Ackerboden wird Dornen und Disteln tragen. Diese Dornen trägt nun ER auf dem Haupt, ER, das Lamm Gottes, das die Sünde der Welt auf sich nimmt.

Nachdem die Soldaten diesen Akt der Erniedrigung Jesu zu Ende gebracht haben, nehmen sie den Gefangenen und bringen ihn wieder zu Pontius Pilatus ins Gerichtsgebäude.

Darauf geht Pilatus wieder hinaus und sagt zu den Juden: „Seht, ich bringe ihn euch heraus, damit ihr erkennet, dass ich an ihm keine Schuld finde." (Jo 19, 4) Jesus tritt also heraus. ER ist bekleidet mit der Dornenkrone und dem Purpurmantel. Und Pilatus sagt zu ihnen: „Ecce homo!" – „Das ist der Mensch." (Jo 19, 5) Als nun die Hohenpriester und die Diener Jesus sehen, schreien sie: „Ans Kreuz mit ihm, ans Kreuz mit ihm!" (Jo 19, 6)

Das Wort: „Ecce homo!" oder „Seht, das ist der Mensch!" (Jo 19, 5) ist in den Sprachschatz fast aller Völker und Nationen eingegangen, da jeder Mensch im Gang seines persönlichen Lebens irgendwo die bittere Erfahrung macht, dass man ihn zerschlägt und er vor anderen zur Spottfigur wird. Es ist wie ein furchterregendes Siegel der Sünde, das uns anhaftet. Es ist, als ob uns die Frucht der Sünde einholt und nicht entlässt, bis es auch uns getroffen hat: Niedergestreckt, entehrt, an den Pranger gestellt, tief verwundet, in den Schmutz geworfen und blutverschmiert. – Keiner ist da, der uns beisteht. Doch wer redet schon davon? Der Schmerz tobt in der Seele des Menschen und er fühlt sich ohnmächtig preisgegeben. Der Druck der Straße bleibt und die Umstehenden lachen zynisch.

Als Pilatus das Gebrüll der Menge hört, sagt er zu ihnen: „Nehmt ihr ihn und kreuzigt ihn. Denn ich finde keine Schuld an ihm." Die Juden antworten ihm: „Wir haben ein Gesetz. Und nach dem Gesetz muss er sterben, weil er sich zum Sohn Gottes gemacht hat."(Jo 19, 7)

Als Pilatus dies hört, fürchtet er sich noch mehr. Er geht wieder in das Prätorium und sagt zu Jesus: „Woher bist du?" Jesus aber gibt ihm keine Antwort. Pilatus sagt: „Du redest nicht mit mir? Weißt du nicht, dass ich Macht habe, dich freizugeben, und Macht habe, dich zu kreuzigen?" Jesus antwortet: „Du hättest keine Macht, wenn sie dir nicht von oben gegeben wäre. Deshalb hat der, der mich dir ausgeliefert hat, eine größere Schuld." (Jo 19, 10f)

Daraufhin sucht Pilatus ihn freizulassen. Die Juden aber schreien heftig: „Wenn du den da freilässt, bist du kein Freund des Kaisers mehr. Denn jeder, der sich zum König macht, lehnt sich gegen den Kaiser auf." (Jo 19, 12)

Als nun Pilatus diese Worte hört, lässt er Jesus herausführen und setzt sich auf den Richterstuhl an dem Platz, der Steinpflaster, auf hebräisch Gabbata, heißt. Es war aber Rüsttag auf das Osterfest, um die sechste Stunde. Und er sagt zu den Juden: „Seht da, euren König." (Jo 19, 13f)

Da schreien jene: „Weg, weg mit ihm, ans Kreuz mit ihm!"

Pilatus sagt zu ihnen: „Euren König soll ich kreuzigen?"

Die Hohenpriester widersprechen Pilatus zornig und rufen: „Wir haben keinen König außer dem Kaiser." (Jo 19, 15-16)

Da liefert er ihn an sie aus, dass er gekreuzigt würde.

Pilatus begeht, politisch vom Hohen Rat und den Juden erpresst, einen Justizmord. Aus den Texten geht hervor, dass er von der Unschuld Jesu überzeugt ist. Christus hat ihm Respekt und Achtung abgewonnen, dennoch übergibt er ihn der Strafe des Kreuzestods. Sein Name ist bis auf den heutigen Tag einer der meist genannten, die aus der alten Zeit zu uns heraufgekommen sind: – "Gelitten unter Pontius Pilatus."

Die Weggabelung – die Entscheidung

Es ist gegen 10 Uhr am anderen Vormittag. Die Ortschaft liegt hinter mir, und ich steige langsam eine Anhöhe hinan, die, wie es scheint, nur von Ochsenwagen befahren wird. Im Hintergrund noch immer das Dorf der vorangegangenen Übernachtung. Auf der Straße, die nicht asphaltiert ist, liegt der sommerliche Staub. Das Land leuchtet rötlich herein, und dazwischen liegen die beruhigend grünen Inseln der Kastanienhaine. Als ich auf dem Kamm angekommen bin und in die Landschaft nach beiden Seiten blicken kann, da gabelt sich auch der Weg. Aber es steht kein Wegweiser dort.

Ich ziehe den Rucksack ab und setze mich auf einen Stein. Dann entfalte ich die Karte, um herauszubekommen, wohin die verschiedenen Wege gehen. Aber meine Karte ist zu grob, und diese Gabelung ist nicht eingezeichnet. Also lege ich sie wieder zurück in den Rucksack. Danach prüfe ich die Wege. Doch sie geben ihr Geheimnis nicht preis, welcher der richtige wäre. Sie sehen so gänzlich gleich aus, und auch ihre Fahrspuren sind so befahren, dass man nicht entscheiden kann, welche die wichtigere oder weniger wichtigere ist. Als letztes halte ich Ausschau nach Menschen, die des Weges kommen und die mir sagen können, welchen Weg ich zu gehen habe. Doch niemand kommt. Nun muss ich also entscheiden. Entscheiden nach der größeren Wahrscheinlichkeit und ohne ein sauberes Kriterium zu besitzen.

Zwar bin ich mir bewusst, dass ich noch nicht in einem eigentlichen Sinn an einem Scheideweg stehe, denn letztlich kann ich mich hier nur für Stunden verirren und komme so oder so ans Ziel. Aber ich empfinde in dieser abgelegenen Landschaft, was ein *Scheide-Weg* ist. Es gibt in unserem Leben die Situation, wo eine eindeutige Strecke unseres Lebensweges zu Ende geht und wir an eine echte Gabelung, an einen Scheide-Weg verwiesen werden.

Wir können nicht, wie wir manchmal wünschten, an dieser Gabelung eine

Behausung oder ein Zelt zu errichten, um uns dort sesshaft zu machen und damit der Entscheidung zu entgehen, sondern wir müssen weiter. Rechts oder links, den Berg hinan oder das Tal hinab. In die weite Ebene oder in die hügelige Landschaft oder in die Täler steiler Berge. Die Entscheidung steht unausweichlich vor einem. Man kann sich nicht drücken.

Sich entscheiden zu müssen ist eine urmenschliche Wirklichkeit. In dieser Tat liegt die ganze Tiefendimension unserer Existenz vor uns. Der Mensch, dem seine Geschicke in die Hand gelegt sind, muss ein Wagnis oder Risiko eingehen, das er nicht voll abschätzen kann, weil das Ziel des kommenden Straßenbandes undurchsichtig und unüberschaubar ist. Diese Entscheidung ruft heraus. Da stehe ich vor einer Straßenkreuzung und der Weg geht nach rechts oder links. Nun gilt es, die Gewichte zu setzen, Vor- und Nachteile abzuwägen, die Aufgaben zu sondieren oder Fehlleistungen einzuschätzen. Die Tafeln der in mir wohnenden Gebote oder Verbote, dazu die Risiken werden gesehen und die Sicherheiten einkalkuliert.

Unsere ganze Existenz ist wachgerufen, gleichsam die Wand des vor mir Liegenden zu durchstoßen und den zukünftigen Weg der kommenden Stunden, Tage, Wochen, Monate oder Jahre in dem Fixpunkt eines Jetzt zu durchschauen und zu überblicken, um eine Entscheidung treffen zu können. In dieser Stunde gilt nur eines: jede Spur der Trägheit zu zerschlagen, jede Art von Schlaf oder Traum absolut abzuschütteln, gleichsam mit allen gesammelten Kräften im eigenen Wesen zu wohnen, um keiner Täuschung oder Betrug zu erliegen, die drohen. Je größer die Entscheidung, die ansteht, um so wacher der Schauende, der in das Kommende wie Flügelpaare seine Augen sendet, um es gegenwärtig zu machen in der Stunde des Entscheids. Warum? In der Tiefe ist es uns so zugeordnet. Wir stehen im rasch fließenden Strom zwischen Zeiten und Ewigkeiten. Allerletztlich aber müssen wir demütig niederknien und den Heiligen Geist Gottes anrufen, damit ER uns erleuchte und recht leite. ER allein kennt alle Wege.

Was wir entschließen, bringt Konsequenzen mit sich

Was wir entschließen und was wir tun, geht mit uns in seiner eigenen Dynamik. Der ins Wasser geschleuderte Stein wirft auseinander ziehende wogende Kreise. Das Feuer, einmal entzündet, brennt nach eigenem Gesetz. Der Pfeil, weggeschnellt durch die Kraft des Bogens, kann nicht mehr zurückgeholt werden, sondern stößt in sein Ziel. Denn ist die Entscheidung gefallen, haben wir die Tat gesetzt, sind wir auch schon ihrer nicht mehr mächtig. Sie hat sich unseren Händen entwunden und wir haben uns in ihre Gewalt gegeben, sind ihre Gefangenen geworden.

Und darum ist der anspringende Anruf vor der Tat wie ein forderndes Wort, das uns zugerufen wurde. Es ist in unser Ohr gedrungen. Es hat unser Herz erreicht und steht in der Mitte unseres Innern und wir spüren und wissen, es geht mich unmittelbar an, mich, mein Ich, meine Existenz. Es ist ein Wort, das fordert, das die "Antwort" herauslockt. Doch sobald wir die Antwort gesprochen, sobald sie hineingerufen wurde in den Raum und die Zeit, schwingt sie weiter ohne uns und erfüllt den Auftrag gemäß der in ihr inne liegenden Weisung. Wie schwer wiegt doch die "Antwort"! Wie umfassend müsste sie sein an den großen Weggabelungen unserer irdischen Zeit!

Welche bittere Tragik, dass viele Zeitgenossen ihre Straßen dahintrotteln wie Blinde, welche die Gabelungen des Weges durchqueren, ohne zu wissen, wohin der Weg führt. Sie sind wie ziellos geworden; die Menschen irren und verirren sich in dieser Welt, als sei uns Menschen auf dieser Welt kein Sinn gesetzt worden. Handeln die Menschen so, dann drohen die Straßen letztlich abzubrechen, oft sogar im sinnlosen Nichts zu enden. Zwar spürt jeder der Wanderer in den Stunden, da ihn das Licht der Gnade noch einmal erreicht, wie sehr sein Herz den Heimweg sucht; er sucht das Licht, die warme Geborgenheit des Du, die Glut der Liebe des Ewigen Vaters, – zwar spürt jeder der Wanderer, umkehren zu sollen, um den Weg zurückzulaufen. Doch nun sind sie einmal, wo sie sind, und manche kehren nicht mehr um.

Die aber, die umkehren, müssen den Weg zurücklaufen, nicht dieselbe Straße, aber den Weg, bis sie nach langer mühevoller Wanderung wieder an jenes Wegkreuz kommen, wo sie die Fehlentscheidung getroffen haben, an der sie bis zur Stunde litten und scheiterten.

Doch aus dem Irrweg wurde ein Weg der Läuterung, aus dem Fehlweg eine Straße der Reinigung. Viele werden in jenen Stunden geschüttelt in innerem Weinen, und den Augen entströmen dann Tränen der Reue, die lösen und wandeln. O Gott, es sind die Scharen von Völkerschaften, Stämmen und Nationen, die heute Irrwege gehen. Oft schleppen sich ganze Sklavenzüge dahin, gepeitscht und geschlagen bis aufs Blut; – oft donnert der Zug dahin wie eine Herde brüllender Tiere, aus deren Mäulern die Parolen ihrer Einsager widerhallen und die alles niedertrampeln, was sich in den Weg stellt; – oft rasseln in Kriegen auf den Straßen die tödlichen Züge feuerspeiender Drachen, von Menschenhand geführt, an deren Schwänzen sich nur noch das Bild zerschlagener Gebeine und eklig stinkender Rauchschwaden zeigt. So zeigen sich die Bilder der Irrwege, tausend Bilder, Bilder von Verwüstungen, Flammenmeeren, Leichenfelder, die von krächzenden Vögeln überflogen werden, Bilder der Gescheiterten, der Gestrauchelten, der schamlos Entehrten;

– und immer stand am Anfang die Fehlentscheidung an der Weggabelung und am Ende des Irrweges der Schmerz und oft der Tod.

O wäre doch in der Stunde der Entscheidung jemand da gewesen, der einen guten Rat gegeben hätte oder gemahnt hätte! O hätte man doch das gute Wort nicht in den Wind geworfen! O hätte man doch die Gebote Gottes beachtet, dann wäre viel Leid erspart geblieben!

Als ich noch ein Kind war, stand an vielen Weggabelungen das Kreuz Jesu Christi, an dem der Erlöser hing. Eine aufgeklärte Zeit hat diese Kreuze nach und nach abgebaut oder vermodern lassen, weil sie Zeichen einer überbordenden Sentimentalität seien, die andere in ihren Gefühlen beleidige.

Eine aufgeklärte Zeit? Oder war diese stolze Aufklärung eine Zeit unzähliger und brutalster (der Superlativ ist beabsichtigt) Irrwege? An den Weggabelungen unseres Lebens niederzuknien vor dem Kreuz Christi, und unsere Augen und unsere Herzen in die Wunden Jesu zu versenken, – von seiner Liebe, seinem Wort und seinem Heiligen Geist uns erfüllen zu lassen, – in der Demut unsere Hände zu IHM zu erheben, liegt nicht darin die Garantie, die rechte Straße zu finden und den wahren Weg zu gehen? – Sicher, dieser Weg ist nicht der leichte und oft nicht der bequeme, sondern steil und voller Mühsal, aber er läuft an seinem Ende ins Ziel. An den kreuzenden Wegen unserer irdischen Existenz zu Gott die Hände auszubreiten und unsere demütige Unwissenheit in das wissende Licht Gottes zu tragen, schenkt uns die Gabe Gottes des Heiligen Geistes, die Erleuchtung des Weges.

Sie schenkt uns noch mehr, sie schenkt die göttliche Kraft für unser oft kraftloses Wollen, dass wir den Weg auch gehen. O dass doch unsere Kinder mit ihren noch reinen und unschuldigen Händen Blumen des Feldes brächten, um sie am Stamm des Kreuzes in kindlicher Liebe niederzulegen. Damit allen Menschenkindern die Kraft erwachse für die Stunde einer guten Entscheidung. Wahre Entscheidung erfasst Fleisch und Blut, Herz und Gemüt, Himmel und Erde. Wahre Entscheidung strömt aus der Mitte empor, aus dem Blutstrom des geöffneten Herzens Jesu, aus der glühenden Kraft des Geistes Gottes. Bürger dieser Welt! Errichtet doch an den Weggabelungen wieder das Kreuz Christi, gebt Aufträge dafür an eure besten Künstler, damit ihr und eure Kinder die Wege Gottes wiederfindet.

Von diesem Tag weiß ich noch, dass gegen Abend ein Lastkraftwagenfahrer sich meiner erbarmt. Der Lastwagen, der mich mitgenommen hat, fährt durch braungebrannte und steinige Wüsteneien. Höhen und Täler tauchen auf und verschwinden wieder. Ich bin jetzt schon weit nach dem Süden gekommen und die Sonne hat bedeutende Kraft. Es ist spätnachmittags, als ich in der letzten spanischen Stadt ankomme, die vor der portugiesischen Grenze liegt. Von dort suche ich eine Straße, um in jene spanische Ortschaft zu gelangen, die unmittelbar an Portugal angrenzt. Dort will ich den Sonntag verbringen, um dann am Montag früh nach Portugal hinüberzuwechseln. Lange stehe ich an der Ausfahrtsstraße und suche, ob mich jemand mitnähme. Während ich dort stehe, trübt sich der Tag ein, und Windstöße fegen über das Land. Sie wirbeln den Staub einer ausgetrockneten Landschaft auf, bringen aber keinen Regen. An einem Kiosk kaufe ich ein paar Schnitten Wassermelonen und esse sie. Ein wenig habe ich Angst, ob mich jemand mitnähme, damit ich noch ans Ziel käme. Ein junger Händler, dem ein kleineres Fahrzeug gehört, lädt mich endlich auf. Er bringt mich an jenen Grenzort, wohin ich gelangen will und setzt mich dort ab.

Inzwischen ist es schon Abend geworden, und die Leute bereiten den Sonntag vor. Zunächst gehe ich ins Pfarrhaus. Der Pfarrer aber ist nicht da. Sein Vater sagt mir, der Pfarrer halte den Samstagabendgottesdienst. Ich lasse meinen Rucksack im Pfarrhaus und gehe zur Kirche.

An dem
Grenzübergang Spaniens

Schwatzendes Volk bei der Heiligen Messe
Wo das Göttliche stirbt, dämmert die Sinnlosigkeit
Der Pfarrer das Negativbild seiner Gemeinde

Wie tief kann auf dieser Erde eine Gotteschau sein?
Die Betenden sind verstummt
Manche Gottesdienste sind Feste der Mitbrüderlichkeit

Gottesschau oder Gottesliebe, was ist höher?
Privatoffenbarungen JA oder NEIN
Beim Oberzöllner – Ist Don Manuel zu Hause?

Rosenkranzbetrachtung

„Jesus, der für uns
das schwere Kreuz getragen hat"

Als ich die Kirche betrete, berührt es mich peinlich. Etwas ist anders als in sonstigen Gottesdiensten. Ist es der Geistliche? Sind es die Leute? – Etwas stört mich ganz empfindlich. Es liegt direkt vor meinen Augen, aber ich habe es noch nicht erkannt.

Einen Augenblick lang träume ich in das abendliche Licht. Dann höre ich es. Es ist eine Unruhe und ein verhaltener Radau in dieser Kirche wie bei einem Jahrmarkt. Während der Pfarrer in feierlichem Ornat die liturgischen Handlungen vollzieht, redet es hier, redet es dort, redet es im ganzen Kirchenraum. Die Luft ist erfüllt mit Geschwätz.

Zuerst denke ich, es sei unwirklich, ja nicht möglich; denn bisher habe ich in einem Gottesdienst solches nicht erlebt habe. Aber es ist da. Es schwebt im Raum. Eine schwatzende Menge in der Heilige Messe.

Ich höre ein plapperndes Volk und sehe zugleich den Priester, der in seinen Gewändern die Heilige Messe liest. Zwischendurch, mitten in den liturgischen Handlungen unterbricht der Zelebrierende. Dann wendet er sich den Gläubigen zu und und schimpft zornig. Einen Augenblick lang wird es ruhiger, aber kaum hat er aufgehört zu schelten, stellt sich der Zwiespalt wieder her: Das schwatzende Volk und der Priester, zelebrierend die heilige Liturgie.

Die Leute, die in der Kirche sitzen oder knien, sie sind beim heiligen Geschehen nicht gegenwärtig. Sie hören nichts und sehen nichts davon. Ihre Anwesenheit im Kirchenschiff ist eine rein leibliche Gegenwart.

Und der Geistliche? Während er zelebriert, schimpft er. Keiner kümmert sich um ihn. Ihm fehlt jegliche Autorität. Auch er ist im göttlichen Mysterium nicht zugegen. Er ärgert sich über das Volk, das ihn nicht akzeptiert. Der Zustand bleibt so bis zum Schluss. Danach strömen die Schwätzer ins Freie.

■ Überraschend schaut mich mein Begleiter an und fragt: „Was hältst Du von der Heiligen Messe?“

Ich antworte nach dem vorausgehenden Erlebnis: „Warum fragst Du mich? Fragst du mich im Hinblick auf den hiesigen Gottesdienst oder fragst du mich allgemein? Du kennst dieses große Geheimnis viel besser als ich.“

Er sagt: „Ich will es aber von Dir selbst hören, was gläubige Christen darüber sagen.“

Da frage ich ihn: „Du sprichst von der Heilige Messe. Sollte man nicht besser den sehr alten Ausdruck *Eucharistiefeier* benützen?“

„Warum 9", gibt er zur Antwort, „aber kannst du es nicht noch deutlicher und schärfer ausdrücken?"

Ich schaue einige Augenblicke ihn an. Dann sage ich: „Du meinst das *Heilige Messopfer* und willst in diesem Zusammenhang das Wort *Opfer* betont haben?", füge ich hinzu.

„Du hast es erraten. Genau das will ich."

„Warum willst Du das so genau wissen?"

„Weil bei einer Reihe katholischer Priester eine Sinnverschiebung eingetreten ist. Sie wissen nicht mehr um das Kreuzesopfer Jesu Christi, der als der eine Erlöser für das Ewig Heil der Menschen am Holz des Kreuzes gelitten hat. – Verändern diese Neuerer nicht den Glauben?"

Ich sage: „Wer vom »Opfer« spricht, weiß, dass das Wort *Opfer* unter den Menschen uralt ist. Es geht bis an die Anfänge, bis in die Frühe der Menschheitsgeschichte zurück."

Mein Begleiter wendet ein: „Sind nicht aus dem Alten Testament die Worte Brandopfer, Schlachtopfer, Sühnopfer, Lob-, Dankopfer und Ganzopfer bekannt, – Opfer, welche die Israeliten Gott auf den Altären darbrachten, um im religiösen Kult Gottes universale Oberhoheit anzuerkennen und Segen und Glück für ihre Familien und ihr Volk zu empfangen und auch die Vergebung von Sünden?"

Ich erwidere: „Ja! Es ist bekannt." Dann frage ich: „Ist das Opfer Jesu Christi, der am Kreuz starb, vergleichbar mit diesen Opfern?"

Er sagt: „Ja und Nein. – Aber das musst du doch selbst wissen!? Was haben denn Abel, Abraham und Melchisedek getan, als sie ihr Opfer darbrachten? Ist das nicht vergleichbar? "

Ich antworte: „Doch! Es ist vergleichbar.

Abel ist der erste im Alten Testament, der Gott einen Altar baute. Er erkannte, dass Gott über alle geschaffenen Dinge erhaben ist, und dass wir IHM alles: unser eigenes Leben und unsere Güter schulden. Deshalb machte er aus Steinen den Altar und brachte die besten Tiere seiner Herde zum Opfer dar. Auf solche Art betete er GOTT an, indem er seine volle Abhängigkeit vor IHM bekundete, IHN liebte, IHM Dank sagte, IHN ehrte und den Lobpreis IHM gab. Auch verneigte er Haupt und Leib in tiefem Gehorsam vor seiner göttlichen Majestät.

Abraham erbaute dem Herrn einen Altar und wollte, wie Gott es ihm befahl, seinen Sohn darbringen, und zwar den Sohn, den er liebte wie sein eigenes Herz. Dennoch größer als sein Sohn und sein Herz ist Gott. Nachdem er den Altar errichtet hatte und die Tat ausführen wollte, gab ihm Gott seinen Sohn zurück und segnete ihn mit den Worten: »Weil du das getan hat und mir deinen eignen Sohn nicht vorenthalten hast, deshalb will ich dich reichlich segnen. Deine Nachkommenschaft soll sein wie die Sterne des Himmel, die du nicht zählen kannst, und wie der Sand am Meer, den du nicht zählen kannst.« (Gen 22, 16-17) – Der Name Gottes ist heiliger als jeder Name, und der Wille Gottes ist majestätischer als jeder andere Wille. IHM allein gebührt die höchste Heiligkeit.

Melchisedek aber brachte seine Gaben allein dem *höchsten* Gott dar: dem Gott der Götter, dem Herrn aller Herren. Denn vor IHM sinkt jedes Wesen in den Staub.“

„Du meinst“, spricht der Begleiter, „Jesus Christus bringt sein Opfer dar wie Abel, der seine volle Abhängigkeit von GOTT erkennt , – wie Abraham, der sein herzallerliebstes Kind darbringt, – wie Melchisedek, der allein und nur dem Allerhöchsten opfert.“

Ich betone: „Ja, das meine ich. Aber ich meine noch viel mehr!“

Der Begleiter schaut zu mir her und nickt mir zu. Dann fragt er: „Was bedeutet das *mehr*?“

Ich versichere ihm: „Jesus Christus ist mehr als Abel, Abraham und Melchisedek! – ER selbst ist der Ewige Hohepriester!“

Dann erkläre ich: „Ist denn der Kalvarienhügel vor Jerusalem nicht wie ein Stein, also wie ein Opferaltar, der für das immerwährende Opfer Jesu Christi bestimmt war?

Ist Jesus, der am Kreuze litt, nicht wie eine wahre Opfergabe, die zu Gott emporloderte in den Feuern des Sterbens? – Ist denn der Christus, der am Kreuz hing, nicht der Ewige Hohepriester? ER hat sich als Opfergabe zum Heil der Welt nach seinem eigenen Willen für seine Brüder und Schwestern dargebracht und bringt sich dar. ER ist der Messias, Retter und Heiland.

Wird nicht jede Heilige Messe in die Opfertat des Kalvarienbergs hineingehoben als das *sacrificium perenne*, das Ewige Opfer, – und schöpft sie nicht von dort her ihre Kraft und Wirksamkeit? Der Priester steht am Altar nur als Stellvertreter des Ewigen Hohenpriesters Jesus Christus, der Tag für Tag bis ans Ende der Zeiten sein Kreuzesopfer vor das Angesicht des Ewigen Gottes bringt. – Tag um Tag wirkt seine Sühne vor der Gerechtigkeit Gottes, um die Sünden der Menschen wegzunehmen. (Vergl. Hebr 10, 10-14)

Darum ist jede Heilige Messe ein wahres Opfer, weil sie als Opfertat in das Kreuz auf dem Kalvarienberg eingesenkt ist. Ein Priester bringt sie dar, der in der *Person Jesu Christi* (in persona Christi – II. Vatikanum "Lumen gentium") am Altar steht, und GOTT nimmt das Opfer erneut an, GOTT, der Heilige und Gerechte."

Daraufhin sagt mein Begleiter: „ER, Christus, ist das Lamm Gottes, das hinwegnimmt die Sünden der Welt!" (Jo 1, 29)

Ich füge hinzu: „Wir sind um einen teuren Preis erkauft; nämlich um den Preis des kostbaren Blutes Jesu Christi." (Vergl. 1 Petr 1, 18-19)

Nach dem Gespräch mit meinem Begleiter, und nachdem die Leute aus der Kirche gegangen sind, stehe ich sehr benommen da. Das Phänomen verwirrt mich. Alles andere, auch die Anstrengungen des vergangenen Tages, ist in mir erloschen. Dieser Zwiespalt einer religiösen Schizophrenie schwebt mir vor Augen. Diese Menschen sind um ihres Gottes willen in die Kirche gekommen, aber sie suchen Gott nicht. Ein Pfarrer setzt Zeichen, hinter denen aber das Göttliche unsichtbar geworden ist. Doch beide, Gläubige und Pfarrer, sind im gleichen Raum da, Volk und Priester.

Durch ihre Anwesenheit stützen die Gläubigen eine äußere Hülle. Der Inhalt ist verloren gegangen. Warum tun sie das? Ist es die Tradition oder der zwingende Terror einer Dorfgruppe oder ein uraltes psychisches Schema, das nachwirkt? Was sich hier vollzieht, hat Sinn und Kraft verloren.

Keiner bemerkt, was geschieht. Während sie aus der Kirche gingen, hat der eine oder andere zu mir geschaut, doch dann gingen sie schnell an mir vorüber. Lachen die Leute über ihren Pfarrer? Haben sie die Sonntagspflicht erfüllt? Nagt in ihnen noch ein beleidigtes Gewissen, das auf die Gefahr aufmerksam macht? Nun stehen sie draußen, und im Kirchenraum ist Stille. Ich setze mich in eine Bank. In mir jagt sich die Schau der Bilder.

Diese Menschen wandeln in ausgetretenen Bahnen religiöser Klischees. Sie gehen noch in die Kirche, aber durch Lauheit und Sünde hat sich das Bild Gottes, des Heiligen verdunkelt. Sie hören das Wort Gottes, aber was sie hören ist Schall und Rauch. ER selbst ist in ihren Herzen abwesend. Sie feiern einen Gottesdienst mit, aber die Zeichen, hinter denen sich die Mysterien verbergen, sind nur noch ein Spiel. Der Inhalt ist verloren gegangen. Sie kennen nur das Diesseits.

Solche Torheit gehört zum Schrecklichsten, was drohen kann. Hier regiert der Trott der Masse. Hier stampfen Menschen wie eine Herde auf einem eingewalzten Pfad dahin, in der das Einzeltier sich ins Ganze auflöst und sich dem Druck der Masse überantwortet. Sie überlegen nicht, ob der Weg zum Heil oder ins Verderben führt. In dieser nach außen verwiesenen "Masse Mensch" wird der innere Kompass, das Gewissen des einzelnen, zerstückelt. Der einzelne will keine Verantwortung mehr tragen und liefert sich der Herde aus, den Meinungsmachern und Manipulatoren. Er merkt es nicht.

Nun stampfen oder stürmen sie wie ein Menschenhaufen dahin, getrieben von Notwendigkeiten und ausgeliefert ihrer Blindheit, – ausgeliefert den Dämonen des Geschicks und des Zufalls. Eine solche Masse wird zu allem fähig werden: Sie wird bei einer großen Fernsehlotterie berührt vom Rausch einer Pseudo-Barmherzigkeit ergreifend spenden, damit ein einzelnes Kind aus einer lebensbedrohenden Not gerettet wird. Sie wird Stunden später, getrieben von denselben Einpeitschern, gedankenlos dafür schreien, dass der Mutterschoß der Frau für Millionen von Kindern zur Mordstube werden kann.

Wo das Göttliche stirbt, dämmert die Sinnlosigkeit

Für diese Menschenmenge gilt nur ein einziges Maß, das des sichtbaren Erfolges. Wer diesen Erfolg aufzuweisen hat, wird zum großen Leithammel. Der Weg zum Erfolg ist oft gezeichnet von einer unbarmherzigen Konkurrenz, die jeglicher Gerechtigkeit spottet, und wo allein die brutale Macht des Stärkeren gilt. Solches findet man in der Welt der Manager und Stars auf politischer, wirtschaftlicher und kultureller Ebene.

Doch nun geschieht Geheimnisvolles, was wir im Leben der Völker und Nationen, aber auch des Einzelnen beobachten können. Während auf der äußeren Schale irdischen Daseins die Zwänge und Notwendigkeiten des Wohlstandes oder des Hungers, der Macht oder der Sklaverei, der Frivolitäten oder gefühllosen Kälte die Menschen beherrschen, brechen auf der inneren Schale der Seele und des Geistes die tragenden Pfeiler wahrer Menschlichkeit zusammen. Es gibt keine Metaphysik mehr, die sagt, dass der Mensch nur aus einem letzten göttlichen Sinn leben kann. Das Innen des Menschen wird durch die Abwesenheit Gottes nach und nach zur leeren und ausgebrannten Wüste. In dieser Wüstenei der Seele erstickt das Leben.

Wiederum, was als tiefste Wirklichkeit schon vorhanden ist, offenbart sich hernach in nicht aufhaltbarem Gang oft unter entsetzlichen Spannungen auch nach außen. Phase um Phase wird durchlaufen. Da bricht über eine bestorganisierte Welt Sinnlosigkeit herein. Da fliegen die Flugzeuge über die Kontinente; jagen die Eisenbahnzüge über ihre Schienenstraßen; fahren schnelle Autos von Stadt zu Stadt; da öffnen die Banken jeden Morgen ihre Schalter und floriert eine Wirtschaft; da diskutieren die Parlamente und die Kommunikationsmittel verbreiten Tag für Tag das breite Geschwätz dieser Welt, obwohl schon alles bedroht ist. Doch was die Menschen wirklich wissen sollten, davon berichtet keine einzige Zeitung auch nur ein Wort.

Noch während sich das alles vollzieht, hockt schon das Grauen in Bränden und Katastrophen vor der Türe. Schon sind alle Sprengkammern der Zerstörung bis zum Bersten voll und die auslösenden Uhren einer ablaufenden Zeit ticken. Aber die Menge stampft ihren sinnlosen Pfad weiter, um zu ihrer Stunde den Tod zu finden. Sie merken es nicht bis zu jener Minute, da Sirenen das nahe Entsetzen verkünden und sich die Hoffnungslosigkeit wie ein letzter Horror abzeichnet. Dann tritt das verwüstete Innere endgültig einen Moment nach außen, um hernach in Rauch und Bränden zu versinken.

Gegen diese schuldhafte und schreckliche Bedrohung gibt es nur ein Mittel: *Einkehr und Einsicht*. Nur die Umkehr kann die Zerstörung vermeiden und wird zum Zeichen der Hoffnung. Die Hoffnung ist Jesus Christus. ER ist der große Brückenbogen, der Welt und Zeit bis zu Gott hin überspannt, zum Vater im Himmel. Er hat unsere Sünden getragen bis zum Tod am Kreuz, damit uns der Weg zum Ewigen Leben wieder offen steht.

Das Tun der Bewohner an der portugiesischen Grenze, das sich übrigens am Sonntagvormittag genau gleich wiederholt, mahnt uns, dass jede Lebensform von uns Menschen bedroht ist. Keine Familie, keine Dorfgemeinschaft, keine religiöse Gemeinde oder Kloster, kein Staat oder Staatenbund ist dieser Gefahr enthoben. Diese Gefahr ist böse und das Gnadloseste ist, dass die Augen geblendet, Herz und Ohr verschlossen, und der Trott der Herde wie ein Zwang über allem liegt. Sie trotteln dahin wie ein schwarzer Zug Uneinsichtiger und stampfen über den Dreck. Ihr Antlitz ist dem Staub zugewandt. Vom Himmel und seinen Sonnen wissen sie nichts. Sie haben Gott vergessen.

Der Pfarrer das Negativbild seiner Gemeinde

Was tut nun der Pfarrer? Er schreit in emotionalen Wutausbrüchen sein Volk an. Seine Vorstellung, die er sich von einer guten Pfarrgemeinde machte, wurde enttäuscht. Er würde sich wünschen, wenn sie fromm singen würden, demütig beteten, aufmerksam seinen Worten lauschten und am Ende ganz ergriffen sagten: „Ach, Herr Pfarrer, wie war das doch so schön!" Kurzum, er wäre zufrieden, wenn sie alle zusammen ein schönes Spiel der Liturgie feierten. – Ist er selbstgerecht und überheblich?

Doch auch ihm ist nicht bewusst, dass sein Verhalten nichts Weiteres ist als das genaue Negativbild seiner Gemeinde. Beide Verhaltensweisen entsprechen sich. Der Pfarrer ist genau so krank wie seine Gemeinde. Denn sein liturgisches Tun muss vom Geheimnis der Erlösung Jesu Christi getragen werden. Nicht er, der Herr Pfarrer, soll vom Altar her sichtbar werden, sondern Jesus, unser Erlöser. Die opfervolle Hingabe und das Kreuz Christi sind die Mitte der Liebe, und es geht doch darum, in Gebet und Fasten Dämonen auszutreiben. Davon weiß der Pfarrer ebenso wenig wie die Gemeinde. Er bleibt religiöser Manager, Kulturdiener oder Beamter, der hinter religiösen Klischees human-religiös ausgerichtet ist. Er ist nicht Kämpfer, Büßer, Kreuzträger oder Heiliger, durch die allein in Jesus Christus die Welt erlöst wird.

Es wird in den sechziger und siebziger Jahren des zwanzigsten Jahrhunderts zum religiösen Missbrauch, dass man die Welt durch religiöse Mechanismen erlösen könne: durch Filme, Plattenspieler und Tonbänder, durch Motivmessen und Votivmessen, in denen man sich den Messkanon zusammenbastelt, und durch weitere andere Äußerlichkeiten. Erlösung ist nicht mehr die Kraft Gottes, die durch Gebete und in den Sakramenten uns geschenkt wird. Das Heil kommt nicht mehr durch das Opfer. Welch ein Wahn, als ob Tricks, Shows und ausgeuferte Pseudoliturgien genügten, um eine Wandlung der Herzen hervorzubringen! Sie genügen nicht!

Auch dieser Pfarrer lebt im Irrtum. Wie anders ist der heilige Pfarrer von Ars, der für das Heil seiner Herde alles hingegeben hat. Der Morgen war nicht früh genug, und der Abend reichte weit in die Nachtstunden hinein, da dieser Büßer und Asket für die Not der anderen sein Ohr öffnete. Nachdem aber die Menschen ihn einmal gefunden hatten, standen sie stundenlang vor seinem Beichtstuhl, um ihm ihre schweren Sünden und darin ihre innere Zerrissenheit des Herzens zu beichten. Sie offenbaren, dass sie Gottes Namen geschändet haben, obwohl sie ohne Gott nicht eine einzige Sekunde leben können.

Im demütigen Angesicht dieses Pfarrers Vianney war Gott gegenwärtig. So erlebten sie es alle. Seine schauenden Augen erschreckten und trösteten zugleich. Seine Hände waren zart wie die Hände von Müttern. Aber er ragte auch in der Brandung einer Zeit hervor, hart und kantig wie ein aufragender Fels, an dessen Fundamenten die Wasser nicht nagen konnten. Kein Jota vom Gesetz Gottes wurde verändert. Er war gegen die Sünde wie ein unbarmherziger Eiferer, öffnete ihre wahren Abgründe und zeigte deren totale Verworfenheit bis hinein in das Feuer ewiger Strafe, in das Feuer der Hölle. Er beschönigte und verbarg nichts. Gegen den Sünder aber besaß er die Barmherzigkeit des Vaters, der alle an sein liebendes Herz zog, die sich verirrt hatten und auf dem Heimweg waren.

Wer zählt die Kasteiungen, sein sühnendes Fasten, seine schlaflosen Nächte, seine Kämpfe mit Satan? Wer erwägt des Pfarrers glühende Gebete am Morgen des Tages, seine gnadenhaften Versenkungen, seine Gespräche mit Jesus, der im Tabernakel verborgen ist, seine bittenden Gespräche mit den Heiligen, vorab mit der Jungfrau-Mutter Maria? Wer kennt jenes immerwährende Überschreiten dieser Welt und seine wahre Geborgenheit in der Ewigkeit göttlicher Liebe?

Hier stand ein Glaubender, kein Kleingläubiger. Hier strahlte unerschütterliche Hoffnung. Dieser da liebte so, dass er sein eigenes Leben gering machte, um anderen das Leben zu ermöglichen. Wenn die Geheimnisse Gottes, der Heilige Leib und das Kostbare Blut Jesu, in seinen Händen lagen, zitterte seine Gestalt und die ganze Person erglühte. Jedes leichtsinnige und frevelnde Wort verstummte wie von selbst in seiner Gegenwart. Manche Träne rollte über sein Gesicht, wenn Menschen sich in ihren Herzen verstockten. Dann erspürten die Menschen ihre Sünden und verbargen das Angesicht in ihren Händen. Denn sie erkannten, dass Jesus zugegen war, wenn dieser so überaus Demütige an ihnen vorüberschritt. Mehr als einmal sind hartnäckig Leugnende vom inneren Weinen schluchzend erfasst worden, das löste und erlöste.

Ja, im Angesicht dieses Pfarrers wurden jene (ach!) so überaus geistvollen Gedankensysteme der Leugnung Gottes zur Farce, und die Menschen sahen wie von selbst ein, dass am Ende des Lebens niemand der Wahrheit Gottes entlaufen kann. Dieser Pfarrer von Ars war eine hellerleuchtete Stadt inmitten des Dunkels. Er war eine brennende Fackel, die weithin gesehen wurde. Er predigte wie einer, der nicht zu predigen verstand, aber alle haben begriffen, was er ihnen sagen wollte. Eines war sicher: Sooft dieser Pfarrer von Ars die ewigen Geheimnisse darbrachte, wagte es niemand zu sprechen. Und jeder spürte, dass ihn das absolut anging.

„Selig die reinen Herzens sind, denn sie werden Gott schauen"
Wie tief kann auf dieser Erde eine Gottesschau sein?

Ich trete ins Freie. Die Leute haben sich verlaufen. Der Pfarrer ist anscheinend nach Hause gegangen. Dort hat ihm sein Vater von mir, dem Fremden, berichtet. Nun ist er zurückgekehrt, um mich zu suchen. Er weiß nicht recht, was er mir sagen soll. Auch ich weiß nicht, wie ich ihn anzusprechen habe. Wie immer bringe ich meine Bitten vor, wo ich hier gut unterkommen und wann ich zelebrieren könne? Er weicht meinen Fragen aus und sagt mir, ich solle mit ihm kommen. Als wir im Pfarrhaus angekommen sind, bringt sein Vater etwas zu trinken. Wir plaudern eine Weile und dann bedeutet er mir, dass ich bis Montagfrüh bleiben könne. In diesem Hause bin ich gut aufgehoben, und sein Vater sorgt für uns ausgezeichnet; denn er ist ein guter Koch.

Unsere Gespräche richten sich eigenartigerweise auf große mystische Gestalten der Kirche. Johannes vom Kreuz, Theresia von Avila, Katharina von Siena werden genannt. Aber auch deutsche Mystiker und Mystikerinnen werden nicht vergessen: Meister Eckhart, Heinrich Seuse und Gertrud die Große, ebenso Hildegard von Bingen und Mechthild von Hackeborn. – Um was geht es bei diesem Thema? Wo ist der rote Faden bei diesen Gesprächen, die ebenso überraschend sind wie das Geschwätz in der Kirche?

Die Sonne ist längst untergegangen, und jene beruhigende und zugleich strenge Kühle des südlichen Himmels senkt sich über uns. Der Himmel spannt sich wie ein weiter Bogen über das Land und wie Diamanten funkeln die Sterne mit ihrem Lichtglanz hernieder. Sie ziehen unsere Blicke an sich und weisen doch auch über sich selbst hinaus. Ein Gefühl unbeschreibbarer Weite und Geborgenheit senkt sich über uns herab. Abendlicher Wind der heran wehenden Kühle streift unsere Gesichter und lässt die Glut des Tages mehr und mehr in einen angenehmen Hauch übergehen.

Die Diskussion spannt trotz der Enge des Herzens die Flügel des Geistes. Kann in einer irdischen Welt, in der dem Menschen Grenzen gesetzt sind, Gott, der Unfassbare, durch das inneren Auge geschaut werden? Darf der Mensch schon auf dieser Erde den Urgrund seines Lebens in einem beseligenden Lichte schauen? Kann er von der urmächtig geistigen Kraft Gottes so erfasst werden, dass durch Verzückung in einer namenlosen Hingabe all seine inneren Kräfte nur noch auf diesen EINEN hingespannt sind?

Das sind Fragen, die wegen dem heute Vorgefallenen gar nicht mehr gestellt werden dürften, und die dennoch gestellt werden. – Ist unser Herz so komplex? Ist unser Herz in seiner inneren Einheit so zwiespältig?

Der Herr Jesus Christus sagt uns: „Selig die reinen Herzens sind. Denn sie werden Gott schauen." (Mt 5, 8) Das ist eine Gottesschau auf Erden und noch nicht die im Himmel. Dieses Wort ist beachtlich. Denn es gibt Menschen, denen eine innere Schau gegeben wird, die andere nicht besitzen. Doch auch die täglichen Lebenserfahrungen lehren uns, dass ein lasterhaftes Leben die Seele eines Menschen verdunkelt. Ein lasterhafter Mensch versucht, sein Laster auch anderen anzudichten. Er kann nicht verstehen, dass andere vom Laster frei sind oder sich frei gemacht haben. Innerlich frei zu sein, ist ein hohes Gut. Wer frei ist, wird nicht geknechtet von innerer Sklaverei, die den Atem blockiert und zu verengen versucht. Die Freiheit aber öffnet zugleich auch den Blick zur umfassenderen Wirklichkeit. Der Mensch ist dann heiterer und die Schöpfung zeigt sich leuchtender.

Ein innerlich frei gewordener Mensch kann in Liebe mit den Vögeln des Himmels, den Tieren des Feldes und den Fischen der Wasser reden. Die Aufgänge und die Untergänge der brennenden Gestirne werden zu herrlichen Gesängen auf Gottes Majestät, der sie schuf, um uns mit Jubel zu erfüllen. Immer mehr reinigt die innere Schau die Seele, so dass der Kosmos und seine Fülle wie im Spiegel auf dem Antlitz, mehr noch im Geist des Menschen strahlend widerleuchten und das Herz freudig erregt. Darum die Frage: Kann der Mensch von der urmächtigen Kraft Gottes so erfasst werden, dass durch namenlose Verzückung all seine inneren Kräfte nur noch auf diesen EINEN hingespannt sind?

Wer wollte dies leugnen? Je reiner das Herz, um so transparenter wird alles auf Gott hin, der uns ruft. Eines Tages kommt die Stunde, da tritt Gott selbst vor das geläuterte und gereinigte Auge der Seele in der tiefen Gnade göttlicher Zuneigung. Ein Franziskus lebte in Gott. Die Heiligen schauten Gott, ein jeder durch die inneren Kräfte, die ihm gegeben waren. Für sie war der Herr kein Unbekannter. Diese Gemeinschaft zwischen Mensch und Gott, hineingehoben in große Geborgenheit, brauchte für die Heiligen keines Beweises, sondern es ist ihr Leben, das sich gegenseitig durchdringt. Heiltragende Werke und heilende Kräfte strömen dann von den Händen und den Weisungen jener Gotterfüllten aus. Der Herr Jesus sagt ein Wort, welches das Missverständnis der Welt deutlich aufscheinen lässt: „Ich preise dich Vater, Herr des Himmels und der Erde, weil du dies den Klugen und Gelehrten verborgen hast, den Unmündigen aber offenbarst." (Mt 11, 25) Natürlich ist die Gottesschau im Himmel mit der auf Erden nicht vergleichbar. Dennoch ist auch diese irdische Schau über alles erhaben. Man denke an die Verklärung Jesu auf dem Berg Tabor, an Abraham, Mose und die Propheten, an Johannes, Paulus und viele Heiligen.

Dieses Thema ist nicht ganz leicht zu verstehen. Denn der Widerstreit bleibt im Innern des Menschen bestehen. Die Leugnung und hernach die Verleugnung kann stets erfolgen. Ebenso aber auch der unbeschreibliche Jubel derer, die der Herr an sein göttliches Herz zieht.

Der Herr beruft alle. Ja, „ER will, dass alle Menschen gerettet werden". (1 Tim 2, 4) Darum klopft ER an der Tür der Herzen an. Viele Menschen aber halten dem anklopfenden und rufenden Herrn die Türe verschlossen, weil irdisches Blendwerk sie fesselt. Darum sind die Betenden verstummt. Nicht wenige Gottesdienste sind für Mitbrüderlichkeit und humane Nächstenliebe zu einem Exerzierfeld von Torheiten geworden. Die zehn Gebote Gottes verblassen. Denn von ihnen haben nur noch wenige Schulkinder etwas gehört oder sie gar gelernt. Dass Jesus Christus, der Meister, in seiner Bergpredigt ein neues Gesetz gegeben hat, das scheinen nicht einmal mehr unsere Theologiestudenten zu kennen.

Das Hauptgebot heißt heute: „Du sollst den Nächsten lieben wie dich selbst!" (Mt 19, 19) Daraus leitet sich *Mitbrüderlichkeit* ab, und leiten sich ab die immanenten Ethikgesetze, nützlich für die Wissenschaft, Politik, Wirtschaft und Kauf und Verkauf. Nun braucht es keine Rücksicht mehr auf Gottes Gebot; denn der Mensch maßt sich an, ohne Gott selbst die Geschicke des Alltags in die Hand zu nehmen.

Diese verkürzten Gebote sind der Inhalt der neuen ethischen Maßstäbe, die man den Kindern mitgibt. Von der Gottesliebe, wer spricht noch davon? Auch die Sakramente werden umgebogen zu immanenten Zeichen einer großen Menschenverbrüderung. „Christentum und Kirche taugen nur für diese Welt, und allein für diese Welt!", sagen die Liberalen. – Die Gottheit: das sind wir selbst in der äußersten humanen Spitze unseres Seins. – Und ohne es zu merken, werden wir wie von selbst zu Gefesselten eines irrealen Wahns. Von Grillparzer wird das Wort gesagt: „Humanität ohne Divinität wird zur Bestialität."

Der Herr aber schreitet an der Türe der Herzen vorüber. Damit verlieren wir seine Gnade und seinen Segen, die uns nun entzogen bleiben. Eine gnadenlose Welt zieht herauf. Heillose Verwirrung und wirbelndes Durcheinander legt sich über alles. Die Dämonen des Hasses und der Brutalität, der Bestialität und der Menschenverachtung, der Unzucht und der Frivolität entsteigen ihren Verliesen, in denen sie festgehalten waren. Gewalttat und Verbrechen legen sich über das Land. Jeder will alles haben. Jeder will sich emanzipieren. Die Opfergesinnung und das Opfer aber, aus dem allein diese Welt lebt, werden unsichtbar. Die Betenden in den Kirchen sind verstummt. Schon zeigt es sich, dass die Verwirrung naht.

Doch der Herr sendet wie zu allen Zeiten seine Propheten. In ihnen geht der Geist Gottes über das Land und erreicht, wen er will. Alle, die der Geist berührt, werden Zeugen. Sie schweigen nicht mehr. Ihre Worte sind gleich scharfen Pfeilen, die vom Bogen losgeschnellt direkt auf ihr Ziel stürmen. Das Wort Gottes glüht wie eine Mahnung über den Städten der Menschen. Der Herr bleibt Herr. Die Werke, die wir in unserer Blindheit setzen, richten uns selbst. – Ach, Herr, dass doch Deine Begnadeten in Demut wieder über das Land ziehen, um heimzurufen! Ach Herr! Dass doch die Menschen wieder hören und rufen: „Kyrie eleis!"

Rosenkranzbetrachtung
"Der für uns das schwere Kreuz getragen hat."

Sie fordern seinen Tod. Ihr Hass dröhnt an den Wänden des Palastes entlang. Lärm und Geschrei erfüllt die Luft. Der Römer erschrickt. Er weicht zurück. Er hat Angst vor dem aufgewiegelten Gewühl und dem Tumult.

Als Pontius Pilatus, sitzend auf seinem Richterstuhl, über Jesus den Stab bricht, hat er die Entscheidung endgültig getroffen. Jesus Christus wird von ihm zum Tod am Kreuz verurteilt. Allerdings betont er, dass er unschuldig sei am Blute dieses Gerechten, – und zum Zeichen seiner Unschuld wäscht er sich öffentlich die Hände, womit er aber auch bestätigt, dass er sein richterliches Amt missbraucht hat. Er hat einen Unschuldigen aus politischen Motiven dem Tode ausgeliefert.

Die Soldaten packen nun Jesus, schleppen ihn in das Praetorium und bereiten alles zur Hinrichtung vor. Es wird bestimmt, dass er sein Kreuz selbst tragen soll, das man ihm anschließend auf seine zerschlagenen Schultern auflädt. Zwei weitere Gefangene, die ebenfalls zum Tode verurteilt sind, gehören zur Begleitung. Der Zug setzt sich in Richtung Kalvarienberg in Bewegung. Eine Abteilung von römischen Soldaten mit einem Hauptmann garantiert die Sicherheit.

Als sie in die Straßen der Stadt eintreten, wuselt die Stadt wie ein aufgestörter Ameisenhaufen. Eine ungeheure Spannung hat sich der Menschen bemächtigt. „Sie werden also den Propheten töten", spricht man sich gegenseitig zu. Die einen weinen, und andere lachen schadenfroh mit der zynischen Bemerkung: „Das war ja zu erwarten. Das musste so kommen. Das konnte jeder voraussehen." – Glücklich ist keiner.

Jesus taumelt mit dem Kreuz auf seinen Schultern dahin und jeder Schritt, den er tut, kostet große Anstrengung. Die Soldaten bahnen ihm den Weg durch die Menge. Nicht nur der von der Geißelung zerschlagene Leib Jesu, sondern noch mehr die Blindheit vieler, die den Weg säumen, und ihre Sünden nehmen Jesus dem Atem. Er stürzt kraftlos nieder und liegt hilflos am Boden. Die Römer reißen ihn am Strick wieder empor. Er soll weitergehen und keine Geschichten machen. Trotz seiner unbeschreiblichen Schmerzen drängt es ihn, den Willen seines Vaters zu erfüllen.

Dann steht sie ihm gegenüber: seine Mutter. Welch ein Schmerz für beide! Als er ihr in die Augen schaut, weiß er, dass sie ganz mit ihm geht. Sie ist ganz treu und hat ihn nicht aufgegeben. In ihr lebt das Einverständnis beider in den Ewigen Willen Gottes! Sie erkennt den eingeborenen Sohn als das "Lamm Gottes", das sein Leben für die Sünde der Welt dahingibt. So tröstet sie Jesus, und er weiß, dass eine mit ihm geht und duldet: seine Mutter! Welch tiefe Einheit der beiden Heiligsten Herzen Jesu und Mariens!

Maria, seine Mutter, nimmt teil an Jesu Leiden, sie darf auch teilnehmen an seiner Erlösungstat. Alle, die aus innerstem Herzen und Wollen das Kreuz Jesu Christi tragen, um den Willen des Vaters zu erfüllen, gehen auf dem Kreuzweg neben Christus einher und erlösen – ganz eins mit Jesus – durch ihre Gebet und Opfer sündige Menschen. – Denn schon Paulus sagt: „Nun freue ich mich an den Leiden, die ich für euch erdulde. Für den Leib Christi, die Kirche, ergänze ich in meinem irdischen Leben das, was an den Leiden Christi noch fehlt." (Kol 1, 24) Christus erfüllt die Gerechtigkeit vor Gott und leistet Sühne für die Verbrechen der Menschheit. Doch ER ist wahrer Mensch und nimmt in seine Leiblichkeit alle seine Brüder und Schwestern mit hinein, die wie ER den ganzen Willen des Vaters tun und mit ihm zusammen das gleiche wirken, was ER für uns auf dem Kreuzweg getan hat.

Er bleibt stehen und kann nicht mehr. Die Kraft hat ihn verlassen. Auch seine Henker sehen, dass er nicht mehr kann. Da zwingen sie einen, der vom Feld kommt, mit ihm das Kreuz zu tragen. Ein Fremder trägt mit ihm das Kreuz. Der Fremde wird nicht gefragt. Er muss tun, was die römische Schutztruppe von ihm verlangt, ob er will oder nicht. (Vergl. Mt 27, 32)

Oft wird man gezwungen, das Kreuz anderer zu tragen. Der Mensch lebt immer mit und in anderen zum Heil oder Unheil für diese. Für Simon von Cyrene wird das Kreuz Christi, das er für Jesus getragen hat, zum Segen.

Da steht eine Frau vor ihm. Sie reicht ihm ein Schweißtuch. Er bleibt stehen und sieht sie an. Diese Frau hat die Menge durchbrochen, um zu ihm zu gelangen. Sie will ihm diese Erleichterung schenken. Der Mut und das Mitleid dieser Frau hat die Menschenfurcht überwunden und damit auch den Schutzschirm der Soldaten. Sie nimmt das Tuch und reinigt damit sein schweiß- und blutbeschmiertes Angesicht. Die Überlieferung sagt, dass ER zum Dank an Veronika in diesem Schweißtuch sein blutüberströmtes Antlitz hinterlassen habe. Dies tut er zum Dank an die Frau und für die kommenden Geschlechter zum Zeichen des Heils.

Die Menschenfurcht blockiert das Bekenntnis. Sie taugt nicht bei der Verkündigung des Reiches Gottes und muss überwunden werden. Wer in das Reich Gottes eingetreten ist, muss auch den anderen verkünden, was Gott Großes an ihm getan hat.

Doch die Kraft verlässt ihn wieder und ER stürzt erneut zu Boden. Die Last des Kreuzes fällt auf ihn und ER krümmt sich vor Schmerz. Es ist ja nicht nur der Balken des Kreuzes, der IHN niederwirft, sondern die Last von Generationen, die ihre Sünden auf IHN laden, – eine Last, die alles übersteigt, was Menschen einem anderen zumuten können. Die Schrift sagt von ihm: „Ich bin ein Wurm und kein Mensch. Der Leute Spott und des Volkes Verachtung. Alle, die mich sehen, verspotten mich. Ihr Lippen höhnen und sie schütteln den Kopf." (Ps 22, 7-8)

Es ist nicht nur der steinige Weg, der IHN stolpern lässt, sondern die Menschen, die ihre Straßen zu Gott so verbarrikadiert haben, dass sie darin zusammenbrechen und ihr Ziel nicht mehr erreichen. Er bricht für andere zusammen. Doch er steht auch für andere wieder auf, weil es so der Wille seines Vaters ist, der im Himmel wohnt. Denn das Lamm Gottes trägt ihre Sünden und will, dass der Sünder sich aus seinen Sünden wieder erhebt, um den Heimweg zu Gott zu finden. – Jesus selbst darf auch dieses Mal nicht verweilen. Die Stunde des Vormittags drängt. Die Soldaten schieben ihn auf der "Via dolorosa" weiter.

Als Jesus aufblickt, sieht er die Frauen, die weinend am Weg stehen. Auch Kinder stehen dort. Doch das Kreuz, das der Schmerzensmann trägt, steht nicht "im Augenblick". Es steht auch nicht nur im Augenblick der Tränen dieser Frauen mit ihren Kindern, die ihn erwarten, um ihr Mitleid zu schenken. Das Kreuz ragt weit über alles, was geschieht, hinaus und geht hinein in alle Zeiten und durch alle Generationen hindurch.

Nicht das gilt, dass die Frauen den Verurteilten beweinen, der leidet, sondern es gilt das Leiden der Generationen, das aus der Sünde hervorgeht und mit Jesus einherschreitet. Denn Jesus mahnt bei dieser Begegnung die Frauen: „Weint nicht über mich, sondern weint über euch und eure Kinder. Denn wenn das am grünen Holze geschieht, was wird dann am dürren geschehen?" (Vergl. Lk 23, 28-31)

Noch einmal bricht ER zusammen. Die Sünde laugt nicht nur die Seele aus, sondern auch den Leib. Das Kreuz, das IHN niederdrückt, ist die Frucht der Sünde. Der Tod ist die Frucht der Sünde. Sein Kreuz ist aber nicht nur sein Kreuz. Es ist das Kreuz aller, mit dem wir IHN belastet haben. Unter dieser Last bricht er zusammen. Seine Liebe ist größer! Dann rafft er sich zusammen und vollendet seinen Kreuzweg.

Eines der weit bekannten Worte Jesu heißt: „Wer mein Jünger sein will, der nehme täglich sein Kreuz auf sich und folge mir nach." (Lk 9,23) Darum muss der bittere Kreuzweg unseres Herrn und Heilandes von uns Christen von Herzen geliebt und stets erneut betrachtet werden, weil er zum Alltag unseres Lebens gehört. Diese grundlegende Wahrheit dürfen wir nie aus den Augen verlieren.

Seit unseren Stammeltern ist es unser Schicksal, mit Schmerz, Leid und Tod belastet zu sein. Keiner kann dem entgehen, auch nicht der Mächtigste. Denn Gott hat es so als Strafe so verfügt. Darum folgen wir Jesus auf seinem Kreuzweg nach, um gleich IHM den Willen Gottes zu vollbringen. Dann werden Leid und Tod für viele zur Reinigung und zur Gnade. Dann werden auch wir durch unsere Kreuzwege geläutert, so dass wir menschlicher werden, liebenswürdiger und demütiger und damit heimfinden zu Gott, unserem Vater und unserem Ursprung.

Wer als Priester im Beichtstuhl sitzt, hört von den vielfältigen Schicksalsschlägen, von denen seine Beichtkinder getroffen werden. Und in diesen Wirklichkeiten gibt es keine Ausnahmen. Jeder wird getroffen, und das Leid ist höher als die hohen Berge. Aber er tröstet sie, indem er auf Jesus hinweist, der auf seinem bitteren Kreuzweg das erhabene Vorbild ist, dem wir nun nachfolgen. Denn im Kreuz ist Heil, Leben und Hoffnung.

Wahrhaft, seit zweitausend Jahren sind es unzählige Menschen, die bewusst und von Herzen Jesu Kreuzweg nachfolgen und schwere Schmerzen auf sich genommen haben. Viele von ihnen sind in die Geschichte eingegangen als große Büßer, andere als große Wohltäter, die beispielhaft für andere sorgten. Daran lernt man, welch große Kraft das Kreuz hat, weil sie ihr eigenes Leben nicht schonten, sondern es hingaben für andere.

Auch der Sonntag trotz jener eigenartigen Gottesdienste ist erfüllt von Gesprächen über Gott. Theologische Spitzen oder Spitzfindigkeiten stehen zugleich zur Debatte.

Ist die beseligende **_Schau Gottes_** in seinem Licht das Höchste, was einem Menschen auf Erden zuteil werden kann? – Oder tritt gegenüber der Schau von Gottes Herrlichkeit, vor dem die größten Geister erschreckend niedersinken, die _Liebe_ ins Unbedeutende, und gilt allein, dass wir IHN mit unseren Augen und Herzen schauen dürfen?

Aber, welchen Stellenwert hat dann **_die Liebe_**? Von ihr schreibt Paulus: „Am größten aber ist die Liebe." (1 Kor 13, 13) Gemeint ist jene Liebe, deretwegen der Sohn Gottes sich selbst erniedrigte, menschliches Fleisch und Blut annahm und in allem uns gleich wurde, die Sünde ausgenommen. Jene Liebe also, die im Gebot der Gottes- und Nächstenliebe die Erfüllung des ganzen Gesetzes ausmacht. Jene Liebe, die Gott selbst ist.

Die _Gottesschau_ als höchste Erfüllung der menschlichen Seele steht der _Gottesliebe_ als höchster Wert entgegen.

Dem Wort, dass die Gottesschau das Höchste wäre, was einem Mystiker zuteil werden kann, wird widersprochen, indem die Liebe als der oberste Wert aufgezeigt wird. Denn Liebe ist Schauen und Wollen zugleich, ist Aktivität und Passivität zugleich, ist beseligende Schau und zugleich mächtige Hingabe an den Geliebten.

Die beiden Begriffe der Schau und der Liebe konfrontieren sich, und es steht ein Wortstreit zwischen uns. Das Wort _Wortstreit_ ist richtig. Denn unser Streit spaltet die eine Wirklichkeit unserer inneren Existenz in zwei gedankliche Begriffe auf, um diese gegenseitig auszuspielen. In den letzten Tiefen aber können die Kraft des Willens und die Kraft der Erkenntnis gar nicht voneinander getrennt werden. Denn sie sind die Tätigkeiten unserer eigenen geistigen Natur. Sie erfordern sich gegenseitig. Sie durchdringen sich gegenseitig. Sie treffen sich im jeweiligen Akt unseres Handelns wie in einem Kristallisationspunkt. Ohne Erkenntnis kein Wollen. Ohne Wollen keine Erkenntnis.

Versuchen wir das oben Gesagte ein wenig zu erklären. Zwei Menschen, ein Mann und eine Frau, begegnen sich. Sie treten einander näher. Irgend eine Eigenschaft ihres Wesens tritt bei der anderen Person deutlicher als sonst vor ihre Augen. Sie entdecken etwas Liebenswertes. Und während sie das Liebenswerte schauen, drängt zugleich die innere Kraft hinzustreben zu dem Liebenswerten des anderen. Das ist ein erstes leises Beginnen der Liebe.

Während sie hinstreben, drängt die innere Kraft erneut zu einer weiteren Schau, das neue Bild aber entfesselt einen noch stärkeren Strom des Wollens. Die Liebe wächst.

Die menschliche Natur in all ihren Etappen und Lebenswegen ist von so großer und reicher Art, dass man in der Polarität stets Neues und Liebenswertes finden kann. Der andere wird oft in durchdringender und fesselnder Schau erkannt, und das strebende Wollen entzündet sich tiefer. Dieses Streben und Wollen drängt darauf, stets neue und andere Schönheiten im Geliebten zu suchen, um ihn zu schauen. Innere Erfüllung wächst daraus wie von selbst. Auch handelt es sich nicht um eine geistig abgeleitete Erkenntnis, sondern um ein viel Früheres und um das Ursprüngliche: Nämlich um das einfache Schauen und um das aus den Urgründen aufsteigende Wollen. Das ist Liebe.

Gewiss, wegen unserer menschlichen Enge und ob der tausendfältigen Egoismen erkaltet in vielen die wahre Liebe. Aber da und dort findet man den beglückenden Reichtum, den ein Menschenpaar sich schenken kann bis ins hohe Alter. Da und dort findet man den Heiligen, der geläutert in der Stunde seines Todes eine Glut ausatmet, die alle erschüttert.

Versuchen wir in einem Gleichnis die Sachverhalte besser zu verstehen. Erkennen und Wollen, das Schauen und die dynamische Kraft des Willens sind wie die senkrechte und waagrechte Ebene eines Steins, den wir für eine Treppenstufe zugehauen haben. (Senkrechte Ebene das Wollen, waagrechte Ebene das Schauen oder umgekehrt.) Um eine Treppe zu bauen, brauchen wir viele entsprechende Steine, bis wir emporsteigen können. So gilt auch, dass aus immer neuen Akten des Erkennens und Wollens sich die Stufen bilden, die dann zu einer Treppe werden. Auf ihr kann man nun höher und höher hinaufsteigen.

Bei der Gottesliebe steigt der Gläubige auf dieser Treppe in die Unendlichkeit des göttlichen Wesens hinein. In immer neuen bejahenden Jubelrufen und in durchdringender Schau wird der Mensch erfüllt mit jenem Unaussprechbaren, in dem der Herr sich uns offenbart und uns beglückt mit dem berauschenden Kuss seiner Liebe. Die Stunde des Aufstieges beginnt jetzt. Heute, an diesem Tage soll ich wieder einen oder zwei Schritte tun. Geöffnete Augen, offene Ohren, ein geöffnetes Herz, ausgerichtet auf den Herrn, den Heiligen Israels, das ist das erste, was ich tun darf, kann und muss.

Aber, was ich schaue und höre, das muss auch in mir Wirklichkeit werden. Ich muss es vollbringen. Ich muss mein Leben in der Nachfolge nach seinem Wort und nach seinem Beispiel gestalten, das ist das Zweite, was ich vollbringe. Schritt um Schritt schreite ich voran. Schritt um Schritt reife ich in meinem Herrn. Schritt um Schritt trete ich seiner Herrlichkeit näher. Schritt um Schritt lerne ich IHN tiefer erkennen und brennender lieben, sogar in seinem Kreuz.

Zugleich aber, o unbegreifliche Gnade, auch er eilt mir in seiner göttlichen Liebe entgegen. Er spricht mich an. Er steht mir gegenüber. Er ist sehr gütig, geduldig und barmherzig. Er bereichert mein Sein. Er erfüllt mich. Schon beginnt das Vordergründige dieser irdischen Weltzeit ins Hintertreffen zu geraten und wird eitel und leer gegenüber der alles überragenden Erkenntnis Jesu Christi und seiner göttlichen Liebe. Schon wird die Pilgerstraße zum erkannten Pilgerweg, auf dem nicht mehr die Herbergen maßgebend sind, in denen wir uns ein paar Jahre wohlhabend einnisten können, sondern das Ziel, auf das wir brennenden Herzens zueilen. Der heilige Augustinus formuliert: „Unruhig ist unser Herz, bis es ruht in Dir, o Gott!"

Was ist eine kleine Weile? "Arbeiter in seinem Weinberg", "Knecht auf seinem Gutshof", so will ich nach IHM Ausschau halten, der mich in seinen Dienst gestellt hat. Zu ihm gehen meine Gedanken, zu ihm meine Tränen, zu ihm meine Sehnsucht. Denn ich weiß, er liebt mich, und er wird seines Lebens nicht schonen, um mir Heil zu schaffen. Was ist das schon "eine kleine Weile" im Gang der Jahrzehnte? Bald wird mein Herr wiederkommen. Je näher dann mein Herz bei ihm ist, um so jubelnder der Tag der Begegnung. Er ruft mir sein Wort entgegen: „Siehe, ich stehe vor deiner Türe und klopfe an. Wer mir öffnet, bei dem will ich eintreten, und wir werden zusammen Mahl halten, er mit mir und ich mit ihm." (Offb 3, 20) – „Komm, Herr Jesus!" (Offb 22, 20)

Privatoffenbarungen JA oder NEIN ?

Am Abend, nachdem es schon in den Gesprächen angeklungen ist, werden dann mehrere Schreibmaschinenblätter mit Privatoffenbarungen auf den Tisch gelegt. Es sind Botschaften an fromme Seelen, die über das Reich Christi, des Königs, Aussagen machen. Die eine Botschaft, soweit ich mich noch erinnere, kommt von Madrid und beschreibt, dass der Thron Luzifers errichtet werde und sein Reich wachse. Allenthalben breite sich Finsternis über das Land. Die Botschaft ruft zum Gebet auf.

Erscheinungen und Privatoffenbarungen sind nun die Fragen, die zur Debatte stehen. Generelle Lösungen sind schwer zu finden und manches kann nicht geklärt werden. So sehr solche Offenbarungen zum Zeichen werden können und zum Anlass, sich zu bekehren, so sehr können sie auch Verwirrung stiften und zu nur äußerlichen Heilswerken hinreißen. Man muss den Weizen von der Spreu trennen. Doch wer kann da die Geister unterscheiden?

Viele rennen von Seher zu Seher, von Erscheinungsort zu Erscheinungsort. Sie singen fromme Lieder und beten Rosenkränze. Aber oft ist ihr Herz weit weg von der Forderung, sich zu bekehren und Zeugnis abzulegen. Die Gottesmutter in Fatima sagt: *„Betet und bringt viele Opfer!"*

Maria meint damit das innere Gebet in der Kammer des eigenen Herzens, sie meint das innere Ringen des Menschen mit Gott, so wie Jakob die ganze Nacht hindurch mit dem Engel gerungen hat, er allein. Sie meint auch den Aufschrei Jesu am Kreuz und die Einwilligung in den Willen des Vaters. Letztlich geht es um die vertrauende Zuflucht zu Gott, dem Felsen unseres Heils, aber nicht zu Götzen, Wahrsagern oder Zauberern.

„Betet und bringet viele Opfer", meint auch das Gebet einer Pfarrfamilie oder einer religiösen Gemeinschaft, ein Gebet, das in gleichbleibender Treue Tag für Tag oder Woche für Woche gebetet wird, um dem Herrn allein die Ehre zu geben. Nicht gemeint sind Strohfeuer, die zwar einen Augenblick hell auflodern und wieder zusammenbrechen, noch Impulse schneller Begeisterungen, von denen aber in der Stunde der Prüfung keine Kraft ausgeht. Privatoffenbarungen müssen an ihren Früchten gemessen werden.

„Bringet Opfer!", heißt die Botschaft von Fatima. Die Gottesmutter hat dieses Wort bereits 1917 ausgesprochen, obwohl die moderne Wohlstandsgesellschaft noch gar nicht geboren war. Heute, da manche Geister unserer Epoche betonen, dass wir in überhängender Gier dabei sind, den Reichtum unseres Planeten in wenigen Jahren aufzufressen, bekommt das Wort vom *Opfer* noch eine ganz andere Bedeutung. Aber das Herz und die Sinne unserer Zeitgenossen haben sich in eine Wegwerfgesellschaft so hineingegeben, dass alle Mahnungen von niemand ernstlich gehört werden. Wir leben dem Augenblick und seiner Lust. Je höher aber der Genuss und die Lust steigen, um so mehr werden selbst die heiligsten Güter und die höchsten Werte vermarktet, angegriffen und ausgeraubt.

Die Maßlosigkeit greift auch auf sittliche und ethische Normen zu. Die Staaten machen sich ihre Gesetze, so wie sie glauben, es sei für sie günstig. Das Gesetz der Zügellosigkeit ist uferlos. Wenn es darum geht, Macht zu ergreifen, Reichtum zu haben, sich Genuss und Lust zu verschaffen, ist alles erlaubt. Lug und Trug, Verbrechen und Diebstahl, Geilheit und Frivolität (selbst an Kindern), der Mord (schlimmer als zur Zeit Herodes, des Grausamen), das Zertrampeln jeglicher Autorität, solches alles leuchtet schon heute auf der Straße des Grauens. Doch die schlimmsten Dämonen, die ganze Landstriche in Feuer und Asche legen, sind noch nicht entfesselt. Schon wird es deutlich, dass unsere Gier unersättlich die Güter dieser Welt auffrisst.

Jedoch die Güter dieser Welt (auch unser eigen Fleisch und Blut), vermögen nicht jene unstillbare Sehnsucht auszufüllen, was nur Gott in uns erfüllen kann. Der Mensch mag Schlösser und ganze Landstriche sein eigen nennen, mag in der höchsten Machtposition einen riesigen Verwaltungsapparat beherrschen, sein Herz wird dadurch nicht ausgefüllt. Es ist wie beim Rauschgift: Je höher ein augenblickliches Glücksgefühl erreicht wird, um so tiefer stürzt man hernach in die Sklaverei der oft ausweglosen Abhängigkeit, in die Zerrüttung von Seele, Leib und Nerven, in die Einsamkeit, in den Absturz des Stress, und am Schluss in den Tod, – auch in den Tod der Seele.

„Bringet Opfer!" Verzichtet um der Gebote Gottes willen auf jene Güter, die euch zum Verderben werden! Lebt in Gerechtigkeit und schenkt Liebe! Lasst die Liebe zuerst im eigenen Hause leuchten: zwischen Mann und Frau, zwischen Eltern und Kindern, zwischen Nachbarn und Nachbarn. Verliert von euren Gütern, damit andere leben können! Achtet selbst euer eigenes Leben gering, damit andere bei euch einen Raum der Geborgenheit und Ruhe finden können. Den Gehetzten und den Gejagten, den Mutlosen und den Verzweifelten, den Hungernden und den Obdachlosen, wer wird die Tore seines Hauses ihnen öffnen und ein Herz der Selbstlosigkeit ihnen entgegenbringen? Christus, der Meister, verlangt, dass wir das Leben verlieren, um es zu gewinnen. Haben wir in unserem Alltag diese Opfer gebracht? Sind wir nicht allzu oft ausgewichen?

Doch ist das noch das Thema, von dem wir anfänglich gesprochen haben? Sind wir nicht abgeschweift von der Frage über private Offenbarungen? Sollte nicht davon gesprochen werden, was bei solchen Offenbarungen und Erscheinungen Gültigkeit habe und was nicht?

Die Antwort lautet: Dann wird eine solche Offenbarung vom Geist Gottes stammen, wenn sie wahre Früchte der Bekehrung hervorbringt. Nicht der blinde Fanatismus und auch nicht frömmste Ereiferungen können uns weiterhelfen. Am wenigsten hilft jener sture Ungehorsam, den da und dort Verteidiger von gewissen Privatoffenbarungen aufweisen. Wahre Gebete und auch die stille, bescheidene, aber sehr starke Opferhaltung werden wie von selbst zu einer Wasserscheide, welche das Wahre vom Unwahren trennt.

Die Not unserer Tage ist groß. Die Verwirrung scheint noch größer. Oft jagen sich die Botschaften. Ganz sicher mahnt der Herr und fordert zu größerer Liebe auf und auch zu härterer Bereitschaft für das Reich Gottes. Ebenso sicher verwirrt der Böse, indem er fast ähnliche Botschaften loslässt, die zur Sturheit und zu religiösem Fanatismus verführen sollen. „Gibt sich doch der Satan selber das Aussehen eines Lichtengels." (2 Kor 11, 14) Wir müssen ihm im Glauben der Kirche widerstehen. – In einem solchen Klima leben zu müssen, bedeutet Angst und Dunkelheit. Wir Menschen selbst wären verloren. Doch der Geist Gottes in Seiner Kirche erleuchtet und führt, oft viel schlichter und einfacher als wir meinen. Und wenn wir demütig sind, werden wir es lernen, den Weizen von der Spreu zu unterscheiden. Lasst uns darum oft das Gebet sprechen: „Komm Heiliger Geist! Erleuchte unser armes Herz, auf dass wir Deine Wege erkennen und die Kraft haben, sie zu gehen."

Beim Oberzöllner – Ist Don Manuel zu Hause?

Es ist Montagfrüh. Drei Dinge stehen nebeneinander. Noch immer höre ich, wie eine vielfältige Menge beim Gottesdienst in der Kirche schwatzt. Vorne beim Altar steht in goldenem Ornat ein Priester, der Brot und Wein in den Händen trägt. – Wiederum erblicke ich mich, wie wir diskutieren. Wort um Wort wird gesprochen über das Leben tiefgläubiger Männer und Frauen. – Das Essen ist gut. Die Bewirtung recht. Ein Dank gehört dem Vater des Herrn Pfarrers, der sehr viel Liebe gegeben hat. Nun stehe ich wieder im Aufbruch. Der Pfarrer sagt zu mir:

„Herr Pater, ich werde Sie begleiten bis zur Zollstätte. Dort kenne ich den Chef persönlich. Er ist mein Freund."

Ich antwortete: „Herr Pfarrer, tun Sie es, wenn Sie wollen. Aber es ist nicht notwendig, denn ich habe nichts zu verzollen."

„Nicht so, mein Freund," sagte der Pfarrer, „ich komme gerne mit."

Ich schnalle meinen Rucksack auf. Der Weg geht durch die Straßen des Dorfes. Es ist Morgen. Die Leute beginnen die Arbeit des Tages. Als wir zur Zollstätte kommen, ist dort niemand zu sehen. Ein größerer Warenaustausch findet anscheinend in dieser Gegend nicht statt. Wir klopfen an. Ein Beamter sitzt am Zolltisch. Er kennt den Pfarrer.

Dieser fragt: „Ist Don Manuel zu Hause?"

„Nein, Herr Pfarrer, beziehungsweise ja, Herr Pfarrer. Don Manuel ist noch in seiner Wohnung. Er wird wohl eben aufgestanden sein."

„Kann ich Ihn sprechen? Er soll diesen Mitbruder kennenlernen."

„Einen Augenblick bitte, Herr Pfarrer."

Der Beamte steigt zur oberen Wohnung empor. Der Pfarrer geht sofort hinter ihm her und zieht auch mich ins Treppenhaus hinaus. Mir wird die ganze Geschichte peinlich. Dann kommt der Beamte zurück und sagte:

„Don Manuel ist eben aufgestanden. Er ist nun bei der Morgentoilette. Danach wird er frühstücken. In etwa einer halben Stunde kann er hier sein."

Ich überlege kurz. Was soll diese Warterei, zumal die südliche Sonne sehr schnell heiß in den Himmel hinein steigt? Für mich ist der Besuch belanglos. Darum sage ich: „Herr Pfarrer, lassen Sie Don Manuel in Ruhe. Ich aber darf mich verabschieden. Von Herzen danke ich für alles."

Doch der Pfarrer gibt nicht nach. Er steigt nun selbst die Treppe empor und läutet an der Glastüre. Die Frau des Oberzöllners erscheint. Der Pfarrer diskutiert mit ihr heftig. Dann ruft er: „Herr Pater, kommen Sie herauf!"

Widerwilligst steige ich die Treppe empor. Dann kommt der Oberzöllner, wahrscheinlich ebenso peinlich gezwungen wie ich, zur Türe. Er steht im Schlafanzug und Morgenrock vor uns. Am liebsten würde ich weglaufen.

„Don Manuel," sagt der Pfarrer, „das ist ein Mitbruder von mir. Ich wollte ihn Ihnen noch vorstellen, bevor er nach Portugal weiterzieht."

Wir treten uns beide verlegen gegenüber und geben uns die Hand und wechseln nichtssagende Worte. Er steht im Morgenrock da, ich im Räuberzivil, den Rucksack in der Hand und der Pfarrer im Talar. Ein komisches Bild. Doch der, welcher das Ganze arrangiert hat, scheint irgendwie eine Bestätigung davon zu erwerben. Es ist zu einer Bedeutung gekommen, wenn auch das Ganze kindhaft zu sein scheint.

Ich mache dem Spuk ein Ende und sage: „Ich danke Ihnen vielfach, meine Herren. Doch nun will ich weiterwandern, um mein Ziel zu erreichen."

Dann gebe ich jedem die Hand, steige die Treppe hinab und grüße noch einmal mit dem Arm. Auch dem Beamten, der nun vor dem Hause steht, sage ich Aufwiedersehen und ziehe die Straße weiter. Es ist ein wunderschöner Morgen. Die Straße führt in weitem Bogen in die Landschaft hinein. Ich versuche zu vergessen, was hinter mir liegt.

Danach beginne ich, den Rosenkranz zu beten.

Gegrüßet seist Du Maria, voll der Gnade, der Herr ist mit Dir. Du bist gebenedeit unter den Frauen und gebenedeit ist die Frucht Deines Leibes Jesus. – Heilige Maria, Mutter Gottes, bitte für uns Sünder, jetzt und in der Stunde unsres Todes. Amen!

Der seltsame
Übergang nach Portugal

Der schlafende Grenzposten
Das letzte Ziel nicht aus den Augen verlieren
Bei der internationalen Polizei

Eingehüllt in das Unentrinnbare des Augenblicks
Träumereien, Wünsche, Täuschungen, Versprechen
Ausharren wie Jesus in den drei Stunden am Kreuz

Während wir schlafen, können wir nichts tun
Keiner ist der alleinige Wächter seiner Burg
Die Vorsehung und nicht das Rad des Schicksals

Rosenkranzbetrachtung
„Jesus, der für uns gekreuzigt worden ist"

Es mag gegen 10 Uhr sein, als ich den spanischen Grenzposten erreiche. Die Grenze ist landschaftlich festgelegt durch ein tief eingeschnittenes Tal, auf dessen Grund ein Flusslauf dahinzieht. Die Wasser fließen träge und sind schmutzig. Das Tal wird von einer hohen Steinbrücke überspannt, und auf der anderen Seite liegt an einem Berghang ein portugiesisches Dorf. Die Grenzstraße führt über die Brücke.

Jedoch in der Mitte der Brücke ist in etwa dreiviertel Meter Höhe ein Seil gespannt, das absperrt und den Zugang verhindert. Da ich das Seil erblicke, weiß ich zunächst nicht, was ich tun soll. Ich schaue nach rechts und dann nach links und bin ratlos. Dann sehe ich rechts drüben im Schatten einiger Bäume den Posten der spanischen Grenzpolizei. Einer der Polizisten winkt mir. Ich gehe zu ihm hin, gebe ihm meine Ausweise und erkläre ihm, dass ich nach Portugal wolle. Er prüft die Papiere und gibt den Weg frei. Ein paar freundliche Worte, die hin und her fliegen, und ich kann weiterziehen.

Wieder stehe ich auf der Brücke. Von einem Portugiesen auf der anderen Seite ist weit und breit nichts zu sehen. Das Seil versperrt mir den Weg. Was soll ich tun? Soll ich auf der Mauer sitzen und warten, bis jemand kommt, um mich zu erlösen, wie die verwunschene Prinzessin, die auf ihren Prinzen wartet? Den Rucksack habe ich in der Zwischenzeit auf den Boden gestellt.

Dann beginne ich, in das fremde Land hinüber zu rufen. Ich rufe wie über das Wasser nach dem Fährmann: „Hol über!" Doch, – niemand gibt Antwort, und keiner kommt. Die ganze Situation ist mysteriös und witzig zugleich. Dieser Fall ist mir noch an keiner einzigen Grenze begegnet. Dann setze ich mich auf die Mauer und beginne, mit den Beinen zu schlenkern. Doch auch das hilft nichts, es kommt niemand. Schließlich wird mir die ganze Geschichte zu dumm, ich nehme meinen Rucksack, überspringe kurzerhand das absperrende Seil und stehe damit auf portugiesischem Boden.

Danach laufe ich ans andere Brückenende. Ein wenig bin ich gespannt, auf wen ich dort stoße, und was dann passiert. Auf der anderen Seite steht ein Wachhäuschen und daran außen angelehnt ein Gewehr. Als ich näher herangekommen bin, sehe ich, dass drinnen auf einer Bank ein junger Soldat sitzt und den Schlaf des Gerechten schläft. Ich hätte laut hinaus lachen können. Doch das darf ich nicht. So fange ich denn an, mich zu räuspern, dann lauter und lauter, bis er erwacht. Das Erstaunen ist nun auf seiner Seite. Als er zu sich kommt, steht da ein wildfremder Mensch vor ihm, den niemand eingelassen hat, aber der nun eben da ist. Außerdem fühlt er sich unangenehm ertappt. Die Situation ist köstlich komisch. Zunächst steht er von seinem Sitz auf und fragt mich etwas auf portugiesisch. Da ich ihn nur halb verstehe, strecke ich ihm meinen Pass entgegen. Er winkt ab. Dann erkundigt er sich anscheinend, wie ich hereingekommen sei. Ich gebe ihm auf spanisch Antwort und erzähle meine Geschichte. Er versteht anscheinend nicht gut. Schließlich winkt er ab und sagt, dass ich weiter oben das Zollamt finde und im Dorf die internationale Polizei. Bei beiden habe ich mich zu melden.

Das letzte Ziel nicht aus den Augen verlieren

Dann ziehe ich weiter. Gewiss, mein Wagnis ist harmlos. Niemand hätte mich erschossen. Aber ich habe ein Ziel, und so muss ich weiter und kann nicht auf der Mauer der Brücke sitzen bleiben. Selbst wenn die Schwierigkeiten größer geworden wären, hätte ich sie überwinden müssen.

Dieses Wort vom Ziel gilt besonders für die Nachfolge Christi und für den Weg, der zum ewigen Leben führt. Jesus muss als *Endpunkt* der Pilgerstraße stets vor Augen stehen. Denn ER ist das Ziel. ER allein löst eine drängende Wirkung in uns aus. Seine göttliche Schönheit ist so ergreifend, dass alles andere unbedeutend wird und wir in Sehnsucht dahineilen. Seine göttliche Erhabenheit ist unendlich liebenswert.

Wo kein Ziel drängt, kapitulieren viele. Die Liebe erkaltet. „Das habe ich gegen dich, dass du deine erste Liebe verlassen hast. Bedenke also, von wo aus du gefallen bist. Bekehre dich und tue deine früheren Werke" (Offb 2,45). Die Mahnung der Geheimen Offenbarung gilt. Zwar steht der Herr immer am Anfang des Weges, aber laufen müssen wir ihn selbst. Wenn wir am Rande der Straße absitzen, kommen wir nicht weiter.

Viele sichern sich ab. Sie errichten ihre vier Wände zum Schutz. Sie setzen sich nicht den Winden aus. Danach verzehren sie, was sie aufgespeichert haben. Doch die Zeit ihrer Lebensspanne verkürzt sich, und sie scheinen es nicht zu merken, wie ihnen der Zielpunkt ihres Weges entschlüpft. Da dann das Ziel wie unauffindbar wird, irren sie ziellos und orientierungslos dahin. Hier gilt: „Wer nicht handelt, wird getrieben." Was zählt, ist die gut eingerichtete Stube und der gedeckte Tisch. Was bewegt, sind die Ereignisse der Familie: Hochzeit und Geburt, Werden und Vergehen. Was unterhält, ist der Fernseher und die Medien.

Aber während sie ihren Geschäften nachgehen, kommt der Bote und fordert sie auf: „Kommt zur Hochzeit des Himmelreiches. Macht euch auf den Weg! Denn das Himmelreich ist nahe!" Doch sie weichen aus und überdenken nicht einmal die Spruchweisheit: „Dies Haus ist mein und doch nicht mein. Beim Nächsten wird es auch so sein. Den dritten trägt man auch hinaus. Nun sag mir, wem gehört das Haus?" – Doch während sie so dahinleben, hören sie nicht die Botschaft und sehen das Ziel nicht.

Nur in der Tiefe des Seins vermag keiner auszuweichen. Denn während der metallene Schlag der Uhr ohne Pausen die Stunden anschlägt, werden die Menschen alt und älter, die Haare grau, die Hände zittrig und die Kraft der Knie weich. Dann kommt der Augenblick, wo die Trugbilder sich als Trugbilder entlarven. Die Forderungen des Himmelreiches, die eigentlich letzte Bestimmung aber wird bei nicht wenigen verschlafen. Das Ziel verfehlt.

Bei solchen Leuten gibt es keine andere Antriebskraft als der Schub der familiären leiblichen Realität. Und weil es kein Ziel gibt, gibt es auch keine Aufbrüche, zu denen der Herr einstens schon Abraham berufen hatte. Die aber, die aufgebrochen sind, wandern dahin auf dem Lebensweg, gehen weiter in die Wagnisse des Lebens hinein. Sie spüren die Kühle der Nacht, die Glut des Tages, das Alleinsein. Sie erfahren den Jubel, wenn andere sie begleiten auf dem Pfad. Vor allem aber haben sie die noch dunkle, aber sichere Gewissheit, auf dem Weg zu sein, der zur ewigen Hochzeit führt, – zu einer Begegnung, die unser ganzes Sein erfüllen wird. Sie erkennen das Ziel, sie fiebern nach ihm und wagen die Fahrt.

Zwar ist die Fahrt durch Nacht, Nebel und Winde bedroht, aber der Herr beschützt durch den begleitenden Engel. In den Kirchen des Wegrands empfangen die Pilger die Sakramente und die Gebete des ganzen wandernden Gottesvolkes begleiten sie. Die Opfer, die sie immer und immer wieder bringen müssen, werden in das Opfer des Kreuzes Jesu hineingenommen, gegenwärtig in jeder Heiligen Messe. Dieses Kreuz sehen sie am Wege zur Stadt Jerusalem stehen, aber noch außerhalb der Stadtmauern. Sie wissen um das Ziel. Sie wagen die Fahrt und ihr Herz wird weit und groß. Denn bald werden sie an den hohen Stadtmauern der Neuen Stadt Jerusalem stehen, wo der HERR selbst sie erwartet. Denn die Barmherzigkeit Gottes begleitet sie bis hin an dieses Tor zur Ewigkeit.

Bei der internationalen Polizei

An der Zollstelle, die etwa auf halber Höhe zum Dorf liegt, komme ich sehr schnell vorbei. Der Zöllner ist sehr freundlich. Als ich dort fertig bin, schickt man mich noch zur internationalen Polizei. Diese ist in einem alten

Hause am Ende des Dorfes untergebracht. Als ich eintrete, komme ich mir vor, als ob ich in einem Krämerladen stünde. Hinter dem Ladentisch sitzen zwei junge Typen. Ich gebe ihnen zunächst meinen Pass. Sie mustern diesen, dann mustern sie mich. Sie fixieren mich und blättern nun den Pass von vorne bis hinten durch. „Wer sind Sie?", werde ich gefragt. „Woher kommen Sie und wohin gehen Sie?" Die Art und Weise, wie sie das tun, ist barsch, unfreundlich, fast böse. Ich habe das Gefühl, ich bin für diese beiden Beamten eine *Persona non grata* oder ein sehr suspektes Individuum.

Auf die Fragen, die sie mir stellen, gebe ich ihnen meine Antworten, soweit sie ein Recht haben. Das andere verschweige ich. Alsdann holen sie die Fahndungsbücher. Es ist das erste Mal, dass meinetwegen Fahndungsbücher aufgeschlagen werden. Sie bringen zwei dicke Bände, wälzen beide durch, aber finden nichts. Mir ist, als ob beide heimlich hoffen, einen Vorwand zu finden, mich wieder über die Grenze abzuschieben. Schließlich nehmen sie den Pass und drücken ihren Stempel hinein. Sie erklären mir, ich hätte dreißig Tage Aufenthaltsbewilligung für Portugal, danach müsste ich aber das Land wieder strikt verlassen. Ich nicke, grüße und verschwinde.

Gerne verlasse ich das ungemütliche Lokal. Ich frage mich, woher es kommt, dass man so unterschwellig hasst? Ich habe doch niemand etwas zuleide getan. Das Wort des Meisters lautete: „Wenn die Welt euch hasst, dann wisst, dass sie mich schon vor euch gehasst hat." (Jo 15, 18) – Und: „Haben sie mich verfolgt, so werden sie auch euch verfolgen." (Jo 15, 20) Es ist zu vermuten, dass die Eintragung in meinem Pass, ich sei Geistlicher, den beiden am meisten zu schaffen gemacht hat.

Eingehüllt in das Unentrinnbare des Augenblicks

Die Straße steigt zunächst zu einer Anhöhe steil empor. Kaum habe ich die Höhe überschritten, so entschwindet das Dorf meinem Blick. Des Gestein und die Erde rechts und links des Straßenrandes werden grobkörnig und flächenweise wie sandartig. Ihre Farbe ist stark gelblich, sogar eher gegen weiß zu. Da die Tageszeit gegen Mittag zustrebt und die Sonne unbarmherzig brennt, schreite ich zunächst kräftig aus, um möglichst bald ins nächste Dorf zu gelangen. Wie weit es entfernt ist, weiß ich nicht. Auch kann ich es von ferne nicht sehen; denn ich erblicke weder Haus noch Baum, nur die leicht gewölbte Ebene, in deren Dünen sich der Weg irgendwo verliert.

Und dann spüre ich plötzlich wieder das Feuer inmitten der gleißenden

Hitze. Es umsteht mich; es hüllt mich ein; es durchdringt mich. Je mehr mir dies zum Bewusstsein kommt, um so mehr suche ich einen Ausweg. Ich halte Ausschau, eine Raststätte zu finden oder wenigstens einen Baum, um der Glut zu entgehen und den Durst zu löschen. Aber ich marschiere auf einer trostlosen Straße und kann nicht entfliehen.

Schon bin ich während der Mittagszeit über zwei Stunden unterwegs. Die Straße überquert kleine Hügel und winzige Einbuchtungen, durchschlängelt heiße Sanddünen, immer überwölbt von einer Hitzeglocke aus feinem Staub. Meine Augen brennen; sie können nirgendwo verweilen. Nun biegt die Straße wieder nach rechts ab, um nach ein paar hundert Metern in ein anderes unbekanntes Gelände umzuschwenken. Auf diesem Weg begegne ich keinem einzigen Menschen. Ich sehne mich nach Schatten, Aufmerksamkeit und Geborgenheit. Auf meiner ganzen Reise habe ich keine solche Einsamkeit verspürt wie zwischen diesem glühenden Sand. Trostlos, ausgetrocknet, leer, so wandere ich die erste Strecke auf portugiesischem Boden.

Plötzlich ertappe ich mich dabei, wie ich träume und bete: „Herr, lass mich einen Menschen finden: Mann oder Frau, einen Knaben oder ein Mädchen, eine Alte mit großen Sonnenhut oder einen Greis mit einem Stock!" Da meine ich, es käme jemand auf mich zu mit einem Krug erfrischendem Nass in der Hand und spräche ein Wort. Es war ein Traum. Ich schüttle mein Haupt zum Zeichen der Ernüchterung.

Da die Sonne im Zenit steht, wirft keiner der Hügel Schatten. Erneut trifft mich das Bewusstsein, dass ich eingehüllt bin in das Unentrinnbare des Augenblickes, in Enge und Brand. Kein Trost. Keine Seele weit und breit. Das Ganze ist voll innerer Unruhe: ständige Träumereien, Wünsche, Täuschungen, Versprechen, Selbstspiegelungen, und wie ziellos. Nun ist die Straße kein offenes Feld mehr, sondern nur noch die paar lumpigen Meter eines staubigen Bandes, abgeschnitten hinter mir und vor mir. Dazu die Ungewissheit in der erbarmungslosen Hitze! Wie lange muss ich weitergehen? Bin ich schon in einer Stunde am Ziel, oder muss ich noch drei Stunden wandern? Ich werfe den Rucksack ab.

Ich suche eine Stelle, wo ich ruhen kann. Ich baue aus dem Rucksack und meiner Jacke einen Sonnenschutz, um mein Haupt gegen die Strahlung abzudecken. Plötzlich muss ich lachen. Mit meinem kleinen Sonnenschutz komme ich mir vor wie auf einem Floß, das bleiern in der Sonne unbeweglich auf dem Wasser liegt, inmitten der Weite eines endlosen Ozeans. Zwar bin ich nicht bedroht, noch lange nicht dem Verdursten nahe, und über meinem Haupt fliegen noch keine Geier, um mein Aas zu verzehren. Aber ich bin lustlos, leer, ich mag nicht mehr und mir ist darum alles einerlei geworden.

Wo sind die Ideale geblieben, die mich sonst bewegen? Wo ist die Kraft, die auf das Ziel strebt, wo ist sie geblieben? Wer lockt und wer zieht mich aus dieser niederhaltenden Müdigkeit, welche die Glieder brennen macht? Feuersturm in der Mittagszeit des Lebens, den heranwogenden Strahlenwellen ausgesetzt! Jede Fluchtmöglichkeit abgeschnitten. Die Glut dörrt Atem und Gehirn aus. Jeder Gedanke an eine Zielrichtung ist blockiert.

Um einen herum steht das bleierne Einerlei und tief drin die eingekapselte Leere. Alles Denken schmerzt. Die Instabilität wächst und die innere Macht des Widerstandes scheint erloschen. Nur eines hämmert im Innern des Wollens: der äußeren Glut zu entgehen. Da aber nirgends ein Ausweg sich zeigt, macht sich Trostlosigkeit breit. Dazu kommt, dass kein menschliches Angesicht anwesend ist; sondern das eigene Ich steht sich selbst gegenüber. Es vermag nicht, sich selbst zu trösten. Ich liege am Boden und atme. Ich atme den Strom der heißen Luft, schwitze und bin der Glut ausgesetzt. Im Jetzt, im Augenblick hänge ich fest, ohne loszukommen, und befinde mich im Durchhalten, in das ich hineingezwungen wurde.

––––––––––––––––––––

■ In dieser Trostlosigkeit steht er vor mir, er, dessen Antlitz so freundlich, und der in seiner Existenz das Erschlaffen in widrigen Umständen nicht kennt.

Er spricht zu mir: „Eva war ungehorsam und Adam auch. Sie aßen vom Baum, von dem Gott verboten hatte zu essen. Wie schätzt du das ein?"

Mühsam antworte ich: „Warum fragst du mich das jetzt? Du siehst doch, dass ich in meinem Inneren taub bin!"

Er schüttelt den Kopf, tut so, als ob er nichts gehört hätte und lächelt: „Also wie war das mit Adam und Eva?"

„Sie haben gesündigt."

„Was heißt das?", fragt er.

Wieder muss ich mich aufraffen, um zu sagen: „Er, Satan, hat die Stammeltern verführt. Es gelang ihm, Adam und Eva glauben zu lassen, als ob Gott der Rivale ihres Glückes sei. Der Dämon verleitete sie, selbstherrlich, – also gegen Gott – entscheiden zu sollen, was gut und was böse ist."

„Wie geschah das?"

„Die Schlange log Adam und Eva an, indem sie ihnen verdolmetschte, dass sie nicht, wie Gott gesagt hat, sterben werden, wenn sie von der Frucht des Baumes essen würden. Sie verführte sie, Macht auszuüben, indem sie als Menschen – seiend wie Gott – selbst die Entscheidung treffen könnten, vom Baum zu essen oder nicht. Als sich Eva von diesen Gedanken einfangen ließ, sah sie, dass die Frucht schön war und gut zu essen sein müsste. Da verwarf sie das Gebot Gottes und handelte selbstherrlich gegen seinen Willen. Sie aß vom Baum und gab die Frucht ihrem Mann und auch er aß."

„War das der schwärzeste Tag für die gesamte Menschheit?"

„Kein Tag konnte herzzerreißender, keiner dunkler sein. Denn im Inneren der Herzen von Adam und Eva verdunkelte sich das Bild des alleinigen und wahren Gottes. Es wurde Nacht in ihnen, und der dunkle Wahn einer Selbstverherrlichung des Menschen verwüstete die Gottesebenbildlichkeit ihrer Seelen. Nun begann die Ära des Menschen."

Mein Begleiter schaut zu Boden und bestätigt so mein Wort.

Ich aber jammere: „Ja, so ist es. Schlimmeres konnte uns Menschen nicht geschehen."

„Warum?"

„Sie haben gesündigt. Sie haben DEN verworfen, der sie schuf, und von dem her sie allein leben konnten. – Sie haben DEN verloren, der in höchster Vollendung alle Gaben hat, und damit die Kraft besitzt, jede menschliche Sehnsucht des Leibes und des Geistes ganz zu erfüllen. – Sie haben sich selbst und ihr eigenes Herz betrogen!"

„Was war ihre Sünde?"

Ich antworte: „Der Kern der Sünde ist Ungehorsam gegen Gott und eine innere Revolution. Dahinter schreitet eine dunkle Gottvergessenheit daher, aus der dann ununterbrochen Stolz, Selbstverwirklichkeitswahn, Selbstverherrlichung und Vermessenheit geboren werden."

Er nickt und betont: „Die Folgen ihres fatalen Tuns hat die gesamte Schöpfung verändert!"

Ich antworte: „Da der Mensch Staub und Asche ist, und damit letztlich keine Gewalt und Stärke in sich selbst besitzt, sondern alles empfangen hat, bedeutet solche Vermessenheit eine Katastrophe. Hinter ihr liegen Zusammenbruch, viele schwere Leiden, der Tod und in der Verworfenheit die unermessliche Leere der Sinnlosigkeit."

Mein Begleiter fährt fort: „Dann kam die Erkenntnis der Nacktheit. Was bedeutet das Wort: »*Und sie erkannten, dass sie nackt waren.*«" (Gen 3, 7)

„Die Erkenntnis der Nacktheit ist wie ein Symbol dafür, dass sie alles, ja sogar sich selbst verloren haben.

Da die Erkenntnis der Nacktheit das Nichts symbolisiert, zeigt sich darin die Situation des Menschen nach der Sünde. Er ist Mensch in Leib, Seele und Geist, aber er besitzt nun nur noch sich selbst und muss sich auch noch ob seiner durch die Sünde erworbenen schweren inneren Unordnung vor anderen und vor sich selbst schämen."

Mein Begleiter fragt: „Warum bedeckten sie sich mit Blättern, um ihre Scham zu verbergen?"

„Weil zwischen ihre innigste Gemeinschaft von Mann und Frau eine Barriere getreten war. Eine unkontrollierte Begehrlichkeit traf ihr Herz, so dass sie sich vor gegenseitigem Missbrauch unterschwellig fürchteten. Die Wunde der verlorenen Unversehrtheit und Unschuld saß sehr tief."

Da wendet mein Begleiter ein: „Ist der Sündenfall nicht auch ein Werk des Teufels, der darin über den Menschen gesiegt hat?"

Ich antworte: „So muss man es sagen! Er hat gesiegt. – Der Teufel verspricht das Leben und die Gottgleichheit. Er betört und sagt: »Keineswegs werdet ihr sterben, sondern sein wie Gott – erkennend Gutes und Böses.« (Gen 3, 5) – Der Paradiesesbaum war also das Baum des Todes, dem sie nun verfallen sind. Von diesem Tag an wälzt sich über die Menschheit dahin: Tag und Nacht, Sommer und Winter, Kälte und Hitze, Hunger, Durst und Katastrophen, Krankheiten und schwere Leiden, sittliche Verworfenheit vor Gott und seelische Verkommenheit – und am Schluss der Tod, – und, wenn Gott nicht barmherzig wäre, für alle der Ewige Tod."

„Ist das alles?"

„Nein! – Da ist noch jene armselige Schwäche des Willen, die uns das Blut in den Adern stocken lässt. Mit andern Worten: Man will etwas nicht, und tut es dann trotzdem. (Vergl. Röm 7, 19)

Und dann ist da auch jene dramatische Verfinsterung des Verstandes, die uns blind macht. Mit anderen Worten. Wenn wir es gewusst hätten, hätten wir es nicht getan."

Er blickt sehr ernst zu mir her und spricht: „Ihr habt Gott, das höchste Gut, verworfen und verloren."

Darauf antworte ich: „Diese Gottvergessenheit ruht besonders heute in dieser apokalyptischen Zeit über uns wie der feurige Atem einer bösen Pest. Aber es gibt eine Hoffnung. Vom Baum des Lebens kam der Tod, vom Baum

269

des Todes erstand das Leben." (Vergl. Präfation vom heiligen Kreuz)

„Du meinst den Erlöser Jesus Christus und sein Heiliges Kreuz?"

„IHN meine ich", antworte ich. „Denn allen, die IHN aufnahmen, gab er Macht, Kinder Gottes zu werden. Alle, die durch das Kreuz Jesu Christi und sein kostbares Blut zum Gehorsam vor Gott zurückgefunden haben, finden Gott wieder und treten durch die Heilige Taufe in das Reich Gottes ein. Alle, die sich aus dem Sumpf ihrer Sünden erheben, um durch Reue und eine heilige Beichte von ihren Sünden gereinigt zu werden, finden das liebende Gesicht unseres Gottes wieder."

Ausharren wie Jesus in den drei Stunden am Kreuz

Nachdem das Gespräch zu Ende ist, liege ich noch immer kraftlos am Boden. Das ist die Situation, in der zwischen Sand und Brand unzählbare Pilger auf ihrer Lebensstraße in den Staub geworfen werden. Nicht die äußeren Gluten sind das Schmerzhafteste, sondern das Ausharren in trostlosen Tagen und bitter einsamen Nächten. Dort brennen Psyche und Eingeweide nach und nach aus. Wenn im Mittag des Lebens die Ohnmacht sich einschleicht und glüht, wenn ein Mensch mitten aus der Lebensbahn herausgeschleudert und Missverständnissen ausgesetzt wird, wenn Liebe verraten wird und die Einsamkeit wie eine unbarmherzige Langeweile im Menschen sich festsetzt, dann verschwinden oft alle Sinnhorizonte, und in der Hitze sieht man nur noch ein paar Meter staubiger Lebensstraße vor sich. Man ist eingegrenzt von Hügel zu Hügel. Der Blick zurück ins Vergangene, ins bereits Durchlaufene ist wie weggewischt. Der Ausblick nach vorne, ins Kommende, ist verdunkelt. Was übrigbleibt, ist jene unausstehliche Hitze, die alles versengt. Jede hilfreiche Hand und jedes liebende Herz aber ist fern.

Ein Stück solcher Situation waren die drei letzten Stunden unseres Herrn Jesus Christus. Angenagelt ans Kreuz, das hoch emporgerichtet vor den Toren der Stadt Jerusalem aufragte, hing der Herr drei unendlich lange Stunden in der Glut des Sterbens. Jede Viertelstunde musste durchlaufen werden. Es bedeutete auszuhalten von Minute zu Minute, um den Willen des Vaters im Feuer des Sterbens zu erfüllen. Der Herr beendet das Durchstehen dieser drei endlosen Stunden wie nach getaner Arbeit: Er sagt „Es ist vollbracht! Vater, in deine Hände lege ich meinen Geist!" (Jo 19, 30 und Lk 23, 46)

Auch uns Menschen sind solche Stunden immer wieder auferlegt im Leid, das uns trifft; in der Einsamkeit, wenn andere Menschen uns verlassen haben; in der bangen Stunde von Versuchungen, denen man widerstehen muss. Das bedeutet durchzuhalten, tapfer durchzuhalten aus einem tiefen Bewusstsein, dass der Herr um die Straße weiß, selbst wenn wir es nicht mehr wissen, und dass ER sie dem guten Ende zuführt.

Hier liegt auch das Verständnis, mit dem wir das Wort der Heiligen Schrift in seinen Zusammenhängen begreifen können: „Meine Gedanken sind nicht eure Gedanken, und eure Wege sind nicht meine Wege. Denn so weit der Himmel von der Erde entfernt ist, so weit sind meine Gedanken von den euren entfernt und eure Wege von den meinen!" (Jes 55, 8) Der Gehorsam und die wahrhaftige Anerkennung des Lebendig-Ewigen liegt darin, dass wir den Weg durchlaufen, auch wenn er nicht mehr der unsere ist, sondern der seine. Dann können wir mit Paulus sagen, dass wir den „guten Kampf gekämpft, den Lauf vollendet, die Treue bewahrt" haben. (2 Tim 4, 7)

Noch liege ich in der Sonnenglut an jener Straße zu Portugal. Noch immer ist das Innere ausgelaugt und erloschen. Da rüttelt an mir ein Gedanke wie vom Winde herantragen. Er setzt sich fest und ruft mich an: „Du hast doch den Weg. Auch wenn du jetzt nicht siehst, wohin er geht, er ist da. Der Weg ist dir vorgezeichnet. Er muss ein Ziel haben, irgendwo, irgendwann! Mögen die Schritte schmerzen; mag die Feuersbrunst sengen; mag die Müdigkeit hemmen. Kämpfe dich durch und bleibe nicht liegen!" Zu mehr reicht es nicht, doch der Befehl richtet mich auf. Ich schnappe meine Sachen und weiter geht der Marsch durch das Unüberschaubare.

Nach einer guten Stunde bin ich am Ziel, habe ein Dach über mir, sitze in einer kühlen Stube und lösche den Durst. Hinter mir liegt die Straße des glühenden Sandes, der Einsamkeit und des Durchhaltens. „Herr!", so flehe ich, „wenn in der Mittagszeit meiner Tage die Trostlosigkeit mein Leben durchzieht, Herr, dann verlasse mich nicht!"

Rosenkranzbetrachtung
"Jesus, der für uns gekreuzigt worden ist"

Sie haben Jesus seiner Kleider beraubt und an die Balken des Kreuzes geschlagen. Dann haben sie das Kreuz aufgerichtet, an dem er nun angenagelt hängt. Unter dem Kreuz hat sich eine große Menge Leute versammelt. Alle wollen sehen, was mit Jesus geschieht, die einen, weil ihr Hass und ihre Wut endlich befriedigt wird, die anderen, weil sie trauern und Tränen in den Augen haben.

Die Exekution ist ausgeführt. Soldaten haben seine Kleider unter sich verteilt. Aber über seinen Leibrock, der aus einem Stück gewoben ist, werfen sie das Los, um zu wissen, wem er gehören soll. (Vergl. Jo 19, 23f)

Als die Sonne den Zenit überschritten hat, zittert über den Horizonten der Stadt Jerusalem ein seltsames Zeichen. Urplötzlich verliert die Sonne die strahlende Kraft des Mittags und langsam beginnt es dunkel zu werden, zuerst fast unmerklich, hernach aber klar und deutlich. Dann legt sich Finsternis über das Land. Man kann sich noch erkennen, aber es ist wie Nacht geworden. Das dauert von 12 Uhr mittags bis drei Uhr nachmittags.

Viele erschrecken und gehen nach Hause. Einige sind sehr nachdenklich geworden und starren zum Kreuz empor. Bevor sie die Hinrichtungsstätte verlassen, schlagen sie sich an ihre Brust; denn die Finsternis verändert auf dem Kalvarienhügel die Stimmung merklich. ER aber hängt angenagelt an den Balken des Kreuzes und ringt um jeden Atemzug. Während bis dorthin das Geschrei, der Spott und die Provokation gegen den Gekreuzigten das Szenarium beherrschte, wird es nun auf dem Hügel merklich stiller. Nur noch die ganz Treuen bleiben dort bei den Soldaten und halten aus. Nach und nach tritt große Stille ein. Es ist eine erschreckende und lähmende Stille, der sich keiner der Anwesenden entziehen kann.

Bis dorthin haben die Schriftgelehrten und Pharisäer, aber auch Mitglieder des Hohen Rates sich nicht genugtun können, ihre angestaute Wut gegen Christus zu entladen. Es ist nicht zu begreifen, dass gebildete und gelehrte Männer sich so närrisch, taktlos und kindisch benehmen. Sie schreien zum Angenagelten am Kreuz empor: „Anderen hat er geholfen; er helfe sich nun selbst. Wenn er der Messias Gottes, der Auserwählte ist, so steige er herab vom Kreuz und wir wollen an ihn glauben." (Mk 15, 31) Indem sie solches hinausbrüllen, offenbaren sie nur ihre hilflose Wut, die sich während des öffentlichen Wirkens Jesu in ihnen angestaut hat, da sie auf das Volk und die Öffentlichkeit Rücksicht nehmen mussten. Auch die Soldaten lästern: „Wenn du der König der Juden bist, so hilf dir selbst." (Lk 23, 37)

Wie seltsam! Selbst schon am Kreuz hängend, zwingt ER sie zum Rückzug. Es wird Nacht, und die Leute verlaufen sich, so dass den Schreiern die Kulisse fehlt, die sie für ihren Protest brauchen. Sie stehen plötzlich allein und verstummen und ihre Ohnmacht wird erneut sichtbar.

Die Pharisäer und Schriftgelehrten wissen es schon im Voraus, dass ganz Jerusalem über das Zeichen der Finsternis am Hinrichtungstag Jesu sprechen wird. Denn die Zeichen, die der Prophet, wie ihn das Volk nennt, gesetzt hat, sind jene Elemente, die das Herz des Volkes stets getroffen haben, und es zum Glauben bewegten. Seine Zeichen sind unübersehbar, seien es die Wunder, die Totenerweckungen, die Brotvermehrung oder die Verkündigung der Botschaft Gottes. Sie, die Gelehrten, wollen solches öffentlich verleugnen, aber angesichts der vielen Tausenden Zeugen ist dies unmöglich. Selbst im Prozess vor dem Hohen Rat wagte es niemand, die Frage nach den Wundern zu erörtern.

In unseren Tagen zu Beginn des III. Jahrtausends wiederholt sich erneut bei einer Clique undurchsichtiger Professoren die Leugnung der Zeichen. Sie behaupten kühn, Jesu habe keine Wunder gewirkt. Und die Wunder, die er gewirkt habe, geschahen an nervenkranken und labilen Menschen, denen er wieder ein besseres Selbstbewusstsein vermittelte. Aber von eigentlichen Wundern könne man nicht sprechen. Die übrigen Wundererzählungen der Heiligen Schrift, die Jesus gewirkt hätte, habe eine nachösterliche Zeit erfunden, um so die Bedeutung der Messiasrolle Jesu zu verstärken.

Hinter den Ansichten der heutigen modernen Clique steht der alte Geist der Leugnung der Pharisäer und des Hohen Rates, bei denen galt: „Was nicht sein darf, ist auch nicht wahr!" Das heißt, dass keiner der Ratsherren des Hohen Rates und jener aus dem Geschlecht der Hohenpriester glaubte, dass dieser Jesus von Nazareth der Messias oder der Sohn Gottes sei. Das ist ihr Vorurteil. Denn die Tausende von Zeugen, glaubwürdige Männer und Frauen, welche die wunderbaren Geschehnisse mit eigener Person gesehen und gehört haben, zählen bei diesen Herren nicht.

Sie meinen: Wer immer in eine irdische Welt etwas Überirdisches hinein setzt, macht sich verdächtig; eigentlich ist er unglaubwürdig, weil er die Immanenz leugnet. Die Leugnung von Wundern ist eine Forderung des Rationalismus, der sich grundsätzlich abwendet von übernatürlichen Geschehnissen und so tut, als ob bei Wundern nur zauberreiche Märchen erzählt würde. Diese Leugner – und das ist grotesk – prüfen nicht einmal seriös nach, was geschehen ist, und zeigen damit, dass ihre Ansicht nichts Weiteres ist als wieder einmal eine Ideologie, eine von den vielen, die den Menschen Sand in die Augen streut. Nicht glauben zu wollen ist letztlich das perverse unwahre Handeln einer Clique mit modernistischer Denkweise!

Jeder dieser Leugner hätte die Möglichkeit, in einer feinmaschigen Untersuchung die Ereignisse von 13. Oktober 1917 in Fatima zu prüfen, zumal das Sonnenwunder von Zig-Tausenden gläubigen und nicht-gläubigen Menschen gesehen wurde. Jeder von diesen Modernisten könnte Lourdes prüfen oder das Leben von Pater Pio in San Giovanni di Rotondo. Er müsste nur hinfahren, um die Akten einzusehen und die Zeugen ausfindig machen, und ihre Glaubwürdigkeit testen. Es wäre geradezu seine Pflicht, zu prüfen, wenn er solche törichten Thesen, wie es gäbe keine Wunder, verteidigen will. Tut er es nicht, verrät er seine Ignoranz und bestätigt damit nur seine Vorurteile, von denen er sich nährt und die er anderen Menschen aufzuzwingen versucht. Nicht Wunderberichte sind Scharlatanerien, nein, der Leugner selbst in seinem Vorurteil ist ein Scharlatan.

Jedoch die Verfinsterung auf dem Kalvarienberg und über Jerusalem bohrte sich damals den Menschen in ihre Herzen ein und erschrocken schlagen sich an ihre Brust. Sie können der Finsternis nicht entgehen und müssen sie aushalten. Sie ist ein Zeichen dafür, dass da einer am Kreuz hängt, dessen Leiden und Tod alle angeht: Gute und Böse.

In dieser Zeit sagt Jesus zu seiner Mutter: „Frau, siehe da dein Sohn." Und zu Johannes sagt er: „Siehe da deine Mutter." (Jo 19, 26f)

Da nun Jesus weiß, dass alles vollbracht ist, sagt er noch: „Mich dürstet." (Jo 19, 28) Sie stecken einen Schwamm in Essig und führen diesen mit einem Ysopstengel an seinen Mund. Als Jesus den Essig genommen hat, neigt er sein Haupt und gibt den Geist auf.

Als aber der Hauptmann, der ihm gegenüber dabeisteht, ihn so verscheiden sieht, spricht: „Dieser Mensch ist in Wahrheit Gottes Sohn!" (Mk 15, 39) Es war das Bekenntnis eines Mannes, das in den Stunden gewachsen ist, da er den Sterbenden bewacht und der wachen Herzens sieht und hört, was in diesen Stunden vor sich geht. Noch in der Finsternis bebt in mächtigen Stößen der Fels. Es ist, als ob sich über die Erde ein unendliches Weh legt, das durch alle Herzen hindurch hallt und selbst den harten Fels zum Beben bringt. Tote erscheinen. Und der Vorhang des Tempels zerreißt!

Wer ist ER, bei dessen Tod sich die ganze Schöpfung in Trauer ergeht. Wer ist ER, dessen Botschaft und Lehre wie ein Siegeszug über die ganze Welt sich ausbreitet und zu allen Völkern, Sprachen und Nationen gelangt? Wer ist ER, dessen heiliges Kreuz in den Stuben der Christen anzeigt, dass sie in seiner Nachfolge stehen? Wer ist ER, der den Glauben und das Zeugnis verlangt, uns dann aber zu Erben ins Himmelreich beruft, zu Ewigem Leben? Der Hauptmann, der bei seinem Tod anwesend ist, nennt IHN "Sohn Gottes".

Ist er vergleichbar mit Mohammed?

Wer das Leben Mohammeds und das Leben Jesu Christi miteinander vergleicht, muss unüberbrückbare Gegensätze feststellen. Das Leben Christi ist geschlossen, rein, wahr und einheitlich. Das Leben Mohammeds unstet, unruhig, ewig suchend. Christus führt das Schwert des Geistes und nicht das des irdischen Krieges. – Wer die Heiligen Schriften des Neuen Testamentes mit dem Koran vergleicht, erfährt die Strenge und die Lauterkeit der Evangelien. Denn obwohl die Moslems Christus ebenfalls als Propheten verehren, können sie die Heilige Schrift nicht anerkennen, weil sie sonst in Widerspruch mit dem Koran geraten. Die Sittlichkeit der Heiligen Schrift des Neuen Testamentes überragt die Sittlichkeit des Koran bei weitem.

Ist Christus vergleichbar mit Buddha?

Buddha gilt bei seinen Anhängern als der "Erleuchtete". Er hat in seinen Schriften nie eine Selbstaussage gemacht, wie das Jesus Christus tat. Seine eigentliche Lehre wird in den Buddhistenklöstern weitergegeben.

Halten die politische Systeme: das braune, das rote oder das goldene einen Vergleich mit Jesus Christus aus?

Das braune und das rote System haben wegen ihrer Menschheitsverbrechen von Seiten der Weltgeschichte ihre definitive Verurteilung längstens erhalten. Das goldene System regiert noch in der Gegenwart.

Aber die Abscheulichkeiten des goldenen Systems überschreiten die Himmel der Himmel und sind der Höhepunkt vieler obszöner Unmenschlichkeiten. Der Egoismus triumphiert und der Protest gegen Gott lässt sich nicht mehr überbieten. Es ist ein gottfernes und ehebrecherisches Geschlecht, das allein noch aus der Barmherzigkeit Gottes leben darf, bis auch seine Zeit zu Ende geht. Wird es sich bekehren? So überaus furchtbar und verbrecherisch das braune und rote System waren, das goldene System ist noch schrecklicher. Denn es führt den größten und abscheulichsten Krieg, den die Menschheit je führten, den Krieg gegen die ungeborenen Kinder im Mutterschoß, dessen Tote weltweit schon eine Milliarde und eine halbe Milliarde überschreiten.

Und die Philosophen? Können sie sich mit Christus vergleichen?

Hier gilt, was der heilige Apostel Paulus sagt: „Die Juden suchen Wunderzeichen, die Heiden Weisheit. Wir aber predigen Christus, den Gekreuzigten. Für die Juden ein Ärgernis, für die Heiden eine Torheit, für die Berufenen aber Gottes Kraft und Gottes Weisheit." (1 Kor 1, 22-24) Die Lehre Jesu Christi ist das Wort Gottes. Dieses wird in das Leben des Menschen hineingesprochen und erfasst es ganz.

Das Kreuz Jesu ist zum unübersehbaren Zeichen geworden. Am Tag des Leidens und Sterbens Jesu ragt es hoch empor über Jerusalem. Heute ist das Kreuz das Zeichen der Erlösung für die gesamte Christenheit. Es ist das Zeichen des Opfers Jesu Christi, um alle für das Ewige Leben zu retten. Das Kreuz gehört zum Christen und nicht der Fünfzackstern, der in Leonardo da Vinci das Zeichen des Menschen geworden ist. Dieser Fünfzackstern hat die Öffentlichkeit als Zeichen völlig durchdrungen, aber ohne Gott. Johannes, der Evangelist, wird uns sagen: „Sie schauen auf zu dem, den sie durchbohrt haben." (Jo 19, 37) Wenn das Kreuz Christi erneut über unserer Zeit aufgerichtet ist und in die Himmel hineinragt, ist die moderne Verworfenheit des Menschen vorübergegangen.

Während wir schlafen, können wir nichts tun

Bis zur nächsten Stadt sind es noch etwa 20 Kilometer. Ich weiß, dass ich zu Fuß dorthin nicht mehr gelangen kann. Dazu kommt, dass jene Straße, auf der ich gehe, von ganz wenig Motorfahrzeugen befahren wird. Die Aussicht, dass mich jemand mitnehmen wird, ist gleich null. Was soll ich tun? Soll ich hier in diesem Kaff übernachten, wo man mich wahrscheinlich nicht aufnehmen wird?

Als ich weitergehe, sehe ich, dass Leute an der Straße stehen. Auf meine Frage, warum sie hier stehen, geben sie mir zur Antwort, dass von hier aus ein Bus in die Stadt fährt. Der Bus hat die gleiche Stadt zum Ziel wie auch ich. Kurzerhand entscheide ich mich, mitzufahren. Der Bus kommt und wir steigen ein und fahren ab.

Der gefederte Sitz im Omnibus wirkt nach der vergangenen Härte wie eine große Entspannung für mich. Bald werde ich schläfrig und dann kann ich mich des Schlafes nicht mehr erwehren. Ich schlafe ein, und alle Dinge um mich herum versinken und sind nicht mehr gegenwärtig. – Wir fahren an Wegkreuzungen, Häusern, Telegrafenmasten und an Menschen vorüber, die ihrer Arbeit nachgehen. Während ich in der rasselnden Maschine sitze, die sich nach vorne in die Landschaft schiebt, geht das Leben weiter. Für mich jedoch steht alles still, weil ich nichts davon realisiere.

„Das Schicksal webt für einen jeden von uns unter der Decke den heimlichen Faden," sagen wir Menschen.

Über Nacht, da wir schlafen, kommt der Frühling. Die Bäume bekleiden sich mit hellem Grün und die Blumen leuchten mannigfaltig im Land. Betäubend trifft uns der warme und linde Duft der Blüten und die gefiederten Vögel pfeifen hell ihre Hochzeitslieder. – Über Nacht, da wir schlafen, fegen winterliche Stürme übers Land und wir bergen uns unter unseren warmen Decken. Wenn wir erwachen, sind die weiten Ebenen in den makellosen weißen Mantel des Schnees eingehüllt. – Über Nacht, das ist eine Zeitspanne, in der wir schlafen. Unser Leib liegt auf der Lagerstätte und atmet. Unser Bewusstsein aber ist zurückgetreten in die Kammern der Seele, von denen wir (ach!) so wenig wissen.

Während wir schlafen, können wir selbst nichts tun. Alles, was um uns geschieht, geschieht dann ohne uns. Wir sind dem preisgegeben.

Die Menschen versuchen die Ereignisse der Geschichte zu kalkulieren, heute mit Hilfe des Computers. Aber in der Zeit, da man schläft, kommen die Ereignisse oft ganz anders, als sie kalkuliert wurden. Diese bittere Wahrheit macht uns aufmerksam auf das, was wir nicht wahrhaben wollen. Sie erinnert uns daran, dass es Gott ist, dem alle Zeitereignisse gehören. Wir formulieren das so: »Christus gestern, Christus heute, Christus in Ewigkeit.« ER ist der Gewaltige, der Lebendig-Wirkende, der Himmel und Erde in Händen hält. Er hat sich nicht zurückgezogen, so dass die Welt ihren schnöden Lauf ganz allein laufen würde, wie die Deïsten glauben.

Die Propheten haben dies erlebt und dann formuliert: „Wenn der Herr das Haus nicht baut, dann bauen die Bauleute umsonst. Wenn der Herr die Stadt nicht bewacht, dann wachen die Wächter umsonst. Was nützt es dem Menschen, bis weit in die Nacht hinein zu schuften? Denn den Seinen schenkt es der Herr im Schlaf." (Ps 127, 1-2)

„O Welt von heute! Was glaubst du wohl, wohin du mit deinen rasenden Geschäften kommen wirst? Wirst du wohl diese traurige Erde in ein Paradies der Lust verwandeln? Bis zur Stunde aber sind alle ehemaligen Prachtstraßen dieser Welt wieder in Staub zerfallen. Auch deine Prachtstraßen werden einstens zerfallen."

Keiner ist der alleinige Wächter seiner Burg

Der Omnibus, in dem ich sitze, rasselt also über das Land und ich schlafe. Auf dieselbe Art verschlafen wir Menschen in der kleinen Geschichte unseres Erdendaseins weite Wegstrecken unseres Pilgerweges.

Während wir schlafen, arbeiten und zimmern andere weiter. Sie tun dies oft völlig neben uns. Sie haben keine Beziehung zu unserer Existenz. Einige arbeiten, während wir schlafen, zielbewusst gegen uns. Sie wollen uns zu Fall bringen. Andere arbeiten, während wir schlafen, in Liebe für uns. Sie stehen zu uns und fördern unser Leben. Schon von daher gesehen erkennen wir deutlich: „Keiner ist seines ganzen Glückes Schmied." Keiner ist der alleinige Wächter seiner Burg. Immer spielt Gnade und Ungnade vor Gott und den Menschen eine Rolle.

Die Stunden des Schlafes sind die wehrlosesten. In ihnen hätten andere, wenn sie uns hassen, die Kraft, uns anzugreifen. Gelänge es ihnen, so bliebe uns bei einem unerwarteten Angriff nur die Panik. Es käme zum Durcheinander, zur überstürzten Flucht oder zum Untergang. Kann man dem entgehen? – Wir bauen staatlich und familiär eine Fülle von Sicherheitssystemen auf, um uns zu schützen. Vieles hilft, aber zu allerletzt taugt keines was.

Letztlich ist es die Gnade Gottes, in dessen Hand das Leben des Menschen ruht. – Es könnte aber auch der Zorn Gottes sein, der einen Hochmütigen auf seinen stolzen und lieblosen Wegen dahineilen lässt, bis er sich in die Gängeleien des All-zu-Menschlichen verstrickt und darin zu Fall kommt.

Der Schlaf ist eine innere Geborgenheit, eine Selbstverständlichkeit des Urvertrauens. Wenn der Mensch mit Vertrauen sein Haupt hineinlegen kann in die Kraft der EWIG SCHÜTZENDEN LIEBE des Schöpfers, welche Energie muss ihm daraus zuströmen? – Umgekehrt: Welch letzter Schrecken oder welche sich gewaltantuende Verdrängung sind es, wenn ein Mensch, der aus seiner Mitte herausgefallen ist, in der Tiefe seiner Seele niemanden mehr hat, dem er sich anvertrauen kann.

Der Gottlose wird zum Herumirrenden, zum Dahin-Schweifenden für die Nächte und Tage seiner Erdenzeit. Sein Sturz geht schon jetzt in die Tiefe der Tiefen, ins Bodenlose und Nie-Endende der Äonen. – Ihm bleibt nur die umrisslose Hoffnung auf vage Zufälle oder die Kartenlegerin und die Wahrsagerin. Denn alles liegt bei ihm auf der Linie des Falls. Dann gilt das nichtssagende Axiom: „Die Welt ist der Fall; und der Fall ist die Welt."

Da tritt dann das Schicksal einher mit dem Januskopf der zermalmenden Bestie und der verbrennenden Feuer, weil es auf Erden nichts gibt, über dessen Ruinen nicht nach Jahrhunderten der wehende Wind weint. – Der Gottlose bestimmt sein Leben von der begehrenden Lust-Liebe im Vorübergang linder Frühlinge. Sein Symbol ist das tückische Rad der Fortuna und das launische Geschick des Nicht-Errechenbaren.

Und schon herrschen Götzen als Ersatz. Sie sind unbarmherzig und stechenden Blickes, Dämonen, deren sich der Mensch erwehren will und die ihn zugleich einfangen. Sie schleudern ihn in den glühenden Ofen der heimlichen Gewissensbisse und hinein in die Kälte der Urangst. Der Schlaf offenbart unsere Schutzlosigkeit; er ist dem Traum sehr nahe. Der Traum aber kennt alle diese Bilder als Symbole der tieferen, aber wahren Wirklichkeiten.

In Ruhe schlafen zu können ist höchste Gottesgabe. Wer ruhig schläft, nähert sich bereits dem Ziel der Geborgenheit. Wer ruhig schlafen kann, hat sein Leben hineingegeben in einen behütenden Schutz, der jenseits menschlicher Gemäuer und schützender Bauwerke liegt. Er vertraut sich Gott an, der stärker ist als alle Nachtwachen, die das Zelt umkreisen, um den Schlafenden vor dem bösen Feind zu sichern. „In Deine Hände, o Herr, lege ich meinen Geist." (Ps 31, 6)

Spätestens im Erwachsenenalter wissen wir, dass die tödliche Bedrohung auf unser Dasein – gäbe es kein ewiges Leben – absolut ist. Wer aus einem solchen Bewusstsein leben wollte, dem bleiben nur die schlaflosen Nächte oder Selbsttäuschungen oder heroischen Vertröstungen. Aber auch davon nur eine Zeit oder zwei Zeiten oder drei, bis auch ihm die Stunde des endgültigen Schicksals schlagen würde, das heißt bis er wieder im Tod die Erde verließe, in die er bei der Geburt hineingekommen ist.

Viele Menschen neigen sich Abend für Abend mit großem Vertrauen dem nächtlichen Schlaf zu, und neigen sich auch, wenn ihre Zeit um ist, mit dem gleichen Vertrauen dem ewigen Schlaf zu. Sie erfahren in sich, dass der Raum des Schlafes angrenzt an jenen anderen, der zwar jenseits von unserer Personalerfahrung liegt, aber dessen Mauern und Türen gerade noch dem Schauenden sichtbar sind. Von diesem Jenseits fühlen sie sich getragen und behütet und daher wissen sie, das sie nicht ins Bodenlos-Auflösende fallen, sondern in die Hand dessen, der sie schon immer getragen hat. Sie geben sich ganz in den Schutz der göttlichen Vorsehung. Sie sind von der Gewissheit durchpulst, dass eine ewige Liebe über Raum und Zeit wohnt, die uns am Tage der Ewigkeit zum Dreifaltigen Gott heimrufen wird.

Der Omnibus, in dem ich sitze, ist in der Stadt bei der Endstation angekommen. Ich erwache und finde mich am Ziel. Ich steige ich aus.

Gegrüßet seist Du Maria, voll der Gnade, der Herr ist mit Dir. Du bist gebenedeit unter den Frauen und gebenedeit ist die Frucht Deines Leibes Jesus. – Heilige Maria, Mutter Gottes, bitte für uns Sünder, jetzt und in der Stunde unsres Todes. Amen!

Der Mammon steht
für Götzendienst

Der Mammon steht zeichenhaft für Götzendienst
Wer Armut erfährt, fleht zu Gott, dem Allmächtigen
Wesen des Götzendienstes: Anbetung eines Ersatzes

Götzendienst ist Terror der Dämonen
Der Alkoholiker und sein Rausch
Die beängstigende Vielfalt der Räusche

Gaststätte am Straßenrand – ein Kommen und Gehen
Hinein- und Hinausgehen liegen in den Urgeheimnissen
Herzen und Augen sind nicht rein und keusch genug

Rosenkranzbetrachtung
„Jesus, der von den Toten auferstanden ist"

Was ich in dieser portugiesischen Kleinstadt zuerst erledige, ist eine Bank zu suchen, um Geld zu wechseln. Ich bin in Eile, weil es schon später Nachmittag ist. Nachdem ich den Pass vorgelegt habe, bekomme ich ohne Zögern das Geld. Mir fällt auf, dass eine Bankfiliale in Portugal gleich aussieht wie die in Spanien. Ihre Außenfassaden kann man umschreiben mit dem Wort: dezent hervorstechend. Die Beamten strahlen eine beamtete Mächtigkeit aus. Sie haben Selbstbewusstsein und wissen, dass sie wer sind. Als ich in die Bank eintrete, muss ich mehrere Augenblicke warten. Die dort anwesenden Herren halten den obligaten Abendschwatz unter Freunden und beachten mich nicht. Ich stehe gleichsam mit dem Hut in der Hand da, den ich in den Fingern drehe, und warte untertänigst. Nach einer gewissen Zeit ärgere ich mich, aber ich will nichts sagen, bin ich doch fremd und der Sprache nicht mächtig. Dann erst kommt ein Herr an den Schalter, gut gekleidet und sehr zurückhaltend, und fragt mich nach meinem Begehren. Das Geld bekomme ich anstandslos. Doch während er mich bedient, redet er ständig mit seinem Kollegen. Ich komme mir vor, als ob ich gar nicht vorhanden wäre. Der Betrag, den ich fordere, ist zu klein. Mein Aussehen zu unbedeutend. Darum bin ich niemand.

Ich bin in eine Außenbastion der mächtigsten Festung dieser unserer Welt eingetreten und spüre die eigenartige Atmosphäre der Macht des Goldes. Sie ist nicht deshalb so groß, weil viele in den Banken ihr Vermögen investieren; sie müssen es ja irgendwo investieren, sondern deshalb, weil sie oft mit ihrem Vermögen auch Herz und Existenz investieren.

An den Straßen der Welt ragen aus dem Dunst der Horizonte mächtige Silhouetten heraus, mit Türmen geziert. Die Handelskarren ziehen nach dorthin und wieder zurück. Kaufleute aller Nationen machen dort ihre Geschäfte nach Angebot und Nachfrage. Zwischen Kauf und Verkauf spielt die Politik eine Rolle, wobei Macht unter Menschen verhandelt wird. Macht aber hängt zusammen mit den Tresoren in den Kellergewölben und mit der Zahl der Goldbarren. Wer mehr Barren aufweist, bestimmt, was zu geschehen hat. Schon die kleinen Bankfilialen äffen die großen Schalterhallen der Banken in den Städten nach. Um sie sammeln sich diejenigen des Ortes, die das Sagen haben und die Lokalpolitik betreiben.

Die großen Banken aber in den Städten besitzen in ihren Schalterhallen eine Art religiöse Weihe. Marmorböden aus besten Steinbrüchen glänzen in spiegelndem Zustand. Kronleuchter, deren Kerzen in Vielzahl aufblitzen, lassen ihr Licht widerschimmern. Zeremonienmeister, bekleidet mit Gewändern ihrer Würde, weisen die Begehrenden an die Schalter. Dort wird nach uralten Ritualen das Geld ausgegeben und zurückgefordert. Denn hier vollzieht sich ein Geschäft von erhöhter Bedeutung. Das Konto bedeutet für viele Lebensexistenz, Sicherheit und Zukunft. Der Reichtum vertritt die Stelle Gottes: Er wird zum Mammon, zum Götzen, zum goldenen Kalb.

Wer ein größeres Bankkonto sein eigen nennt, lebt ein Leben von gewisser erhöhter Bedeutung. Darum arbeiten viele nicht so sehr, um eine Familie zu ernähren oder andere glücklich zu machen, sondern um Reichtum zu besitzen. Die Gedanken kreisen um den Zuwachs, oft monatelang, jahrelang, ja jahrzehntelang. Sie verbrauchen dafür ihre menschliche Zeit. Wenn es um ihre Geschäfte geht, treten bei vielen andere Werte in den Hintergrund: Familie, Freundschaften, Religion und Staat. Vom goldenen Kalb strömt ihnen Ansehen zu, Macht, Reichtum und Vergnügen. Seine Verehrung gibt Sicherheit, zumindest in der oberflächlichen Welt ihres alltäglichen Zusammenseins.

Allen Götzenbildern ist es eigen, dass sie eine Anbetung oder Verehrung erhalten, die allein Gott gehört. – Was bedeutet hier das Wort *Anbetung oder Verehrung*? Wo beten wir an? Wen beten wir an? Wie beten wir an?

Wer aber Armut erfährt, der fleht zu Gott, dem Allmächtigen

Der Mensch betet dort an, wo er in einer absoluten und letzten Aussage für sich Existenz, Leben, Sicherheit, Heil und Zukunft erwartet. In diesem Zusammenhang bringt er sich selbst ins Spiel, sein Leben als Letztgegebenes. Zum Beispiel: Jene uns rührende Geste eines kleinen Kindes, das in Augenblicken der Gefahr am Leib der Mutter oder des Vaters Schutz fordert, besitzt in seinem inneren Vollzug eine Art Anbetung. Das Kind vollzieht eine absolute Hinwendung in einem absoluten Vertrauen. Die Augen des Kindes leuchten so auf, als ob es von einer Enttäuschung nichts wisse. Das Vertrauen auf Vater und Mutter ist fraglos. Oder: Vor den Herrschern des Orients warfen sich in alten Zeiten die Untertanen mit ganzer Körperlänge nieder. Der Herrscher war mit absoluter Macht ausgestattet. Er tötete und führte dem Leben zu, wen er wollte. Das Niederwerfen vor ihm war wie eine Art Anbetung.

Bei den harten Konfliktsituationen des Lebens fühlt sich der Mensch überfordert und erwartet Hilfe von einem Höheren. Bei der Geburt, bei schwerer Bedrängnis in Krankheiten, Erdbeben, Wasserkatastrophen, Hungersnöte, und in den Gräueln der Kriege erfahren wir Menschen bitter, dass die Steuerung uns entgleitet und wir schutzlos der Bedrohung unserer Existenz preisgegeben sind. Dann zeigt es sich, ob wir aus dem Glauben leben, so dass wir wie das Kind unsere Hände ins Namenlose ausbreiten oder nicht. Dann rufen wir Gott an und bitten um seinen Schutz. Wir rufen in vertrauenden Gebeten hinüber über die Eingrenzung, welche Raum, Materie, Welt, Zeit und Kosmos uns setzen. Wir rufen ins Jenseitige zum Ewig-Lebendigen. Er, der alles geschaffen hat, ER muss und wird uns helfen. – Ja! ER will uns helfen.

Wir beten Gott an und bitten ihn, weil es in der Tiefe unseres Herzens absolut zugeht. Wir geheimnissen dieses Absolute nicht in uns hinein, sondern die Tiefe ist von Ordnungen durchzogen, die eine Urdynamik aufweisen, die keiner brechen kann. So hat es der Schöpfer gegeben. Diese Aussagen brauchen kein Beweisverfahren, sondern können von jedermann abgelesen werden. Auch wenn ganze Völkerschaften Wahrheiten des Lebens leugnen (denken wir an die Nazis oder die Kommunisten), die Ordnung der Tiefe bleibt. Diese Ordnung wirkt immer in ihrer inneren Kraft wie am ersten Tag.

Unser planendes Denken, die Vernunft also, ist ein Instrument, um mit den Schwierigkeiten des Lebens fertig zu werden und uns zu behaupten zu können. Aber die Vernunft darf nicht die Naturgesetze verdunkeln oder sie blank wegleugnen, besonders wenn es sich um Fleisch und Blut und um unser Herz handelt. Wer die unantastbare Größe der Naturgesetze aus unserem Leben streicht, weil das psychologisch durchführbar ist, trifft sich selbst. Man kann zwar Wahrheiten aus den Büchern, Tageszeitungen, Schulen und Hörsälen verbannen und die Lüge aufs Podest erheben, ja man kann Gott und seine Gebote leugnen, doch zurück bleiben Heuchelei, Selbstbetrug und Täuschungen. Die Realitäten der Tiefe bleiben dort stehen, wo sie immer gestanden haben, und werden in der Stunde der Ernüchterung, am Tage der Abrechnung und der Vergeltung wie unbarmherziger Rächer emporsteigen, so dass alle, die sich belogen haben, erzittern und jäh verstummen müssen.

Das Wesen des Götzendienstes: Anbetung eines Ersatzes

Das Wesen des Götzendienstes ist: „*Selbstbetrug, Selbsttäuschung und Anbetung irgend eines Ersatzes.*" Im Götzendienst erwartet man, wie gesagt, vom Ersatz Existenz, Leben, Sicherheit und Zukunft, egal ob dies ein selbst gezimmertes Götzenbild ist oder eine unpersönliche Macht wie das Geld – oder irgendeine Ideologie, der man eschatologische Erlösung zuschreibt.

Götzenbilder stehen überall: In den Tempelanlagen Indiens, in den Riten Afrikas, in den Geisterzirkeln Südamerikas, in vielen Hörsälen der Universitäten, in den Tresoren der Banken, unter den weißen Kitteln von Professoren und Doktoren, in den Kellergewölben liberaler Zirkel und Riten, bei den Meinungsmachern in den Medien, die ihre kleinen und großen Sternchen aufbauen und wieder abtakeln, bei den Diktatoren samt ihren Vernichtungsmitteln. Auch in den winzigen Amuletten, Horoskopen, Zaubereien, Süchten, Räuschen, Geilheiten verstecken sich in Wahrheit Götzen. Das alles sieht im Alltag oft harmlos aus und kann eingehüllt sein in das ausgelassene Gelächter der Bierstuben oder in der spritzigen und kunstvollen Rede eines Parlamentariers. O ja, ein Götze kann ein sehr großes Kunstwerk von höchster künstlerischer Qualität sein. Er kann vorhanden sein im Geschwätz der Straßenecke oder im frenetischen Geheul einer Menge, die einen starken Mann emporjubelt. Er kann sich unter dem Mantel der Toleranz ebenso verbergen wie in den wilden Augen eines Fanatikers. Plakate, Bilder, Reklamen, Stars, Skihelden, Fußballmannschaften rufen zu einer Identifikation auf, die eigentlich täuscht und jeder blutvollen Gegenwart entbehrt. Und da beginnt allzu leicht die Verwechslung. Das vermeintliche Vorbild wird zum Götzen.

Götzenbilder können nicht helfen. Sie sind ja nur von Holz, Stein oder Metall (wie die Israeliten mit Recht spotteten) oder sie sind Hirngespinste unserer überhitzten Phantasie oder sie sind Erlösungslehren aus menschlicher Perspektive, die als Gottesbild-Ersatz im Nur-Humanen hängen bleiben.

Oh, die Welt von heute ist voll scheußlichen Götzendienstes! Unsere Ersatzgötter heißen Legion. Die Konsequenzen des Abfalls sind bodenlos. Würden die Menschen wissen, was da herankommt, würden sie Buße tun. Eine friedlose, hektische Zeit, schon jetzt voller verborgener Abscheulichkeiten ähnlich den heidnischen Zitadellen, die von den Zwängen des Müssens regiert werden und wurden. In ihren Kellergewölben glühen die Fackeln der Leidenschaften und Lüste und werfen ihren flackernden Schein. Dort werden die Prozessionen des Todes abgehalten mit dem lauten Ruf ihrer Vorbeter:

„Lasst uns heute das Leben genießen!"
„Das wollen wir skrupellos!"
„Denn morgen sind wir tot!"
„Das wissen wir!"

„Lasst uns heute die Rosen brechen!"
„Das wollen wir skrupellos!"
„Denn morgen sind wir tot!"
„Das wissen wir!"

„Lasst uns heute die Erde mit ihren Möglichkeiten der Lust ausbeuten!"
„Das wollen wir skrupellos!"
„Denn morgen sind wir tot!"
„Das wissen wir!"

Doch während die Leute sich ohne Gott betrügen und alle Lüste zu erreichen suchen, beginnt paradoxerweise die Raserei, die am Schluss in der tödlichen Langeweile endet. Wer den lebendigen Gott aus seinem Herzen oder seiner Seele ausweist, erfährt, dass in dieses Vakuum sofort die bösen Geister eintreten und tyrannisieren. Mehr denn je wird er seines Eigentums beraubt und in den Sklavendienst entfesselter Dämonen hineingezwungen. Wahrhaftig! Götzendienst hat noch nie, weder im Herzen des einzelnen noch auf staatlicher und öffentlicher Ebene, Freiheit bedeutet, sondern war von Anfang an härteste Ausbeutung und niederträchtigste Sklaverei, welche die Menschheit je erfahren hat. Hier, und nirgendwo anders, liegt die eigentliche Ausbeutung des Menschen, hier findet die eigentliche Entfremdung statt.

Karl Marx hat sich einen enormen Betrug geleistet, als er diese beiden Begriffe "Ausbeutung und Entfremdung" von ihrer innerseelischen Realität löste und sie ausschließlich zur Begründung für ökonomische Missstände verwendete. Seine heidnische Ideologie war nur die Konsequenz. Dass er dann sein System noch wissenschaftlich verbrämte, hat dem Betrug die Krone aufgesetzt. Sein System ist ein System ohne Gott, es ist Götzendienst.

Schreitet die innere Entfremdung voran, so fühlt der Mensch des Götzendienstes sich fremd in sich selbst. Er hat kein Zuhause mehr, nicht einmal im Innern seiner Seele. Er friert, und es ist kein Feuer da, das wärmt. Er wird in seinem Herzen getrieben, gejagt, weggejagt, vergewaltigt. Denn die bösen Geister haben die Stuben belegt und zwingen ihn zu dem, was er nicht will. Um den inneren Durst des Lebens zu löschen, um ewige Liebe zu erfahren, treiben die dunklen Geister in alle Begehrlichkeiten hinein, die dies versprechen. In rasenden Emanzipationstänzen wird jede gesetzte Ordnung, die von Gott uns gegeben und in unser Herz eingeschrieben ist, herzlos hinweggerissen. Ist dies getan, kann man endlich alles genießen, schrankenlos gebrauchen, uferlos in sich hineintrinken, zügellos besitzen, an sich reißen. Doch die große Raserei, das emanzipierte Fest hat noch nicht begonnen, da hat man auch schon die Weinkeller ausgeraubt, die Brotstuben leergefressen, alle Vorräte verbraucht, die Feuer der Öfen sinnlos überhitzt, – und schon ist kein Kohle, Holz und Öl mehr da. Es mangelt an Brot und Wein, der Hunger macht sich nun spürbar bemerkbar; die Kälte zieht ein und macht erstarren. Nach dem Übermaß kommt der Mangel. Leer sind die Stuben und keiner ist da, der helfen könnte.

Man hat Liebe in einem Haben-Wollen gesucht, Liebe des blanken Begehrens in erbärmlichen Egoismen. – Was wirklich die Liebe ausmacht:

Selbstlosigkeit, Hingabe, Opfer, das hat man in sich getötet. Darum ist Götzendienst eine Zerstörung des Lebens aus der Dämonie heraus, aus dem Herrschaftsanspruch des Abtrünnigen, aus der Macht Satans, der sich gegen Gott erhoben hat und sich gegen den Menschen erhebt. Ja, Götzendienst zerstört die Anbetung des Lebendigen Gottes, in den Trümmern hausen Dämonen und böse Geister. Darum charakterisiert Jesus Christus den Teufel mit den Worten: „Lügner und Menschenmörder von Anbeginn." (Jo 8, 44)

Götzendienst erliegt immer der Täuschung. Er regiert auf der Oberfläche, wo Pragmatismen und Opportunitäten den Gang der Geschichte bestimmen. Seine Überwindung beginnt, wo die demütige Unterwerfung unter Gott und unter das Gesetz der inneren Ordnung der Natur anerkannt wird, – und so aus deren Mitte heraus Gottes Herrlichkeit aufstrahlt. Vor dem Angesichte Gottes wird Geld zu Plunder und jede Macht zunichte. Er allein kann und will wirklich helfen. IHM allein gebührt Anbetung.

■ „Weißt du, dass auch du ein Schurke sein kannst. Denn auch du gehörst zum verlorenen Geschlecht", spricht mich mein Begleiter.

Ich schüttle den Kopf und erwidere: „So schlimm wird es nicht sein!"

Er blickt mich ernst an und fügt hinzu: „Auch in deinem Herzen wohnen Mord, Ehebruch, Habsucht, Unzucht, Lüge, Unvernunft und viele Gemeinheiten, die man gar nicht alle aufzählen kann. Diese unsittlichen Möglichkeiten sind in dir wie gefesselte Gewalten, die – entfesselt – töten können und uns dann vor Gott und den Menschen unrein machen, wie uns Jesus Christus sagt."

Zwar weiß ich um die Abgründe des menschlichen Herzens; dennoch erschreckt mich das, was er mir aufzeigt, und ich zittere. „Wer kann dann noch gerettet werden, und was muss ich tun?", spreche ich erschrocken.

„Schon hat die Heilige Taufe dich befreit und dir das Tor des Himmelreiches geöffnet, – schon wohnt Gott, der Dreifaltige, in seiner geheimnisvollen und neuen Gegenwart in dir und hat dich zum Erben seines Reiches gemacht. Darum ist es dir aufgegeben, dein Herz zu reinigen, um das Himmelreich in Christus Jesus ganz zu gewinnen."

„Was verlangt Gott von mir?"

„Er verlangt von dir und allen die volle Nachfolge in Christus, seinem Sohn. So zu leben, wie Christus gelebt hat, und dass auch du seinen göttlichen Willen erfüllst, so wie ihn Christus erfüllt hat. Lebst du in Jesus Christus, reinigst du dein Herz. Tust du das, dann hat die Unterwelt in deinem Herzen keine Macht mehr über dich; dann wirst du die Gebote halten und zeigst damit, dass du Jesus und in ihm Gott, den Vater im Himmel, liebst."

Ich frage: „In meinem Herzen strömen Tag für Tag so viele Gedanken durcheinander, muss ich dort eingreifen? Verlangt mein Gewissen, dass ich nichts Böses denke? Muss ich Zorn und Wut und unsittliche Gedanken bekämpfen? Verlangt Gott, dass ich nicht lüsternen Blickes umherschaue? Verlangt er, dass ich Rache und brennende Enttäuschung, die andere in mir durch ihre bösen Taten entzündet haben, lösche und IHM allein mein ganzes Lebensschicksal überlasse? Will ER die innere Treue in allen Versuchungen, auch wenn ich tief verletzt bin und mit den Zähnen knirsche?"

Da unterbricht er meinen Redefluss und betont: „Gott verlangt Treue bis aufs Blut, Gehorsam bis ans Kreuz, und die Liebe selbst noch in der größten Armseligkeit deiner Existenz!"

Ganz gepresst stöhne ich: „Du, Engel, wer von uns Menschen kann solches vollbringen? Wer hat dazu die Kraft? Innere Gedanken können wie ein reißender Strom sein, der hinwegfegt. Sie fragen uns nicht, ob es ihnen erlaubt ist, bei uns einzutreten, sondern stellen sich wie brüllende Löwen vor unserem Geist einfach auf. Wir scheinen ihnen ausgeliefert. Wir sind dem Zorn und der Wut verfallen, noch bevor wir angefangen haben, nach außen zu toben. Ein beleidigtes Herz wirft sich die ganze Nacht im Bett hin und her und man kann nicht schlafen und sich nicht trösten lassen darüber, dass man an den Pranger gestellt und öffentlich bespuckt wurde. Dann knirscht der Beleidigte mit den Zähnen und dürstet nach Rache.

Unsittliche Taten brennen wie Feuer, und das entfesselte Tier der Leidenschaft sucht nach neuem Fraß. Die sich in Wohlstand und Reichtum wälzen, bekommen bis zum letzten Tag ihres Lebens nie genug davon, obwohl sie nicht einen einzigen Dukaten in die Ewigkeit mitnehmen können. Die Macht-Habenden scheuen auch vor Mord nicht zurück, wie uns Herodes lehrt. Und alle diese Versuchungen toben in unserem Herzen, und wir sind ihnen, wie es scheint, ausgeliefert."

„Nein! Und noch einmal nein!", sagt standhaft mein Begleiter, „der menschliche Geist muss Herr sein in seinem Haus. – Ist er es aber noch nicht, dann kann er es werden, indem er sich bekehrt und den Kampf aufnimmt."

„Du meinst, man muss den Kampf mit der entfesselten Tiefe aufnehmen und in die Ordnung Gottes zurückkehren?"

„Genau, das meine ich! – Genau das fordere ich!"

Ich rufe laut: „Aber der Kampf kann den Menschen bis in seine Tiefen hinein erschüttern und das Herz total herausfordern! Er geht bis aufs Blut." (Vergl. Hebr 12, 4)

„Ja, er geht bis aufs Blut! Aber Gott ist größer! Auch Jesus hat sein Blut vergossen: im Ölgarten, bei der Geißelung und Dornenkrönung, bei dem Kreuzweg und am Kreuz. Gott fordert diesen Kampf nicht nur, sondern die Reinheit seines Wesens ist so erhaben, dass in seinem Licht auch die kleinste Sünde niemals bestehen kann. – Wahre Bekehrung fordert den ganzen Menschen ein."

„Welche Mittel müssen wir anwenden?"

„Ohne das Wort Gottes und ohne glühende Gebete und Buße geht es nicht, und auch nicht ohne den Empfang der Sakramente, die dem Herzen Jesu entströmen. Der Erlöser ist Jesus Christus, und der Kampf mit den wilden Tieren des Herzens kann endgültig nur in der Gnade Gottes gewonnen werden." Nachdem mein Begleiter so gesprochen hat, wendet er sich ab, was bedeutet, dass wir nun genug miteinander gesprochen haben.

Suche nach einer Herberge

An diesem Abend irre ich zunächst in der Stadt umher. Ich habe eine Kirche aufgesucht, und der dortige Kaplan, ein schon älterer Herr, gab mir die Zeit an, wann ich anderntags zelebrieren könne. Eine Übernachtungsmöglichkeit weiß er mir nicht. Daher suche ich eine Herberge. Im Zentrum der kleinen Stadt finde ich ein einfaches Zimmer, dazu die Benützung eines Bades, wenn auch nur mit kaltem Wasser. Sofort kaufe ich mir ein Waschmittel und wasche meine Wäsche. Das Wasser ist zwar kalt, aber es erquickt. Danach gehe ich noch in die Stadt, um vor dem Abendessen einen Augenblick frische Luft zu atmen. Zuviel ist ja heute auf mich eingestürmt.

Der Alkoholiker und sein Rausch

Nachdem ich einen kleinen Park und ein paar Straßen durchwandert habe, sehe ich einen Mann, der direkt auf mich zusteuert. Er redet mich auf portugiesisch an und fuchtelt dabei mit den Händen. Was will er? Einen Augenblick bin ich ratlos, bis ich an der so typischen Labilität erkenne, dass ich es mit einem Alkoholiker zu tun habe. Da ich durch meine Kleidung für diese Gegend fremdartig wirke, findet er in mir einen Anziehungspunkt. Ich lasse ihn stehen und gehe weiter. Doch er folgt mir. Was er mir sagt, verstehe ich zwar nicht, aber das Begehren dieser Menschen ist ja allerorten dasselbe, und so weiß ich den Inhalt seiner Rede. Er will Geld haben, um weiter zu trinken. Da ich es verweigere, flucht und schimpft er. Dann verlegt er sich aufs Betteln. Er ist wie ein Hündlein, das gierig ist, ob nicht doch ein Brocken Fleisch oder Brot herabgeworfen wird. Noch fast bis zu meiner Herberge geht er hinter mir her und ist kaum abzuschütteln.

Der Besoffene befindet sich in einer gewissen Traumwelt. Die harte Realität entwirklicht sich und er fühlt sich in einem sanften Paradies, das kein Paradies ist. Rausch und Traum, beides sind Zustände, die sehr nahe beieinander liegen: Meist Täuschungen alle beide. Der Traum, dessen glitzernde Oberfläche Spiegelbilder sind, weist verschlüsselt auf tiefere Schichtungen unseres Seins zurück. Er reinigt und erneuert. Er trägt oft Forderungen der Läuterung in sich oder Hinweise oder Bewusstwerdung. Die Täuschungen des Traumes liegen nur in den Spiegelbildern. In der Tiefe des Brunnenschachtes der Seele, wo aus alten Quellen Wasser sprudelt, mahnen uns menschliche Wahrheiten an, die uns angehen oder zumindest geprüft werden müssen. Doch es gibt auch Träume, die in sich böse sind und denen der Mensch widerstehen muss.

Der Rausch aber, wenn ihm der Mensch verfallen ist, bedeutet Täuschung an der Oberfläche und zugleich in der Tiefe. Er fesselt. Er vernichtet. Er brennt und glüht in immer neuen Schüben die Psyche und den Leib eines Menschen so aus, dass der ihm Verfallene nach und nach als Wrack zurückbleibt. Jede Ekstase ist berechtigt und lebenstragend im Rahmen des ihr Zugewiesenen. Doch jede Ekstase erfasst und schreibt sich auf irgend eine Weise in das Innere ein. Sie schreibt sich ein in die Schichtungen der Psyche und in die Organe des Leibes, und sie fixiert. Darum bedarf sie der Verantwortung! Gott, unser Schöpfer, gab uns den Lebensodem, den lebendigen Geist. Ihm eignet die Kraft des Verstehens, der Unterscheidung und die des Beherrschens. Dieser Geist muss alle menschlichen Kräfte, Mächte und Gegebenheiten im Rahmen ihrer lebenstragenden Abläufe einsetzen, zerstörende Wucht aber meiden.

Räusche aber sind Zerstörendes. Sie sind wie das Heranbrausen unkontrollierter Wassermassen, die die Landschaften des Menschlichen mit Schlamm und Morast überziehen. Oder sie sind wie prasselnde Feuer, die Ländereien und Wohnungen in der Glut verbrennen. Räusche sind noch schlimmer, weil sie sich einschreiben in die Organe des Fleisches, so dass die Betroffenen nach immer neuen Räuschen schreien, obwohl sie daran zugrunde gehen. Die Forderungen der Sucht, die antreiben, sind sinnlos. Der klare Verstand sagt, dass man sie zurückweisen muss. Doch diese Fehlforderungen sind vorhanden, und der Leib schreit nach dem zerfressenden Gift, und viele geben nach. Wracks am Rande der Straße, oft Einsame und Stehengelassene, denen wir so, wie sie uns anrufen, meist nicht helfen können.

Die beängstigende Vielfalt der Räusche

Räusche sind nicht nur der Rausch des Alkohols, des Rauschgiftes, des Sex oder des Fernsehkastens. Das Gesicht des Rausches ist vielfältig, und es bedarf der Erleuchtung im Heiligen Geist, um ihn zu erkennen. Sind jene Ideologien, die wie Brandfackeln Menschenherzen entzündet haben, nicht auch eine Berauschung und Bezauberung ganzer Völkerschaften, die blind und taub wurden? Ist nicht jene Wohlstandswelle, die uns überflutet, eine Berauschung in den Tod?

Der klare Verstand sagt, dass es Leidenschaften unseres Innern gibt, die nicht lebenstragend sind, sondern in ihrer Torheit das Leben des Menschen nach und nach zerstören. Diese dunklen Kräfte muss man zurückweisen! Deshalb ist es jedem vernünftigen Menschen klar, dass es den inneren Kampf gibt und keiner kann ihm ausweichen.

Eine Epoche, die jeden Kampf mit der Tiefe der Seele lächerlich macht und Leidenschaften schamlos entfesselt, verfällt den Dunkelheiten dieser Tiefe. Eine Generation, die sich erkühnt, Gottes Gebote hinwegzufegen, Lug und Trug gelten zu lassen, den Diebstahl, Ehebruch und Unzucht heiligt, das Leben um des Lebens willen mordet, Autoritäten zersetzt, und das alles um lustvoller Augenblicke willen oder um der Last zu entgehen, – eine solche Generation gleicht den Besoffenen, die um ihrer Räusche willen den Rausch stets neu suchen und das Böse tun müssen. Der Einzelne, Stämme und Völkerschaften wissen, dass man dem Kampf mit der Tiefe gar nicht entrinnen kann, sondern ihn kämpfen muss. Ja, sie wissen alle, dass man diesen Kampf ohne die Hilfe des Lebendigen Gottes nicht gewinnt. Sie wissen, dass Nationen nicht so sehr durch äußere Feinde, durch Panzer und Flugzeuge vernichtet werden als vielmehr von der zerstörenden Wucht, die aus der Tiefe der verratenen Grundordnung hervorsteigt, so dass sie sich selbst vernichten.

Aber, und das ist göttliche Weisheit: GOTT geht von keiner Forderung zurück, die uns in den inneren Kampf stellt. Er fordert diesen Kampf absolut. Der Widerstand gegen das Böse ist ohne Abstrich geboten. Darin lässt der Herr in seinen Ansprüchen nicht im Geringsten mit sich feilschen, als ob es doch erlaubt wäre oder man es doch versuchen dürfte. Der mit den Sündern so gütige Herr Jesus Christus ist unbarmherzig gegenüber der Sünde. Denn die Sünde ist das größte Übel vor Gott und den Menschen. Gegen sie setzt er gewaltige Strafandrohungen: Sanktionen des Gerichts, Sanktionen des obersten Gerichts, die Strafe der Hölle, „wo der Wurm nicht stirbt und das Feuer nicht erlischt." (Mk 9, 48)

Tölpel, die wir sind! Wir haben nicht nur den Kampf der Tiefe verharmlost, sondern dazu die Realität der Hölle als Mythos eines Kinderschrecks abgeschafft. Wir haben versucht, sie zu lokalisieren in einen unterirdischen, überhitzten Bratbackofen, um uns so lustig zu machen. Zu gleicher Zeit tragen wir schon die Hölle in unseren Herzen. Die heimliche Scham durch Mord und Sakrilegien lassen das stechende Feuer nicht erlöschen und den Wurm nicht sterben. Und unter vielen Menschen ist die Liebe erloschen und die Einsamkeit erstarrt und quält. Neid, Feindschaft, Habsucht und Hurerei wohnen zuerst im Innern, von wo aus sie als böse Geister die Menschen zu Taten der Bosheit erpressen. So sind diese Gefesselte und Getriebene.

Schon jetzt sind jene Höllen, die in uns unauslöschlich brennen können, das wahre Gericht, und dieses Chaos wird verlängert und gesteigert in ewige Dimensionen, wenn der Mensch Gottes Stimme auch noch zu Zeiten der Umkehr verwirft. Wenn wir Alkoholikern begegnen oder anderen, die jedweden Räuschen verfallen sind, dann wollen wir für sie beten! Zugleich müssen wir auch für uns bitten, damit wir nicht in Versuchung fallen. Denn es ist uns aufgegeben, mit dem Drachen der Tiefe kämpfen zu müssen, um ihn zu besiegen.

Deshalb hat Gott, der Vater, seinen Sohn Jesus Christus in die Welt gesandt, um das Verlorene zu retten. Er ist der Arzt, der die Krankheit der Seele sucht und behandelt. In großer Barmherzigkeit nimmt er selbst den verachteten Betrüger und auch die Frau, die ihren Leib viele Male verkauft hat, auf. Er will allen ihnen helfen. Er verzeiht die Sünden. Er heilt voll Liebe die inneren Wunden. – Aber er fordert auch entschieden: „Geh hin und sündige nicht mehr!" (Jo 5,11)

Michael, der Fürst der streitenden Engel, überwindet das Böse. Ihn rufen wir an, das Böse hinwegzufegen mit dem Kampfruf: „Wer ist wie Gott!" Wir wollen zu Jesus aufblicken und zu seinem Kreuz, dass er uns die Kraft gebe, den im Schlamm Ertrinkenden rettende Hände entgegenzustrecken. Wir wollen die Barmherzigkeit Gottes unseren Brüdern und Schwestern, die sich in die Fesseln der Sünde verstrickt haben, entgegentragen. Denn der Herr ist gekommen, zu retten, was verloren ist und die heimzuholen, die sich in den Wüsteneien verlaufen haben.

Rosenkranzbetrachtung
"Jesus, der von den Toten auferstanden ist."

Die Nachricht, die Maria Magdalena den Jüngern überbracht hat, verwirrt alle Anwesenden und löst höchste Skepsis aus. Sie sagt, der schwere Stein sei weggewälzt und das Grab sei leer. Aber sie glauben ihr nicht. Doch dann raffen sich Petrus und Johannes auf und eilen zum Grab. Johannes, der Schnellere, kommt als erster zum Grab, tritt aber nicht ein. Dann kommt Petrus an und tritt ein. Auch Johannes tritt nun ein. Er sieht und glaubt.

Als sie am Abend bei verschlossenen Türen beisammen sitzen, tritt Jesus ein und sagt: „Der Friede sei mit euch!" Er schilt sie, weil sie ein verhärtetes Herz haben und nicht glauben. Sie aber glauben, ein Geist erscheine ihnen. Jesus sagt: „Kommt und berührt mich, ein Geist hat nicht Fleisch noch Knochen." (Lk 24, 39) Und als sie noch immer in der Reserve bleiben, fragt er sie, ob sie etwas zu essen da haben. Sie reichen es ihm und er isst vor ihren Augen.

Sie wissen, dass er ihnen gesagt hat, ER werde auferstehen, doch sein Wort hat ihr Herz damals nicht berührt, so dass sie Kraft besessen hätten, diesen Glauben während der Leidenstage Jesu festzuhalten. Nach drei Jahren Lehrzeit haben sie die Meisterprüfung nicht bestanden. Sie müssen wieder von vorne anfangen.

Auch der Apostel Thomas, der Ungläubige, kann sich von seinem Unglauben nicht lösen, als er beteuerte: „Wenn ich meine Finger nicht in seine Wunden lege und meine Hand nicht in seine Seite, dann glaube ich nicht!" Jesus gewährt dem Jünger seinen Wunsch, so dass er seine Finger in die Wunden und seine Hand in seine Seite legen darf. Doch dann sagt er: „Sei gläubig und nicht ungläubig!" Da huldigt ihm Thomas aus ganzem Herzen und spricht: „Mein Herr und mein Gott!" Und Jesus fügt hinzu: „Selig, die nicht sehen und doch glauben!" (Vergl. Jo 20, 25-29)

Ohne Glauben gibt es keine Seligkeit. Jesus bringt es auf eine Kurzformel: „Glaubt an Gott und glaubt an mich!" (Jo 14, 1) Dieses Bekenntnis wird von jeder Generation, auch von der heutigen, gefordert.

Am Grab Jesu geschehen allerdings seltsame Dinge. Die Soldaten, die im Auftrag des Pontius Pilatus Jesus, den Gekreuzigten, überwachen, sind geflohen und haben ihren Auftraggebern berichtet, dass vom Grab eine Kraft ausgegangen sei, gegen die sie mit ihren Waffen nichts ausrichten konnten.

Sie sprachen von Licht und davon, dass der sehr schwere Verschlussstein entfernt wurde. – Man gab ihnen Geld, damit sie sagen sollten, dass seine Jünger den Leichnam bei Nacht gestohlen hätten.

Es ist absolut wahr, dass irdische Mächte und Gewalten gegen die Kraft dessen, der aufersteht, keine Chancen haben. Denn die Auferstehung ist nicht die Sache der menschlichen Natur. Die Natur ist sterblich, nachdem sie dem Verdikt Gottes verfallen war. Schweiß und Tod sind die Strafen, die dem Manne zugemessen sind, – und der gesamten Menschheit.

Die Auferstehung eines tot daliegenden menschlichen Leibes ist allein Sache des Lebendigen Gottes. Das ist allein die Stärke des Erlösers, dass er zugleich wahrer Mensch und wahrer Gott ist. Aus seiner eigenen Vollmacht heraus, die ER als wahrer Gott besitzt, schaut sein Leib die Verwesung nicht. Und am Tage seines Triumphes ersteht ER strahlend vom Tod, indem ER zugleich diesen seinen irdischen Leib mit Unverweslichkeit für alle Zeit ausrüstet. Von diesem Ereignis an steht die gesamte Menschheit in einem völlig neuen Licht, das bis dahin weder gesehen noch erahnt wurde. Denn IHM muss sich jede Macht und Gewalt unterwerfen. Er hat Sünde, Satan und den Tod besiegt.

Das ist allein die Stärke des Lebendigen Gottes, der seinen einzig geborenen Sohn auferweckt, damit Er seine unbeschränkte Macht bezeuge und alle Welt sich vor ihm beuge. Alle müssen bezeugen, dass Jesus Christus, sein Sohn, der *König der Könige* und der *Herr der Herren* ist, *wahrer Gott vom wahren Gott*. IHM wird jede Macht und Gewalt zu Füßen gelegt.

ER ist „der Erstgeborene der Toten." (Offb 1, 5) Auf ihn blickt alles Fleisch, auf dass es in Christus emporgerückt werde zum Ewigen Leben. In Christus nimmt der Mensch an der Herrlichkeit des ewigen Priester- und Königtums teil, das Jesus gehört, der zur Rechten Gottes des Vaters sitzt.

Obwohl Jesus Christus während seines irdischen Leben, als er bei seinen Jüngern weilte, den Aposteln und Jüngern sein Leiden, seinen Tod und seine Auferstehung mehrmals vorausgesagt hat, waren sie in ihrem inneren Verstehen taub und schwerfällig und begriffen nicht, was ER ihnen damit voraussagte. Auch sie haben die ganze Länge und Tiefe der Mission Jesu Christi nicht voll verstanden, der die Botschaft von Gott bringt. Deshalb ist er herab gestiegen vom Ewigen Thron, um uns das Heil zu bringen. Aber ihr Glaube war noch zu klein, um es ganz zu verstehen.

Sie erleben sein Leiden und sein Sterben wie das Leiden und Sterben aller Menschen aus der menschlichen Sicht heraus und glaubten, dass es nun mit IHM und seinem Werk aus sei. Sie wissen von seiner Auferstehung, aber sie glauben nicht. Im Grunde genommen sind sie innerlich zusammengebrochen und keiner von ihnen hat eine Vorausschau, wie es nun weitergehen wird. Darum haben sie bei der Meldung der Magdalena, dass Christus auferstanden sei und sie ihn gesehen habe, den Kopf geschüttelt und die Botschaft als eine fromme Frauenillusion betrachtet.

Es ist ein tiefer und schwerer Prozess, dass die Apostel aus dieser inneren Taubheit und Leere aufgerüttelt werden und erst nach und nach zu glauben beginnen. Eine ganz neue Dimension, nämlich der Glaube an das Ewige Leben wird nun in ihnen geboren. Wenn sie Christus den Auferstandenen sehen, dann ist ER der, der auf dieser Erde noch zugegen ist; er ist auch der, der schon nicht mehr zugegen; denn sein auferstandener Leib trägt schon die Beschaffenheit der Ewigkeit. Die Auferstehung ist nicht das Wunder der Wunder, sondern sie ist etwas, das alles überragt.

Vom Menschen wird in dieser Erdenzeit der Glaube verlangt. Der Glaube ist nicht Sache von frommen Frauen, wie manche meinen, sondern er ruft jeden einzelnen Menschen, ob Mann und Frau, zu einer letzten Entscheidung auf. Er ruft zu einem Entschluss auf, der bis an den Rand des Himmels reicht, ja, den Rand des Himmels durchdringt, um dann in die Wirklichkeit der ewigen Welt Gottes einzutreten. Er muss im Glauben das Gehäuse einer nur irdischen Welt sprengen, um emporzusteigen an jenen Ort, wo die Ewige Bestimmung zu Hause ist. Des Menschen Geist vermag das. Aber seine Leidenschaften und seine Trägheit können ihn hindern. Gehorcht der Mensch den Geboten, findet er den Schatz im Acker. Gehorcht er nicht, verliert er sich in den Niederungen einer irdischen Zeit, täuscht sich in dauernden Selbstlüge etwas vor und verfehlt schuldbar sein Ziel.

Maria Magdalena ist nicht nur die Glaubende, sondern sie ist auch die Liebende. Als sie von Jesus bei der Begegnung am Grab angesprochen wird, gibt es bei ihr keinen Zweifel und keinen Unglauben. Darin überragt sie die Apostel. Und so ist es geblieben innerhalb der ganzen Geschichte des Christentums bis heute. Die Heiligen waren stets die Liebenden, die das Angesicht Jesu Christi erkannt haben im Bewusstsein, dass ER in seinem himmlischen Reich ihre ewige Erfüllung sein wird.

Eine Gaststätte am Straßenkreuz – Ein Kommen und Gehen

Der kommende Morgen findet mich wieder auf der Straße. Ein ganzer Tag in Hitze und Sonnenbrand und auf dem endlosen Band des Weges, das in den Dunst der Horizonte einsinkt. Und heute bin ich ganz allein und ein wenig traurig. Als es Abend wird, kann ich nur noch eine Übernachtungsstätte erreichen, die an einer belebten Straßenkreuzung liegt. Ständig fahren große Lastwagen an und wieder weg.

Als ich in die Gaststätte eintrete, schlägt mir der Dunst der Zu-Abend-Essenden entgegen. Der Raum ist erfüllt mit viel Geschwätz. Es ist der Treffpunkt von Chauffeuren. Die einen kommen, die anderen gehen. In der Gaststätte gibt es noch ein einfaches Zimmer für mich. Sein Fenster liegt der Straßenseite zu. Ein Bett, ein Waschtrog und das ist alles. Nachdem ich das Zimmer angenommen habe, gehe ich zum Nachtessen. Dabei beobachte ich die Leute, die im Gastraum sitzen. Dort sitzen Männer, die schwere Arbeit leisten. Meist sind sie nach Landessitte drei Tage nicht rasiert und mit unordentlichem Arbeitsanzug bekleidet. Da sie aber alle gleich aussehen, bleibt der Stil einheitlich. Ihre Herzlichkeit ist herb, aber echt. Wenn sie sich gegenseitig kennen, begrüßen sie sich laut. Das gleiche tun sie, wenn sie wieder gehen. Während sie essen, erfüllen sie den Raum mit Lärm und Zigarettenrauch. Dann springt draußen wieder ein brummiger Motor an, und einer der Lastzüge fährt in die Nacht hinein weiter, um seine Fracht ans Ziel zu bringen.

Von der Straße her höre ich Motorengeräusch. Bremsen knirschen. Türen werden geöffnet und zugeschlagen. Zwei Fahrer erscheinen am Eingang. Sie winken und setzen sich. Sie essen zu Nacht und trinken ihren Kaffee. Dann fahren sie ihren Weg weiter. Nur wenige bleiben über Nacht. Diese Wirtschaft ist ein Umschlageplatz, eine Aufenthaltshalle, ein Durchgangsbahnhof, ein Wartesaal für kurze Momente.

Ich gehe nach dem Essen zurück in mein Zimmer. Dort ziehe ich mich aus und lege mich in mein Bett. Doch der Lärm bleibt mir in den Ohren. Ich schlafe ein und erwache wieder, weil einer seinen Motor anlässt. Drunten in der Wirtschaft wird noch immer laut verhandelt. Gelächter dringt herauf. Türen werden erneut geöffnet und zugeschlagen. Weit nach Mitternacht erst wird es etwas ruhiger. Ich verfalle in einen Dämmerschlaf und erwache unzählige Male. Es ist immer dasselbe, ein Kommen und ein Gehen. Kurz sind die Begegnungen und der Abschied. Die Männer müssen weiterfahren an den Ort des Auftrags. Nach einer Stärkung und einer Stunde Erholung besteigt jeder sein Gefährt und macht sich wieder auf die Reise. Es ist eine Reise Tag für Tag, Jahr für Jahr, ein langes Leben lang.

Eines Tages, manchmal im Alltäglichen, sitzt neben dem Fahrer am Steuerrad ein anderer. Er löst ihm die Hände vom Fahrzeug und zeigt ihm damit an, dass er nun genug irdische Straßen gefahren ist. Der Fahrer erschrickt. Doch er wird und muss sich dem Tod neigen. Sein Lastwagen kommt zum Stehen und ein Kollege wird ihn besteigen. Er selbst wird auf den Leichenkarren gelegt und anschließend zum Friedhof gebracht werden. Ein letztes, kleines Straßenstück werden seine Angehörigen von zu Hause mit ihm gehen. Meist legen sie dabei Zeugnis ab, ein Zeugnis der Liebe und der Dankbarkeit. Bei denen, die zurückgeblieben sind, wird die Erinnerung an die vielen Stunden wach, in denen der Dahingegangene im Schweiße des Angesichtes für sie gearbeitet hat. Wie viele Jahre hindurch hat er seine Kraft verbraucht, damit sie leben dürfen. Und weil sie ihn von Herzen liebten, werden sie in der so tragischen irdischen Trauer weinen. Sie werden nicht begreifen wollen, dass sie den hergeben müssen, der ihnen lieb ist. Ein tiefes Gedächtnis an den Dahingegangenen wohnt in ihnen. Es bleibt oft noch durch Generationen hindurch lebendig. Andere, die hinausgefahren werden auf den Friedhof, sind schon vergessen, ehe man sie ins Grab gelegt hat. Sie haben nicht geliebt.

Geborenwerden und Sterben gehören zu den Urgeheimnissen

Kommen und Gehen, Eintreten, Gegenwärtig-Sein und wieder Hinausgehen, – Zeugung, Geburt, Lebensvollzug und Tod gehören zu den URGEHEIMNISSEN menschlicher Existenz. Das sind deshalb Urgeheimnisse, weil unsere Lebenserfahrungen, die der Verstand durch sein Denken auswertet, an Grenzen stoßen. Bei diesen Geheimnissen liegt das ewige Urgestein ältester Hügel vor, das für unsere Erkenntnis absolut Grenzen setzt.

Wir erfuhren nicht und wir erfahren nicht im glühenden Kern der jeweils eigenen Erkenntnis und unseres Selbstbewusstseins, was vor unserem Leben liegt und was nach dem Tod kommt. Anders ausgedrückt: Wir haben im wahrsten Sinn kein Bewusstsein dafür, was vor unserer persönlichen Existenz sich zugetragen hat, noch was sich hinter der Pforte des Todes abspielen wird. Uns dürstet es, in diese Tiefen hinabzusteigen und jene verborgenen Räume zu betreten, aber der Geist, der in uns wohnt, vermag es nicht. Darum müssen wir die Flügel des Glaubens ausspannen. Denn der Glaube ist es, der uns von dort berichtet. Tausende von Stufungen, die erfahrbar sind in dieser Welt, unzählige Wege und Straßen im Innen und im Außen führen durch unser Denken hin an die Grenzen des Erkennbaren, um sie im Denken zu überschreiten. Aber das Erfahrbare selbst bleibt immer an der Grenze stehen.

Diese Männer und Väter, die ich an jenem Tag in der Gaststätte erlebe, sind Personen meiner Begegnung. Wenn auch ihr Angesicht für mich im Namenlosen verbleibt, so haben sie doch alle einen Namen getragen und gehören in die Landschaft ihres Zuhauses. Sie sind lebendige Träger reeller Wirklichkeiten. Sie leben in den Feuern ihrer Seelen, meist mit ihren Frauen und Kindern und arbeiten für sie. Sie setzen Taten des Guten und des Bösen. Sie wissen auch – aus der Tiefe angerufen – , dass sie einem Gewaltigen verantwortlich sind, dessen Gegenüber sie nicht sehen, an dessen Existenz sie aber nicht zweifeln, es sei denn an der Oberfläche, wenn der Mensch sein wollte wie Gott. – Ihr Dasein bezeugt Gott.

Gott, der Lebendige, ist aus der sichtbaren Schöpfung erkennbar. Dies kann niemand verneinen. Die Demütigen werden daran nicht zweifeln. Die da leugnen, müssen leugnen, weil sie den Willen haben, leugnen zu sollen. Auch wenn die Erkenntniskraft nicht ausreicht (im Sinne einer Verifikation oder Falsifikation), Gott direkt zu schauen, – die Kraft des Geistes aber reicht völlig aus, IHN aus der Schöpfung zu erkennen. Denn der Geist stößt aus der Mitte seiner Lebendigkeit hervor und verlängert die längst vorgezeichneten Straßen und Wege der äußeren und der inneren Schöpfung.

Wahrhaftig, es gibt Straßen und Wege, Mächtigkeiten, Stufungen und Bedingungen im Alltag des Lebens und auch im inneren Leben unserer Seele. Das erkennt der Geist des Menschen. Er erkennt, dass an den Rändern des Erfahrbaren alle Wegweiser hinweisen auf die wahre Existenz des Nicht-Erfahrbaren, letztlich auf die Existenz des Einen Lebendigen Gottes, der zugleich jenseits im Verborgenen und auch diesseits da ist. Noch schauen wir IHN nicht, aber die Existenz können wir nicht leugnen. Denn an unserer eigenen Existenz zweifeln wir nicht, solange unsere Lungen den Atem atmen und wir zwischen Licht und Dunkel leben. Wer gibt uns dann das Recht, an den Rändern zu zweifeln? Wahrhaftig, es gibt unzählige Gottesbeweise, mehr als Bücher sie aufzuzeichnen vermögen. Denn Gottes Existenz ist wirklicher als die unsere und als die des gesamten Universums. Sein Atem reicht in die Ewigkeiten hinein. Sein brausendes Leben ist mehr als der Kosmos.

Unsere Herzen und Augen sind nicht rein und keusch genug

Dass wir Gott leugnen, liegt an unseren Sünden. Unser Herz ist nicht keusch, und unsere Augen sind nicht rein genug, und wir sehen nicht, weil wir durch Leidenschaften vergiftet sind und einige von uns gar nicht sehen wollen. Wie Adam und Eva sitzen wir hinterm Gebüsch und haben uns vor dem Herrn versteckt. Unsere Gottlosigkeit ist die erbärmliche Flucht vor IHM, weil wir nackt sind. Denn wir erfahren die Finsternis im Herzen! Der Herr aber ergeht sich im Garten Eden bei strahlendem Licht. Er wartet auf uns!

Wir haben vom Baume der Erkenntnis gegessen. Aber die allergrößte Erkenntnis, auch wenn sie heute Legion ist, ist zu kurz. Erkenntnis ist nicht das Leben. Wir aber wollen leben. Unser Herz ist unersättlich im Erlangen glühender Stunden des Lebensvollzuges. Keiner gibt sich im Jetzt und Heute mit der blanken Erkenntnis zufrieden. Selbst wenn es einem Menschen gegeben wäre, im Wissen alle Daten, die erreichbar sind, aufzureihen in seinem Gedächtnis wie die Perlen an einer langen Kette, er wäre damit nicht zufrieden. Seine Erkenntnis wäre Plunder. Niemand zweifelt, dass Wissen den Lebensstrom reichlicher fließen lassen kann. Umgekehrt zweifelt niemand, dass Wissen den Lebensstrom blockieren und zum Versiegen bringen kann.

Wissen ist Macht. Die Welt handelt nach dieser Maxime. Denn die Staaten versuchen in raffinierter Spionage einander das Wissen zu entreißen. Wer mehr weiß, beherrscht den anderen. – Doch Wissen ist auch Ohnmacht. Denn Wissen gebiert Hochmut und Stolz. Hochmut und Stolz gebären Hass, Neid, Systeme und Ideologien. – Hass, Neid, Systeme und Ideologien bringen Missdeutungen, Ängste, Sicherheitsbestrebungen und Wettrüsten hervor. Und eines Tages toben die Kriege; die Straßen sind mit Stürmenden erfüllt und die Lüfte mit dem Feuer zerstörender Mächte. Was übrig bleibt, ist Grauen und Tod. Hier gilt: Je größer unser Wissen, um so vernichtungsbringender die Macht; aber auch um so schrecklicher nach dem Einsatz der Todeswaffen das nackte Chaos und die erbärmliche Ohnmacht der Übriggebliebenen.

Wissen reißt man nicht herunter vom Baum der Erkenntnis, ohne dass Gott, der Herr, anwesend sein darf. Wissen empfängt man aufgrund eines Auftrags und einer Sendung in zittrige Hände hinein, während die Augen immer auf Gott gerichtet bleiben. Wissen erfordert Verantwortung für alle.

Zum Leben allein ruft der Lebendige, der es unermesslich gibt. Leben ist mehr und anderes als blankes Wissen. Es ist einmalig, eine Urgegebenheit, die keiner hinterdenken kann, sondern sich zwischen Licht und Schatten, zwischen Trauer und Jubel und in den Begegnungen auf der Lebensstraße als lebendig erfährt. Von unserem Sein her richten wir unsere Augen auf Gott, wenn auch noch verhüllt. Von dort her wissen wir es, dass das Lebens tausendmal mehr ist als Wissen und Erkenntnis samt ihren Mächtigkeiten.

Damit stehen wir alle mitten in jener Gaststätte auf dem Weg nach Fatima. Menschen kommen und gehen. Männer vollbringen ihre harte Arbeit. Sie lieben die Ihrigen zu Hause, indem sie im Schweiße ihres Angesichtes den Lebensunterhalt gewinnen. Sie bringen ihre täglichen Opfer und ermöglichen so das Leben auf der Erde im Auftrag dessen, der sie dazu beim Namen rief.

Gegrüßet seist Du Maria, voll der Gnade, der Herr ist mit Dir. Du bist gebenedeit unter den Frauen und gebenedeit ist die Frucht Deines Leibes Jesus. – Heilige Maria, Mutter Gottes, bitte für uns Sünder, jetzt und in der Stunde unsres Todes. Amen!

In Portugal
schon das Ziel vor Augen

Auch in Portugal nimmt mich ein Geistlicher mit
Das Ziel der Pilgerfahrt steht mir schon vor Augen
Gastfreundschaft

Die Heilige Messe das Mysterium des Glaubens
Pastorale Seelsorge und die Heilige Beichte
Die Heilige Messe ist das Herz des Priesters

Wie steht der portugiesische Staat zu Fatima?
Die Zeugnisschaft ist die Mitte des Glaubens
Bekenntnis nicht zur Sache Jesu, sondern zu Jesus selbst

Rosenkranzbetrachtung
„Jesus, der in den Himmel aufgefahren ist"

Pilgernd auf der Straße, habe ich sehr lange Rosenkranz gebetet. Schon geht es gegen Mittag. Es wird heiß. Etwa nach zwölf Uhr Mittagszeit dürfte es sein, als ich versuche, Autos anzuhalten. Lange Zeit habe ich kein Glück. Dann aber stoppt ein kleinerer Wagen. Ein jüngerer Geistlicher fragt mich, wohin ich gehen will. Ich sage Richtung Fatima.

Darauf antwortet er mir: „Nur einsteigen, bitte, nur einsteigen."

Ich ziehe meinen Rucksack von den Schultern und steige ein. Wir fahren zunächst bis zur nächsten Bar. Er meint, wir sollten bei einer solchen Hitze den Durst löschen. Er spricht ein paar Brocken Deutsch und relativ gut Spanisch, so dass wir keine Verständigungsschwierigkeiten haben. In der Zwischenzeit habe auch ich mich als Geistlicher zu erkennen gegeben. Zu gleicher Zeit stellt es sich heraus, dass er Landjugendseelsorger ist. Als solcher hat er einmal in Deutschland im Zentrum der Landjugend "Klausenhof" einen größeren Kurs absolviert. Auch ich war einmal zu einem Kurs dort. Darum gibt es genug Anhaltspunkte, um ein Gespräch zu beginnen.

Wir trinken beide ein Bier und dabei sagt er zu mir: „Sie können mit mir nach Hause kommen, um dort zu übernachten. Morgen muss ich sowieso nach Fatima fahren, und wenn Sie wollen , ich nehme Sie gerne mit."

Zunächst war ich erschrocken, schon am Ziel meiner Reise zu sein. Denn ich hatte mir vorgenommen, noch mindestens einen Tag auf der Landstraße zu verbringen. Andererseits kann ich aber schlecht ein solches Angebot abschlagen. Darum nehme ich es an.

Das Ziel meiner Pilgerreise steht mir schon vor Augen

Eines Tages wird es bei einem jeden von uns heißen: „Deine Mühen sind zu Ende, deine Straßen abgelaufen, du bist am Ziel der Pilgerfahrt." Dann können wir es fast nicht glauben. Noch zittert die Hitze durch das Gebein, noch riecht man nach Schweiß und ist bedeckt mit Staub, da wird man unversehens abgeholt. Die Straße wird verkürzt, und man ist am Ziel. Genau dann aber, wenn so unvorhergesehen die Anstrengungen abgekürzt werden, springen einen Zweifel an, ob man denn wirklich mit dem Herzen vorbereitet ist und ob das Leuchten der Augen im Jubel des Glückes echt ist? Oder sind wir unsicher, und schnüren unsere Beklemmungen den Atem ein?

Es scheint, als ob wir Pilger nie genug vorbereitet sind, sondern eher, von den Gezeiten mitgerissen, in die täglichen Ereignisse hineingeschleudert werden. Wir sind ja nicht einfältig in unserem Innern, – einfältig und liebenswert wie es Kinder sind, deren strahlende Augen im Jetzt des Glückes weilen. Fast alle unsere großen Lebensereignisse begehen wir mit Beklemmungen, die uns, obwohl wir sie abschütteln wollen, wider unseren Willen schwer belasten. Wir sind nie ganz vorbereitet, vielleicht noch im äußeren Bereich (Wohnungsbau, Examen, Betriebsordnungen), sehr wenig aber im inneren Bereich der Psyche und der Seele. Wir sind Abenteurer, die ein Ziel anstreben, ohne es ganz zu erlangen, – uns in eine Situation hineinjagen, ohne sie zu bewältigen. Nicht einmal am Tage der Hochzeit, da eine Lebensetappe zu Ende geht und eine andere sich auftut, nicht einmal dann ist das Herz der Brautleute vom Ziel ganz erfüllt. Man bangt, dass doch alles gut werde.

Das allerletzte und höchste Ziel ist der Dreieinige Gott! Diesem Ziel gehen alle entgegen, aber nur wenige sind es, die in Sehnsucht und tiefem Verlangen Ausschau halten nach der unzerstörbaren Glut, nach der Liebe, dem Urstrom des Lebendigen.

Oft wird die Straße plötzlich gekürzt. Der Pilger steht vor Gevatter Tod, dem man nicht entgeht. Wie wenig vorbereitet ist doch der Pilger! Er lief Trugbildern nach. Wie ungeläutert muss er nun annehmen, was nach dem Tod kommt. Dabei ist von allen Begegnungen diese die einzig wahre und entscheidende. Wenige Knechte und Mägde sind es, die an der Pforte des Todes harren, bis der Herr anklopft, damit sie ihm freudig öffnen.

Im langen Marsch durch die Lebenstage steht meist das Vordergründige vor Augen. Wer wird schon versuchen, sich in Bildern vorzustellen, wie es sein wird, wenn GOTT uns offen gegenübertritt. An jenem Tage wird uns der Blick seines Auges treffen und ewige Liebe strömt dem Menschen entgegen: von Angesicht zu Angesicht, von Auge zu Auge.

Ist die Berührung des Blickes nicht die sensibelste aller Berührungen? Diese Berührung schenkt uns jene Einheit, die man mit einem Wort nicht umschreiben kann. Wahrhaftig! Hernach erst tritt die Welt mit ihren drängenden Befehlen ab. Anschließend weiß der Mensch, dass nicht in irgendwelchen Paradiesesträumen, die er sich ausdenkt, das Glück liegt. – Nicht die pausenlose Jagd nach Essen, Trinken, Kleidung und schützender Wohnung, nicht die Verbesserung der Lebensqualität und die Einheit des Fleisches, nicht Reichtum und Macht können den Menschen letztlich selig machen, sondern allein Gott. – Ohne Gott wird diese unersättliche Jagd nach Erfüllung irdischer Triebhaftigkeiten zum Götzendienst. Erst wenn der Mensch zugibt, dass das Drängen der alltäglichen Bedürfnisse nur relativ ist, und Jesu Wort gilt: „Der Mensch lebt nicht zuerst vom Brot allein, sondern von jedem Wort, das aus dem Munde Gottes kommt" (Mt 4, 4), hört das Witzeln auf und fallen (auch die philosophischen) oberflächlichen Argumentationen aus. Ordnungen werden sichtbar, Begegnungen bereiten sich vor, tiefe Zusammenhänge werden entdeckt und staunend erfahren. Die geistige Kraft des Menschen erfährt Gottes Wirklichkeit, so dass man IHN höchstens verleugnen, aber niemals verneinen kann.

Jesu Wort bestätigt sich: „Suchet zuerst das Reich Gottes und alles andere wird euch dazu gegeben werden." (Mt 6, 33) Die wahre Vorbereitung beginnt in den Stunden des Gebetes und der Zwiesprache. Dort hören wir die Ansprachen, die Gott uns schenkt, und die Schauungen, die unser Herz trösten. Der Vater selbst ist es, der uns hinzieht zum Sohn. Der Heilige Geist ist es, der uns in alle göttlichen Geheimnisse einführt. Die Sakramente Jesu sind es, die uns nähren und in heiliger Gemeinschaft mit IHM erneuern. Das aber wird nicht nur dem betrachtenden Mönch und der Klosterfrau gegeben. Gott schenkt es Buben und Mädchen am Tage ihrer Heimsuchung. Frauen, die geboren haben, erfahren es ebenso wie Männer, die im Schweiß des Angesichts das Brot erwerben, um die Ihrigen zu nähren. Nur eine Bedingung wird gesetzt: Das allzu Oberflächliche abzustreifen und den wahren menschlich-göttlichen Hintergrund unserer Existenz anzunehmen. Jesus, der Meister, sagt es mit eindringlichen Worten: „Bekehret euch; denn das Himmelreich ist nahe!" (Mt 4, 13)

Wer diesen Weg beschreitet, wird vom Heiligen Geist auf die Ewige Liebe vorbereitet. Gott führt so sehr in sein Reich hinein, dass selbst die Schrecken des Todes fallen und die Augen sehnsüchtig nach Jesus Christus Ausschau halten. „*Das ist der Sieg, der die Welt überwindet.*"(1 Jo 5, 4) Dieser Ruf ist von Zeugen gesprochen worden, die ihre Henker in der Stunde der Hinrichtung verlacht haben, zugleich ihre Peiniger liebten und beschämt zurückließen. Die Folterknechte hatten die Zeugen getötet, aber eine klaffende Wunde blieb in ihrem Innern zurück, eine Wunde, die nur durch Umkehr heilte, sonst aber ein ganzes Leben lang bis in die letzte Stunde des Peiniger selbst schmerzt.

„Das ist der Sieg, der die Welt überwindet, unser Glaube." (1 Jo 5, 4) Es ist kein dürres Wort oder Durchhaltekraft, nein, es ist Wollen und Schauen, Anrufen und Hören, Trost und Begeisterung, Nahrung und Erlösung, immer eingetaucht in das Wort Gottes und die Heiligen Sakramente. Der Heilige Geist spricht im Herzen. Durch diesen Glauben bereiten wir uns auf das Kommen Jesu vor. Wir zünden Kerzen an, singen in freudiger Erwartung Lieder des Verlangens und harren so auf den Tag des Herrn.

Als mir jener Pfarrer aus Portugal anbietet, zu ihm nach Hause und mit ihm anderntags nach Fatima zu fahren, bin ich am Ziel. Zwar finde ich mich nicht reif genug, den Ort zu betreten. Ich weiß, dass in Fatima die Muttergottes drei Kindern erschienen ist. Diese Kinder haben mit ihrem Lebensvollzug eine dringende Botschaft an die Welt bezeugt. Sie kündeten der Welt: »Betet! Besonders für jene, die sonst in die Hölle kommen. Tuet Buße!« Fatima ist ein Ort der Gnade, ein Ort der inneren Erleuchtung und Bekehrung. Eine ernste Frage an mich: Bin ich vorbereitet, um alle Konsequenzen auf mich zu nehmen? Will ich mich überhaupt bekehren? Oder wird es bei mir so sein wie bei manch anderen? Sie kommen mit ihren Omnibussen oder sonstigen Fahrzeugen, besichtigen den Ort, und beim Abschied, wenn sie wieder wegfahren, stöhnen sie inbrünstig: „Ach, wie war das doch so schön!"

Bei diesem Wort bleibt es dann. Bekehrt haben sie sich nicht. Sie haben den Acker zwar betreten, aber nicht nach dem Schatz gegraben.

■ Mein Begleiter schaut aufmerksam zu mir her und sagt mir: „Behauptest du nicht immer wieder, dass du in der Zeit einer Dekadenz, also eines Niedergangs des Glaubens und der Sitten lebst, ja, du nimmst sogar das Wort eines totalen Niedergangs von Glauben und Sitte in den Mund."

Ich kontere: „Es ist ein Zusammenbruch wie in den Zeiten der Propheten Elija und Elischa oder wie in den Zeiten des Propheten Jeremia. Auch diese unsere Generation verrät den Tempel und ihren Herrn und dazu die ganze Gottesstadt Jerusalem. – Wie sprach doch damals der Prophet in seiner tiefen seelischen Not: »*An der Jungfrau, der Tochter Zion ist kein heiler Fleck mehr.*« Und wie müssten wir heute sagen: »*Der geistige Niedergang der Kirche unseres Landes hat sie zu einer schwärenden Wunde gemacht wie Christus nach der Geißelung.*« – Wer kann da noch helfen?"

„Wo liegt für einen solchen Ruin die Ursache?"

„Was willst du von mir wissen?", frage ich.

Sein Antlitz richtet sich auf mich und energisch betont er: „Lassen wir das oberflächliche Geplänkel beiseite und gehen wir auf die eigentliche Ursache ein! Was meinst du? Wo liegen die Ursachen?"

„Gut!", antworte ich. „Lassen wir das wirtschaftliche und politische Geplänkel beiseite und auch die ideologischen Erwägungen eines horizontalen Christen- und Katholikentums. Lassen wir es auf der Seite! Dann fragen wir uns, was in den modernen Menschen hineingefahren sein muss, dass er inmitten einer taghell erleuchteten Wohlstandswelt einen fast totalen sittlichen

Zusammenbruch inszeniert. Der von ihm großartig aufgebaute Planet Erde kann trotz seiner hohen Wissenschaft über Nacht weltweit in lodernden Feuern zu Ruinen niederbrennen."

„Was ist in den Menschen gefahren?"

„Der moderne Mensch ist innerlich taub und blind, lebt total im Außen und hat seinen Herrn vergessen."

Er schaut mich sehr ernst an und spricht unmissverständlich: „Das ist Gottvergessenheit! – Sie haben einen Herrn, aber sie gebärden sich, als hätten sie keinen. Sie leben in der äußersten Nacht der Gottesfinsternis und meinen sogar noch dabei, sie schauten Licht, und es ginge ihnen blendend."

Ich füge stammelnd hinzu: „Darum haust im Innern ihrer Herzen Gesetzlosigkeit und blanke Willkür. – Als die Stadt Jerusalem nur noch dem Götzendienst verfallen war, stoben die Feinde heran, brannten sie nieder und führten den Rest der Bevölkerung in die Verbannung. Auch die, welche übrig geblieben waren, konnten sich dem Gericht Gottes nicht entziehen."

„Du aber, was musst du tun?", insistiert mein Gegenüber.

„Ich?"

„Ja, du und alle, die ihr auf die Rettung Israels harrt?"

„Ich selbst kann nicht helfen! Ich kann nicht retten!", schreie ich. „Ich bin nur ein schwacher Mensch und machtlos gegenüber einer solchen Maschine der sittlichen und seelischen Zerstörung, durch die sich die Seelen im Innern zerfetzen lassen."

„Was musst du tun, du und alle, die ihr auf die Rettung Israels harrt?", fordert von neuem der Engel heraus.

Da erschrecke ich und atme tief: „Zurück zur Anbetung!", bricht es aus mir hervor.

„Zurück zur Anbetung deines Gottes!", ruft er donnernd, so dass ich vor ihm erbebe. „Ihr müsst zurück zur Anbetung eueres Gottes; denn sein Namen ist über jeden Namen erhaben, und seine Macht schrankenlos, und sein Reich muss und wird kommen."

Ich zittere: „Wer hält es aus in den atemberaubenden Höhen seiner Heiligkeit? Wer kann stehen vor seinem Antlitz?"

Da fordert er: „Geh in deine Kammer und ahme den Engel von Fatima nach. Dieser neigte sich bis zur Erde, um Gott anzubeten, zu lieben und IHM allein die Ehre zu geben."

Da werfe ich mich lang hingestreckt auf mein Gesicht und bete zu meinem Gott mit den Worten: „Das Heil und die Herrlichkeit und die Macht ist bei unserem Gott! Seine Urteile sind wahr, und seine Gerichte gerecht!", (Offb 19, 1f) und ich füge hinzu: *„DEM*, der auf dem Thron sitzt und dem Lamm sei Herrlichkeit und Ehre, Macht und Weisheit von Ewigkeit und Ewigkeit! Amen!" (Offb 5, 13)

„Betest du oder redest du?", fragt er mich.

„Was willst du von mir?"

„Schwebst du in deinen Worten mit auswendig gelernten Texten dahin, oder senkst du dich in Gott ein mit deinem ganzen Herzen, mit deiner ganzen Seele, mit deinem ganzen Gemüt und mit allen deinen Kräften? – "

Wieder schaue ich zu ihm auf und frage: „Gott will also alles, er will alles. IHM gehört mein ganzes Inneres?"

Er durchdringt mich mit seinen Augen, so dass ich zittere und meine, meine Seele läge in seinen Händen. Darauf sagt er leise: „ER will alles, alles! Denn seine Macht und Liebe hat dich gerufen und geschaffen. Du bist sein."

Nach diesen Worten werfe ich mich nieder und bitte voll Demut, dass Gott mich in seiner unendlichen Liebe anschaue und ich IHN mit meinem armen Herzen in der Glut seiner Gnade berühren darf.

Mein Begleiter ruft: „Alle Welt bete IHN an!"

Ich stammle: „Heilig, heilig, heilig, der Herr, der Gott der Scharen! Erfüllt sind Himmel und Erde von Seiner hohen Herrlichkeit! Hosianna in der Höhe! – Hochgelobt sei der da kommt im Namen des Herrn! Hosianna in der Höhe!"

Gastfreundschaft

Nachdem wir die Bar verlassen haben, fahren wir weiter. Gegen Ende des Weges kommen wir durch ein hügeliges Gelände, um schließlich einen solchen Hügel hinaufzufahren. Dort oben liegt die Pfarrei meines Gastgebers. Mir scheint, als ob man an dem Gruß, den die Leute ihrem Pfarrer geben, ablesen kann, dass sie ihn achten. Er erwidert ihn liebenswürdig. Von seiner Schwester werden wir herzlich aufgenommen. Sie ist wie ihr Bruder, zuvorkommend und heiter. Auch wäscht sie die schmutzige Wäsche, die ich dabei habe. Dies geschieht ohne große Worte und wie selbstverständlich.

Wie oft führen wir Worte wie „Mitbrüderlichkeit" und „Mitchristen" im

Mund und posaunen sie aus. Diese Frau posaunt nichts. Sie wäscht um Jesu willen meine schmutzigen Sachen, mir, einem hereingeschneiten Vagabunden. Sie steht in der Nachfolge. Es geht ihr nicht um Lehre, Doktrin oder Systeme, sondern um Jesus. Sagen wir es deutlich: Christentum steht in der Zeugnisschaft zu Jesus und nicht zuerst in der Doktrin, dem System oder der Religion. Es ist die personale Hinneigung zu Jesus, dem Meister und Lehrer, dem Erlöser und Liebenden. Die Botschaft Gottes ist kein menschliches Unternehmen ähnlich dem der Philosophie, sie ist kein menschlicher Versuch, uns das Unbegreifliche erklärbar zu machen. Nein, die Botschaft Jesu ist uns von Gott, dem Vater, in Jesus zugesprochen. Gott hat uns sein Wort gegeben, das Fleisch wurde. – Jesus will keine Weisheitslehren übermitteln, sondern alles, was er sagt, ist der Wille und das Gebot des Vaters, der im Himmel ist. Nur so erreichen wir das ewige Ziel: das Reich Gottes.

Der Herr will nicht zuerst die Weltverbesserung, sondern die Erneuerung des ewiggültigen Bildes vom Menschen, das die Sünde verunstaltete. Gott hat dieses Bild in das Herz eines jeden Menschen, eines jeden Mannes und einer jeden Frau, eingeschrieben. Dieses ewiggültige Bild vom Menschen aber ist das Bild seines Sohnes Jesus Christus. Wir sind daraufhin geschaffen, Jesus nachzufolgen. Die guten Werke preisen den Vater und zeigen, dass Erlösung sein Werk ist und nicht Menschenwerk.

Diese Frau, die mir um Jesu willen die Wäsche wäscht, verdient, dass ich sie nenne. Noch heute denke ich an die Freude, die ich hatte, als sie mir anderntags alles frisch gereinigt überreichte. Von Herzen spreche ich meinen Dank aus mit der alten christlichen Bitte: „Vergelt's Gott!"

Die Heilige Messe ist das Mysterium des Glaubens

An diesem Abend sitzen wir noch lange zusammen, trinken Wein und sprechen über die Situation nach dem Konzil. Bei dieser Gelegenheit bietet mir der Pfarrer an, am anderen Morgen die Heilige Messe für die Dorfgemeinschaft zu zelebrieren. Ich könne sie ja auf lateinisch beten, wenn es auf Portugiesisch nicht gehe.

Am anderen Morgen komme ich eine gute halbe Stunde vor dem Gottesdienst in die Kirche, um dort meine Betrachtung zu machen. Obwohl ich sehr zeitig da bin, befinden sich schon einige Leute in der Kirche und beten. Der Pfarrer hört im Beichtstuhl die Beichten. Wenn ich nicht gewusst hätte, dass dieser junge Geistliche, der mich gestern aufgelesen hat, ein dynamischer und zeitaufgeschlossener Typ ist, so hätte ich an eine Verlängerung der guten alten Zeit gedacht. In diesem abseits gelegenen Dorf ist Gottes Geist lebendig. Die Atmosphäre im Gottesdienstraum ist andächtig und erfüllt von stillen Gebeten. Auch befindet sich die Kirche in einem tadellosen Zustand. Alles atmet Reinlichkeit und der Altar ist mit Blumen geschmückt.

Meine Messe beginnt sehr pünktlich, so will es der Pfarrer. Gemessen an dem kleinen Dorf, sind sehr viele Personen in diesem Werktagsgottesdienst zugegen. Sie beten mit und singen ihre Lieder. Auch gehen fast alle zur Heiligen Kommunion. Hier spürt man, die Menschen suchen Jesus und begegnen ihm, und weil sie das tun, finden sie auch den Zugang zueinander. Aus dieser Kraft wächst das Dorf zu einer inneren Einheit.

Frieden beginnt auszustrahlen. Das geschieht ohne Parolen und Fünfjahrespläne. Denn der Segen Gottes ist immer stärker als die planende Klugheit des Menschen. Dass wir uns zu wenig auf Gott einlassen, ist unsere Schuld. Wahrhaftig, die Einheit der Herzen ist die größte Macht, die es auf Erden gibt. Wahre Einheit der Herzen gibt es nur in Gott, dem Vater, dem Sohn und dem Heiligen Geist. Die Kraft, die für dieses Dorf den geistigen Zusammenhalt ergibt, erwächst ihnen aus der Heiligen Messe in der Frühe. Die Menschen, die am Beginn des Tages Jesus begegnen, werden ihren Aufgaben gerecht: in der Familie, im Beruf, im öffentlichen Leben, in der Politik.

Der Herr selbst trägt nun Sorgen und Lasten mit den Menschen. Er lehrt sie, das Kreuz anzunehmen, auch wenn sie mit Armseligkeit und Torheiten belastet sind. Er lehrt sie, auf IHN zu schauen, so dass ihr ganzes Leben: Freude und Leid, Schmerz und Tod ein Lobgesang zur Ehre Gottes wird. In dem Gottesdienst der Berggemeinde wohnt die Stille der Anbetung. Was gibt es Schöneres, als bei Gott zu Hause zu sein!

Beten heißt doch, schon jetzt an Gottes Herz zu ruhen. Gottes segnende Hand liegt über diesen Familien: Männern und Frauen, Söhnen und Töchtern. Der Herr segnet die täglichen Arbeiten und den Fleiß ihrer Hände.

Pastorale Seelsorge und das Sakrament der Heiligen Beichte

Als wir beim Frühstück sitzen, spreche ich dem Pfarrer meine Anerkennung aus. Ich äußere mich, dass mich der morgendliche Gottesdienst ergriffen hat. Er bestätigt, dass er vor jedem Gottesdienst zwei Stunden zuvor da sei, um Beichte zu hören. Er halte es für selbstverständlich. Auch nach dem Gottesdienst können die Leute noch beichten. Er tut dies, obwohl er weiß, dass heute das Beichten allgemein im Schwinden begriffen sei.

Beim modernen Mensch ist das Sinnenfällige stark geworden. Darum entblößen sich die Menschen nach außen: ihren Leib und ihre Seele, und werden im wahren Sinne des Wortes vor sich und anderen *unschamhaft*. Zugleich aber blockieren sie die Barriere der Scham in ihrem Innern, so dass sie sich vor Gott schämen, sich im Versteck verbergen, ihre Sünden verheimlichen und nicht mehr offenbaren. Der Kranke geht dann nicht mehr zum Arzt, er versteckt sich. Aber auch die Geschwüre und Krankheiten der Seele müssen zum Arzt, wenn sie nicht Seele, Psyche und Leib vergiften sollen. Die Wucht der Sünde ist allgewaltig, zugleich ist aber auch die Blindheit erschreckend. Die Menschen unserer Zeit schreien in ihren Schmerzen, die brennen. Aber zu ihren Sünden, den Ursachen der Schmerzen, wollen sie nicht hinzutreten. Lieber jammern sie, zerstören ihre Ehen, lassen ihre Kinder liebehungrig in den Straßen herumirren, erlauben sich jede Zügellosigkeit und Unsittlichkeit, obwohl das Leid und Tod bringt. Bekehren aber wollen sie sich nicht.

O Blindheit! O geheimnisvolles Wort Gottes: „Hören sollt ihr und nicht verstehen. Sehen sollt ihr und nichts bemerken. Denn das Herz dieses Volkes ist abgestumpft. Ihre Ohren sind schwerhörig geworden und ihre Augen kneifen sie zu, damit sie mit ihren Augen nichts sehen und mit ihren Ohren nichts hören und mit ihrem Herzen nicht verstehen und sich bekehren, damit ich sie heilen müsste." (Mt 13,15 ff)

Wer wegen seiner Sünde erkrankt ist, muss zum Arzt gehen, er darf sich nicht vor Gott verstecken.

Doch heute geht er vielleicht noch zum Psychologen oder zum Psychiater. Die aber können keine Sünden nachlassen. Die Klugen unter diesen Berufsgruppen wissen das. Die Törichten unter ihnen versuchen die Sünden wegzureden in eine allgemeine Schuldhaftigkeit. Doch da erweist sich das Menschenherz wie ein störrischer Esel, der stur und bockig dasteht. (In der Tat, man kann eine Lungenentzündung nicht mit Hustentee heilen.) Man kann Sünden nicht wegreden. Man kann Sünden nicht überdecken mit einem Schwall von Worten. Man kann sie verdrängen ins Unterbewusste. Jedoch dort verbleiben sie und lärmen aus der Tiefe. Nur Gott kann Sünden vergeben. Und vergeben darf der, der im Namen Jesu dafür gesandt ist, der Priester. Diese Berufung aber, im Namen Jesu Sünden zu vergeben, ist Gnade.

Hier im Dorf kommen viele Menschen zum Beichten. Sie offenbaren ihre Schwächen und sagen ihre Armseligkeit und auch ihre Gemeinheiten. Dann kehren sie zurück in das helle Licht Gottes und verbergen nichts. Sie geben sich weinend dem hin, der heilen kann und bitten demütig um die Vergebung. So bleibt Sünde Sünde. Aber in das Unheil der Existenz tritt die Ewige Barmherzigkeit, die den Sohn als Arzt sendet.

Der stolze Mensch will ohne Gott heilen. Es kann es nicht. Er vermag zwar äußere Korrekturen anzubringen, muss aber die inneren Vergiftungen verheimlichen. – Der demütige Mensch aber offenbart sein Herz vor Gott. Gott spendet im Sakrament der Buße die Vergebung. So bleibt alle wahre Ordnung bestehen. Gott gibt. Der Mensch empfängt. – Und Gott bleibt die Ehre. „Denn meine Ehre gebe ich keinem, so spricht der Herr." (Jes 42, 8)

Nach der Vergebung freut sich der Mensch über die Gabe Gottes. Er ist nun geläutert, gereinigt und erneuert, ist wieder Kind Gottes und entrissen den Dämonen. Das ist nicht ein Zustand von Worten, sondern das Herz weiß sich am Herzen Gottes geborgen. Und noch eines: Im langen Weg der Bekehrung, da wir zu den Wassern der Gnade hinzutreten, erweist sich dieses Sakrament von einer lebendigen, umwandelnden Kraft. Das Menschenherz wird von seinen Torheiten geläutert, sehend werden die Augen und hörend die Ohren. Dieses Herz aus Stein in unserer Brust, das nur dem Egoismus lebte, wird zu einem Herz aus Fleisch. Nun lebt es in einer großen Feinfühligkeit die Nöte der Menschen mit und wird ihnen Bruder und Schwester. Aus der Demut vor Gott erwachsen Gnade um Gnade. Dann wird die wahre Würde des Menschen erkannt und gelebt.

Die Gesetze Gottes sind tragende Kräfte, die den Lebensstrom fließen lassen und den Menschen zur Freiheit führen. Gott ist nicht Enge, sondern wahre Freiheit. Wir aber sind *die Empfangenden*. Das ist unser Wesen und unsere Demut. Darin werden wir geprüft. Wenn wir sagen, das Empfangen sei unser Wesen, so liegt darin das älteste Urgestein unserer Existenz. Diese Aussage gehört zu den Urgeheimnissen, deren Schleier uns umwehen. Dieses Urgeheimnis ist uns eingeschrieben. Kein Meißel wird es je aus unserem Herzen herausmeißeln und keine Säure wegätzen können. *Wir sind Empfangende.* Wenn wir jenen stolzen Dünkel der Gottgleichheit ausreißen, dann jubelt unser Herz in großer Freude, und wir kehren zu Gott, dem Geber und Schöpfer unseres Seins zurück. ER hat uns mit unbegreiflicher Liebe geschaffen und ruft uns mit einem Namen, so dass wir (o wie unbegreiflich!) nun leben.

Demut ist Wahrheit, denn die Erlösung stammt von Gott. Warum sollte ich nicht hinzutreten zu den Quellen aus dem Herzen Jesu, damit er mich befreie von meinen Sünden? Warum sollte ich das Wasser und das Blut verachten, das da aus der Seite Jesu hervorfloss, als der Soldat sein Herz durchstieß? Im Blut des Lammes haben die Heiligen ihre Gewänder gereinigt, und sie sind weißer geworden als Schnee, von der Sonne überbestrahlt, – rein, unberührt, berauschend anzuschauen. Ich will nicht zu jenen gehören, die Gottes Gaben verachten und in der Wüstenei der Seelen sterben, verschmachtend in der inneren Glut des Herzens. Das Kind weiß, dass es ohne Hilfe von Vater und Mutter sterben muss. Mit Vertrauen schaut es empor, Gaben zu empfangen und empfängt sie. Es bleibt die Mahnung: „Wenn ihr nicht werdet wie Kinder, könnt ihr nicht ins Himmelreich eingehen." (Mt 3,18)

„Ja", meint der Pfarrer, „in unserer Pfarrei, einer einfachen kleinen Bergpfarrei haben wir noch viele Beichten. Darum will ich beizeiten am Morgen aufstehen, um den Beichtstuhl zu bedienen. Der Herr wird mir einmal diese Anstrengungen vergelten."

Die Heilige Messe, gut vorbereitet, ist das Herz des Priesters

An jenem Morgen fügen wir noch zu den Gedanken über die Beichte andere hinzu:

„Jetzt bin ich sieben Jahre Priester. Als unser Kurs ausgeweiht wurde, glaubten wir, wir würden die Welt bekehren. Das Außerordentliche zog mächtig an. Vor allem Jugendarbeit und neue Methoden sollten der Schlüssel zum Himmelreich werden. Aber auch sonstige kleine karitative Gruppen waren begehrt. Nur das Gewöhnlich-Alltägliche verachteten wir zunächst."

„Und dann?", frage ich

„Heute würde ich sagen: Wenn ein junger Priester seine Pfarreiarbeit beginnt, dann beginne er mit einem gut vorbereiteten Gottesdienst, mit Pünktlichkeit und Sauberkeit und mit leuchtenden Blumen auf dem Altar. Er habe viel Zeit für den Beichtstuhl, damit die Menschen in innerer Reinheit dem Herrn bei der heiligen Kommunion begegnen. Auch führe er seine Pfarrei zur Gottesmutter und bete mit ihr den Rosenkranz. Er habe viel Zeit für das Gespräch mit jedem einzelnen, ohne sich in Banalitäten zu verlieren. Das Evangelium braucht den Verkünder. Der Verkünder braucht das Wort. Alles muss so sein, dass die Menschen es verstehen können. Ohne eine saubere äußere Form geht es nicht. Aber ohne ein lebendiges Inneres bleibt die äußere Form starr und leer. Gott allein bewegt alles: das Außen und das Innen."

Während er diese Gedanken offenlegt, denke ich an so manche Pfarrei, wo Mitbrüder die tollsten Experimente betreiben. Ich sage: „Bei nicht wenigen meiner Mitbrüder finde ich viele Modernismen, zugleich aber vernachlässigen sie das Wort Gottes und die Sakramente."

Wir schweigen und sind tief bewegt. Dann spricht er zu mir: „Jesus, unser Meister sagt: »Ihr seid das Salz der Erde. Ihr seid das Licht der Welt. Eine Stadt, die auf dem Berge liegt, kann man nicht übersehen. Ein Licht stellt man auf den Leuchter, damit es leuchte!« (Mt 14,16) Darum muss die Erneuerung der Kirche vor allem von der Erneuerung der Priester ausgehen: den Pfarrern, Kaplänen, Vikaren, Bischöfen, Kardinälen bis hin zum Heiligen Vater. Sie sind zuerst gesandt, die Kirche Gottes aufzurichten."

„So ist es", füge ich hinzu.

Er fährt fort: „Das gilt uns Ordenspriestern und Schwestern und allen, die in der Nachfolge Christi stehen. Wenn wir uns mit dem Fett der Schafe mästen und mit ihrer Wolle bekleiden, ohne das Wort unverfälscht zu verkündigen, ist die Herde ohne Hirten. Dann werden die Führer zu Verführern, das Salz wird schal und das Licht erlischt. Der Zorn Gottes ist nicht mehr weit, und »es ist entsetzlich, in die Hände des Lebendigen Gottes zu fallen«." (Hebr 10, 31)

Was ich meinem Mitbruder in jener Bergpfarre Portugals wünsche, ist, dass der Herr ihm die Gnade gebe, treu zu sein bis an sein Lebensende.

Wie steht der portugiesische Staat zu Fatima?

Schon ist der andere Tag gekommen, und wir fahren mit dem Auto nach Fatima. Das schöne Bergdorf liegt hinter uns und auch die Begegnungen des vergangenen Tages. Von Anfang an, seitdem wir uns getroffen hatten, schwebt eine Frage auf meinen Lippen.

Nun wage ich es, sie meinem Begleiter zu stellen. Ich frage ihn: „Wie steht es eigentlich heute in Fatima? Hat sich jener entsetzliche Kampf, den das damalige Freimaurerregime geführt hat, nun beruhigt? Wie steht der heutige portugiesische Staat zu Fatima, besonders da er ja mit der Kirche ein Konkordat geschlossen hat? Wie ist die Entwicklung weitergegangen?"

Ich dachte mir, mein Begleiter würde sagen, es sei im großen und ganzen alles in Ordnung. Zwar gebe es da und dort noch kleinere Reibereien, aber die seien unbedeutend. Darum bin ich erstaunt, als er mir beteuert, dass nur nach außen der Anschein der Ordnung gewahrt würde, innen aber der Kampf unvermindert weiter tobe. Er sagt, dass die Gegner heute Methoden anwenden, wie sie die GeStaPo (Geheime Staatspolizei) im Dritten Reich zur Anwendung gebracht hat.

Er fügt hinzu: „Die jetzige Regierung hat keine große Freude an der Erneuerung des religiösen Lebens. Zur Zeit der Erscheinungen von Fatima hat die damalige Regierung die Kinder brutal verfolgt. Heute schützt man nach außen ein großzügigeres System vor, aber im Hintergrund beargwöhnt man uns und verfolgt uns weiter."

Auch sagt er: „Sehen Sie: Die Regierung weiß, dass ich christlich denke, sie weiß, dass ich mich um meine Leute kümmere und als Jugendseelsorger die katholische Landjugend aufbaue. Das ist ihr ein Dorn im Auge. Darum sendet sie mir an Sonntagen nicht nur einen, sondern sogar zwei Spitzel in die Kirche, die meine Predigt mitschreiben oder aufnehmen. Deshalb erhielt ich ein Schreiben vom Kardinal in Lissabon. Er teilte mir mit, er freue sich, mich wieder zu sehen, und ich solle ihn besuchen. Wenige Tage später bin ich in Lissabon und gehe beim Herrn Kardinal vorbei. Er freut sich, mich zu sehen. Er lädt mich zum Mittagessen ein. Aber den Kaffee serviert er mir in seinem Arbeitszimmer, wohin wir uns zurückziehen.

Als wir dann an seinem Konferenztisch sitzen und Kaffee trinken, erklärt er mir, was ich bereits ahne. Er sagt, es seien bei ihm Vertreter der Regierung vorstellig geworden, weil ich öffentlich das und jenes zur sozialen Frage gesagt habe.

Ich antworte ihm: „Eminenz, ich habe das gesagt. Aber diese Sätze stammen aus der Enzyklika "Pacem in terris" von Papst Johannes XXIII."

Der Kardinal schaut mich an und sagt: „Mein lieber Mitbruder, ich weiß es. Aber müssen wir einen solchen Koloss von Staat, wie wir ihn jetzt hier haben, frontal angreifen und seine Wut herausfordern? Genügt es nicht, jetzt ins Ohr zu flüstern, was man dann öffentlich von den Dächern rufen wird?"

Ich antworte: „Mein Vater, vielleicht wissen Sie es, dass die portugiesische Geheimpolizei einige meiner besten jungen Leute nach Lissabon verschleppte. Man warf sie ins Gefängnis, quetschte sie durch Nazimethoden aus und bearbeitete sie mit Fußtritten. Schließlich schlug man sie, um sie hernach auch noch zu geißeln."

Dann füge ich hinzu: „Mich konnte man nicht treffen. Das war für sie zu gewagt. Dafür holten sie andere in ihren Gerichtspalast, um blutige Rache zu nehmen. Wird denn eine Ideologie, die das Christentum für blanken Aberglauben hält, je in ihrer Raserei einmal Halt machen? Sie werden fressen, was ihnen erreichbar ist. Sie werden jede Bastei von uns niedermachen, wenn sie es können. Aber wovor sie Angst haben, ist, wenn man ihnen in ihr freches Angesicht hinein widerspricht. Sie fürchten das Bekenntnis des Glaubens und den Widerspruch des Zeugnisses."

Der Kardinal schaut mich lange an. Er schweigt. Er gibt keine Antwort mehr auf das, was ich ihm gesagt habe. Er verschweigt seine Worte, die er mir sagen wollte. Aber unsere Blicke kreuzen sich und senken sich tief ein.

Als ich mich von ihm verabschiede, gibt er mir das Geleit bis zur Türe seines Hauses. Unsere Hände ruhen ineinander wie das Einverständnis vor unserem Herrn Jesus Christus. Da sage ich noch: „Herr Kardinal, das Bekenntnis!" Er blickt nochmals zu mir auf und nickt leise."

Rosenkranzbetrachtung
„Jesus, der in den Himmel aufgefahren ist."

Als Jesus, ihr Meister, von der leuchtenden Wolke verhüllt wird, stehen die Jünger Jesu sprachlos da, da sie es nicht erfassen können, was geschehen ist. Nun ist ER ihnen entschwunden, auf den sie ihre ganze Hoffnung gesetzt haben, und sie sind nun allein mit einem Missionsbefehl, der sich über die ganze Erde erstreckt. Wie sollen sie nur allein etwas Menschenunmögliches vollbringen können?

Da stehen zwei Männer vor ihnen. Es sind Gestalten voll äußerer und innerer Gewalt, erschreckend anzusehen und doch zugleich voll Festigkeit und Majestät. So stellte man sich einen Herrschenden vor, dessen Wort Gültigkeit besitzt. Sie sagen: „Ihr Männer von Galiläa! Was steht ihr da und schaut zum Himmel empor? Dieser Jesus, den ihr zum Himmel habt auffahren sehen, wird wiederkommen, wie er aufgefahren ist." (Apg 1, 11)

Als sie an diesem Tag mit Jesus zum Ölberg aufgebrochen sind, liegen die vierzig Tage seit der Auferstehung Jesu hinter ihnen. Auch hat er ihnen gesagt, dass er die Welt verlassen werde, um zum Vater heimzugehen. Ja, aus seinen Worten klang die zitternde Erwartung heraus, heimgehen zu dürfen, um das Ewige Reich in Besitz zu nehmen, wenn er sich zur Rechten seines Vaters setzen wird.

Doch mehr! Er hat ihnen auch versprochen, dass er den Heiligen Geist auf sie herabsenden wird. Er sagt: „Es ist gut für euch, dass ich hingehe. Denn gehe ich nicht hin, wird der versprochene Heilige Geist, den ich vom

Vater her senden werde, nicht über euch kommen." (Jo 16, 7)

Auch sagte ER: „Aber ihr werdet Kraft empfangen, indem der Heilige Geist auf euch kommt, und ihre werdet meine Zeugen sein in Jerusalem, und in ganz Judäa und Samaria und bis an das Ende der Erde." (Apg 1, 8)

Ganz sicher ist, dass Jesu irdische Zeit ist, wie es im Willen des Vaters festliegt, nun zu Ende gegangen ist. Es ist die Stunde gekommen, da ER heimgeht, um immer beim Vater zu sein. Sein Auftrag ist erfüllt. Seine Sendung zu Ende gebracht. Darum sind die Stunden, Tage, Wochen, Monate und Jahre seiner irdischen Zeit zu ihrem Abschluss gekommen.

ER geht nun heim aus dem Unvollkommenen in das Vollkommene, aus dem Vorübergang in das Ewig-Bleibenden, aus der Ohnmacht, in die er sich freiwillig begeben hat, in die Fülle seiner Ewigen Herrschaft.

ER wird Mittler sein zwischen Gott und den Menschen. ER wird an der Seite seines Vaters der Ausspender seiner Gnaden sein, besonders in den Sakramenten, die er eingesetzt hat.

ER wird unsere armseligen Gebete und Hilferufe vor den barmherzigen Thron Gottes bringen, um uns in unserer irdischen Zeit beizustehen.

ER wird als Herr, König und Richter am Tag der Wiederkunft „die Guten und die Bösen aus den vier Winden der Erde zusammenrufen", (Mt 24, 31) um Gericht über Lebende und Tote zu halten. Sein Reich hat kein Ende.

Der Welt von heute ist der Himmel in ihrer Denkart abhanden gekommen. Sie hält nichts vom Himmel. Über den Himmel nachzudenken, hält davon ab, in dieser Welt etwas Ordentliches zu produzieren. Der Aufbau einer irdischen Zeit mit allen ihren grandiosen Werken und Machtverhältnissen aber ist das Gebot der Stunde. Satan ist vordergründig „der Fürst dieser Welt." (Jo 12, 31) – Selbst das Christentum braucht eine politische Theologie, welche in Statements ständig präsent sein muss.

Die Welt von Heute ist vernarrt ins Jetzt. „Lasst uns den Augenblick genießen, denn morgen sind wird tot. Lasst uns die Rosen brechen, solange sie noch blühn." Aber inmitten einer trügerischen Welt tanzt eine Kultur des Todes auf dem Vulkan ihrer Lust- und Freudenfeste ihre Orgien. Diese Generation verhöhnt die Ewigen Gesetze und damit Gott, den Herrn, selbst.

Die Menschen wissen, dass sie auf diesem _Raum-Zeit-Schiff_, in dem sie ihre schon abgezählten Lebenstage verbringen, nur kurze Zeit weilen. Denn jeder von ihnen ist für die ewige Heimat im Himmel bestimmt.

Aber weder erfüllen sie ihren Lebensauftrag, wie das Christus getan hat, noch denken sie an den Vorübergang, sondern sie glauben, in einem instabilen "Jetzt" sich eine Art Ewigkeit zu schaffen, die aber im Räderwerk vorübergehender Stunden zermahlen wird. Sie glauben, Gott betrügen zu können und betrügen sich selbst, da sie sich völlig in das Nur-Zeitliche verstricken.

Die Zeugnisschaft ist die Mitte des Glaubens

Wir sitzen lange im Auto und schweigen. Mir hallt im Innern das Wort nach: *„Was sie fürchten, ist das Bekenntnis"*. Das Zeugnis, – vom Glauben Zeugnis zu geben, – Zeuge zu sein, – Gesandter, – Bote, – als Apostel in die Welt hinauszugehen – gehört das nicht zum Absoluten und auch Unveräußerlichen, zum Wesen des Christentums?

Jesus Christus ist *„der treue Zeuge"*, (Offb 1, 5) der verkündet, was ihm sein Vater aufgetragen hat, – und alle, die ER sendet, sind Zeugen. Sie sollen vor die Völker und ihre Machthaber hintreten, um Gottes Erlösungstat mit Freude und Zuversicht zu verkünden. Der Herr bietet Rettung an, aber sie muss in freiem Ja angenommen werden. Annahme und Verweigerung bilden dann Erlösung oder Verwerfung. Jesus Christus ist der *„treue Zeuge"*, der Mensch aber muss seinem Wesen nach sich entscheiden.

Aber die Lästerer, die den Herrn verwerfen, mögen das Wort vom Zeugnis nicht hören, weil sie vor Gott fliehen. Denn jeder, der sie an ihre Gottesflucht hinter das Gebüsch, das sie versteckt, erinnert, bringt sie in innere Raserei, Erregung und Wut. Das Zeugnis für Jesus fordert blutige Verfolgungen heraus. Unzählige Männer und Frauen haben in den Martyrien unserer Tage ihr Leben dahingegeben, und auch jene jungen Männer in Lissabon sind deshalb geschlagen und gegeißelt worden. Der Gotteshass fordert die Glut höchsten Zeugnisses heraus. Der Hass hat das Blut der Märtyrer des zwanzigsten Jahrhunderts in Strömen fließen lassen.

Die Botschaft Jesu ist nicht Wissenschaft, sondern Zeugnisschaft

Bei nicht wenigen ist *die Botschaft Jesu ein Wissen,* eine sehr vernünftige Lehre, eine Lehre mit Universitätscharakter. Man kann sie wissenschaftlich aufschlüsseln. Bei manchen sieht es dann so aus, als ob die wissenschaftliche Durchforschung der Botschaft Jesu, wobei sie jedes Wort sieben und jedes Komma auseinandernehmen, den Kern des Christentums ausmache. Das

Ergebnis ist, dass die wissenschaftliche Durchforschung der Evangelien und der Tradition eine Art Heilsdoktrin ausmacht, die dieser große religiöse Denker und Wanderapostel Jesu Christus erfunden und realisiert hat. Seine Heilslehren sind dann auf alles Menschliche anwendbar. Dann geht es um die *Sache Jesu*, weil sie glauben, dass die *Sache Jesu* eine malträtierte Welt über die Runden bringen könne.

Sind wir so weit, dann kann – so glauben sie – die Wissenschaft die Kernfragen herausarbeiten. In ein paar Sätzen werden die ganze Heilige Schrift und die Lehre der Kirche auf einen Generalnenner gebracht, und schon hat der Mensch wieder (man denke an Bultmann) ein neues Wissen, um an Gott heranzukommen und seiner habhaft zu werden.

So tun es die alten Veden in Zauberformeln und Sprüchen, welche beschwören, indem sie die Gottheit beherrschen und nicht umgekehrt. – Jene Worte der Evangelien und der Tradition, die den heutigen wissenschaftlichen methodischen Vorurteilen nicht standhalten, werden abgeholzt und man erklärt sie als nicht verbindlich. Und all das geschieht dann im Namen einer aufgeklärten Wissenschaft.

Doch was ist Wissenschaft? Wenn man allein die Jesusbiographien anschaut, die sich in den letzten zwei Jahrhunderten als wissenschaftlich verbindlich vorstellten, kann man sich des Spotts nicht enthalten. Denn mehr als einen demütigen Dienst am Wort Jesu, an seinen Sakramenten und an seiner Kirche kann keine Universität oder theologischen Hochschule tun.

Darum wäre es höchste Zeit, dass unsere Theologiestudenten zusammen mit ihren Professoren zuerst die Tiefendimensionen des Zeugnisses Jesu studierten: das der Bergpredigt und der Gleichnisse, das der Auseinandersetzung Jesu mit Pharisäern und Schriftgelehrten, das seiner Wunder, der Verurteilung vor den Gerichten des Hohen Rates und des Pontius Pilatus, das des Kreuzes und seiner Auferstehung.

Diese ewigen Geheimnisse müsste die theologische Jugend studieren! Nicht zuerst spitzfindige und analytische Methoden, die aus den Heiligen Texten literarische Schichtungen und Gattungen verbindlich machen. Denn es besteht die Gefahr, dass die Studenten Methoden der Analyse kennenlernen, aber das Wort Jesu erreicht ihr Herz nicht mehr. Literarisches Handwerkszeug gibt man ihnen, Jesus aber bleibt ihnen fremd. Und eine anfängliche Liebe, die sie zum Studium mitbrachten, erlischt bei nicht wenigen unter dem Schutt von Sachwissen und Informationen. Sie haben das Kleid, also eine Hülle studiert, der Herr selbst aber wurde ihren Blicken entzogen.

Nun können sie nicht mehr dem Meister nachfolgen noch ihr Leben in sein Leben hinein umformen. Denn sie erkennen ihn am Brotbrechen nicht mehr. Was Wunder, dass sie dutzendweise die Theologiekurse verließen. Sie hatten Quellen vor sich, aber diese gaben kein Wasser. Die Sache Jesu ist zur politischen Theologie geworden. Dazu kommt die lateinamerikanische, marxistisch angehauchte Befreiungstheologie. Solches wurde zur großen Lehre einer Weltverbesserung. Christentum ist nun eingepfropft in diese Welt und für diese Welt, ja nur für diese Welt allein, wie einige meinten. – Aber der ewige Ruf des menschlichen Herzens kann sich mit solchen Mogelpackungen nicht zufriedengeben. Böser Betrug bleibt böser Betrug.

Was sind das für theologische Hochschulen, die aus der Botschaft Gottes, dem Evangelium, eine pure Wissenschaft machen? In ihrem Stolz glauben sie dann noch, Jesus Christus wissenschaftlich fest in den Griff ihrer Formeln gebannt zu haben.

Bekenntnis nicht zur Sache Jesu, sondern zu Jesus selbst

Dann sind da jene, die sich zu Jesus Christus bekennen. Nicht die Sache Jesu steht im Vordergrund, sondern *die Person Jesu Christi*, die im Fleisch unter uns erschienen ist. Sie nehmen Christus an als das Ewige Wort des Vaters und nicht als ein großartiges religiöses Genie der Menschheit. Sie setzen Jesu Wort in die Tat um. Sie wissen, Christi Wort ist nicht das Vermächtnis eines Toten. Nein, in diesem Wort weht der Heilige Geist, den Jesus und der Vater senden. In diesem Wort spricht Jesus zu uns: heute, jetzt, in dieser Stunde. Der Herr will, dass wir unser Angesicht emporheben, damit Er unser Erlöser sei. Das Wort Gottes weist auf die Sakramente hin. Im Geheimnis des Glaubens wohnt Jesus Christus als das ewige Leben in uns.

Jene jungen Männer in Lissabon aber legten ein Zeugnis ab. Dieses Zeugnis forderte einen Anteil ihres Blutes. Sie sind mit Striemen gezeichnet. In der Kraft des Geistes widerstanden sie der Qual. Und als sie so vor den Richtern eines Diesseits standen, stand wiederum Jesus vor den Richtern eines Diesseits. Der Geist glühte in ihren Herzen. Sicherlich hatten sie Angst, wie wir alle Angst haben. Sicherlich schrieen sie im Schmerz, wie wir alle darin schreien. Doch sie bekannten sich zu Jesus, zu seiner Auferstehung, zum ewigen Leben, zur ewigen Gerechtigkeit. Da sie dieses taten, erglühte in Raum und Zeit die Liebe und brannte wie ein erhabenes Zeichen in der Nacht.

Darum legen jene Männer und Frauen, die ein Leben lang den Armen die Wunden waschen, ohne je von der Sensationspresse genannt zu werden, Zeugnis ab. Treuer Dienst in der christlichen Schule bei dem so mühseligen Geschäft der Erziehung steht ebenfalls im Zeugnis. Die Gütigen, die Unverzagten, die Barmherzigen und die, die reinen Herzen sind, und die Armen um des Himmelreiches willen halten das Banner des Zeugnisses empor, weil sie leben wie Jesus lebte. *Christentum ist Zeugnis*, eine im Leben verkündete Botschaft, innere Kraft und Stärke. Es geht nicht um eine Lehre, es geht nicht um eine umstürzende Revolution zur Veränderung von Gesellschaftsstrukturen, nein, es geht um die Wandlung des Herzens im Herzen Jesu. Alles andere kommt danach. Dazu braucht es den reichen Strom der Gnade, und Gott selbst muss in uns gegenwärtig sein.

Die Menschen haben schon immer versucht, sich in Tausenden von religiösen Riten den Zugang zu Gott mit aller Macht zu erzwingen. In Beschwörungen und atemberaubender Askese, in höchsten Meditationsformen und großen Opfern wollten sie zahlen, um das Angesicht Gottes schauen zu dürfen. Aber die Paradiesespforte ist seit Adam und Eva verschlossen und Cherubim mit brennend-glühenden Schwertern stehen dort, und kein Irdischer kommt da jemals hindurch.

Der Mensch ist Mensch, Gott aber Gott. ER als einziger ist der Herr! Hingegen der Mensch ist der Geschaffene. Der Mensch als Kreatur besitzt nichts, womit er bezahlen könnte. Er kann vor Gott keine Sollforderung stellen. Darin scheitern alle vom Menschen gemachten Religionen der Welt und bezeugen ihre Ohnmacht, da sie nichts besitzen, womit sie vor Gott einen Anspruch erheben könnten. Letztlich sind sie leer und eitel.

Doch die Ewige Liebe, die uns voll Güte das Leben zuhaucht, bleibt uns treu, selbst dann noch, wenn wir Revolutionen betreiben, abfallen und immer wieder abfallen. Der Mensch vermag zwar das Tor zum Garten Eden nicht aufzubrechen, aber Gott vermag es, das Tor vom Himmel her zu durchschreiten. Denn als der Herr das Tor durchschritt, senkten die Cherubim ihre glühenden Schwerter. Da „sandte Gott uns Seinen Sohn, geboren von der Frau." (Gal 4, 4)

In unbegreiflicher Liebe entäußerte sich Christus seiner Gottesherrlichkeit und brachte die Botschaft vom Vater. Der Vater erweist uns Barmherzigkeit und erlöst uns im Sohn. Dieses Wollen Gottes bezeugt Christus durch seine Botschaft, sein Leben, sein Kreuz, sein kostbares Blut und durch seine Auferstehung. Und immer, wenn Gläubige in Christus ein solches Zeugnis ablegen, kommt auch ihr Zeugnis von Gott, ist Gottes erhabene Macht und Gewalt sichtbar erschienen. Das ist Gnade; denn in dieser Stunde redet Gott in das Ohr einer finsteren Welt durch seine Zeugen.

Ein Christentum, das der Scharlatanerie verfallen ist, wird zum ekelerregenden Schmutz. Solches haben die falschen Propheten getan, die Israel in den Untergang trieben. Sie haben nicht Gottesworte verkündet, sondern unter der Maske eines Gotteswortes die Worte des verderbenbringenden Zeitgeistes.

Auch wird ein Christentum, das dem Trott eines Nur-Traditionalismus verfallen ist, darin untergehen. Denn alle alten und alle neuen Formen brauchen die Vergegenwärtigung der Heilswirklichkeit. Gegenwärtig muss Jesus Christus sein, der treue Zeuge des Vaters. Nur der ist ein Christ, der Jesus liebt und das Wort Gottes und die Sakramente durch sein lebendiges Tun bezeugt, „damit die Menschen die guten Werke sehen und den Vater im Himmel preisen." (Mt 5,16) Jesus fordert: „Ihr sollt meine Zeugen sein." (Apg 1, 8)

Gegrüßet seist Du Maria, voll der Gnade, der Herr ist mit Dir. Du bist gebenedeit unter den Frauen und gebenedeit ist die Frucht Deines Leibes Jesus. – Heilige Maria, Mutter Gottes, bitte für uns Sünder, jetzt und in der Stunde unsres Todes. Amen!

In Fatima
am Ende der Pilgerfahrt

In Fatima, am Ziel der Pilgerfahrt
Der junge Mann und die unerwartete Ausfragerei
Nun wird der Spion selbst ausgefragt

Der Feind, der im Innern sitzt, ist der gefährlichste
Jesus, der Sohn Gottes und der Menschensohn
Du bist Petrus, der Fels

Die Versuchung zum Tourismus in Fatima
Die Anbetung verwandelt das Herz der Menschen
Religion ist das Eigentliche des Menschen

Rosenkranzbetrachtung
„Jesus, der uns den Heiligen Geist
gesandt hat"

Nun bin ich in Fatima. Mein Freund hat mich in einem Haus, das der "Gesellschaft des Göttlichen Wortes" gehört, untergebracht. Der Verwalter dieser Niederlassung, ein Deutscher, hat mich sofort aufgenommen.

„Gehen Sie hinauf in das Zimmer meines Mitbruders, der in Ferien ist. Dort können Sie wohnen."

Mit diesen Worten empfängt er mich. Dann steigen wir die Treppen hinauf und betreten das Zimmer. Im Stillen wundere ich mich, dass ich so schnell und so einfach Unterkunft finde. Für rein menschliche Perspektiven gehören diese rasche Begegnungen in das Reich der Zufälle. Für mich selbst sind sie ein Liebeserweis der großen Frau, die mich bei meiner ganzen Wanderschaft auf dem Weg nach Fatima leitete. Sie denkt mit mütterlicher Liebe an jedes ihrer Kinder. Sie zeigte dies oft so deutlich, dass man gar nicht mehr daran zweifeln kann. Wahrhaftig! Welch inneres Gefühl der Geborgenheit schenken solche Aufmerksamkeiten. Man muss sie nur sehen! So werden auch die dunkelsten Stunden nicht zu Stunden der ausweglosen Tragödie, sondern sind eingefangen in den Mantel eines großen Behütens. Dafür Dank, o Jungfrau und Mutter Maria!

Das Zimmer, das mich aufnahm, ist hell und freundlich. Die Fenster gehen auf den Vorplatz hinaus. Die Einrichtung ist schlicht, aber genügend. Der Verwalter sagt mir noch, dass sie jetzt im Sommer mehrere Gäste hätten und ich mit diesen essen solle. In zwanzig Minuten sei das Nachtessen, bis dahin soll ich mich bereit halten. Der Speisesaal sei der, in dem sonst die Schüler essen würden. Er sei unten im Haus.

Ich werfe meinen Rucksack ab, wasche mich und setze mich in den Sessel, der im Zimmer steht. Ich kann es nicht begreifen, dass ich am Ziel bin.

Der überraschende junge Mann und die große Ausfragerei

Als ich in den Speisesaal trete, umfängt mich der Lärm der Anwesenden. Es sind verschiedenste Leute da, Alt und Jung, Männer und Frauen. Ich halte Ausschau, ob ich irgendwo an einem Tisch Platz finde. Ich sehe dann einen Tisch mit zwei jungen Schwestern und einem jungen Mann, der zwischen zwanzig und fünfundzwanzig Jahren zählen muss. Dieser ist offenkundig ein Student. Als ich dorthin strebe, steht der junge Mann sofort auf und bittet mich freundlich, bei ihnen Platz zu nehmen. Ich freue mich über die Vornehmheit, nehme das Anerbieten gerne an und setze mich. Dann kommen wie immer zunächst die Sprachschwierigkeiten. Ich erkläre, dass ich Spanisch spreche und Deutsch und vielleicht ein paar Brocken Portugiesisch verstehen kann. Der junge Mann erklärt, er spreche neben Portugiesisch auch Spanisch und vielleicht auch ein paar Brocken Deutsch. Die beiden jungen Schwestern können nur Portugiesisch. Immerhin habe ich jemanden, mit dem ich reden kann. Nun stellen wir uns gegenseitig vor. Ich sage, ich sei Pater und stamme aus Deutschland, arbeite aber zur Zeit in Spanien. Er sagt, er sei Student in Lissabon und sei hierher gekommen, um Fatima ein wenig kennen zu lernen.

Dann beginnt etwas, über das ich zunächst sehr erstaunt bin. Ich denke, was ist das bloß, was mich gefangen hält, was ich aber nicht ausdrücken kann? Hinterher amüsiere ich mich. Und wieder danach werde ich bedächtig in meinen Gesprächen. Zuletzt aber wiege ich die Worte ab, ehe ich Antwort gebe. Der junge Mann beginnt nämlich pausenlos zu fragen. Das Gespräch beginnt mit den Worten:

„Ich freue mich, dass Sie hierher zum Heiligtum von Fatima gekommen sind, sicher war Ihre Reise mit dem Flugzeug, dem Bus oder Bahn oder dem Auto sehr anstrengend?"

„Sicher! Doch ich bin zu Fuß gekommen und zum Teil per Autostopp."

„Oh," sagt er, „Sie sind ganz allein gegangen? Das war sicher sehr anstrengend beschwerlich?"

„Nicht immer. Die letzten hundert Kilometer hat mich ein Geistlicher mitgenommen."

„Das ist lieb von ihm gewesen und ein sehr freundlicher Gestus. Er war sicher ein Portugiese. Vielleicht kenne ich ihn?"

„Leider habe ich nicht nach seinem Namen gefragt. Ich weiß nicht, wie er heißt."

„Sind Sie zum ersten Mal in Portugal? Und gefällt es Ihnen hier?"

„Ja. Zum ersten Mal!"

„Wie Sie schon gesagt haben, sind Sie Deutscher. Sie haben wahrscheinlich in Deutschland ein Pfarrei und bereiten für andere Pfarreimitglieder eine Wallfahrt nach Fatima vor?"

„O nein! Ich gehöre einer religiösen Gemeinschaft an und bin gekommen, um der Jungfrau Maria meine Dankbarkeit und Ehre zu erweisen."

„Das ist schön von Ihnen. Aber werden noch andere Mitglieder Ihrer Gemeinschaft hierher pilgern und haben Sie vielleicht die Absicht, hier in Fatima ein Haus zu erwerben?"

„O nein! Davon ist keine Rede. Es ist mein eigener Entschluss gewesen, im Jubiläumsjahr 1967 nach Fatima zu pilgern."

Während wir so miteinander plaudern und ich diesem jungen Mann von meiner Reise erzähle, wird das Essen serviert, das reichlich ausfällt. Die beiden jungen Schwestern sitzen bei Tisch und hören zu. Sie sind interessiert, bilden aber eine gewisse Distanz. Dann fährt er fort in seinen Reden.

„Haben Sie im Ausland viele Schulen und sind Sie an der Jugenderziehung stark interessiert?"

„Wer den Glauben verbreiten will, und das will unsere Gemeinschaft, der kann nicht anders. Er wird sich in der Jugendarbeit einbringen. Wir haben in Spanien vor Jahren mit einem Internat begonnen, das nun aufblüht."

„Wollen Sie auch in Portugal ein Internat eröffnen?", fragt er sofort und fast penetrant.

„Ich habe in unserer Gemeinschaft nie von solchen Plänen gehört."

„Darf ich fragen, wie stark Ihre Gemeinschaft weltweit ist?"

„Natürlich! Wir verbergen nichts. Die genauen Zahlen aber habe ich nicht im Kopf. So zwischen zwei und dreitausend Mitglieder."

„Wenn es Ihnen hier gut gefällt, werden Sie dann für immer in Portugal bleiben?"

Das ganze Gespräch wird eine Art Ausfragerei. Diese entbehrt nicht einer gewissen Methode. Zwischendurch spricht der junge Mann kurz mit den Schwestern auf Portugiesisch, wendet sich dann aber sofort wieder mir zu.

Das Essen geht langsam dem Ende entgegen. Da fragt mich der junge Mann freundlich:

„Sicher haben Sie Freude daran, morgen im Erscheinungskapellchen die heilige Eucharistie zu feiern?"

„O ja! Natürlich, gerne, gerne", sage ich, „es würde mich sehr erfreuen."

Darauf sagt er: „Ich habe gute Verbindungen zur Wallfahrtsleitung und ich kann Ihnen das gerne vermitteln. Kommen Sie nur um neun Uhr zum Kapellchen. Ich werde Sie dort erwarten und Ihnen ministrieren."

Nach dem Essen gehe ich dann zum Erscheinungsort hinaus, zur Cova da Iria, um einen ersten Besuch bei der lieben Gottesmutter und den Gräbern der Kinder zu machen. Es ist Abend und eine angenehme Kühle senkt sich über das Land hernieder. Mein Herz ruht in großer Stille.

Als ich wieder in das Haus zurückkomme, steht der Verwalter der Niederlassung am Eingangstor. Er hat offensichtlich auf mich gewartet. Er grüßt mich und lädt mich ein, mit ihm auf sein Zimmer zu gehen. Ich nehme die Einladung gerne an. Der Pater bringt zwei Gläser und schenkt einen guten portugiesischen Süßwein ein.

Dann sagt er zu mir:

„Mein lieber Mitbruder, ich muss Sie auf etwas aufmerksam machen. Es tut mir zwar leid, dass ich Ihnen das mitteilen muss, aber es ist nun einmal so. – Wie schätzen Sie den jungen Mann ein, mit dem Sie zu Tisch saßen? Vielleicht ist Ihnen etwas aufgefallen?"

Ich antworte: „Ja! Ich war zunächst naiv. Dann sehr erstaunt. Dann aber vorsichtig. Denn ich habe eine schreckliche Ausfragerei über mich ergehen lassen müssen."

„Das habe ich erwartet."

„Was ist das?"

Er fährt fort: „Sehen Sie: Dieser junge Mann, der sich als Student einer Hochschule in Lissabon ausgibt, ist auch uns schon lange aufgefallen. Jedesmal, wenn ein neuer Gast unser Haus betritt, stürzt er sich auf diesen und fragt ihn nach allen Regeln der Kunst aus. – In der Zwischenzeit haben wir auch erraten, wer seine Auftraggeber sind. Es ist die geheime Staatspolizei von Lissabon?"

Erstaunt frage ich: „Was wird hier in Portugal religiös gespielt?"

„Dieser junge Mann möchte genau wissen, was hier im Heiligtum von Fatima vor sich geht. Sie fürchten die religiöse Erneuerung. Dieser junge Mann hat sich unter dem Vorwand eines Studenten in unser Haus eingeschlichen und im Augenblick bekommen wir ihn noch nicht los."

„Bleibt das so?"

„Nein! Denn am Ende dieser Woche werden wir einen Grund haben, ihn abzuschieben. Bis dahin müssen wir ihn noch ertragen. Seien Sie also bitte vorsichtig und überlegen Sie, was Sie sagen. Auf der anderen Seite brauchen

Sie keine Angst zu haben, weil wir noch immer recht gut abgesichert sind."

Wir reden dann, nachdem der Verwalter mir diese Mitteilung gegeben hat, noch ein gutes Weilchen über die Geschehnisse in Fatima. Er ist tief davon überzeugt, dass der Herr, unser Gott, in der Gottesmutter Maria für unsere Zeit und unsere Generationen hier, an diesem Ort, ein großes Zeichen gesetzt hat. Die Frage steht im Raum:

Werden wir dieses Zeichen beachten, da ja auch der Widersacher mitten unter uns steht? Am hinterhältigsten von allen sind die heimlichen Gegner: außen Schaf, innen Wolf. Sie verwirren. Darum die Frage: Wie erkenne ich den Widerpart, das Böse, den Bösen?

Nachdem wir beim Weintrinken noch ein wenig geplaudert habe, verabschiede ich mich und gehe schlafen.

■ Noch benommen bin ich aufgewacht. Da trifft mich der Blick dessen, der an meiner Seite steht. Er schaut fragend auf mich und spricht: „Und, was hast du geträumt?"

Ich schüttle den Kopf: „Komisches Zeug."

„In den Tiefen eurer Seelen liegen oft verborgene Wahrheiten."

„Welche?", frage ich.

„Willst du ihn nicht erzählen, was da in dir vorgegangen ist, als du geträumt hast, dann können wir darüber sprechen."

„Ja, ich habe geträumt, und welch komisches Zeug!"

„Was war es?"

„Gut", sage ich. „Also höre! Das war mein Traum: Ich liege auf einem weiten und offenen Feld, um auszuruhen. Seltsam, aber so sind halt Träume. Während mein Blick in die Ferne streift, sehe ich, wie sich am weiten Horizont eine schwarze Wolke bildet. Ich werde aufmerksam und schaue. Sie wächst schnell und bedrohlich, wird größer und größer, und dann stürmt sie wie ein wildes Heer unheimlich und in Windeseile heran. Das Licht der Sonne verblasst und der Himmel verdunkelt sich.

Ich erschrecke; denn was da heranstürmt, sind unzählbare schwarze Käfer, deren Panzer in dem noch spärlichen Licht feine Lichtblitze werfen. Diese Wolke von schwarzen Käfern überzieht das ganze Land und stürmt dann donnernd wie ein satanisches Heer über mich hinweg. Ich selbst bleibe betroffen zurück. Niemand kann sich ihr entziehen.

Nachdem die Wolke der Käfer über mich hinweggegangen ist und in der Ferne verschwindet, bleibe ich aufgewühlt zurück. Aber dann sehe ich etwas, was mich erstarren lässt und Widerstandskraft herausruft. Die Haut meiner Oberschenkel ist glasig geworden, so dass man hindurchsehen kann. Unter der Haut aber befinden sich zwei der schwarzen Käfer mit ihren Panzern, Köpfen und Beinen. Sie liegen dort, als ob sie bereit seien, sich in mich hineinzubeißen. Angst, Wut, Abscheu und Zorn bemächtigen sich meiner. Blitzschnell ritze ich mit meinen Fingernägeln die Haut meiner Beine auf, dann reiße ich die schwarzen Käfer aus meinem Fleisch heraus und zertrample sie unbarmherzig."

„Und wie geht der Traum weiter?"

„Ich weiß es nicht mehr; denn ich wachte auf", erwidere ich.

„Und wie interpretierst du?"

„Träume sind wie immer vielfältig interpretierbar und nach allen Richtungen hin offen. – Ich, für meinen Teil, denke an Folgendes: Die Wolke der schwarzen Käfer, die da heranstob, ist vergleichbar den modernen Ideologien, die in unzählbaren Einzelgedanken über die Zeitgenossen dahintoben, um sich ihrer Seelen zu bemächtigen. Kein Mensch scheint ihnen entgehen zu können. Ihre ungeheuere Zahl übt eine fatale Mächtigkeit aus. Auch ich, obwohl ich diesen Wolke wie ein böses Schicksal empfand, wurde schlussendlich doch auch von diesem Ungeziefer befallen, und obwohl mir das zutiefst zuwider ist, sind sie gegen meinen Willen unversehens mir unter die Haut gedrungen. – Als ich mir dessen bewusst wurde, zerfetzte ich meine Haut und zertrat im Zorn hernach die Ideologien, dargestellt durch die gepanzerten schwarzen Käfer."

Mein Begleiter gibt ein Zeichen seiner Zustimmung für meine Interpretation und fügt hinzu: „Ach! Von wie vielen Ideologien ist doch die moderne Menschheit gegeißelt, und nicht wenige dieser törichten Ideen sind tödlich."

Mit erschrockener Stimme füge ich hinzu: „Sie haben das öffentliche Leben durchsetzt: den Staat, die Parteien, die Hochschulen, Kauf und Verkauf, die Arbeitsstätten, die Schulen und Kindergärten, das Familienleben, Vergnügung und Freizeit, – und im kirchlichen Leben betören sie auch viele Ordinariate, Pfarreien und Klöster und Geistliche."

„Ja! Eine moderne hochtechnisierte Welt rast ihrem Abgrund entgegen!", bestätigt mir mein Begleiter.

„Gilt dieser Satz allen, der Welt und auch der Kirche?"

„Er gilt in beiden Bereichen, also für Welt und Kirche. Denn durch ideologiereiche Irrlehren ist die reine Braut Christi, die Kirche, tief verwundet. Sie ist gelähmt und todkrank. Nur mit großer Mühe vermag sie es noch, ihren göttlichen Auftrag unter den Menschen zu erfüllen."

„Was muss sie tun?"

„Die Kirche wird nicht sterben: Das ist die Verheißung Jesu Christi, aber Bischöfe, Priester und Gläubige müssen sich bekehren und die Botschaft Gottes in Jesus Christus wieder unverfälscht verkünden."

„Du forderst also eine neue Epoche für eine erneuerte Kirche?"

Er schaut geradewegs zu mir her, nickt ernstlich und betont: „Christus ist nicht gekommen, das Reich dieser Welt aufzurichten, sondern das Reich Gottes in den Himmeln. Darum sagt er: »*Tuet Buße; denn das Himmelreich ist nahe.*« (Mt 4,17) – So muss die Kirche das Wort Gottes unverfälscht verkündigen und die Sakramente Jesu Christi treu und mit vollem Einsatz spenden, auf dass das Blut Christi uns reinige, um alle Gläubigen zum Ewigen Leben heimzuführen. – Aber nicht zuerst eine politische Theologie betreiben!"

Nun wird der Spion selbst ausgefragt

Am andern Morgen, viertel vor neun Uhr, bin ich an der Cova da Iria. Der junge Mann, der mir die Messe im Kapellchen vermitteln will, ist schon da. Nachdem ich die Zusammenhänge nun kenne, versuche ich, schlau zu sein. Denn da ich mit meinem deutschen Pass gut abgesichert bin, muss ich ihn in keiner Weise fürchten. Darum will ich ihm sein Spiel verderben und selbst zum Ausfrager werden, ganz gleich, ob er es merkt oder nicht. – Am Altar des Gnadenheiligtums zelebrieren zu dürfen, gibt es keine Schwierigkeiten. Der junge Mann ministriert tatsächlich.

Als wir das Heiligtum verlassen, beginne ich das Spiel von gestern Abend umgekehrt zu spielen. Ich vermeide es, mich ausfragen zu lassen, aber ich frage ihn, und zwar so rasch, dass er ständig gezwungen ist, zu antworten. Es ist interessant festzustellen, dass er naiv ist und keineswegs Verdacht schöpft, sondern ungezwungen Auskunft gibt und sich gleichzeitig verrät. Dabei ist ihm nicht in den Sinn gekommen, dass man ihn durchschaut. Er ist noch zu unerfahren. Ich frage:

„Sie sind ja nun gute drei Wochen hier, da haben Sie sich schon ein gutes Bild machen können über die Wallfahrten nach Fatima? Sind sie überrascht über den regen Wallfahrtsbetrieb dieses Ortes? Machen die Menschen einen tiefen Eindruck auf Sie?"

„Sie haben recht, mich beeindrucken diese Menschen ungemein. Sehen Sie, oft kommen sie von weither aus ihrem Heimatdorf. Manche von ihnen gehen barfuß den ganzen Weg. Andere begnügen sich unterwegs mit einer kärglichen Mahlzeit oder bringen andere Opfer. Ihr Glaube muss groß sein, sonst würden sie solches nicht tun."

„Auch mich beeindruckt dies", sage ich. „Fast durchwegs sind es einfache Menschen, die wohl aus sehr ärmlichen Gegenden kommen."

Im Gesicht meines Gegenübers zuckt es leicht. „Vielleicht", so meint er, „muss man in der Armut am meisten glauben, weil die Menschen sonst keine andere Hilfe haben; heißt nicht das Wort: »Not lehrt beten«?"

„Sie meinen wohl, dass Armut und Unwissenheit eines ungebildeten Volkes der Grund für solche heroischen Opfer sind? Bei besserer Schulbildung und höherem Lebensstandard würden wohl die meisten derer, die jetzt kommen, zu Hause bleiben?"

Er meint, man könne es so sagen. Da frage ich unvermittelt: „Und Sie, warum sind dann Sie gekommen?"

Er ist einen Moment perplex. Dann fasst er sich schnell und sagt: „Ausnahmen bestätigen die Regel," und er lacht in sich hinein.

„Ach," sage ich, „Sie selbst sind sicher tief betroffen über die starke Glaubenskraft dieser einfachen Menschen?"

„Ja, ja, – aber zugleich stört mich etwas."

„Und was stört Sie?"

„Schauen Sie, während die Menschen große Opfer bringen, machen sich es die Geistlichen bequem und sind träge!"

„Oh," sage ich, „ist das wirklich so?"

„Ich habe so manche Herren beobachtet, ..." meint er.

„Ich verstehe Sie nicht recht, was meinen Sie?"

„Ja, was würden Sie sagen: Da kommen die Pilger zu Fuß über viele Kilometer, während die Geistlichen bequem im Auto fahren. Auch können Sie beobachten, dass diese Herren ihre dicke Zigarren rauchen. Danach hocken sie zusammen und essen ein feudales Mittagessen, während ihre Schäfchen im Freien sitzen, den Brotsack öffnen und sehr bescheiden sein müssen. Das passt halt schlecht zusammen!"

Während er dies sagt, schaut er zu mir herüber, wie ich reagiere. Ich schaue gleichgültig drein, so, als ob ich zu dumm wäre, die Falle zu bemerken.

Dann sage ich: „Aber ich bin ja auch ein Geistlicher."

„Nein, Herr Pater, nein nein," so wehrt er sich und fuchtelt mit den Armen, „Sie sind es zwar, aber Anwesende sind doch immer ausgenommen!"

Ich lächle. Dann spreche ich möglichst unschuldig: „Ich kenne aber viele Geistliche, die rauchen keine Stumpen. Auch ich rauche keine Stumpen. Aber, wenn ich mich nicht irre, waren es nicht Sie, der gestern Abend nach dem Essen eine Zigarre angebrannt hat?"

Mein junger Freund ist einen Augenblick erneut perplex. Es ist ihm peinlich, dass ich ihn links überholt habe.

Dann sagt er: „Ja, Sie haben ja recht. Aber wissen Sie, der Kern meiner Kritik lautet, dass zwischen dem Leben des Volkes und dem Leben der Geistlichkeit ein Unterschied besteht, vielleicht ein zu großer Unterschied. Die einen besitzen nichts und die andern können sich alles leisten."

Wieder sage ich: „Darf ich Sie etwas fragen?"

„Ja, gerne."

„Besteht nicht auch zwischen Volk und Volk ein Unterschied? Zum Beispiel: Da ist ein ganz armer Bauer, da ein mittelmäßig begüterter und da ein reicher Bauer. Oder da ist ein armer Handwerker, da ein mittelmäßig begüterter und dort ein reicher Handwerker. Besteht da nicht ein Unterschied in der Haltung, der Lebensweise, im Konsum?"

„Doch ja," sagt er.

Ich fahre fort: „Noch eine Frage: Besteht nicht auch darin ein Unterschied: Da ist zum Beispiel ein sehr engherziger, egoistischer Mensch, dann ein anderer ist großzügig, ein dritter ist ein sehr gütiger, wohlwollender und freigebiger Mensch. Diese Gruppen von Menschen gibt es doch?"

„Natürlich," sagt er.

„Dann können wir wohl die Geistlichen auch unter die Gruppen, die ich nannte, einordnen? Nicht wahr?"

„Sicherlich."

„Also sind wir Geistlichen auch nicht anders als andere Menschen?"

Er nickt mit dem Kopf. Es bleibt ihm nichts anderes zu tun übrig!

„Übrigens," füge ich schnell hinzu, „ich will meinen Mitbrüdern, den

Geistlichen, von Ihnen ausrichten, dass sie so schlicht, so einfach und so demütig leben sollen, wie das Volk lebt. Zugleich versichere ich Ihnen, mein Herr, dass ich viele geistliche Herren kenne, die so schlicht leben, wie das Volk lebt. Und wie sagten Sie doch vorher: Ausnahmen bestätigen die Regel."

„Herr Pater", so sagt mein Gegenüber, „ich habe in den drei Wochen, da ich hier sein kann, auch ein wenig die religiösen Gemeinschaften studiert, die hier ansässig sind. Mein Bild, das ich gewonnen habe, ist zweideutig."

„Gibt es viele Gemeinschaften hier," frage ich unvermittelt.

„O ja!" sagt er und nennt mir die genaue Zahl.

„Auch wollen noch mehr Gemeinschaften hierher kommen und bauen. Sehen Sie dort drüben das große eingezäunte Feld?" Er richtet meinen Blick dorthin, streckt seinen Arm aus und zeichnet mit der Hand das Feld ab. „Dieses Feld gehört einer religiösen Frauengemeinschaft, die dort ein großes Projekt plant. Ja, an diesem Ort Fatima scheint sich der katholische Erdkreis ein Stelldichein zu geben."

„Finden Sie das schlimm?" frage ich leicht spöttisch.

„O nein, o nein," wehrt er ab, „aber könnte nicht alles bescheidener sein?"

„Meinen Sie, dass zum Beispiel das Haus unserer Gastgeber zu feudal ist?", erkundige ich mich.

„Nein, nein, sicherlich nicht! Aber insgesamt ...," da bricht er ab. Er spürt anscheinend, dass er sich wieder auf eine gefährliche Spur begibt.

Aus diesem Gespräch erfahre ich, dass dieser junge Mann sich in allem, was so in Fatima läuft, glänzend auskennt. Er weiß vieles, auch interne Angelegenheiten der religiösen Gemeinschaften und bis in belanglose Kleinigkeiten hinein. Es merkt nicht, wie er sich als Spitzel der geheimen Staatspolizei entlarvt. Mit allen möglichen Tricks will er erfahren, ob ich nur privat hier wäre oder im Auftrag meiner Oberen, – ob wir beabsichtigen, Gelände hier zu kaufen oder welche Projekte wir im Sinne haben. Ich höre seine Fragen an und lächle.

Auf einmal fragt er unvermittelt: „Was meinen Sie über Angola und Mozambique?" Ich sage ihm, dass ich die Frage nicht richtig verstehen würde.

Er antwortet: „Glauben Sie, dass es recht ist, wenn wir Portugiesen Angola und Mozambique besitzen?"

Ich antworte: „Das sind doch Ihre Kolonien?"

„Aber Herr Pater, was sagen Sie da bloß! Angola und Mozambique sind keine Kolonien, sondern portugiesische Provinzen. Denn sie haben den gleichen Status und das gleiche Recht wie jede andere Provinz im Mutterland."

„Sie haben recht," sage ich, „und sind Sie mir nicht böse, weil ich mich mit dem Problem Mozambique, Angola und Portugal noch nie auseinandergesetzt habe. Ich kann Ihnen keine Antwort geben, weil ich nichts weiß."

Mein junger Freund ist damit nicht zufrieden. Aber er schweigt. Er sucht noch ein Weilchen, ob er in mir irgendwo eine Spaltung oder eine Meinungsverschiedenheit aufdecken kann, die ihm detektivisch weiter hilft. Da er keine findet, wird das Gespräch immer einsilbiger und schließlich verstummt es.

Als wir dann bei unseren Gastgebern zu Haus wieder angelangt sind, verabschieden wir uns kurz und jeder geht auf sein Zimmer. Wahrscheinlich wissen wir beide schon, dass wir im Grunde nichts miteinander zu tun haben. Die Wege trennen sich.

Der Feind, der im Innern sitzt, ist der gefährlichste

Im Laufe der Geschichte, immer wenn die Kirche mit den weltlichen Gewalten im Streit lag, waren nicht jene Gegner die gefährlichsten, die mit unvermindertem Druck von außen her angriffen. Trotz vieler Märtyrer, Kerker und Konzentrationslager war das schuldlos vergossene Blut von so großer Beredsamkeit, dass die Menschen davon tief getroffen wurden. Von den totgeschwiegenen Konzentrationslagern sprach man in den Hinterhöfen. Niemand sollte sie kennen, aber alle wussten davon. Und je unschuldiger die waren, die man mit Gewalt verschleppt hatte, um so mehr rüttelten die Martyrien die Gewissen auf. Die von außen angriffen, waren der Kirche immer unterlegen.

Viel gefährlicher sind jene Abtrünnigen und Apostaten, die aus dem Schoße der Kirche emporsteigen. Sie sprechen dieselbe Sprache wie ihre Brüder, tragen das gleiche liturgische oder religiöse Gewand und haben dieselben Zeremonien. Aber ihr Herz ist nicht mehr vom Gnadenstrom Gottes erfüllt. Es ist leer und abtrünnig. Sie gleichen einem Apfel, der äußerlich gesund ausschaut, innen aber fault.

Diese Abtrünnigen wollen das Reich Gottes in ein Reich dieser Welt umwandeln. Sie sind für den Glauben voll von Gefahren. Der Wolf, der wie ein Schaf aussieht, wird von der Herde aufgenommen. Wenn er sich dann im Kreis der Schafe befindet, zerreißt er sie. Der Apfel, dessen Fäulnis über

Nacht durchbricht, steckt andere an. – Der heilige Petrus mahnt: „ Brüder, seid nüchtern und wachsam! Euer Widersacher, der Teufel geht wie ein brüllender Löwe einher und sucht, wen er fressen kann." (1 Petr 5, 8)

Das Wesen des Verführer ist es, Widerstand gegen die Wahrheit zu setzen. Er will Gottes Pläne durchkreuzen. Vor dem Herrn vermag er zwar nichts, aber für uns wird er zum Versucher, der zwingt, zu offenbaren, was in uns liegt. Nur im Heiligen Geist vermögen wir die Verführer zu erkennen und zu widerstehen. Auch der Schutz Mariens, die Satan mit ihrem JA zu Gott überwindet, ist eine Burg, die der Böse nicht zu erobern vermag.

Wie kann man den Bösen erkennen? Gibt es unterscheidende Merkmale? Lassen sich Wölfe im Schafspelz ausmachen? Kann man dem innerlich Faulenden das Geheimnis seiner Fäulnis entreißen? Jesus Christus fordert ein waches Schauen und die Überlegungen des Herzens. Er sagt: „An ihren Früchten könnt ihr sie erkennen. Kann man etwa von Dornbüschen Trauben oder von Disteln Feigen ernten? – Also, jeder gute Baum trägt gute Früchte und jeder schlechte Baum trägt schlechte Früchte." (Mt 7,16)

Nehmen wir die Worte Jesu ernst? – *Die Trägheit* ist unser größter Gegner. Träge sein heißt denkfaul mit der Herde mittrotteln, ohne das Zuvor und das Danach zu überdenken. – Wer so handelt, schaut nur das Vordergründige: den momentanen Erfolg oder Misserfolg. Dann klatschen sie im Kirchenraum den einen volle Zustimmung zu oder pfeifen andere aus. Für viele Mitläufer ist entscheidend, ob man ankommt oder nicht, ob man gut redet oder stakst, ob man eine Hausmacht hat oder darin scheitert. Meist wird das größere Maul gewählt, da es Versprechungen abgibt. Hernach fragt niemand mehr, ob Versprechungen auch gehalten wurden.

Der Professor, der schockiert, bekommt Aufmerksamkeit und hat Zulauf. Frechheit ist anziehend. Wo Frechheit aber im heiligsten Bezirk aufblitzt, hat sie eine infernale Signalwirkung. Sie kommt den heimlichen, noch nicht ans Tageslicht getretenen Wünschen des Zeitgeistes entgegen und verführt viele Unschuldigen.

Umgekehrt drängt Christus darauf, das Vordergründige zu durchschauen. Er will, dass wir Menschen und Sachen gemäß ihrer göttlichen und humanen Bezogenheit zu Gott hin durchschauen. ER fordert Wachsamkeit, Aufmerksamkeit, Hinschauen. Nichts ist egal. Kein Wort umsonst gesprochen. Kein Bild umsonst vor unsere Augen gestellt. Hier muss der träge Schlaf weg. Hier bedarf es der Nüchternheit und vieler Gebete. Es braucht den Heiligen Geist, der erleuchtet, Kraft gibt und führt.

Alle Menschen bringen in ihrem Lebens gute und schlechte Früchte hervor. An dem, was einer tut oder lässt, erkennt man, wessen Geistes Kind er ist, das gilt besonders jenen, die im Rampenlicht der Öffentlichkeit stehen.

Satan und seine Helfershelfer

Die Werke Satans sind Lügen, die Befreiung und Leben vortäuschen, aber den Tod bringen. Die Werke Gottes sind trotz der Opfer, die sie fordern, Wahrheit und volles Leben. – Darum sollen wir aufmerksam hinschauen, nüchtern prüfen, annehmen oder verwerfen. Wer aufmerksam Personen oder religiöse und politische Bewegungen misst, kann an den Früchten erkennen, ob sie zusammen mit Jesus den Samen der Wahrheit ausstreuen wollen oder den Weinberg des Herrn verwüsten. Die Mahnung lautet: „Seid wachsam!" (Mk 13, 35)

Wiederum sagt Jesus: „Wer meine Gebote hat und sie hält, der ist es, der mich liebt." (Jo 14, 21) Menschen, bei denen zwischen ihrem Wort und ihrer Tat eine Kluft liegt, reden zwar von Jesus, aber handeln nicht nach seinen Worten. Aus den Worten Jesu und den Auslegungen, welche die Kirche durch die Jahrhunderte gegeben hat, nur ein wissenschaftliches Gebäude mit wissenschaftlichem Apparat errichten zu wollen, wären eine Schale ohne Inhalt. Denn *Zeugnis und Liebe* zu Jesus sind das Entscheidende und nicht zuerst ein Gebäude der Wissenschaft. – Wer Jesus liebt, gibt Zeugnis!

Jesus Christus sagt: „Nicht jeder, der mir zuruft: Herr! Herr!, wird in das Himmelreich hineinkommen, sondern nur, wer den Willen meines Vaters tut, der im Himmel wohnt. Viele werden an jenem Tage zu mir kommen und zu mir sagen: Herr, Herr! Wir haben doch kraft deines Namens als Propheten gesprochen; wir haben kraft deines Namens Teufel ausgetrieben; wir haben kraft deines Namens viele Wundertaten vollbracht! Darauf werde ich antworten: „Ich habe noch nie euere Bekanntschaft gemacht. Darum hinweg von mir! Aus meinen Augen! Denn ihr tut ja, was Gottes Gebot zuwider ist." (Mt 7, 21-23)

Wenn zwischen Wort und Tat eines Menschen eine unüberbrückbare Kluft liegt, sind seine Worte eine Lüge. Je bestechender die Lüge, um so gefährlicher der Gegner. Denn der falsche Jünger sorgt sich scheinbar um Jesus. Er treibt Teufel aus, wirkt Wunder und redet prophetisch. Er hat einen Anhang. Andere Menschen schwören auf seine Worte.

Bei nicht wenigen Gläubigen aber fehlt die Kraft der Unterscheidung, da ihnen falsche Bilder vorgegaukelt werden und sie es nicht wahrnehmen. Viele lieben den Rausch und lullen sich in Ideologien ein. Schlaftrunkenheit liegt über ihnen, und in dieser Hypnose folgen sie wie blind ihren Verführern.

Nur die Nüchternheit macht uns fähig, den Riss zwischen Wort und Tat oder die Übereinstimmung zwischen beiden zu erkennen. Darin unterscheidet sich der Verführer vom Hirten. Der Hirte ist dort, wo die Verkündigung des Reiches aus der ganzen Liebe zu Jesus getan wird und zugleich das Leben des Sprechenden dahintersteht. Der Verführer ist dort, wo das Wort eine Lüge ist, also das Zeichen Satans. Denn Satan „ist der Vater der Lüge." (Jo 8, 44)

Die Nüchternheit zwingt dazu, auf den Türmen der Zeit zu stehen und Ausschau zu halten, was da herankommt. Denn der betörende Glanz vieler Lichter blendet. Satan verkleidet sich in einen Lichtengel. Jesus belehrt uns: „Wer meine Gebote hat und sie hält, der ist es, der mich liebt." (Jo 14, 21) Wer verpflichtet ist, auf den Türmen der Zeit zu stehen und schweigt, macht sich sehr schwer schuldig. Das feige Schweigen werden die Generationen einer kommenden Zeit der Kirche von heute vorwerfen. Des Staates wegen haben viele Diözesen geschwiegen.

Wiederum spricht Jesus: „Denkt nicht, ich sei gekommen, das Gesetz und die Propheten außer Kraft zusetzen. Nicht um sie außer Kraft zu setzen, bin ich gekommen, sondern um sie zu erfüllen. Denn wahrlich ich sage euch: bis Himmel und Erde vergehen, soll nicht ein Buchstabe oder ein einziges Komma vom Gesetze vergehen, bis alles erfüllt ist." (Mt 5, 17f) – Es ist ein Kennzeichen der innerkirchlichen Verführung, dass Gebote Jesu nun auch noch im Namen Jesu aufgelöst werden. Was zuvor als Sünde galt, ist danach noch menschliche Schwäche.

Staaten und Parlamente, die sich Gott widersetzen

Auch gilt heute, dass sich ein emanzipierter und individualistischer Mensch seine Gebote und Verbote selbst setzen wird. Er braucht dazu keinen Gott mehr. – Deshalb nehmen die Parlamente der Völker keine Rücksicht auf die Gebote Gottes. Sie errichten ihre Gesetze nach ihren Abstimmungsergebnissen. Die Mehrheit entscheidet. Doch damit beginnt auch das entsetzliche Spiel der Umkehrung der Werte und mit ihm der ungeheure Totentanz der *Kultur des Todes*. (Johannes Paul II.) Verbrechen, die gestern noch als Gräueltaten galten, werden umgemodelt zu heroischen Taten menschlicher Rücksichtnahme.

Die säkulare Weltstadt, in der wir leben, setzt im praktischen Leben die zehn Gebote Gottes außer Kurs. Für sie gilt, dass der Mensch alle Tage seine konkreten Situationen bewältigen muss. Aus diesen Situationen ergeben sich die Sollforderungen und von dieser Wirklichkeit her muss der Staat seine

Gesetze machen, auch wenn diese sogenannten Staatsgesetze den Normen Gottes und den Worten Jesu widersprechen. Denn nur gemessen *an täglichen harten Realitäten* – meinen die Gesetzgeber einer Staatsraison – kann man den Menschen unserer Zeit ein sittliches Tun auferlegen.

Nachdem ein solches Realitätsdenken von Gesetzgebern seinen ideologischen Durchbruch erzielt hat, gibt es neue Verständnisse für Gebote und Verbote. Sittliche und moralische Werte werden aufgelöst. Die Menschen schienen aufzuatmen wie bei der Befreiung von einem uralten Joch, in das hinein sie durch die Gebote gefesselt waren. Ein Strom von frivol begehrendem Lebenswillen brach auf. Es war wie im Garten Eden, als Eva zum ersten Mal die begehrenswerte, herrliche Frucht des Baumes leuchten sah. Sie war wie verzaubert und gebannt. So nahm sie und aß. Sie reichte die Frucht ihrem Mann, und auch er aß. Danach traf sie eine unerwartete, furchtbare Erkenntnis: „Sie erkannten, dass sie nackt waren." (Gen 3, 7)

Wie viele Verwirrung und heiße Tränen hat die Auflösung der Gebote Gottes und auch der Gebote Jesu für unsere Zeit gebracht: Das bange Klagen von Eltern um ihre Söhne und Töchter. Sie haben sie mit großer Mühe und Liebe aufgezogen. Nun sind sie in ein Sündenmilieu untergetaucht und verloren gegangen. Oder die erschütternd großen Augen von Kindern, denen die elterliche Liebe durch die Sünde des Ehebruchs und der Ehescheidung geraubt wurde. Ihre Zahl ist Legion.

Zucht, – Treue in den festliegenden Ordnungen, – Verantwortung, die dem Druck einer sittlichen Aufweichung äußerste Kraft entgegensetzt, – Liebe, die gibt und nicht egoistisch an sich reißt, – Opfer, das in großer Hingabe sein Leben für andere zu verströmen weiß, – Anforderungen, welche die wahre Liebe erst ermöglichen, – das alles haben diese Lehrer der aufgelösten Gebote von unserer Generation hinweggenommen. Schon heute haben wir in den Herzen rauchende Trümmerfelder und das blanke Chaos.

Unsere Stammeltern zahlten ihre Sünde mit Leid, Krankheit und Tod.

Auch unsere Generation wird sie teuer bezahlen. Bereits lebt sie in der schuldbaren Abwesenheit Gottes, so dass sie in die Kälte des Nichts hineinsinkt, wie Nietzsche sagte. Doch das verhüllen wir uns meist so lange, bis uns dann selbst die Stunde der Wahrheit erreicht. Schon schlagen die dröhnenden Glockenschläge an und ticken die Uhren, dass die Stunde des Gerichts nahe ist. Diese Generation wird der Wahrheit nicht entweichen. Auch der einzelne wird nicht entkommen. Wir müssten in Sack und Asche Buße tun. Doch wir freveln mit verstockten Herzen weiter.

Irrlehrer

Jene Lehrer täuschen sich, die meinen, dass man den „steilen Weg", (Mt 7,14) von dem Jesus spricht, in eine bequeme Straße umwandeln könne. Sie ist bequem, aber sie führt ins Verderben. – Auch sind Gebote nicht gegeben, um Cliquen und veraltete Autoritäten aufrecht zu erhalten, sondern um uns vor dem Absturz ins Chaos abzusichern. Je fundamentaler Gebote sind, um so erschreckender die Abstürze, aber auch um so größer die Liebe dessen, der uns auf Abstürze aufmerksam macht.

Der Kern aller Gesetze sind die Gebote Gottes. Sie gipfeln im Gebot der Gottes- und Nächstenliebe. Wer sie auflöst, zerstört die Liebe. Doch nicht nur die Liebe zerstört er, sondern das ganze soziale Gefüge der Staaten kippt um. Dann brechen Welten zusammen, die Liebe unter den Menschen erstirbt und die Kälte des Todes zieht ein.

Darum sind jene Lehrer, die Gebote auflösen, Wegbereiter des Todes. Sie stehen nicht in der Wahrheit. Von ihnen spricht Jesus: „Ihr tut, was ihr von euerem Vater gehört habt." – „Ihr stammt vom Teufel, der ist euer Vater. Wonach es ihn gelüstet, das seid ihr entschlossen zu tun. Er war ein Mörder von Anfang an und hat seinen Stand nicht in der Wahrheit." (Jo 8, 44) Wenn also Menschen Gebote Gottes auflösen, gibt es Tränen, Missverständnisse und den Tod. Das sind jene Verführer, die Jesus nicht bezeugen.

Diese Verführer aber treffen nicht nur unsere irdische Existenz mit schwerem Leid, sondern sie berauben uns des Ewigen Lebens. Beim Absturz in das Ewige Feuer erlischt dann endgültig das Licht und die Liebe Gottes.

Das große Gespräch
Jesus Christus Weg, Wahrheit und Leben

Noch immer befinde ich mich auf dem großen Platz vor der Basilika. Drüben am Gnadenkapellchen beten viele Menschen und vollbringen Akte der Buße und der Reue. Auch ich bete das folgende Stoßgebet vor mich hin:

> „An Dich glaub ich,
> auf Dich hoff ich,
> Gott von Herzen lieb ich Dich.

> Niemand soll mir diesen Glauben
> weder Tod noch Hölle rauben,

und wenn einst mein Herz will brechen,
will ich noch im Sterben sprechen:

An Dich glaub ich,
auf Dich hoff ich,
Gott von Herzen lieb ich Dich."

■ Noch habe ich das Gebet nicht gesprochen, da spricht er mich sogleich an. Er fragt, ob ich nur oberflächlich bete oder ob ich Tieferes anspreche?

Dann schaut er zu mir her und sein Blick ruht lange und stark auf mir. Ich blicke ihn an und sehe, dass seine Gestalt etwas Lichtvolles ausdrückt, das mich herausfordern soll. Dann fragt er mich direkt: „Was willst du mit deinem Glauben ausdrücken? Ist er mit dem Lichte Gottes erfüllt? Oder ist er nur eine leere Hülse?"

Ich versichere ihm: „Mein Herz ist vom Glauben erfüllt. Denn wie sollte ich sein Priester sein und die Heilige Messen lesen, wenn ich nicht an Jesus Christus, meinen Herrn, glauben würde?"

Da sagt er zu mir, indem er mich nochmals lange anschaut: „Darf ich eine Reihe von Fragen stellen? Wie stehst du zu Jesus Christus, dem Erlöser und Heiland der Menschen? Darf ich es wissen? Sag es mir deutlich!"

Ich antworte ihm zunächst : „Ich will IHN von Herzen lieben."

Jesus Christus: Einzigartig

„Glaubst du an seine Worte, seine Botschaft, an das Evangelium?"

„Ja!"

„Welche Bedeutung haben sie für dich?"

Ich wende mich ihm zu und antworte: „Oft erschrecke ich, weil die Worte der Schrift ein strahlendes Licht besitzen, das mich innerlich berührt! Glaube mir, ich habe während meines Lebens so manchen Schriftsteller der Weltliteratur gelesen und ihn hernach mit den Worten Jesu Christi verglichen. Keiner dieser Literaten kann seine Worte mit Jesu Worten auch nur im Geringsten vergleichen."

„Was sagst du zum Koran?"

„Auch der Koran oder die hinduistischen Weden können sich nicht mit Jesu Aussagen messen, wie sie die vier Evangelien uns berichten. Die Heiligen Schriften, besonders die Worte Jesu in den Evangelien sind in ihren Darlegungen und auch in ihren Kontexten ehrlicher und wahrer und realistischer als alle anderen Bücher der Weltliteratur. Sie legen von der Wahrheit Zeugnis ab."

Er sagt: „Sie sind einzigartig."

Ich betone: „Ja! So ist es. – Petrus spricht zu Jesus. »Herr, wohin sollen wir gehen? Du allein hast Worte des Ewigen Lebens.« (Jo 6, 68). Dies ist meine Auffassung. Daran glaube ich."

Er sagt: „Die Lehre Jesu ist die Botschaft Gottes, des Vaters, der im Himmel wohnt. Es ist die Botschaft des Reiches Gottes und die Botschaft des Ewigen Lebens."

„Ja!", sage ich. „Was Jesus Christus verkündet, überschreitet diese irdische Welt und Zeit. Er verkündet kein irdisches Reich. Der Kern seiner Botschaft ist die Anbetung und Verherrlichung Gottes und das Ewige Leben. Je mehr man sich in diese Texte hineinliest, um so interessierter und brennender wird das Herz in Gott."

Jesus Christus: Seine Wunder sind absolute und wahre Wunder

Mein Begleiter verändert das Thema und fragt: „Wie stehst du zu den Wundern Jesu?"

„Genauso."

„Was willst du damit sagen?"

„Ich kann nicht verstehen, wie moderne und sogenannte wissenschaftsgläubige Menschen unserer Tage Wunder einfach leugnen. Für sie ist die Macht Gottes in dieser irdischen Welt abwesend und darum gibt es und darf es keine Wunder geben. Das behaupten sie und halten selbstherrlich an ihrer These fest; zugleich sind sie geistig zu träge, Nachforschungen anzustellen, was die intellektuelle Redlichkeit von ihnen fordert."

Mein Begleiter schaut mich an und meint ernst: „Viele, auch Hochgebildete, leben das Leben einer Eintagsfliege und messen dann alles, was sie erfahren und ihnen geschieht, mit den leeren und oft sehr eitlen Formeln einer Eintagsfliege."

Ich füge hinzu: „Der moderne Mensch ist zu faul (das gilt auch für die Wissenschaftler und solche, Bücher geschrieben haben), – um die Fakten zu untersuchen und dorthin zu fahren, wo Wunderereignisse stattgefunden haben. Sie könnten zum Beispiel nach Fatima fahren, wo das Sonnenwunder sich vor siebzigtausend Menschen ereignet hat, oder nach Lourdes, wo ärztliche Atteste für jene Berichte vorliegen, welche die Wunder aufzeigen, oder zu Pater Pio nach San Giovanni Rotondo, wo Hunderte von Zeugenaussagen vorliegen. All die Zeugen, die ausgesagt haben, sind ehrenhafte Personen und keine Deppen."

Mein Begleiter: „Wenn schon im menschlichen Bereich Wunder möglich sind, warum versucht man dann, solche Jesus abzusprechen?"

Zornig sage ich: „Dahinter liegt jener Unglaube, der schon in den Schriften bezeugt ist: »Das Licht scheint in die Finsternis, aber die Finsternis hat es nicht ergriffen« (Jo 1, 5). Wenn ich die Wunder Jesu, wie sie in den Schriften überliefert sind, studiere, erkenne ich seine Macht und Herrlichkeit. Das aber will man nicht wahr haben! Wie gewaltig ist es doch, wenn bei einem Seesturm der Wind plötzlich aufhört zu toben und ein wild wogendes Wasser sich innert Minuten glättet. Oder wenn einer, der blind geboren wurde, zu sehen beginnt. Oder Jesus den toten Freund Lazarus, dessen Leib schon zerfällt und riecht, wieder aus dem Grab ruft."

„Was nicht wahr sein soll, darf nicht wahr sein!, sagen sie", kontert er.

Ich erwidere: „Schon Jesu Wort sagt: »Wenn ihr schon meinen Worten nicht glaubt, so glaubt doch wenigstens meinen Werken.« (Jo 10, 38) Darum glaube ich an seine Worte, aber auch an seine Werke."

Mein Begleiter wirft ein: „Für die Israeliten der damaligen Zeit, besonders für die Schriftgelehrten und Pharisäer, waren diese Fragen zu heiß, darum sind sie ihnen immer ausgewichen."

„Ja, so ist es. – Es ist interessant, dass bei der Verurteilung Jesu vor dem Hohen Rat weder seine Lehre noch seine Werke zur Debatte standen; denn das Gericht wäre mit diesen Fragen in Verlegenheit gekommen."

„Und Nikodemus?", fragt er mich.

„Nikodemus, der angesehene Ratsherr der Juden? – Er kam ganz zu Beginn der öffentlichen Tätigkeit zu Jesus und sagte zu ihm: »Rabbi, wir wissen, dass du als Lehrer von Gott gekommen bist. Denn niemand kann diese Zeichen wirken, wenn nicht Gott mit ihm ist.« (Jo 3, 2)

„Wenn schon Nikodemus die Wunder Jesu bestätigt, warum haben sie ihm dann nicht geglaubt?"

Ich antworte ihm: „Weil ihre Werke böse waren." (Jo 3, 19)

Weiterhin fragt mich mein Begleiter: „Vergleichst du deinen Herrn und Meister auch mit anderen Gestalten der Religions- und Weltgeschichte?"

„O ja!", spreche ich. „Aber die Gestalt Jesu Christi lässt sich mit keiner Gestalt dieser unserer Welt- und Zeitgeschichte vergleichen. Sie überragt jegliche Person, über die wir in den Bibliotheken dieser Welt und in deren Geschichtsbüchern nachlesen können."

„Überragt er alle Religionsgründer?"

„Alle! Keiner hält stand beim Vergleich mit der Gestalt Jesu, weder Mohammed, Buddha, Zarathustra oder andere religiöse Führer der Welt. Sie unterliegen gegenüber der Gestalt Jesu Christi. Das Leben Jesu Christi ist von seinem ersten Wort an auf Gott, seinen Vater bezogen. Er lebte es in sittlich vollendeter Reinheit. Seine Worte und sein Handeln atmen die Wahrheit aus, so dass ER von sich sagen kann: »Ich bin der Weg, die Wahrheit und das Leben«. (Jo 14, 6) – So zu leben, wie Jesus gelebt hat, offenbart einen Menschen, der in wahrer Gottes- und Nächstenliebe vor der Welt Zeugnis gibt, dass es ein wahres und lauteres Menschsein gibt, – einen Menschen also, in dem sich Güte, Barmherzigkeit und Wahrheit küssen. Die Welt sucht Menschen, in denen die Gottes- und Nächstenliebe zur Vollendung gekommen sind. Diese Liebe ist in Jesus am lautersten!"

„Bitte! Sag es mir nochmals anders."

„Seine Lehre sind die Worte, die von Gott kommen. – Aus seinem Herzen strömt der Lebensstrom, der uns in den sieben Sakramenten göttliches Leben schenkt, damit ER uns am letzten Tag auferwecke. Er sagt, dass er gekommen sei, damit sie das Leben haben und es in Fülle haben." (Jo 10, 10)

Jesus Christus: Die Erlösungstat am Kreuz

„Und das Ärgernis des Kreuzes Jesu?"

„Ich antworte: Als damals bei der Hinrichtung auf dem Kalvarienberg nach zwölf Uhr mittags unerwartet die Finsternis hereinbrach, stoppte jäh das wüste Geschrei ab, das den Berg erfüllte. Man erschrak; denn man sah sich gegenseitig nur noch in Silhouetten, und der Spott der Hohen Priester, Pharisäer und Schriftgelehrten verhallte in die Dunkelheit hinein. Nun waren die Verhöhnungen sinnlos geworden, da der Verspottete sich mit Dunkelheit umkleidet hatte. Viele schlugen sich an die Brust und kehrten nach Jerusalem zurück. Auch die Schreier verschwanden nach und nach. – Zurück blieben die Soldaten der römischen Wachmannschaft. Dann wurde es sehr still auf der Hinrichtungsstätte. Gegen drei Uhr starb Jesus mit einem lauten Schrei. Die Erde bebte und der römische Hauptmann sagte: »Wahrhaft, dieser Mann war Gottes Sohn.«" (Mk 15, 29)

„War diese unerwartete Finsternis ein Zeichen für alle?", fragt mein Begleiter überraschend.

„Es war das Zeichen dafür, dass ihre Herzen finster geworden waren. Im Johannesevangelium steht: »Und das Licht scheint in die Finsternis. Aber die Finsternis hat es nicht ergriffen.«" (Jo 1,5)

„Was bedeutet das Kreuz?"

„Das Kreuz, an dem Christus damals gestorben ist, ist nach außen das Zeichen des Verbrechers," betone ich. „Dabei gilt, was die Schrift sagt: »Die Juden wollen Wunderzeichen, die Heiden suchen Weisheit, wir aber predigen Christus, den Gekreuzigten. Für die Juden ein Ärgernis, für die Heiden eine Dummheit, für uns aber, ob Jude oder Heide, Gottes Kraft und Gottes Weisheit.« " (1 Kor 1, 22-24)

„Doch – warum das Kreuz? Warum dieses ärgerliche Holz der Qual?"

„Deine Frage ist schwer zu beantworten. Willst du, dass ich dir die ganze Erlösungsgeschichte der Menschheit in wenigen Worten darstelle, was nicht möglich ist. – An diesem blutigen Kreuz auf Golgatha stirbt nicht ein Mensch, weil er Verbrechen getan hat; denn Jesus Christus ist völlig unschuldig. Am Kreuz stirbt der Erlöser zur Sühne für unsere Sünden. Die Liturgie formuliert deshalb den Satz: »Vom Baum des Lebens kam der Tod. Vom Baum des Todes kam das Leben.« Und: »Der am Holze siegte, wurde am Holze besiegt.« " (Präfation vom heiligen Kreuz)

„Was heißt das?"

„Dem Kreuzesholz des Verbrechers steht die Sünde gegenüber. Der Mensch hat im Paradies Gott die Stirne geboten und getrotzt, und die Menschheit ist vor Gott auf weiten Stücken ihrer Geschichte den Weg des Ungehorsams weitergegangen. Das bedeutet: Blut und Tränen, – Gotteshass und Gotteslästerung, – Mord und Ehebruch, – Betrug, Lüge und Unvernunft, – Erpressung und Ausnützung von Armen, Witwen und Waisen – und die vielen Alltagssünden. Viele schwere und oft sehr schwere Sünden klagen die Menschen vor der reinen Gerechtigkeit Gottes an. Wer könnte die Schuld der Sünden an Gott und an den Menschen bezahlen? Was muss da am Throne Gottes bezahlt werden? Wer kann sie überhaupt vor Gott bezahlen?"

Da ruft er laut: „Nur der Unschuldige, der selbst Gott ist, kann mit seinem kostbaren Blut bezahlen. Denn du Mensch, was besitzt du, womit du bezahlen könntest, da alles ja schon Gott gehört und von Gott stammt?"

Da sage ich: „Der Unschuldige wurde zum Verbrecher für uns Sünder. Die Sünder aber werden, wenn sie sich bekehrt haben, auf den am Kreuz schauen, den sie am Holz durchbohrt haben. Sie werden im Blut des Lammes gereinigt und wieder der Gnade Gottes fähig sein und Gerechte werden."

Er sagt: „So ist Liebe, die für die Ihrigen ihr Leben hingibt, und die äußersten Schmerzen Jesu offenbaren nur seine äußerste Liebe. Hat er nicht gesagt: »Ich habe die Macht, mein Leben hinzugeben, und ich habe die Macht, es wieder zu nehmen.« " (Jo 10, 18)

„So ist es", erwidere ich. „Er selbst hat gesagt: »Wenn ich von der Erde erhöht bin, will ich alle an mich ziehen.« (Jo 12, 32) – Darum glaube ich an das Kreuz, weil hier durch den wahre Gehorsam die höchste Liebe offenbart wird. Er hat mich gereinigt. Er ist der Erlöser. „Er ist wirklich der Erlöser der Welt." (Jo 4, 42)

Jesus Christus und seine Auferstehung

Mein Begleiter fordert mich erneut heraus und sagt: „Wie ich zitierte, spricht Jesus davon, dass er die Macht habe, sein Leben zu geben und auch dass er Macht habe, es zu nehmen. – Was meint ein solcher Ausspruch?"

Ich antworte: „Er ist auferstanden."

„Was hältst du von seiner Auferstehung?"

Ich sage: „Kein Mensch, der über die Erde gegangen ist, hat sein Grab je verlassen und ist aus eigener Kraft und Vollmacht wieder mit Fleisch und Blut lebendig unter uns erschienen. Lukas berichtet: Drei Tage nach seinem Sterben auf Golgatha trat Jesus in die Mitte seiner Jünger und sprach den Friedensgruß. Die meinten einen Geist zu sehen. Er aber sagte zu ihnen, sie mögen ihn betasten und ihm etwas zu essen geben, dann kein Geist habe Fleisch und Knochen." (Vergleiche Lu, 24, 36 ff)

„Also ist er auferstanden. – Besitzt dieses Ereignis eine Singularität?"

„Bedeutet die Singularität," frage ich, „dass es sich hier um ein einmaliges Ereignis handelt, das von keinem anderen Menschen ausgesagt wird?"

„Ja!", antwortet er. – Dann fragt er: „Was sagt das Glaubensbekenntnis?"

Ich zitiere: „Ich glaube an Jesus Christus: gelitten unter Pontius Pilatus, gekreuzigt, gestorben und begraben, am dritten Tage auferstanden von den Toten, aufgefahren in den Himmel."

„Wer aber bezeugt die Auferstehung Jesu Christi?"

„Alle Evangelien und ganz besonders die Apostelgeschichte, die in den dort überlieferten Predigten zuerst und vor allem von der Auferstehung Jesu Christi sprechen. So predigt Petrus am Pfingsttag: »IHN hat Gott auferweckt, indem er die Wehen des Totenreiches löste; denn es war nicht möglich, dass er von ihm festgehalten wurde.« (Apg 2,24) – An diesem Tag ließen sich 3000 Menschen taufen."

„Wurde Jerusalem durch diese Vorgänge mit Verwunderung überrascht? Das muss beim Hohen Rat, den Pharisäern und Schriftgelehrten leidenschaftlichen Zorn und außergewöhnlichen Widerspruch hervorgerufen haben?"

„Ja! Es gab höchst aggressiven Ärger: Im Zusammenhang mit diesem Geschehen schleppte man die Apostel Petrus und Johannes vor den Hohen Rat, weil sie einen von Geburt aus lahmen Menschen geheilt hatten. Dort bezeugte Petrus: »... so sei euch allen und dem ganzen Volk Israel kund: Durch den Namen Jesu Christ des Nazaräers, den ihr gekreuzigt habt, den aber Gott von den Toten auferweckt hat; durch seinen Namen und keinen anderen steht dieser Mann gesund vor euch. ...« " (Apg 4, 9-10)

Nun blickt mein Begleiter in seiner Lichtgestalt zu mir her, und indem er ins Unermessliche und Nicht-Nennbare hineinzuschauen scheint, fragt er: „Dann ist also ein Mensch, der schon hinabgestiegen war in das Reich des Todes, wieder aus dem Totenreich auferstanden, um unter uns erneut lebendig, das heißt mit Fleisch und Blut zu weilen?"

„Ja!", sage ich. „Genau das beinhaltet unser Glaube an Jesu Christi."

„Ist er der einzige?"

Ich antworte: „ER ist der einzige. Die Menschheitsgeschichte kennt keinen zweiten Fall. – Gott hat ihn auferweckt von den Toten, das bezeugen wir. Und ER selbst als der Sohn des Lebendigen Gottes hatte nicht nur die Macht, sein Leben hinzugeben, sondern auch die Macht, es zu nehmen, wie wir gesagt haben. – IHM sei die Ehre!"

„Dann ist ER wirklich der von Gott gesandte und von den Propheten verkündete einzige Erlöser der Menschheit, der Messias."

„Ja!", bestätige ich und betone mit aller Festigkeit: „ER besitzt das Ewige Reich, und IHM allein sei Ehre, Weisheit und Macht in Ewigkeit."

Noch einmal fragt mein Begleiter: „Wie stehst du zum Johannesevangelium?"

„Ich lese es sehr gerne."

„Warum?"

„Weil Jesus darin offenbart, dass er von »*OBEN*« stammt, und betont, dass er der Sohn des Vaters ist."

„Der Sohn des Lebendigen Gottes also?"

„Der Sohn Gottes!", bestätige ich.

„Dann bestätigst du, dass das Glaubensbekenntnis gilt, das über Jesus aussagt: »Gott von Gott, Licht vom Licht, wahrer Gott vom wahren Gott, gezeugt, nicht geschaffen, eines Wesens mit dem Vater.«" (Das große Glaubensbekenntnis)

„Ich bestätige und ich glaube, dass Jesus Christus der Sohn des Lebendigen Gottes ist, dem alle Macht im Himmel und auf Erden gegeben wurde. – Nur ER, der das Leben in sich selbst hat, war fähig, von den Toten aufzuerstehen. Nur ER allein besitzt die Kraft, uns am letzten Tag für das Ewige Leben aufzuerwecken, um am Ewigen Reich teilzunehmen. – Ja, ich glaube an das Ewige Leben; darin liegt meine ganze Freude und mein Jubel; in das Ewige Leben hineinzuschreiten, beinhaltet meine selige unversehrte Hoffnung, die mir der Herr bis zum letzten Tag meines Lebens bewahren möge!"

Jesus Christus, der Erlöser und Heiland

Dann betone ich: „Mein Glaube ist nicht auf Sand gebaut, sondern hat das tragfähigste Fundament, das es gibt. Nicht so wie bei den Ideologien von Hitler oder von Stalin, die Millionen von Menschen hypnotisierten und mit ihren Anhängern Länder und Städte terrorisierten und sie dann wie blinde Schafe ins Chaos und in den bitteren Tod führten. Ich sehe noch heute vor Augen das Feuermeer meiner Heimatstadt Stuttgart nach dem Bombardement des alliierten Angriffs.

Auch die Ideologie der modernen Freimaurerei, die als Menschenverbrüderungsverein an die bare Nur-Vernunft und an einen fadenscheinigen Weltenbaumeister glaubt, wie man redet, oder die Ideologie der Weltbevölkerungskontrolle von "Population Council" und "Planned Parenthood", durch deren Wahnsinnsidee weit über eine Milliarde Babys getötet wurden, ist gegenüber der Gestalt Jesu Christi leer und verderblich. Freimaurerei fesselt in Macht, Reichtum und übersinnliche Riten hinein, aber das Herz bleibt nackt und tot. Nur der eitle Stolz, der sich zum Himmel emporreckt, bleibt, – bis auch seine Zeit abgelaufen ist und das Kartenhaus im Staub zusammenfällt."

Rosenkranzbetrachtung
"Jesus, der uns den Heiligen Geist gesandt hat."

Die Jünger haben in diesen vierzig Tagen, da Jesus, der Meister, noch bei ihnen weilte, vieles vom Reich Gottes dazugelernt. Jedoch die Angst ist aus ihren noch kleinen Herzen nicht gewichen. Noch verschließen sie die Türen aus Furcht vor dem Hohen Rat und Pontius Pilatus.

Aber sie sind zum ersten Mal eine geschlossene Gemeinschaft des Gebetes und der Bitte vor Gott. Sie haben sich im Abendmahlsaal vereinigt: Männer und Frauen und unter ihnen Maria, die Mutter Jesu. Jesus hat ihnen vor seiner Himmelfahrt aufgetragen, im Gebet gemeinsam den Himmel zu bestürmen, damit sie ausgerüstet werden mit der Kraft von oben. Sie müssen es darum lernen, in der Missionsarbeit unerschrocken vor vielen Menschen zu predigen und zu lehren. Also müssen sie für die gesamte kommende Missionsarbeit Gott anrufen, den Vater des Lichtes, und ihn um seinen besonderen Segen bitten. Denn die Apostel sind dazu bestimmt, nicht ihre eigenen Werke oder Ideen, sondern Gottes Werk auf Erden zu vollbringen. Darum muss die Gnade Gottes all das vollenden, was sie aus eigener Kraft nicht vollbringen können.

Von Christi Himmelfahrt bis Pfingsten sind es neun Tage. Die im Abendmahlsaal versammelte Gemeinschaft hält also miteinander eine Novene des Gebetes und der Anrufe an Gott, ihrer Schwachheit beizustehen. Die innere Haltung beim Gebet der jungen Gemeinde lässt sich nur sehr schwer beschreiben. Aber eines ist sicher: Die Herzen neigen sich immer mehr der kommenden Fülle des Heiligen Geistes zu. Es findet eine stets tiefere Bekehrung des Geistes und des Herzens statt, bis sie fähig sind, ganz den Willen Gottes zu tun.

Dann kommt der Pfingstmorgen. Da geschieht es. Ein heftiger Sturm und brennendes Feuer sind die äußeren Zeichen des Heiligen Geistes an diesem Pfingsttag. Die inneren Zeichen sind der apostolische

Freimut, mit dem die Jünger ausgerüstet werden, und das Sprachenwunder. Aber mehr als alles ist es die Kraft der Predigt, die sich in das Ohr und ins Herz der Zuhörer bohrt. Die Leute sind tief betroffen und lassen sich taufen.

Pfingsten ist ein gewaltiges Zeichen des Heiligen Geistes: der Sturm, mit Getöse heranbrausend; das lodernde Feuer wie eine mächtige Lohe; die Feuerzungen im Saal, die über jedem einzelnen brennen und durch Herz, Geist, Seele und Gemüt gehen, um umzuwandeln und aufzurichten; die Verwandlung der Ängstlichen zu Furchtlosen; die Verkündigung des Wortes Gottes mit Vollmacht und Kraft.

Es heißt dann im Text der Apostelgeschichte: „Als die Menschen das hörten, durchschnitt es ihr Herz. Sie sagten zu Petrus und den übrigen Aposteln: Was sollen wir tun, Brüder? Petrus aber sprach zu ihnen: Bekehrt euch und ein jeder von euch lasse sich taufen auf den Namen Jesu Christi zur Vergebung der Sünden; dann werdet ihr die Gaben des Heiligen Geistes empfangen." An diesem Tag wuchs die Gemeinde um etwas dreitausend Personen. (Apg 2, 37f)

Dieses Ereignis geschah in der Stadt Jerusalem am fünfzigsten Tag nach der Auferstehung Jesu Christi. Das Leben Jesu, seine Verkündigung des Wortes Gottes und seine Kreuzigung lagen noch immer wie eine tiefe Wunde auf den Bewohnern von Jerusalem. Der Hohe Rat hoffte, dass die Erinnerung an Jesus nach und nach einschlafe und damit eine Beruhigung der spannungsgeladenen Lage einträte. Mit dem Pfingstereignis war dieser Traum für die Gegner Jesu ausgeträumt. Jetzt begann die nächste Runde eines unausweichbaren Kampfes. Denn den sie ans Kreuz geschlagen haben, dessen Gedächtnis war noch nicht erloschen. Schlimmer noch! Was nun geschieht, war ein Totalumbruch der Situation in Jerusalem, den Gegnern Jesu zum überraschenden Schrecken.

War es nicht so, dass bis zur Kreuzigung Jesu die Geschehnisse um diesen "Propheten von Nazareth" sich den Gegnern Jesu günstig erwiesen? Jesus war nach Jerusalem zurückgekommen und sie konnten ihn gefangennehmen. Ein Jünger hatte ihn verraten und ihnen in die Hände gespielt. Pontius Pilatus ließ sich erpressen und Jesus geißeln und kreuzigen.

Von der Stunde des Pfingsttages an laufen die Ereignisse umgekehrt. Sie konnten gegen die Apostel tun, was sie wollten, die Ergebnisse waren immer zu ihren Ungunsten. Ob sie die Apostel vor den

Hohen Rat schleppten und ihnen verboten, noch einmal im Namen Jesu zu predigen und sie mit Ruten geißelten, ob sie unter Saulus eine blutige Christenverfolgung anstellten, die Niederlage war ihnen gewiss. Denn auf der einen Seite verkündeten alle, die aus Jerusalem vertrieben wurden, nun im ganzen Hinterland die Botschaft Jesu. Und dieser Saulus, ein glühender Hasser Jesu, wurde unerklärlicherweise zum Verkünder der frohen Botschaft Jesu, und dann um Jesu willen wird er der meist gehasste Israelit in Jerusalem. Die Stunde von Pfingsten veränderte alles. Jerusalem geht unter. Das junge Christentum stürmt in die ganze damalige Welt hinein und verkündet die Botschaft allen Völkern, Sprachen und Nationen. Das Kreuz hat gesiegt. Der Wendepunkt war der Tag von Pfingsten, da der von Jesu versprochene Heilige Geist in Sturm und Feuer das Angesicht der Erde erneuerte.

Für alle, welche die gegenwärtige Situation der Kirche, die von innen und von außen zutiefst bedroht ist, kennen, besteht kein Zweifel, dass sich die Kirche von heute ein zweites Pfingsten erbitten muss.

Nicht wenige von den gegenwärtigen Christen glauben, dass, wenn wir die rechten "public relations" im großen Markt der Medien und gezielte gruppendynamische Kurse anbieten, dass dann die Kirche, zeitangepasst, ein entscheidender geistiger Faktor der heutigen Welt sein könne. Sie sind der Auffassung, dass ein Teil des alten staubigen Ballastes an verfehlten Dogmen abgeworfen werden solle, um der Kirche wieder ein jugendlicheres Gesicht zu geben.

Jene Gruppen, die von einem solchen Modernismus besessen sind, wollen eine weltimmanente Kirche, die allein für diese Welt lebe und dann auch von den Mitteln dieser Welt unterhalten werde. Gott wird zur Chiffre. Sie sagen: Geistige Disziplin brauche es, schon um im Straßenverkehr unfallfrei zu fahren. Ohne Gebete und Meditationen könne keiner leben. Sie seien Herzenströster. Dabei sei es aber egal, ob man zu Gott, einer Fee, einem Engel oder gar einem Teufel bete. Hauptsache er helfe über das Ungewisse hinweg und man habe einen hilfreichen Talisman. Wunderschöne Gottesdienst mit Orchester und Chor, Totengottesdienste und Mozartmessen, wer wollte abstreiten, dass das Herz darin erhoben werde und getröstet sei. Denn wir müssen an etwas glauben: egal an was! An den Himmel oder an die Hölle ???

Viele Jünger Christi glauben heute, es sei ihr Werk, die Kirche über Wasser zu halten. Entsprechend verhalten sie sich in den Gottesdiensten, wo sie den Gläubigen gefallen wollen mit entsprechenden fanta-

siereichen Spielchen – sei es in Kindergottesdiensten, Jugendgottes-
diensten, Fastnachtgottesdiensten oder Gottesdiensten für Homosexuelle oder beim Eheabschluss. In diese Gottesdienste werden Praktiken und Liturgien eingeführt, die total gegen die kirchliche Lehre sind
oder aber ein großes Ärgernis gegenüber der kirchlichen Tradition
bilden. Zwischen Priester und Clown besteht ein seinsmäßiger Unterschied, aber der Abstand des Übergangs ist sehr klein. Unmerklich
wird so der kirchliche Gottesdienst zum Jahrmarkt, und die entsprechenden Priester müssen Woche für Woche neue Sensationen erfin-
den, um ihr Publikum zu unterhalten. Im Grunde genommen ist ein
solches Verhalten „der Gräuel an Heiliger Stätte", (Mk 13, 14) und es
gilt der lateinische Satz: „Corruptio optimi pessima!", das heißt: „Die
Verderbnis des Höchsten steigt zum Schändlichsten hinunter." Wer
die Heilige Messe verdirbt, endet mit ihr in einem Straßentheater.

Aus dem Gesagten könnte man herauslesen, es sei alles falsch,
wenn ein Priester seine Gottesdienste gut vorbereitet. Er müsse ja nur
die Zeremonie nach den Rubriken tätigen und predigen. Das wäre
dann es gewesen. Aus dem Gesagten geht nicht hervor, dass einer
seine Kindergottesdienste gut vorbereiten muss, sondern das bedeutet,
dass das "Geheimnis des Glaubens", das über jedem Gottesdienst
liegen muss und in das auch die Kinder mit hineingenommen sind,
deutlich wird. Denn man darf keine Aktion setzen, die das Mysterium
der Heiligen Messe irgendwo der Lächerlichkeit preisgibt, wie das
in unseren Tagen vielerorts geschieht.

Genau das Gleiche muss von jenen Moraltheologen gesagt werden,
die grundsätzlich an der Lehre der Heiligen Kirche festhalten, aber
dann an den kleinen Schräubchen so lange drehen, bis sie das Gebot
zu Fall gebracht haben, obwohl sie versichern, es grundsätzlich auf-
rechterhalten zu wollen. Nichts ist verruchter als eine solche zwiespäl-
tige Gesinnung. Sie tun so, als ob sie das Gebot stützen wollen und
arbeiten an dessen Zusammenbruch. Dies ist jene Heuchelei, die
Christus an den Pharisäern und Schriftgelehrten verurteilt hat.

Die Neuevangelisierung braucht ein zweites Pfingsten. Sie braucht
nicht die selbstherrliche Weisheit und Klugheit einer Menschenclique,
sondern den heranbrausenden Sturm und das glühende Feuer des
Heiligen Geistes. Geht zurück und betet, gibt der Herr den Auftrag,
bis ihr ausgerüstet werdet mit der Kraft von oben. Ihr sollt meine
Zeugen sein bis an die Grenzen der Erde. Der Heilige Geist wird in
euch reden und auch an alles erinnern, was ich euch gesagt habe.

„Wer glaubt und sich taufen lässt, wird gerettet, wer nicht glaubt wird, verdammt werden." (Mk 16, 16)

In der Botschaft Jesu Christi geht es eindeutig um das Ewige Leben und nicht um die Errichtung der hoch aufragenden religiösen Zitadelle einer irdischen Welt und Zeit. Es geht um die Verkündigung der Frohen Botschaft an alle Völker. Das Kreuz Jesu Christ errichtet sich über Kontinente, Völker und Sprachen und wir werden in der Kraft des Heiligen Geistes IHN erwarten, bis er kommt in Herrlichkeit. Darum sprechen wir: "Komm Herr Jesus". (Offb 22, 20).

Das Gnadenheiligtum in Fatima

Vom Gnadenheiligtum in Fatima weiß ich nicht viel zu erzählen. Im Jahre 1967 steht die Gnadenkapelle dort, wo früher die Steineiche stand, auf der die liebe Gottesmutter den Kindern erschien. Es ist eine winzig kleine Kapelle, wie ein Rechteck gebaut, und außer dem Zelebranten und seinem Ministranten geht in den kleinen Raum kaum noch jemand hinein. Das Heiligtum ist sehr schlicht gehalten und nimmt innerhalb des großen Pilgerplatzes einen bescheidenen Raum ein. Doch an dem Ort, wo das Heiligtum errichtet ist, stand Maria, um den Kindern ihre Botschaft mitzuteilen.

Was soll ich sonst noch sagen zu der Begegnung mit diesem Heiligtum – und mit IHR, der Lieben Frau von Fatima? Sie hat über mir den Mantel ausgebreitet, und ich bin freudig und mit vielen Bitten unter diesen Mantel getreten. Ich will ihr von Herzen gehören, auch in jenen menschlich armen Bedingungen, die wir alle tragen bis ans Ende unserer irdischen Pilgerfahrt. Sie ist die „Mutter der Barmherzigkeit". Ich trete zu ihr hin, grüße sie, freue mich und trage meine Bitten mit großem Vertrauen zu ihr hin. Sie grüßt mich, freut sich und nimmt meine Bitten an. Sie weiß besser, was ich wirklich brauche.

Dort wird auf dem Altar des Heiligtums das Kreuzesopfer ihres Sohnes in der Heiligen Messe dargebracht. Das Opfer zum Heil der Welt. Solange ich in Fatima bin, gehe ich oft zum Heiligtum hin. Dort feiere ich die Heilige Messe, dort bete ich den Rosenkranz, dort halte ich meine Meditation. Immer sind viele Menschen da, zu jeder Tag- und auch zu jeder Nachtzeit. Dort erwarten wir alle Heil und Segen und Hilfe für den oft harten Lebensweg.

Viele beten dort mit sichtbaren Bußübungen. Vom äußersten Rand des Pilgerplatzes rutschen sie auf den Knien dem Heiligtum entgegen, wobei sie den Rosenkranz beten. Die Knie schmerzen und manchmal bluten sie. Aber der Wille, Buße zu tun, überwindet den Schmerz. Viele halten die Arme weit ausgebreitet und beten. Bußübungen anzuschauen berührt oft peinlich. Oft scheinen sie kitschig. Aber sieht man von der äußeren Form ab und betrachtet das Angesicht der Büßenden: den tiefen Ernst, der sich zeigt, den Aufschrei in äußerster körperlicher oder seelischer Not, die Bitte um Vergebung einer großen Sünde, die Zeichen aller menschlichen Hilfsbedürftigkeit, dann wird aus dem Süßlich-Kitschig-Peinlichen eine Dimension des Menschen, die man geflissentlich übersehen wollte, um nicht unangenehm im täglich leichtfertigen Privatleben gestört zu werden. – Durch solches Tun kehrt der Mensch zurück zu seinem Gott, reduziert sich in tiefe Demut hinein und wird wie Jesus, der Kreuz und Schmerz trägt. Welch ein Adel!

Wir haben ein saures Lächeln dafür übrig, wenn jemand davon spricht, dass sich Menschen in groben Sackstoff kleideten, dessen harte Fasern dem Träger eine ständige Pein verursachten. Andere haben Bußgürtel getragen, welche die Atmung beeinträchtigten. Andere haben mit Geißeln den Leib geschlagen, bis Blut floss, oder die Haut in Striemen quellen ließen. Das sind peinliche und lächerliche Dinge, so meinen wir. Also weg damit und reden wir nicht mehr davon.

Dennoch können wir nicht leugnen, dass solche Werke oft Menschen taten, deren Liebenswürdigkeit und Güte, deren Hingabe und Einsatzbereitschaft unser lachhaftes winziges Maß um viele Male übertraf. Wenn jemand den Armen beisteht und dabei die eigenen Güter verbraucht, dann tun es solche Menschen. An ihr Haus kann man bei Tag und bei Nacht anklopfen, es ist immer offen zum Gespräch. Ihnen zeigen die Armen ihre hässlichen Wunden. Sie reinigen sie, verbinden sie und heilen sie. Sie sammeln in der Frühe Kinder ein, die Mütter oft aus Verzweiflung in der Nacht ausgesetzt haben, und ziehen sie groß. Ihre Ehrfurcht vor allem, was da den Odem des Lebens in sich trägt, ist grenzenlos. Ihre Liebe zu Bruder und Schwester von göttlicher Liebe durchpulst. Aus ihren Augen fließt ein Strom warmer Barmherzigkeit, der auch das Gegenüber mit vertrauender Wärme erfüllt und die bittere Erstarrung eines Menschenherzens in der Sünde wieder zu lösen vermag. Ihre Hände sind sanfter als die Hände einer Mutter, die sich in mütterlicher Kraft über die Kreatur ihres eigenen Schoßes beugt. Sie sind sanfter als die Hände einer Frau, deren Liebe sich verströmt, um dem anderen wirklich zu helfen. In solchen Menschen erkennen die vielen Abgefallenen und Verirrten wieder das menschenfreundliche Angesicht unseres Herrn und Gottes und kehren heim.

Aber zugleich tun sie auch Werke der Buße, die ja im Letzten nichts anderes sind als das große Verzichten gegenüber dem "Ständig-Haben-Wollen" der Süchtigen. Denn hinter den äußerlichen Erscheinungsformen der Buße offenbaren sich elementarste Grundzüge unserer Existenz, nämlich die der Hingabe und des täglichen Opfers. Von dem allein könnten wir alle leben! Ich sage hier ohne Umschweife: Von dem könnten wir alle leben!

Die Versuchung zum Tourismus in Fatima

Am Nachmittag dieses Tages treffe ich wiederum den Verwalter. Er ruft mich zu sich und fragt mich, ob ich seine gestrige Warnung recht verstanden hätte. Ich entgegne, dass es so sei, wie er gesagt habe, und dass man nicht vorsichtig genug sein könne.

„Nächste Woche," so sagte er, „ergibt sich eine Gelegenheit. Dann setzen wir ihn an die frische Luft. – Aber nun etwas anderes. Morgen früh fahren deutsche Gäste mit dem Wagen nach Lissabon. Zugleich besuchen sie eine der schönsten portugiesischen Klosterbauten. Um acht Uhr fahren sie ab. Halten Sie sich bereit. Ich habe organisiert, dass Sie mitfahren können."

Ich schaue den Pater an, dankbar erschrocken und zugleich verwirrt. Denn kaum war ich in Fatima angekommen, am Ende einer fast achtzehntägigen und auch anstrengenden Reise, und soll schon wieder auf Reisen gehen. Darum sage ich zu ihm:

„Es freut mich sehr, dass Sie so liebenswürdig mit mir sind und mir gute Menschen besorgt haben, die mich nach Lissabon und zu anderen Kulturstätten mitnehmen wollen. Jedoch ich will lieber in Fatima bleiben; denn das war das Ziel meiner Reise."

Damit tauschen sich die Rollen. Denn nun ist das Erstaunen bei ihm. Anscheinend ist es ihm noch nicht vorgekommen, dass einer eine solch günstige Gelegenheit ausschlägt.

„Sie meinen bei der Gottesmutter und den Kindern?"

„Ja! Ich meine bei der Gottesmutter und den Kindern."

Er nickt leicht und lächelt.

Ich sage: „Ich danke Ihnen, dass Sie mich verstanden haben."

Im Nachhinein habe ich mich oft gefragt, ob es recht war, eine solch günstige Gelegenheit auszuschlagen. Denn Lissabon und dieses berühmte Kloster zu sehen, hat sich mir bis heute entzogen. Aber heißt nicht schon der Vers im Psalm: „Ein Tag in deinen Vorhöfen zu verweilen, ist weit besser als tausend andere?" (Ps 84, 11) Schlussendlich ist Lissabon doch auch nur eine Großstadt neben hundert anderen. Sie hat ihre Sehenswürdigkeiten und ihr Kolorit. Und jenes Kloster, dessen Kathedrale eine eigene und herrliche gotische Form aufweisen soll, ist nur eines neben vielen anderen. Hätte ich seine Gestalt gesehen, wären die Formen eingeflossen in viele andere und zerronnen. Auch sie ist nur ein Menschenbauwerk, das den zerstörenden Gezeiten ausgesetzt ist.

Am Ende einer langen Reise bin ich in Fatima angekommen. Aber es ist mir nicht die Aufgabe gestellt, irdische Sehenswürdigkeiten anzuschauen, sondern ich soll an einem anderen Bauwerk bauen, das in die ewigen Jahrtausende hinein errichtet wird. Es werden die Zwangsvorstellungen unserer Zeit sein, dass der Mensch sein irdisches Haus und auch die Räume seines Herzens nach außen hin ständig allen Einflüssen öffnet. Ständig hat er Besuch, ständig klingelt es an seiner Tür, und wenn diese Tür einmal verschlossen ist, dann ist es das Radio, jener magische Sprechapparat, und das Fernsehen, jene flimmernde Bilderwand, die sein Zuhause mit dem hohen Wellengang von außen überfluten.

Mit unseren Autos fahren wir von einem zum anderen Ort, unsere Aufmerksamkeit wird von stets neuen Impulsen angefordert und gefesselt. Und alles, was herangeschleppt wird, tritt im Gewand von großer Wichtigkeit auf, so dass man es unbedingt sehen oder haben muss. Der Unersättlichkeit unseres Herzens steht ein unersättliches Angebot gegenüber: auf materieller Ebene, auf gefühlsbetonter Ebene und auf geistiger Ebene.

Doch während wir den flüchtigen Augenblick einfangen wollen, schreitet die Zeit weiter. Alles ist Vorübergang, Rauschen und Rauch. Wir müssen den Mut haben, unser Stop in den Lauf des Vergänglichen hineinzurufen.

Wir müssen stoppen, auch wenn tausend Bande ziehen und drängen. Verliere den Anblick einer Stadt, aber hafte deine Augen auf den Herrn. Entbehre des Anblicks einer himmelstürmenden Gotik, aber versuche dein Herz zu Gott zu erheben. Bleibe stehen, wo du stehst, verriegle die Türen deiner Kammer, schließe die Fenster zur Welt zu, schalte alle Apparaturen ab, versage dir selbst, ohne Aufsehen zu erregen, die Speise für einen Tag und ziehe dich zurück in den Raum deines Hauses. Du erschrickst vor dir selbst.

Die Gegenwart Gottes, deines Herrn, ist oft nicht mehr gegenwärtig in dir. Du selbst bist leer, und die Geister der Tiefe drängen zu Nichtigkeiten, obwohl das Nichtige erkannt wird. Ein solcher Tag, an dem wir unser Stopp und Halt setzen, kann für dich zu einem Aufbruch werden. Es ist wie am ersten Tag der Schöpfung, da der Geist Gottes über den Wassern schwebte und ER sein gewaltiges Wort "Es werde" (Gen 1, 37) sprach.

Ein Tag ganz für Gott, ein Tag, der einmal auszuhalten wäre. Ein Tag des Wagnisses, da wir eine schwankende Brücke betreten, die sich aber stärker erweist als alle anderen Brücken der Welt. Gott ist ein gewaltiger Gott, ein Erschreckend-Fordernder. – Und je höher der Mensch einsteigt, um die ewigen Gebirge Gottes zu erstürmen zu dürfen, um so zerrissener werden die Wände, um so abgründiger die Tiefen, um so erschauernder die Wagnisse und um so unbeschreiblicher die lichtdurchstrahlte Schau von jedem Gipfel. Nie trifft einen der Strahl der Sonne klarer, schöner und voll Wärme!

Einmal muss man beginnen, dass man das Unvergängliche mehr liebt als das Vergängliche! Einmal, wenn der Ruf Gottes das Ohr getroffen hat, muss man jeden anderen Schall verbannen, um mit geöffneten Ohren nur dieser einen Stimme zu lauschen. Mit großer Sehnsucht muss man *dem Rufenden* entgegenlaufen, damit wir IHN und sein Wort finden.

Gott lockt und verbirgt sich zugleich; er erfüllt uns mit Licht und führt zugleich in dunkle Nacht; er nimmt hinweg und gibt; er spricht in Gleichnissen, so dass wir erst suchen müssen; Gott erprobt und legt Hindernisse in den Weg, und zugleich beflügelt er unseren Schritt; er fordert mit kühnster Absolutheit seiner Gebote und führt zugleich in größte Freiheit; Gott lässt uns in Wüstenglut verschmachten und lange, lange warten – und ist uns zugleich nie näher als in diesen Stunden; er lässt uns das Todesleiden Jesu erleiden und ist darin ganz Auferstehung und Leben. Aber zuletzt ist er in seiner Liebe der größte Liebende, den es gibt. ER selbst schenkt grenzenlos alles, aber dementsprechend muss auch unsere Liebe sein, die in einer völligen Ganzhingabe an IHN nur noch Offenheit kennen darf.

Wie unrein ist doch unser Herz, wie verzettelt und zerrissen, wie kalt und taub. Aber einmal müssen wir uns aufraffen wie der verlorene Sohn. Und nachdem wir alles verprasst und verhurt haben und mit gähnender Leere des Innern und dem Spott der Leute bekleidet sind, bleibt uns nur noch die Demut, es zuzugeben. Sie fordert, alles hinter sich zu lassen und zum Vater zurückzukehren. Nur der diabolische eigenwillige und törichte Stolz, der mit seinen Nichtigkeiten dem Herrn gegenüber triumphieren will, hindert und fesselt von selbst ins Chaotische.

Der Aufstand des Menschen gegen seinen Herrn ist das Unvernünftigste, was es gibt. Dass es möglich ist, bleibt in ein Geheimnis eingehüllt. – Umgekehrt: Jener verlorene Sohn, der zurückkehrt, weist darauf hin, dass das Reich Gottes Liebe ist. Liebe aber ist die freieste Gabe, die ein geistiges Wesen geben kann. Wenn Liebe erzwungen würde, wäre sie nicht mehr Liebe. Jeden trifft in der Stunde der Gnade der Anruf. In dieser Stunde zum Vater heimzukehren, bedeutet Leben. Dann gilt es, aus Liebe alles zurückzulassen, um sich dem Herrn zu öffnen und wieder einzig zu Gott aufzuschauen. Das ist die richtige Antwort.

Die Anrufe des Herrn sind immer absolut und kennen keinen Aufschub. Unser Meister Jesus Christus macht uns das in der Parabel von der Hochzeit des Königssohnes deutlich, weil er nicht einmal die Entschuldigung gelten lässt: „Ich habe eine Frau genommen und wir stehen in den Flitterwochen." Denn Gottes Einladungen sind größer als eine irdische Hochzeit, weil die Zeit dahinflieht, – und gewaltiger als alles Irdische ist das Ewige. Denn die größten Reiche dieser Welt zerfallen wieder in Staub, – und die glühenden Brände der Sonne und die nächtlichen eisigen Polarwinde zerbröckeln jedes Mauerwerk. „Herr, wenn Du mich in der Zeitlichkeit beim Namen rufst, mach, dass ich Deine Stimme höre, mich in den Staub werfe und spreche: »Siehe, hier bin ich, rede Du mit mir, Dein Diener hört.« (Lk 14, 20) Dazu schenke mir Deine göttliche Gnade."

■ Mein Begleiter, der immer bei mir ist, schaut zu mir her, nickt und sagt: „Du bestätigst mir, dass seit Adam alles, was da geht und lebt, zu dem *uralten Tor* unterwegs ist, dem keiner entgeht."

„Diesem Tor ist noch keiner entronnen", sage ich, „weder ein Kaiser noch ein Bettler, weder ein Soldat noch ein Präsident, weder eine Frau noch ein Mann, weder ein Kind noch ein Greis; alle wandern sie auf der großen und oft wie endlosen Straße ihrer Lebenstage zum *uralten Tor*."

„Spielen dabei die einzelnen Lebensschicksale, ob einer arm und am Rand der Straße leben muss, oder reich und in den Hallen von Palästen wohnt, eine besondere Rolle?"

„Nein! Letztlich spielen irdische Zeiten und Umstände keine Rolle."

„Also im Leben des einzelnen keine Rolle!"

„Nein! – Die ewige Bestimmung gilt allen! – Keiner wird verschont! Das _uralte Tor_ ist für alle ein unausweichliches Muss!"

„Also hat das menschliche Leben von der Geburt bis zum Tod nur eine einzige Richtung, nämlich die Richtung zum unvermeidbaren _uralten Tor_?"

„Niemand kann das bezweifeln!"

„Mensch!", knurrt mich mein Begleiter an: „Das Wissen besitzt ihr alle und lebt so leichtsinnig in die Tage hinein, als ob es das _uralte Tor_ gar nicht gäbe! Wahrhaftig! Wer so lebt, ist wie ein Vieh, das am Ende verendet. – Wer so lebt hat ds Ewige Leben nicht vor Augen."

Ich jammere: „O Herr! Die Gottvergessenheit ist erschreckend groß. Auch scheint es, als ob uns der Ungehorsam in den Knochen hockt. Wir leben ohne Gott und rühmen uns dessen sogar noch. – Ach! Welch ein Irrsinn!"

Mit aller Deutlichkeit betont er: „Ja, es ist wahr, dass ihr ein verlorenes Geschlecht wäret, wenn Gott nicht mit euch so barmherzig wäre. Denn Gott selbst wird kommen, um euch zu erlösen."

„Dass ER zu uns kommt, feiern wir an Weihnachten und am Fest der "Drei Könige". Dort ist das Wort Fleisch geworden und hat unter uns gewohnt, und ER ist unter uns erschienen."

Mein Begleiter blickt zu mir auf und spricht: „So sehr hat Gott die Welt geliebt, dass er seinen eingeborenen Sohn dahingab, damit jeder, der an IHN glaubt, nicht verlorengeht, sondern das Ewige Leben habe." (Jo 3, 16)

Ich antworte: „ER kam zu uns, damit wir durch seine Gnade in sein Ewiges Reich jenseits des _uralten Tores_ eintreten dürfen. ER gibt uns das Wort Gottes und in seinem kostbaren Blut die heiligen Sakramente."

„Empfangt also Jesus Christus mit Lobgesang in Freuden!"

Da juble ich: „Ja! So sei es! – Hochgelobt sei der da kommt im Namen des Herrn! Hosianna in der Höhe!"

Er ruft: „Ja! ER sei hochgelobt!"

Dann füge ich hinzu: „Nun ist es nicht mehr schwer, zum _uralten Tor_ zu wandern. Mein Erlöser lebt und wartet dort, bis ich hinübertreten darf in das Reich Gottes jenseits des _uralten Tores_."

Jener junge Mann, welcher der geheimen Staatspolizei angehört, ist schon zwei Tage aus dem Haus verschwunden. Man hat ihn mehr oder weniger hinausgeworfen. Heute aber beginnt eine Tagung, in welcher ein Kreis Jugendlicher sich der Botschaft der Muttergottes von Fatima öffnen möchte, um ihr Leben entsprechend zu gestalten. Es sind junge Leute. Sie scheinen aus einem Milieu zu kommen, wo Zucht und Ordnung noch gelten. Ihr Verhalten ist lebendig, ihre Begeisterung echt. Den Beginn ihrer Tagung leiten sie mit einer Eucharistiefeier ein. Ich sehe das Bild noch heute vor mir:

Vor der Kirche haben sie sich alle versammelt. Zwanglos läuft die Unterhaltung. Nachdem einer der Leiter zur Ruhe aufgefordert hat, spricht er zu ihnen. Er sagt, dass sie gemeinsam mit einem Prozessionsgesang in die Kirche einziehen wollen, außerdem solle dazu jeder eine brennende Kerze in der Hand tragen. Einen Augenblick lang stehen die jungen Menschen staunend da. Sie haben noch nie einen Gottesdienst so begonnen, außer bei der ersten heiligen Kommunion. Doch der Leiter spricht zu ihnen: „Hört, wir sind alle pilgerndes Volk Gottes. Deshalb verlangt unser Herr Jesus Christus, dass wir mit brennenden Kerzen in den Händen ihn erwarten sollen. Diesem Gedanken wollen wir Ausdruck geben, wenn wir uns formieren, um zum Altar zu schreiten." Das Staunen ist schnell verschwunden. Zustimmende Begeisterung tritt an seine Stelle. Noch heute sehe ich diese jungen Menschen mit dem warmen Licht der Kerzen auf ihrem Angesicht und mit Gesängen der Freude auf ihren Lippen in das Gotteshaus hineinschreiten.

Die Eucharistiefeier ist intensiv. Das Wort Gottes bringt die unverzichtbare Weisung Jesu aus der Bergpredigt. Die jungen Leute wissen, dass es in diesen Worten Jesu keine Kompromisse gibt. Doch sie nehmen das Wort an. Längstens haben sie dafür eine Vorentscheidung gefällt. Ich weiß nicht mehr, was mich fesselt an diesem Gottesdienst? Es liegt etwas über dieser Gemeinschaft, das man heute selten findet oder fast gar nicht. Was ist es nur, was sich in diesem Gottesdienst so unbeschreiblich festlegt in mir?

Über diesen jungen Männern und Frauen liegt ein seltener Zug zielgespannter Einheit. Sie sind bereit, das Tor zu durchschreiten, um den Weg Christi und seiner Mutter auch in ihrem Leben zu gehen. Aus ihren Bewegungen und Antworten strahlt eine warme Freude. Es ist wie am Tage der ersten wahren Liebe, am Tage, da das Herz zu glühen beginnt und der Glaube an den anderen und die Hoffnung auf ihn ungebrochen im Innern festgeschrieben wird. Ich sehe diese Jugend vor mir. Sie ist zentriert, gesammelt, ausgerichtet mit der Kraft ihrer Aufmerksamkeit auf den Altar. Und Christus, der gegenwärtig ist, ist anwesend in jedem Herzen, in den Gedanken, Anmutungen und Liebe, die da hin und her fluten.

Wie immer in der Zeit der ersten Liebe ist es der Heilige Geist, der das Menschenherz in die Ekstase führt, in den Besitz einer großen Freude und eines tiefen Friedens. Alle Personen, Geschehnisse und Dinge, zwischen denen man lebt, werden unbedeutend in der Liebe. Der Geliebte, seine Gegenwart oder sein Bild, erfüllen das ganze Herz. „Der Geist weht, wo er will. Du hörst sein Brausen, den Sturm, der dahinfährt, weißt aber nicht, woher er kommt und wohin er geht." (Jo 3, 8) Nie hat der Herr gefragt, wem er diesen Geist geben will. Er hat ihn den Aposteln gegeben und danach unbeschnittenen Heiden. Der Geist erfüllt Männer mit Weisheit, Frauen mit der Heldenkraft des Martyriums. Der Geist wohnt in Kindern und Jugendlichen. Aus diesem Geist allein wird alles in dieser Welt neu.

Mir schien es, als ob diese jungen Menschen in die Feuer ihrer ersten Liebe hineingerufen werden. Der Herr selbst hat sie erfasst. Und nun stehen sie in seiner Gegenwart und geben das JA des Anfangs. Die Kerzen brennen auf dem Altar. Der Priester erhebt den Heiligen Leib und das kostbare Blut Jesu Christi zum Vater im Himmel empor und die Anbetung aller glüht wie eine lebendige Flamme im Raum. Alle sind durchtränkt vom Heiligen Geschehen und selbst die sonst so schweifenden Gedanken unserer Seelen halten Stille.

Wahrhaftig, wo Gott mächtig im Innern der Seele wirkt, kehrt der Mensch in seine Einheit zurück. Alle bangen Fragen kommen ins Schweigen, und die erfüllten Augenblicke, die ins Herz gekommen sind, sind wie Inseln einer vorausgenommenen Seligkeit. Solche Anbetung sucht der Vater, „Anbetung im Geist und in der Wahrheit." (Jo 4, 24) Hier wird deutlich, dass die eigentliche Mitte des Geschöpfes nur in der Hinrichtung auf Gott bestehen kann: in der Anbetung, im Lob, im Dank, in der Fürbitte und im Ruf der Vergebung, solange wir auf Erden weilen. Darin drückt das Geschöpf sein Wesen aus und darin allein kommt es zur Erfüllung.

Der Mensch ist bis in seine letzten Fasern ins Göttliche hineingegeben. Er ist darin so verankert, dass ihn nichts zufriedenstellen kann, was nicht mit dem Siegel Gottes versehen ist. Auch die Studien über die Anfänge der Religion sind überholt, da seit den Anfängen im Geschöpf das Zeichen Gottes unleugbar eingeschrieben ist. Das Zeichen Gottes aber ist die Liebe.

Religion schöpft ihre Anfänge nicht aus dem Trost, sie ist nicht zuerst ein Tröstungseffekt für lädierte Seelen, sie ist nicht Opium für die Völker, ein wilder Rauschzustand, um sich über Ungerechtigkeiten hinwegzutrösten.

Sie ist Lobpreis und Anbetung Gottes, des Schöpfers. Auch wenn die Leugner Gott wegwischen wollen. Sie bleiben im stechenden Widerspruch stecken.

Religion ist das Eigentliche des Menschen

Religion ist das Eigentliche und das Wesen des Menschen, sein Innerstes! Das gilt allen Menschen, Sprachen, Stämmen, Völkern und Nationen.

Aber wo der »Herr« , der seit dem Sündenfall des Paradieses bei vielen abwesend ist, oft auch nur leise in seiner Gnade ein Menschenherz berührt, sofern es sich nicht sperrt, da wird dieses Geschöpf alles hinter sich werfen und es für nichts erachten, um den Mantel der ewigen Liebe küssen zu dürfen. Denn wenn Gott ruft, beginnt das Herz zu zittern, kommt das ganze Wesen des Geschöpfes ins Schwingen, verfliegen die Täuschungen und kehrt der Mensch heim zu seinem Ursprung wie der Vogel in sein Nest. Nur eines gäbe es, das hinderte, jenes diabolische Nein, geboren aus der Selbstvergötzung.

Gott hat seinen Sohn gesandt. Die Sakramente Jesu schenken uns göttliches Leben. Alle Erneuerung beginnt also am Altar und strömt aus der Mitte des Herzens Jesu hervor. Gott neigt sich hin zum Menschen, der Mensch neigt sich hin zu Gott. Sie schmelzen wie in einer Flamme in eins zusammen und so empfängt der Glaubende das Unterpfand ewiger Herrlichkeit.

Nach dem Gottesdienst beten die jungen Menschen bis zur mitternächtlichen Stunde vor dem Allerheiligsten. Sie erflehen sich die Kraft, um im Trubel des Alltags bestehen zu können. Noch heute höre ich die Worte ihres Leiters: „Meine jungen Leute! Nachdem ihr den Gottesdienst in Begeisterung abgeschlossen habt, denkt daran, dass danach wieder das Alltägliche in euch wohnen wird. Ihr werdet die Wege zu Gott finden. Aber es gibt auch steile Wegstrecken, die all eure Kräfte herausfordern, und es kommen die Stunden der Versuchung. Darin muss sich unser "JA" und unsere Liebe bewähren.“

In den kommenden Tagen sehe ich die jungen Menschen noch oft, und ihre Begeisterung erweckt die Herzen anderer. Die Stunde der Feier ist vorüber. Die Kapelle ist dunkel, aber am Altar brennen die Kerzen und erleuchten den Raum mit flackerndem Licht. Der Schein einer einzigen starken Lampe richtet sich auf die Mitte des Altars. Ihre helle Leuchtkraft strahlt auf die Monstranz. Dort ist Jesus wahrhaft und wesenhaft gegenwärtig, und die Jugend kniet davor und betet IHN an. Welche Gnade!

Gegrüßet seist Du Maria, voll der Gnade, der Herr ist mit Dir. Du bist gebenedeit unter den Frauen und gebenedeit ist die Frucht Deines Leibes Jesus. – Heilige Maria, Mutter Gottes, bitte für uns Sünder, jetzt und in der Stunde unsres Todes. Amen!

Der große Pilgerplatz
in Fatima

Das Zeugnis der Kinder Jacinta und Francisco,
an dem sich viele aufrichten
Der Tanz der Sonne vor siebzigtausend Menschen
Wurde das Sonnenwunder angezweifelt?

O Deutschland,
dein Stolz treibt dich in den Untergang

Nichts ist verheerender als der Abfall von Gott

Auf dem großen Pilgerplatz
Sie sollen den Rosenkranz beten
Die Perlenkette in der Hand der Jungfrau

Rosenkranzbetrachtung
„Jesus, der dich, o Jungfrau,
in den Himmel aufgenommen hat"

Das Wort vom Zeugnis wogt all die Tage meines Aufenthaltes in Fatima durch meine Gedanken. Als ich dies bei einem Gespräch mit dem Verwalter ausspreche, sagt er zu mir: „Wenn Sie es genau betrachten, besteht die Botschaft von Fatima darin, *Zeugnis vor der Welt zu geben, zu beten, zu opfern und sich dem Unbefleckten Herzen Mariens zu weihen.*"

„Das haben die Kinder getan?", frage ich.

„Ja!" Dann sagt er: „Aber betrachten Sie es doch: Lucia, Francisco und Jacinta weideten als Kinder ihre Schafe auf der Weide. Sie spielten die Spiele unschuldiger Kinder, bis eines Tages der Engel des Herrn an sie herantrat und sie ansprach. Er tat dies, weil er von Gott zu den Kindern gesandt war. Denn der Herr hatte beschlossen, die Unschuld von Kindern zum herausfordernden Zeichen an die Völker des Erdkreises zu machen.

Nun wurden sie herausgerufen aus dem Kreis ihrer Gespielinnen und es war der Engel selbst, der sie in Gottes Auftrag vorbereitete und sie stärkte."

Ich frage: „Dann haben die Kinder selbst nicht aus Eigenem gehandelt. Sie haben nur ihren Auftrag erfüllt und blieben standhaft, auch dann als sie im Licht der öffentlichen Meinungen hin und her gezerrt wurden und man ihnen sehr Böses antat."

Er antwortet: „Wenn die damalige freimaurerische Regierung Portugals, welche die Macht besaß, es gekonnt hätte, hätte sie die Kinder vor Zorn und Wut zerrissen."

„War das so schlimm?"

„Ja," sagt er, „denn die Kinder haben die Pläne einer mächtigen Clique über den Haufen geworfen, weil die *große Frau* damals den Kampf der Regierung Portugals gegen die Kirche stoppte."

„Wie stellte sich dieser Kampf dar?", erkundige ich mich.

Er führt nun Folgendes aus: „Schon am ersten Tag, da die tiefe innere Schau im Glanz der Erscheinung Mariens das Herz der Kinder in Freude berührte, wurden die Kinder in eine Welt gesandt, die nicht glaubte. Die Kinder wollten zuerst über die Erscheinung schweigen, aber ihr eigenes Herz konnte die Großtaten Gottes nicht verheimlichen, und so wurde die Erscheinung durch das Plappermäulchen Jacinta offenbart. Lucia war darüber sehr erschrocken, weil sie ihre Mutter fürchten musste.

Ein verwirrender Tumult zwischen Ja-Sagern und Nein-Schreiern entstand.

Zwischen diesem öffentlichen Geschrei standen die Kinder, von den einen gerühmt mit königlichen Ehren, – von den andern zu infamen Betrügern und Lügnern degradiert."

„Und was taten die Kinder?"

„Sie gaben allen, die sie fragten, Auskunft und betonten, dass sie die Gottesmutter gesehen haben und dass sie dies allen Menschen bezeugen wollten, denen, die ihnen glauben, und auch denen, die ihnen nicht glauben. Fatima wurde somit zur Szenerie der Auseinandersetzung einer ganzen Nation. Dort erwarteten alle Suchenden Portugals in ihrer Bedrängnis einen Trost, weil die Gegner der Kirche sie von allen Seiten her bedrückten. Dort mussten die Kirchenfeinde eine Schlappe erleiden, weil sie niemals anerkennen wollten, was sich ereignet hat. Die Freimaurer wollten ein Welt des Menschen ohne Gott. Die Kinder offenbarten die Macht und Gnade Gottes. Bei den Erscheinungen allerdings waren sie in ein gnadenhaftes Licht entrückt, das viele Menschen wahrgenommen haben und sich überzeugen ließen."

„Ist das bis heute so geblieben?", frage ich.

„Ja", sagt er. „Zunächst wogte der äußere Kampf bis zum Tag der letzten Erscheinung, bis zum Tag des großen Wunders hin und her. In den Medien ein lauter Radau. Dann kam der 13. Oktober 1917, der Tag des angekündigten Wunders. Die einen waren trotz strömendem Regen für den Tag des Wunders zur Cova da Iria mit der Gläubigkeit der Wartenden gepilgert. Sie erwarteten ein göttliches Zeichen, um eine innere Festigkeit zu empfangen. Die anderen hingegen waren mit Spott und Gelächter auf den Lippen in der Morgenfrühe mit den damaligen Automobilen nach Fatima gefahren, weil sie überzeugt waren, dass nun endlich für die Katholiken der Tag des großen Fiaskos gekommen sei. Von den Aufklärern sollte an diesem Tag religiöse Schwärmerei als enttäuschende Leere gebrandmarkt werden, als ein Nichtssagendes, dem die Menschen nachliefen. Die Glaubenden erwarteten einen vermeintlichen religiösen Trost, den es, wie sie glaubten, gar nicht gab."

„Was geschah?"

„An diesem Tag standen etwa siebzig tausend aus ganz Portugal auf dem Platz der Cova da Iria und warteten voll Spannung. Die Nacht hindurch hatte es in Strömen geregnet und bis zur Stunde regnete es. Viele waren bis auf die Haut durchnässt. Wahrhaftig, diese große Frau, die da erscheinen sollte, bereitete ihnen einen freudlosen Empfang. Frierend und unter Regenschirmen wartete die hilflose Kreatur Mensch.

Als die Kinder zur vorhergesehenen Stunde erscheinen, schrecken alle auf. Auch die Natur veränderte ihr Gesicht; denn die Sonne steht plötzlich leuchtend am Himmel und die schweren Regenwolken sind verschwunden. Doch die Anwesenheit der Kinder ist für alle, Gläubige und Ungläubige ein wahres Zeugnis. Ihre Erwählung eine große Gnade für das Land. Das fühlen die Tausenden, ganz gleich, ob sie dafür oder dagegen sind. Die Spannung wächst zur Entscheidung hin.

Der Tanz der Sonne vor siebzigtausend Menschen

Bereits ist der Himmel wieder klar, und die Sonne leuchtet in ihrer hellen Strahlung. Doch dann ist das strahlende Gestirn zurückverwiesen in die schlichte Stellung der Dienerin. Schon sind die Kinder in ihrer beseligenden Beschauung entrückt, und alles Volk weiß, dass sie von der *hohen Frau* besucht werden.

Es ist still geworden auf dem weiten Platz; denn Spott und Verhöhnung verstummen im Angesichte des Heiligen wie von selbst; – denn der Zweifel der Glaubenslosen ist doch im Grunde tausendmal brutaler, schlimmer und größer als die Anfechtung der Glaubenden."

Ich frage: „Wie lange dauert dieser erste Teil der Erscheinung?"

Er erwidert: „Das weiß ich nicht so genau. Er ist dann zu Ende, als Lucia die Menschen erschreckt. Sie ruft über die Menge hin: *Die Sonne!* und weist nach oben zu dem Gestirn.

Die Leute schauen dorthin zweifelnd, staunend, schaudernd, hilflos. Die Sonne, der strahlende Feuerball unseres Kosmos, tritt aus ihrem Gemach wie eine Königin hervor. Sie verneigt sich vor dem Wink des Ewigen und beginnt wie ein jubelndes Lied einen erhabenen Tanz um ihre eigene Mitte zu tanzen. Sie schreitet hervor, kreisend und spielend, um den Lobgesang des Allerhöchsten zu singen. Berauschend ist ihr Tun, fesselnd das Spiel unendlicher Lichter in funkelnden Farben, furchtbar ist sie in ihrer unaufhaltsamen Gewalt. Voll strahlender Schönheit. Ein Staunen liegt über allen anwesenden Menschen. Sie schauen und schauen.

Sie schauen, was sie noch nie gesehen. Sie erheben ihr Angesicht zum Licht in der Höhe, sie schauen hinein in feurige Gluten, ohne sich die Augen zu verbrennen, – und alles andere, was sich sonst um sie ereignet, versinkt an den Rändern ihres Bewusstseins.

Dann stoppt die Sonne in ihrem abenteuerlichen Tanz. Aber danach beginnt sie noch einmal von neuem wuchtig und mächtig ihr Feuerspiel mit gleicher Majestät, Kraft, Macht und Schönheit.

Dann aber ändert sich die Szenerie. Urplötzlich erschauern alle und erleiden einen Schreck. Sie fürchten sich. Denn die Sonne springt heraus aus ihrer Mitte. Sie taumelt über den Himmel, als ob sie den Halt verlöre. Sie schickt sich an, aus ihrer Höhe über alles Fleisch herniederzustürzen. Lodernde Feuer stieben einher.

Die Leute glauben, dass das Gestirn sie zermalme. Ein Schrei des Entsetzens geht durch die Menge. Längst sind viele in den Staub gesunken, Glaubende und Zweifler. Viele bekennen laut ihre Sünden und wohl fast alle hoffen auf die Barmherzigkeit Gottes, der ihnen ein solches furchterregendes Zeichen gewährte und sie in ihren Seelen zutiefst aufwühlte.

Doch dann endet die Schauung und alles ist wieder wie an jedem Tag.

Noch zittert die Schau durch Fleisch und Gebein, da ist alles wieder an den Ort zurückgestellt, wie man es täglich sieht. Auf dem Platz stehen die Menschen. Sprachlos schauen sie sich an. Sie brauchen lange, bis sie sich aus der Schau lösen und in die Realität am Ort der Erscheinung zurückfinden. Ihre Kleider sind trocken und der Boden auch. Nach und nach kommt Bewegung in die Menge, die beginnt, sich auf den Heimweg zu machen. Nun treten wieder die Forderungen des konkreten Lebens hart an die Menschen heran und müssen erfüllt werden.

Auch die Seherkinder sind in ihr Elternhaus zurückgekehrt. Die Ereignisse sind in aller Munde. Die Zeitungen Lissabons berichten tags darauf in übereinstimmender Weise davon."

Wurde das Sonnenwunder von jemandem angezweifelt?

„Hat irgend einer der damaligen Zeugen das Sonnenwunder angezweifelt?", frage ich dennoch.

„Ich wüsste niemand. Es soll jedoch ein Reporter der liberalsten Zeitung in Lissabon von seinem Chef gerügt worden sein, weil er von den Ereignissen des Sonnenwunders in seiner Zeitung berichtet habe. Doch der Reporter gibt seinem Chef die Antwort, auch er sei der journalistischen Fairness unterworfen. Darauf erwidert dieser, dann wäre es besser gewesen, wenn er über die Vorfälle geschwiegen und nichts geschrieben hätte."

„Was geschieht nach dem Sonnenwunder?"

„In dieser Zeit nach den Erscheinung beginnt die zweite Phase des Zeugnisses der Kinder. Diese Phase ist ebenso ergreifend und ebenso erschütternd wie die erste. Denn nun sind es die Kinder selbst, die durch ihr Leben und ihr Handeln offenbaren, dass sie die Bitten der Gottesmutter gehört haben und dann mit ihrem Fleisch und Blut bezeugten."

„Wie tun sie das?"

„Sie erfüllen an ihrem menschlichen Leib die Botschaft, die ihnen Maria aufgegeben hat: Sie beten und sie opfern mit heroischer Hingabe. Die bittende Liebe der hohen Frau bestimmt ihre Tage und ihre Nächte. Sie verzichten um der lieben Gottesmutter willen viele Male auf ihre eigenen Wünsche; sie ertragen die Schmerzen ihrer Krankheiten mit großer Geduld; sie laufen nicht davon, wenn neugierige Menschen sie ausfragen, von ihrer Begnadung zu berichten; sie erbauen ihre Eltern und ihre Geschwister; alle Tage beten diese Kinder den Rosenkranz, ja, oft mehr als einen. Niemand zwingt sie dazu. Sie tun es aus freien Stücken."

„Stimmt es, dass Lucia, Francisco und Jacinta hernach ein exemplarisches Leben führten, das der Bewunderung aller wert ist? Man sagt, dass allein schon ihr heroisches Leben die Echtheit der Erscheinung bestätigen müsste?"

Der Verwalter erwidert: „Alle ihre guten Werke opfern sie für die Bekehrung der Sünder und das ewige Heil der Menschen auf. Die Bitte Mariens: »Betet und bringet viele Opfer; denn es kommen viele Seelen in die Hölle, weil niemand für sie betet«, ist von ihnen gehört worden. Angesichts unserer materialistischen und lieblosen Welt von heute kommt einem die Lobpreisung in den Sinn: »Aus dem Munde von Kindern und Säuglingen hast du dir Lob bereitet.« (Ps 8, 13) Denn während erwachsene Menschen, die herangereift sein sollten, in unseren Tagen ihr Leben verschleudern, um materielle Güter zu ergattern: Tanz, Spiel, Sex, Essen und Trinken, – verschenken die Kinder ihr Leben in die Hände der Jungfrau-Mutter Maria, um das ewige Leben für sich und andere zu gewinnen."

„So stehen also Gebet und Opfer im Zentrum der Botschaft?"

„Jacinta und Francisco sterben bald, wie es ihnen die Erscheinende vorausgesagt hat und dürfen teilnehmen an der Herrlichkeit Gottes. Lucia geht noch immer den Weg allen Fleisches als Pilgerin über diese Erde und als Zeugin des Lichtes, das sie einmal in der Cova da Iria schauen durfte. (Sie starb 2005).

Gebet und Opfer haben sie bis zur Stunde begleitet. Wenn also jemand fragen wollte, wie im Alltag ein christliches Zeugnis in der Nachfolge Jesu aussieht, so lese man aufmerksam die Lebensgeschichte der Seher von Fatima. Das ist es, was auch Jesus im Evangelium fordert. Seine Kraft kommt in den Schwachen und Kleinen zum Tragen. Und wo seine Jünger, die Gottes Wort und den Heiligen Sakramenten leben, über diese Erde schreiten, schreitet ER selbst über diese Erde. Erneut begegnet ER den Menschen und bringt ihnen die Botschaft und das Heil von Gott dem Vater, ER, Christus, der treue Zeuge, der Sohn des Lebendigen Gottes."

O Deutschland, dein Stolz treibt dich zum Untergang

In den Tagen meines Aufenthaltes in Fatima besuche ich auch jenes kleine Museum, das anlässlich des fünfzigjährigen Jubiläums der Erscheinung, 1917 – 1967 eröffnet wurde. In diesem Museum werden Dokumente gezeigt, die noch aus der ersten Zeit stammen, da die Kinder die Gottesmutter schauten oder kurz danach. Es sind Dokumente der Freude und des Kampfes. Es sind dort Berichte ausgestellt vom Tag des großen Wunders und was dann danach geschah bis auf den heutigen Tag. Denn in den fünfzig Jahren der Geschichte um den Wallfahrtsort Fatima ist vieles, ja sehr vieles geschehen. Die Berichte stammen zum Teil aus aller Welt.

Am meisten erschüttert mich ein so genannter Dokumentarbericht einer großen deutschen Illustrierten, deren Unsachlichkeit, Verlogenheit und zornige Zurückweisung des Heiligen Geschehens geradezu widerlich wirkt. Jedes Geschehen in Raum und Geschichte der Menschheit ist verschiedener menschlicher Auslegungen offen. Aber es gibt so etwas wie journalistischen Anstand, Redlichkeit und unparteiische Ehrfurcht vor wahren und gut bezeugten Ereignissen, auf die jeder Berichterstatter verpflichtet ist.

Was aber hier – den deutschen Namen tragend – an der Bilderwand in Fatima zum fünfzigjährigen Jubiläum aushängt, schockiert die Leser, so dass sie die Köpfe schütteln. Angewidert und sich schämend wenden sie sich ab und schreiten weiter. Unter den Stichworten einer kritischen Wahrheitsfindung hängt hier das schmutzige antireligiöse Pamphlet einer deutschen Illustrierten, das keine Berichterstattung ist, sondern Manipulation und blanke Lüge. Es offenbart die unsauberen Gesinnungen derer, die es geschrieben haben. Die Völker sagen sich: was da in Deutschland geschrieben wurde, ist unfair, gemein und niederträchtig.

Als ich vor diesem bösen Stück Zeitung stehe, kommt mein Blut derart in Wallung, dass ich den Bericht herabreißen will, um ihn zu verbrennen, da er von meinen Landsleuten geschrieben ist. Doch in Fatima wissen viele um die Erscheinungen und das Sonnenwunder. Darum haben sie nur ein Achselzucken übrig für so viel Torheit der Deutschen, und sie schütteln den

Kopf über die Borniertheit eines solchen Papiers. Vor den Augen der Völker ist dieser Zeitungsartikel eine Schande für mein Volk.

Deutschland, wohin bist du in deinem Stolz und Gottesferne gekommen? Noch hast du den Schutt und die Ruinen des letzten Strafgerichtes nicht aufgeräumt, da bläst du dich schon wieder erneut auf, um Hohn und Spott über Heiliges anzugießen.

Nichts ist verheerender als der Abfall von Gott

Deutschland, dein Engel ist Michael. Mit dem Wappen und Banner dieses Fürsten der Heerscharen Gottes sind einst deine Väter in den Kampf gezogen. Doch deine Bekehrungen im Laufe der Jahrhunderte wurden stumpf und du hast mehr als einmal um irdischer Ehren und Güter willen deinen Herrn verraten.

Noch stehen deine Dome weithin im Land, aber die Glut der Gottesliebe ist in vielen Herzen erkaltet, und der Dämon der Unzucht tobt im Land, der deine Jugend auffrisst.

Du besitzt gewaltige Reichtümer und nach deinen Waren lechzen die Völker, aber der Hochmut gegen Gott tobt sich in deinen Philosophien aus, die unter deinen Völkerschaften ausgedacht wurden, und die bornierten Torheiten deiner Ideologien offenbaren deine Blindheit.

Gedenkst du nicht mehr jener Feuernächte, da deine Städte wie lodernde Fackeln als mahnende Zeichen in die Himmel hinein verbrannten? Hast du es denn vergessen, dass die Völker mit ihren Fingern auf dich zeigten, weil du, nackt in deiner Blöße, als eine Weltschande empfunden wurdest und deine Unmenschlichkeiten als tiefe Beleidigung der Würde des Menschen unter den Nationen herumgereicht wurden?

Erinnerst du dich nicht mehr an deine erbarmungswürdigen Flüchtlingszüge, da die Zurückgelassenen an den Rändern der Straße elendiglich erschöpft starben, während andere vorbeihasteten, um sich noch in Sicherheit zu bringen? In jenen Tagen haben deine Kleinsten mit großen Augen völlig unterernährt um ein Stück Brot gebettelt, aber es gab kein Brot. Es gab nicht einmal eine Kartoffel.

Ist das Land der stolzen Denker so kurzsichtig geworden, dass es nicht einmal mehr im Zeitraum von einer Generation denken kann? Wohlstand verblendet. Reichtum bläht auf. Macht verführt zur Überheblichkeit. Wenn du nüchternen Auges schauen könntest, dann wüsstest du, dass niemand in der ganzen Welt so bedroht ist wie du.

In deinem Land und um dein Land herum sind schauerliche (der Superlativ ist richtig angewandt) Feuerbälle gespeichert, die innert Stunden deine Täler und Hügel völlig auslöschen können. Wenn die Furien des Todes aus ihren Gehäusen emporsteigen, reicht der Schrei deiner Völker nicht einmal mehr zum "Herr, erbarme Dich unser!"

O Deutschland in deinem Wahn! Du hast in Planspielen durchexerziert, dass der Vulkan, auf dem du wohnst und wo du berauschende Feste feierst, über Nacht ausbrechen kann, aber du willst es dennoch nicht glauben.

Du hast damals im Dritten Reich den mahnenden Stimmen nicht geglaubt, bist abgefallen und hast mit den Goldfasanen der braunen Götzen todbringenden Götzendienst getrieben! Auf dem Altar dieser Götzen wurde deine Jugend hingeschlachtet und verblutete auf den Schlachtfeldern der Welt.

Willst du wenigstens heute den Ruf zur Buße hören? Weißt du, dass dir alle Tage die Stunde schlagen kann, wie in den Tagen zu Ninive, da der Prophet in die Stadt hineinrief: „Noch 40 Tage, dann geht die Stadt unter!" (Jon 3, 4) – (Wie viele Jahre werden die vierzig Tage sein? Vielleicht 40?) – Willst du dich bekehren oder wirst du Gott verhöhnen?

Du brüstest dich mit deiner Vernunft, einer Vernunft, die seit über zweihundert Jahren in immer neuen Aufklärungswellen dich betört hat und zum Größenwahn führte. Deine Vernunft sollte das Instrumentarium für eine heile Welt sein, aber du hast daraus den quirlenden Tanz von Ideologien gemacht.

Deine Vernunft ertrug Gottes Gegenwart nicht mehr. Darum verbanntest du Gott, erklärtest ihn für tot und verkündest die Umkehrung der Werte. Du hast heimlich den Atheismus gelehrt und verdarbst das Herz deiner Jugend.

Aber schon geht das Gericht über das Land. Du kannst sehr wohl in den Herzen deiner Menschen Gottes Bild und Gegenwart ersterben lassen, – du kannst sie durch viele manipulative Tricks zu den Orgien einer entfesselten Welt verführen. Dann ist zwar Gott für diese deine Menschen tot, aber seine Macht, die Macht des Mächtigen, ist gewaltig wie am ersten Tag.

Denn Gott bleibt der Lebendige und lacht, sagt die Schrift. Sein *Es werde* ist so stark wie am Anfang, als die Feuer des Kosmos auseinanderstoben. Seine Gerichte sind so furchterregend, dass sie den Spöttern das Wort nehmen und die Zyniker ihre Sätze nicht zu Ende bringen.

O mein Vaterland, Land, das unsere Generationen mit unserem Schweiß bebauten. Siehe doch diese Stunde einer letzten Gnade! Nimm doch die Barmherzigkeit deines Gottes entgegen, jetzt, heute, da du sie noch empfängst.

Wirf ab den Mantel deiner Verblendung und kehre zurück zu den Wurzeln deiner Größe: zu Christus, der dich groß und reich gemacht hat! Er wird sich deiner erbarmen. Räume den Schmutz aus deinem Herzen weg, aus deinen Schulen, aus deinen Zeitungen und gedenke der Vergangenheit. Noch kannst du heimkehren! Noch bleibt dir eine Frist umzukehren.

■ Mein Begleiter überrascht mich aufs Neue. Ich weiß nicht, wann er kommt, noch was er fragen wird. Auch jetzt spricht er mich unvermittelt an: „Du weißt, wer Petrus ist?"

„Ja!", antworte ich. „Du meinst Simon Petrus, den Apostel des Herrn!"

„Genau! Den meine ich."

„Was willst du von mir wissen?"

„Du sollst mir sagen, welche Stellung in der Kirche der Herr und Meister Jesus Christus diesem Mann zugeordnet hat? Was hat er für eine Bedeutung?"

Ich antworte: „Er ist hier auf der Erde der "Vicarius Christi", der Stellvertreter unseres Herrn Jesus Christus. Er und seine Nachfolger im Amt."

„Wie ist er das geworden? Hat er besondere Verdienste?"

„Nein! Er ist dazu berufen worden und Gott hat ihm die notwendige Gnade gegeben, obwohl er ein schwacher Mensch bleibt, wie wir an seinen Unvollkommenheiten, die gut beschrieben sind, erkennen können."

„Bitte, erzähle mir nun etwas von diesem Vicarius, von diesem auserwählten Apostel Jesu Christi!"

Ich sage: „In der Heiligen Schrift heißt es: »Andreas, der Bruder des Simon Petrus, war einer von den Zweien, die das Zeugnis des Johannes gehört hatten und Jesus gefolgt waren. Dieser trifft am anderen Morgen seinen Bruder Simon und sagt ihm: Wir haben den Messias gefunden, – das heißt übersetzt Christus. Er führte ihn zu Jesus. Jesus blickt ihn an und sagte: Du bist Simon, der Sohn des Johannes; du wirst Kephas genannt werden – das heißt übersetzt: Petrus, der Fels.«" (Jo 1, 40-42)

„Er war also von Anfang an der Fels?"

„Ja, von Anfang an! Er war das harte, nicht zerbrechbare Gestein, – die Gesteinsmasse, die nicht verschoben werden konnte, – die nicht eroberbare Bergfestung; – Jesus hat ihm diesen Namen gegeben, obwohl in jener Stunde noch niemand wusste, was das zu bedeuten hatte."

„Damit hat Petrus von Anfang an eine Sonderstellung?"

„Ja! Was diese herausragende Stellung letztlich meint, wird uns dann in Matthäus Kapitel 16, Vers 13 bis 20 beschrieben. Dort heißt es: »Als Jesus in die Gegend von Cäsarea Philippi kam, fragte er seine Jünger: Für wen halten die Leute den Menschensohn? Sie antworteten: Die einen für Johannes, den Täufer, andere für Elija, andere wieder für Jeremia oder sonst einen Propheten. Da sprach er zu ihnen: Ihr aber, für wen haltet ihr mich? Da antwortete Simon Petrus und sprach: Du bist der Messias, der Sohn des Lebendigen Gottes. Jesus aber antwortete und sprach zu ihm: »Selig bist du Simon, Sohn des Johannes; denn nicht Fleisch und Blut haben dir das offenbart, sondern mein Vater, der im Himmel ist.

Und ich sage dir: Du bist Petrus; und auf diesen Felsen will ich meine Kirche bauen und die Pforten der Hölle werden sie nicht überwältigen. Ich will dir die Schlüssel des Himmelreiches geben; und was du auf Erden binden wirst, das wird auch im Himmel gebunden sein; und was du auf Erden lösen wirst, das wird auch im Himmel gelöst sein. Dann befahl er den Jüngern, niemand zu sagen, dass er der Messias sei.«" (Mt 16, 17-20)

„Eigenartig! Ein Mensch wird zum Felsen! Ein Mensch wird zwischen Himmel und Erde, zwischen Diesseits und Jenseits gesetzt. Sein Wort bekommt eine Autorität und eine Festigkeit von oben, also vom Himmel her, wohin das irdisches Wirken keinen Zutritt hat."

Dann blicke ich mit skeptischem Gesicht zu meinem Begleiter und frage: „Wird sich das eine weltlich liberale Welt gefallen lassen, oder wird das irdische Weltenreich gegen diese *unerlaubten* Eingriffe von oben prostestieren?"

Er nickt: „Sie wird protestieren, aber gerade deshalb ist Petrus der Fels, an dem die Prosteste und Angriffe zerschellen. Denn es heißt im Text, dass nicht Fleisch und Blut ihm das offenbart haben, sondern der Vater, der im Himmel ist.

Ich füge hinzu: Das Wort Jesu an Petrus ist also nicht die Festschreibung der menschlichen Klugheit des Petrus, sondern die Festschreibung des Wortes Gottes, das Petrus in seinem Herzen empfangen hat."

Er fragt: „Wenn wir diese Verheißung in die moderne Zeit übertragen, was heißt das für die Glaubenden? Was bedeutet das für die Heiden?"

Ich antworte: „Es ist das Glaubensverständnis des Katholiken, dass wenn der Papst *ex cathedra* spricht, sein Wort unfehlbar ist. Wenn also der Papst seine Lehrkanzel betritt und sein Wort in diesem Sinne verstanden haben will, dann ist dieses Wort unfehlbar und gehört zur Botschaft Jesu Christi. Deshalb sagen wir auch, dass er der oberste Lehrer der Kirche ist."

„Aber heißt es nicht auch, dass er zugleich der oberste Hirte der Schafe Jesu Christi ist?"

„Doch!"

„Und ist auch das durch die Heilige Schrift verbürgt?"

„Darf ich zitieren? »Als sie nun das Frühmahl eingenommen hatten, sagte Jesus zu Simon Petrus: Simon, Sohn des Johannes, liebst du mich mehr als diese? Er antwortete ihm: Herr, du weißt, dass ich dich liebe. Jesus sagte zu ihm: Weide meine Lämmer. – Wiederum fragte er ihn zum zweitenmal: Simon, Sohn des Johannes, liebst du mich? Er antwortete ihm: Herr, du weißt, dass ich dich liebe. Er sagte zu ihm: Weide meine Schafe. – Zum dritten Mal fragte er ihn: Simon, Sohn des Johannes, liebst du mich? Da wurde Petrus traurig, weil er zum dritten Mal zu ihm sagte: Liebst du mich. – Und er sagte zu ihm: Herr, du weißt alles, du weißt, dass ich dich liebe. Jesus sagte zu ihm: Weide meine Schafe.« (Jo 21, 15-17).

Ihm wird auch das oberste Hirtenamt zugesprochen und darum steht er als Papst der ganzen katholischen Kirche vor. Um ihn gruppieren sich die Bischöfe, um diese die Priester, damit sie die Herde Jesu Christi auf der ganzen Welt weiden."

„Und das Priesteramt?"

„Der Papst hat es mit allen Bischöfen, Priestern und Diakonen gemeinsam: Sie verkünden das Wort Gottes im Heiligen Geiste. Sie spenden die Sakramente der Kirche." – Dann wende ich mich an meinen Begleiter und bitte: „Darf ich noch etwas hinzufügen?"

„Bitte!"

„Höre!", so betone ich. „Viele meinen, der Papst sei so etwas wie einer, der auf der Spitze des Petersdomes auf seinem päpstlichen Thronsessel sitzt und die Religionen der Welt repräsentieren müsste, wie sie es verstanden haben wollen. – Er ist »Primus inter pares.« "

„Was heißt »Primus inter pares«?"

„Das heißt: »Der Erste unter vielen Gleichrangigen.« Sie wollen damit sagen, dass der Papst für alle Religionen der Repräsentant sein sollte."

„Was sagst du dazu?"

„Unmöglich!"

374

„Warum?"

„Weil er Vicarius Christi ist, und Gott seinen Sohn Jesus Christus gesandt hat als den einzigen und wahren Retter und Erlöser der Welt. Neben Christus gibt es keinen zweiten Erlöser! Mögen alle Religionen der Welt viele Körner der Wahrheit besitzen, das Ewige Leben wird uns allein in Jesus Christus gegeben."

„Also ist der Papst mit einer einmaligen Stellung versehen?"

„Ja!"

„Worin besteht sie?"

„Der Papst als Stellvertreter Christi auf dieser Erde hat nicht seinen Thron auf der Spitze des Petersdomes, sondern auf dem Rücken dieses Mannes, der Petrus der Fels ist, ruht die Kirche, ruht der Petersdom, um es einmal so auszudrücken. – »Die Pforten der Unterwelt werden sie nicht überwältigen.«" (Mt 16, 18)

„Auf dem Rücken eines Mannes aus Fleisch und Blut?"

„Ja! Auf dem Rücken eines Mannes aus Fleisch und Blut. Denn in der menschlichen Schwachheit kommt Gottes Kraft zur Vollendung!"

Rosenkranzbetrachtung
„Der Dich, o Jungfrau, in den Himmel aufgenommen hat."

Auf den langen Wegen über den glühenden Boden Spaniens und Portugals denke ich über das Gesätzchen der Himmelfahrt Mariens nach. Denn die Heilige Schrift schreibt darüber nichts.

"Dass Maria, die Mutter Gottes, in den Himmel aufgenommen wurde, ist uns von der Tradition aus der frühen christlichen Zeit heraufgekommen.

Die Jungfrau Maria, die Mutter Jesu Christi, ist eine einmalige Gestalt unter allen Menschen. Nicht als ob sie nicht Mensch wäre wie alle anderen auch, nein, aber der Herr hat sie aus ihren übrigen Brüdern und Schwestern herausgehoben und an sein Herz gezogen. Er hat sie so mit seinen göttlichen Hulderweisungen und Gnaden überschüttet, so dass der Engel Gabriel zu ihr sagte: „Du bist voll der Gnade!" (Lk 1, 28)

Die uralte Tradition sagt: „Ganz schön bist Du, Maria, und der Makel der Erbsünde ist nicht in Dir." Und was über Judith gesagt wurde, wendet die Kirche auf Maria an: „Du bist der Ruhm Jerusalems; Du die Freude Israels;

Du der Stolz unseres Volkes." (Jdt 14, 10)

Meine Pilgerreise führte an Dörfern, Städten und einzelnen Gehöften vorbei, wo die Menschen wohnen, um Schutz und Geborgenheit gegen das Widrige dieser Welt zu haben. Solange Maria auf dieser Erde lebte, wohnte sie unter Menschen in ihrem Haus wie alle. Sie lebte ihr Leben, wie wir es alle tun. Auch ihr Sohn Jesus Christus tat dies so. "ER war in allem uns gleich, die Sünde ausgenommen." (Hebr 4, 15)

Auch Maria wurde nichts erspart, und auch sie hat das Geschick der Kinder Adams erdulden müssen. Ihre wunderbare Empfängnis durch den Heiligen Geist war zunächst Joseph verborgen. Am Tag der Geburt fand sie keine Herberge in Bethlehem. Herodes wollte das Kind töten. Sie musste nach Ägypten fliehen und war dort die Frau eines Gastarbeiters. Als sie von dort zurückkehrten, gingen sie nach Nazareth, um dem Nachfolger des Königs Herodes zu entgehen. Dort verbrachte sie über zwei Jahrzehnte ein stilles Leben mit ihrer Familie. Als Jesus in das öffentliche Leben eintrat, verfolgte sie seine Verkündigung mit freudigem und ängstlichem Herzen. Sie spürte den Widerstand, den er erfuhr. Sie stand unter dem Kreuz. Als der Pfingsttag kam, erwartete sie den Heiligen Geist mit brennendem Herzen.

Aber eines hatte sie allen übrigen voraus. Es gab keinen Augenblick in ihrem Leben, an dem sie nicht im Willen Gottes stand. Sie hat nie gesündigt und die Gnade Gottes machte sie immer schöner. Sie muss eine äußerst liebenswürdige, hoheitsvolle und ganz demütige Frau gewesen sein. Allen, die ihr begegneten, flößte sie Respekt ein und richtete sie auf. Inmitten zeitlicher Bedrängnisse führte sie ein makelloses Leben. – Und sie war die Mutter Jesu.

In ihrer Gestalt kreuzen sich Himmel und Erde. In ihr kreuzen sich das Alte und das Neue Testament Gottes. Die Schrift sagt kurz: „Als die Fülle der Zeit kam, sandte Gott uns seinen Sohn, geboren aus einer Frau." (Gal 4, 4) Und eine Frau aus der Menge rief Jesus zu: „Selig der Leib, der dich getragen und die Brust, die dich genährt hat." Und er sagte: „Ja selig, die das Wort Gottes hören und es halten." (Lk 11, 27f) Wahrhaft! Sie ist die Königshalle Gottes, aus der ER zu uns Menschen hervorgetreten ist. Sie hat ihn nicht nur geboren und ihn uns geschenkt, sondern sie ist zur ersten Jüngerin ihres Sohnes geworden, da sie das Wort Gottes gehört und es auch gehalten hat. Die kirchliche Sprache in neuer Zeit sagt, dass sie nicht nur die Mutter, sondern auch die treue Gefährtin des Sohnes war.

Das Geheimnis der Menschwerdung ist das größte Geheimnis Gottes, das der sichtbaren Welt geschenkt worden ist. Doch Gott, der Herr, verlangt vom Menschen seine Mitarbeit und seine Zustimmung.

Darum kam Gabriel, der Engel zu ihr, um zu fragen, ob sie bereit ist, die Mutter seines Sohnes zu werden. „Du sollst ein Kind empfangen, einen Sohn sollst du gebären, dem sollst du den Namen Jesus geben. Dieser wird groß sein und Sohn des Höchsten genannt werden. Und Gott, der Herr, wird ihm den Thron seines Vaters David geben; herrschen wird er über das Haus Jakob in Ewigkeit und seiner Herrschaft ist kein Ende." (Lk 1, 31-33) – Mit welcher Demut antwortet Maria. Sie sprach: „Siehe ich bin eine Magd des Herrn. Mir geschehe nach Deinem Wort." (Lk 1, 38)

Wahrhaftig! Sie ist die gesegnetste unter allen Frauen. Denn sie durfte in ihrem keuschen Schoß den Sohn Gottes tragen, der Himmel und Erde gemacht hat und der – welch ein Geheimnis – ihr eigener Schöpfer ist. Im Magnifikat singt sie: „Siehe von nun preisen mich selig alle Geschlechter auf Erden." (Lk 1, 48) Darum halten wir fest: Sie war nicht nur die Mutter eines exzeptionellen, großartigen religiösen Supergenies der Menschheit, sondern als Gottesmutter die Mutter dessen, der herabgestiegen ist aus der unvergänglichen Herrlichkeit des Himmels, damit er Mensch werde im Schoße einer Frau. ER sollte uns die Botschaft seines Vaters, der im Himmel ist, bringen. Darum gebrauchen wir für Maria das Wort "Mutter Gottes". – Das ist die katholische Lehre!

Maria ist die Bundeslade Gottes und der erste Tabernakel im Neuen Testament. Was soll damit gesagt sein?

Die Bundeslade, die Mose in der Wüste hat anfertigen lassen und die im Allerheiligsten des Gotteszeltes stand, war für diese das Zeichen der Gegenwart Gottes. In das Allerheiligste durfte der Hohepriester nur einmal im Jahr eintreten, um die entsühnenden Handlungen vorzunehmen. In der Bundeslade waren die zwei Tafeln der zehn Gebote Gottes, der Stab des Aaron und Manna, die Nahrung der Wüste. Die Lade war das Signum des Bundes, den Jahwe-Gott mit Israel geschlossen hatte. (Vergl. Ex 25, 10-15)

Maria ist die wahre Bundeslade Gottes. Denn sie war nicht nur _**das Zeichen**_ der Gegenwart Gottes, nein, sie war _**der Tabernakel Gottes**_; denn der ewige Sohn Gottes barg sich bei seiner Menschwerdung in ihrem Schoß. Das Geheimnis, dass der Sohn Gottes unser Fleisch und Blut annimmt, ist schaudererregend und nur im tiefen Glauben erfassbar. Denn bei Gott ist kein Ding unmöglich. Eine liberale Theologie hat immer versucht, sich an diesem Geheimnis vorbeizudrücken. Und dieser Unglaube löste im Gefolge immer eine Reihe schwerwiegender Häresien aus. Das Konzil von Ephesus hat die Menschwerdung Jesu Christi an der Gottesmutterschaft Mariens festgebunden.

Die besondere Gegenwart Gottes in dieser Welt ist immer an die Gestalt Jesu Christi gebunden. ER war gegenwärtig im Schoße der Allerseligsten Jungfrau-Mutter Maria. ER war gegenwärtig während der irdischen Lebenszeit Jesu. ER ist gegenwärtig unter den Gestalten von Brot und Wein im Allerheiligsten Sakrament. Darum ist der Schoß Mariens der erste wahre Tabernakel, die Königshalle, wie die Liturgie sagt, aus der ER hervorgetreten ist.

Die Würde Mariens, unserer Schwester, ist über alles erhaben. Sie war die einzige, die nicht unter dem Joch der Sünde stand. Sie besitzt die Gottesmutterwürde, die gesegnete unter allen Frauen unserer Erde. Darum ist es recht und geziemend, wenn sie mit Leib und Seele zur Herrlichkeit des Himmels am Ende ihres Lebens emporgehoben wurde. Es ziemte sich, Gott hatte dazu die Macht und darum tat er es auch. Die leibliche Aufnahme Mariens in den Himmel wurde 1950 von Papst Pius XII. feierlich kanonisiert und als Glaubenssatz der Kirche garantiert.

Eine Reihe der Theologen sagen nun, dass Maria nicht sterben musste, da sie nicht unter der Erbsünde stand. Andere sagen, sie sei gestorben, um darin ihrem Sohn ähnlich zu werden. Für unsere Betrachtung spielt das keine Rolle.

Einen wesentlichen Punkt sollten wir noch festhalten. Die Aufnahme Mariens in den Himmel weist ganz konkret auf unsere Ewige Heimat im Himmel hin. Als sie ihre Aufgaben auf Erden erfüllt hatte, gab ihr Gott den Ewigen Lohn im Himmel. Uns gilt das Gleiche. Wir sollen unsere irdische Aufgabe erfüllen, jeder nach seiner Bestimmung. Haben wir diese recht erfüllt nach dem Willen des Ewigen Gottes, so wird er auch uns den Himmel schenken als die ewige Belohnung. Dafür hat ER uns geschaffen.

Auf dem großen Pilgerplatz

Heute stehen viele Pilger auf dem großen Platz. Auch ein Kardinal besucht Fatima. Die Tribüne wird geschmückt und mit feierlichen Teppichen verhängt. Dort hinauf wird aus dem Kapellchen in feierlicher Prozession die Statue der Gottesmutter getragen, während die Gläubigen ihr ihre Lieder singen. Auch wird in Anwesenheit des Volkes die heilige Eucharistie gefeiert. Alles Volk steht in großer Andacht auf dem Platz und betet, während der Priester den erhabenen Leib und das kostbare Blut zur Sühne für unsere Sünden emporhebt. Tiefes Schweigen liegt über den Zehntausenden von Menschen.

Der Herr ist gegenwärtig wie am Tage des Abendmahles zu Jerusalem, wie im Todesleiden auf dem Kalvarienhügel, wie am Tage seiner Auferstehung. Für den Glaubenden ist dieses Geschehen nicht traumhaft noch magisch, sondern reell und wirklich. Christus lebt zwischen uns. Es ist das Geheimnis unseres Glaubens. Noch sehe ich die vielen, die zur heiligen Kommunion eilen. Ihr Glaube wird zur Gebärde. Ihre Offenheit zum Zeugnis. Sie empfangen die Nahrung für das ewige Leben, wie es der Herr verheißen hat am Tage des großen Streites mit den Juden zu Kafarnaum.

Der Gottesdienst ist vorüber. Nun wird die Statue der lieben Gottesmutter über den Platz zurückgetragen. Die Menschen freuen sich. Sie jubeln dem Bild zu, um so in diesem irdischen Zeichen ihre Mutter im Himmel droben zu grüßen und um ihr über den Raum und die Zeit hinaus zu versichern, dass sie ihr vertrauen. – Immerwährende Hilfe, Fürsprecherin am Throne Gottes, Mittlerin der Gnaden nennt das Volk diese hohe Frau, die Mutter Jesu und unsere Mutter. Nie hat sich einer beklagt, der vertrauensvoll ihre Fürsprache anrief, dass er enttäuscht worden sei. Aber alle Marienwallfahrtsorte dieser Welt sind voll von Votivtafeln, auf denen unerhörte Gnadenerweise aufgeschrieben sind.

Sie sollen den Rosenkranz beten

Bei der letzten Erscheinung der Muttergottes am 13. Oktober haben viele Gläubigen durch Lucia bitten lassen, eine besondere Gnade zu bekommen. In diesem Zusammenhang hat die Gottesmutter immer wieder auf das Beten des Rosenkranzes hingewiesen. Denn dieses Gebet geht mit den Menschen durch den Alltag und trägt die christlichen Geheimnisse in sich.

Die Perlenkette in der Hand der Jungfrau-Mutter

Was mich also an diesem Tag bewegt, da ich voll Freude ihr Bild betrachte, ist der große Rosenkranz, den sie in ihrer Hand trägt. Es scheint, als ob sie in einer Gebärde mütterlicher Sorge jedem einzelnen von uns diesen Rosenkranz hinreicht, damit wir ihn in unser Leben hineinnehmen und beten mögen.

Der Rosenkranz! Er ist eine Perlenkette. Jede Perle bedeutet ein Gebet. Es sind fünfzig kleine Perlen. Fünfzigmal beten wir den Lobspruch des Engels, die erstaunten Worte Elisabeths und einen Bittruf von uns allen an Maria. Perle um Perle sprechen wir altvertraute Worte, immer das gleiche Gebet. – Doch ist dies dann noch Gebet? Kann ein Mensch überhaupt so beten, immer zielgerichtet, immer gesammelt und dabei das Gleiche? Kann ein Mensch sich so oft wiederholen, ohne dabei nicht zum eintönigen Geklapper einer Windmühle zu werden? Sind fünfzig 'Gegrüßet seist du Maria' nicht wie ein langes gedankenloses Dahinplappern von Worten, die inhaltsleer wurden und vor Gott nichts vermögen? Jesus selbst sagt ja: „Betet nicht wie die Heiden, die viele Worte machen!" So und ähnlich sind doch die Einwände von uns Menschen gegen den Rosenkranz.

Doch auf dem großen Pilgerplatz der Cova da Iria, als die Statue der lieben Mutter Gottes vorübergetragen wird, da trägt sie in ihren Händen einen Rosenkranz. Diese Perlenkette ist wie ein Zeichen an uns alle. Da erfasse ich es: Der Rosenkranz sind nicht fünfzig Gebete und dazu die Vaterunser. Nein, er ist ein einziges Gebet. Er ist ein Gebet der Hinneigung meines Herzens auf die großen Geheimnisse Jesu und Mariens. Er ist ein betrachtendes Verweilen im Rhythmus der Wiederholung. Er ist wie der Flug eines Vogels, der auf den abwechselnden Schlägen seiner Flügel pfeilgerade dem Ziel entgegenstrebt. Er ist wie das ruhige Ein- und Ausatmen des Leibes, der zugleich seine Tätigkeit setzt. Ein lebendiger Rhythmus im Kommen und Gehen der Worte über dem Hauch des Atems.

Das Rosenkranzgebet kann ebenso im Wort zu Hause sein wie im verweilenden Betrachten der Geheimnisse. Denn immer *ein Vaterunser* und *zehn Gegrüßet seist du Maria* sind in ein Geheimnis hineingestellt, welches die zentralsten Ereignisse des Lebens Jesu und Mariens berühren. Ja, der Rosenkranz ist ein wahres Christusgebet, weil vor allem die irdischen Lebensgeheimnisse Jesu den Inhalt dieses Gebetes ausmachen. Im eigentlichen Sinne zählen da die Worte nicht, denn sie sind hineingenommen in den fließenden Hauch wechselnden Sprechens. Was zählt, ist die Hinneigung des Herzens und meiner wandernden Gedanken auf Jesus und Maria. Und je mehr seine und ihre Gestalt während des Betens in mir lebendig wird, um so mehr erfüllt sich auch das Rosenkranzgebet. Je glühender ich Jesus und Maria liebe, um so mehr trete ich ein in den Kreis der Begegnungen mit ihnen. Sie scheinen abwesend. Doch sind sie gegenwärtig in ihrem Zuspruch, in ihrem Geheimnis, und gegenwärtig ist in mir auch alles, was der Herr für mich tat, was er mir jetzt und heute schenkt, und was er mir geben will. Es ist die Gnade Gottes, dass der Herr Wohnung nimmt in uns.

Im Rosenkranzgebet treten wir in seine Wohnung und in sein Heilswerk ein, oder ER tritt heraus zu uns. Gott berührt den Menschen, der Mensch berührt seinen Gott. Sicherlich, der Mensch muss alles erlernen, und für das Gute, das er haben will, muss er die Bereitschaft des Einsatzes haben. Er muss wollen, er muss es tun, er muss es (oft auch schmerzvoll) erringen.

Der Herr bietet den Siegespreis an, der Mensch muss ihn sich erkämpfen.

So auch bei diesem Gebet. Es genügt nicht, es einmal gebetet und durchgehalten zu haben, um dann bei einer einmaligen Erfahrung stehen zu bleiben. Von solcher Warte aus ein Gebet beurteilen zu wollen, ist Diskussion auf unterer Ebene, weil die Erfahrung fehlt.

Auch dieses Gebet muss erlernt werden: das Betrachten, das Verweilen, das Sprechen mit den Rhythmen altvertrauter Worte. Ja, es ist wahr: Jedes wahre Gebet ist Gottesbegegnung. Wir können nicht oft genug in diesen Raum hineinschreiten. Auch gibt es viele Arten von Gebeten. Soweit sie aus dem Herzen hervorströmen, ist jede Art des Gebetes eine Himmelsleiter, die der Patriarch Jakob im Traum sah und auf der die Engel Gottes auf und nieder schwebten.

In Fatima und Lourdes hat die liebe Gottesmutter uns den Rosenkranz empfohlen. Er ist ihr Geschenk an uns ringende Menschen. Sie selbst in ihrer übergroßen mütterlichen Liebe will unser armes menschliches Bemühen auf dem Weg zu Jesus, zum Vater und zum Heiligen Geist unterstützen. Sie betet in diesem Gebet mit uns: die Mutter mit ihrem Sohn oder ihrer Tochter und mit den Familien. Und wo wir trotz unseres guten Willens versagen, da schenkt sie uns von ihren eigenen Verdiensten, auf dass unser Gebet vor dem Heiligen Gott wohlgefällig werde.

Und nun: In unseren Tagen wird der Rosenkranz zu einem Sturmgebet. Denn die Kirche wird auch in diesem Jubiläumsjahr 1967 von Außen und von Innen verfolgt. Mächtige über den Bajonetten ihrer Soldaten und über dem Terror eines ungerechten Polizeiapparates wollen die Kirche im Osten zerstören. Im Westen aber hat das Gift des praktischen Materialismus uns alle schon dermaßen zerfressen und betört, dass der heimliche Abfall längst unsere Herzen verfault hat. Wir wollen es nur noch nicht wahrhaben.

Von innen wird die Kirche verfolgt, weil viele Wölfe im Schafspelz die Herde Christi zerreißen. Sie treten auf im Namen Jesu, haben die Kleidung und den Ring der Kirche, vollbringen aber die Werke ihres Vaters, der der Teufel ist. Wer vermag in einer solchen Situation noch zu helfen? Menschliche Macht und Klugheit reichen bei diesem gigantischen Kampf der Geister nicht mehr aus.

Da muss der Herr selbst seinen bedrängten Scharen zu Hilfe eilen. Wahrhaftig, Jesus hat ein Zeichen in unsere Zeit hineingegeben: *Die Frau mit der Sonne bekleidet und den Mond zu ihren Füßen.* (Offb 12, 1) Die Kinder von Fatima haben diese Frau gesehen, und die Menge der Tausenden sah den Tanz der Sonne. Die Kinder haben uns auch den Wunsch der hohen

Frau überbracht. Er lautet: Betet täglich den Rosenkranz! Maria, die Mutter der Kirche, aufgenommen in die Himmel, sieht im Spiegel des Ewigen, in welchen geistigen Stürmen unsere Generationen sich befinden. Sie eilt uns entgegen in großer Liebe. Sie gibt uns eine Verheißung, in deren Erfüllung wir die Stürme unserer Zeit überstehen können: den Rosenkranz.

Wie wir schon gesagt haben, vermag jedermann den Rosenkranz zu beten, die Alten und die Jungen, Männer und Frauen, ein Mensch mit hoher Intelligenz und noch die einfachste Frau. Nur eines braucht es: die Liebe, das Wollen und die Demut des Herzens. Doch das ist ja das Gesetz des Allerhöchsten: Er stürzt die Mächtigen vom Thron und erhöht die Niedrigen. Maria sagt uns: „Ich bin die Magd des Herrn." (Lk 1, 38)

Lasst uns also den Rosenkranz beten! Wenn wir es noch nicht können, dann wollen wir es lernen. – Es ist nicht schwer. Fangen wir dort an, wo wir gerade sind. Es finden sich immer ein paar Leute, die mitbeten. Überwinden wir die Menschenfurcht. Denn Christentum ist Zeugnis. Zeugnis aber will für die Menschen und vor den Menschen gegeben sein. Wenn die Statue der lieben Gottesmutter in Fatima an den vielen Besuchern vorbeigetragen wird, dann trägt sie einen Rosenkranz. In mütterlicher Gebärde will sie ihn einem jeden von uns in die Hände geben.

■ Und wieder fragt mich mein Begleiter unvermittelt: „Ist Maria, die Mutter Jesu, wirklich einzigartig unter allen Menschen?" Als ich zu meinem Begleiter hinschaue, spüre ich den Strom der Erwartung, den er durch seine Frage ausgelöst hat. Er will Wichtiges wissen. Er ist lichtvoll anzuschauen und erwartet eine lichtvolle Antwort.

„Ja!", sage ich nach kurzer Überlegung.

„Dann ist sie mehr als nur die *Frau aus dem Volke*, wie ihr das in einem Lied besingt?"

„Ja!"

„Dann ist sie auch mehr als jene Frau, von der viele sagen, *die einst Maria war*? – Du meinst doch sicherlich auch, dass dies eine unglückliche Formulierung sei?"

„Die Formulierung ist falsch," antworte ich. „Denn im Evangelium steht: »Und der Name der Jungfrau war Maria.« (Lk 1, 27) – Einem wahren Namen haftet Ewigkeitswert an. Die Kirche nennt sie bis heute in ihren Gebeten und Hymnen die Jungfrau Maria, die Mutter des fleischgewordenen Wortes

Gottes. Sie war nicht einst Maria. Sie ist es auch heute."

Der Fragende neben mir will mehr wissen. So insistiert er: „Da sie ein wahres Menschenkind wie alle Menschen dieser Erde ist, worin besteht dann ihre Einzigartigkeit?"

Ich antworte: „Gott, der Herr, hat ihr die Fülle der Gnaden geschenkt, worin sie vor allen Frauen der Erde, ja vor allen Menschen ausgezeichnet ist. Sie stand nicht unter dem Gesetz der Erbsünde und musste darum jene bittere Last, die uns von unseren Stammeltern aufgeladen wurde, nicht tragen."

„Bedeutet das *Ohne-Erbsünde-Sein*, dass Maria bei ihrem Eintritt in das menschliche Leben in jenem Zustand war, in dem Adam und Eva vor dem Sündenfall im Paradies unschuldig vor Gott lebten?"

„Ja, das bedeutet es. Darum sagt die Kirche von Maria: *»Tota pulchra es Maria et macula originalis non est in te.«* Das heißt übersetzt: *»Ganz schön bist du Maria, und der Erbsünde Makel findet sich nicht in dir.«* Zwar lebten Adam und Eva am Beginn der Schöpfung im Paradies und Maria lebte in dieser unserer Welt, aber sie war die einzige unter den Menschen, die ganz ohne Sünde war, und deswegen waren sie und ihr irdisches Leben vor Gott wohlgefällig."

„Dann wäre in ihr wenigstens einmal aufgeleuchtet, was Gott damals dem Menschengeschlecht für alle Menschen schenken wollte, und was diese dann durch die schwere Sünde der Stammeltern verloren haben?"

„Ja!", sage ich zu ihm und füge hinzu: „Aber ihre höchste Würde und unvergleichliche Einzigartigkeit ist die Gnade ihrer Gottesmutterschaft. Sie hat den Erlöser als Jungfrau und Mutter in ihrem keuschen Schoß getragen und dann geboren, *DEN*, der schon im Paradies von Anfang an verheißen war und von den Propheten vorausverkündigt wurde. Sie ist die Mutter unseres Heilands. Keine ist ihr gleich."

„Konnte sie sündigen?"

„Wie alle geistgeschaffenen Wesen musste auch sie ihr freies JA zu Gott ihrem Schöpfer sprechen, um IHN anzubeten, zu lieben und zu danken. Voll Demut sagt sie bei der Verkündigung des Engels: *»Siehe, ich bin die Dienerin des Herr. Mir geschehe, wie du gesagt hast.«* (Lk 1, 38) Auch lobt sie Gott aus ganzem Herzen, weil ER auf die Niedrigkeit seiner Magd herabgeschaut hat. An ihr hatte der Teufel keinen Anteil."

„Ist sie ein Halbgöttin?"

Erschrocken wandte ich mich um und betonte energisch: „Der Herr bewahre uns, einen solchen Unsinn zu denken oder auszusagen! Sie ist unsere Schwester, hervorgegangen aus unserem Fleisch und Blut! Mehr noch, sie ist unter dem Kreuz ihres Sohnes unsere Mutter geworden. Seither steht sie an der Seite ihres Sohnes Jesu Christi, mit dem sie ganz eins ist, um die Verlorenen heimzuführen in das Ewige Reich Gottes."

„Und heute?"

„Die Kirche spricht ihr das Privileg zu, schon jetzt mit Leib und Seele durch ihre leibliche Aufnahme in den Himmel bei ihrem Sohn zu sein und von Gott die Ehre empfangen zu haben, als Königin des Himmels und der Erde herrschen zu dürfen. Damit gebührt ihr unter allen Geschöpfen eine einzigartige Stellung, die ihr ihr Sohn erwirkt hat."

„Noch etwas?"

„Wir müssten noch über ihr Unbeflecktes Herz sprechen, aber das machen wir ein andermal. – Doch will ich noch hinzufügen, was über Judith gesagt wird, die zu ihrer Zeit Israel in schwerer Not von den Feinden befreit hat. Alle Menschen, aller Kontinente und aller Epochen müssten die Gottesmutter mit diesen Worten grüßen: *»Tu gloria Jerusalem; tu laetitia Israel; tu honorificentia populi nostri!«* Das heißt übersetzt. *»Du, der Ruhm Jerusalems; Du, die große Freude Israels; Du, der Stolz unseres Volkes!«* (Jdt 14, 10) Maria ist wahrhaft der Ruhm, die große Freude und der Stolz der ganzen Menschheit; denn sie brachte uns Jesus, unseren Erlöser." – Nach diesen Worten schaue ich zu meinem Begleiter hin und frage: „Habe ich dir jetzt genug gesagt und ist deine Neugierde gestillt?"

Er schaut zu mir herüber mit einem liebenden Blick und grüßt mit einem sanften Nicken. Sein Gesicht ist hell und schön, weil es von innen heraus strahlt. Ich bekomme nicht genug davon, es anzuschauen.

die Kinder von Fatima

Aus den Gräbern von Jacinta und Francisco
strömt Leben hervor

Aus dem Munde von Kindern und Säuglingen
hast Du Dir Lob bereitet

Die lange Liste großer Opfertaten
Die Opfer des Mittagbrotes,
des Trinkens und der Kasteiung

Ungezügelte Leidenschaften
sind Wege in die Abgründe

Sühne und Buße sind Wege des Heils

**Rosenkranzbetrachtung
„Jesus, der dich, o Jungfrau,
im Himmel gekrönt hat"**

Die Basilika überragt monumental den großen Pilgerplatz. Sie steht auf dem höchsten Hügel dieses Gebietes. Ihr Glockenturm, der in die blauen Himmel hineinragt, ist das Wahrzeichen für die gesamte Pilgerstätte. Er ist weithin sichtbar und trägt eine Krone vom Kreuz überhöht. Die Kolonnaden der Basilika gehen in einem großen geschwungenen Bogen hinab auf den Platz und geben dem Ort etwas Sakral-Feierliches. Die Harmonie und Schönheit des Raumes lässt jeden Menschen erstaunen, der zum ersten Mal die Cova da Iria betritt. Der Platz kann Hunderttausende von Menschen fassen. Dort finden schon seit Jahren die mächtigen Feierlichkeiten an den 13. der Monate Mai bis Oktober statt. Dort finden auch jeden Abend die täglichen Prozessionen statt, bei denen immer das Lied gesungen wird: »Am 13. Maien in der Cova d´Iria am Himmel erscheinet die Jungfrau Maria. Ave! Ave! Ave Maria. Ave! Ave! Ave Maria.« – Auch ich nehme täglich mit allen Pilgern zusammen daran teil.

Nun bin ich schon einige Tage in Fatima. Ich habe den großen Pilgerplatz abgeschritten und mehrmals die Basilika besucht. In ihr finde ich die Gräber der beiden Kinder Jacinta und Francisco. Diese Gräber sind nächst der Erscheinungskapelle unserer lieben Frau das Wallfahrtsziel der Pilger, die oft in langen Reihen anstehen, ihre Blumen niederlegen und für ihre Familien beten. Oft bitten sie die Kinder auch um Fürsprache in schweren seelischen und körperlichen Nöten. Ich verweile öfters dort, um zu beten.

━━━━━━━━━━━━━━

Hier fügen wir in den Bericht von 1967 ein, was später Pater Kondor im Jahre 2001 über die beiden Kinder geschrieben hat.

»Jacinta wurde am 21. Januar 1920, bereits schwer erkrankt und von ihrer Mutter begleitet, nach Lissabon gebracht und dort in dem Waisenhaus von Maria da Purificâo aufgenommen. Sie wurde am 2. Februar im Kinderkrankenhaus D. Estefânia eingeliefert und zehn Tage später von Dr. Salazar de Sousa einer Operation unterzogen. Das kleine Mädchen hatte am 20. Februar um 6 Uhr nachmittags bei Dr. Pereira dos Reis gebeichtet und um das Viaticum gebeten, da sie von ihrem baldigen Tod wusste. Sie starb dann am selben Abend um halb elf, mit kaum 10 Jahren.

Ihr Sarg wurde am 24. Februar zum Bahnhof Fatima befördert und anschließend in der Familiengruft von Baron Alvaiázere in Vila Nova de Ourém beigesetzt. Am 12. September 1935 kam sie zum Friedhof von Fatima. Als man bei dieser Gelegenheit den Sarg öffnete, konnten die Anwesenden ihr schönes, vollständig erkennbares Gesicht sehen. Das war deswegen unerklärlich, weil sie einerseits eine infektiöse und eitrige Krankheit hatte, dann ihre Leiche von einer dicken Schicht von ungelöschtem Kalk bedeckt war und außerdem bereits seit 15 Jahren im Sarg lag.

Ihr Grab wurde erneut zur kanonischen Beglaubigung, am 30. März 1951, geöffnet. Nachdem die Fachleute und Arbeiter ernst gemahnt wurden – „wenn jemand wagt, von den sterblichen Überresten von Francisco und Jacinta oder aus ihren Särgen etwas herauszunehmen oder, sei es was es sein mag, in sie hinzuzufügen, fällt er ipso facto in Exkommunikation, die dem Heiligen Vater reserviert ist" – wurde die Arbeit sorgfältig durchgeführt: die Leiche in einen neuen Mahagonisarg gelegt, am 1. Mai 1951 feierlich zur Basilika Unserer Lieben Frau geführt und beim linken Seitenaltar beigesetzt.

Bischof Johannes Pereira Venâncio von Leiria hat am 21. Februar 1970 anlässlich einer Feierstunde berichtet, wie er mit eigenen Augen die sterblichen Überreste von Jacinta sah, als ihr Sarg 1935 und 1951 auf dem Friedhof von Fatima geöffnet wurde. „Der Leichnam war unversehrt, – so erklärte er, – außer einigen Zeichen der Verwesung an den Genickwirbeln und an den Füßen. Sehr gut erkenntlich war noch das blaue Totenhemd, das ganz von Kalk überdeckt war, ebenso die Dehnröhre, die ihr nach der Operation eingeführt wurde. Dem Sarg entströmte ein starker Ammoniakgeruch, ein leicht zu erklärendes Phänomen, da der Kalk in Verbindung mit bestimmten Salzen tatsächlich Ammoniak erzeugt. Das Gesicht war gleich, ohne Änderung, anlässlich beider Öffnungen."

„Francisco starb am 4. April 1919 mit seinen noch nicht vollendeten elf Jahren, " ... Nachdem er mit vollem Bewusstsein und mit großer Andacht die heiligen Sakramente empfangen und bestätigt hatte, dass er in der Cova da Iria und in den Valinhos eine Senhora gesehen hatte" (Pfarrprozess in Fatima, abgeschlossen am 18. April 1919) und wurde am darauffolgenden Tag im Pfarrfriedhof Fatimas beigesetzt. An seinem Grab stand nur, ohne weitere Bezeichnung, ein einfaches Kreuz.

Anlässlich der Identifizierung seiner sterblichen Überreste fanden der Bischof Don José, die Fachleute und die Arbeiter seinen Sarg in einer Tiefe von 148 cm. Die Knochen wurden, bereits von der Erde freigelegt und behandelt, in einen neuen Sarg gelegt, am 13. März 1952 in die Basilika überführt und am linken Seitenaltar beigesetzt, wo sie sich auch jetzt befinden.

Da die Gräber der Seherkinder anlässlich ihrer Seligsprechung nicht geöffnet wurden, können für Reliquien nur die Reste ihrer ziemlich verwesten ersten Särge, die nach der Säuberung der Knochen eingesammelte Erde, der Kalk, der die Leiche Jacintas überdeckte und das Leintuch, in dem ihre unversehrte Leiche bei der Identifizierung eingewickelt wurde, verwendet werden.«

Die Mahnung aus den Gräbern von Francisco und Jacinta

Was finden wir nun vor an den Grabstätten der Basilika? Eine Platte aus Stein, auf der kurz die Lebensdaten vermerkt sind und eine Erinnerung daran, dass diese Kinder 1917 die Gottesmutter bei den großen Erscheinungen geschaut haben. Aber bei der Mehrzahl des einfachen Volkes scheint die Erinnerung, was damals 1917 in der Cova da Iria geschehen ist, lebendig geblieben zu sein. Fatima ist das Haus Portugals geworden, das von vielen Portugiesen mindestens einmal im Jahr besucht wird.

Viele Menschen bringen Blumen, so dass die Gräber stets geschmückt sind. Die Menschen gehen nicht achtlos vorüber, sondern sie verweilen an den Gräbern der Kinder oft lange Zeit im Gebet.

Am Grab der Kinder sprechen die einfachen Leute, also die Kleinen und Demütigen des Volkes mit ihren Bitten vor und vertrauen darauf, dass Jacinta und ihr Bruder ihnen in den Sorgen des Alltags helfen. Gewöhnlich sind es Männer und Frauen, die ihre kinderreichen Familien mitbringen, so dass man seine helle Freude daran hat, wenn man die kleinen Buben und Mädchen an den Gräbern der Fatimakinder sieht. Dort sprießt Leben. Wo der Geist Jacintas und Franciscos lebendig ist, da wächst ein erneuertes Christentum heran.

Man schaut voll Ehrfurcht zu Jacinta und Francisco auf.

Aus den Gräbern der Kleinen steigt eine Mahnung zu uns empor, eine demütige Bitte, ein jubelnder Ruf, ein sieghafter Gesang. Die Kinder sind nicht tot. Zwar sind ihre Leiber entschlafen und warten auf den Tag der Auferstehung, aber ihre Liebe und guten Werke weilen zwischen uns und lassen mit der Glut der Hingabe auch unsere Herzen entbrennen. Sie werden zu wahren Vorbildern für eine blinde Generation, deren Wahn es ist, nur im Diesseits zu Haus zu sein und das Ewige zu vergessen.

Zwar hätten die Kinder von Fatima, Jacinta, Francisco und Lucia, den Völkern der gegenwärtigen Stunde eine erschütternde Botschaft zu übermitteln, aber die europäischen Völker hören sie nicht mehr oder noch nicht?

Statt dessen huldigt dieses Europa zwiespältigen Idealen, tödlichen Idolen und Götzen, die den Glauben an den Lebendigen Gott in uns verfinstern. Was haben wir doch schon nach dem Zweiten Weltkrieg alles erlebt! Was für

Stürme an Reklamebildern von Postern, meist erlogene, die uns den üppigsten Lebensgenuss vor Augen stellen. Dazu kommen Gesichter und Gestalten aus der Welt des Fußballs oder der Musik. Solche Poster hängen über den Schlafstätten der Heranwachsenden und sind der Reklametrick, um das große Geschäft mit den jungen Leuten zu machen. Jede Art von Poster wird verkauft: Poster der Gewalt, des Sex und des schreienden Aberglaubens.

In der modernen Werbung der Medien mit schlüpfrigen Bildern wird so weit gegangen, wie man nach den Gesetzen der Staaten noch gehen darf. Heimlicher Betrug, unterschwellige Unzucht und Frivolität werden als Vorbilder angeboten. Dazu kommen in raffinierten Manipulationen infame Lügen. Ganze Straßenfassaden sind damit bestückt. – Aber irgendwann kommen auch die grinsende Leere und der öde Nihilismus, die das Herz des Menschen zerfressen. Eine Art Psychoterror geht übers Land. Auch tauchen Pseudoreligionen auf, die mit religiösem Blendwerk anlocken und verführen. Ein Chaos läuft auf uns zu, die Vorboten noch größeren Unheils.

Noch keine Generation hat ungestraft Gottes Gebote mit Füßen getreten. Es ist nicht erlaubt, heiligste Güter um der goldenen Kälber willen zu vermarkten. Die Götzen, die wir hegen und pflegen, werden zum Gemeingut der Nationen und grinsen uns in tausend frivolen Bildern von unseren Hauswänden entgegen. Sie sind keine Vorbilder, aber Betrüger und Verführer mit großen Mäulern und scheußlichen Worten. Hinter ihrem Rücken liegen der Gestank und die Pest der Sünde und des Todes. Welch Unheil kommt durch diese Werbung und Reklame in der Welt! Sie zerstören die Seelen der Kinder und Jugendlichen, zerfetzen die Ehen und machen alte Leute lüstern.

Wir haben unsere Kinder und Jugendlichen mit Reklame und Vorbildern verdorben, die wir als Angelhaken benützen, um das große und zugleich schmutzige Geschäft zu machen. Wir haben nicht erkannt, dass ein solches Geldgeschäft in Gottes Augen ein Gräuel ist. Doch das goldene Kalb, der Götze Geld, kennt kein Erbarmen, am wenigsten mit Kindern und Jugendlichen. Sie werden gnadenlos ausgenützt, verführt und betrogen.

Gegenüber allen diesen Verzeichnungen einer aufgeblähten Welt steht das Leben und das Vorbild der Kinder von Fatima in tiefer Lauterkeit vor uns. Ihr Lebensweg ist kein Blendwerk, sondern erfüllte Wirklichkeit. Ihre Hingabe ist von so großer Kraft, dass noch in ihrem Sterben der letzte Atemzug sich als Liebe erweist. Ihr Opfer ist ein ganzes Opfer, das sie aus freien Stücken in das Kreuzesopfer Jesu Christi hineingelegt haben.

Die Kinder wussten, was wir nicht mehr wissen, dass es Himmel und Hölle gibt. Auf ihren Lippen fanden sich Gebete für jene, die auf Erden ein verdammungswürdiges Leben führten, auf dass Gott vor Ablauf ihrer irdisch begrenzten Zeit die Sünder bekehre. – Was die Kinder taten, war kein Strohfeuer, aufblitzend einen Augenblick und dann in Asche zusammensinkend. Ja, Strohfeuer sind so viele pseudoreligiöse Bewegungen unserer Tage, aufgebauschte Begeisterungen, die aber wieder zusammenbrechen oder in Oberflächlichkeiten dahinvegetieren. Rasch gibt es große Worte, aber es fehlt die Durchhaltekraft des Opfers und des Kreuzes Christi.

Nicht so Francisco und Jacinta. Vom Tage ihrer ersten großen Liebe, da sie voll Entzücken in das liebliche Gesicht der Gottesmutter schauen durften, bis zu ihrem letzten Atemzug sind sie ständig im Gehorsam vor Gott gewachsen. Nicht nur in der Stunde der Vision, sondern auch in den Stunden des Widerspruches, der Mühe und der Krankheit haben sie ihr Zeugnis erfüllt und ihren Opfergang dargebracht. Sie taten, was wir nicht mehr tun: sie beteten, sie opferten. Sie beteten sogar viel, nicht nur in der Kirche beim Gottesdienst, nein auch zu Hause, mitten zwischen der Arbeit, mitten in der Krankheit, die nur allzu früh ihr irdisches Leben vollendete.

Ihr Gebet war Aufstieg und Aufschrei zu Gott, Gruß und Bitte an ihre Mutter Maria, Sühne für die Sünden, Rettung der Seelen vor dem Feuer der Hölle. Das Bewusstsein dieser Feuer ist nie mehr von ihnen gewichen. Denn wer sich vom Herrn trennt und in schwerer Weise Gottes Gebote missachtet und sich nicht bekehrt, entgeht dem Höllentor nicht.

Sie wussten aber auch vom Himmels und von der Glut aufrichtiger Liebe und Hingabe. Da wir Erwachsenen die Worte Jesu vergessen haben, erfüllten es Kinder in tausend kindlichen Akten großer Opfer, auf dass die ältere Generation aufgeschreckt würde. Das Zeichen einer echten religiösen Bekehrung liegt darin, dass wir in unserem Gebets- und Opfergeist durchhalten. Nicht Worte, die vor jedem Opfer scheuen, genügen. Auch sind Gebete nicht zureichend, die nach Lust und Laune irgendwann auch einmal stattfinden.

Gebet und Opfer bezeugen dann erst ihre Stärke, wenn wir den Geschmack daran verloren haben. Eine Entscheidung für Gott kann des äußeren Glücksempfindens entbehren; denn sie lebt von innen. Treue erweist ihre Festigkeit in der Versuchung, der Angst und der Verlassenheit. Ein Opfer brennt dann ganz zu Gott empor, wenn es selbst des Trostes entbehrt; ein Gebet ist dann von tiefem Glauben durchdrungen, wenn es der Unbegreiflichkeit Gottes gegenübersteht. So geschah es Abraham, als ihm Gott auftrug, seinen Sohn Isaak zu opfern. So erfuhr es die Gottesmutter, als sie Jesus drei Tage und Nächte in Jerusalem suchte und nicht fand.

Die Kinder von Fatima gingen, selbst als der Bezirksvorsteher von Ourem sie ins Gefängnis warf, ganz in die Geheimen Ratschlüsse Gottes ein und bejahten sie und hielten durch. Sie hielten sogar durch, als sie mit dem Tod bedroht wurden. Die Glut ihrer Hingabe wuchs in den noch verbleibenden Lebenstagen. Sie erschüttern uns. Ihr Leben drängt darauf hin, dass alle sich bekehren, um in den Himmel zu kommen.

Darum bleiben viele Menschen vor den Gräbern der beiden Kinder stehen. Sie setzen sich in eine Bank, verbergen ihr Haupt zwischen ihren Händen und besinnen sich. In ihrem Geist sehen sie ihr eigenes Leben im Widerspruch zu dem der Kinder. Dort berührt Gott ihr hartes Herz. Dort wird das in der Sünde Erstarrte wieder flüssig, und eine Wandlung findet statt. Die Gnade der Bekehrung verdanken sie den Kleinen.

Nun da sie Hilfe empfangen und sich bekehrt haben, bringen sie Blumen und schmücken die Gräber. Die Blumen leuchten, und es strahlt ein immer währendes Blühen an der Gruft des Todes. Dies ist ihr Dank an Jacinta und Francisco. Sie haben uns ein lebendiges Bekenntnis zum heiligsten Namen Jesu Christi vorgelebt. Konnten sie Erhabeneres und Schöneres in ihrem Leben tun? Gott anerkennen und IHN mit der Zunge in Wort und Tat bekennen; Ihn zu verherrlichen vor Brüdern und Schwestern, vor den Mächtigen ebenso wie vor den Kleinen, vor den Leugnern und Spöttern ebenso wie vor den Heiligen. IHN zu bekennen auch in Schmerzen. Die Kinder haben in ihrem Leben Zeugnis gegeben.

■ In der Basilika erkenne ich plötzlich meinen Begleiter, der neben mir steht und mich anspricht. Er sagt:

„Ich möchte dir gerne etwas sagen."

Ich frage ihn erstaunt: „Hier an diesem heiligen Ort in der Basilika. Hier betet man?"

Er antwortet: „Hier in der Basilika."

„Was willst du fragen?"

„Etwas, was die Mitte ausmacht. Darf ich das?"

„Was macht denn die Mitte aus?", frage ich wiederum erstaunt.

„In der Mitte des Herzens sammeln sich jene Strömungen, die das Innere der Kinder tief bewegt hat. – Wir könnten auch sagen: Dort ist der Brennpunkt ihres Betens und ihres Handelns. Willst du davon mehr wissen?"

„Sehr gerne. – Ich höre."

Dann fragt er unvermittelt: „Hast du die Straße des Lichtes gesehen?"

Welch seltsame Frage! Die Straße des Lichtes? – „Nein!", antworte ich, „Ich habe diese Straße nie gesehen."

„Haben die Kinder von Fatima die Straße des Lichtes gesehen?", fragt er ohne zu zögern weiter.

Ich erinnerte mich daran, dass in den Berichten von Lucia immer wieder vom Licht gesprochen wurde, und antworte:

„O ja, sie haben nicht nur die Straße des Lichtes gesehen, sondern in diesem wunderbaren Lichte selbst schauten sie sich und verborgene Geheimnisse."

Er fragt: „Wo haben die Kinder die Straße des Lichtes gesehen?"

„Sie sahen ein wenig vom Licht, als sie der Gottesmutter nach der Erscheinung nachschauten, wie sie in einer Straße des Lichts wieder zur Ewigkeit des Himmels zurückkehrte. Sie waren neugierig."

„Haben die Kinder in diesem wunderbaren Licht auch verborgene Geheimnisse geschaut?"

Ich antworte: „Im Licht bekamen sie selbst große Gnaden und im Licht wurden ihnen Geheimnisse offenbart. So wie sie in die Hölle schauten, so durften sie in das Licht Gottes hineinschauen. Sie erkannten darin sich selbst und ihren Lebensweg. Sie sahen aber auch den Papst und sein Schicksal."

„War das Licht ein Entzücken für Jacinta, Francisco und Lucia?"

„Natürlich! Aber es war noch mehr! Es war die Schau des Weges, und es war die Schau des Zieles ihres Lebens, und es offenbarte Geheimnisse."

Mein Begleiter betont nun: „Licht ist Seligkeit, weil wir uns darin selbst wahrnehmen und auch Gott erkennen mögen, hier auf Erden noch verhüllt, dort im Himmel aber von Angesicht zu Angesicht voll Freude und Jubel."

„Und du?", fragt er.

„Ich", stammle ich, wobei ich an Überlegungen, Betrachtungen, Meditationen und Erleuchtungen denke, die meinem Leben Sicherheit und Klarheit gegeben haben.

„Ach! Ich suche jeden Tag das Licht der Erleuchtung, so dass mein Fleisch und mein Leib, meine Vernunft und mein Verstand, meine Phantasie, Herz und meine Seele das tun, was vor Gott und den Menschen recht ist."

Mein Begleiter insistiert und lässt nicht locker in seinen Fragen: „Was bedeutet das: das Licht?"

„Oh, eigentlich alles."

„Drück dich besser aus!", fordert er.

„Ohne das Licht der Sonne kann mein Auge nicht sehen. Ohne das Licht des Gewissens kann mein Herz nicht gut sein. Ohne das Licht der Vernunft und des Geistes irre ich ziellos, unsinnig und absurd über diesen Planeten Erde und leide den Schmerz der Sinnlosigkeit. Ohne das Licht der Liebe verharre ich im Egoismus, dem Hass und der Gleichgültigkeit. Ohne das Licht Gottes finde ich die Straße zur Ewigkeit nicht."

„Ist Gott alles in allem?"

„ER ist es!"

„Sage es besser!"

„Sein Licht ist unermessliche Seligkeit. Es ist die gnadenhafte ewige Schau des unfassbar guten Gottes, der seinen Kindern in Christus Jesus die Gnade schenkt, bei ihm für immer zu wohnen und darin dann seine göttliche Wesenheit zu schauen. Er selbst ist es, der durch seine Kraft das Geschöpf emporhebt. Dann darf es IHN sehen von Angesicht zu Angesicht. – O Seligkeit! O wesenhafte Entzückung! Kein Aug hat dich geschaut! Kein Herz in dieser irdischen Zeit konnte es erfassen! DU, GOTT, selbst bist das Licht! Denn es gilt: »In Deinem Lichte schauen wir das Licht.« " (Ps 36, 10)

„Im Lichte zu wandeln ist ein Brennpunkt christlichen Lebens?"

„Du sagst es."

Mein Freund schließt dieses Thema mit den Worten ab: „ER, Christus, sagt uns, dass ER das Licht der Welt ist, das in der Finsternis leuchtet. Und ER weist darauf hin, dass wir an ihn glauben, damit wir Kinder des Lichtes sind. – Weiterhin deutet er darauf hin, dass es Menschen gibt, die die Finsternis mehr lieben als das Licht; denn jeder, der Böses tut, hasst das Licht und kommt nicht ans Licht. Wer aber die Wahrheit tut, kommt ans Licht."

Mein Begleiter lässt nicht locker, obwohl wir noch immer in der Basilika an den Gräbern der Kinder stehen. Wieder fragt er:

„Viele fromme Priester, Pfarrer und Ordensleute haben über ihren

Schreibtischen das Bild des Heiligen Pfarrers von Ars hängen, weil er sein Leben in einem sehr großen Eifer für die Rettung der Seelen gelebt hat. Könnte auch das Bild der kleinen Jacinta neben dem Bild des Pfarrers von Ars über ihren Schreibtischen hängen?"

„Ja!", antworte ich sofort. „Ja, – Jacinta ist ein sehr großes Vorbild für Priester!"

„Warum?"

„Weil das kleine Mädchen einen genau so großen Eifer für die Rettung der unsterblichen Seelen an den Tag gelegt hat wie der heilige Pfarrer von Ars."

„Und worin tat sie das?"

„Bis in ihre Sterbestunde hinein hat sie sehr viele und große Opfer gebracht, um die Seelen der armen Sünder zu bekehren und sie dem Feuer der Hölle zu entreißen. Selbst ihre Todesstunde hat sie der Gottesmutter Maria in die Hände gelegt, um Seelen zu retten."

Er fragt: „Also hat das Kind ein Leben des Gebetes und der Buße geführt, damit viele arme Sünder nicht in die Hölle kommen?"

„Ja! – Das Kind ist darin zu einer Mahnung an die Priester der ganzen Welt geworden, damit diese ihre eigentliche priesterliche Aufgabe nicht verschlampen, sondern sie wahrnehmen, und nicht zweitrangige Aufgaben in Angriff nehmen. – Also nicht *die horizontale Seelsorge* zuerst, nicht zuerst *der politische Katholizismus*, *nicht einmal zuerst die Sorge für die Armen*, so notwendig das auch ist. Was nützen *Publik Relations*, *Sommerfeste* und vieles andere, wenn das ein veräußerlichtes Tam-Tam charakterisiert, aber am Wesentlichen vorbeigeht. Man soll das eine tun und das andere nicht lassen. – Jesus Christus ist gekommen um das Reich Gottes aufzurichten und zu retten, was verloren war. Was das bedeutet, hat uns Jacinta durch ihre Opfer exemplarisch vorgelebt. Wer bezweifelt, dass heute viele Seelen und auch Priester auf der breiten Straße dahinwandeln, die – wie Jesus sagt – ins Verderben führt?

Es war der glühende Wunsch der kleinen Jacinta, viele Seelen zurückzuführen zu ihrer ewigen Bestimmung und sie für das Ewige Leben zu erretten. Das Kind hat eine solche heroische Kraft aus ihrer brennenden Liebe zu Maria, ihrer himmlischen Mutter, geschöpft."

„Also hat das kleine Mädchen ganz am Brennpunkt christlichen Lebens und christlicher Entscheidung gelebt?"

Ich nicke und sage: „Hier gilt die Schrift, die sagt: »Aus dem Munde von Kindern und Säuglingen hast DU dir Lob bereitet.«"

Noch einmal wendet sich mein Begleiter mir zu. Er will heute von mir nicht ablassen: denn er will auf sehr ernste Gegenstände hinweisen. Er fragt: „Und Francisco? Steht er auch im Brennpunkt?"

„Francisco?"

„Ja, ich meine Francisco."

„Ja, auch er steht im Brennpunkt, und das ist deshalb keine fromme Übertreibung, weil er den verborgenen Heiland im Sakrament des Altares trösten wollte. Er sah, dass die Kirche in Fatima meist leer war, weil niemand vom Dorf kam, um Jesus Christus, der dort gegenwärtig ist, anzubeten und zu loben. So ging er in die Kirche, um bei Jesus zu sein und IHN in Liebe, Ehrfurcht und Lobpreis anzubeten."

„Was bedeutet eine solche Haltung?"

Ich antworte: „Diese Haltung ist von höchster Bedeutung, weil die Rückkehr der Eucharistischen Anbetung für alle Welt der Ausgangspunkt des Heils sein muss und die so dringende Neuevangelisierung, eigentlich Wiederevangelisierung, beinhaltet.

Ist es denn nicht ein Zeichen der Taubheit unserer Zeit, dass das Heiligste Sakrament nicht mehr gebührend verehrt wird? Jesus ist in allen Tabernakeln der Welt wahrhaftig, wirklich und wesenhaft gegenwärtig, aber selbst unter den Frommen sind es wenige, die IHN besuchen. – Wenn die eucharistische Frömmigkeit in ihre volle Form wieder zurückgekehrt sein wird, ist die Krise der Kirche in jeder Beziehung überwunden."

„Und Lucia?", fügt er noch hinzu.

Ich sage: „Ihr wurde der schwerste Teil des Zeugnisses zugewiesen. Sie wird ein ganzes Leben lang Zeuge sein. Sie wird die langen Wartezeiten aushalten müssen. Sie muss verhandeln und schreiben und Geduld haben, bis die Verkündigung der Botschaft für die ganze Welt reif geworden ist. Sie muss durchstehen, hoffen, die Enttäuschungen ertragen und auch mit bitteren Schmerzen beobachten, wie viele Menschen auch innerhalb der Kirche die Botschaft zurückweisen. Sie schaut, wie sich die Strafen des Himmels nähern, aber ihr sind die Hände gebunden."

„Dann steht auch sie im Brennpunkt?", sagt er.

Als das Gespräch zu Ende gekommen war, stehe ich noch immer in der Basilika bei den Gräbern der Kinder. Ich setze mich in die Bank und verharre dort in der Stille. Beim Hinaustreten vor das Gotteshaus sehe ich die langen Strahlen der Sonne, die den Abend anzeigen. Meine Seele ist still geworden.

Aus dem Mund von Kindern und Säuglingen schaffst Du Dir Lob!

Wenn die Welt den Triumph des "Unbefleckten Herzens Mariens" *erlangen* möchte, muss sie die Kinder Lucia, Jacinta und Francisco nachahmen. Fatima verkündet die Botschaft von Gebet und Buße. Denn ohne Umkehr, vollkommene Reue und Beichte gibt es keine Wiederversöhnung mit Gott.

Wir haben ein falsches Gottesbild! Gott scheint ein liebetriefender Opa zu sein, der die schwersten Verbrechen und selbst die hartnäckigen bösen und frivolen Gesinnungen gutmütig übersieht. Aber dieses Bild ist unwahr! Denn Gott ist Liebe und Gerechtigkeit, aber ER ist niemals Larifari. Weder das Alte noch das Neue Testament kennen ein solches Gottesbild! Christus spricht ebenso vom Himmel, wie ER auch deutlich das Feuer der Hölle nennt.

Zwar läuft der moderne Mensch mit schlechtem Gewissen durch seine Erdentage, fürchtet einerseits das Gericht und sündigt dennoch unbegreiflicherweise weiter. – Er versteckt sich im Innersten seines Geistes davor, erkennen zu sollen, was Gerechtigkeit ist. Er verdunkelt die Wahrheit. Er verleugnet vor sich selbst, dass es furchtbar ist, in die Hände des Lebendigen Gottes zu fallen. (Hebr 10, 31)

Aus Fatima haben manche eine wunderbare Drei-Hirten-Geschichte gemacht. Die *lieben Kleinen* mit ihren Lämmern und Schafen, die auf der Wiese weiden, ergreifen so schön das Herz, was wahrhaft lieblich ist. – Weil das aber so herzergreifend ist, kann die Kirche mit Fatima der Welt eine schöne Erzählung darbieten, eine Geschichte für das Gemüt der Frauen!

Dem ist nicht so! Die historischen Berichte, die wir über die Kinder haben, sprechen eine andere Sprache. Sie sprechen die Sprache wahrer und großer Liebe. Denn Liebe ist, dass der Liebende um der geliebten Person willen fähig wird, die größten und die schwersten Opfer zu bringen. Solche Opfer brachten Jacinta, Francisco und Lucia. Was wir allgemein im Leben von Kindern nicht gewohnt sind, das taten diese Kleinen, um die Wünsche jener großen Frau zu erfüllen, die ihnen erschienen war.

Bei diesen Kindern geht es nicht darum, eine tröstende Poesie aufzubauen, sondern es geht um klare Zeichen, die den Glauben an Gott offenbaren. Die Welt von heute hat auf weite Strecken Gott verloren; sie lebt in Finsternis. Die Kinder von Fatima haben nicht nur ihren Glauben glaubwürdig gelebt, sondern durch Bußwerke und Sühne die Liebe zu Gott und zu den höchsten Gütern heroisch bezeugt. Das Zeugnis der Kinder schreckt viele Menschen aus ihrer Lauheit auf. Das ist ihre Größe.

Warum brachten die Kinder so große Opfer?

Was sind die höchsten Güter? Das höchste Gut vom Menschen her gesehen ist der Himmel und im Himmel Gott selbst, der Herr. Denn die Frau hatte gesagt, dass sie vom Himmel komme. Auch hatte die Frau gesagt, dass sie die beiden Kleinsten der Seherkinder bald zu sich in den Himmel nehmen werde. Damit war der Himmel eine klar umschriebene und reelle Größe.

Die Kinder hatten aber auch die Schau der Hölle erlebt, und so war dieser Ort ebenfalls eine klar umschriebene Größe. Die Mutter Gottes wies also darauf hin, dass viele Seelen nicht in den Himmel kommen, wenn sie nicht Buße für ihre Sünden tun. – Für diese Seelen aber, die bedroht sind, das Ewige Leben zu verlieren, müsse man beten und Opfer bringen: Für die armen Sünder, deren Ewiges Heil in Gefahr steht. *„O mein Jesus, verzeih uns unsere Sünden, bewahre uns vor dem Feuer der Hölle. Führe alle Seelen in den Himmel, besonders jene, die deiner Barmherzigkeit am meisten bedürfen."*

Auch hatte die große Frau gesagt: „Betet und bringet viele Opfer; denn es kommen viele Seelen in die Hölle, weil niemand für sie betet." – Papst Pius XII. nennt diesen Satz ein schaudererregendes Geheimnis, weil menschliches Tun in Christus Jesus mithelfen darf, andere Seelen vor dem Ewigen Tod zu bewahren und zu erretten.

Die lange Liste großer Opfertaten

Es sind die vielen kleinen Taten des Opfers und der Liebe, welche die drei Seherkinder, allen voran Jacinta, die Jüngste, vollbracht haben. Sie verrichteten sie vor allem während der Tage, da sie als Hirten ihre Schafe weideten. Die ergreifenden Opfertaten, die wir kennen, geben eine lange Liste. Um deutlich zu machen, wie tief die Gottesmutter die Herzen der Kinder umgeformt hat, wollen wir darstellen, was wir über die Kinder wissen.

Von der Erscheinung des Engels von Portugal schreibt Lucia:

„Die Atmosphäre des Übernatürlichen, die uns umgab, war so intensiv, dass wir ziemlich lange kaum mehr unseres eigenen Daseins inne wurden. Wir blieben in der Haltung, in der uns der Engel zurückgelassen hatte, und wiederholten ständig dasselbe Gebet. Seine Worte gruben sich so tief in unser Gedächtnis, dass wir sie niemals vergessen konnten. Von da an verbrachten wir viel Zeit damit, sie so tief gebeugt zu wiederholen, bis wir manchmal vor Müdigkeit umfielen."

Der Engel von Portugal sagte: „Was macht ihr? Betet, betet viel! Die Heiligsten Herzen Jesu und Mariens wollen euch Barmherzigkeit erweisen. Bringt ständig dem Allerhöchsten Gebete und Opfer dar."

„Wie sollen wir Opfer bringen?", fragte ich.

„Bringt alles, was ihr könnt, Gott als Opfer dar, als Akt der Wiedergutmachung der Sünden, durch die er verletzt wird, und als Bitte um die Bekehrung der Sünder. Gewinnt so für euer Vaterland den Frieden. Ich bin sein Schutzengel, der Engel Portugals. Vor allem nehmt an und tragt mit Ergebung die Leiden, die der Herr euch schicken wird." ...

Wir erkannten den Wert des Opfers und wie wohlgefällig es IHM ist; und wie er um des Opfers willen Sünder bekehrt. – Von dieser Zeit an begannen wir daher dem Herrn alles aufzuopfern, was uns kränkte."

Bei der ersten Erscheinung fragte Lucia die Frau:
„Komme ich in den Himmel?"
„Jawohl!"
„Und Jacinta?"
„Auch!"
„Und Francisco?"
„Auch, aber er muss noch viele Rosenkränze beten!"

Unsere Liebe Frau fuhr fort: „Wollt ihr euch Gott darbieten, um alle Leiden zu ertragen, die er euch schicken wird, zur Sühne für alle Sünden, durch die er beleidigt wird und als Bitte um die Bekehrung der Sünder? – Betet täglich den Rosenkranz, um den Frieden der Welt und das Ende des Krieges zu erlangen!" – Betrachten wir den Eifer, mit dem die Kinder gehandelt haben.

Am 13. Juli 1917 sagte die Muttergottes: „Opfert euch auf für die Sünder und sagt oft, besonders wenn ihr ein Opfer bringt: »O Jesus, das tue ich aus Liebe zu dir, für die Bekehrung der Sünder und zur Sühne für die Sünden gegen das Unbefleckte Herz Mariens!« "

Als die Kinder in Ourem von der Kreisverwaltung festgehalten wurden, klagte Jacinta: „Weder deine noch meine Eltern kamen, uns zu besuchen, sie haben nichts mehr für uns übrig."

„Weine nicht", sagte Francisco zu ihr, „opfern wir es Jesus für die Sünder auf." Und er sprach das Aufopferungsgebet: „O mein Jesus, es ist aus Liebe zu dir und für die Bekehrung der Sünder."

Später holte Lucia Jacinta zu sich und fragte sie, warum sie weine: „Weil wir sterben werden, ohne unsere Väter und Mütter wiedergesehen zu haben."

Und sie fügte hinzu: „Ich möchte wenigstens meine Mutter sehen."

„Du möchtest also dieses Opfer nicht für die Bekehrung der Sünder bringen?"

„Ich will es", sagte sie, wobei ihr die Tränen übers Gesicht liefen.

Der Administrator von Ourem drohte ihnen, sie in siedendem Öl zu verbrennen, wenn sie ihm nicht das Geheimnis sagen würden. Er führte jedes einzelne Kind ab, um die anderen glauben zu lassen, das abgeführte Kind sei schon verbrannt. Trotz dieser unmenschlichen Todesdrohung verriet keines der Kinder das Geheimnis.

Am 13. Oktober 1917 sagt Lucia zu der Frau mit der Sonne bekleidet: „Ich will sie um vieles bitten: Ob sie einige Kranke heilen und einige Sünder bekehren möchte?"

„Einige ja, andere nicht. Sie müssen sich bessern und um Verzeihung ihrer Sünden bitten."

Und mit traurigem Ausdruck: *__Man soll doch aufhören, Gott zu beleidigen, der schon so sehr beleidigt worden ist.__*"

Die Vision der Hölle hatte Jacinta dermaßen mit Entsetzen erfüllt, dass alle Bußübungen und Abtötungen ihr wie nichts erschienen, wenn sie nur einige Seelen vor der Hölle bewahren konnte. Oft saß Jacinta auf dem Boden oder auf einem Stein und meinte nachdenklich:

„Die Hölle! Die Hölle! Wie leid tun mir die Seelen und die Menschen, die dort lebendig brennen, wie Holz im Feuer."

Zitternd kniete sie nieder, faltete die Hände und betete, wie unsere Liebe Frau es uns gelehrt hatte: *„O mein Jesus, verzeih uns unsere Sünden, bewahre uns vor dem Feuer der Hölle, führe alle Seelen in den Himmel, besonders jene, die deiner Barmherzigkeit am meisten bedürfen."*

Sie blieb lange auf den Knien liegen und wiederholte stets das gleiche Gebet. Hin und wieder rief sie nach mir oder nach ihrem Bruder (als ob sie aus einem Traum erwachte). „Francisco, wollt ihr nicht mit mir beten? Wir müssen viel beten, um die Seelen vor der Hölle zu retten! So viele kommen dort hin! So viele!"

Als sie schon sehr krank war, kam ihre Cousine Lucia zu ihr auf Besuch und fragte: „Jacinta, woran denkst du?"

Sie antwortete ihr dann : „An den Krieg, der kommen wird, an so viele Menschen, die sterben und in die Hölle kommen. Es werden viele Häuser dem Boden gleich gemacht und viele Priester werden getötet."

Die Opfer des Mittagsbrotes, des Trinkens und der Kasteiung!

Gleich beim ersten Mal, als unsere Liebe Frau erschien, rief Jacinta aus: „Jene Dame sagte uns, dass wir den Rosenkranz beten und Opfer für die Sünder bringen sollten. ... Und die Opfer, wie sollen wir sie bringen?"

Francisco fand schnell ein rechtes Opfer: „Geben wir unsere "Merenda" den Schafen (das ist der Mittagstisch der Schafhirten auf der Weide) und bringen wir das Opfer, nichts zu essen."

In wenigen Minuten war der gesamte Vorrat unter unseren Schafen verteilt und so verbrachten wir alle drei einen Fasttag, wie ihn nicht einmal der strengste Karthäuser kennt.

Einige arme Kinder aus Moita bettelten uns an. Jacinta sagte: „Lasst uns unser Mittagsbrot jenen armen Kinder geben für die Bekehrung der Sünder."

Und sie lief, um es ihnen zu geben. Aber diese Kinder kamen immer wieder, um bei ihnen Nahrung zu betteln. Für Jacinta, Francisco und Lucia bedeutete das, dass sie den Tag über nichts aßen.

Sie taten solches auch zu Hause, in dem sie auf gute Speise verzichteten: Trauben oder Feigen, die sie gerne mochten.

Sie sagten: „Wir essen sie nicht und bringen dieses Opfer für die Bekehrung der Sünder."

Um sich abzutöten, aß Jacinta Eicheln und grüne Oliven, indem sie sagte: „Weil sie bitter sind, esse ich sie, um die Sünder zu bekehren."

Die Kinder brachten auch Opfer im Trinken dar, indem sie längere Zeit auf Wasser verzichteten.

Lucia schreibt: „Einmal brachten wir dieses Opfer im August, wo die Hitze erstickend war."

Als Lucia einen Becher Wasser brachte, den sie erbettelt hatte, antwortete Francisco: „Ich möchte nichts, ich möchte leiden für die Bekehrung der Sünder. Trink du, Jacinta!"

Sie sagt: „Ich möchte das Opfer für die Bekehrung der Sünder anbieten."

Außer den Fastenübungen kasteiten die Hirtenkinder ihren Leib mit vielen anderen Bußübungen. Sie trugen um ihren Leib einen Strick. Bei der Erscheinung im September hat ihnen jedoch unsere Liebe Frau befohlen, den Bußgürtel nachts abzulegen. „Vielleicht wegen der Dicke und rauen Art des Strickes, oder weil wir ihn zu straff anzogen, verursachte uns dieses Werkzeug manchmal schreckliche Schmerzen. Jacinta kamen zuweilen Tränen vor Schmerz; wenn ich ihr aber riet, den Bußgürtel zu entfernen, antwortete sie entschieden: „Nein, ich will dies Opfer unserem Herrn anbieten, als Sühne für die Bekehrung der Sünder."

Ebenso schlugen sich die Kinder mit Brennnesseln die Beine, oder Jacinta, die eine besondere Vorliebe für das Tanzen besaß und dafür auch die notwendige Geschicklichkeit, sagte: „Ich werde nicht mehr tanzen, weil ich dieses Opfer für den Herrn bringen will."

Ein weiteres Opfer, das sie bringen mussten, war die ständige Ausfragerei der Leute, der sie am liebsten immer davongelaufen wären.

Zu diesen Leiden kamen die Krankheiten der beiden Kinder hinzu, die Francisco sechs Monate und Jacinta eineinhalb Jahre ans Bett fesselten. – Francisco starb am 4. April 1919. – Jacinta am 20. Februar 1920.

Die Kinder sind ein lebendiges Zeichen

Die Kinder sind zu einem lebendigen Zeichen für unsere verlotterte Welt geworden, um wieder zu dem einen Wesentlichen zurückzukehren: nämlich zum Lebendigen Gott !!!

So ist von Francisco noch bekannt, dass er oft die Schule geschwänzt hat (nicht nachzuahmen!), weil er sagte, er werde bald sterben, und er brauche die Schule nicht mehr. Er ging in die Kirche, um vor dem Allerheiligsten zu beten. Oder mit anderen Worten, er wollte Jesus, der im Tabernakel gegenwärtig ist, trösten, weil Jesus von niemandem besucht werde. In der Seele dieses Knaben stand bereits die Ewigkeit als das *eine Notwendige*. Die Gedanken des Knaben hatten sich von der Oberflächlichkeit schon gelöst und sich dem Ewig-Gültigen zugewandt.

Jacinta starb allein in einem Krankenhaus zu Lissabon, ohne dass ihre Eltern, die sie so sehr liebte, dabei sein konnten. Dies war eines ihrer größten Opfer zur Rettung der armen Sünder, wie sie es Unserer Lieben Frau versprochen hatte. Aus der Zeit, da sie sich dort aufhielt, stammt auch das Wort, dass die Sünde des Fleisches jene Sünde sei, welche die meisten Seelen in die Hölle stürzen würden. Dies habe ihr die Heilige Jungfrau gesagt.

Auf die Frage der Oberin des Krankenhauses, was denn die Sünde des Fleisches sei, wusste das Kind nicht, was die Sünde des Fleisches ist.

Viele unserer Zeitgenossen haben sich heillos in den Irrgarten der Lust und Unzucht verloren, so dass sie das Ziel ihres Seins, das Ewige Leben, nicht mehr erkennen. Sie leben allein dem *Jetzt* ihrer Unzucht und vergessen, dass sie auf Erden nur wenige Augenblicke da sind. Sie leben ohne Gott, ohne Gericht, ohne Ewiges Leben. Sie verlieren ihre Seelen in den Niederungen irdischer Lust und gehen die breite Straße, die ins Verderben führt.

Die Kinder von Fatima haben bei den Erscheinungen einen Blick in die Tiefe der Ewigkeiten getan und sind darum aufgewacht für das *Eine-Notwendige*. Sie haben es nie mehr aus den Augen verloren. Die Schönheit der himmlischen Frau, jenseits einer irdischen Vorstellung, hatte sich tief in ihre Seelen eingeprägt. Diese Schau ist immer bei ihnen geblieben. Denn nachdem sie wussten, dass des Menschen Bestimmung der Himmel ist, ersehnten sie dieses ewige Glück nicht nur für sich selbst, sondern auch für andere, weil andere in Gefahr waren, den Himmel zu verlieren. Dafür brachten sie Gebete und große Opfer vor Gott, und das taten sie, obwohl sie noch Kinder waren. So wurden sie zum großen Vorbild für uns alle.

Die Kinder sind in der Seligkeit des Himmels. Sie machen darum alle Gläubigen, ja alle Menschen aufmerksam, ihr Ewiges Ziel zu suchen. Dazu sagt Jesus Christus: „Tuet Buße, denn das Himmelreich ist nahe."

Die Kinder von Fatima taten dieses nicht nur für sich, sondern auch für andere – nach dem Willen der Großen Frau. – Die Kinder sind nicht nur die lieben netten Kleinen für ein Hirtenmärchen, sondern beschämen unsere genusssüchtige Generation und weisen auf die Absolutheit der Stunde hin, dass man in Christus Jesus seine Seele für das Ewige Leben gewinnen muss.

Rosenkranzbetrachtung
"Jesus, der Dich, o Jungfrau, im Himmel gekrönt hat"

Die Erscheinungen von Fatima an die drei Seherkinder Lucia, Francisco, Jacinta zeigen auf, dass Gott, der Herr, der Mutter seines Sohnes große Macht verliehen hat und ihr eine bedeutende Mission bei der Rettung der Menschheit anvertraut hat. In der Tat, sie ist die Königin des Himmels, hoch erhoben über alle Kreatur, die aus der Hand Gottes hervorgegangen ist. Der Sohn Gottes hat seine Mutter auf dem Thronsitz an seine Seite erhoben. Dort herrscht sie nun mit ihm zusammen. Denn wenn auf Erden eine Mutter einen Sohn oder eine Tochter geboren hat, dann ist es ein ungeschriebenes Gesetz, dass die Kinder einer Frau ihre Mutter nie im Stich lassen werden. So beschaffen ist unsere menschliche Natur. Jesus Christus, der im Schoße seiner Mutter sein Heilswirken begann, wird darum seine Mutter mit höchsten Ehren krönen.

Fatima zeigt auf, was im 12. Kapitel der Geheimen Offenbarung geschrieben steht. Dort steht die mit der Sonne bekleidete Frau, den Mond zu ihren Füßen und gekrönt mit zwölf Sternen dem roten Drachen gegenüber. Jener ist das Symbol der Gottlosigkeit und sie das Symbol des Zeugnisses für Gott. Das Kind, das sie gebären wird, will der rote Drache verschlingen. Die weibliche Gestalt der Geheimen Offenbarung ist von den Theologen auf die Kirche gedeutet worden, jedoch hat die Theologie von der Frühzeit an diese Texte auch auf die Gottesmutter Maria angewandt.

Fatima zeigt den Kampf zwischen der Frau und dem Drachen auf. Denn in diesen sechs Erscheinungen des Jahres 1917 werden die Grundzüge des Kirchenkampfes für ein Jahrhundert und mehr in prophetischer Form aufgezeigt. Dabei geht es nicht um kleine kirchliche Reformen. Sondern es geht um gewaltige öffentliche kirchliche und politische Ereignisse, die sich auf unserem Kosmos abspielen werden. Die Ereignisse sind deshalb so gewaltig, weil große Teile der Menschheit Gott verworfen haben, indem sie irdische Machtmetropolen aufbauen, die freche Türme haben wie die von Babylon. In ihren gott- und menschenverachtenden Sünden wie die Zerstörung der Familie durch Abtreibung, Verhütung und Euthanasie etc. fordert diese Menschheit den Herrn direkt und frech heraus. Darum werden auch die Strafen apokalyptisch sein.

Schon in Lourdes, aber auch in Fatima zeigt sich die Mutter Gottes als harte Kämpferin. Die Ziele, die sie sich gesteckt hat, verfolgt sie unerbittlich. Darin gibt sie ihren Gegnern keine Chance. Bernadette, das dumme Schulmädchen, schlägt in Lourdes alle ihre Gegner mit Bravour aus dem Feld. Fatima und die drei kleinen Kinder siegen. Der Rote Drache aber im Osten Europas geht unter. Auch hier gilt: „Aus dem Munde von Kindern und Säuglingen schaffst Du dir Lob, deinen Gegnern zum Trotz." (Ps 8, 3)

Es dürfte kein Zweifel sein, dass Maria, die in Fatima erschien, als Königin mit unbeschränkter Macht regieren darf. Gott selbst wird sich ihrer bedienen, so wie ER sie bei der Menschwerdung als seine Mutter auserwählt hat. Und es ist eine mütterliche Eigenschaft, dass sie uns in schwerer Bedrängnis der Kirche Ihres Sohnes zu Hilfe eilen darf, um allen in den Tagen des großen Abfalls beizustehen. Denn das Sonnenwunder, das von vielen Zehntausenden Menschen gesehen wurde, ist in der Menschheitsgeschichte einmalig. Leugnen kann man es nicht.

Die Jungfrau und Gottesmutter Maria, die als Königin des Himmels Gott, den Herrn, von Angesicht zu Angesicht schauen darf, ist im Willen Gottes absolut gefestigt. Sie sieht in der unbeschreibbaren Schau des Himmels die Majestät der Wesenheit des Dreifaltigen Gottes. Für uns Menschen, die wir über diese Erde pilgern, gibt es keine Aussage, eine solche unaussprechliche Schau zu beschreiben. Auch die Engel und Heiligen, die bei Gott sind, können es uns nicht sagen, weil uns der Vergleich fehlt und unsere Ohren und Augen taub sind. Sie sind nicht eingerichtet für die himmlische Herrlichkeit. Die Schrift sagt: „Was kein Auge gesehen und kein Ohr gehört hat und was in keines Menschen Herz je gedrungen ist, das hat Gott denen bereitet, die IHN lieben." (1 Kor 2, 9) Wer aber Gott schaut, liebt Gott und lebt aus Gott mit seinem ganzen Herzen. Die Königin des Himmels wird immer das tun, was von Gott zu Ihr kommt.

Maria ist eine Frau, die ein Kindlein getragen hat. Sie bleibt ihrem Wesen treu. Auch auf ihrem ewigen Thron, den Gott ihr gegeben hat, regiert sie als gute Frau und Mutter. Sie bleibt darum auch im Himmel Mutter und Jungfrau. Das ist der Grund, dass die Marienkirchen von früher Christenheit an sich über den ganzen Erdball verbreiten, eine schöner als die andere. Die Menschen in ihrer Bedrängnis scheuen oft die erhabene Gewalt des Ewigen Gottes, aber sie kommen zitternd zur Jungfrau und bitten, sie möge ihre mächtige Fürsprecherin sein, damit der Herr ihnen in ihren armseligen menschlichen Nöten gnädig und barmherzig sei. So finden wir in den Marienwallfahrtsorten viele Votivtafeln mit den Worten: „Maria hat geholfen!" Sie enttäuscht ihre Kinder nicht.

Hierher gehört auch jenes große Geheimnis, dass wir in Christus für einander beten können und dass auch unsere Gebete zum Heil der anderen gereichen. Zwar bleibt Jesus Christus immer der einzige und wahre Mittler zwischen Gott und den Menschen, aber jedes Glied seines geheimnisvollen Leibes ist aufgerufen, für das Ewige Heil der anderen Gebete und Opfer zu Gott empor zu tragen, damit viele gerettet werden. Darum spricht die Kirche von der Miterlöserin, was dann unsere evangelischen Brüder so verstanden haben, als ob wir dadurch die Erlösungstat Jesu Christi schmälern würden. Dem ist nicht so, denn Gott hat seine Schöpfung so eingerichtet, dass daran viele mitwirken dürfen. Und Jesus hat seine Erlösungstat so eingerichtet, dass daran seine Gläubigen in vielfältiger Weise daran mitwirken. Das schmälert das Werk Jesu nicht, sondern setzt die Sendung fort, die Gott IHM aufgetragen hat.

Wenn wir Maria Miterlöserin nennen, dann gilt das uns allen. Wie sie sollen wir am Leiden Jesu ergänzen, was noch aussteht, wie uns der Heilige Apostel Paulus in Kol 1, 24 lehrt. Dieser Gedanke ist aber besonders in Fatima Wirklichkeit geworden. Schon die Kinder Lucia, Francisco, Jacinta haben große Opfer gebracht, um Seelen für das Ewige Leben zu retten. Sie haben darin den heroischen Grad der Tugend erreicht, und das, obwohl sie noch Kinder waren. Gott ist in seinen Heiligen immer erhaben. Erst von dort her können wir das Gebet der Gottesmutter verstehen, das sie die

Kinder lehrt: „O mein Jesus! Verzeih uns unsere Sünden, bewahre uns vor dem Feuer der Hölle, besonders jene, die Deiner Barmherzigkeit am meisten bedürfen." Die Gemeinschaft der Heiligen beginnt schon auf dieser Erde, und in der Liebe und dem Opfer Jesu Christi sorgt eines für das andere, damit wir das Gesetz Jesu Christi erfüllen.

Maria auf dem Throne Ihres himmlischen Königtums ist auch in besonderer Weise die Mutter der Barmherzigkeit. – Die Barmherzigkeit des Ewigen Gottes ist jene unfassbare Gnade, aus der wir alle leben. So singt Maria im Magnifikat: „Denn Großes hat an mir getan der Mächtige und sein Name ist heilig. Seine Barmherzigkeit währt von Geschlecht zu Geschlecht über allen, die IHN fürchten." (Lk 1, 49) Aus Barmherzigkeit stieg der Sohn Gottes vom Himmel herab, um uns zu retten. Seine Mutter folgt IHM darin vollkommen nach. Und auch wir sollen barmherzig sein, um Barmherzigkeit zu erlangen.

Ungezügelte Leidenschaften sind Wege in die Abgründe

Eines der Grundübel, das Völkerschaften und Nationen hypnotisiert und die Herzen von Mann, Frau und Kind tyrannisiert, ist die unstillbare Sehnsucht Haben-zu-Wollen, mehr Haben-zu-Wollen, ja, noch immer mehr Haben-zu-Wollen.

Glück und Macht, Ansehen und Reichtum, Genuss, Lust und Wohlbehagen sind oberste Leitbilder, nach denen sich besonders jene ausrichten, die Gott verloren haben. Dort machen Wirtschaft und Einzelhandel das große Geschäft, weil sich jedermann seine Glücksgüter durch Kauf erwerben will. Die Herzenswünsche der einzelnen sind wie Götzen, denen man sich zuwendet und die man anbetet. "Haben-Wollen" ist wie eine unersättliche Dämonie, der man zum Brandopfer oft sein ganzes Lebensschicksal darbringt.

Auch wenn die sehr begrenzte irdische Welt den Familien oder Nationen das vorgegaukelte Glück gar nicht zu geben vermag, träumen alle von ihrem Paradiesen. Dabei wissen sie, dass diese bei uns auf Erden gar nicht existieren, weil die Erde zu unvollkommen und zu arm ist. Dennoch, die brutale Jagd nach den Gütern dieser Welt beherrscht die Erde. Dabei werden die Zu-kurz-Gekommenen ohne Barmherzigkeit in den Armenteil unserer Gesellschaft zurückgestoßen.

Im Armenteil hungert man. Denn außer einem Stück Wellblech und Pappkartonwände plus der Lumpen, die man anhat, kann man nichts sein Eigen nennen. Andere leben in ihren Villen an überquellenden Tischen.

In den Industrienationen spricht man von Lebensqualität. Die Drittweltländern müssen sich mit dem zufriedengeben, was sie gerade besitzen. Menschen, die am Rand leben, sind oft hilflos und der Kälte, den Winden und den Regengüssen preisgegeben. Oft leben Arm und Reich unmittelbar nebeneinander. Doch die einen sind den andern gegenüber blind, und ihr Herz ist abgestumpft. Sie sehen deren bittere Not nicht. Umgekehrt tragen die Besitzlosen den Besitzenden gegenüber oft eine ohnmächtige Wut im Herzen. Macht haben sie keine.

Die Frage erhebt sich, ob es nicht möglich sei, in einem ausgeklügelten ideologischen System die Ungerechtigkeit aus der Welt zu schaffen? Ob man nicht durch eine breite vernünftige Verteilung der Güter den Ausgleich erreichen könne?

Das Wollen ist edel, das Unterfangen meist eitel, da die Schau der Prinzipien kurzsichtig ist. Denn der Menschen Schicksal entscheidet sich letztlich nicht im *Haben-Wollen* und auch nicht allein im gerechten Verteilen der äußeren sichtbaren Güter. Denn wer wäre in der Lage, in dieser diesseitigen, zu kurz gekommenen Welt solches realistisch durchzuführen?

Wahres Leben bei Reich und Arm erwächst allein aus Opfer und Hingabe, eben aus dem Verzicht zugunsten des andern, wo immer die Liebe solches fordert. – Liebe aber ist nur dort, wo Gott ist.

Der Klassenkampf taugt nichts! – Wenn die ohnmächtig Nichts-Habenden durch Revolutionen nur die etablierten Festungen der Habenden stürmen, um sie dann selbst genießen und besitzen zu können, – und wenn sie nach ihrem Sieg die Besiegten in die Wüste jagen, dann unterscheiden sie sich nicht. In ihren Herzen sind sie einander völlig gleichgesinnt. Die gleiche Aussage gilt der Macht und dem Genuss. Dass dann mit dem Klassenkampf, wie Marx und Lenin behaupten, noch ein absolutes und wie blind wirkendes Geschichtsgesetz wirksam sei, ist aus den Ereignissen der Weltgeschichte unter Völkern und Nationen nicht ablesbar. Ein solches Gesetz ist Ideologie.

Die Täuschung der kommunistischen Ideologie und anderer ist groß. Betrachtet man ihre Jahrespläne, haben sie sie nicht erfüllt, weil *das Unvorhergesehene* in den menschlichen Tätigkeiten überrascht, das Feld beherrscht, und der Plan nicht eingehalten wird. Allem menschlichen Planen sind Grenzen gesetzt. Gott allein bleibt der Herr! Das aber will man sich nicht eingestehen.

Eine bessere Welt aufzubauen über dem Mord von vielen Millionen Menschen, – und dann im Namen der Abschaffung von Sklaverei zugleich neue

Sklavenheere an politischen Gegnern in Konzentrationslagern zusammenzuballen, ist ein in sich ein perfekter Widerspruch. – Man hat es getan!

Auch ist es eine Wahnvorstellung, eine Welt vor Überbevölkerung mittels der Manipulation der menschlichen Natur durch Empfängnisverhütung retten zu wollen. – Darüber hinaus kreiert dieser Wahn beim Versagen der Verhütung und einer ungewollten Schwangerschaft den Mord an Hunderten von Millionen Kindern im Mutterschoß. Ein unsägliches Töten geht über die Welt. Hat es denn je ein barbarischeres Menschheitsverbrechen gegeben, welches das Menschengeschlecht seit seinem Beginn je gesehen hat, als dieser schon jahrzehntelange Mord an den Ungeborenen? Unsere Tränen reichen dafür nicht aus, was man an Unsäglichem getan hat!

Am wahren Leid aller Menschen wurde nichts verändert, und die Sünde bleibt, was sie eh und je war: der Erlösungsversuch des Menschen durch den Menschen in Hybris und Stolz. Solches Tun ist blanke Selbstvergötterung, die chaotisch enden muss. – Nicht die furienhafte Jagd nach Systemveränderung heilt die schmerzenden Wunden. Heilen kann nur die Veränderung des Herzens. Das ist letztlich nur möglich in Gott dem Vater und in Jesus Christus, den ER gesandt hat, und im Heiligen Geist, der alles erneuert.

Zu allen Jahrhunderten gab es Menschen, die Buße taten und auch Sühne leisteten für andere. – Für einen Menschen, der oberflächlich denkt, mag ein solcher Versuch peinlich sein. Doch bei denen, die Buße tun, geschieht jenes Welterregende, das alle offen oder heimlich suchen. Dort küssen sich Gerechtigkeit und Liebe. Aus einem Menschen, der haben wollte, wird ein Mensch, der sich nun entäußern und verschenken kann. Er schaut auf Gott und folgt ihm nach. Denn Gott ist der unermesslich Gebende.

Hergeben aber heißt nicht nur vom Überfluss abwerfen oder vom Überfluss fortgeben. – *Hergeben* heißt mehr! Es heißt von jenen Dingen verschenken, die den Schmerz des Verzichts im Herzen brennen lassen. Ob es ein Stück aus der Wohnung oder ein Betrag aus dem Bankkonto oder ein Teil von den Ferien oder der Zeit ist, die man entäußert, spielt keine Rolle. Wichtig ist, dass man in die Augen eines Hilfsbedürftigen schaut und ihm beisteht. Eine solche Haltung besitzt man nicht von sich aus, sie muss in uns wachsen und sich stets erneuern, um groß zu werden. Solche Tugenden müssen wir nicht ein einziges Mal tun, sondern hundertmal und tausendmal, auf dass wir am Tage unseres Todes mit guten Werken vor unserem Richter stehen.

Ein edles Herz können alle haben: Reich und Arm, – Arm und Reich.

Verzichten, büßen, vergeben, hingeben, loslassen, dies alles verändert das Angesicht der Erde. Doch dazu ist der Mensch allein zu schwach, dazu braucht es die lebendige Kraft des Heiligen Geistes, da wir seit den Tagen des Paradieses eine bittere Wunde in uns tragen, die jede Generation schmerzlich erfahren hat. – Wer wollte es bezweifeln, ohne GOTT geht es nicht!

Sühne und Buße Wege des Heils

Jesus ist uns Zeichen und Zeuge. Jenes geöffnete Herz, das am Nachmittag des Karfreitags auf dem Kalvarienhügel bei Jerusalem geschaut wird, offenbart, dass die Liebe unter Opfern ihren letzten Blutstropfen verschenkt. Echte Liebe behält nichts zurück, auch nicht das eigene Leben. Darum hat sie die Kraft, alle an sich zu ziehen. Das Kreuz Jesu ist das einzig wahre Zeichen der Sühne, eine Herausforderung an dich und mich. Denn es ist Zeit, dass unser Christentum wieder Fleisch und Blut durchschneidet und nicht in unseren Gesangbüchern hängen bleibt. Die große und gütige Frau, die liebende Mutter hat von jenem Ort aus, wo jetzt das Kapellchen steht, uns allen sagen lassen:

Tuet Buße!

Es ist der dringende Mahnruf an eine Generation, die in ihren Reichtümern zu ersticken droht.

Tuet Buße!

Buße ist der dringende Aufruf zum Umdenken, zur Hingabe, zum Verschenken. Jene Menschen, die auf dem großen Pilgerplatz von Fatima auf ihren Knien dahinrutschen und mit ausgebreiteten Armen beten, erschüttern uns. In ihnen stellt sich unsere menschliche Ohnmacht dar. Sie verbergen sich nicht. Sie verstecken ihre Untaten und Verbrechen nicht mehr. Sie sind auf dem Weg zu Jesus und erbitten dazu die Fürbitte der himmlischen Mutter. Sie suchen nach dem liebenden Angesichte Jesu, auf dass ER in ihren Herzen lebendig werde. Und während sie suchen, lösen sich die Starrheiten und die vielen schmerzenden Verkrampfungen, so dass das Leben in ihnen neu erblüht und sie nun zum Segen für sich und die anderen werden.

Systeme, die sich aus klassenkämpferischen Ideen von Gerechtigkeit bilden, um die gleichmäßige Verteilung von Gütern zu erreichen, wandeln kein einziges Menschenherz zum Guten. Sie sind starrsinnig. Denn was man durch den brutalen Zwang klassenkämpferisch durchsetzt, trägt in sich den Stempel der Gewalt. Meist endet dann die Revolution in unmenschlichen Brutalitäten und Irrwegen. Denn der Besitz allein verändert noch nicht das Innere. Es ist materialistisch wie zuvor. Ein solches Tun geht an der inneren Realität des Menschen vorbei.

Während man versucht, mit hasserfülltem Kampf gegen die Mächtigen (die geschlossene Faust ist dafür das Zeichen) die Staatsverhältnisse umzuwälzen, bleibt das Innere so habgierig wie das der Besitzenden, denen man ihre Güter enteignete. Man jagt sie zum Teufel, um selbst ihre Landsitze bewohnen zu können und sich in Schmaus und Gelagen gütlich zu tun. Der Kommunismus in Russland kann diese Aussagen bestätigen. Jene, die mit Flugzeugen und Panzern auf den Schlachtfeldern ein neues Paradies gewinnen wollten, finden nach einem glorreichen Umsturz die Erde so vor, wie sie immer war. Sie ist hernach genau so schmutzig und struppig wie früher und setzt im Alltag tausend Widerstände entgegen, an denen man verzweifeln könnte.

Der Mensch ohne Gott bleibt hungrig nach Gütern. Ein solcher kann niemanden heilen, aber er setzt Taten des Zornes, der Raserei und des Hasses. Es ist wahrhaftig leichter, mit Maschinengewehren und Handgranaten Regierungen zu stürzen und im Namen der Idee von Gerechtigkeit schreckliche Bluttaten und Taten der Gewalt zu vollbringen, als sich selbst zu bekehren. Der Kampf im Inneren des Menschen mit den Geistern der Tiefe ist tausendmal schwerer als der äußere Kampf mit Waffen. Denn allein die Rückkehr zu Gott im Kreuze Jesu Christi ist der Sieg. Dann wird die Ohnmacht zur Macht, der Verlust zur strahlenden Herrschaft. Nur die Hingabe überwindet die Habsucht.

Natürlich ist es die erste Aufgabe jeder Staatsform, unter ihren Bürgern Gerechtigkeit zu schaffen, die jedem das Lebensnotwendige gibt. Aber das reicht noch nicht aus. Denn das menschliche Herz dürstet nach Gott und seinem Wort. Sagt nicht Jesus: „Der Mensch lebt nicht vom Brot allein, sondern von jedem Wort, das aus dem Munde Gottes kommt." (Mt 4, 4)

Die da Buße tun, reden nicht von Gerechtigkeit und brauchen keine aufsehenerregenden Artikel in der Tagespresse, aber sie erfüllen vor Gott und den Menschen ihre Schuldigkeit. Die da Buße tun, erfüllen nicht nur die Gerechtigkeit, sondern sie besitzen darüber hinaus jenes göttliche Lächeln und jene wohlwollenden Augen, die ihre Liebe und Herzensgüte offenbaren. Die Menschen strömen ihnen scharenweise zu, weil sie allzu lange in der Kälte des Nur-Vernünftigen die Wärme der göttlichen Liebe entbehren mussten.

Die Buße tun, kehren zu ihrem Gott zurück. Jesus heilt ihre Wunden durch seine Worte und seine Sakramente. Der Heilige Geist stärkt und tröstet sie durch sein erwärmendes Feuer. Die da Buße tun, wandeln und erneuern die Welt nicht durch blendende Worte, sondern durch ihre guten Taten. Sie sind eine Stadt auf dem Berg, die man weithin sieht. Sie sind das Salz des Himmelreichs, das zwar als Salz brennt, aber uns nicht der Fäulnis preisgibt. Solche

Menschen brauchen wir heute in dieser gegenwärtigen so trostlosen Welt. Wir brauchen lebendige Zeugen, die uns erschüttern und herausfordern, zugleich uns aber Hoffnung und Ermunterung vermitteln, um in ihre Nachfolge einzutreten.

Jesu sagt: „Tuet Buße, denn das Reich Gottes ist nahe!" (Mt 4, 17)

■ Ich wende mich an meinen Begleiter und spreche:

„Die Welt ist ein grandioser Vorübergang, in dem nichts bestehen bleibt, sondern zu seiner Zeit alles verrottet. Jede Mauer zerfällt. Jede Stadt wird eingeäschert. Jeder Planet und jede Sonne erlischt. Auch mein Totenschädel könnte irgendwann einmal ein Totenhaus oder einen Schreibtisch schmücken oder im Grab vermodern. Was muss und kann ich darum tun, um dem ewigen Tod zu entrinnen?"

„Suche, was bleibt! – Suche das Unzerstörbare!"

„Auf welchem Planeten unserer Systeme kann ich das Unzerstörbare finden?", frage ich etwas naiv.

„Es ist nicht dort, wo die Uhren ticken, die den ständigen Wandel der sichtbaren Welt markieren. – Das Unzerstörbare ist dort, wo das Ewige wohnt und leuchtet. Es ist dort, wo der Ewige und Unwandelbare GOTT sein Zelt im Himmel errichtet hat und ER als die helle Sonne der Ewigkeit alles erhellt. Das Ewige Reich Gottes ist im Himmel. Nach dorthin musst du kommen."

„Gibt es den Himmel?"

Die Frage lässt ihn lächeln. Dann gibt er zur Antwort: „Jene Frau, zu der du nach Fatima gepilgert bist, hat den Hirtenkindern gesagt: *„Ich komme vom Himmel."* – Also gibt es ihn, sonst würdest du nicht pilgern", meint er ein wenig schelmisch und schaut mich froh an.

„Und das Eingangstor zum Himmelreich? Wo ist das? Welches ist das?"

Er antwortet betont, langsam und deutlich: „Die Taufe und auch die Heilige Beichte."

„Die Taufe", frage ich erstaunt. „Warum die Taufe, die, wie ich gelernt habe, im Wasser und im Heiligen Geist gespendet wird."

„Ja", betont er nochmals und fügt hinzu: „Die Taufe ist von höchster Bedeutung; denn sie ist die Geburt des Gotteskindes. Wie oft vergesst Ihr doch in dieser eurer hektischen Zeit das Wesentliche: Eure Wiedergeburt?

Die Gotteskindschaft ist in euch als Christen nicht mehr überzeugend gegenwärtig. Denn Jesus hat beim Gespräch mit Pharisäer Nikodemus klar gesagt, dass ihr aus dem Wasser und dem Heiligen Geist wiedergeboren werden müsst."

Töricht frage ich ihn: „Es handelt sich also um eine Wiedergeburt? Was bedeutet das?"

„Jawohl", sagt er, „es handelt sich um eine Wiedergeburt."

Ich füge hinzu: „Durch die Geburt aus unseren Müttern sind wir als Menschenkinder in diese Welt hineingekommen. Durch die Wiedergeburt in der Taufe treten wir als Gotteskinder in die Familie des Ewigen Einen Gottes ein: des Vaters, des Sohnes und des Heiligen Geistes." – Fragend richte ich mich auf ihn:

„Ist das eine neue Kindschaft, ein neues Leben, das weit höher liegt selbst als das Leben unserer menschlichen Natur?"

„Ja!"

„Und worin liegt es höher?"

„Es ist die Einwohnung Gottes, – das Wohnen der Allerheiligsten Dreifaltigkeit in euren Seelen. Sie durchdringt auf eine neue wunderbare Weise seinmäßig eure ganze menschliche Existenz."

„Ist diese Einwohnung höher als jede Gnade, die man empfangen kann?"

„Ja, sie ist höher."

„Und worin?"

Er wendet sich mir ganz zu und spricht mit liebenden Worten:

„Hineingeboren zu werden in die ewige Natur Gottes ist ein unvergleichbares Gut, das niemand beschreiben kann. Es ist Teilhabe an Seinem innergöttlichen Leben. ER schenkt euch damit das Anrecht der Erbschaft, IHN von Angesicht zu Angesicht schauen zu können. Es ist ewiges und seliges Leben am Herzen des Vaters."

„Kannst du es noch deutlicher erklären?"

„Ja! – Ich zitiere dir die Geheime Offenbarung. Dort heißt es: »Sie brauchen weder das Licht einer Lampe noch das Licht der Sonne, sondern der Herr Ihr Gott wird über ihnen leuchten in alle Ewigkeit.« (Offb 6, 21-23) – Das Licht einer Lampe und das Licht der Sonne benützt ihr Menschenkinder auf eurer Welt, im Diesseits, auf diesem Gestirn Erde, auf der ihr lebt. – In der Ewigkeit des Reiches Gottes aber ist es Gott, der Herr, selbst, der das

Licht gibt. Dort ist das irdische Licht vergangen und kein Vergleich mehr. Dort leben wir bei IHM, um an seinem Tisch essen und trinken zu dürfen."

Ich bleibe stehen und schaue in meinem Geist. An mir vorüber ziehen Bilder von vielen Landschaften, die im vibrierenden Dunst vor mir liegen. Dort schaue ich Menschen bei der Arbeit; sehe ihre Häuser, aus deren Kamin der Rauch emporsteigt; sehe Land, Wiesen und Äcker, sehe Nationen und Kontinente. Dann denke ich nach (und ich weiß es auch in meinem Herzen), dass Äcker und Land und Kontinente uns Menschen nicht alles sein können. Es gibt mehr!

Es gibt Gott, und ER lebt in mir; denn ich bin getauft. Ja, ich bin wiedergeboren aus dem Wasser und dem Heiligen Geist, und ER, Gott, ist zu mir gekommen, um bei mir Wohnung zu nehmen.

Mein Begleiter ruft mich zurück und fragt: „Erkennst du dies?"

„Ja!"

„Bist du dir auch klar, wie traurig es ist, dass heute innerhalb der Gemeinden beim Unterricht und bei der Predigt nur noch spärlich von der Taufe, also der Wiedergeburt, gesprochen wird?"

„So ist es."

„Bei vielen Getauften kommt noch dazu, dass sie die heiligmachende Gnade verloren haben, so dass Gott nicht mehr in ihnen wohnt. Sie werden mehr und mehr unfähig, Gottes Leben zu erfahren. Sie haben sich wie Betrunkene in die Lust des Augenblicks hineingestürzt und wollen sich aus diesem Käfig nicht befreien. Sie sind lau geworden und trinken die Sünde wie Wasser."

„Wer kann ihnen helfen?", rufe ich.

„Niemand."

„Gibt es eine Umkehr?"

„Ja! – Sie brauchen den Schock einer seelischen Läuterung und dann müssen sie den Heimweg zu Gott antreten, auf dem sie beginnen, sich vom sittlichen Schmutz und dem Unrat ihrer bösen Taten zu befreien. Oder sie müssen sich befreien aus den verwirrenden Höhen eines verheerenden Stolzes. Nur wer umkehrt durch eine tiefe Reue und eine gute Beichte kann Gottes Angesicht wieder schauen. – Wer nicht umkehrt, geht des Ewigen Lebens verlustig."

„Ist darum das Sakrament der heiligen Beichte von höchster Wichtigkeit?"

„Jesus Christus hat sie euch am Tage seiner Auferstehung gegeben. – Am Tag vor seinem Leiden gab er euch das Brot des Lebens, die Heilige Eucharistie. Am Tag der Auferstehung, am ersten Tag der Woche, gab er euch das Sakrament der Sündenvergebung, die Heilige Beichte." (Vergl. Jo 20, 23)

„Also nimmt Gott den reumütigen Sünder, der sich bekehrt, wieder auf?"

„Ja! Er verzeiht ihm nicht nur. Er nimmt ihn an sein göttliches Herz, steckt ihm den Ring der Kindschaft wieder an seinen Finger. ER wohnt erneut in seiner Seele, um ihn bei seinem Tod am Jüngsten Tag in seine Ewige Herrlichkeit aufzunehmen."

Noch einmal wende ich mich an meinen Begleiter und wiederhole, was ich eingangs schon gesagt habe:

„Die Welt ist ein grandioser Vorübergang, in dem nichts bestehen bleibt, sondern zu seiner Zeit alles verrottet. Jede Mauer zerfällt. Jede Stadt wird eingeäschert. Jeder Planet und jede Sonne erlischt. Was muss und kann ich darum tun, um dem immerwährenden Tod zu entrinnen?"

Als ich diese Worte erneut ausgesprochen habe, nickt er mir wieder freundlich zu und wiederholt:

„Suche, was bleibt! – Suche das Unzerstörbare!", spricht er mir zu.

Ich schaue mit Sehnsucht und Erwartung in seine tiefen Augen, in denen Ewigkeiten leuchten, und frage noch einmal wie zum Schein.

„Auf welchem Planeten unserer Sonnensysteme kann ich das Unzerstörbare finden?"

Als er meine Frage gehört hat, ist es mir, als ob er meine Hände berühre. Sein Blick geht tief hinein in mein Herz. Er ist voll Seligkeit. Lebendige Freude geht von ihm aus, Hoffnung strömt mir zu und richtet mein menschliches Sein auf. Er wiederholt:

„Das Unzerstörbare ist nicht dort, wo die Uhren ticken, die den ständigen Wandel der sichtbaren Welt markieren. – Das Unzerstörbare ist dort, wo das Ewige Sein Gottes wohnt und leuchtet. Es ist dort, wo der Ewige und Unwandelbare GOTT im Himmelszelt sein strahlendes Zelt errichtet hat. Das Ewige Reich Gottes ist im Himmel. Nach dorthin musst du kommen. Gott selbst ist das Unzerstörbare. Dort wohnt er mit seinen Engeln und Heiligen zusammen."

„Werden wir uns dort wiedersehen?", frage ich.

„Für immer, wenn du treu bleibst." sagt er. „Also dann bis bald."

„Wirst du für mich beten?"

„Natürlich! Ich bin ja bei dir. Mein Herr hat dich mir anempfohlen. Du gehörst zu mir. Wir gehören zusammen."

Ich erschrecke, nicke, hebe meine Hände leicht empor und stammle: „Gemessen an der Ewigkeit. – Also dann bis bald!"

Er wiederholt: „Also dann bis bald." – Er lächelt, und ich weiß, dass er sich damit von mir verabschiedet, – und doch immer bei mir sein wird.

Gegrüßet seist Du Maria, voll der Gnade, der Herr ist mit Dir. Du bist gebenedeit unter den Frauen und gebenedeit ist die Frucht Deines Leibes Jesus. – Heilige Maria, Mutter Gottes, bitte für uns Sünder, jetzt und in der Stunde unsres Todes. Amen!

Anhang,
geschrieben im Jahre
2007

Im Jahre 2007 ist die religiöse Not groß

Maria ist das Zeichen unbesiegbarer Hoffnung

Die Weltweihe brachte 1942 die Wende des Krieges

Die Botschaften Mariens:

„Ich komme vom Himmel"

Sie zeigt den Kindern die Hölle

Sie fordert von allen Gebet und Buße

Sie bittet um Weihe an ihr Unbeflecktes Herz

Der 13. Juli und die Offenbarung der Geheimnisse

Das Ewige Schicksal des einzelnen

Das Schicksal der Völker

Das Schicksal der Kirche

Satan, Welt und Kirchenkampf

Dieser Artikel ist im Jahre 2007 geschrieben und hängt sich an die vorausgehenden Erzählungen und Meditationen an.

Seit der Jahrtausendwende wird die westliche Welt, besonders mein Heimatland Deutschland, immer noch mehr von einer unbegrenzten Vielzahl an Vergnügungen und Lüsten überschwemmt. In ihnen regiert der „Fürst dieser Welt." (Jo 14, 30) So sind Deutschland und Europa nach außen hin eine atheistische Welt geworden, in der sich die Herzen vieler Gott gegenüber verschließen. Ihr Aushängeschild heißt: Wohlstands-, Lust- und Sexgesellschaft. Der Glaube und der sittlich moralische Widerstand ist bei vielen Zeitgenossen weithin zusammengebrochen. Die Wächter auf den Türmen schlafen oder haben es aufgegeben und schlagen keinen Alarm.

Die Gläubigen der Pfarreien und Diözesen, die den Prozess eines sittlichen Zerfalls erleben, suchen Wendepunkte und bitten, dass der Herr diesem gottlosen Treiben Einhalt gebieten möge. Denn nicht wenige unter uns sind mutlos. Sie meinen, dass die Kirche untergehe oder vom Islam überschwemmt werde. Ihre Herzen und Seelen sind niedergedrückt von der erdrückenden Glaubenslosigkeit.

Zwar hört man auch euphorische Klänge. Dabei wird behauptet, dass man nur Phantasie brauche, um die Gottesdienstbesucher wieder anzulocken. Man müsse die richtige Sprache sprechen und Gottesdienste mit hohem Ideenreichtum gestalten, dann kämen die Menschen wieder in Scharen. Doch mehr als Werbetrommeln sind solche Klänge nicht. Sie verhallen im Getöse.

Denn wer die Gottesdienste in verschiedenen Regionen besucht und die Gläubigen, die dort anwesend sind, zählt, muss bestätigen, dass die Zahl der Kirchenbesucher nach und nach zusammenbricht. Denn der Glaube (Ausnahmen bestätigen die Regel) verdunstet mit dem Aussterben der älteren Generation lautlos. Übrig bleibt dann die kleine Schar, von der in der Bibel gesprochen wird. (Vergl. Lk 12, 32)

Das pastorale Vorgehen in der modernen Seelsorgsarbeit lautet: *Wir feiern ein Fest!* Ein Fest bei den Sonntagsgottesdiensten, ein Fest bei der Ersten Heiligen Kommunion oder Taufe, ein Fest bei den Fastnachtsmessen, ... ein Fest bei fast allen religiösen Begegnungen. – Jesus aber spricht nicht vom Fest, sondern von der Bekehrung. Das sind zwei Paar Stiefel.

Es klingt innerhalb einer weltweiten Krise der Katholischen Kirche wie eine Fata Morgana, wenn die Muttergottes im Jahre 1917 den drei Seherkindern sagt: „Am Ende wird mein Unbeflecktes Herz triumphieren." Denn vom Triumph sieht man im Augenblick keine Spur. Aber nicht wenige resignieren, was bei einigen schon bis an den Rand der Verzweiflung geht. – Stimmt eine solche Einschätzung?

Die Jungfrau:
Das Zeichen unbesiegbarer Hoffnung

Seit der Aufklärung und der französischen Revolution wurde die Kirche in Europa immer wieder blutigst verfolgt. Jahrhundert um Jahrhundert rasten Stürme von Sein oder Nicht-Sein über sie hinweg. – Wie oft wurde sie verfolgt, unterdrückt, bespien und besudelt. Die Kirche wurde als Närrin gehandelt und herumgereicht. Zugleich verweigerte man Jesus Christus, dem Herrn, und seinem Evangelium immer mehr den Zutritt nach Europa. Welches bunte Album an Ideologien, die den Menschen die Köpfe total verdrehten, stellte sich dar! Welche Ströme von Blut hat die Erde deshalb getrunken!

Doch diese Auseinandersetzung zwischen dem „Fürsten dieser Welt" (Jo 12, 31) und dem Reich Gottes geht bereits unvermindert durch die gesamte Menschheitsgeschichte hindurch. In jeder Epoche erheben sich neue Dämonen. Auch in der heutigen Zeit steigt die Dämonie, die gegen Gottes Reich kämpft, von der Unterwelt herauf. – Ihr gegenüber erscheint am Himmel das große Zeichen: „die Frau, bekleidet mit der Sonne, auf ihrem Haupt zwölf Sterne und zu ihren Füßen den Mond." (Offb 12, 1) Sie wird mit jungfräulichem Fuß gegen den Bösen antreten, ihn völlig besiegen und der Schlange den Kopf zermalmen.

Dieser Kampf wird im 12. Kapitel der Geheimen Offenbarung dargestellt, wo der feuerrote Drache vor der Frau steht und versucht, bei der Geburt ihr Kind zu verschlingen. Es gelingt ihm nicht, sondern der Herrscher wird geboren. Hernach beginnt ein großer Kampf im Himmel. Auch hier wird Satan durch den Erzengel Michael hinausgeworfen. Die Auseinandersetzung wird im 13. Kapitel weitergeführt. Dort verführen dann zwei weitere mächtige dämonische Tiere die ganze Welt: das Tier aus dem Meer und das Tier mit den beiden Hörnern. Der Kampf gegen das Reich Gottes tobt in voller Breite.

Wie schon gesagt, nicht wenige resignieren und meinen, der moderne Kampf sei aussichtslos. Er entnervt viele gute Priester, so dass sich sogar manche ins Lager der Gegner flüchten und dem Zeitgeist huldigen. Sie meinen, sie könnten der Kirche wenigstens eine Überlebenschance sichern und so laufen sie dem Modernismen nach. Auch gibt es noch jene Gruppe an Geistlichen, die aus der alten Schule stammen und bereits sehr betagt sind. Nachdem sie ins Pensionsalter eingetreten sind, haben die leitenden Funktionen in den Pfarreien und Diözesen bereits andere Mitbrüder inne, die oft vom modernen Geist geleitet werden. Diese wollen die Kirche ummodeln in eine zeitangepasste Kirche, die alten Ballast abwirft, um wieder funktionstüchtig zu sein. Viele Priester und Gläubige finden sich nicht mehr zurecht. Die Klagen sind groß.

In diesen Jahren mühevollen Kampfes ist uns aufgetragen, auf Maria, die Mutter Gottes und unsere Mutter, zu schauen. Sie leuchtet als das große Zeichen Gottes am Himmel. Vergessen wir darum die Worte nicht, die sie bereits im Jahre 1917 zu unserem Trost gesagt hat, dass am Ende ihr Unbeflecktes Herzen triumphieren wird.

Die Erscheinungen in Fatima sind im Jahre 1917, als die liberale Freimaurerei Portugals mit allen Gemeinheiten und Tricks gegen die Kirche kämpft. Darum tobt sie auch gegen die Erscheinungen. Fatima ist heute ein großer Wallfahrtsort. Die damalige Freimaurerei Portugals aber ist von der Bildfläche der Weltgeschichte verschwunden. Maria hat gesiegt.

Die Weltweihe bringt die Wende

Man muss sagen, wer im Jahre 2007 die Situation von Staat und Kirche nüchternst betrachtet, weiß, dass die geistigen Auseinandersetzungen einen Höhepunkt wie selten in der Menschheitsgeschichte erreicht haben. Gott wird schwerstens beleidigt, sein Name in der Öffentlichkeit besudelt, seine Gebote bewusst mit Füßen getreten. Der Mord im Namen der Abtreibung oder Euthanasie hat bereits weltweite Dimensionen erreicht. Die Unzucht, zum Teil staatlich protegiert, gehört zu den Programmpunkten der Weltbevölkerungskontrolle durch "PC" (Völkerrat) und "IPPF" (Internationale Vereinigung der geplanten Elternschaft) und wird von der UNO mitgetragen.

Papst Johannes Paul II. hat während seines Pontifikates die Europäer vielmals aufgefordert, zu den Wurzeln Europas zurückzukehren. Doch die europäischen Regierungen verachteten die päpstliche Forderung und zeigten dem Papst die kalte Schulter. – Nun liegen willkürliche Gesetzgebungen und tiefe sittliche Verwahrlosung wie eine dichte Wolke über dem ganzen Kontinent. Die Stammbevölkerung des Kontinents stirbt an Kinderarmut; denn sie hat ihre Nachkommenschaft verhütet und gemordet. Rettende Wege zeigen sich am Horizont der Zeit nicht. Wer kann da noch helfen? Denn der Karren scheint erbarmungslos im Schmutz festgefahren zu sein. – Schon gilt das Wort: Das Volk hat zu wenig Geburten! No Future, – keine Zukunft mehr!

Das erinnert an das Jahr 1942. Damals gab es eine ähnliche Situation, in der die Hoffnung erloschen war. Als der II. Weltkrieg auf seinem Höhepunkt

420

dahinraste, schien es, als ob es kein Mittel mehr gäbe, den Siegen der Nazis Einhalt zu gebieten. Man meinte, dass den stürmenden deutschen Truppen keiner widerstehen könne. Die Aussicht auf eine Änderung der Kriegslage hatte einen deprimierenden Tiefpunkt erreicht. Man wollte nicht mehr daran glauben. Die Hoffnung war erloschen.

1942   Wende des II. Weltkrieges

Beschreiben wir die Lage dieser Ereignisse noch etwas deutlicher: In einer Zeit, da Hitlers verderbenbringende Ideologie immer frecher und tödlicher wurde, hat Papst Pius XII. in seiner großen Not den Wünschen der Muttergottes von Fatima entsprechend die ganze Welt dem Unbefleckten Herzen Mariens geweiht.

Diese Weltweihe fiel zusammen mit der Schlacht von El-Alamein am Rand der Sahara, als die deutsch-italienischen Truppen Rommels auf den Suez-Kanal zustießen mit der Absicht, das Mittelmeer von den gefährlichen feindlichen Schiffen zu säubern.

Aber dann kam der Umschwung des Krieges. Am 31. Oktober 1942 weihte Papst Pius XII. die Welt dem Unbefleckten Herzen Mariens. – Hier ein Auszug aus dem Weihegebet:

„Als gemeinsamer Vater der Christenheit, als Stellvertreter dessen, dem alle Gewalt gegeben ist im Himmel und auf Erden, (Ma 28, 18) der uns die Sorge für alle Seelen in der ganzen Welt, die durch sein Blut erlöst sind, anvertraut hat, wenden wir uns in dieser tragischen Stunde der Menschheitsgeschichte an Dich, an Dein Unbeflecktes Herz. *Dir, Deinem Unbefleckten Herzen vertrauen wir an, übergeben und weihen Wir nicht nur die Heilige Kirche, den mystischen Leib Deines Jesus, der in so vielen Seiner Glieder leidet und blutet und so viel gemartert wurde,* **sondern die ganze Welt**, *die von wilder Zwietracht zerfleischt, im Brande des Hasses lodert, ein Opfer ihrer eigenen Bosheit.* Du wirst bewegt von so vielem materiellem und sittlichem Elend, von so viel Schmerz und Angst von Vätern und Müttern, Gatten, Geschwistern und unschuldigen Kindern, von so vielen Leben, die in der Blüte des Lebens gebrochen sind, so vieler Leiber, die in diesem entsetzlichem Blutbad zerrissen werden, so vieler gequälter und Todesangst leidender Seelen, so vieler, die in Gefahr sind, auf ewig verloren zu gehen.“

Der Papst schließt das Weihegebet mit den Worten: „Einst wurde die Kirche und das ganze Menschengeschlecht dem Herzen Jesu geweiht, damit es, in dem allein alle Hoffnung ruht, für sie Zeichen und Unterpfand des

Sieges und der Rettung sei. – *So seien sie von heute an in gleicher Weise auch Dir, Deinem Unbefleckten Herzen geweiht, Du, unsere Mutter und Königin der Welt:* auf dass Deine Liebe und Dein Schutz den Triumph des Gottesreiches beschleunige, und alle Völker, im Frieden miteinander und mit Gott, Dich seligpreisen und von einem Ende der Erde zum anderen dem Herzen Jesu, in dem allein sie die Wahrheit, das Leben und den Frieden finden können mit Dir das ewige Magnifikat der Ehre, Liebe und Dankbarkeit anstimmen."

Am Tag, da dieses Weihegebet von Pius XII. gesprochen wurde, dachte wohl keiner der kriegsführenden Staaten noch die sich gegenüberstehenden Generäle daran, dass von der Stunde dieser Weihe an das Kriegsglück umkippen würde. Die Deutschen waren bis zu dieser Stunde die immerwährenden Sieger gewesen und die Alliierten die immerwährenden Verlierer. Nun war es umgekehrt. Während die Deutschen Schlacht um Schlacht verloren, gewannen die Alliierten Sieg um Sieg, bis dann Deutschland im Jahre 1945 kapitulieren musste.

In der Schlacht um El-Alamein standen sich die Generäle Rommel und Montgomery gegenüber. Rommel, der Wüstenfuchs; Montgomery, der Sieger.

Montgomery, der General der Engländer und Australier, sagte bereits vor der Schlacht, dass die Kriegssituation sich verändert habe. Er meinte: Die Deutschen hätten sie bis zur Stunde mit Stahl und Feuer übergossen. Heute würden sie die Deutschen mit Stahl und Feuer übergießen.

Der deutsche Feldmarschall Rommel erkannte die Überlegenheit der Engländer und Australier und legte einen starken Minengürtel zwischen die beiden feindlichen Fronten. Doch die Engländer durchschossen mit ihrer Artillerie den Minengürtel und fuhren dann mit starken Panzereinheiten in die Linien der Deutschen und Italiener hinein. Diese konnten dem massiven Angriff des Gegners nicht standhalten. Generalfeldmarschall Rommel selbst konnte sich dem Zangengriff der Engländer gerade noch entziehen und sich vom Gegner absetzen. Die Engländer machten mehr als dreißigtausend Gefangene. Nach der Niederlage von El-Alamein war Rommel psychisch tief niedergeschlagen. Wahrscheinlich wusste er, dass damit die Schlacht der Deutschen auf dem afrikanischen Kontinent endgültig verloren war. Aber er wusste nicht, weder er noch Churchill, dass hinter diesem Ereignis eine höhere Macht stand, die die Wende des Krieges herbeigeführt hatte.

Die Engländer und Kanadier hatten gesiegt. Das war die erste große Niederlage der Deutschen im 2. Weltkrieg. Von dort weg kam Schlag auf

Schlag über die deutschen Armeen bis zu ihrer Kapitulation. – Churchill schrieb später ins Tagebuch, dass sie bis El-Alamein jede Schlacht gegen die Deutschen verloren hätten, von El-Alamein an hätten sie jede Schlacht gegen die Deutschen gewonnen.

Dass die Welt dem "Unbefleckten Herzen" Mariens geweiht werden sollte, war eine Bitte der Muttergottes von Fatima an die Kirche. Lucia, eines der drei Seherkinder von Fatima, teilte sie dem Heiligen Vater mit. Als dieser den Wunsch Mariens erfüllte, kam es zum Wendepunkt im Kriegsgeschehen. Wer wollte das übersehen können? Mit der Weihe begann eine weltgeschichtliche Notlage ihr Gesicht zu verändern und die aussichtslose Lage zeigte den Ausweg und die Völker hatten wieder Hoffnung.

Die Weltweihe wird auch heute die Wende bringen

Gott setzt in jede Zeit seine Zeichen, doch er erspart es uns nicht, sie erkennen zu sollen, um daraus Konsequenzen zu ziehen. Als die Israeliten bei ihrem Auszug aus Ägypten das Rote Meer trockenen Fußes durchschritten und ihre Feinde in den tosenden Wassern hernach ertranken, da sollte diese Großtat Gottes für immer im Herzen der Israeliten geschrieben bleiben. Dem war bei vielen nicht so. Denn bei ihrem Wüstenzug mit Mose offenbarte es sich, dass viele Israeliten es in ihrem Innern nicht ergriffen hatten. Sie glaubten Gott nicht. Darum wurden sie in der Wüste abtrünnig. Als Strafe für ihren Unglauben, verwehrte es ihnen der Herr, ins gelobte Land eingehen zu dürfen. Sie starben in der Wüste.

Die Geschichte des Zweiten Weltkrieges vor El-Alamein und nach El-Alamein kann von jedermann einer Nachforschung unterzogen werden. Auch das Datum der Weihe an das Unbefleckte Herz Mariens ist von jedermann nachprüfbar. Ob es tut oder ob er es tun will, liegt jedoch beim einzelnen. Denn die Wege Gottes sind immer für jedermann durchschaubar.

Jedermann kann also die deutlichen Zusammenhänge zwischen der Wende im II. Weltkrieg und der Weihe an das Unbefleckte Herz Mariens im Spiegel seiner eigenen Seele betrachten und entsprechende Schlussfolgerungen ziehen. Die Geschehnisse von Fatima und was hernach sich ereignet hat, sind gut dokumentiert. Sie sind daher für die Gläubigen keine Hirngespinste, sondern einer wahren Betrachtung wert.

Es gibt aber eine Reihe von Menschen, Gläubige und Ungläubige, für die ist Fatima Kinderei. Sie haben zwar nie darüber nachgedacht, dennoch bereits vor jedem kritischen Nachdenken lehnen sie von vornherein das Faktum als ein mysteriös mystisches Geschehen ab. Ein solch ablehnendes unbegründetes Verhalten ist die Tragödie der Nicht-Glaubenden. Gilt doch für jedes Geschehen in dieser Welt: Bevor man etwas beurteilt, muss man sich mit den Fakten auseinandersetzen und sie studieren. Erst dann ist man berechtigt, ein Ergebnis vorzutragen. Wer dies nicht tut, macht sich unglaubwürdig, auch wenn er noch so gescheit daherredet. Er läuft einem liberalen Wunschdenken nach, selbst wenn er ein Gelehrter wäre.

Doch der Widerstand gegen das Heilige geht tiefer; denn viele verleugnen sogar das Wort Gottes und die Wunder Jesu. Sie sind in keiner Weise bereit, zu testen, ob wenigstens die geschichtlichen Tatsachen stimmen. – So manch scharf denkender Mensch belügt sich selbst, weil er die Wahrheit aus seinem Leben hartnäckig ausblendet, um seine liberalen Vorurteile anzubeten. Andererseits frönen viele Leugner der Unzucht, die sie blind machen. Darum, so scheint es, erkennen sie das Ziel ihres Lebens nicht mehr. – „Filia luxuriae caecitas", das heißt, „die Tochter der Unzucht" ist die Blindheit, sagt Thomas von Aquin. – Der Unglaube ist meist nicht Sache eines Verstandes, der in die Irre gegangen ist, sondern Sache eines sündigen und verbohrten Herzens. Doch dagegen scheint es kaum ein Heilmittel zu geben.

„Nur der Tor spricht in seinem Herzen, es gibt keinen Gott."

Bei den Erscheinungen von Fatima gibt es eine herausragende Prophetie. Denn die heilige Jungfrau verspricht den Kindern zum Zeichen der Echtheit der Ereignisse ein großes Wunder auf den 13. Oktober 1917. Als die Kinder dieses Versprechen Mariens den Menschen weitersagten, waren sie sich des Risikos nicht bewusst, was ein solches Versprechen in sich trug. Denn tatsächlich kamen um dieses Versprechens willen am 13. Oktober viele Tausende zur Cova da Iria, weil sie das Wunder sehen wollten. Die Mutter Lucias ist nüchtern: „Kind, wenn heute kein Wunder geschieht, werden euch die Leute zerreißen." Lucia blieb nüchtern und zeigte keinerlei Nervosität. Sie ging nicht beichten.

Eine solche Prophetie auf Tag und Stunde genau ist mir aus dem Schrifttum der Aszetik und Mystik nicht bekannt. Schon die Voraussagung kommender Ereignisse ist einzigartig und spricht für die Echtheit von Fatima. Denn die drei kleinen Kinder waren aus sich unfähig, solches hervorzubringen. Dazu kommt die einmalige Größe des Sonnenwunders, das von allen Menschen, die am 13. Oktober 1917 in der Cova da Iria waren, gesehen worden ist. Darum ist es auch von niemand bestritten worden, auch nicht von den Ungläubigen. Erklären kann es keiner. – Wo so gewaltige Zeichen geschehen, muss es von höchster Bedeutung sein, dass die Botschaft weltweit gehört wird und man ihr auch glaubt.

Die Botschaften Mariens

Man kann über die Botschaft von Fatima von verschiedenen Gesichtspunkten aus sprechen. Wir teilen sie hier in 5 Punkte ein, die wir nun nacheinander besprechen möchten.

1. „Ich komme vom Himmel!"

„Ich komme vom Himmel!" war bei der ersten Erscheinung am 13. Mai 1917 das wichtigste Wort der Jungfrau Maria an die Kinder. Es war sehr bedeutsam.

Was aber geschah dort, am Ort der Erscheinung? Die Kinder sahen eine Frau, die ihnen gegenüberstand und die mit ihnen sprach, so wie ihre Eltern mit ihnen zu Hause sprechen. Diese Frau aber gehörte nicht zu ihrer unmittelbaren Familie, wo man sich kannte. Sie war auch nicht aus Fatima, ihrem Dorf, noch aus der näheren Umgebung, sondern sie war für die Kinder eine unbekannte Fremde, die sie noch nie gesehen hatten. Aber sie sahen sie mit ihren Augen, und diese Frau sprach mit ihnen in lebendigem Gespräch. Sie gab sogar an, woher sie komme. Sie sagte, sie komme vom Himmel. Damit gab sie eine Ortsbestimmung an, die weder Fatima noch Portugal noch Europa noch dieser Welt zugehörte. Sie kommt also von einer anderen Welt. Ihre Gestalt leuchtete in hellem Glanz.

Der Himmel ist für uns Irdischen *das Jenseits, eine Welt also, die wir nicht betreten können*, und mit deren Personen wir von Angesicht zu Angesicht keine Gespräche führen. Unsere allgemeine Vorstellungswelt vom Himmelreich ist sehr dürftig. Wir malen uns die Erhabenheit der himmlischen Wohnungen aus, das nie endende Glück, das Ewige Gastmahl und das Ewige Leben. Aber da wir mit unseren irdischen Augen nichts davon sehen noch jemals gesehen haben, hinken wir hinter unseren Vorstellungen her. Wir sehen Irdisches, hören Irdisches, erfahren Irdisches, – das Himmelreich aber haben wir nicht betreten.

Doch Jesus weist uns immer wieder auf die Kluft hin, die zwischen Diesseits und Jenseits besteht. ER lässt uns beten: „Vater unser im Himmel." Und ER versichert uns in der Bergpredigt: „Dein Vater, der ins Verborgene sieht, wird es dir vergelten."

Auch die Mutter Gottes betont mit ihrer Aussage die Realität des Himmels, und die Kinder sehen bei der Erscheinung in ihrer Gestalt ein Stück dieses

Himmels und sind davon entzückt. Die große Frau, die in Fatima erschien, sagt uns damit sehr deutlich, dass es den Himmel gibt. Er ist kein eingebildetes Märchenland zur Tröstung, wenn der einzelne auf seinem Lebensweg Schiffbruch erlitten hat und stecken geblieben ist und nicht mehr weiter weiß. Der Himmel ist das Ziel und das Ende unseres Pilgerweges hier auf Erden. Er ist unsere Ewige Bestimmung.

Die große Frau will auch sagen, dass der Himmel das eigentliche Ziel des Menschen ist. Gewinnt er ihn, hat er alles gewonnen. Verliert er ihn, hat er alles verloren. Der Himmel ist entscheidend; denn Jesus Christus ist gekommen, um uns aus Sünde und Tod zu erretten, damit wir in den Himmel kommen.

Maria verkündet den Himmel, während zum Beispiel Marx und Lenin die Erde verkünden: „Meine Brüder, vergesst mir die Erde nicht!"

Von Satan wird das Wort gesagt, dass er der Fürst dieser Welt wäre. Natürlich ist er es nicht, denn hinter allem, was geschieht, steht die göttliche Vorsehung, gegen die auch Satan ohnmächtig ist. Dennoch führt er die Menschen am Gängelband, so dass die Menschen sich auf dieser Welt so einrichten, als ob diese Welt ihre Bestimmung wäre und als ob es nichts Weiteres gäbe. Bei ihrem Sterben müssten sie dann sagen: *„Das war´s nun!"*, um dann in Ewige Nacht zurückzukehren.

Satan verspricht den Menschen alles, wenn sie ihn statt Gott anbeten. Er wagte es, selbst zu Jesus sagen, als er ihm die Reiche dieser Welt zeigte: „All die Macht und die Herrlichkeit dieser Reiche will ich dir geben; denn sie sind mir überlassen, und ich gebe sie, wem ich will." (Lk 4, 6) Und er fügt hinzu: „Dies alles will ich dir geben, wenn du niederfällst und mich anbetest." (Mk 4, 9) – Unsere Generationen hatten im Osten einen theoretischen Atheismus aufgebaut und im Westen einen praktischen. Wahrscheinlich ist der praktische Atheismus des Westens noch gefährlicher als der theoretische des Ostens; denn eine Wohlstandsgesellschaft scheint den Menschen zu berauschen.

Fatima und die russische Revolution

Wir haben hier ein enges Zusammenfallen von geschichtlichen Ereignissen, über die der Gläubige nachdenken sollte.

Während die Frau mit der Sonne bekleidet am 13. Mai 1917 in Fatima erscheint, erhebt fast zur selbst Stunde der Rote Drache des Ostens in Petersburg sein Haupt und die schreckliche russische Revolution beginnt. Während die Fatimakinder zur Vorbereitung auf die Erscheinung der Gottesmutter von Engeln besucht, ermahnt und gestärkt werden, sitzt Wladimir Iljitsch Lenin mit seinen Kumpanen in den Kneipen Zürichs, um seine Revolutionspläne auszufeilen, mit denen Russland für die kommunistische Revolution gewonnen werden soll. Diese Gruppe von Revolutionären fuhr dann in nichtplombierten Eisenbahnwagen von der Schweiz durch Deutschland nach Schweden. Von dort aus gelangten sie über Finnland an die Grenze Russlands, um die Revolution zu starten. Der Rote Drache erhebt sich. Während also die Madonna in Portugal das Wort vom Himmel spricht, stürmen die Revolutionäre in Russland mit schlimmster Brutalität los, um ein irdisches Reich zu errichten, ein Bauern- und Arbeiterparadies. Und das fast auf Tag und Stunden genau!

Um Gottes heiligen Willen zu tun und in den Himmel zu kommen

Vergessen wir nicht, dass das Wort vom Himmel schon lange zuvor gesprochen wurde, bevor die Wohlstands- , Freuden- und Sexgesellschaft geboren wurden. Damit wird der Akzent eindeutig gesetzt. Unser menschliches Leben ist uns nicht für ein paar Jahre gegeben, um es in Jubel, Trubel, Freuden und Heiterkeit zu verprassen, sondern unsere irdische Existenz ist eine Zeit des Vorübergangs, dessen Ziel der Himmel ist, wo Jesus Christus uns ein unvergängliches Leben im Ewigen Reich Gottes verkündet hat.

Doch viele der gegenwärtigen Menschen scheinen wie Tiere zu leben, für die es keinen Himmel gibt. Sie haben Gott verloren und die Disziplin; sie haben ihr Herz verloren und die Liebe; sie frönen der Leidenschaft, richten sich körperlich und seelisch zugrunde und sterben hoffnungslos.

Lebt denn der moderne Mensch nicht wie eine Eintagsfliege? Kaum ist er geboren taumelt er von Blüte zu Blüte, um am Ende seiner Tage zu verenden? Doch das gilt nicht nur für die sogenannten Clochards. Auch wohlbetuchte Herren mit Schlips und Kragen leben so, und dazu ein Heer von emanzipierten Damen. – Welche Blindheit und Verkürzung der göttlichen Lebensbestimmung für den Menschen!

Haben wir nicht ein ewiges und reiches Erbe? Sollten wir nicht die Torheit lassen, es um Schleuderpreise zu veräußern?

In ihren Worten schon bei der ersten Erscheinung am 13. Mai zeigt die Gottesmutter im Voraus, was geschichtlich sich während des ganzen 20. Jahrhunderts ereignen wird. Viele Menschen werden Gott und das Himmelreich verneinen. Darum macht sie uns von der ersten Erscheinung an klar, dass wir nicht geschaffen sind, um hier auf Erden unser Erbe zu verprassen mit Fressen, Saufen und Huren, sondern wir sind geschaffen, um Gottes heiligen Willen zu tun und dadurch in den Himmel zu kommen.

Das Wort: *„Ich komme vom Himmel"*, ist mehr als eine Einladung, dorthin zu kommen. Es geht uns unbedingt an, so dass sich dem keiner der Menschen entziehen kann. Er kann den Himmel gewinnen. Er kann ihn verlieren. Jede dieser Entscheidungen durchschneidet Fleisch und Blut, Leib, Seele und Geist. *Wahrhaftig ein Wort von ewiger und absoluter Bedeutung.*

Das Ewige Reich Gottes

Der Erstgeborene der neuen Schöpfung ist Jesus Christus, der uns am Stamm des Kreuzes durch sein kostbares Blut erlöst hat. IHM ist das Ewige Reich Gottes zugesagt, das der Herr IHM geben wird.

Bereits bei der Verkündigung der Menschwerdung sagt der Engel zu Maria, dass sein Reich kein Ende haben wird. Jesus Christus ist der Erbe der Ewigkeiten. In IHM aber sind alle, die er durch seine Menschwerdung erlöst hat, aufgerufen, an diesem göttlichen Erbe teilzunehmen.

Nach der Geheimen Offenbarung schenkt uns Gott, der Vater, dort in Jesus Christus, seinem Sohn, die Gnade, als Könige und Priester am Gottesreich seiner Herrlichkeit für immer teilzunehmen. Es ist unklug, diese Erbschaft um ein Linsenmus wie Esau zu verlieren. – Das Wort der Jungfrau „Ich komme vom Himmel" ist darum die markierte Richtung und der Hinweis darauf, wo unsere Ewige Heimat liegt.

Unsere Lebenstage sind abrufbar

Die Muttergottes hat den beiden Kindern Jacinta und Francisco gesagt, dass sie nicht lange auf der Erde leben werden, sondern dass sie beide in den Himmel hole. Lucia muss noch längere Zeit auf Erden weilen, um das Werk von Fatima der Welt zu bezeugen. Schon aus dieser Bestimmung der den beiden Kindern zugemessenen Zeit wird sehr klar, dass die Lebenstage des Menschen abrufbar sind, – und dass das *In-den-Tag-Hineinleben* der Menschen töricht ist. Unsere Tage sind bemessen. Die irdische Zeit ist nur eine Zeit der Prüfung, darum ist sie eine Zeit, die rasch vorübergeht.

Die Kirche spricht immer wieder von Himmel. Sie mahnt, nicht zuerst das zu suchen, was diese Erde in sich birgt: Suchet nicht die Welt und ihre Pracht, sondern sucht, was droben ist. Richtet eueren Sinn auf das Himmlische. (Vergl. Kol 3, 1)

Tuet Buße! Denn das Himmelreich ist nahe

Jesus Christus spricht vom Himmelreich. „Tuet Buße; denn das Himmelreich ist nahe." (Mk 4, 17) Dann spricht er auch davon, dass ER nicht von dieser Welt ist, und dass auch die Seinen nicht von dieser Welt sind. (Vergl.

Jo 15, 19) Jesus Christus verspricht darum den Seinen das Ewige Leben, das heißt, sie am letzten Tag aufzuerwecken. ER verlangt, jenes Brot zu suchen, das nährt für das Ewige Leben. (Vergl. Jo 6,54 und 58) „Wer mein Fleisch isst und mein Blut trinkt, hat ewiges Leben, und ich werde ihn auferwecken am Jüngsten Tag." (Jo 6,54)

Die Martyrer haben es zurückgewiesen, einem Kaiser, der nur ein Mensch ist, göttliche Ehre zu erweisen. Sie ließen sich lieber töten, weil sie das Gottesreich erwarteten. So haben sie bezeugt, dass das irdische Leben nicht der Inhalt eines Menschenlebens sein kann, sondern dass Gott und das Himmelreich höher liegt als alles Irdische. Sie zögerten darum nicht, sich der ungerechten Todesstrafe auszuliefern, um das Ewige Leben zu gewinnen. Das Zeugnis des Blutes, wenn es freiwillig und bewusst gegeben wird, ist vor den Heiden ein sehr hohes Zeugnis.

Aufgefahren in den Himmel zur Neuen Stadt Gottes

Jesus fährt auf in den Himmel und sitzet zur Rechten Gottes des Vaters. Er geht heim zu seinem Vater und zu unserem Vater, zu seinem Gott und unserem Gott. Aber bevor ER in den Himmel aufgestiegen ist, ist ER herabgestiegen und hat Kunde gebracht von Gott seinem Vater. Der Epheserbrief bestätigt: „Er stieg hinauf zur Höhe und erbeutete Gefangene, er gab den Menschen Geschenke. Wenn er aber hinaufstieg, was bedeutet das anderes, als dass er auch zur Erde herabstieg? Derselbe, der herabstieg, ist auch hinaufgestiegen bis zum Höchsten Himmel, um das All zu beherrschen." (Eph 4, 8) Von dort wird er wiederkommen zu richten die Lebenden und die Toten.

Die Geheime Offenbarung spricht von der Neuen Stadt Gottes, wo Gott denen, die im Buche des Lebens verzeichnet sind, die Tränen abwischt und wo keine Trauer mehr ist noch Not und Plage. – „Draußen jedoch bleiben die Hunde und die Zauberer, die Unzüchtigen und die Mörder, die Götzendiener und jeder, der die Lüge liebt und tut." (Offb 22,15) Sie haben keinen Anteil am Baum des Lebens.

Im Glaubensbekenntnis sprechen wir: „Ich glaube an die Gemeinschaft der Heiligen; Vergebung der Sünden; Auferstehung der Toten; und das Ewige Leben." – Es gilt das Wort: „Unsere Heimat ist der Himmel!" (Phil 3, 20) Unsere Heimat ist die Neue Stadt Gottes, wo man „weder das Licht einer Lampe braucht noch das Licht der Sonne. Denn der Herr, ihr Gott, wird über ihnen leuchten, und sie werden herrschen in alle Ewigkeit." (Offb 22, 4-5)

❄

2. Sie zeigt die Hölle.

Die Jungfrau Maria, die auf dem Platz der Cova da Iria erschien, zeigte den Kindern bei der Vision am 13. Juli 1917 die Hölle. Dies ist unbegreiflich! Noch unbegreiflicher aber ist, dass die Kinder erst sieben, acht und zehn Jahre alt waren. Denn man erspart dem kindlichen Lebensalter solche Schrecken. Die große Frau tat dies nicht. Sie hat den Kindern die Vision nicht erspart.

Sie hat die Hölle gezeigt, obwohl die Kinder fast gestorben wären. „Hätten wir einen Augenblick länger geschaut, wären wir daran gestorben."

Dem modernen Menschen wird von seiten des Himmels mit unüberhörbarer Deutlichkeit die Wirklichkeit der Hölle vor Augen gestellt. Wir haben die Wahl, das Reich zu Gottes gewinnen, – wir können es aber auch verlieren und in die Hölle kommen. Was gäbe es Schlimmeres!

Das Abendland hat fast zwei Jahrtausende an der Realität der Hölle nie gezweifelt. Woher kommt nun plötzlich der Umschwung im Denken der Menschen? Haben denn nicht die größten Heiligen, die wir schätzen, die Hölle bezeugt? Liegt es nicht in der Linie eines durchaus normalen menschlichen Denkens, dass ein Mensch sich von Gott abkapseln kann und dann beginnt, Gott zu hassen? Hat nicht auch Jesus Christus, der Lehrer, gesagt, dass es einen Ort gibt, wo der „Wurm nicht stirbt und das Feuer nicht erlischt", und wo „Heulen und Zähneknirschen" sein wird? Spricht ER nicht vom „unauslöschlichen Feuer" und der Scheidung der Geister beim „Letzten Gericht"?

Wie konnte die Hölle zu einem Begriff werden, der durch Entmythologisierung seinen Realitätscharakter verlor? Es gäbe sie nicht?!? Selbst im Religionsunterricht darf der Lehrer nicht mehr von der Hölle sprechen, weil ihm die Mütter der Kinder das bischöfliche Ordinariat an den Hals hetzen.

Wenn wir die Hölle, abgesehen von den Qualen, umschreiben wollten, wäre sie jene Gottesferne, die sich ein Geistwesen durch Gotteshass oder Gleichgültigkeit bereitet. Es hat sich für den Hass oder die Gleichgültigkeit entschieden. Zugleich schneidet es sich von der Fülle des Seins ab, da es aus sich selbst nichts besitzt, von dem es leben könnte. Denn in Gott ist die Fülle und ohne Gott die Leere. Bei den Verdammten ist die Liebe erstorben und ein eisiger Egoismus erstarrt sie. Es ist, wie wenn das Empfinden einer völligen Verlassenheit sich in eine brennende unauslöschliche Glut wandelt, in welcher diese Geister leben. Sie brennen und verbrennen sich und leben aus dem Nichts. – Und genau in einem solchen erschreckenden Bild sahen die drei kleinen Seher von Fatima die Hölle.

Letztlich geht es nicht um die Hölle, sondern um das Gottbild. Denn die Leugnung Gottes ist der Pfad zur Hölle. Wo Gott abwesend ist, beginnt der Nihilismus, wie Nietzsche sagt. Dieses Europa hat auf weite Strecken seinen Herrn verworfen und darum darf es auch keine Hölle mehr geben. Wo kein Gott, da keine Hölle. Was noch bleibt ist undefinierbarer Nihilismus, der Absturz ins Ausgelöscht-Werden.

Wenn in einem breitgelagerten Relativismus jeder glaubt, er könne sittlich tun und lassen, was ihm passe und ihm gut dünke (die Freimauerei lehrt: „Tue, was du willst, das sei dein ganzes Gebot.") – und wenn heute jeder meint, er könne nach seiner Façon selig werden oder jede Gottheit könne verbindlich sein, so werden nicht nur die immer gültigen Werte verleugnet und einem demokratischen Zustimmungsverfahren unterzogen, sondern die Wahrheit über Gott wird verdunkelt und eine geistige „Gottesfinsternis" (Martin Buber), schlimmer als ein Heidentum, liegt über unserem Kontinent und der Welt.

Das Wort *Hölle* ist der modernen Zeit verdächtig, und es wird von der weltlichen Gesellschaft und von vielen Glaubenden mit Lächerlichkeit versehen, das heißt: Es gibt sie nicht. Denn alle kommen in den Himmel. Anders in den "Science fictions" und der modernen Technik! Dort gibt es die Höllen und auch den Supergau, die in Fernsehsendungen und Medienartikeln dargestellt werden. Dort brennen feurige Brände wie unausweichliches Schicksal über der physikalischen und chemischen Technik, die uns bedroht. Gigantische Feuer kosmischen Ausmaßes werden auf die Leinwand von Kinos gezaubert. Dort gibt es gute und böse Wesen, die man fördern oder vernichten muss. – Aber jene Hölle, welche die Kinder von Fatima geschaut haben, gibt es auch dort nicht. Die Gefahren sind die imaginären schicksalhaften Bedrohungen irdischer Populationen durch Fehler in hoch sensiblen technischen Apparaturen oder durch außerirdische Wesen. Seltsam: Diese irdischen Höllen mache wir uns selbst und fliehen sie!

Die Frage bleibt, ob die Menschen durch ihr manipulatives Denken die immer gültige Wirklichkeit verändern können, – oder ob das Immer-Gültige auch dann Macht besitzt, wenn Verleugner es verleugnen. Das heißt, ob die Hölle deshalb aufhört zu sein, weil sie sagen, es gäbe sie nicht, – oder ob sie bleibt und glühend brennt, selbst wenn sie sagen, es gäbe sie nicht.

---

3. Gebet und Buße.

Die Jungfrau von Fatima verlangt von den Kindern Gebete und Opfer. Dies ist eine der dringendsten Botschaften, die sie den Kindern aufgetragen hat. Es geht darum, die Menschen für das Ewige Leben zu retten, die Sünde zu zerstören und Gott allein die Ehre zu geben. Es geht also nicht darum, Gesetz und Gebote aufzulösen und damit von den lästigen moralischen Verpflichtungen zu entbinden, sondern sie zu erfüllen.

Sie verlangt also von Jacinta, Francisco und Lucia Gebete und Opfer, nicht nur um die Kinder selbst dem Ewigen Leben zuzuführen, sondern auch für die vielen, die gefährdet sind, das Ewige Leben zu verlieren. Sie hat den Kindern die Hölle gezeigt, um die Leichtsinnigen zu mahnen, umzukehren. Alle Christen aber werden ermahnt, für ihre Brüder und Schwestern zu beten und zu opfern, damit sie nicht ewig verloren gehen. Sie sagt: *„Betet und bringt viele Opfer, denn es kommen viele in die Hölle, weil niemand für sie betet."*

Es ist in unsere menschliche Natur eingeschrieben, im Gebet unser Angesicht zu Gott zu erheben. Jedes Menschenherz kennt den inneren Befehl, außer wenn Sünden das Herz so verdunkelt haben, dass es innerlich taub geworden ist. Zwar ruft Gott auch dann immer selbst durch die Taubheit hindurch, aber wenn er nicht mehr hört, wie soll er noch Gnade erlangen. Darum bittet die Gottesmutter, den Anspruch Gottes ganz zu erfüllen und zu beten. Sie ruft uns alle auf, immerfort zu beten.

Wer betet, steht vor Gottes Angesicht.

Wer betet, bekennt dadurch seinen Glauben an Gott. Er steht nicht mehr in der Gottlosigkeit. Er hat den ersten entscheidenden Schritt getan, entweder aus seiner Gottesferne zum Vater, der im Himmel ist, heimzukommen, – oder sich zu bekehren und seine Sünde, die ihn von Gott trennte, zu bereuen. Genau dort beginnt das Reich Gottes, wo Menschen sich bemühen, den Willen des Vaters zu erfüllen. Mit anderen Worten, wenn sie die Gebote Gottes halten und beten. Denn nicht der, welcher das Wort *Gott* ausspricht, liebt Gott, „sondern nur wer auch den Willen des Vaters tut, der im Himmel ist." (Mt 7, 21) Die Liebe zeigt sich in der Einheit mit dem Geliebten. Die Einheit zeigt sich im gemeinsamen und ungetrennten Handeln und kennt die Spaltung nicht.

Die gegenwärtige Stunde verachtet und verleugnet Gottes Gebote und tritt sie durch Sünden in den Staub. Die Gottesverächter haben in den Metropolen ihre Zitadellen aufgebaut wie die mächtigen Türme von Babylon, um den Erhabenen herauszufordern. Sie versuchen es wieder einmal, obwohl viele Generationen daran zerbrochen und untergegangen sind. – Am Ende nach den Katastrophen muss der Mensch seine Frevel vor Gott eingestehen. Unverrückbar steht, was die Geheime Offenbarung ausspricht: „Deine Urteile sind wahr und Deine Gerichte gerecht." (Offb 16, 7)

Wer betet, anerkennt, verherrlicht und lobpreist Gott ob seiner gewaltigen Herrlichkeit. Dann ist Gott der Höchste, vor dem jede Macht und Gewalt im Himmel und auf Erden in völlige Demut hinein zerschmilzt. Seine Oberhoheit leuchtet über alle Horizonte und in den Herzen der Menschen, die ihn lieben.

Wer betet, bekennt seine Schwachheit, Begrenztheit und Armseligkeit und trägt sie zu dem, der in seinem unendlichen Reichtum jedem das geben kann, was er braucht. Die Fülle seiner Gaben kennt keine Grenzen und seine Güte reicht so weit der Himmel ist. Gott ist Güte, und es ist die Eigenart der Güte, dass sie übersprudelt und überreichlich schenkt.

Wer betet, trägt all sein Elend und seine Not zu dem, der uns aus unseren misslichen und oft ausweglosen Lagen heraushelfen kann. Unser Leben ist zu eng und unser Vermögen so begrenzt, dass wir nur allzu oft in Engpässe hineingeraten, aus denen wir uns selbst nicht befreien können. Dort ist der Ruf zum Höchsten für uns geradezu geboten. Und wer sich IHM vertrauensvoll anvertraut, der wird auch seine Hilfe erfahren. ER hat es versprochen.

Wer betet, kehrt aus seiner Sünde heim, um IHN wiederzufinden. Die Geschichte vom verlorenen Sohn wiederholt sich. Und eine wahre Reue findet immer das barmherzige Herz des Vaters und das barmherzige Herz Jesu. Da aber die Sünde heute haushoch geworden ist, braucht es die Tiefe der Barmherzigkeit unseres Gottes, die verzeiht. Dafür hat Jesus am Kreuz gelitten, um auch den Verlorensten, wenn er heim will, noch an sein Herz zu ziehen.

Wer betet, soll dies tun zusammen mit allen Engeln und Heiligen. Die Familie Gottes hier auf Erden, im Himmel und im Fegfeuer betet gemeinsam zum Vater in der Ewigen Mittlerschaft Jesu Christi, um sich gegenseitig zu helfen. Allen voran aber ist es die glorreiche Fürsprecherin am Throne Gottes, Maria, deren Sehnsucht es ist, in ihrem Sohn Jesus Christus alle heimzuführen. Sie ist wahrhaft unsere mächtige Fürsprecherin.

Wer betet, tut es nicht nur für sich allein, sondern für alle, die er liebt, gleichgültig, ob sie schon heimgefunden haben oder ob sie sich in der Gottesferne oder Sünde verstrickt haben oder im Schmutz wälzen. Denn solange ein Mensch über diese Erde geht, ist er niemals endgültig verloren. Darum sollen wir besonders für jene beten, die am meisten der Barmherzigkeit Gottes bedürfen. Wenn also Eltern für ihre Kinder und Kinder für ihre Eltern, – wenn die Kirche für die Gläubigen und die Gläubigen für die Kirche, – wenn wir in Kriegsnöten, Erdbeben, Hungersnöten und Seuchen vertrauensvoll beten, so achtet der Herr auf das gemeinsame Gebet und schenkt Erhörung.

Wer opfert, steht für sich und für andere im Willen Gottes.

Das Opfer fügt zum Gebet noch eine andere Größenordnung hinzu, nämlich die irdischen Güter und Werte so zu gebrauchen, dass wir die ewigen Güter und Werte nicht verlieren.

Das verlangt zunächst von uns allen, dass wir vor Gottes Angesicht unsere täglichen Pflichten, denen wir von Natur aus unterworfen sind, treu und ohne Abstriche erfüllen. Das gilt besonders in unseren Aufgaben als Männer und Frauen. Wer in der Ehe lebt, muss seine ehelichen Pflichten erfüllen. Wer außerhalb der Ehe lebt, muss uneingeschränkt die Gebote Gottes halten. Die Familie fordert gegenseitige Rechte und Pflichten. Es ist selbstverständlich, dass wir nicht nur egoistisch Rechte in Anspruch nehmen, sondern auch die Pflichten ganz einhalten, wie wir es versprochen haben. Eine Frau, die ein Kind erwartet, empfängt dafür Freuden und Belastung. Beides gehört zu ihr. Sie kann das Kind nicht einfach wegschieben und abtreiben.

Die lebenslange Arbeit nimmt uns in den Dienst. Niemand kann ihr entfliehen. Ja, sie macht nach Außen unseren Lebenslauf aus. Dahinein werden wir gezwungen, dort müssen wir uns bewähren, und sie begleitet uns bis ans Ende. In ihr aber offenbart sich unsere Liebe. Es zeigt sich, ob wir nur für uns selbst da sind oder auch für die anderen, die uns anvertraut wurden. Denn überall auf diesem Feld gilt das Wort Jesu: „Wer sein Leben gewinnen will, wird es verlieren. Wer sein Leben verliert, wird es gewinnen." (Mk 6, 36)

Ein Mann, der sein Leben lang für Frau und Kinder gearbeitet hat, darf am Ende des Lebens sein Werkzeug froh aus der Hand legen und sich sagen, er habe seine Familie geliebt und die Aufgabe erfüllt, und Gott wird ihn dafür entlohnen. Eine Frau, die ihre Kinder großgezogen hat, wird voll Freude auf ihre Kinder und Enkel schauen, Gott danken und für ihr aufopferndes Leben den Ewigen Lohn im Himmel erwarten. Unser gesamtes Leben fordert viele große Opfer, die Gott von jedem aus uns verlangt. Dieses Pensum entsprechend dem Willen Gottes auf uns zu nehmen, ist selbstverständlich. Es gilt allen auf der ganzen Welt und in jedem Kontinent. In ihm liegt das Maß unseres Daseins und die Zumessung unseres Ewigen Lohnes. Das sind die ewigen Bestimmungen, die über unserer Natur und unserem Dasein liegen.

Unsere gegenwärtige Generation ist eine opferscheue Generation. Sie erfüllt nicht nur nicht ihre irdischen Pflichten, sondern lügt, hurt und mordet aus menschlicher Trägheit und in Revolution gegen Gott.

Da ist der Mord an den ungeborenen Kindern im Mutterschoß. Er ist weltweit geworden und hat eine Größenordnung angenommen, die alle Kriege, Seuchen, Hungersnöte und Erdbeben übersteigt. Staatsregierungen legalisieren ihn und oberste Gerichthöfe akzeptieren ihn. Er ist die bitterste Wurzel der *Kultur des Todes*, von der Papst Johannes Paul II. spricht. – Und schon hat auch das legalisierte Töten an Alten und Kranken begonnen. Auch sie tanzen schon den staatlich konzertierten Totentanz.

Die institutionalisierte Ehe ist ein abgehalftertes Pferd geworden, das aus einer vergangenen Ära stammt. Die Jugend hat sie abgestreift und lebt weithin frei zusammen, und die Rest-Ehe löst sich nach und nach durch viele Ehescheidungen auf. Familie gibt es nur noch bei gläubigen Christen und gläubigen Moslems. Beide werden bereits von der UNO bekämpft.

Ein neues Menschenbild nach nur irdischen Maßstäben wurde kreiert. Auch redet man den Menschen ein, im modernen Lebensgefühl leben zu sollen, wobei moderner Lebensstandard und Wohlergehen, sexuelle Lust und Orgien mit dazu gehören. Darauf habe jeder ein Recht. Wird eine solche Haltung akzeptiert, beginnt ein zügelloses sich Austoben der Völkerschaften.

Alle aber wissen, dass es ohne Opfer nicht geht.

Ist denn nicht unser gesamtes irdisches Leben in jene bittersten Entsagungen eingehüllt, die seit Adam und Eva auf uns liegen? Ist das Opfer nicht der Wille Gottes, den ER von uns ohne Abstrich verlangt? Doch nur jener, der den Rückweg zum unbeirrbaren Gott wieder findet, – nur jener, der die Straßen Gottes wieder betritt, – also jener, der Gottes Heiligen Willen wieder erfüllt, kehrt heim und umfasst von neuem das Kreuz des Opfers .

Unsere Epoche jedoch will sich der Opfer entäußern, um maßlos leben zu können und alles, was erreichbar ist, ohne Gott schrankenlos zu genießen.

Das ist der Grund, warum der Egoismus in den Himmel hineinwächst. Man kann es doch mit eigenen Augen sehen, wie Europa sich selbst vernichtet, indem es den Forderungen Gottes und des Lebens ausweicht. In einer Freuden-, Lust- und Sexgesellschaft sondergleichen zelebriert es geradezu zynisch und luxuriös den eigenen und bitteren Untergang. Johannes Paul II. nennt das darum mit allem Recht die "Kultur des Todes"!

Wie schon gesagt, tötet man die Ungeborenen und auch die Alten und Kranken, um Lebensqualität oder Lebensstandard zu erhöhen. Wer aber unter den Nationen der Erde ist dazu legitimiert und besitzt Recht und Bevollmächtigung, solches zu tun, seien es einzelne Bürger oder Staatsregierungen oder zwischenstaatliche Organisationen?

Um sich sexuell auszuleben, opfert man die Ehe, beraubt Kinder und Jugendliche der Liebe ihrer Eltern, die sie zum Heranwachsen brauchen. Auch kreiert man Lebensgemeinschaften, die – staatlich protegiert – vor Gott ein Gräuel sind. Die Ideologien haben Höchstformen erreicht, und die Lüge dominiert in den Medien fast aller Staaten, besonders der Industriestaaten.

Den Götzen der Unzucht bringt man unter Einflüsterungen der Medien millionenfach Menschenopfer dar. Der in den Himmel hineinsteigende Rauchpilz der schaurigen Götzenopfer ist auf dem gesamten Erdball zu sehen. Wer diese schwarzen Feuersäulen erkennt, erschrickt zutiefst! Nie war eine Verlustziffer an unschuldigen Menschen so hoch wie bei der Abtreibung. Kein Krieg, Seuche, Hungersnot oder Erdbeben kann solche Verlustzahlen aufweisen. Der Mensch ist wahnsinnig geworden, der einzelne und die Staaten. – Der größte Krieg der Menschheit tobt sich im Mutterschoß aus!

Wenn die Frauen ihren Schoß wieder dem Leben öffnen, werden sie in ihren Kindern, die sie an ihrer Brust nähren, fruchtbar; – wenn die Männer wieder diszipliniert und ihren Frauen treu sind und mit ihnen gemeinsam ihrem eigenen Fleisch und Blut, der kommenden Generation, das Leben ermöglichen, – wenn die Triebe des Menschen, geordnet durch die Gebote Gottes, wieder dem Leben dienen, – mit anderen Worten, wenn wir wieder gemeinsam jene Lasten tragen, die Zucht und Disziplin und Gottes Gebot von uns fordern, – wenn wir die Sünde überwinden und nicht in Sünden dahinleben, dann bringen wir jene Opfer, die wir sowieso alle tragen müssen. Das ist es, was die Gottesmutter zunächst von uns allen fordert.

Die Opfer um des Himmelreiches willen

Doch Maria fordert mehr und wendet sich an unsere Großherzigkeit! Sie will, dass wir auf vieles, auch auf manches, was die Gebote nicht von uns fordern, verzichten, um anderen das Ewige Leben zu ermöglichen. Wir sollen werden wie Jesus, der am Kreuz auf sein Leben verzichtet hat, um uns zu erlösen. ER hat am Kreuz, als er bis zum Tod gehorsam geworden ist, uns alles gegeben, Fleisch und Blut, Leben und Sterben.

Diese edle Opfergesinnung vor dem Angesichte seines Vaters hat den Riss zwischen Himmel und Erde geheilt. ER hat den uralten Schuldbrief zerrissen, der seit Adam und Eva eingefordert wird. Das Kreuz war eine Tat höchster Liebe. ER sagt: „Niemand hat eine größere Liebe, als wer sein Leben für seine Freunde hingibt." Nun können wir wieder zu Gott heimkehren. Die Gefolgschaft derer, die seit Jahrhunderten Christus nachfolgen, ist bewundernswert.

Christus ist der einzige Erlöser zwischen Himmel und Erde. Aber er hat den geheimnisvollen Leib seiner Kirche mit hineingenommen in das tiefe Geheimnis der Erlösung. Darum sollen wir mit IHM zusammen an der Erlösung vieler Sünder teilhaben und vor Gott durch unsere Gebete und Opfer Sühne leisten für die Sünden der Gottesfernen. – Genau um diese freie Gabe der Sühne und des Opfers bittet die Gottesmutter in Fatima.

Was bedeutet ein Mitwirken am Erlösungswerk Jesu Christi? Wie schreibt sich das in unser Fleisch und Blut ein? Diese Fragen werden durch die Kinder von Fatima: Jacinta, Francisco und Lucia beantwortet. Wer ihr Leben studiert, erkennt sofort, dass sie alles gegeben haben, um unsterbliche Seelen zu retten. Das Wort Mariens: *„Betet und bringt viele Opfer! Denn es kommen viele Seelen in die Hölle, weil niemand für sie betet."*, stand den Kindern ständig vor Augen. In dem Buch: „Schwester Lucia spricht über Fatima", beschreibt sie in vielen Detailschilderungen das opferfreudige Verhalten der Kinder, die alles gegeben haben aus Liebe zu Jesus und Maria. Was Erwachsene nicht zustande bringen, haben diese Kinder vollbracht.

Es ist ergreifend zu lesen, was die Kinder alles unternahmen, um der Gottesmutter zu gefallen. Da gab es nichts Halbherziges. Nachdem sie ihr JA zu den Weisungen Mariens gesprochen hatten, legten sie selbst Krankheit und Tod in die Hände Mariens. Niemand konnte sie verpflichten, die vielen kleinen Opfer zu vollbringen, aber sie brachten sie mit einer kindlichen Unschuld, so dass wir darüber staunen. Wenn man sie selig gesprochen hat, dann nicht deshalb, um wie gesagt eine ergreifende Hirtengeschichte der Welt zu schenken, sondern weil sie uns ein heroisches Vorbild geworden sind. Sie haben in kindlicher Unschuld und unter großen Anstrengungen gebetet und geopfert. Darin liegt ihre Größe und darin sollten wir sie nachahmen!

Unsere Zeit, die so verlotterte, vegetiert in der Ungnade Gottes dahin und glaubt, sich rechtfertigen zu können. Sie spürt nicht, dass die Hand des Richters an der Sichel liegt, um abzuernten, was in Bosheit gegen den Allerhöchsten reif geworden ist. – Warum kehren wir nicht zu Gott zurück?

4. **Die drei Geheimnisse: 13. Juli 1917**

Der 13. Juli 1917 war für jene Gläubigen, die an diesem Erscheinungstag gekommen waren, ein Tag wie jeder andere. Sie sahen, wie die Kinder kamen und niederknieten. Sie erblickten, wie sich die Zweige der Steineiche leicht niedersenkten und sich die Atmosphäre kaum merklich, aber reell veränderte, bis dann die Kinder wieder aufstanden und hernach nach Hause gingen.

Für die Kinder jedoch war es nicht so. Denn neben dem Sonnenwunder, das im Oktober sich ereignete, war wohl der 13. Juli der ereignisreichste Tag, den sie erlebten. Die Muttergottes vertraute ihnen die drei Geheimnisse an, die sie aber erst später den Menschen und der kirchlichen Hierarchie sagen sollten. Denn zunächst waren sie geheim, und die Kinder hätten sich töten lassen, aber sie hätten die Geheimnisse, die ihnen anvertraut wurden, nicht verraten, wie das die Gefangenschaft in Ourem überdeutlich zeigte.

Demütig bekennt Lucia: Weil mein Eifer ganz erkaltet war, schärfte sie uns ein: „Opfert euch für die Sünder und sagt oft, besonders aber, wenn ihr ein Opfer bringt: *O mein Jesus, aus Liebe zu dir und für die Bekehrung der Sünder, als Genugtuung für die Beleidigungen, die dem Unbefleckten Herzen Mariens zugefügt werden.*" – Da hörten die Umstehenden, wie Lucia einen Schmerzensruf ausstieß. Tiefe Traurigkeit überschattete ihre Züge. Niemand wusste, warum?

Lucia bemühte sich unterdessen, die Neugierde der Leute zu befriedigen, so gut sie es vermochte. „Warum bist du so traurig geworden?"

„Das ist ein Geheimnis."

„Etwas Gutes oder etwas Schlimmes?"

„Es ist zum Heile von uns dreien."

„Und für das Volk?"

„Für manche ist es gut, für manche schlimm."

Tatsächlich hatte die Muttergottes bei dieser Erscheinung den Kindern Geheimnisse anvertraut und ihnen ausdrücklich verboten, sie weiterzusagen.

Das erste Geheimnis bezieht sich auf die ewige Bestimmung der einzelnen Seele; das zweite auf das Schicksal von Nationen und Völkern; und das dritte auf das Schicksal der Kirche und des Papstes. Die Geheimnisse gehen bei vielen bis an die Wurzeln der Existenz und sind von allergrößter Tragweite.

Obwohl diese Geheimnisse Prophetien sind, die offenbaren, was in Zukunft für das Einzelleben oder in den Weltereignissen geschehen wird, werden die Prophetien von vielen verworfen. Man lebt in den Tag hinein, obwohl sich die Tage entblättern. Wenn das eine Kalenderblatt zu Boden gefallen und der Tag vorüber ist, wird schon das nächste Blatt abgerissen, und so alle Tage. Am Ende des Lebens kommen dann die alles entscheidenden Tage, die unser Leben gegen unseren Willen durch den Tod unabdingbar festlegen werden. – Warum sind wir so leichtsinnig? Fordert die Botschaft von Fatima nicht, dass wir nüchtern werden und uns vom Schlaf erheben, um das Ewige Heil zu erlangen.

Nur wenige Gläubige spüren, dass die Geheimnisse, die Lucia, Francisco und Jacinta gesehen haben, ihr eigenes Leben berühren werden. Denn wenn die vorausgeschauten Ereignisse eintreffen, sind wir bei dem einen oder anderen mit dabei und müssen Leiden und Lasten tragen, denen wir dann nicht mehr ausweichen können. Durch Gebet und Buße könnten wir dem Herrn unserem Gott Gnade und Barmherzigkeit abringen. Doch wir ziehen uns zurück, und anstatt uns voll vor dem Herrn einzubringen, schlendern wir lieber gedankenlos in unsere Tage hinein. – Noch hätten wir Zeiten der Gnade, um vieles vor Gott in Ordnung zu bringen.

Betrachten wir nun die Geheimnisse eines um das andere.

Das erste Geheimnis:
Das ewige Schicksal des Einzelnen

Lucia berichtet: „Als die Muttergottes die letzten Worte aussprach: »Opfert euch für die Sünder«, von denen ich berichtet habe, öffnete sie die Hände, wie sie es schon in den beiden vergangenen Monaten getan hatte.

Das Strahlenbündel, das von dort ausging, schien in die Erde einzudringen, und wir sahen etwas wie ein großes Feuermeer, und in ihm versunken schwarze, verbrannte Wesen, Teufel und Seelen in Menschengestalt, die fast wie durchsichtige, glühende Kohlen aussahen. Sie wurden innerhalb der Flammen in die Höhe geschleudert und fielen von allen Seiten herab wie Funken bei einer großen Feuersbrunst, gewichtlos und doch nicht schwebend; dabei stießen sie so entsetzliche Klagelaute, Schmerzens- und Verzweiflungsschreie aus, dass wir vor Grauen und Schrecken zitterten. – Es wird wohl bei diesem Anblick gewesen sein, dass ich den Schmerzensruf ausstieß, von dem die Leute erzählten. – Die Teufel hatten die schreckliche und widerliche Gestalt unbekannter Tiere, waren jedoch durchsichtig wie glühende Kohle.

Die Vision dauerte einen Augenblick: Und wir müssen unserer gütigen himmlischen Mutter danken, dass sie uns vorher den Himmel versprochen hatte; ich glaube, sonst wären wir vor Schrecken und Entsetzen gestorben."

Wir wollen, was wir schon zuvor über dieses Thema geschrieben haben, an dieser Stelle fortsetzen, weil es um die ewige Bestimmung des Menschen geht, wenn er seine irdischen Tage ohne Gott dahinlebt.

––––––––––––––

Die Hölle, deren Schau die drei Kinder im Innersten tief berührt hat, gehört zu jenen katechetischen Wahrheiten, die man selbst in der katholischen Kirche bedeckt hält. Religionslehrer wurden zum Generalvikar von Diözesen gerufen, weil sie darüber im Unterricht gesprochen haben. Mütter haben sich beschwert, man habe ihren Kindern Angst eingejagt, was unerträglich sei. In den kirchlichen Medien wird die Hölle als Thema weitgehend verschwiegen und es ist wie eine stillschweigende Abmachung, darüber nicht zu reden. Das Thema scheint tabu.

Die Hölle ist kaum noch ein Predigtthema. Hans Urs von Balthasar hat die Option verkündigt, dass es zwar die Hölle gäbe, aber sie sei leer. Der Slogan: »Wir kommen alle in den Himmel, weil wir so brav sind«, ist einer der berühmtesten Fastnachtschlager der vergangenen Jahre. Das Wort von den vier letzten Dingen: "Tod, Gericht, Himmel, Hölle" ist dem modernen Menschen entschwunden.

Die Wirklichkeit der Hölle, wie sie die Kinder geschaut haben, zeigt aber, dass das Leben eines jeden einzelnen Individuums in eine letzte Entscheidung gerufen wird: Für oder gegen Gott! Unser Herr und Meister Jesus Christus weist in seinen Gleichnissen immer wieder darauf hin, dass der Mensch in der Gnade Gottes das Himmelreich gewinnen kann, oder aber er bleibt draußen vor der Tür, wenn er Gottes Einladung verachtet. Die Türe zum Hochzeitssaal wird geschlossen, und es gibt keine Möglichkeit mehr einzutreten.

Diese Forderung Gottes ist absolut und kein Menschengeist vermag sie umzubiegen. Die Hölle ist eisige Gottesferne und zugleich glühende Selbstvergottung, die in die totale Leere stößt. – Die Kinder haben ausgesagt, dass sie an der Vision gestorben wären, wenn ihnen die Schau der Hölle noch Augenblicke länger abverlangt worden wäre. Ein furchterregendes Erlebnis!

Es ist eine erschreckende Verkürzungen des Glaubens, selbst von Seiten der Hierarchie der katholischen Kirche, die in gewissen Regionen – wie es scheint – vor dem Zeitgeist in die Knie gegangen ist und dann kapituliert hat, so dass man dem Evangelium Jesu Christi die Schärfe nimmt, die Botschaft Jesu Christi verkürzt und so viele Gläubigen in Gefahr bringt, das Ewige Leben zu verlieren.

Die Gottesmutter hat es noch relativ kleinen Kindern nicht erspart, diese Vision der Hölle sehen zu müssen, um allen damit den Ernst der Entscheidung vor Gott deutlich darzustellen. Auch Don Bosco, der bedeutendste Jugenderzieher des 19. Jahrhunderts, hat es seinen Schülern nicht erspart, die Schilderung einer Höllenvision anhören zu müssen, um sie auf den Ernst unseres irdischen Daseins hinzuweisen, das einer ewigen Entscheidung entgegengeht.

Nur der Modernismus in der gegenwärtigen katholischen Kirche, der weit und tief in die Hierarchie eingedrungen zu sein scheint, verkürzt und entschärft ewige Wahrheiten. Er behauptet nicht mehr oder weniger, es gäbe weder Teufel noch Hölle. So beraubt er die Gläubigen des Ewigen Lebens und verleugnet – wie furchtbar! – im Namen Christi das wahre Wort Gottes.

Bevor diese Botschaft Gottes über die Hölle nicht wieder unverkürzt verkündet wird, bleibt der Katechismus ein Torso. Denn neben der grenzenlosen Barmherzigkeit Gottes gibt es auch die immer gültige Gerechtigkeit. Wer sich ein Gottesbild nach Laune und Gutdünken bastelt, betrügt sich selbst.

Denn was kann es für den Menschen Schlimmeres geben, als Gott und das Ewige Leben zu verlieren? Aber wie vermag ein Mensch dies in sein Herz aufzunehmen, wenn ihm diese Botschaft nicht mehr überbracht wird? Wie kann es zu einer Bekehrung kommen, solange ihm nicht die ganze Schärfe der Forderung des Reiches Gottes vor Augen gestellt wird? Welch sehr schwerer Verrat ist es für die Boten Gottes, wenn sie die Botschaft von Gericht und Hölle den Gläubigen verschweigen, weil sie der Zeitgeist darin stoppt. – Weil Wesentliches verschwiegen wird, werden die Spannungen in der katholischen Kirche immer größer und die Spaltungen tiefer.

Jesus Christus hat bei seiner Verkündigung sowohl das Wort "Hölle" gebraucht, als auch die Sachlage der Gottesferne umschrieben. Auch das Wort vom Gericht hat Jesus viele Male ausgesprochen. Die Kirche hat diese Wahrheit definiert. Sie bleibt eine unveränderte katholische Glaubenswahrheit.

Die Schau der Hölle ging nicht zuerst die kleinen Kinder an, sondern diese sind die Interpreten für uns! Wenn die Gottesmutter es diesen Kindern zumutet, die Hölle zu schauen, um wie viel mehr uns, auf dass wir uns bekehren und das Wort Gottes gelten lassen. Das Wort Gottes ist ein liebendes, aber zugleich auch erschreckendes und heilsames Wort an den Menschen. Wer also die Hölle aus der Verkündigung herausstreicht und die Menschen so lehrt, entschärft das Evangelium und nimmt ihm den Ernst.

Im Islam gibt es die Hölle, dagegen im Hinduismus gibt es keine Hölle, sondern nur Läuterungswege, in denen die Seele gereinigt werden soll. Darum ist es im Hinduismus letztlich egal, wie wir uns im Leben verhalten, da uns zuallerletzt nichts passieren kann. Mögen wir in Saus und Braus sündigen, wir können ja später wieder aufholen, was wir jetzt bewusst versäumen. Im Grunde genommen ist das die Karma-Lehre des Hinduismus, die durch viele Reinkarnationen hindurch schreitet, bis eine letzte Reinigung sich vollzieht oder auch nicht. Der Hinduismus hat kein klares Gottesbild. Er kennt nicht den einen und wahren Gott.

Durch die Leugnung der Hölle wird die Abscheulichkeit der Sünde aus der Gesellschaft herausoperiert. Dies zeigt besonders die moderne Sünde der Abtreibung, über die das Konzil öffentlich erklärt hat, sie sei ein »abscheuliches Verbrechen«. Doch wen kümmert das in unserer postmodernen Gesellschaft? Dort wird abgetrieben. Auch das Wort des Papstes von der »Kultur des Todes«, wen kümmert es noch?

Darum wird von vielen Menschen unserer Zeit die Sünde völlig verharmlost. Die ganzen Welt stöhnt unter der Last der Verbrechen, wie man täglich in den Medien liest. Man begeht die Sünde, als ob man atme. Dabei sind die schlimmsten Sünden gemeint, die unser Herr aufzählte, wenn er sagt: „Denn von Innen heraus, aus dem Herzen der Menschen kommen die bösen Gedanken, Unzucht, Diebstahl, Mord, Ehebruch, Habgier, Bosheit, Hinterlist, Ausschweifung, Neid, Verleumdung, Hochmut und Unvernunft. All dieses Böse kommt von Innen und macht den Menschen unrein." (Mk 7, 21-23)

Seit Adam und Eva regiert die Sünde! Unzählige schwere Gräueltaten sind seither vollbracht worden und bitterste Tränen wurden geweint. Nimm also von den Menschen das Sündenbewusstsein und sie werden nicht nur ihren Herrn und Gott verlieren, sondern sich selbst zerstören und schließlich in Ängsten sterben müssen. Liegt nicht wie von selbst auf den schweren Sünden die Bestrafung mit der Hölle?

An jenem 13. Juli 1917 hatte keiner der Umstehenden in der Cova da Iria gehört, was die Gottesmutter den Kindern gesagt und gezeigt hatte. Sie konnten nicht ahnen, dass sie ihnen Geheimnisse enthüllte. – Doch alle beobachteten, dass sich ein weißes Wölkchen über den Ort der Erscheinung senkte und das Sonnenlicht auffallend gedämpft war. Die Temperatur war gesunken; ein leichter Wind nahm der großen Hitze die Schwüle. Auch ein leises Geräusch wurde vernommen.

Das zweite Geheimnis:
Das Schicksal der Völker

Die Seherin fährt fort: „Gleichsam um ihre Hilfe zu erbitten, blickten wir zur Madonna auf.

Da sagte sie voll Güte und Traurigkeit: *»Ihr habt die Hölle gesehen, auf welche die armen Sünder zugehen. Um sie zu retten, will der Herr die Andacht zu meinem Unbefleckten Herzen in der Welt einführen. Wenn man das tut, was ich euch sage, werden viele Seelen gerettet und der Friede wird kommen.*

Der Krieg geht seinem Ende entgegen; aber wenn man nicht aufhört, den Herrn zu beleidigen, wird nicht lange Zeit vergehen, bis ein neuer, noch schlimmerer, beginnt.«"

Dies ist dann während des Pontifikats Pius XII. unter dem Namen "Zweiter Weltkrieg" geschehen. Die Gottesmutter fährt fort:

»Wenn ihr dann eines Nachts ein unbekanntes Licht sehen werdet, so wisset, es ist das Zeichen von Gott, dass die Bestrafung der Welt für ihre vielen Verbrechen nahe ist: Krieg, Hungersnot und Verfolgungen der Kirche und des Heiligen Vaters.«

»Um das zu verhindern, will ich bitten, Russland meinem Unbefleckten Herzen zu weihen und die Sühnekommunion am ersten Samstag des Monats einzuführen.«

»Wenn man meine Bitten erfüllt, wird Russland sich bekehren und es wird Friede sein. Wenn nicht, so wird Russland seine Irrtümer in der Welt verbreiten, Kriege und Verfolgungen der Kirche hervorrufen. Die Guten werden gemartert werden, der Heilige Vater wird viel zu leiden haben, mehrere Nationen werden vernichtet.«

»Am Ende wird mein Unbeflecktes Herz triumphieren, der Heilige Vater wird mir Russland, das sich bekehren wird, weihen und der Welt wird einige Zeit des Friedens geschenkt werden. – Portugal wird der wahre Glaube immer erhalten bleiben.«

Etwas später fügte die Gottesmutter hinzu: Wenn ihr den Rosenkranz betet, sagt am Ende jedes Gesätzleins: *»O mein Jesus, verzeih uns unsere Sünden; bewahre uns vor dem Feuer der Hölle; führe alle Seelen in den Himmel, besonders jene, die Deiner Barmherzigkeit am meisten bedürfen.«*

───────────────

Das zweite Geheimnis ist von übergroßer Bedeutung für das gesamte 20. Jahrhundert geworden und betrifft uns sogar bis zur jetzigen Stunde. Es wird von zwei Kriegen gesprochen und dass Russland seine Irrtümer über die ganze Welt verbreiten wird. Neben furchtbaren Auseinandersetzungen von Staaten und Nationen wird von Irrtümern gesprochen, wohl die modernen Ideologien. Sie bringen überall Verfolgungen. Ganze Völker werden vernichtet, was wir heute bei unserem demographischen Kollaps plötzlich verstehen können. Am Ende wird das Unbefleckte Herz Mariens siegen.

Wer die beiden Weltkriege in ihrer Breitenwirkung betrachtet, der erkennt sofort, wie viel Vernichtung und unsägliches Elend sie den Völkern gebracht haben. Europa musste sich hernach von einer nicht geringen Ausblutung wieder erholen.

Nach dem ersten Weltkrieg war Deutschland, die natürliche Mitte Europas, so in die Verachtung geraten, dass es seine koordinierende Kraft nicht mehr ausüben konnte. Dazu kamen die inneren Probleme des Landes, die es ermöglichten, dass eine Idee, wie sie Hitler verwirklichen wollte, im Volke ein Ohr fand. Er wollte aus dem Nichts wieder etwas machen und aus der Verachtung sich wieder Respekt erringen.

Aber die Völker bekehrten sich nicht. Sie suchten den Schuldigen, den sie fanden und luden diesem Sündenbock ihre Sünden auf. Darum erhoben zwei neue Großideologien ihr Haupt: in Deutschland die Nazis, in Russland die Kommunisten. Beides waren atheistische Systeme, die eine Welt ohne Gott bauen wollten: in Deutschland ein tausendjähriges Reich, in Russland eine klassenlose Gesellschaft. Der Kommunismus, der 1917 im Jahr der Erscheinung auf der anderen Seite unseres Kontinents geboren wurde, ist wie der rote Drache der "Geheimen Offenbarung", welcher der Frau, bekleidet mit der Sonne, gegenübersteht, um ihr Kind zu verschlingen.

Dem Kommunismus eignet der militante Atheismus, der eine große Zahl von Menschen um ihres Glaubens willen töten ließ und die christliche Religion mit allen ihm zur Verfügung stehenden Mittel verfolgte. Unzählige starben in den Kämpfen zur Errichtung des Arbeiterparadieses und Unzählige in den Konzentrationslager. Die Gräueltaten sind uferlos.

Bei den Nationalsozialisten war es ähnlich. Auch sie kämpften den gigantischen Kampf gegen Gott und verführten das Volk zum Abfall, obwohl eine nicht geringe Zahl an Gläubigen ihnen Widerstand entgegen setzten. Ob des Größenwahns der Nazis brach der zweite Weltkrieg aus, nachdem zuvor an den Himmeln von ganz Europa in der Nacht das brennende Lichtzeichen, von dem die Gottesmutter gesprochen hatte, zu sehen war.

Dann tobte auf den Schlachtfeldern der Krieg in unverminderten Härte. Nach einer Eroberungsphase der Nazis, wo es schien, als ob dem "Führer" keine Nation widerstehen könne, kam der Umschwung mit El-Alamein. Der Tag dieser Schlacht war der Tag der Weltweihe an das Unbefleckte Herz Mariens, die Pius XII. vollzog. Hernach verloren die deutschen Armeen Schlacht um Schlacht. Ihre Städte sanken durch Bombardements in Schutt und Asche. Die Verwüstungen waren entsetzlich. Das Leid für alle Nationen unerträglich. Die Nazis wollten den totalen Krieg, sie ernteten dafür die totale Vernichtung. Mit der völligen Niederlage Deutschlands verschwand im Kern der Nationalsozialismus von der geschichtlichen Bühne der Welt.

Der Kommunismus aber blieb und hatte einen Machtzuwachs erfahren. Die Bekämpfung Gottes in der russischen Gesellschaft hielt aufs Äußerste an. Die Kirchen wurden bis auf wenige geschlossen, viele Popen wurden getötet, die Gläubigen im Land verfolgt. Die geistliche Elite Russlands landete in den Konzentrationslagern, wo sie Unsägliches zu ertragen hatte.

Im Westen Europas, vom Kommunismus zunächst durch den eisernen Vorhang getrennt, baute sich eine völlig andere Gesellschaft auf, die sich zwar demokratisch gab, aber nach und nach in eine praktische Gottlosigkeit einmündete. Sie verwarf in ihren Parlamenten die grundlegende Ordnung der zehn Gebote. Nach einer langen moralisch dekadenten Entwicklung verwandelte sich Europa in eine Sex-, Freuden- und Lustgesellschaft.

In einem nicht fassbaren Frevel zertrat diese westliche Gesellschaft die immer gültigen Ordnungen, veränderte mit Hilfe von parlamentarischen Beschlüssen Gottes Gesetze und das Naturrecht. Zwar gab es von Christen Proteste. Doch der Widerstand reichte nicht aus, und die Proteste waren zu schwach. Eine furchtbare Gefährdung, die sich gegen den Bestand der Stammvölker Europas richtete, zeigte sich, wurde aber nicht ernst genommen.

Als erstes der Gesetze wurde der Gotteslästererparagraph abgeschafft, dann folgte eine praktische Liberalisierung in Fragen Empfängnisverhütung, dann werden die Abtreibungsgesetze in der westlichen Gesellschaft entkriminalisiert, hernach erhebt die Euthanasie den Anspruch, durchgesetzt zu werden, was in einigen Staaten schon geschehen ist. Als letztes in der Reihe dieser Gesetze wird Homosexualität der Ehe gegenübergestellt. Da aber Homosexualität in den Heiligen Schriften als Gräuel vor Gott gilt, sollen in den

Antidiskriminierungsgesetzen alle jene bestraft werden, die einen Homosexuellen beleidigen. Damit soll das Gesetz Gottes vom Menschen mit juristischen Strafsanktionen versehen werden. Zum Lachen und Weinen zugleich! Diese Kette von antigöttlichen Gesetzen zerstört vor allem Ehe und Familie, was sich durch das immense Feld vorehelicher Beziehungen und eine immer größer werdende Scheidungsrate zeigt. Das Ziel, Ehe und Familie zu zerstören, wird von der UNO angepeilt und – wo immer möglich – durchgesetzt.

Das neue Leitbild scheint Aldous Huxleys "Schöne neue Welt" zu sein, eine Welt ganz ohne Gott und allein der Steuerung des Menschen unterstellt. Dieses Leitbild ist nicht nur irreal, sondern irrsinnig. Aber moderne Ideologien ziehen auch hochintelligente Menschen an. Diese Intellektuellen folgen dann solchen Irrlichtern, selbst wenn ihre Inhalte völlig absurd sind. Sie werden von Absurditäten angezogen wie Mücken von einem flackernden Nachtlicht.

Ohne Gott verliert der Mensch "seine sana ratio", das heißt sein gesundes Denken und wird zum Tor. Die Schrift sagt: „Nur der Tor spricht in seinem Herzen, es gibt keinen Gott." (Ps 14, 1)

Der Abfall, der sich in den Industrienationen darstellt, gleicht dem 13. Kapitel der Geheimen Offenbarung, in dem das Tier aus dem Meer und das andere Tier mit den beiden Hörnern sich offenbaren. Im Hintergrund der Auseinandersetzung stehen gotteslästerliche Zeichen und Namen. Wo Satan regiert, kommt es zum Satanismus, der in Europa breit angewachsen ist.

Doch plötzlich offenbart sich für die westliche Gesellschaft eine Situation, die Signalwirkung hat. Europa und seine Völkerschaften zerfallen; es scheint, als ob die europäischen Stämme lautlos verdunsten. Sie haben keine Kinder mehr. »No future – Keine Zukunft mehr!«, haben die Amerikaner formuliert.

Da gilt das alte Sprichwort: „Wo ein Aas ist, da sammeln sich die Geier." (Mt 24, 28) Europa wird von fremden Völkermassen überschwemmt, die aus allen Kontinenten einströmen, besonders aber von den islamischen Staaten. Die Emigration bringt eine Fülle von unberechenbaren Problemen mit sich, die nach und nach den gesamten Kontinent überschatten.

Zugleich zeigt das Wort des vergangenen Papstes Johannes Paul II. seine volle Tragweite. Er spricht von der »Kultur des Todes«. Weil in Europa die einheimische Stammbevölkerung zusammenbricht, verliert es seine Identität. Man spürt, dass Sex, Promiskuität und Unzucht, Verhütung, Abtreibung und Homosexualität die Völkerschaften in ihrer Seele schon vergiftet haben und nun beginnen die tödlichen Ausschweifungen sie auszulöschen.

Das Wort der Gottesmutter, dass mehrere Nationen vernichtet werden, gewinnt an bitterer innerer Realität. Nach dem derzeitigen demographischen Kollaps zu rechnen, scheint bereits ein nicht mehr umkehrbarer Faktor (irreversibel) eingetreten zu sein, der den Keim des Todes von Nationen dieses alten Europas in sich trägt. Hoffen wir noch, dass es nicht so sei. – Zugleich zeigt sich jenes schaurige Unverständnis, dass sterbende Völker ihren Untergang weder erkennen noch beweinen. Sie feiern ihre Orgien über ihren Särgen. „Nach uns die Sintflut!"

Die Sünde birgt in sich eine Tragödie ohne Ende. Schon die erste Sünde Adams und Evas zeigt dies. Welch furchtbares Erbe haben sie ihren Nachkommen überlassen: Den Verlust Gottes, – Hass, Wut und Zorn, – Elend und Krankheit, Unglück und Schmerz und den sicheren Tod.

Auch die Geschichte der Israeliten, des Volkes Abrahams, zeigt diese erschreckende Auseinandersetzung zwischen dem auserwählten Volk und seinem Gott. Welch ergreifende Gestalten findet man bei ihnen! Welch tragischer Abfall bis zum Verlust Jerusalems zeichneten sich dort ab! Die Propheten verkündeten ihnen ihre Sünde. Sie aber hörten die Mahnungen nicht. Jerusalem wurde verbrannt und geschleift und sie wurden hinweggerafft. Die übrig blieben, wurden in die Fremde ausgesiedelt. Über dem Berghügel von Jerusalem wuchsen jahrzehntelang Dornen und Disteln. Als die Israeliten vom Großkönig wieder die Erlaubnis bekamen, zurückkehren zu dürfen und die verwüstete Stadt Jerusalem sahen, weinten sie.

Besteht nicht die Gefahr, dass sich über dem Jerusalem von heute schwere Wolken zusammenballen, so dass es zum Dreh- und Angelpunkt der Menschheitsgeschichte werden könnte? Ballen sich nicht dort Kriegsgefahren von so furchtbarer Art zusammen, dass der Erdball darin erzittern könnte. Brächte dies nicht unsägliches Leid über die gesamte Menschheit? – Wer ein solches erkennt, mag zitternd sage: „Herr, erbarme Dich unser, erbarme Dich unser!"

Vom ersten Tag der Menschheit bis zur jetzigen Stunde hat Gott, der Herr, in seiner unendlichen Güte und Barmherzigkeit dem Menschengeschlecht unzählbare Gaben geschenkt, deren Reichtum eine unfassbare Liebe offenbart. Aber ER, GOTT, ist seinem Wesen ganz Wahrheit und Gerechtigkeit, wogegen wir nie freveln dürfen noch können. Darum „sind seine Urteile wahr und seine Gerichte gerecht." (Vergl. Offb 19, 2) Dies wieder zu erkennen und auch anzuerkennen, wäre die Rettung für unser gegenwärtiges Geschlecht. Lasst uns aufhören zu sündigen, lasst uns aufhören vor Gott zu freveln!

Das dritte Geheimnis:
Das Schicksal der Kirche

Bei seiner Reise nach Fatima hat Papst Johannes Paul II. öffentlich bekanntgegeben, dass er das dritte Geheimnis Fatimas vom 13. Juli 1917 der Öffentlichkeit kundtun werde. Es wurde am 26. Juni 2000 von der Glaubenskongregation veröffentlicht. Schwester Lucia schreibt:

„Ich schreibe es aus Gehorsam gegenüber Euch, meinem Gott, der mich beauftragte, durch seine Exzellenz, den Hochwürdigsten Herrn Bischof von Leiria, und durch Eure und meine allerheiligste Mutter.

»Nach den zwei Teilen, die ich schon dargestellt habe, haben wir links von Unserer Lieben Frau etwas oberhalb einen Engel gesehen, der ein Feuerschwert in der linken Hand hielt, es sprühte Funken, und Flammen gingen von ihm aus, als sollten sie die Welt anzünden. Doch die Flammen verlöschten, als sie mit dem Glanz in Berührung kamen, den Unsere Liebe Frau von ihrer rechten Hand auf ihn ausströmte, den Engel, der mit der rechten Hand auf die Erde zeigte und mit lauter Stimme rief: Buße, Buße, Buße!

Und wir sahen in einem ungeheuren Licht, das Gott ist, etwas, das aussieht wie Personen in einem Spiegel, wenn sie davor vorübergehen, einen in Weiß gekleideten Bischof , wir hatten die Ahnung, dass es der Heilige Vater war, verschiedene andere Bischöfe, Priester, Ordensmänner und Ordensfrauen einen steilen Berg hinaufsteigen, auf dessen Gipfel sich ein großes Kreuz befand aus rohen Stämmen wie aus Korkeiche mit Rinde.

Bevor er dort ankam, ging der Heilige Vater durch eine große Stadt, die halb zerstört war und halb zitternd mit wankendem Schritt, von Schmerz und Sorge gedrückt, betete er für die Seelen der Leichen, denen er begegnete.

Am Berg angekommen, kniete er zu Füßen des großen Kreuzes nieder. Da wurde er von einer Gruppe von Soldaten getötet, die mit Feuerwaffen und Pfeilen auf ihn schossen. Genauso starben nach und nach die Bischöfe, Priester, Ordensleute und verschiedene weltliche Personen, Männer und Frauen unterschiedlicher Klassen und Positionen.

Unter den beiden Armen des Kreuzes waren zwei Engel, ein jeder hatte eine Gießkanne aus Kristall in der Hand. Darin sammelten sie das Blut der Märtyrer auf und tränkten damit die Seelen, die sich Gott näherten." – Tuy-03-01-1944

Der Engel mit dem Schwert

In einer ersten Schau der dritten Vision steht der Engel mit dem Flammenschwert vor uns, der mit dem Feuer des Schwertes die ganze Welt entzünden will. Er ruft mit lauter Stimme: „Buße, Buße!"

Nur durch die Vermittlung Mariens, die abwehrend eintritt und rettet, trifft das sprühende Feuer des Schwertes die Welt noch nicht. Doch wie lange kann die große Frau die Strafe Gottes abhalten? Wie verheerend wird das Feuer des Schwertes sein? Werden es Kriege sein, Hungersnöte, Revolutionen, Seuchen, Erdbeben? Kann man dem Schwert entrinnen? – Wenn wir Buße tun, dann ja. – Doch keiner weiß, wann das Maß unserer Sünden voll ist.

Die Sünden gegen Gott sind frech und ungeheuerlich, und darum wird auch ihre Bestrafung, sofern wir nicht Buße tun, groß sein. Die Revolutionen gegen Gott unter den Kommunisten und den Nazis sind in einem Meer von Blut und Tränen erstickt. Aber die heutige Sünde, in dieser modernen goldenen Ideologie der Lüste, scheint weit größer zu sein als die der vorausgegangenen Ideologien. Was wird uns dann vor der Türe stehen? Dabei sollten wir bedenken, dass die Sünde selbst schon ihre Bestrafung in sich trägt.

Die Strafe, die wie sprühende Feuerwälle auf uns zurollt, könnte aber von uns Menschen abgewehrt werden, wenn wir den flehentlichen Ruf des Engels annehmen würden. Er fordert Buße. Darum ist der Engel ebenfalls ein flammendes Zeichen. Denn in der einen Hand hält er das Schwert wie in der Geheimen Offenbarung, um die Gerechtigkeit Gottes offenbar zu machen, und mit der anderen Hand ruft er ins weite Erdenrund zur Buße auf. Wird die Buße nicht geleistet, kommt das Feuer, und das Feuer wird keinen verschonen. Nur unser gnadenloser Leichtsinn lässt uns diesen Engel, der wie eine brennende Fackel Gottes vor uns steht, übersehen. Er könnte uns retten.

Im dritten Geheimnis von Fatima wird uns zunächst die religiöse Dimension der menschlichen Sünde und des Abfalls von Gott aufgezeigt. Der Engel spricht wie ein Prophet, der einerseits Schwert und Feuer zeigt und andererseits darauf hinweist, wie wir dem Strafgericht entgehen könnten. Die Vision ist überdeutlich, und sie spricht eine klare Sprache. Doch sie scheint weder gesehen noch gehört zu werden, weil die Sünde, besonders die der Unzucht, das Menschenherz blind macht und die Ohren verstopft.

Deshalb bleibt das Wort der Heiligen Schrift wie eine große Mahnung: „Hören sollt ihr, hören, aber nicht verstehen; sehen sollt ihr, sehen, aber nicht erkennen. Denn das Herz dieses Volkes ist hart geworden, und mit ihren Ohren hören sie nur schwer, und ihre Augen halten sie geschlossen, damit sie mit ihren Augen nicht sehen und mit ihren Ohren nicht hören, damit sie mit ihrem Herzen nicht zur Einsicht kommen, damit sie sich nicht bekehren, und ich sie nicht heile." (Mt 13, 14-15 und Js 6, 9f).

Betrachtet man mit solchen Augen unsere Generation, dann zeigt sich, wohin in den heutigen Völkern der schwindelerregende Stolz zusammen mit den Freudenfesten der Unzucht führt. Noch sieht man keine Bekehrung.

Das ungeheuere Licht

Die zweite Schau der dritten Vision ist, dass sie in ein "ungeheueres Licht" schauen. Wenn die jetzt lebenden Menschen in die Lust oder in die Augenblicke ihrer irdischen Zeit so unerbittlich hineinstarren, verlieren sie die Herzensschau oder das Licht der inneren Augen. Sie sind innerlich blind geworden, und in ihrer Blindheit verleugnen sie Gottes erhabene Wirklichkeit. Doch nur in Gott liegt die wahre Erkenntnis. Sein Licht strahlt weit oberhalb jeder natürlichen Schau. Erneut Gott zu erkennen, wieder aus der Gnade Gottes heraus Welt und Menschen zu betrachten, würde uns heilen. Die Kinder von Fatima hatten auf jeden Fall noch eine so unverdorbene Seele, dass sie das reine Licht Gottes schauen konnten.

Anders bei den modernen Menschen. Die körperlichen oder seelischen Ekstasen, die von jedermann heiß gesucht werden, entspringen dem menschlichen Leib oder der menschlichen Seele. Das sind alkoholische Räusche oder pflanzliche oder chemische Rauschgifte, die zunächst Individuen entzücken, hernach aber die Psyche des Menschen glühend versengen. Da ist es die geschlechtliche Lust, die ungeordnet die Seelen der Menschen auslaugt und austrocknet, so dass die Lüstlinge unfähig werden, einer wahren Liebe sich öffnen zu können. Leidenschaft und Lust sind heiß, sagen die Menschen, doch die Welt wird durch diesen wesenhaften Egoismus kalt. Je furchtbarer sich in die Züge eines menschlichen Angesichts die Leidenschaft eingräbt, je schrecklicher wächst die unselige Einsamkeit. Da ist Machthunger und Besitztrieb, die Menschen ekstatisch erfüllen können. Dafür haben sie oft jahrzehntelang hart gearbeitet. Doch die Apotheose bricht wieder zusammen; das Sternchen am Medienhimmel wird wieder abgetakelt und der Politiker ausrangiert. Zurück bleibt Asche.

In der ungeordneten Ekstase wird die Wurzel der modernen Sünde aufgedeckt. Sie sehen ihren Gott nicht mehr. Der Glaube bricht zusammen und die Gottvergessenheit beherrscht ihre Seelen. Sie leben einzig dem Augenblick, aber nicht der Ewigkeit! Doch wer sich in die Sünde verbiestert, womit kann man ihn heilen? Umgekehrt: Wer das ewige Licht wieder schauen kann, ist – hineinschreitend in Gott – auf dem Weg der Bekehrung.

Jesus lehrt uns in der Bergpredigt: „Selig die reinen Herzens sind; denn sie werden Gott schauen." (Mt 5, 8) Vergleichbar diesem reinen göttlichen Licht ist hier auf Erden kein Ding. Es ist voll Schönheit und Erhabenheit. Bei ihm liegt die völlig lautere Ekstase, nach der wir hungern sollen.

Der weiße Bischof

Die dritte Schau ist der weiße Bischof, der Papst, der zum Kreuz aus Korkeiche mühevollen Schrittes emporsteigt. Ihm folgen Bischöfe, Priester, Ordensleute, weltliche Personen: Männer und Frauen aus unterschiedlichen Positionen und Stellungen. Sie gehen mit ihm den Kreuzweg Christi.

Zuerst geht er durch eine halbzerfallene Stadt und betet für die Leichen, die am Wegrand liegen. – Die Vision ist schwer zu interpretieren, ob hier eine weltliche Katastrophe angedeutet ist oder ob es sich um den Zustand der Kirche handelt, die besonders in Europa zu zerbrechen scheint.

Diese schwerkranke Kirche würde, wenn keine Bekehrung geschieht, trotz fast zweitausend Jahre Christentum den Keim des Untergangs in sich tragen, wenn Jesus nicht zugesichert hätte: „Und die Pforten der Hölle werden sie nicht überwältigen." (Mt 16, 18) Sie hat sich weit vom Geist des Evangeliums entfernt und glaubt als eine politische Macht fungieren zu sollen, als eine Art Weltverbesserungsanstalt. Doch die Kirche hat erstrangig das Reich Gottes und das Ewige Leben den Gläubigen zu verkünden.

Die Kirche weicht besonders in Europa vor einer verlotterten Gesellschaft zurück, den Menschen die Gebote Gottes und den Abscheu vor der Sünde zu lehren, wie das der Katechismus fordert. Viele Bischöfe schweigen. So verfallen einst katholische Länder dem Untergang, verkaufen bereits viele ihrer Kirchenbauten samt den dazugehörigen liturgischen Geräten und werden unmerklich zum kleinen Rest, der noch übrig bleibt.

Aber das dritte Geheimnis offenbart noch mehr. Es steigert sich zu einer Tragödie. Denn auf dem Hügel angekommen, werden alle, Papst, Bischöfe, Priester und die Gläubigen, nach und nach erschossen. Der Hass und die Wut, die sich wegen der Sünde gegen die Kirche und gegen Gott angesammelt haben, entlädt sich in einem Blutbad. Papst und Gläubige werden getötet. Sie liegen dahingestreckt unter dem Kreuz und nehmen am Leiden und Sterben Christi teil. Sie sind in ihrem Blut Zeugen geworden, und alle Welt erschauert vor dem Blut. Denn diese Heiligen „haben ihr Leben nicht festge-halten bis in den Tod." (Offb 12, 11)

Jesus Christus selbst hat Verfolgung um des Himmelreiches willen erlitten. Auch die Kirche hat Jahrhundert um Jahrhundert viele glorreiche Märtyrer hervorgebracht. In der gegenwärtigen apokalyptischen Epoche, in der das Gebot Gottes mit Füßen in den Staub getreten wird, wird das Zeugnis für Jesus Christus nicht ohne unser Blut gegeben werden. Denn das Blut der Märtyrer ist in einer gottlosen Zivilisation und einer "Kultur des Todes" das letzte Zeichen, das die Abgefallenen, Stolzen, Lüstlinge und Sich-selbst-Ver-herrlichenden zurückrufen kann; es sei denn, sie seien total verblendet. Das Blut der Märtyrer – den Menschen im Zeichen des Kreuzes vor Augen ge-stellt – trägt jene umwandelnde Kraft in sich, von neuem die Größe des menschlichen Seins im Licht der Ewigkeit Gottes zu erkennen.

Wenn darum eine Welt in die Raserei des Gotteshasses hineinfällt, wird die Stunde kommen, in der sich Wut und Zorn der Hasser mit Waffengewalt und brutaler Verfolgung gegen Kirche und Gläubigen entlädt. Dann wird man töten, wie im vergangenen Jahrhundert, aber die Getöteten werden zu Zeugen. Ein solches erhabenes Zeugnis des Blutes kennt nur die Kirche.

Der Abschluss der Vision allerdings ist sehr trostreich, weil es nicht beim Verbrechen des Mordes bleibt, sondern beim geopferten Blut der Märtyrer. Aus dem Blutzeugnis erwächst die neue Christenheit. Schon im frühen Chris-tentum sagte man: „Sanguis martyrum semen Christianorum." – „Das Blut der Märtyrer ist der Samen für neue Christen." Denn die Engel tränken mit dem Blut der Märtyrer die Seelen jener, die sich Gott nähern. Darin liegt der Sieg! Dort wird die Wiederevangelisierung Fleisch und Blut. In diesen Sieg eingeschlossen ist auch der Triumph des "Unbefleckten Herzens Mariens".

Die geschichtliche Epoche zu Beginn des III. Jahrtausends, die sich ständig darin steigert, immer noch mehr echte humane und christliche Werte zu schänden, schlittert am Ende dieser Entwicklung unausweichlich ins Marty-rium, ähnlich dem der Nazis oder der Kommunisten. Die Katholiken haben keine Panzer und Soldaten, sondern ihre Antwort ist das Zeugnis für Jesus Christus und für die Kirche. Das gilt auch gegenüber dem militanten Islam, der zur Zeit ganz Europa überflutet. Das Blut der Zeugen, das für die Kirche dahingegeben wird, ist von unschätzbarem Wert. In ihm ruht der Sieg Gottes.

5. Weihe an das "Unbefleckte Herz" Mariens

Schon am 13. Juni 1917 sagte die Gottesmutter in der Cova da Iria zu den Kindern: *„Jesus will in der Welt die Verehrung meines Unbefleckten Herzens begründen. Wer sie übt, dem verspreche ich das Heil. Diese Seelen werden von Gott geliebt sein wie Blumen, die ich hinstelle, um seinen Thron zu schmücken. ... Mein Unbeflecktes Herz wird deine Zuflucht sein und der Weg, der dich zu Gott führt"*

Die Bitte der Gottesmutter, sich ihrem Unbefleckten Herzen zu weihen, gehört zum Kern der Botschaft von Fatima, und man muss dieser Bitte mit allerhöchster Ehrerbietung gegenüber treten. Wie wir schon gesagt haben, wird diese Weihe einen großen Einfluss haben auf das Geschehen in der Welt. Denn das Eingreifen des Himmels war immer stärker als die Mächte und Gewalten unseres Kosmos.

Lucia berichtet aus dem Geschehen von damals: „In dem Augenblick, als sie diese Worte sagte, öffnete sie die Hände und übermittelte zum zweiten Mal den Widerschein jenes unermesslichen Lichtes. Darin sahen wir uns wie in Gott versenkt. Jacinta und Francisco schienen in dem Teil des Lichtes zu stehen, der sich zum Himmel erhob, und ich in dem Teil, der sich über die Erde ergoss. Vor der rechten Hand unserer Lieben Frau befand sich ein Herz, umgeben von Dornen, die es zu durchbohren schienen. Wir verstanden, dass dies das Unbefleckte Herz Mariens war. Es wird durch die Sünde der Menschheit verletzt und verlangt nach Sühne."

„Es scheint mir, dass das Licht an diesem Tag hauptsächlich den Zweck hatte, uns die Erkenntnis und die besondere Liebe zum Unbefleckten Herzen einzugießen, so wie wir beim ersten Mal Gott und das Geheimnis der Allerheiligsten Dreifaltigkeit erkannten." – Wer über Fatima reden will, muss auch über das Unbefleckte Herz Mariens reden; denn Gott hat es zum Zeichen unserer Rettung gleich dem Heiligsten Herzen Jesu in die Zeit hineingesetzt, damit viele darin Richtung und Rettung finden für ihre Seelen.

Die Gottesmutter hat also bereits bei den Erscheinungen in Fatima die Verehrung ihres Unbefleckten Herzen vorbereitet. Was das bedeutet und welche Bitten diese Verehrung in sich trägt, wird Schwester Lucia im Dezember 1925 in Pontevedra kundtun. Denn wenn man bedenkt, welch großes Zeichen die Gottesmutter beim Sonnenwunder gegeben hat – und dass die Menschen trotzdem wie achtlos darüber hinweggegangen sind, erkennt man, dass Maria sich beklagt. Darüber schreibt Schwester Lucia folgendes:

Pontevedra
10. Dezember 1925

„ Meine Tochter, siehe mein Herz umgeben von Dornen, mit denen es die undankbaren Menschen durch Lästerungen und Undankbarkeiten ständig durchbohren. Bemühe wenigstens du dich, mich zu trösten und mache bekannt, dass ich verspreche, all jenen in der Todesstunde mit allen Gnaden beizustehen, die für das Heil der Seelen notwendig sind, die fünf Monate lang jeweils am ersten Samstag beichten, die Heilige Kommunion empfangen, einen Rosenkranz beten und mit mir eine Viertelstunde verbringen, indem sie die Geheimnisse des Rosenkranzes betrachten in der Absicht, mir dadurch Sühne zu leisten. "

Das ist die große Verheißung, die Schwester Lucia in Pontevedra am 10. Dezember 1925 von der Gottesmutter gegeben wurde. Dafür gelten dann folgende Details:

Der Herz-Mariä-Sühnesamstag ist immer der erste Samstag im Monat, selbst wenn an diesem Tag ein höheres Fest gefeiert wird oder auch wenn der Herz-Jesu-Freitag auf die folgende Woche fällt.

Auf die Frage: „Warum werden fünf Samstage verlangt und nicht neun oder sieben zu Ehren der Schmerzen unserer Lieben Frau?", gab uns Schwester Lucia folgende Antwort:

„Meine Tochter, der Grund ist einfach. Es gibt fünf Arten von Beleidigungen und Lästerungen, die gegen das Unbefleckte Herz Mariens begangen werden:

1. Die Lästerungen gegen ihre Unbefleckte Empfängnis
2. Die Lästerungen gegen ihre immerwährende Jungfräulichkeit.
3. Die Lästerungen gegen ihre göttliche Mutterschaft.
4. Die Lästerungen jener, welche versuchen, in den Herzen der Kinder öffentlich die Gleichgültigkeit, Verachtung oder gar Hass gegen die Unbefleckte Mutter zu säen.
5. Die Beleidigungen all jener, welche sie in ihren heiligen Bildern beschimpfen."

Maria wünscht, dass der Papst die ganze Welt ihrem "Unbefleckten Herzen" weihen solle, was dann am 31. Oktober 1942 zum ersten Mal geschah.

Die Heilige Familie
die neue Stadt Gottes unter den Menschen

Solange die Mutter Jesu Christi in der Heiligen Familie auf Erden lebte, hat sie vor Gott, dem Herrn, auch nicht eine Sünde getan. Sie ist die einzige unter den Menschenkindern, von denen der Katechismus dies lehrt. Darum sind die Herzen Jesu und Mariens so tief miteinander verbunden, weil der Wille Gottes die alleinige Richtschnur war, nach der sich ihr Leben vollzog.

Die Geheime Offenbarung spricht von der "Neuen Stadt Gottes, die vom Himmel herabsteigt". (Offb 21, 2) Im Zusammenhang mit den beiden Herzen Jesu und Mariens können wir diesen Sprachgebrauch benützen. Denn dort, wo Jesus und Maria sind, dort ist die Neue Stadt Gottes. Denn überall dort, wo der Wille Gottes auf vollkommene Weise vollzogen wird, dort beginnt auch das Reich Gottes auf dieser Erde.

Der Wille Gottes war in der Heiligen Familie die allergrößte Selbstverständlichkeit, die es gibt. Dort hütete sich jedes Mitglied der Familie, zu sündigen. Darum waren ihre Herzen immer vom Lichte Gottes erfüllt und standen in der Gnade. Diese Herzen waren rein, voll Liebe, voll Erbarmen, gütig und wohlwollend und Gott und den Menschen ganz zugetan. Sie lebten ein Leben der vollkommenen Liebe zu Gott und den Menschen, und man darf sie deshalb die Stadt Gottes unter den Menschen nennen.

Darum weihen wir uns den Herzen Jesu und Mariens, weil wir dann in die Stadt Gottes unter den Menschen eintreten und uns völlig erneuern.

Gott, der Herr, hat die beiden heiligsten Herzen zum Zeichen für diese Welt gesetzt, um unsere verwahrlosten und hochmütigen Herzen zu heilen. Er hat auch dem reinsten Herzen der Jungfrau und Mutter Macht gegeben, damit wir durch die Reinheit ihres Herzens vollkommenen Schutz und Hilfe erlangen. Da sie schon als Mutter keines ihrer Kinder vergessen kann, um wie viel mehr wird sie denen beistehen, die in die Zufluchtsstätte ihres Unbefleckten Herzens eintreten, um dort den harten Versuchungen und Verfolgungen unserer Zeit zu entgehen. Sie freut sich über jedes ihrer Kinder auf allen Kontinenten und Sprachen, das zu ihr kommt. Sie steht allen bei, die ihre Zuflucht aufsuchen und sie bitten. Die unzähligen Marienkirchen, Kapellen, Statuen und Bilder legen davon Zeugnis ab. Auch der Rosenkranz spricht darin eine deutliche Sprache. Das Herz Mariens ist die moderne Arche Noachs, um über die Sintflut einer Epoche hinwegzukommen, die ähnlich wie unter Noach von ihrem Gott abgefallen ist.

Das Herz der Jungfrau ist ein Garten aller Tugenden, die dem Herrn, unserem Gott, wohl gefallen. Aber sie freut sich auch, dass sie uns, ihre Kinder, mit ihren eigenen Tugenden schmücken kann und so bewirkt, dass unsere Seelen sich reinigen und vor Gott reif werden.

Die heutige Zeit, die sich weitgehend von Gott distanziert, versinkt in Gottlosigkeit, – in Unzucht und Nichtigkeit. Man spürt mit aller Deutlichkeit, wie eine solche unschamhafte Lebensweise die Strafe Gottes in Windeseile vom Himmel herabzieht. Aber nur wenige wollen sich bekehren, und die Auflehnung des Menschen gegen Gott ist groß.

Von dieser Sicht aus gesehen, ist die Zukunft für unser Europa und die Welt düster. Wird es darum nicht für viele Sünder das Herz einer liebenden Mutter und Frau sein, dem sie sich noch am ehesten anvertrauen können, weil die Mütter von Natur aus dem Menschen, ihren Söhnen und Töchtern, besonders zugewandt sind? Denn die Jungfrau Maria ist bei den Erscheinungen in Fatima wirklich vom Himmel herabgestiegen, um dieser verwahrlosten Generation beizustehen. Ihr tiefes Mitleid bewegt sie, uns retten zu wollen. Darum schmerzt es sie sehr, dass so viele Seelen für das Ewige Leben verlorengehen und Jesus für sie umsonst gelitten hat.

Doch wie trostreich ist es, wenn Maria uns ihr Herz zur Rettung anbietet! Wie hoffnungsvoll, dass am Ende ihr Unbeflecktes Herz triumphieren wird! Sie wird siegen!

Kampf und Sieg der Jungfrau
über Satan, Welt und im Kirchenkampf

Sie steht im Widerspruch zu Satan. – Die mit der Sonne bekleidete Frau steht im Kampf mit dem Roten Drachen, der ihr Kind verschlingen will. Sie ist das Zeichen Gottes im Widerspruch gegen den Teufel. Somit wird vom Christen sein Taufgelöbnis abverlangt, in dem er gefragt wird, ob er Satan widerstehe. Er antwortet: „Ich widerstehe."

Wir sind in eine Zeit gekommen, in der man sich nicht mehr um das Bekenntnis oder Zeugnis herumdrücken kann. Brav im Strom der öffentlichen Meinungen mitzuschwimmen, ist vorbei. Jeder Christ muss nun zu seinem Taufversprechen stehen, oder er kann nicht in das Himmelreich eintreten. Der Christ wird also Christus bekennen, oder er weist ihn ab und bekennt ihn nicht. – Dann aber wird der Herr ihn auch nicht vor seinem Vater bekennen. (Vergl. Mt 10, 32)

Jetzt muss man die Jungfrau Maria bitten, dass sie uns die Gnade der Bekehrung erflehe, damit der Glaube zurückkehre und wir die Kraft bekommen, Satan zu widerstehen und die Gebote Gottes wieder ganz zu halten, auch indem das Bekenntnis zum Reiche Gottes und zu Jesus Christus nie von unseren Lippen weicht.

Sie steht im Widerspruch zur Welt. – Die Hure von Babylon als das Weib, das alle Welt verführt und sich mit dem Blut der Märtyrer berauscht, (Vergl. Offb 17, 5f) ist das Gegenstück jener Frau, die mit der Sonne bekleidet ist. – Die Herzen Jesu und Mariens ruhen in Gott und seinem heiligen Willen. Die Hure von Babylon ist der Mensch ohne Gott: hochmütig, lügnerisch, verbrecherisch. In seinem Geschäft der Unzucht verkauft er die Seelen der Menschen, verschachert sie an die Sünde und führt sie auf der breiten Straße zur Hölle. – Das Wort Mariens: „Ich komme vom Himmel" zeigt, dass es sich nicht nur auf diese Welt und diese irdische Zeit erstreckt, sondern auf die Rettung der unsterblichen Seelen für das Ewige Reich Gottes. „Denn was nützt es dem Menschen, wenn er die ganze Welt gewinnt, an seiner Seele aber Schaden leidet." (Mt 16, 26)

Die Frau mit der Sonne bekleidet, verlangt von unseren Herzen und unserem Tun das Opfer. Wir müssen das Treiben der Welt durchschauen. Wir müssen während unseres irdischen Lebens brennende Opfer für das Ewige Leben bringen und auf uns nehmen. Und je mehr wir Gott und den Himmel lieben, um so weniger machen wir uns dieser Welt gleichförmig. Lucia, Francisco und Jacinta haben große Opfer gebracht. Sie haben ein Beispiel gegeben und viele Entsagungen und Opfer für die armen Sünder getan, um sie vor dem Feuer der Hölle zu retten.

Sie steht im Widerspruch zu den Irrtümern und dem Ungehorsam außerhalb und innerhalb der Kirche.

Seit dem Tod unseres Meisters Jesus Christus am blutigen Holze des Kreuzes wird die Kirche ununterbrochen verfolgt und geschlagen. Durch alle Jahrhunderte sind Ströme von Blut geflossen zum Zeugnis der Existenz Gottes und zum Zeugnis für Jesus Christus, der zu unserer Erlösung vom Himmel herabgestiegen ist, um bei uns zu wohnen.

Doch der Kampf tobt nicht nur außerhalb der Kirche, sondern auch innerhalb seiner Jünger. Dort gibt es jene, die ihn verraten wie Judas oder ihn verleugnen wie Petrus. Die Kirche Jesu Christi muss zwar durch die irdische Zeit ihren Weg gehen und wird von Menschen aus Fleisch und Blut getragen. Aber auch in den Gläubigen tobt der Kampf zwischen Licht und Finsternis. Die Entscheidung für Christus und das Reich Gottes muss sich jeden Tag neu entfalten.

Der Widerspruch zwischen den Meinungen innerhalb von Sekten und auch zwischen Meinungen von Konservativen und Progressiven bleibt bestehen. Die vielen Spaltungen innerhalb der Christenheit bestätigen diese Aussage und sind ein wahres Ärgernis. – Darum müssen sich die Gläubigen unter der Leitung des Papstes zusammenfinden, um so der Welt für die Liebe Christi aus der Einheit heraus Zeugnis zu geben und geben zu können. Dass Jesus Christus sich Petrus zum obersten Hirten seiner Kirche erwählt hat, ist seine Bestimmung. Sein Wort lautet: „Du bist Petrus, der Fels, und auf diesen Felsen will ich meine Kirche bauen und die Pforten der Unterwelt werden sie nicht bezwingen. Dir gebe ich die Schlüssel des Himmelreiches. Was du auf Erden binden wirst, wird auch im Himmel gebunden sein. Was du auf Erden lösen wirst, wird auch im Himmel gelöst sein." (Mt 16, 18f)

Die Erscheinung und Botschaft von Fatima geschieht in der Kirche und ist auf die Kirche zugesprochen. Maria, die Mutter der Kirche, steht den Ihrigen mit ihrer ganzen Liebe bei, auf dass das Reich Gottes auf dieser Erde wachse und darin zur vollen Reife gelange. Auch darin besteht der Triumph des Herzens Mariens.

Gegrüßet seist Du Maria, voll der Gnade, der Herr ist mit Dir. Du bist gebenedeit unter den Frauen und gebenedeit ist die Frucht Deines Leibes Jesus. – Heilige Maria, Mutter Gottes, bitte für uns Sünder, jetzt und in der Stunde unsres Todes. Amen!

Aufruf zur Nachfolge Jesu Christi

Je mehr die Pforten der Hölle
die Kirche Jesu Christi zerstören wollen,
je mehr die Wasser der Gezeiten
den Felsen Petri überwältigen wollen,
um so mehr wollen wir
auf Gottes Wort und seine Berufung hören!

Wer immer von Gott gerufen wird,
sollte nicht zögern, alles zurückzulassen,
um in dieser entscheidungsreichen Stunde
Jesus Christus nachzufolgen!
Denn es gilt, das Himmelreich zu gewinnen
und das Ewige Leben zu erhalten.

Es braucht gerade heute Arbeiter,
um die ewige Ernte einzubringen.
Wenn du berufen bist, zögere nicht
im Weinberg Gottes zu arbeiten!

Aufruf

Wenn Gott dich ruft, wie er die Propheten und Apostel gerufen hat, zögere nicht, den Ruf zu hören und eine großherzige Antwort zu geben! Denn Gott spricht auch heute durch seine Boten in diese Welt hinein.

Die Antwort auf den Ruf Gottes heißt: „Hier bin ich, Herr! Rede, dein Diener hört!"

Wenn du den Menschen unserer Erde das Ewige Leben verkünden willst, wie es uns sein Sohn Jesus Christus verkündigt hat, zögere nicht und komm!

Aber Jesus will, dass das Reich Gottes so verkündigt wird, wie er es selbst den Menschen von damals verkündet hat. Er will nicht, dass die frohe Botschaft vom Himmelreich in ein diesseitiges Weltreich umgebogen wird. Jesus Christus ist vom Himmel herabgestiegen, damit die Menschen das Ewige Leben gewinnen! Er will sie retten. Sein Zeichen ist das Kreuz.

Wenn du als Priester oder Ordensmann oder Ordensfrau Seelen retten willst, dann komm und trete in die Nachfolge Christi ein!

Um eine Neuevangelisierung in der Gesamtkirche zu erreichen, braucht es viele Priester, Ordensmänner und Ordensfrauen, die bereit sind, großherzig alles zurückzulassen, um Jesus zu verkünden.

Wenn du die Kraft hast, den göttlichen Ruf mit Entschiedenheit aufzunehmen, dann ändere dein Leben und beginne ein Leben mit Christus. Denn Jesus fordert Entschiedenheit des Herzens, mit einem halben Herzen ist ER nicht zufrieden! – Der Ruf Gottes fordert den ganzen Menschen ein.

Jesus, der Ewige Hohepriester hat die Feier des Heiligen Messopfers und das Sakrament der Sündenvergebung seinen Priestern anvertraut. Wenn der Herr dich ruft und du in den Dienst eintreten willst, komm und zögere nicht.

Wer im Weinberg Gottes arbeitet, bekommt reichen Lohn im Himmel und erfüllt eine erhabene Sendung.

Wenn es dir ein Herzensanliegen ist, die Ehre der Jungfrau-Mutter Maria auf dieser Erde zu verbreiten, dann nimm die Botschaft von Fatima an. Doch höre nicht nur die Worte, sondern erfülle sie im Alltag Deines Lebens. Sie führt dich hin zu Jesus und zu Gott, dem Heiligen und Lebendigen.

Die Krise der Kirche
braucht mutige Verkünder

Auf Grund vieler zerstörender innerkirchlicher Ideologien, die durch ihre mächtigen Infrastrukturen moderner aber unterlaufener Hochschulen, eine Breitenwirkung ausüben, die sich gegen das Evangelium selbst richtet, braucht es neue Gemeinschaften, welche die Lehre des Evangelium den Gläubigen wieder unverfälscht verkünden. Die Botschaft Jesu Christi wurde auf nicht wenigen Hochschulen verfälscht.

Es geht in unserer irdischen Existenz um nicht mehr oder weniger, als dass wir das Ewige Leben in Christus Jesus gewinnen, aber auch für immer verlieren können. – Es geht also um die Rettung der unsterblichen Seelen, für die Jesus Christus am Kreuz sein kostbares Blut vergossen hat.

Man hat dem Glauben seinen absoluten Wert geraubt. Zwar lässt man die Gestalt Jesu Christi als Sohn Gottes gelten, aber auch dem wurde ein relativer Befund zu Grunde gelegt, insofern die Gottessohnschaft interpretierbar ist.

Aber gilt dann noch das Glaubensbekenntnis, das wir in einer absoluten Form aussprechen? Bereits hat ein Kardinal kundgetan, dass er nicht an die Kirche glaube. Wie man auch immer ein solches Wort intellektuell auslegen möchte, am schweren Ärgernis, das er den Gläubigen gegeben hat, kann er sich nicht vorbeimogeln.

Nun ist die Zeit gekommen, in welcher die Krise der katholischen Kirche zu Ende gehen soll und muss. Allzu lang hat das Reich des Fürsten dieser Welt Glaube und Sitte zerstört und vielen Seelen das Ewige Leben geraubt. Diese Zeit war eine Zeit der großen Oberflächlichkeit, in der viele Professoren, Lehrer, ja sogar Bischöfe so lehrten, dass sie sich dem Zeitgeist anbiederten, um dem Christentum in der Moderne eine Überlebenschance zu sichern, wie sie meinten.

Jedoch betrachteten sie wohl die katholische Kirche nur als eine der vielen religiösen Institutionen, die es auf dieser Erde unter den Menschen gibt. Darum hänge das Schicksal und die Überlebenschance der Kirche allein vom klugen Verhalten dieser Männer ab, die das Schiff der Kirche durch die Gezeiten zu lavieren haben. Doch glauben sie noch? Denn der Glaube nicht weniger dieser Kirchenmänner war oft nur noch ein äußeres Lippenbekenntnis, in ihrem Innern waren sie, was die Absolutheit der gottmenschlichen Gestalt Jesu Christi betrifft, längst auf Distanz gegangen. Sie glauben, wenn überhaupt, an das Ewige Leben nur noch in einer vagen Form, die nicht in Gott ihre Heimat hat.

Nicht wenig von ihnen gehören heimlich der Freimaurerei an, die tief in kirchliche Strukturen eingebrochen ist und durch ihre perfide Taktik es versteht, sich bedeckt zu halten. So wie man von Außen her erkennen kann, hat die Freimaurerei nicht die Absicht, die Religionen der Welt abzuschaffen, sondern es geht ihr allein darum, durch vollkommene Toleranz zu sichern, dass es keine absolute Wahrheit gibt, und damit auch keine wahre Religion. Wer bei diesen Gedankengängen nicht mitmacht, wird in das Lager der Fundamentalisten und der Radikalen abgeschoben und mundtot gemacht. Er hat keine Chancen.

Darum braucht es nun in der Kirche wie zu jeder Krisenzeit erneut Gemeinschaften, die in ihrer Geschlossenheit aus der Kraft des Heiligen Geistes heraus die Kirche erneuern, was um so schwieriger ist, als der „Rauch Satans" (Papst Paul VI.) in der Tat tief in die Kirche selbst eingedrungen ist.

Dies kann nur geschehen, indem das Wort Gottes, das in Christus Jesus verkündigt worden ist, wieder in seiner ganzen Fülle verkündigt wird. Christus selbst ist ja das Wort Gottes. Es kann nur geschehen, wenn man die Sakramente Jesu Christi als die Gnadenquellen, die uns aus dem Herzen Jesu entspringen, wieder gläubig spendet, damit die Menschen das Ewige Leben erlangen können. Es kann nur geschehen, wenn man die Gebote Gottes und die der Kirche wieder ganz einhält und die Gültigkeit des Lehramtes erneut anerkennt. Auch muss die Tradition der Kirche unter der Leitung des Papstes ihre volle Wertschätzung wieder erhalten.

Das apostolische Glaubenbekenntnis der Kirche spricht in ihren letzten Artikeln sehr deutlich aus: „Ich glaube an den Heiligen Geist, die Heilige Katholische Kirche, Gemeinschaft der Heiligen, Vergebung der Sünden, Auferstehung der Toten und das Ewige Leben! Amen!"

Die Kirche ist also nicht eine Institution unserer irdischen Welt und Zeit allein, sondern ihre wahre Fülle ist die Herrlichkeit der Himmels im Ewigen Leben, im Reich Jesu Christi. Dazu ist Jesus gekommen, um uns das Ewige Leben zu schenken und uns vor dem Feuer der Hölle zu retten. Wenn diese Botschaft nicht mehr verkündet wird, sind die Verkündiger Betrüger. Sie lassen die, die ins Ewige Leben eintreten wollen, nicht hinein, sie selbst aber gehen auch nicht hinein. – Das Ewige Leben zu suchen bedeutet nicht, dass wir auf dieser Erde faulenzen können. Gott teilt uns unsere Aufgaben zu und an diesen Aufgaben werden wir gemessen und von IHM gerichtet.

In die Nachfolge Christi einzutreten, ist überall auf der ganzen Welt möglich: in jedem Priesterseminar oder jeder Ordensgemeinschaft, oder auch in den vielen sonstigen Gemeinschaften, welche die Kirche anbietet.

Meine Gemeinschaft
Die SJM

Lassen Sie mich in diesem Zusammenhang jene Gemeinschaft vorstellen, zu der ich gehöre. Sie hat die Absicht, gerade heute den ganzen Glauben Jesu Christi an das Ewige Leben zu verkündigen.

Die Gemeinschaft, die 1994 als Kongregation päpstlichen Rechts anerkannt worden ist, nennt sich Servi Jesu et Mariae (SJM), Diener Jesu und Mariens, da wir unser Leben in besonderer Weise dem Dienst Gottes und seiner heiligen Mutter Maria weihen wollen. Als die SJM 1988 gegründet wurde, sahen die ersten Mitglieder ihre apostolische Aufgabe vor allem darin, ganz für die Jugend da zu sein.

Die Spiritualität der Gemeinschaft sucht "Alles zur größeren Ehre Gottes!" zu tun. Dieses Leitwort des heiligen Ignatius von Loyola, nach dessen Ordensregeln sie zu leben sucht, ist ihr Programm des Apostolates und der Spiritualität. In diesem Sinne versteht sich die Kongregation als eine Gemeinschaft von missionarisch gesinnten Ordensleuten, die ihr Leben ganz in den Dienst der Verkündigung des Evangeliums stellen.

Um ein Leben nach dem Evangelium zu führen legen alle Mitglieder der SJM die drei Gelübde der Armut, der Keuschheit und des Gehorsams ab, um sich so enger an Christus zu binden und dem Dienst für die Kirche zu weihen.

Das Gebetsleben ist nach dem Vorbild des Jesuitenordens ausgerichtet. Darum verzichtet die Gemeinschaft auf ein gemeinsames Chorgebet, um für das Apostolat freier und beweglicher zu sein. Das Brevier wird aber von jedem einzelnen Priester oder Diakon gebetet.

Darüber hinaus beten die Mitglieder der SJM täglich den Rosenkranz. Fester Bestandteil der Spiritualität ist die Weihe an das Heiligste Herz Jesu und das Unbefleckte Herz Mariens, deren Diener die Mitglieder in Wahrheit sein wollen. Diese Weihe ist von jedem einzelnen Mitglied täglich zu erneuern und auch ganz zu leben.

Mitte und Höhepunkt des Tages ist die Feier der heiligen Messe – die

Erneuerung des Kreuzesopfers Christi. Deshalb sieht die SJM in der würdigen Feier der heiligen Messe das Zentrum ihrer Spiritualität. Die Zelebration des einen Opfers Jesu Christi im römischen Ritus nach dem Missale von 1962 (außerordentliche Form) und dem Missale von Papst Paul VI. (normale Form) verstehen wir als einen wichtigen Beitrag zur liturgischen Erneuerung im Sinne der kontinuierlichen Tradition der Kirche.

Nimm mein schlagend´ Herz, o Gott!

Nimm es hin ganz für Dich!

Lass es Feuer sein!

Segne mich!

Nimm mein brausend´ Blut, o Gott!

Nimm es hin ganz für Dich!

Lass es Liebe sein!

Segne mich!

Nimm mein Leben hin, o Gott!

Nimm es hin ganz für Dich!

Lass mich Zeuge sein!

Segne mich!

Adressen:

An das Generalat der Diener Jesu und Mariens	An die Gemeinschaft der Diener Jesu und Mariens
Schloss Auhof, Auhofstr. 22	Jobstgreuth 34
A-3372 Blindenmarkt	D - 91459 Markt Erlbach

http://sjm-congregation.org

Statt eines Nachwortes

Man hat mich rufen lassen und fragt mich, ob ich Freude daran habe, mit einer bekannten Familie im Auto die nähere und weitere Umgebung anzuschauen. Ich sage sofort zu, weil ich ja selbst einige Tage zuvor darum gebeten habe.

Die Erlebnisse dieser Fahrt sind heute meinem Gedächtnis weitgehend entschwunden. Was mir geblieben ist, geschieht abseits fern von den Menschen. – Nach dem Mittagessen sind wir aufs offene Feld hinausgefahren, um eine Stunde Ruhepause einzulegen. Jeder von uns tut, was ihm beliebt. Nachdem wir die Zeit des Weiterfahrens abgesprochen haben, steige ich den leicht ansteigenden Weg zur Anhöhe empor und, nachdem ich die Höhe überschritten habe, bin ich für mich ganz allein. Am Wegrand sehe ich ein Kreuz stehen. Ich schreite auf dieses Zeichen zu.

Die wahre Schau des Kreuzes

Und dann, wie bei einem ersten Mal, sehe ich in einem jähen Erstaunen das Kreuz, als ob ich es noch nie gesehen hätte, obwohl das Auge an solche Anblicke längstens gewöhnt ist.

Das Kreuz, das ich sehe, ist ein altes, schon stark verwittertes Kreuz. Seine Farbe ist großteils abgebröckelt und das blanke Holz schimmert durch. Auch der am Holz hängt: sein Leib, seine Gestalt, erscheint vor mir nicht mehr so, wie ihn der Schnitzer geschnitzt hat. Dieser Korpus ist verwahrlost und verlassen.

Wer das Kreuz vor einigen Jahrzehnten hier aufgestellt hat, ist nicht zu erfahren. Vielleicht weiß es nicht einmal mehr die Familie, der das Grundstück gehört. Auch ist verhüllt, welch persönliche Not samt ihrer Geschichte, den antrieb, der das Kreuz hier errichtet hat. Die Balken des Kreuzes bewahren ihr Geheimnis. Offensichtlich jedoch, an jenem Nachmittag, da ich vor dem Kreuz stehe, hat es längstens seinen Besitzer verloren. Niemand kümmert sich darum, und auch der verwelkende Strauß Feldblumen, den man der Romantik wegen erwartet, ist nicht vorhanden.

Als ich das Kreuz ganz erreicht habe, da berührt einer mein Herz. Ich sehe zum Kreuz empor. Es ragt auf. Ich sehe, dass das Holz in den Himmel hineinwuchs und sein Schatten über dem Land liegt. – Dann sehe ich, dass da einer zwischen Himmel und Erde hängt: ein Menschensohn. – Wahrhaftig, da hängt einer! Es ist ein Mann, dürftig bekleidet. Sie haben ihn angenagelt. Sie haben ihn der Erde entrissen und doch zugleich an sie gefesselt. Er ist über das Land aufgestellt worden, damit die Menschen daran ein Zeichen erkennen sollen, welches man nicht übersehen darf.

Ich stehe in Gedanken versunken vor dem Kreuz, schaue immer wieder empor und frage mich: „Was soll der am Kreuz – Wer ist er überhaupt?– Ist es nicht der, welcher sich damals den Namen gegeben hat: der Menschensohn?" – Hat nicht seinetwegen in Jerusalem das Hohe Gericht getagt und getobt, weil er auf die Frage, ob er der Messias sei, behauptet hat: „Ja, ihr sagt es, ich bin es. Und ihr werdet den Menschensohn zur Rechten der Macht Gottes sitzen und mit den Wolken des Himmels kommen sehen?" „Hat ihn nicht seine Mutter vom Heiligen Geist empfangen?" Ist er nicht das „Lamm Gottes, das die Sünden der Welt trägt?" „Ist er der Herr, unser Gott?"

Die Sonne wirft an diesem Nachmittag ihre Strahlen oft gebündelt aus den schwebenden Wolken hervor. Das Land leuchtet auf, wie man es in alten Stichen oder Bildern sehen kann. Immer wieder treffen helle Strahlen das Kreuz, und dann liegen die scharfen Schatten des Kreuzes auf der Erde und verschmelzen mit ihr zu einer Einheit.

Ich blicke zur Kreuz auf und schaue einen Längsbalken und einen Querbalken und dazwischen angenagelt einen Menschensohn.

Der Längsbalken, fest verankert in der Erde, damit das Kreuz nicht zu Fall komme, strebt vom Boden aus zum Himmel empor. Er hat die Richtung von unten nach oben. Als ich hinzugetreten bin, um mit meinen Augen die obere Kante zu betrachten, da schaue ich hinein in die Bläue des Firmaments. Ich lasse die Erde hinter mir und richte mein Angesicht in die Höhe, über mich hinaus. Der Längsbalken durchbricht in seiner Richtung die Erde und die Wolken, um hineinzuschreiten in die unmessbaren Weiten der Unendlichkeit, die allein Gott gehören.

Der Querbalken aber, von rechts nach links, von links nach rechts, strebt über das Land. Wenn ich mit meinen Augen seine Richtung weiterverfolge, so gelangt mein Blick an die Horizonte. Die Richtung des Querbalkens beherrscht den ganzen Raum, in dem ich stehe. Verlängere ich in meinem Geist seine Richtung, so durchquert sie Kontinente, bis sie ob der Kugelform unserer Erde wieder dorthin zurückkehrt, von wo sie ausgegangen ist. Der Querbalken gehört dieser unserer Welt an.

Ein Menschensohn aber ist beiden Balken verhaftet. Er hängt daran. Menschen haben ihn angenagelt. – Haben wohl jene Männer, deren Tat hier sichtbar wurde, gewusst, was für ein Zeichen sie setzten? Welche Bedeutung können wir dem Längs- und dem Querbalken zumessen? Hat wohl der, der da am Kreuze hängt, ein Herz, das zugleich den vielen und zugleich der Unendlichkeit zugeordnet ist. – Ich bin allein. Der Weg, den ich wandere, ist wenig belaufen. Über dem Land weht nachmittäglicher Wind, der von den Olivenhainen herüberkommt. Und die Frage wohnt in meinem Innern: „Hat wohl der, der da am Kreuze zwischen Himmel und Erde hängt, ein Herz, das den vielen und dem Unendlichen zugeordnet ist?" Kommt er von Gott? Ist er jener, der uns als der Sohn Gottes zurückruft zum Vater, der im Himmel ist?"

Doch, wem sagt schon ein Balken, – ein Längsbalken, der in den Himmel hineinweist, etwas? Wer kümmert sich denn heute um den hohen Himmel über uns? Wem bedeuten die aufragenden Türme unserer Kirchen, Dome und Kathedralen noch ein Fingerzeig, der nach Oben zeigt? Was stellen denn dem modernen Menschen die Kirchen anderes dar als die Museen einer entschwundenen Epoche? Ihre hohen Räume beruhigen. Sie sind wunderbar dazu geeignet, in ihnen Musik der alten Meister aufzuführen.

Haben nicht die Menschen sich in dieser irdischen Welt so gänzlich eingenistet, dass sie den Blick nach Oben vergessen haben. – Oben, das ist ein Begriff der Raumfahrt. Er gehört der technischen Welt an.

Auch errichten die Menschen Bauten, die weit in den Himmel hineinstreben, aber diese Bauten sind keine Wegweisung über diese Welt hinaus, sondern sie sind herausfordernde Zeichen ihrer Macht und ihres Könnens. Sie türmen ihre Bauten wie trotzige Burgen auf, die den inneren Blick der Seele verstellen und nicht freigeben. Und jene himmelstürmenden Türme, hoch wie der von Babylon, erheben sich als Machtzentren des Fernsehens, von denen aus ein ununterbrochener Redeschwall herniederprasselt. Hat nicht die Schmutzflut dieser redenden Mäuler und das Herz unserer Zeitgenossen längstens blockiert? Hat nicht die Gehirnwäsche dieser Manipulatoren viele betört?

Der Gottessohn am Kreuz

Was soll also der am Kreuze, dieser Gottessohn? Im Grunde genommen ist er doch aus den Gedanken der Menschen entschwunden. Wer kümmert sich noch um IHN?

Die Farbe am Holzkreuz, vor dem ich betrachtend stand, bröckelt ab. Das Holz selbst verdirbt. Eines Tages wird ein heftiger Sturm gegen dieses Kreuz anbrausen, um es auf die Erde zu schleudern. Irgendwo wird es vermodern, um für immer aus unserem Raum und unserer Zeit verschwunden zu sein.

Die Sprache der Ewigkeit, – die Schau über die Grenzen hinaus in die stets wachsende Tiefe der Himmel, was hat das noch zu tun mit dem technischen Verstand einer machbaren Welt? – Die Anbetung Gottes, das Hören auf seine Worte und sein Gebote, die Anerkennung seines Gesalbten, wer wollte das noch tun in einer total säkularisierten Welt?

Und der Querbalken? Wer versteht noch, dass ein einigendes Band über Völker und Nationen hinweg reicht, um alle Menschen in einem Herzen wohnen zu lassen? Wer kennt die Bedeutung des Querbalkens? Deuten denn nicht die ausgebreiteten Arme dessen, der da am Kreuze hängt, die Richtung an?

Doch nie sind sich ja die Menschen näher als in unseren Tagen. Nie konnte man schneller zueinander kommen als mit den modernen Verkehrsmitteln: dem Flugzeug, dem Zug und dem Auto. Nie konnte man über große Entfernungen hinweg unmittelbarer miteinander reden als heute, da wir das System einer enormen Fernsprechanlage besitzen. – Aber zugleich sind auch die Menschen nie hasserfüllter gegeneinander als heute, da es nicht nur eine chinesische Mauer gibt, sondern viele. Grenzen werden hermetisch abgeriegelt. Der Hass von Völkerschaften zerreißt durch ihre Machthaber die intimen Beziehungen der Familien. Menschen, deren Leiber durch die Banden des Blutes zueinander gehören, werden durch Gewalt getrennt und auseinander gerissen. Nun müssen sie jenseits und diesseits der hohen Stacheldrahtzäune wohnen.

Warum jene atemberaubenden Techniken des Tötens und der Bedrohung? Warum diese immensen Waffenlager? – Was liegt da doch zwischen Herz und Herz, zwischen Mensch und Mensch, zwischen Volk und Volk, dass sich solch zerstörende Wucht von Tötungsmechanismen dazwischenstellt? Und das trotz des utopischen und liberalen Traumes einer Menschenverbrüderung. (Schon kennen wir mehr als zweijahrhundertelang das Wort von der Brüderlichkeit. Doch, o menschliche Torheit!, in den Revolutionsstürmen, die für dieses Wort getobt haben, hat die Erde und ihre Schollen viel Menschenblut getrunken.)

Wiederum, der am Kreuz ist vergessen. Vergessen ist des Heiligen Gegenwart. Vergessen ist auch sein Herz, das des Soldaten Lanze durchstoßen hat. Seit dieser Stunde, da aus seiner Seite Blut und Wasser hervorquoll, strahlte es leuchtend auf. Es ist ein Herz, das geöffnet und nicht verschlossen, offen steht für alle Menschen.

Aber das Kreuz, das ich betrachte, erhebt sich abseits. Es modert und keiner kümmert sich darum. Alle laufen sie andere Wege, postieren sich dem aufdringlichen Leuchten der Schaufenster unserer Städte gegenüber und begehren heiß die ausgestellte Ware. Kauf und Verkauf, Angebot und Nachfrage, begehrliches Haben-Wollen, – darin hat der Mensch des zwanzigsten und einundzwanzigsten Jahrhunderts seinen Götzen gefunden. Dort, an diesen Orten, brennt und verbrennt sein Herz.

Da berührt an diesem Nachmittag der Herr erneut mein Inneres. Es geschieht als ich vor dem verwitterten Kreuz stehe. Die eben beschriebene Meditation ist zu Ende. Das Buch wird umgeblättert. Danach öffnet sich mir eine völlig neue Schau.

Die Landschaft tritt in den Hintergrund. Der Weg, auf dem ich stehe entschwindet meinem Blick. Selbst die Bläue des Himmels und die dahinsegelnden Wolken verlieren ihre Kraft und entgleiten ins Namenlose. Deutlich sichtbar aber in einem weiten Rund erschaue ich viele Menschen und die inneren Nöte ihrer Seelen. Ich höre bange Rufe, die ich nicht überhören kann. – Geschrei aus den Tiefen der Seelen ob der verlorenen Ewigkeit. Ich erspüre die flackernde Angst vieler, die über ihre zerbrochene Liebe weinen. Ich vernehme die bohrenden Fragen nach dem Sinn der Existenz, nach dem Woher und Wohin und nach dem Urgrund aller Wesenheiten.

Der Längs- und Querbalken des Kreuzes

Und da sehe ich es, – ich sehe es überdeutlich, – ich sehe es und erschauere. Ich sehe, dass das Kreuz im Herzen eines jeden Menschen aufgerichtet steht. Keiner kann diesem Kreuz entgehen. Jeder muss es ertragen. Dabei spielt es keine Rolle, ob er dies bejaht oder verneint. Bei vielen aber vernehme ich ein Geschrei der Klage, das mich erreicht, – einen dunklen Notruf, der aus dem Urgrund ihres Wesens hervorkommt. Das klagende Rufen ist deutlich und verständig und keiner kann es überhören.

Unbegreiflich! Die Menschen verstehen die Sprache ihres eigenen Herzens nicht mehr. Sie verneinen in sich die Stimme aus der Tiefe. Ihr Antlitz ist zerrissen wie das Angesicht mancher Gestalten in Pablo Picassos Gemälden. Ihr Herz ist zerrissen. In einer stetigen Spannung jagen sie nach draußen vor die Tür in das gleißende Licht nichtsagender Dinge. Pausenlose Bilder und Worte bieten Waren an. Viele stürzen sich auf die aufgebauschten Versprechen, die alle Tage durch nie endende Fernsehsendungen ins Haus kommen. Sie werden in einer ewigen Narretei und Unersättlichkeit getäuscht. Das höhnische Gelächter der Lieblosigkeiten und die ständig leeren Herzen inmitten eines vollen Besitzes ist ihr Lohn. Sie betrügen sich selbst und bitter klagt ihr Herz, dessen Stimme sie zu erwürgen versuchen.

Wahrhaftig! Schon hat die Wahrheit des Kreuzes sie getroffen. Schon durchbohren die Nägel des Längsbalkens, der von der Erde zum Himmel aufstieg, Fleisch und Seele und heften sie ans Holz fest. Alle hängen daran, – alle, die dem Kreuz entlaufen wollen und doch wider Willen dessen Schmerzen tragen müssen. Aber das Kreuz erlöst nicht. Sie hängen alle daran wie der linke Schächer und verfluchen die Leere und das tötende Nichts. Sie verfluchen in Bitternissen, bis in den Tod. Sie lästern in schrecklichen Blasphemien, aber der Längsbalken, der von der Erde zum Himmel aufsteigt, steht unbeweglich und bleibt an seinem Ort. Er überragt den Himmel, die Erde überschreitend, und durchschneidet Leib, Psyche und Geist. Denn, um eine tote Leere als sinnvoll auszugeben, bedarf es eines enormen Selbstbetrugs. Auf die Dauer hält diese Spannung der inneren Lüge keiner aus. Mit welcher Macht aber will sich der leugnende Mensch von diesem Längsbalken, der uns in einem absoluten Sinn an Gott fesselt, lösen?

Aber auch der Querbalken und seine hängende Last bleiben inmitten des Herzens eines jeden Menschen. – Ja, die Menschen sind sich in den dichten

Ballungen ihrer Zentren sehr nahe gekommen. Aber mitten durch die dicht-besiedelten Häuser und Blöcke und mitten durch die angefüllten Straßen ihrer Städte und Ortschaften zieht das Gespenst der Einsamkeit und die Not der Verlassenheit. Zwischen Mensch und Mensch zerreißt nur allzu oft das brüderliche Band. Oft sprechen sie dieselbe Sprache und bewohnen den selben Block, aber sie verstehen sich gegenseitig nicht. – Ein leeres Grußwort, ein achtloses Vorüberschreiten, die Türe der eigenen Wohnung schnappt ins Schloss und man ist allein zwischen seinen vier Wänden, alleingelassen, einsam gewor-den. „Was geht mich denn mein Nächster an? Bin ich denn der Hüter meines Bruders?" – Und wer so spricht ist in seinem Herzen längstens Kain.

In die Einsamkeit hinein spricht dann pausenlos der große Bruder über jenen magischen Sprechapparat, der in den Stuben aufleuchtete. Jemand spricht. Viele Spiele werden gespielt. Die Augenpaare richten sich hypnotisiert zur flimmernden Wand hin. Die Bilder wechseln in immer neuen Farben und Schattierungen. Unterschwellige Bilder unserer Seele werden entblößt und wieder verdeckt. Sehnsüchte werden angesprochen, Triebelemente angeschoben. Ein vieltausendköpfiges DU tritt in die enge Wohnstube und lärmt, – aber nicht im lebendigen Gegenüber von Angesicht zu Angesicht, von Blut zu Blut, sondern immer nur im zauberreichen Trick einer flimmernden Wand. – Doch, je mehr der Sprechapparat betört, um so leerer bleibt das Herz. Die Begeisterung ist nicht echt, sondern sie ist Augenweide und Ohrenkitzel. Die Zuneigung ist oberflächlich und vorüberhuschend, der menschliche Kontakt ein fingierter.

Wenn dann der Kasten schweigt und das Licht erlischt, ist kein liebender Mensch im eigenen Zuhause, sondern nur die verlöschende Erinnerung einer Selbsttäuschung. Dann schreit das Herz auf und weint. Und ist das nicht wie bei allen Vergiftungen? Wenn das Gift in der Wirkung nachlässt, braucht man neues, obwohl man weiß, dass dies Zerstörung bedeutet.

Den Rest tut der Egoismus. Jeder will nach den Maßstäben des großen Bruders angesehen sein, reich und groß – und emanzipiert. Man umgibt das eigene Herz mit einem großen Wall, um den andern nicht in Liebe beachten zu müssen. Man spielt die feurigen Spiele der fleischlichen Liebe und Lei-denschaft, solange man haben kann und der andere geben muss, – aber die wahre Liebe, in der die Existenz des Gegenüber, in der das so reiche und so arme DU des anderen vor einem steht und alles einfordert, diese wahre Liebe verweigert man.

Dann jedoch, als es Nacht geworden ist, und das Herz nach wahrer Liebe schreit, ist kein Bruder und keine Schwester da, die sich in Liebe dem eigenen armen Ich erschlossen hätten. Man ist in die eigene kalte Hölle eingegangen. Jeder von uns weiß doch, dass der Mensch nur im Menschen fruchtbar werden kann! Jeder hat es klar vor Augen, dass Liebe ein Überspringen seiner selbst ist, und das in Hingabe, Opfer und Bereitschaft für den andern. In der Liebe entschwindet das Eigene ins Selbstlose. Die Liebe bringt gewaltige Opfer und zählt sie nicht und wiegt sie nicht auf der Waage ab, als ob der andere unter einem Lohnanspruch stünde und zu zahlen habe. Liebe findet ihr Urbild in dem, der am Kreuz starb unter Hingabe seiner Selbst: seines Leibes, seines Blutes, seines Schicksals. Aus Liebe hat er sich der glanzvollen Gestalt entäußert und die des Knechtes angenommen. Aus Liebe geht er für uns den Weg der Verachtung und des Kreuzes, an dem er nun hängt. – Ganz wird die Liebe nur von den Menschen erkannt, die sie selbst wie der am Kreuz ausüben, indem sie sich selbstlos verschenken.

Wahre Liebe und wahrer Gehorsam

Während die wahre Liebe – der Sohn Gottes – am Kreuz seine Hände ausbreitet, wächst die Dimension des Querbalkens über die Kontinente und Sprachen hinweg, ist nicht mehr leeres Wort und eitles Gerede, sondern Tat und Wahrheit. Während das Herz den Stoß des Todes erleidet, öffnet es sich ganz und wird zum Zeichen und zum Appell an alle.

Keiner, der die Straßen dieser Welt durchwandert, kann diesem Zeichen entgehen. Wollte man auch dieses Kreuz verfluchen, wollte man es dem Spott und dem beißenden Hohn überlassen, wollte man ihm entlaufen, wie es die Bewohner von Jerusalem taten, als sie die Dunkelheit der Hinrichtungsstätte einhüllte, – im tiefsten und letzten bleibt das Kreuz eine Realität, an die man selbst geheftet ist.

Nicht der Hass, nicht die Stacheldrahtverhaue, Wachttürme und Schutzwälle, nicht das infernale Dröhnen zerberstender Feuer, nicht die tödlichen Giftwolken, ja nicht einmal der Parteivorsitz eingefleischter Fanatiker, die Völker unterjocht halten, sind das Letzte. Denn Hass ist nur der erbärmliche Ersatz für eine wütende Ohnmacht. Er weist auf den Urschrei unserer Existenz hin: auf den Schrei nach empfangender Liebe, aus der allein uns Menschen wahre Geborgenheit zuwachsen kann. Diesem Schrei aus unerfüllten Herzen kann niemand entgehen. Darum ist der Querbalken des Kreuzes in allen gegenwärtig.

Der Größenwahn des Menschen baut die Türme von Babylon und verwirrt die Sprachen, unser Herz aber sucht die Liebe. Und der da hängt an einem Längsbalken und an einem Querbalken, dieser Menschensohn, er liebt. Seine Liebe offenbart sich an seinem Leib: in Fleisch und Blut. Er ist an das Kreuz geheftet. Nägel fixieren seine Hände. Eisenstifte durchdringen seine Füße. Menschen haben ihn preisgegeben und das Missverständnis und der Aufstand des Menschen gegen Gott. – Nun hängt er da, den man zuvor gezerrt, gequält und geschlagen hat; und aus seinen Wunden quillt Blut hervor, das zur Erde niederrinnt. Mochte er zerren und reißen, so viel er wollte, er würde Hände und Füße nicht lösen können. Mochte er ruckweise und in Zuckungen sich des Kreuzes entledigen wollen, er würde seine Qual nur verdoppeln, er würde sie bis ans Grenzenlose steigern, aber er käme vom Kreuz nicht los. Man hat ihn entblößt. Er konnte sich den Menschen in seiner Schmach nicht entziehen. Nur eines blieb ihm, durchzuhalten bis in die Flammen des Todes hinein.

Da geschieht ein völlig Unerhörtes: Dieser Menschensohn entzieht sich Gott, seinem Vater, nicht, wie wir das alle tun. Er rebelliert nicht. Gehorsam hat er das Kreuz auf sich genommen. Gehorsam durchleidet er es, bis er sein Leben in die Hände seines Vaters zurücklegt, dessen Willen er erfüllt. Ja, er selbst besteigt das Holz der Schmach, um alle an sich zu ziehen. Er bezahlt eine Schuld, die andere verbrochen haben. Er erfüllt vor Gott, was andere im Trotz verweigern. Sein Tun geht an die Wurzel unseres Seins, dorthin, wo das Wesen des Menschen offen steht vor der Macht dessen, der den einzelnen beim Namen ruft. Darum wurde das „Ewige Wort" Fleisch, um die Sünden hinwegzunehmen. – und da der Trotz und die Verweigerung vor Gott, uns Menschen dem Nichts, dem Nihilismus und dem Tod ausliefern in den Millionen und Abermillionen Sterbender, deren Klagelied in den letzten Augenblicken ihres Lebens jedesmal neu erschüttert. – Sein Gehorsam bezeugt die unantastbare Heiligkeit der Hoheit Gottes und stellt den göttlichen Willen wieder mitten zwischen die Menschen. Dieser Gehorsam ist Leben im Tod.

O Sünde der Menschen! Wahrhaftig, sie kann sich bis in die Stunde des Todes hinein in endlosen Selbstlügen betrügen. Man kann der Annagelung und dem Kreuz jeden Tag von neuem entlaufen. Doch am Ende des Weges wird man eingeholt, und (ob man will oder nicht) man hängt dann selbst zwischen der Annagelung am Kreuz, um dem Tor des Todes entgegengeschleudert zu werden, – unausweichlich und absolut.

Man hat die Zwänge verlacht und wird bezwungen. Man hat den am Kreuz mit Spott und Hohn überschüttet und haftet nun selbst daran. Man hat sich gebärdet wie ein fetter Atheist und blieb am Schluss in den Ungewissheiten der Fragen hängen, ungetröstet und unerlöst im vergehenden Bangen des kommenden Gerichts. Ja, man kann die Tiefe seiner Seele erschlagen und verschütten, aber jeder weiß (auch wenn er es leugnet), dass unter der Verschüttung Wahrheit verborgen ist, – oder dass die Leiche der erschlagenen Tiefe einen ständig anstarrt und sich nicht wegschaffen lässt.

Als Adam im Paradies gesündigt hat, floh er vor Gott. Wahrhaftig, er floh! Er versteckte sich, er fühlte sich nackt. – Ist nicht genau dieses das Mysterium unserer rebellischen Generation: die Flucht, das Versteck, die Leugnung und dann am Ende Spott und Hohn der Rebellion und das Auftürmen der eigenen Werke bis vor die Himmel, um sich dahinter zu verbergen?

Wir haben vom Baum der Erkenntnis gegessen. Wir wollen in unserem

Wissen GOTT gleich sein. Denn die exakte Naturwissenschaft (so meinen viele) kann Gott völlig entbehren und bedarf Seiner nicht mehr. Wir wissen selbst um die inneren Zusammenhänge und bestimmen darum selbst, was gut und böse zu sein hat.

Der Apfel der Erkenntnis ist süß. Das berauschende Gefühl menschlicher Erhabenheit durchbebend, und das bis in jene Sekunden hinein, da unsere Augen in jähem Erschrecken die eigene Nacktheit „ent-decken", das blanke Nichts, in dem wir nun darin stehen. Die Frucht vom Baumes der Erkenntnis ist eine Täuschung. Auf sie folgt der Tod und ihm entgeht keiner.

Aber diesem Tod geht das Kreuz voraus, an dessen Nägel man hängt. In heißer Auflehnung zerrt man an der Anheftung und schreit, kommt aber von den Nägeln nicht los, sondern sterbend verblutet man darin. Der letzte Schrei steigt dann wieder aus der Tiefe der Seele hervor, aber er wird dort herausgeschrieen, wo schon kein Mensch mehr helfen kann, sondern nur Gott. Gott aber (o entsetzliche Strafe!), – der Herr ist nicht gegenwärtig! – Oh, jener barbarische Ungehorsam, das ist unsere Sünde: sie zerstückelt die Schutzlosesten und Kleinsten im Schoße ihrer Mütter und mordet sie, – um der Geilheit und Unzucht willen zerstört sie die Liebe und Geborgenheit der Ehen und Familien unter den Menschen, – sie rafft ohne Maßen und reißt viele Güter an sich, – sie lügt in goldenen Versprechungen, – ihre Begierlichkeit kennt keine Grenzen und macht vor keiner menschlichen Bastion halt. – Sie zerstört den Hort der Familie in maßlosen Emanzipationstänzen, – sie kennt keine Zeiten der Anbetung, der Stille und der Ruhe, – ereifert sich lästernd gegen Gott und leugnet ihn öffentlich blankweg.

Aber der UNGEHORSAM ist schon in seiner Wurzel die Zerstörung unseres Selbst. Denn jene barbarischen Kriege, die wir heraufbeschwören, sind ja nicht nur das Versagen einiger beutegieriger Industrieller oder machthungriger Politiker, sondern unser Stolz und Egoismus und unsere Rebellion gegen Gott. Die Strafe steht: der Tod und die Abwesenheit Gottes bis durch die Flammen des Todes hindurch.

Im Kreuz ist Heil, im Kreuz ist Leben und Hoffnung

Da ist einer, der diesem Tod entgegengeht, angenagelt zwischen den Balken des Kreuzes. Er nimmt den freiwillig Tod auf sich, um den Willen des Himmlischen Vaters zu erfüllen. Er entläuft nicht. Er steigt nicht herab vom Kreuz, wie von ihm die Spötter es verlangt haben. Er verbirgt die Schmach nicht, bis die Dunkelheit von Kalvaria ihn wie einen Mantel umkleidet. Er harrt als hängende Last zwischen den Nägeln in den so entsetzlich langen Stunden aus, um immer erneut in den sengenden Flammen des Sterbens sein JA zu sprechen. – Und indem er alles erfüllt, steht nun Gott, der Absolute, dem wir im Paradies entlaufen sind, wieder zwischen den Menschen.

Dieser Jesus hat Gott, seinen Vater, nicht nur durch sein Wort und durch seine Lehre verkündet, sondern was er sagt, offenbart sich an Fleisch und Blut und er erfüllt in Schmerzen, obwohl auch er bittet, dass der Kelch des Leidens vorübergehe. Dieser Sohn Davids, der von den Propheten vorausverkündet wurde, erfüllt durch sein umfassendes JA nach Geist und Buchstaben die Heiligen Schriften. Der Wille Gottes geht mit ihm durch die Gefangennahme, durch das Verlassenwerden von seinen Jüngern, durch die Verhöre, Geißelung und Dornenkrönung, durch die Verurteilung und mitten durch das Kreuz und den Tod.

„Eloi, Eloi, lama sabaktani!", „Mein Gott, mein Gott, warum hast Du mich verlassen!" Das ist die äußerste Konsequenz der Sünde, die er als das „Lamm Gottes" trägt: die Verlassenheit der Kreatur von ihrem Herrn und Schöpfer. Die Lebenden, die da unter dem Kreuze stehen, sind schon zurückgeblieben. Sie gehören bereits einer anderen Welt an. Denn wenn der Mensch den Weg der Ewigkeit betritt, dann sieht er erst das wahre Chaos, das die Sünde verursacht: die schuldbare Abwesenheit Gottes, des Urgrundes, des Lebens. Als der am Kreuze so ruft, gibt es nur einen, der helfen kann. Doch der Herr ist nicht da; denn vor der Paradiesespforte stehen noch immer mit flammenden Schwertern die Cherubinen.

Und so ward der am Kreuz allein gelassen, verlassen von allen, selbst noch von seinem Gott. Er aber hielt die Verlassenheit in großer Liebe gehorsam aus, bis er das Wort sprach: „In Deine Hände befehle ich meinen Geist!" In dieser Stunde schritt Gott wieder durch die Paradiesespforte in unsere Welt hinein und ER ist gegenwärtig in dem, an dem er sein Wohlgefallen hat. Am Kreuz offenbart sich die tragende Mitte Jesu: „Der Wille seines Vaters." – Hier endet die Rebellion des Menschen endgültig. Vom Kreuz aus ist die Schöpfung wieder hineingerufen in das absolute JA zum Anfang, zum Urgrund, zum Dich und Mich Rufenden, zum Heiligen, zum Lebendig-Schaffenden-Gott.

Als der Herr in einem letzten lauten Schrei sein Leben dahingab, – als er den Riss unserer Zerstörung durchlitt, – als er die wahre Verwüstung unseres Inneren in jener verlorenen Einsamkeit des Todes, in jenem stechenden Schmerz einer menschlichen Existenz durchschritten hat, – und als er dies tat in vollem Einverständnis mit dem Willen dessen, der die Strafe für uns Menschen gesetzt hat, da waltet neu in der gesamten Schöpfung der wahrhaftige Sinn: „Das Wohlgefallen Gottes".

Nun wurde vom rationalen Geschöpf aus seiner Kraft der Scheidung und Entscheidung die Herrlichkeit und die Hoheit des Allgewaltigen wieder voll anerkannt. Dies offenbart sich in Fleisch und Blut, Leib, Seele und Psyche, Geist und Gebein.

Das Herz Jesu, für uns geopfert am Kreuz

Diese Tat ist keine Ideologie, sondern unsere menschliche Wirklichkeit. Hier wird die Tiefe nicht durch oberflächliche Patentrezepte von Systemverbesserern eingeebnet, hier wird die Entfremdung des Menschen nicht durch den Klassenkampf aufgehoben, der die Schuld stets beim andern sucht, sondern hier wird die Wurzel getroffen, jene Nahtstelle, wo der Schöpfer des Alls sein Geschöpf berührt: das eigene Herz, das eigene Fleisch in der demütigen Unterwerfung vor Gott, die uns Menschen (ach!) so schwer zu fallen scheint.

Die Mitte des Menschen ist sein Herz. Und die Mitte des Herzens Jesus ruht immer in vollem JA zum Willen seines Vaters. – Er ist der ewige Sohn, ausgegangen vom Vater. Er verließ seine glanzvolle Herrlichkeit und nahm die Gestalt des Knechtes an, wie ihn Jesaja in seinen Liedern beschreibt. Er ist gehorsam geworden bis zum Tod, ja, bis zum Tod am Kreuz. Aus dieser überschreitenden Liebe wächst wie von selbst auch das völlige JA zum Menschen, dem Bruder und der Schwester.

Dieses JA bedeutet Liebe. Dieses JA der Hingabe ist Liebe. Der Soldat, der den Leib Jesu durchstieß und das Herz öffnete, wusste nicht, dass hier einer ist, der sterbend sein Herz hingegeben und für alle verpfändet hat. Jesus hängt am Holz des Kreuzes zwischen Himmel und Erde, seine Arme ausbreitend wie eine Weisung an die Kontinente, Sprachen und Völker. Die menschliche Tiefe leuchtet in ursprünglichem Licht aus dem Angesicht des Toten. Johannes, der Sehende, wird hineinrufen in die Weite der Jahrhunderte: „Sie schauen auf den, den sie durchbohrt haben."

Lange bin ich am Kreuz gestanden, dann schreite ich weiter, zurück zu den andern, die jenseits des Hügels auf mich warten. Ich weiß nun sehr deutlich, dass das Kreuz unzerstörbar ist. Mochten die Winde ein hölzernes Kreuz, das da schon halb zerstört in der Landschaft noch steht, zu Fall bringen. Sollten auch dessen Balken vermodern und der hölzerne Korpus unter der Erde verscharrt werden. Kämpfte auch ein menschenmordendes Geschlecht den Kampf gegen Gott in Systemen, polizeilichen und richterlichen Gewaltakten. Mieden auch die Parlamente der Völker das Wort von Gott wie einen üblen Mundgeruch,– sie alle kommen dennoch von Gott nicht los. Die Brutalität und Grausamkeit steigt bis zum hellen Wahnsinn und die im Feuer brennenden Städte sind nur der Widerschein der verwüsteten und der zerstörten Seelen, die sie in sich gemordet haben.

Ihre Söhne und Töchter, die diese menschliche Tragödie des Abfalls bis zum äußersten Übel erleben mussten, werden einst demütig ihre Knie beugen und bekennen: „Dein Wort ist wahr, o Herr, Deine Gerichte sind gerecht." Sie werden vor dem Lamm Gottes, das die Sünden der Welt hinwegnimmt, ihre Knie beugen, es hoch preisen und tief verehren. Sie werden es loben im Lied der Geheimen Offenbarung:

„Würdig bist du,
das Buch zu nehmen und seine Siegel zu öffnen;
denn du wurdest geschlachtet
und hast mit deinem Blut
Menschen für Gott erworben
aus allen Stämmen und Sprachen,
aus allen Nationen und Völkern,
und du hast sie für unseren Gott
zu Königen und zu Priestern gemacht.
Würdig ist das Lamm, das geschlachtet wurde,
Macht zu empfangen, Reichtum und Weisheit,
Kraft und Ehre und Herrlichkeit
und Macht in all Ewigkeit.
Amen!"

Sie, die die Tragödie durchlitten haben, werden erneut Kreuze über die Landschaft und die Fluren setzen. Sie werden Blumen bringen. Frauen und Mütter kommen mit ihren Kindern wieder dorthin, damit der Gekreuzigte die Kleinen segne. Jünglinge und Jungfrauen werden im Angesicht des Kreuzes lernen, was Liebe und Reinheit heißt. Eheleute werden um die Gnade der Treue bitten. Männer werden sich demütigen und mit entblößtem Haupt und gebeugten Knien den Herrn bitten, dem Land seine Frucht zu verleihen. Die Alten aber werden vom Kreuz die letzte Vollendung erwarten. Denn vom Kreuz, an dem der eingeborene Sohn Gottes gelitten hat, kommt Heil und Erlösung.– Von ihm allein. Denn so singen wir am Karfreitag: „Im Kreuz ist Heil, im Kreuz ist Leben, im Kreuz ist Hoffnung!"

Da schreite ich vorüber. Zwar brennt mein Inneres in den apokalyptischen Bildern der Gegenwart. Aber am Horizont des Weges hinter den Feuern der Sturmeswolken zieht schon herauf der neue Tag tiefen Glaubens einer anderen Generation.

Kleine Bibliographie

J. Castelbranco 1943	"Das große Zeichen von Fatima" Paulus-Druckerei – Freiburg/Schweiz
Johannes Maria Höchst 1959	"Fatima und Pius XII." (Russland – möglicher III. Weltkrieg) Credo-Verlag, Wiesbaden – 7. Auflage
L. Gonzaga Fonseca 1963	"Maria spricht zur Welt" Paulus-Verlag – Freiburg/Schweiz – 15. Auflage
Robert Konrad 1966	"Moskau – Rom – Fatima", Geschichte als Heilsgeschichte München, Gedruckter Vortrag
Herrmann Nette SVD 1974	"Fatima – Chronik, Daten und Erläuterungen" Unbekannt
Luis Kondor SVD 1977	"Schwester Lucia spricht über Fatima" Postulaçâo – P-2495 Fatima/Portugal – 3. Auflage
Josef Schafer 1978	"Fatima - Ist alles zu spät?" Sekretariat der Kleinen Seelen – CH-6432 Rickenbach
J. Alonso, Kondor 1979	"Theologie des Fatima-Ereignisses" Postulaçâo – P-2495 Fatima/Portugal
Otto Bohr 1981	"Rom – Moskau – Fatima" Wort und Werk-Verlag – St Augustin – 3. Auflage
Severo Rossi, Aventino de Oliveira	"Fatima" – 1982 Missões Consolata – P-2495 Fatima/Portugal – Apart. 5
Georg Scharf 1988	"Fatima aktuell" Theodor Schmitz-Verlag – Münster – 3. Auflage
J. de Marchi I.M.C. 1988	"Fatima von Anfang an" Missões Consolata – P-2495 Fatima/Portugal – 1. dt. Auflage
Fatima-Rundbrief 1992	"Fatima – Die Botschaft des Jahrhunderts" Fatima-Weltapostolat – CH-6003 Luzern – Waldstätter-Str. 3
Ferdinando -Leite SJ	"Jacinta von Fatima – Die kleine Hirtin unserer Lieben Frau" Vice-Postulaçâo dos pastorinhos – P-2495 Fatima/Portugal
Ivan Pojavnik 2000	"Die Kirche erlebt Fatima" MPB – A-5020 Salzburg, Griesgasse 8
Wilhelm Hünermann 2001	"Fatima – Der Himmel ist stärker als wir" Theresia-Verlag – CH-6426 Lauerz, Neuauflage
Fugel - Inglin 2007	"Fatima in Wort und Bild" Benedetto-Verlag – CH-8355 Aadorf
Fatima ruft Nr. 197 2007	"90 Jahre Fatima" Fatima-Aktion e.V. – D- 88353 Kißlegg-Immenried

P. Maximilian Kolbe

SJM-Verlag
Weitere Buchempfehlungen

Mein Weg zur heiligen Kommunion   von Sr. Barbara Haid
Jesus sagt: »Lasst die Kleinen zu mir kommen und wehrt ihnen nicht, denn ihnen ist das Himmelreich«. Das Anliegen der Kirche ist, dass die Jüngsten, die das erste Mal hinzutreten zum Tisch des Herrn, sorgfältig unterrichtet werden. Dazu soll diese Kommunionmappe dienen und das Verständnis des Sakraments der Heiligen Eucharistie erleichtern. Lehr- und Arbeitsmappe in einem.
(gestaffelte Preise ab 5x, Format A4 gebunden, 100 S. vollfarbig).
Bestell-Nr. 24310 - 12,80 €   Erstkommunionalter

Evangelienblätter
Die Evangelienblätter für Kinder, erstellt von der Graphikerin Rita Schwilgin, enthalten Texte und Zeichnungen zu jedem Sonn- und Festtagsevangelium. Sie sind ideal für die Katechese in Pfarreien, Grundschulen und Kindergruppen. Die Hefte erscheinen 6x im Jahr, das Abonnement beginnt im Advent.
Staffelpreise, das Jahresabo eines Exemplars kostet 22,50 €, 100 Ex. 240,00 € (jeweils inkl. Versand in D).
Bestell-Nr. 56002 (Jahresabo)   ab ca. 6 Jahren

Therese, eine Freundin für immer   von Mag. Ingeborg Obereder
Die Rahmenerzählung bildet die Familie Strauß mit ihren zwei Kindern. Auf die Fürsprache der heiligen Therese wird der verunglückte Sohn wieder gesund. Aus Dankbarkeit unternehmen die Eltern mit den Kindern eine Wallfahrt nach Lisieux. Auf der spannend geschilderten Reise erschließen die Eltern den beiden Kindern das Leben der kleinen heiligen Therese. Es wächst eine tiefe, persönliche Beziehung zur Heiligen. Die Zeichnungen sind von der Graphikerin Rita Schwilgin erstellt worden. (siehe oben die Evangelienblätter für Kinder)
Format: A5, 32 Bilder, 124 Seiten, Buchdeckel
Bestell-Nr. 55050 - 9,80 €   ca. 6-12 Jahre

NEUAUFLAGE DER BEKANNTEN BUCHREIHE „AUS FERNEN LANDEN":
Liebet eure Feinde von P. J. Spillmann SJ. Dies ist das erste Buch dieser Reihe von spannenden Erzählungen aus den früheren Missionsgebieten. Es handelt über die Situation der Ureinwohner und Einwanderer in Neuseeland im 19. Jahrhundert. Eine irische Familie gerät in die Wirren eines Aufstandes der Stammbevölkerung. Best.-Nr. 57070 - 6,70 €   ab 12 J.

Das Fronleichnamsfest der Chiquiten
von P. J. Spillmann SJ
Das Buch führt zurück in die Zeit der Jesuitenmission des 18. Jahrhunderts in Südamerika. Es ist eine historische Erzählung, in der die Vertreibung der Missionare aufgrund einer Intrige am spanischen Königshof geschildert wird. – Dabei wird auch festgehalten, welches große Unrecht man den Missionaren angetan hat.
Bestell-Nr. 57071 - 6,70 €   ab 10 Jahren

Wunder: Kirchlich überprüft, nie widerlegt

Der Jurist Dr. Harald Grochtmann dokumentiert, dass die äußeren Tatsachen der Wunder, die in kirchlichen Untersuchungsprozessen exakt überprüft wurden, bis heute erwiesen sind.

Dazu werden einige Fälle untersucht: Marienerscheinungen, unerklärliche Heilungen, Nahrungslosigkeit, Bilokationen, Levitationen, eucharistische Wunder, u.v.m. - 7. erweiterte Auflage

Eine Doktorarbeit, die spannend ist wie ein Krimi.

Bestell-Nr. 28551 - 13,00 €

Einführung in „Die Passion Christi"

von Tom Allen.

Der Autor beantwortet 100 Fragen zu dem berühmten Film „Die Passion Christi" von Mel Gibson. Das Buch ist gleichzeitig eine hervorragende Einführung in unseren katholischen Glauben. Anhand der Fragen und Antworten ist es ein wahrer Katechismus. Es wurde aus dem amerikanischen übersetzt.

Bestell-Nr. 28221 - 6,80 €

»Gottheit tief verborgen, betend nah ich dir«,

ein Gebetbuch, bestimmt für Anbetungsstunden vor dem Tabernakel. Für jeden Tag der Woche findet man den entsprechenden Text.

Bestell-Nr. 27050 - 3,60 €

Clemens August Kardinal von Galen

Hier lesen sie sein Leben, eine Auswahl seiner Predigten und schließlich noch einen Bericht über seine Seligsprechung am 9. Oktober 2005 in Rom. - Möge Gott auch unserer Zeit, die unter anderem Vorzeichen die Würde und das Recht der Menschen vom ersten Anfang bis zum natürlichen Ende erneut in Frage stellt, Menschen wie ihn schenken. Bestell-Nr. 43130 - 8,50 €

Raubmord-Beichte-Lebenslänglich verbannt

Ein auf Tatsachen beruhender, jetzt neu aufgelegter Jugendroman von Joseph Spillmann, bearbeitet von Wolfgang Goderski. Ein Dorfpfarrer in Südfrankreich wird Opfer des Beichtgeheimnisses. Er weiß aus der Beichte, wer der Mörder ist, gerät aber durch sein beharrliches Schweigen selbst unter Verdacht. So nimmt ein tragisches Schicksal seinen Lauf ...

Bestell-Nr. 57055 - 12,80 €

In »Anwalt-Notar und Bergpredigt«

berichtet der Autor Burkart Groppler über seine gelungenen oder gescheiterten Versuche, sein Christensein in den Berufsalltag hineinzutragen. Der Autor wendet sich gerade an Laien, die mit diesem Berufsfeld nichts zu tun haben. Wir lesen fesselnde Episoden, in denen der Autor uns auch Hilfe für den Umgang mit Angehörigen seines Berufsstandes gibt.

Bestell-Nr. 28110 - 9,00 €

Bestellungen an: SJM-Verlag,
Nibelungenring 1, D-86356 Neusäß, Tel. 0821-343225-11, Fax - 31, post@sjm-verlag.de
oder in jeder guten Buchhandlung